2021 최/신/판

NCS in PSAT

의사소통능력

시대고시기획

Always **with you**

사람이 길에서 우연하게 만나거나 함께 살아가는 것만이 인연은 아니라고 생각합니다.
책을 펴내는 출판사와 그 책을 읽는 독자의 만남도 소중한 인연입니다.
(주)시대고시기획은 항상 독자의 마음을 헤아리기 위해 노력하고 있습니다.
늘 독자와 함께 하겠습니다.

PREFACE

머리말

NCS는 산업현장에서 직무를 수행하기 위해 요구되는 지식·기술·태도 등의 내용을 국가가 체계화한 것이다. 기업에서는 직무분석자료, 인적자원관리 도구, 인적자원개발 프로그램, 특화자격 신설, 일자리정보 제공 등을 원하고, 기업교육훈련기관은 산업현장의 요구에 맞는 맞춤형 교육훈련과정을 개설하여 운영하기를 원한다. 이에 따라 능력 있는 인재를 개발해 핵심인프라를 구축하고, 나아가 국가경쟁력을 향상시키기 위해 국가직무능력표준이 필요하다.

PSAT(Public Service Aptitude Test : 공직 적격성 테스트)는 공무 수행에 필요한 기본적 지식과 소양, 자질 등을 갖추고 있는지를 종합적으로 평가하는 시험이다. NCS 시험에 있어 PSAT형은 대부분 많은 공사·공단에서 출제되는 핵심적인 영역인 의사소통능력, 수리능력, 문제해결능력 3개 영역에서 출제가된다. 이때, 자료에 대한 추론, 해석능력을 요구하므로, 다양한 유형의 문제에 대한 이해와 풀이를 통해 고득점을 획득하는 것이 필요하다.

공사·공단 필기시험 합격을 위해 (주)시대고시기획에서는 NCS 도서 시리즈 1위의 출간경험을 토대로 다음과 같은 특징을 가진 도서를 출간하였다.

: 도서의 특징 :

첫 째 합격으로 이끌 가이드를 통한 채용 흐름 확인!

직업기초능력 및 PSAT 언어논리에 대한 소개를 통해 문제 유형을 파악하는 데 도움이 될 수 있도록 하였다.

둘 째 기출복원문제를 통한 출제 유형 파악!

주요 공기업 NCS 의사소통능력 기출복원문제를 수록하여 NCS 필기시험의 전반적인 유형과 경향을 파악할 수 있도록 하였다.

셋 째 공사·공단 필기전형 출제 영역 맞춤 예상문제로 실력 상승!

NCS 기출유형확인+기본문제+심화문제를 수록하여 NCS 필기시험에 완벽히 대비할 수 있도록 하였다.

넷 째 모의고사로 완벽한 실전 대비!

철저한 분석을 통해 실제 유형과 유사한 PSAT 실전모의고사를 수록하여 최종점검을 할 수 있도록 하였다.

끝으로 본 도서를 통해 공사·공단 채용을 준비하는 모든 수험생 여러분이 합격의 기쁨을 누리기를 진심으로 기원한다.

김현철 씀

직업기초능력 소개

직업기초능력이란 무엇인가?

직업기초능력이란 모든 직업인에게 필요한 공통적이고 핵심적인 능력이다. 대부분의 직종에서 직무를 성공적으로 수행하는 데 공통적으로 요구되는 지식, 기술, 태도 등을 말한다.

직업기초능력의 중요성

❶ 업무성과의 핵심요소
❷ 공통적으로 요구되는 능력
❸ 자기 동기부여, 자기관리, 창의력, 문제해결능력의 근본

직업기초능력의 평가

❶ 직무상황의 제시 : 직업적 개연성 및 구체적 미션 제공
  ▶ 문항에서 제시되는 상황은 직업적인 개연성이 있어야 함 → 직업인들이 회사에서 겪을 수 있는 상황
  ▶ 문항의 발문에서는 제시된 직업인이 수행해야 하는 업무가 무엇인지 구체적으로 명시되어야 할 뿐만 아니라, 업무와 관련된 사항(목적, 수행 이유, 관련 업무 등)도 함께 제시해야 함
❷ 직무수행에 실제로 필요한 능력을 평가 문항에 반영
  ▶ 실제 업무 상황에서 필요한 능력을 평가하는 문항

직업기초능력평가 시험 유형 및 특징

구분	특징
모듈형	• 이론 · 개념을 활용하여 푸는 유형 • 채용기업 및 직무에 따라 직업기초능력평가 10개 영역 중 선별하여 출제 • 기업의 특성을 고려한 직무 관련 문제를 출제 • 대개 1문제당 1분의 시간이 소요 • 주어진 상황에 대한 판단 및 이론 적용을 요구
PSAT형 (휴노형)	• 대부분 의사소통능력, 수리능력, 문제해결능력을 중심으로 일부 기업의 경우 자원관리능력, 조직이해능력이 출제됨 • 자료에 대한 추론, 해석 능력을 요구
ORP형 [기초인지능력모듈(모듈형) 응용업무능력모듈(PSAT 유사)]	• 기초 · 응용 모듈을 구분하여 푸는 유형 • '기초인지모듈'과 '응용업무모듈'로 구분하여 출제 • '휴노형'보다 난이도가 낮은 편 • 유형이 정형화되어 있고, 유사한 유형의 문제가 세트로 출제됨

INTRODUCE

| 의사소통능력 세부사항 |

하위 능력		교육내용	
문서 이해 능력	K (지식)	• 문서이해의 개념 및 중요성 • 문서이해의 구체적인 절차와 원리	• 문서의 종류 및 양식 이해 • 문서를 통한 정보 획득 및 종합 방법의 유형
	S (기술)	• 문서의 종류에 따른 문서 읽기 • 주어진 정보의 관련성과 의도 파악	• 문서에서 핵심내용 파악 • 문서 읽기를 통한 정보 수집, 요약, 종합
	C (상황)	• 상사의 지시문이나 메모를 읽는 경우 • 고객의 예산서와 주문서를 확인하는 경우 • 메일이나 공문을 처리해야 하는 경우	• 업무 처리를 위한 기술매뉴얼을 확인하는 경우 • 업무 보고서를 통해서 정보를 획득하는 경우
문서 작성 능력	K (지식)	• 체계적인 문서작성의 개념 및 중요성 • 문서의 종류와 양식 이해 • 논리적인 문장 전개 방법의 유형	• 목적과 상황에 맞는 문서 작성의 유형 • 문서 작성의 구체적인 절차와 원리 • 효과적인 내용 구성 방법의 유형
	S (기술)	• 문서의 종류에 따른 적절한 문서 작성 • 논리적인 체계를 사용한 문서 작성 • 논리적인 문장 전개 • 시각적 표현과 연출	• 문서 작성에 적합한 문체와 어휘 사용 • 문서 작성에서 강조점 표현 방법 • 목적에 적합한 적당한 분량 설정 • 작성한 문서의 수정
	C (상황)	• 업무 중 프로젝트 결과를 문서로 제시하는 경우 • 동료와 정보와 의견을 공유하는 경우 • 상사의 지시와 전화메시지를 기록하는 경우	• 소비자와 고객의 요구를 문서화하는 경우 • 산출물을 디자인하고 제시하는 경우 • 상대방에게 메일이나 공문을 발송하는 경우
경청 능력	K (지식)	• 경청능력의 중요성과 개념 • 상대방의 말을 듣는 바람직한 자세의 이해 • 지시사항을 재확인하는 방법의 이해	• 대화과정에서 효과적인 경청 방법의 이해 • 지시사항에 대한 적절한 반응 방법의 이해
	S (기술)	• 상대방의 말을 주의 깊게 듣고 반응 • 대화과정에서 숨은 의미를 파악 • 대화과정에서 상대방과 친밀감과 신뢰감 조성 • 비언어적인 신호를 파악 • 상사의 지시사항을 듣고 확인	• 상대방의 의도 파악 • 대화과정에서 상대방 격려 • 대화과정에서 적절한 시선 처리 • 상대방의 입장 이해
	C (상황)	• 업무 수행과정에서 상사의 지시를 받는 경우 • 조직 구성원과 회의하는 경우 • 업무 수행 과정에서 상대방과 의견을 조율해야 하는 경우	• 제품판매, 서비스문의 등으로 고객을 대하는 경우 • 업무 결과에 대한 상대방의 의견을 듣는 경우
의사 표현 능력	K (지식)	• 정확한 의사전달의 중요성 • 효과적인 의사표현 방법의 유형 • 상황과 대상에 따른 화법의 이해	• 의사표현의 기본 원리 • 설득력 있는 화법의 특징 및 요소 • 비언어적 의사표현 방법 이해
	S (기술)	• 주제, 상황, 목적에 적합한 의사표현 • 간단명료한 의사표현 • 목소리의 크기, 억양, 속도의 변화 • 대화를 구조화하는 기술 • 상황에 적합한 비언어적 의사 표현	• 자신 있고 단정적인 의사표현 • 중요한 부분을 반복하여 제시 • 상황에 대한 적절한 질문 • 적합한 이미지와 어휘, 표현 사용
	C (상황)	• 업무 중 상사의 지시를 확인하는 경우 • 동료와 정보와 의견을 공유하는 경우 • 업무 수행 과정에서 상대방에게 질문하는 경우	• 소비자와 고객에게 제품을 소개하고 판매하는 경우 • 업무 결과를 발표하는 경우 • 회의에서 상대방을 설득시키는 경우
기초 외국어 능력	K (지식)	• 기초적인 외국어 회화에 대한 지식 • 외국 문화에 대한 이해	• 비언어적 의사 표현 방법의 유형
	S (기술)	• 기초적인 외국어로 된 자료 읽기 방법 • 기초적인 외국어 회화 기술	• 외국인을 대하는 방법 습득 • 사전 활용 방법 습득
	C (상황)	• 업무 상황에서 외국어로 된 메일을 확인하는 경우 • 외국산 제품의 사용방법을 확인해야 하는 경우 • 외국인 고객을 상대하는 경우	• 외국어로 된 관련 자료를 읽는 경우 • 외국인으로부터 걸려온 전화를 받는 경우

PSAT 언어논리 소개

| PSAT란? |

- 공직적격성평가(Public Service Aptitude Test)는 공직자에게 필요한 소양과 자질을 측정하는 시험으로, 논리적·비판적 사고능력, 자료의 분석 및 추론능력, 판단 및 의사결정능력 등 종합적 사고력을 평가한다.
- PSAT는 새로운 상황에서 적응하는 능력과 문제해결, 판단능력을 주로 측정하고 있기 때문에 학습능력보다는 공직자로서 당면하게 될 업무와 문제들에 대한 해결능력과 종합적이고 심도 있는 사고력을 요하는 문제가 중점적으로 출제된다.

| 언어논리란? |

언어논리는 문장의 구성 및 이해능력, 표현력, 추론능력, 논리적 사고력 등을 평가한다. 사고력을 측정하는 시험인 만큼 어휘력을 평가하거나 문법적 지식을 직접적으로 묻는 문항을 출제하지 않는 것이 특징이다.

| 평가항목의 주요내용 |

1 문장의 구성 및 이해능력

- 제시된 글의 주요 부분을 파악하고, 전체적인 내용을 이해하는 능력을 평가
- 제시문의 핵심 주장이나 논지를 파악하는 능력을 측정

 학습방법

글의 내용을 정확하게 파악할 수 있는 능력을 지녔는지 측정하는 유형으로, 다양한 분야의 글을 접하는 것이 좋다.

2 표현력

글의 재료를 수집, 선정하여 개요를 구성하고 문단을 조직화하는 능력과 고쳐쓰기를 통해 글을 완성하는 능력을 측정

학습방법

글을 쓰는 기본 능력을 지녔는지 측정하는 유형으로, 대표적인 문제 유형으로는 보고서 작성이 해당된다. 평소에 자신의 생각을 명료하게 드러내는 훈련을 하는 것이 좋으며, 다른 사람의 글을 읽고 간단하게 요약하거나 자신의 입장에서 글을 고쳐 쓰는 훈련을 하는 것이 좋다.

INTRODUCE

3 추론능력

- 제시된 글을 바탕으로 새로운 정보를 이끌어낼 수 있는 능력을 평가
- 글 속에 담긴 경향·추세 등을 파악한 후 예상되는 결론(원인, 결과)을 찾거나 드러나 있지 않은 전제를 찾아내는 능력을 측정

📝 학습방법

글의 내용을 바탕으로 새로운 정보를 논리적으로 이끌어내는 능력이 있는지 측정하는 유형으로, 논리적으로 서술된 다양한 글을 통해 글에 명시적으로 드러나 있지는 않지만 글에서 궁극적으로 말하려는 바를 추정해 보거나 글에서 당연한 것으로 전제하고 있는 것 등을 추정해 보는 훈련을 통해 추론능력을 기르는 것이 필요하다.

4 논리적 사고력

- 제시된 글에 들어 있는 논증의 구조를 분석
- 논증의 설득력을 타당성이나 일관성, 적절성 등의 기준에 의해 비판적으로 판단하고 평가하는 능력을 측정

📝 학습방법

글의 내용을 제대로 분석하고 그 글에 나오는 논증을 적절히 평가할 능력이 있는지 측정하는 유형으로, 일상적으로 접하는 글을 꼼꼼하게 분석하고 평가하는 습관을 들이는 것이 필요하다. 글을 이루는 각 부분의 내용상 연관관계와 논리적 연관관계를 따져 보고 나름대로 비판적으로 평가하는 훈련을 하는 것도 좋다.

💬 왜 PSAT 언어논리를 풀어야 하는가?

의사소통능력은 포함되지 않는 공기업이 없을 만큼 필기시험에서 중요도가 높은 영역이며, 출제 비중 역시 가장 높다. 이러한 점을 볼 때, 의사소통능력은 공기업 입사를 준비하는 수험생이라면 정복해야 하는 숙명의 과목이다.

국가직무능력표준 홈페이지에 따르면 의사소통능력의 세부 유형은 문서이해, 문서작성, 의사표현, 경청, 기초외국어로 나눌 수 있다. 이때, 문서이해·문서작성과 같은 제시문에 대한 주제, 일치 문제의 출제 비중이 높으며, 공문서·기획서·보고서·설명서 등 문서의 특성을 파악하는 문제도 일부 출제되고 있다. 업무 수행에 있어 문서에 대한 이해는 매우 중요한 평가항목이며, 이러한 측면에서 새로운 업무 상황에서의 적응능력과 문제해결, 판단능력이 요구된다. 따라서 PSAT 언어논리를 통해 문장의 구성 및 이해능력, 표현력, 추론능력, 논리적 사고력 등을 평가하고, 이를 바탕으로 업무 수행 능력을 확인하는 것이 필요하다.

도서 구성

1 기출복원문제로 출제 경향 파악

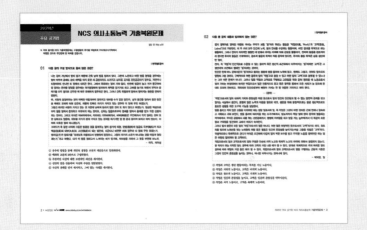

2020년 주요 공기업 NCS 의사소통능력 기출문제를 수록하여 최신 출제 경향을 파악할 수 있도록 하였다.

2 의사소통능력 in PSAT로 단계적 학습

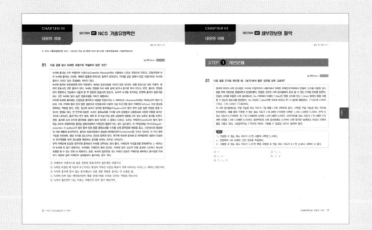

NCS 기출유형확인 + 기본문제 + 심화문제를 통해 체계적으로 학습할 수 있도록 하였다.

FEATURES

3 실전모의고사를 활용한 실전연습

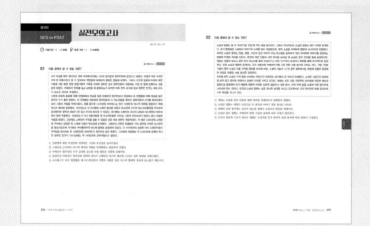

PSAT 기출문제로 구성한 실전모의고사를 통해 양질의 문제풀이로 NCS 필기 시험에 대비할 수 있도록 하였다.

4 정답 및 해설로 정답과 오답을 완벽히 이해

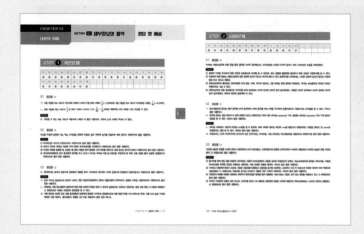

상세한 해설로 문제에 대한 이해와 문제해결능력을 높일 수 있도록 하였다.

무료혜택 안내

NCS 특강(기출풀이·영역별 전략)

❶ 시대플러스 홈페이지 접속
(www.sdedu.co.kr/plus)

❷ 홈페이지 상단 「이벤트」 클릭

❸ 「NCS 도서구매 특별혜택
이벤트」 클릭

❹ 쿠폰번호 확인 후 입력

AI면접

❶ 윈시대로(www.sdedu.co.kr/
winsidaero) 접속

❷ 홈페이지 상단 「이벤트」 클릭

❸ 도서에 안내된 쿠폰번호 확인
후 입력

❹ 「마이페이지」에서 AI면접 실시

INTRODUCE

취달프(취업달성프로젝트)

채용정보
- 대기업 채용정보
- 공기업 채용정보
- 고졸 · 초대졸 채용정보
- 최신 채용 뉴스 및 정보

기업별 무료 온라인 스터디
- 대기업 스터디
- 공기업 NCS 스터디
- 강의 동영상 제공

NCS 무료 온라인 스터디
- 강의 동영상 제공

NAVER 카페 취달프(취업 달성 프로젝트) ※ 네이버에 '취달프'를 검색하세요.

무료제공 쿠폰

AI면접 1회	OPE3-00000-D091D	NCS 통합 모의고사	BHS-00000-B97C7
NCS 특강(기출풀이 · 영역별 전략)	CBA-18257-13470	NCS in PSAT 모의고사(의사소통능력)	IPT-00000-30839

이 책의 차례

Add+

2020년 주요 공기업
NCS 의사소통능력
기출복원문제

NCS 의사소통능력 기출복원문제

정답 및 해설 p.2

| 한국철도공사

01 다음 글의 구성 방식으로 옳지 않은 것은?

나는 집이 가난해서 말이 없기 때문에 간혹 남의 말을 빌려서 탔다. 그런데 노둔하고 야윈 말을 얻었을 경우에는 일이 아무리 급해도 감히 채찍을 대지 못한 채 금방이라도 쓰러지고 넘어질 것처럼 전전긍긍하기 일쑤요, 개천이나 도랑이라도 만나면 또 말에서 내리곤 한다. 그래서 후회하는 일이 거의 없다. 반면에 발굽이 높고 귀가 쫑긋하며 잘 달리는 준마를 얻었을 경우에는 의기양양하여 방자하게 채찍을 갈기기도 하고 고삐를 놓기도 하면서 언덕과 골짜기를 모두 평지로 간주한 채 매우 유쾌하게 질주하곤 한다. 그러나 간혹 위험하게 말에서 떨어지는 환란을 면하지 못한다.

아, 사람의 감정이라는 것이 어쩌면 이렇게까지 달라지고 뒤바뀔 수가 있단 말인가. 남의 물건을 빌려서 잠깐 동안 쓸 때에도 오히려 이와 같은데, 하물며 진짜로 자기가 가지고 있는 경우야 더 말해 무엇 하겠는가.

그렇긴 하지만 사람이 가지고 있는 것 가운데 남에게 빌리지 않은 것이 또 뭐가 있다고 하겠는가. 임금은 백성으로부터 힘을 빌려서 존귀하고 부유하게 되는 것이요, 신하는 임금으로부터 권세를 빌려서 총애를 받고 귀한 신분이 되는 것이다. 그리고 자식은 어버이에게서, 지어미는 지아비에게서, 비복(婢僕)은 주인에게서 각각 빌리는 것이 또한 심하고도 많은데, 대부분 자기가 본래 가지고 있는 것처럼 여기기만 할 뿐 끝내 돌이켜 보려고 하지 않는다. 이 어찌 미혹된 일이 아니겠는가.

그러다가 혹 잠깐 사이에 그동안 빌렸던 것을 돌려주는 일이 생기게 되면, 만방(萬邦)의 임금도 독부(獨夫)가 되고 백승(百乘)의 대부(大夫)도 고신(孤臣)이 되는 법인데, 더군다나 미천한 자의 경우야 더 말해 무엇 하겠는가.

맹자(孟子)가 말하기를 "오래도록 차용하고서 반환하지 않았으니, 그들이 자기의 소유가 아니라는 것을 어떻게 알았겠는가."라고 하였다. 내가 이 말을 접하고서 느껴지는 바가 있기에, 차마설을 지어서 그 뜻을 부연해 보노라.

– 이곡, 차마설

① 유추의 방법을 통해 개인의 경험을 보편적 깨달음으로 일반화한다.

② 예화와 교훈의 2단으로 구성하였다.

③ 주관적인 사실에 대한 보편적인 의견을 제시한다.

④ 성인의 말을 인용하여 자신의 주장을 뒷받침한다.

⑤ 자신의 견해를 먼저 제시하고, 그에 맞는 사례를 제시한다.

02 다음 중 글의 내용과 일치하지 않는 것은?

정치 철학자로 알려진 아렌트 여사는 우리가 보통 '일'이라 부르는 활동을 '작업(作業, Work)'과 '고역(苦役, Labor)'으로 구분한다. 이 두 가지 모두 인간의 노력, 땀과 인내를 수반하는 활동이며, 어떤 결과를 목적으로 하는 활동이다. 그러나 전자가 자의적인 활동인 데 반해서 후자는 타의에 의해 강요된 활동이다. 전자의 활동을 창조적이라 한다면 후자의 활동은 기계적이다. 창조적 활동의 목적이 작품 창작에 있다면, 후자의 활동 목적은 상품 생산에만 있다.

전자, 즉 '작업'이 인간적으로 수용될 수 있는 물리적 혹은 정신적 조건하에서 이루어지는 '일'이라면 '고역'은 그 정반대의 조건에서 행해진 '일'이라는 것이다.

인간은 언제 어느 곳에서든지 '일'이라고 불리는 활동에 땀을 흘리며 노력해 왔고, 현재도 그렇고, 아마도 앞으로도 영원히 그럴 것이다. 구체적으로 어떤 종류의 일이 '작업'으로 불릴 수 있고 어떤 일이 '고역'으로 분류될 수 있느냐는 그리 쉬운 문제가 아니다. 그러나 일을 작업과 고역으로 구별하고 그것들을 위와 같이 정의할 때 노동으로서 일의 가치는 부정되어야 하지만 작업으로서 일은 전통적으로 종교 혹은 철학을 통해서 모든 사회가 늘 강조해 온 대로 오히려 찬미되고, 격려되며 인간으로부터 빼앗아 가서는 안 될 귀중한 가치라고 봐야 한다.

… (중략) …

'작업'으로서의 일의 내재적 가치와 존엄성은 이런 뜻으로서 일과 인간의 인간됨과 뗄 수 없는 필연적 관계를 갖고 있다는 사실에서 생긴다. 분명히 일은 노력과 아픔을 필요로 하고, 생존을 위해 물질적으로는 물론 정신적으로도 풍요한 생활을 위한 도구적 기능을 담당한다.

땀을 흘리고 적지 않은 고통을 치러야만 하는 정말 일로서의 일, 즉 작업은 그것이 어떤 것이든 간에 언제나 엄숙하고 거룩하고 귀해 보인다. 땀을 흘리며 대리석을 깎는 조각가에게서, 밤늦게까지 책상 앞에 앉아 창작에 열중하는 작가에게서, 무더운 공장에서 쇠를 깎는 선반공에게서, 땡볕에 지게질을 하고 밭을 가는 농부에게서 다 똑같이 흐뭇함과 거룩함을 발견하며 그래서 머리가 숙여진다.

그러나 앞서 봤듯이 모든 일이 '작업'으로서의 일은 아니다. 어떤 일은 부정적인 뜻으로서의 '고역'이기도 하다. 회초리를 맞으며 노예선을 젓는 노예들의 피땀 묻은 활동은 인간의 존엄성을 높이기는커녕 그들을 짓밟는 '고역'이다. 위생적으로나 육체적으로 견디기 어려운 조건하에 타당치 않게 박한 보수를 받고 무리한 노동을 팔아야만 하는 일은 마땅히 없어져야 할 고역이다.

작업으로서의 일과 고역으로서의 일의 구별은 단순히 지적 노고와 육체적 노고의 차이에 의해서 결정되지 않는다. 한 학자가 하는 지적인 일도 경우에 따라 고역의 가장 나쁜 예가 될 수 있다. 반대로 육체적으로 극히 어려운 일도 경우에 따라 작업의 가장 좋은 예가 될 수 있다. 작업으로서의 일과 고역으로서의 일을 구별하는 근본적 기준은 그것이 인간의 존엄성을 높이는 것이냐, 아니면 타락시키는 것이냐에 있다.

– 박이문, 일

① 작업과 고역은 생산 활동이라는 목적을 지닌 노동이다.
② 작업은 자의적 노동이고, 고역은 타의적 노동이다.
③ 작업은 창조적 노동이고, 고역은 기계적 노동이다.
④ 작업은 인간의 존엄성을 높이고, 고역은 인간의 존엄성을 타락시킨다.
⑤ 작업은 지적 노동이고, 고역은 육체적 노동이다.

현재와 미래의 철도를 조명하기 위해서는 과거의 철도 모습과 상황을 잘 정리하고, 이를 해석해야 한다.

철도의 역사를 거슬러 올라가면, 1829년 영국 리버풀의 레인 힐에서는 리버풀과 맨체스터 사이를 어떤 기관차가 달릴 것인가를 결정하기 위한 시합이 벌어졌다. 로버트 스티븐슨이 제작한 로켓호가 시합에서 우승하였고, 이후 1803년 시속 48km로 13t의 화물을 싣고 운행한 로켓호가 리버풀 ~ 맨체스터 상업용 철도의 출발점이 되었다.

1899년 9월 18일에 운행을 시작한 우리나라 철도는 1910년 일제강점기하에 타율적으로 운영되었고, 1917년부터 1925년까지 남만주철도주식회사에 의해 위탁 경영되었다. 1945년 해방 이후 1963년부터는 철도청이 운영하였고, 2004년에 철도공사가 출범하게 되었다.

고속철도의 역사를 보면 1964년 일본에서 신칸센이 개통되었고, 유럽에서는 프랑스와 독일에서 TGV와 ICE가 개통되었다. 고속철도가 개통되면서 철도는 다시 한번 부흥기를 맞이하였으며, 이제 친환경 수단으로서 교통혁명의 주역으로 자리 잡고 있다. 우리나라도 2004년에 고속철도가 개통되어 우리나라의 국토와 교통에 큰 변화를 주고 있다.

철도는 다양한 기능을 가진 교통수단으로 여러 가지 측면에서 사회 · 경제적으로 영향을 미쳤다. 철도를 통한 사회변화는 마치 로마의 도로가 유럽에 영향을 미친 것과 비교할 수 있으며, 당시의 변화는 고속철도가 개통되면서 사회에 영향을 미친 것과 유사한 면이 있다. 기원전 312년부터 시작하여 유럽 전역에 건설된 약 85,000km의 로마 시대 도로는 군사적인 목적뿐만 아니라 국제무역, 경제교류 활성화, 문화교류 확대 등에 큰 영향을 미쳤다. 고속철도의 경우에도 신속한 사람과 물자의 이동을 통한 경제교류 활성화 등 거의 동일한 현상을 보이고 있다. 기술적인 측면에서도 신속한 이동을 목적으로 직선으로 설계된 점, 유지보수 비용을 최소화하는 기술이 적용된 점, 6m 이상의 노선 폭으로 설계된 점 등 많은 공통점을 가지고 있다.

우리나라는 경부선의 개통으로 지역 간 이동이 빨라졌고, 국토 공간 구조가 크게 변화하였다. 영국의 한 지리학자 견문기에 따르면 1894년 당시 서울 ~ 부산 간의 이동에는 약 14일이 소요되었다고 한다. 그러나 경부선이 개통되면서 서울 ~ 부산 간의 이동 시간은 약 11시간으로 감소하였다.

1905년에는 경부선, 1906년에는 경의선, 1914년에는 호남선, 1914년에는 경원선이 개통됨에 따라 X자형의 종단철도망이 완성되었고, 이러한 철도망의 영향으로 우리나라는 종축의 철도망을 중심으로 발전하기 시작하였다. 또한 당시 서울 ~ 용인 ~ 충주 ~ 조령 ~ 문경 ~ 대구 ~ 밀양 ~ 부산의 도로노선과 철도노선을 비교해 볼 때, 철도노선이 충청북도를 지나지 않고 대전 방향으로 통과함에 따라 그간 교통의 요충지였던 충주와 청주보다 대전을 중심으로 발전하기 시작하였다. 따라서 철도망이 지나는 서울 ~ 대전 ~ 김천 ~ 대구 ~ 부산 축이 우리나라 국토발전의 중심축으로 자리 잡기 시작하였다.

이러한 경부 축 중심의 발전은 인구와 철도 <u>수송양 / 수송량</u>, 도시 발전에서 확연하게 드러나고 있다. 상주는 철도망으로부터 소외되어 발전이 멈춘 대표적인 도시의 하나이다. 상주는 조선 시대 경상도의 도청이 있던 곳으로, 1928년 통계를 보면 상주의 인구는 24,000명, 김천 13,000명, 안동 10,000명, 문경 2,000명, 예천 5,000명으로 상주는 그 지역의 중심이었다. 그러나 경부선이 김천을 경유함에 따라 김천이 발전하기 시작하였고, 2013년 상주의 인구는 10.3만 명, 김천 13.5만 명이 되었다.

철도와 고속철도의 개통을 통해 철도에 대한 다양한 학문적인 연구가 진행되었다. 철도와 관련된 학문에 관련해서는 교통학뿐만 아니라 역사학, 과학사, 건축학, 경영사, 기술사 등에 큰 영향을 미치고 있으며, 이와 관련해서 좋은 책들이 출판되고 있다.

03 다음 중 철도의 발전이 우리나라에 미친 영향으로 적절하지 않은 것은?

① 사회·경제적 영향
② 도시 인구의 변화
③ 해외 수출의 증가
④ 관련 도서 출판
⑤ 관련 학문 분야의 확대

04 밑줄 친 단어 중 맞춤법이 옳은 것을 고르고, 이와 동일한 규칙이 적용된 단어들로 바르게 연결된 것은?

① 수송량 – 강수량, 생산량, 구름량
② 수송량 – 독서량, 생산량, 구름량
③ 수송량 – 독서량, 강수량
④ 수송양 – 독서양, 강수양
⑤ 수송양 – 생산양, 구름양

05 다음 중 제시문의 내용을 보충할 수 있는 자료로 옳지 않은 것은?

① 〈로마제국의 도로와 고속철도의 비교〉

구분	로마 시대 도로	고속철도
전체거리	85,000km(AD 200년)	17,502km(2000년)
영향력	군사, 정치, 문화, 경제, 기술면에서 큰 영향력, 특히 무역에 큰 공헌	정치, 문화, 경제, 기술면에서 큰 영향력
특징	직선, 훌륭한 배수시설로 유지보수 비용 최소화, 폭은 20 ~ 23피트(약 6미터)	직선, 슬라브 궤도 등으로 유지보수 비용 최소화, 여유 공간 합한 폭 6미터 이상

② 〈교통망과 통행시간의 변화〉

구분	철도 개통 이전 교통망(도로)	철도 개통 이후 교통망(철도)
노선	서울 ~ 용인 ~ 충주 ~ 조령 ~ 문경 ~ 대구 ~ 밀양 ~ 부산	서울 ~ 수원 ~ 천안 ~ 대전 ~ 김천 ~ 대구 ~ 부산
소요시간	14일	11시간

③ 〈철도개통과 인구 변화〉

구분	상주	김천
초기인구(A)	24,000명(1928년)	13,000명(1928년)
최근인구(B)	10.3만 명(2013년)	13.5만 명(2013년)
B/A	4.3	10.0
철도개통	1924년(경북선)	1905년(경부선)

④ 〈각국의 철도박물관 현황〉

박물관명	운영주체와 영업개시일	건설비 및 규모	특징
한국 의왕 철도박물관	철도공사 소유 1988년	- 부지면적 8,495평 - 건물면적 1,451평	- 연간 29만 명 방문 - 10,387점의 유물 소장
영국 요크 국립 철도박물관	국립철도박물관 1925년	- 부지면적 24,500평	- 연간 70만 명 방문 - 300만 점의 유물 보관
중국 베이징 철도박물관	국립철도박물관 2002년	- 부지면적 47,575평 - 건물면적 6,212평	- 교외 위치로 증기기관차 등의 차량 위주 보존

⑤ 〈철도와 관련된 저서들〉

분야	저서명	저자	특징
철도 정책	철도의 르네상스를 꿈꾸며(2004) 철도정책론(2009)	서선덕 외 김동건 외	- 철도부흥과 각국철도 - 철도 정책의 제시
역사	일제침략과 한국철도(2004) 조선교통사(2012)	정재정 철도문화재단	- 일제강점기 철도 특징 - 일제강점기 철도 소개
고속철도	고속철도시스템의 이해(1999)	김선호	- 고속철도의 기술적 이해

06 다음 글을 읽은 독자의 반응으로 적절하지 않은 것은?

> 인간이 말하고 듣는 의사소통의 과정을 통하여 자신이 전달하고자 하는 바를 표현하고 상대방의 말을 잘 이해하며, 서로 좋은 관계를 형성하고 지속해 나가기 위해서 지켜야 할 기본적인 규칙을 음성언어 의사소통의 원리라고 한다. 원활한 음성언어 의사소통을 위해 필요한 기본 원리로는 공손성, 적절성, 순환성, 관련성이 있다.
>
> 공손성의 원리는 음성언어 의사소통에서 상대방에게 부담을 적게 주고, 상대방을 존중해 주는 표현과 태도를 지키는 것을 말한다. 공손성의 원리는 언어가 정보를 전달하는 기능 이외에 의사소통 참여자 사이의 사회적 관계 형성에도 기여한다는 것에 근거하여 설정된 것이다. 공손성의 원리가 효과적인 인간관계를 형성하고 유지할 수 있는 것은 이것이 바로 인간의 내적 욕구를 충족시켜 주는 행위이기 때문이다. 공손성의 원리는 좋은 인간관계 형성이라는 사회적 기능뿐만 아니라 언어 표현의 효과성도 만족시킨다. 그러나 의사소통 참여자 사이의 인간관계에 맞지 않는 지나친 공손함은 오히려 상대를 향한 빈정거림의 표현이 되므로 의사소통의 걸림돌이 될 수 있다.
>
> 적절성의 원리는 음성언어 의사소통의 상황, 목적, 유형에 맞는 담화 텍스트의 형식과 내용으로 표현되어야 한다는 것이다. 음성언어 의사소통에서 발화되는 담화 텍스트가 적절성의 원리를 만족한다는 것은 발화된 담화 텍스트가 상황과 표현 의도에 맞게 상대에게 받아들여질 수 있는, 텍스트적 요인을 만족하는 형태로 표현된 것을 의미한다.
>
> 순환성의 원리는 음성언어 의사소통의 상황에 맞게 참여자의 역할이 원활하게 교대되고 정보가 순환되어 의사소통의 목적이 달성되는 것을 말한다. 말하기와 듣기의 연속적 과정인 음성언어 의사소통에서 참여자의 역할이 적절히 분배되고 교환되지 않으면 일방적인 의사 표현과 수용이 되므로 효과적인 의사소통을 기대하기 어렵다.
>
> 음성언어 의사소통에서 듣기는 상대방이 전달하려는 의미를 재구성하는 적극적인 과정이다. 관련성의 원리는 의사소통 참여자가 상대방이 발화한 담화 텍스트의 의미를 상대방의 의도에 따라 재구성하여 이해하는 것을 말한다. 발화문의 의미와 의도된 의미가 일치하지 않는 경우 참여자는 담화 맥락을 이해하고, 추론을 통해 대화의 함축을 찾으려는 적극적인 자세를 지녀야 한다.

① 상대방이 부담을 느끼지 않도록 요청하면서 정중한 표현을 사용해야겠어.

② 무언가를 지시할 때는 추상적인 표현보다 실행 가능한 구체적인 행동을 이야기해야겠어.

③ 상대방이 말을 하던 중이더라도 대화 주제에 대한 생각이 떠오른다면 까먹기 전에 바로 이야기해야 해.

④ 앞으로는 내 이야기만 주장하지 않고 상대방의 이야기도 귀 기울여 듣도록 노력해야겠어.

⑤ 상대방의 이야기를 들을 때는 상대방의 의도를 파악하면서 의미를 이해하는 것이 좋겠어.

07 다음 밑줄 친 ㉠~㉢이 적용된 사례 중 방법이 다른 하나는?

> 대부분의 사람들은 자연 현상이나 사회 현상에 인과 관계가 존재한다고 생각한다. 인과적 사고는 이와 같이 어떤 일이 발생하면 거기에는 원인이 있을 것이라는 생각에서 비롯되었다. 이러한 맥락에서 원인을 찾아내는 방법을 밝혀내고자 한 사람으로 19세기 중엽 영국의 철학자 존 스튜어트 밀이 있다. 그는 원인을 찾아내는 몇 가지 방법을 제안하였다.
>
> ㉠ 일치법은 어떤 결과가 발생한 여러 경우들에 공통적으로 선행하는 요소를 찾아 그것을 원인으로 간주하는 방법이다. 가령 수학여행을 갔던 ○○고등학교의 학생 다섯 명이 장염을 호소하였다고 하자. 보건 선생님이 이 학생들을 불러서 먹은 음식이 무엇인지 조사해보았다. 다섯 명의 학생들이 제출한 자료를 본 선생님은 이 학생들이 공통적으로 먹은 유일한 음식이 돼지고기라는 사실을 알게 되었다. 이때 선생님이 돼지고기가 장염의 원인이라고 결론을 내리는 것이 바로 일치법을 적용한 예이다.
>
> ㉡ 차이법은 결과가 나타난 사례와 나타나지 않은 사례를 비교하여 선행하는 요소들 사이의 유일한 차이를 찾아 그것을 원인으로 추론하는 방법이다. 인도네시아의 연구소에 근무하던 에이크만은 사람의 각기병과 유사한 증상을 보이는 닭의 질병을 연구하고 있었다. 어느 날 그는 병에 걸린 닭들 중에서 병이 호전된 한 마리의 닭을 발견하고는 호전의 원인이 무엇인지를 찾아보고자 하였다. 그 결과 병이 호전된 닭과 호전되지 않은 닭들의 모이에서 나머지는 모두 같았으나 유일한 차이가 현미에 있음을 알게 되었다. 즉, 병이 호전되지 않은 닭들은 채소, 고기, 백미를 먹었으나 병이 호전된 닭은 추가로 현미를 먹었던 것이다. 이렇게 모이의 차이를 통해 닭의 병이 호전된 원인을 현미에서 찾은 에이크만의 사례는 바로 차이법을 적용한 예이다.
>
> ㉢ 일치차이병용법은 일치법과 차이법을 결합한 것으로 어떤 결과가 나타나는 둘 또는 그 이상의 사례에서 한 가지 공통된 요소가 존재하고, 그 결과가 나타나지 않는 둘 또는 그 이상의 사례에서는 그러한 요소가 존재하지 않을 때, 그것을 원인으로 간주하는 방법이다.

① 시력이 1.5 이상인 사람들을 조사한 결과 모두 토마토를 자주 먹는다는 것이 밝혀졌다. 그러자 시력이 좋지 않은 사람들이 토마토를 먹기 시작했다.

② A시에서는 전염병이 발생하였고, 전염병에 감염된 사람들은 모두 돼지 농장에서 일한 사람들이었다. 방역 당국은 전염병이 돼지로부터 발병되었다는 결론을 내렸다.

③ 사고 다발 구간을 시속 40km/h 이하로 지나간 500대의 차량을 조사한 결과, 단 한 차례의 사고도 일어나지 않았다. 결국 사고 다발 구간에서는 차량의 속도가 40km/h 이하일 때 교통사고 발생률이 0이 된다는 것을 알아냈다.

④ 1반 학생들과 2반 학생들의 지구력을 측정한 결과 1반 학생들의 지구력이 월등히 높았다. 알고 보니 1반 학생들은 매일 아침 운동장을 달렸지만, 2반 학생들은 아무 것도 하지 않았다. 결국 달리기가 지구력 향상에 탁월한 효과를 보인다는 결론을 내렸다.

⑤ 유치원에서는 외출 후 반드시 손을 씻어야 한다는 규칙을 만들어 아이들에게 알려주었다. 아이들이 손 씻기를 생활화하자 유치원에서는 단 한 명의 감기 환자도 발생하지 않았다. 아이들은 손 씻기가 감기를 예방한다는 것을 깨닫게 되었다.

08 다음 중 밑줄 친 ㉠ ~ ㉤에 대한 퇴고 방법으로 옳지 않은 것은?

퇴고의 중요성은 백 번 천 번 강조해도 지나치지 않는다. 습작이란 퇴고의 기술을 익히는 행위인지도 모른다. 그렇다고 ㉠ 퇴고가 외면을 화려하게 만들기 위한 덧칠이 되어서는 안 된다. 진실을 은폐하기 위한 위장술이 되어서도 안 된다. 퇴고를 글쓰기의 마지막 마무리 단계라고 생각하면 오산이다. 퇴고는 ㉡ 글쓰기의 처음이면서 중간이면서 마지막이면서 그 모든 것이다.

시라고 해서 우연에 기댄 착상과 표현을 시의 전부라고 여기면 바보다. 처음에 번갯불처럼 떠오른 생각만이 시적 진실이라고 오해하지 마라. 퇴고가 시적 진실을 훼손하거나 은폐한다고 제발 바보 같은 생각 좀 하지 마라. 처음에 떠오른 '시상' 혹은 '영감'이라는 것은 식물로 치면 씨앗에 불과하다. 그 씨앗을 땅에 심고 물을 주면서 싹이 트기를 기다리는 일, 햇볕이 잘 들게 하고 거름을 주는 일, 가지가 쑥쑥 자라게 하고 푸른 잎사귀를 무성하게 매달게 하는 일, 그 다음에 열매를 맺게 하는 일… 그 모두를 퇴고라고 생각하라.

내가 쓴 시에 내가 취하고 감동해서 가까스로 펜을 내려놓고 잠자리에 들 때가 있다. 습작기에 자주 경험했던 일이다. 한 편의 시를 멋지게 완성하고 뿌듯한 마음으로 잠든 것까지는 좋았는데 그 이튿날 일어나서 밤늦게까지 쓴 그 시를 다시 읽어보았을 때의 낭패감! 시가 적힌 노트를 찢어버리고 싶고, 혹여 누가 볼세라 태워버리고 싶은 마음이 불같이 일어날 때의 그 화끈거림! 나 자신의 재주 없음과 무지에 대한 자책!

당신도 아마 그런 시간을 경험한 적 있을 것이다. 지금 생각해보면 습작기에 있는 사람에게는 그런 시간이 참으로 소중하다는 것을 느낀다. 한 편의 시를 퇴고하면서 그 시에 눈멀고 귀먹어 버린 자가 겪게 되는 참담한 기쁨이 바로 그것이다. 퇴고를 하는 과정에 시에 너무 깊숙하게 침윤되어 잠시 넋을 시에게 맡겨버린 결과다(사랑에 빠진 사람을 콩깍지 씌었다고 하는 것처럼). 그러나 그렇게 시에 감염되어 있는 동안 당신의 눈은 밝아졌고, 실력이 진일보했다고 생각하라. 하룻밤 만에 객관적인 시각으로 자신의 시를 볼 수 있는 눈으로 변화를 한 것이다.

시를 고치는 일을 두려워하지 마라. 밥 먹듯이 고치고, 그렇게 고치는 일을 즐겨라. 다만 서둘지는 마라. 설익은 시를 무작정 고치려고 대들지 말고 ㉢ 가능하면 시가 뜸이 들 때까지 기다려라. 석 달이고 삼 년이고 기다려라. 그리고 시를 어느 정도 완성했다고 생각하는 그 순간, ㉣ 주변에 있는 사람에게 시를 보여줘라. 시에 대해서 잘 아는 전문가가 아니어도 좋다. 농부도 좋고 축구선수도 좋다. 그들을 스승이라고 생각하고 잠재적 독자인 그들의 말씀에 귀를 기울여라. 이규보도 "다른 사람의 시에 드러난 결점을 말해 주는 일은 부모가 자식의 흠을 지적해 주는 일과 같다."고 했다. 누군가 결점을 말해 주면 다 들어라. 그러고 나서 또 고쳐라.

"글은 다듬을수록 빛이 난다. 절망하여 글을 쓴 뒤, 희망을 가지고 고친다."고 한 이는 소설가 한승원이다. 니체는 "피로써 쓴 글"을 좋아한다고 했고, 〈혼불〉의 작가 최명희는 "원고를 쓸 때면 손가락으로 바위를 뚫어 글씨를 새기는 것만 같다."고 말했다. 시를 고치는 일은 옷감에 바느질을 하는 일이다. ㉤ 끊임없이 고치되, 그 바느질 자국이 도드라지지 않게 하라. 꿰맨 자국이 보이지 않는 천의무봉의 시는 퇴고에서 나온다는 것을 명심하라.

---

① ㉠ : 번지르르한 표현을 사용하지 않는다.
② ㉡ : 퇴고는 글쓰기의 전 과정에서 일어난다.
③ ㉢ : 글을 객관적으로 바라볼 수 있는 시간을 두고 퇴고한다.
④ ㉣ : 예상 독자를 고려하여 퇴고한다.
⑤ ㉤ : 새로운 단어나 문장을 추가하지 않는다.

09 다음 글에 나타난 ㉠ ~ ㉢의 입장에 대한 설명으로 옳지 않은 것은?

> 언어학자들에 의하면 인간 고유의 언어 능력은 독특한 양상으로 발달한다. 아이의 언어 발달을 관찰해 보면 주변에서 듣는 말을 모방하는 듯 따라하기도 하고, 때로는 올바른 표현을 외면한 채 자신의 말을 계속 반복하는 행동을 보이기도 한다.
>
> 아이의 언어 습득 이론에 영향을 준 사상으로는 크게 경험론과 선험론을 들 수 있다. 경험론은 1960년대 현대 언어학이 출범하기 이전 특히 ㉠ 레너드 블룸필드와 스키너를 중심으로 발달한 이론으로, 인간의 행동은 환경에 주어진 경험적 자료에 접하여 연상 작용을 일으켜 지식을 획득한다는 이론이다. 블룸필드는 인간의 선험적 능력을 겨우 몇 가지만 인정할 뿐 지식은 거의 모두 경험 자료에서 비롯된다고 가정한다. 아동은 단어나 표현을 익히는 과정에서 어느 정도는 어른의 말을 모방하거나 반복하곤 한다. 또한 어른은 아동에게 의도적으로 꾸준히 가르치는 장면을 할 때가 있다. 가령 많은 부모들은 '빠이빠이(Bye-bye)'나 '감사합니다', '안녕하세요' 등의 일상 표현이나 새로운 단어들을 아동에게 열심히 가르치려 노력한다.
>
> 경험론을 반박하는 학자들은 경험보다는 선험적인 지식의 역할을 강조한다. ㉡ 노엄 촘스키는 합리주의 사상에 영향을 받아 보다 구체적이고 주로 언어 지식에 한정된 '선험론'을 발전시켜 왔다. 선험론자들은 인간 고유의 탁월한 창조성을 강조하면서 경험론에서 중요시하는 학습 효과는 인정하지 않는다. 선험론에 의하면 인간은 체계적인 가르침을 받지 않고도 언어 규칙을 무의식적으로 내면화할 수 있는 능력을 갖고 있을 뿐만 아니라 언어의 토대를 이루는 어휘 범주와 기능 범주 및 기본 원리원칙 등을 선험적으로 갖고 있다고 한다. 즉, 언어 습득은 환경의 영향이 아니라 선험적으로 주어진 언어 구조적 지식에 의거한 것이라고 주장한다.
>
> 민족의 언어와 성격 사이의 관계를 강조한 ㉢ 빌헬름 폰 훔볼트는 언어가 민족의 정신세계를 드러내고 세계관을 반영한다고 주장한다. 훔볼트에 따르면 한 민족의 사고방식이나 세계를 보는 눈이 다른 민족과 다른 이유는 사용하는 언어 구조가 서로 다르기 때문이다. 언어는 민족과 상황에 따라서 다르게 만들어진다. 언어를 통해서만 사고가 가능하므로, 개인의 사고방식과 세계관은 언어 구조에 의해 결정된다. 사고 과정이나 경험 양식은 언어에 의존하므로 언어가 다르면 사고와 경험의 양식도 달라지기 때문이다.

① ㉠ : 아이의 언어 습득은 부모의 가르침과 같은 경험에 의해 결정된다.
② ㉠ : 아이는 부모의 언어를 모방함으로써 언어를 습득한다.
③ ㉡ : 아이는 문법을 학습하지 않아도 자연스럽게 언어를 습득한다.
④ ㉡ : 태어난 아이는 백지와 같으므로 일련의 과정을 통해 언어를 습득할 수 있다.
⑤ ㉢ : 아이는 언어를 습득할 때 언어를 통해 중재된 세계관을 함께 습득한다.

10 다음 글을 읽고 알 수 있는 내용으로 가장 적절하지 않은 것은?

> 스마트시티란 크게는 첨단 정보통신기술을 이용해 도시 생활 속에서 유발되는 교통 문제, 환경 문제, 주거 문제,
> 시설 비효율 등을 해결하여 시민들이 편리하고 쾌적한 삶을 누릴 수 있도록 한 '똑똑한 도시'를 뜻한다. 하지만,
> 각국 경제 및 발전 수준, 도시 상황과 여건에 따라 매우 다양하게 정의 및 활용되고, 접근 전략에도 차이가 있다.
> 스페인의 경우, 2013년 초부터 노후된 바르셀로나 도시 중심지 본 지구를 재개발하면서 곳곳에 사물 인터넷 기술을
> 기반으로 한 '스마트시티' 솔루션을 시범 운영했다. 이 경험을 바탕으로 바르셀로나 곳곳이 스마트 환경으로 변화하
> 고 있다. 가장 성공적인 프로젝트 중 하나는 센서가 움직임을 감지하여 에너지를 절약하는 스마트 LED 조명을 광범
> 위하게 설치한 것이다. 이 스마트 가로등은 무선 인터넷의 공유기 역할을 하는 동시에 소음 수준과 공기 오염도를
> 분석하여 인구 밀집도까지 파악할 수 있다. 아울러 바르셀로나는 원격 관개 제어를 설치해 분수를 원격으로 제어하
> 고, 빌딩을 스마트화해 에너지 모니터링을 시행하고 있다. 또 주차 공간에 차가 있는지 여부를 감지하는 센서를 설
> 치한 '스마트 주차'를 도입하기도 했다.
> 또한, 항저우를 비롯한 중국의 여러 도시들은 블록체인 기술을 사물인터넷과 디지털 월렛 등에 적용하여 페이퍼리
> 스 사회를 구현하고 있다. 알리바바의 알리페이를 통해 항저우 택시의 98%, 편의점의 95% 정도에서 모바일 결제가
> 가능하며, 정부 업무, 차량, 의료 등 60여 종에 달하는 서비스를 이용할 수 있다.
> 우리나라도 2021년 입주를 목표로 세종과 부산에 스마트시티 국가 시범도시를 조성하고 있다. 세종에서는 인공지
> 능, 블록체인 기술을 기반으로 한 도시를 조성해 모빌리티, 헬스케어, 교육, 에너지환경, 거버넌스, 문화쇼핑, 일자
> 리 등 7대 서비스를 구현한다. 이곳에서는 자율주행 셔틀버스, 전기공유차 등을 이용할 수 있고 개인 맞춤형 의료
> 서비스 등을 받을 수 있다. 또 부산에서는 고령화, 일자리 감소 등의 도시문제에 대응하기 위해 로봇, 물관리 관련
> 신사업을 육성한다. 로봇이 주차를 하거나 물류를 나르는 등 일상생활에서 로봇 서비스를 이용할 수 있고 첨단 스마
> 트 물 관리 기술을 적용해 한국형 물 특화 도시모델을 구축한다.

① 각 국에 따라 스마트시티에서 활용되는 기능을 다를 수 있다.
② 스페인의 스마트시티에서는 직접 인구조사를 하지 않더라도 인구 밀집도를 파악할 수 있다.
③ 스페인의 스마트시티에서는 '스마트 주차' 기능을 통해 대리주차가 가능하다.
④ 중국의 스마트시티에서는 지갑을 가지고 다니지 않더라도 일부 서비스를 이용할 수 있다.
⑤ 맞춤형 의료 서비스가 필요한 환자의 경우 부산보다는 세종 스마트시티가 더 적절하다.

11 다음 글의 내용과 일치하는 것은?

우리는 물놀이를 할 때는 구명조끼, 오토바이를 탈 때는 보호대를 착용한다. 이외에도 각종 작업 및 스포츠 활동을 할 때 안전을 위해 보호 장치를 착용하는데, 위험성이 높을수록 이러한 안전장치의 필요성이 높아진다. 특히 자칫 잘못하면 생명을 위협할 수 있는 송배전 계통에선 감전 등의 전기사고를 방지하기 위한 안전장치가 필요한데 그중에 하나가 '접지'이다. 접지란, 감전 등의 전기사고 예방 목적으로 전기회로 또는 전기기기, 전기설비의 어느 한쪽을 대지에 연결하여 기기와 대지와의 전위차가 0V가 되도록 하는 것으로 전류는 전위차가 있을 때에만 흐르므로 접지가 되어있는 전기회로 및 설비에는 사람의 몸이 닿아도 감전되지 않게 된다.

접지를 하는 가장 큰 목적은 사람과 가축의 감전을 방지하기 위해서이다. 전기설비의 전선 피복이 벗겨지거나 노출된 상태에서 사람이나 가축이 전선이나 설비의 케이스를 만지면 감전사고로 인한 부상 및 사망 등의 위험이 높아지기 때문이다. 접지의 또 다른 목적 중 하나는 폭발 및 화재방지이다. 마찰 등에 의한 정전기 발생 위험이 있는 장치 및 물질을 취급하는 전기설비들은 자칫하면 정전기 발생이 화재 및 폭발로 이어질 수 있기 때문에 정전기 발생을 사전에 예방하기 위해 접지를 해둬야 한다. 그 외에도 송전선으로부터 인근 통신선의 유도장애 방지, 전기설비의 절연파괴 방지에 따른 신뢰도 향상 등을 위해 접지를 사용하기도 한다.

접지방식에는 비접지방식, 직접 접지방식, 저항 접지방식, 리액터 접지방식이 있다. 비접지방식의 경우 접지를 위해 중성점에 따로 금속선을 연결할 필요는 없으나, 송배전 계통의 전압이 높고 선로의 전압이 높으면 송전선로, 배전선로의 일부가 대지와 전기적으로 연결되는 지락사고를 발생시킬 수 있는 것이 단점이다. 반대로 우리나라에서 가장 많이 사용하는 직접 접지방식은 중성점에 금속선을 연결한 것으로 절연비를 절감할 수 있지만, 금속선을 타고 지락전류가 많이 흐르므로 계통의 안정도가 나쁘다.

그 밖에도 저항 접지방식은 중성점에 연결하는 선의 저항 크기에 따라 고저항 접지방식과 저저항 접지방식이 있으며, 접지 저항이 너무 작으면 송배전선 인근 통신선에 유도장애가 커지고, 반대로 너무 크면 평상시 대지전압이 높아진다.

리액터 접지방식도 저항 접지방식과 같이 임피던스의 크기에 따라 저임피던스 접지방식과 고임피던스 접지방식이 있고, 임피던스가 너무 작으면 인근 통신선에 유도장애가 커지고, 너무 크면 평상시 대지 전압이 높아진다.

이처럼 각 접지 종류별로 장단점이 있어 모든 전기사고를 완벽히 방지할 수는 없기에, 더 안전하고 완벽한 접지에 대한 연구의 필요성이 높아진다.

① 위험성이 낮을 경우 안전장치는 필요치 않게 된다.
② 전기사고를 방지하는 안전장치는 접지 외에도 다양한 방법들이 있다.
③ 전위차가 없더라도 전류가 흐를 수도 있다.
④ 접지를 하지 않으면 정전기가 발생한다.
⑤ 중성점에 연결하는 선의 저항 크기와 임피던스의 크기는 상관관계가 있다.

12 다음 중 (가) ~ (라)를 문맥에 맞게 순서대로 배열한 것은?

> 서울에 사는 주부 김 씨는 세탁기나 청소기 등의 가전기기를 사용하기 전에 집안에 설치된 원격검침을 꼭 확인한다. 하루 중 전기료가 가장 저렴한 시간에 가전기기를 사용해 비용을 조금이라도 줄이고자 함이다.
>
> (가) 이를 활용하여 전력 공급자는 전력 사용 현황을 실시간으로 파악하여 공급량을 탄력적으로 조절할 수 있고, 전력 소비자는 전력 사용 현황을 실시간으로 파악함으로써 이에 맞게 요금이 비싼 시간대를 피하여 사용 시간과 사용량을 조절할 수 있게 되는 것이다.
>
> (나) 비현실적으로 들리는 이 사례들은 이제 우리의 일상이 될 수 있다. 이미 스마트폰을 이용해 외부에서 원격으로 집 안의 가전기기를 조작하고, 사물인터넷을 이용해 어떤 가전기기가 언제 전기를 가장 많이 쓰는지도 스마트폰 하나로 파악할 수 있는 시대이기 때문이다.
>
> (다) 비슷한 사례로 직업상 컴퓨터 사용이 많은 웹디자이너 강 씨 역시 전기료가 가장 저렴한 심야 시간을 활용해 작업을 하다 보니 어느새 낮과 밤이 바뀌는 지경에 이르렀다.
>
> (라) 이러한 사물인터넷과 스마트그리드가 정착이 되면 미래의 전기 사용 패턴은 지금과 완전히 달라질 것이다. 기존에 발전 – 송전 – 배전 – 판매의 단계로 이루어지던 단방향 전력망이 전력 공급자와 소비자의 양방향 실시간 정보교환이 가능해지는 지능형 전력망으로 변화되기 때문이다.

① (가) – (나) – (다) – (라)   ② (가) – (다) – (나) – (라)
③ (나) – (다) – (가) – (라)   ④ (다) – (나) – (가) – (라)
⑤ (다) – (나) – (라) – (가)

※ 다음은 스마트 스테이션에 관한 자료이다. 다음 자료를 보고 이어지는 질문에 답하시오. [13~14]

서울 지하철 2호선에 '스마트 스테이션'이 본격 도입된다. 서울교통공사는 현재 분산되어 있는 분야별 역사 관리 정보를 정보통신기술(ICT)을 기반으로 통합·관리할 수 있는 '스마트 스테이션'을 내년(2021년) 3월까지 2호선 50개 전 역사에 구축한다고 밝혔다.

스마트 스테이션은 올해 4월 지하철 5호선 군자역에서 시범 운영됐다. 그 결과 순회 시간이 평균 28분에서 10분으로 줄고, 돌발 상황 시 대응 시간이 평균 11분에서 3분으로 단축되는 등 안전과 보안, 운영 효율이 향상된 것으로 나타났다.

스마트 스테이션이 도입되면 3D맵, IoT센서, 지능형 CCTV 등이 유기적으로 기능하면서 하나의 시스템을 통해 보안, 재난, 시설물, 고객서비스 등 통합적인 역사 관리가 가능해진다. 3D맵은 역 직원이 역사 내부를 3D 지도로 한 눈에 볼 수 있어 화재 등의 긴급 상황이 발생했을 때 신속 대응에 도움을 준다. 지능형 CCTV는 화질이 200만 화소 이상으로 높고, 객체 인식 기능이 탑재되어 있어 제한구역의 무단침입이나 역사 화재 등이 발생했을 때 실시간으로 알려준다. 지하철 역사 내부를 3차원으로 표현함으로써 위치별 CCTV 화면을 통한 가상순찰도 가능하다.

서울교통공사는 기존 통합 모니터링 시스템을 개량하는 방식으로 2호선 내 스마트 스테이션의 도입을 추진한다. 이와 관련해 지난달 L통신사 컨소시엄과 계약을 체결하였다. 이번 계약에는 군자역에 적용된 스마트 스테이션 기능을 보완하는 내용도 들어 있다. 휠체어를 자동으로 감지하여 역 직원에게 통보해주는 기능을 추가하는 등 교통약자 서비스를 강화하고, 직원이 역무실 밖에서도 역사를 모니터링할 수 있도록 모바일 버전을 구축하는 것이 주요 개선사항이다.

서울교통공사는 2호선을 시작으로 점진적으로 전 호선에 스마트 스테이션 도입을 확대해 나갈 예정이다. 또 스마트 스테이션을 미래형 도시철도 역사 관리 시스템의 표준으로 정립하고, 향후 해외에 수출할 수 있도록 기회를 모색해 나갈 계획이라고 밝혔다.

〈스마트 스테이션의 특징〉

• 역무실 공백 상태가 줄어든다.
• 상황 대응이 정확하고 빨라진다.
• 출입관리가 강화된다.

〈일반 CCTV와 지능형 CCTV의 특징〉

구분	일반 CCTV	지능형 CCTV
특징	사람이 영상을 항시 감시·식별	영상분석 장치를 통해 특정 사람, 사물, 행위 등을 인식
장단점	– 유지보수가 용이함 – 24시간 모니터링 필요 – 모니터링 요원에 의해 사건·사고 인지	– 정확한 식별을 통한 관리의 용이성 – 자동화된 영상분석 장치를 통해 특정 상황 발생 시 알람 등을 이용해 관제요원에게 통보 – 개발이 어려움

| 서울교통공사

13 다음 중 기사문의 내용과 일치하는 것은?

① 스마트 스테이션은 2020년 말까지 2호선 전 역사에 구축될 예정이다.
② 스마트 스테이션은 2019년 4월에 처음으로 시범 운영되었다.
③ 현재 5호선 군자역에서는 분야별 역사 관리 정보를 통합하여 관리한다.
④ 현재 군자역의 직원은 역무실 밖에서도 모바일을 통해 역사를 모니터링할 수 있다.
⑤ 2호선에 도입될 스마트 스테이션에는 새롭게 개발된 통합 모니터링 시스템이 적용된다.

14 다음 중 일반 역(스테이션)의 특징으로 옳지 않은 것은?

① 스마트 스테이션에 비해 순찰 시간이 짧다.
② 스마트 스테이션에 비해 운영비용이 많이 든다.
③ 스마트 스테이션에 비해 돌발 상황에 대한 대응 시간이 길다.
④ 스마트 스테이션에 비해 더 많은 인력이 필요하다.
⑤ 스마트 스테이션에 비해 사건·사고 등을 실시간으로 인지하기 어렵다.

15 다음은 스마트 스테이션의 3D맵이다. 다음을 보고 판단한 내용으로 옳지 않은 것은?

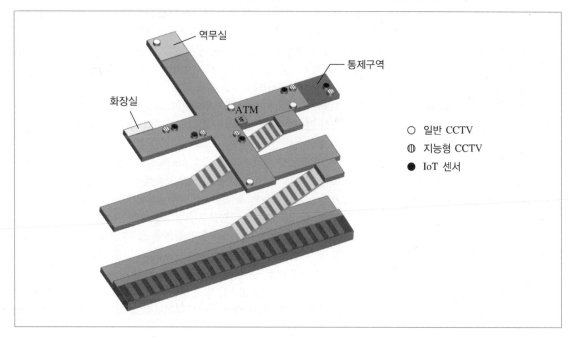

① 역무실의 CCTV는 고장이 나더라도 유지보수가 용이하다.
② ATM기 오른편의 CCTV보다 맞은편의 CCTV를 통해 범죄자 얼굴을 쉽게 파악할 수 있다.
③ 역 내에 지능형 CCTV와 IoT센서는 같이 설치되어 있다.
④ 통제 구역의 CCTV는 침입자를 실시간으로 알려준다.
⑤ 역무실에서는 역 내의 화장실 주변에 대한 가상순찰이 가능하다.

※ 다음은 철도국의 2020년 예산안에 관한 글이다. 다음 글을 읽고 이어지는 질문에 답하시오. [16~17]

<h3 style="text-align:center">〈철도국 2020년 예산안〉</h3>

국토교통부는 철도망 확충을 통한 지역 균형 발전과 촘촘한 철도안전 기반 조성을 위해 2020년 철도국 예산 정부안을 지난해(5.3조 원) 대비 19.3% 증가한 6.3조 원으로 편성하였다.

철도국 2020년 예산안은 고속·일반 철도 등 6개 분야(프로그램) 총 68개 세부사업으로 구성하였으며, 이 중 철도 부문 5개 분야 예산은 건설공사 설계, 착수 및 본격 추진, 안전 강화 등을 위한 필수 소요를 반영하여 증액 편성하였다. 특히 노후화된 철도시설 개량, 부족한 안전·편의시설에 대한 수요 증가 등으로 철도안전 분야 예산을 큰 폭으로 증액(10,360억 원 → 15,501억 원)하였다. 한편 예비타당성조사 면제사업의 조속한 추진 등을 위해 9개 사업을 신규로 선정하여 775억 원을 편성하였으며, 2020년에는 익산 ~ 대야 복선전철 등 5개 노선을 개통할 계획이다.

철도국 2020년 예산안의 주요 특징을 살펴 보면, 먼저 수도권 교통 혼잡 해소를 위한 GTX - A·B·C 등의 노선을 본격 추진할 예정이다. 수도권 내 만성적인 교통난으로 인한 시민 불편을 획기적으로 개선하기 위해 수도권광역급행철도(GTX) 및 신안산선 등 광역철도 건설사업의 차질 없는 추진을 위한 적정 소요를 반영하여 관련 예산을 3,650억 원에서 4,405억 원으로 증액하였다. GTX는 지하 40m 이하의 대심도로 건설하여 평균 약 100km/h로 운행하는 신개념 고속전철 서비스로, 수도권 외곽지역에서 서울 도심까지 30분 내로 이동이 가능하다. 경기 서북부와 서울 도심, 경기 동남부를 가로지르는 GTX - A노선(파주 운정 ~ 동탄)의 경우 착공 후 현장 공사 추진 중으로, 2020년 공사 본격 추진을 위한 보상비, 건설보조금 등으로 1,350억 원을 편성하였다. 수도권 동북부와 남부지역을 잇는 GTX - C노선(양주 덕정 ~ 수원)은 예비타당성조사 통과 후 기본계획수립 중으로, 2020년 민간투자시설사업기본계획(RFP) 수립 등을 위해 10억 원이 신규 반영되었다. 아울러 지난 8월 서부 수도권과 동부 수도권을 횡으로 연결하는 GTX - B노선(송도 ~ 남양주 마석)의 예비타당성 조사 통과로 GTX 3개 노선의 사업 추진이 확정됨에 따라 신·구도심 간 균형 발전 촉진뿐만 아니라 수도권 교통지도 개편 및 노선 간 네트워크 효과를 기대하고 있다.

다음으로 노후시설 개량, 안전시설 확충 등을 위한 철도안전 투자가 강화되었다. 노후 철도시설 개량을 확대하고 시설 안전 관리 및 생활 안전 지원을 강화하기 위해 10,360억 원에서 15,501억 원으로 안전 투자를 확장 편성하였다. 이를 통해 시설 노후화로 각종 안전사고가 빈발하는 도시철도(서울·부산)의 노후 시설물 개량 지원을 414억 원에서 566억 원으로 확대하고, 이용객 편의를 도모하기 위해 노후 철도역사(282억 원, 신규)의 개량을 지원할 예정이다. 또한 시설물을 안전하게 관리하고 장애 발생 시 보다 신속히 대처할 수 있도록 IoT 기반 원격제어, 센서 등을 활용한 스마트 기술도 도입된다. 철도 이용객 안전을 위한 스크린도어 등 승강장 안전시설, 건널목 안전설비, 선로 무단횡단 사고 예방을 위한 방호 울타리 설치 등 생활 안전시설의 확충을 지원할 예정이다. 한편 철도차량 및 철도시설 이력 관리 정보시스템 구축에 대한 지원도 41억 원에서 94억 원으로 확대했다. 철도차량 고장으로 인한 운행장애 건수 감소를 위해 철도차량의 전 생애주기 관리를 위한 정보망을 구축하고, 철도시설물의 이력, 상태, 속성 정보 등을 통합 관리함으로써 적정 유지보수 및 교체 주기 등을 산출하여 시설물 안전 및 유지관리의 최적화를 구현할 예정이다.

국토교통부 철도국장은 "철도국 2020년 예산은 _____ 철도안전에 집중·확대 투자했으며, 예비타당성 조사 면제사업, GTX 등 철도 네트워크 확충을 위한 예산도 적정 소요를 반영했다."고 밝혔다.

16 다음 중 글의 내용과 일치하지 않는 것은?

① 철도국의 2020년 예산은 지난해보다 1조 원이 증가하였다.

② 철도국 2020년 예산안에서는 철도안전 분야 예산이 약 49.6% 증가하였다.

③ 철도국 2020년 예산안에서는 GTX – C노선의 RFP 수립을 위해 예산을 새로 편성하였다.

④ 철도국 2020년 예산안에서는 노후 시설물 개량을 위한 예산을 새로 편성하였다.

⑤ 철도국 2020년 예산안에서는 철도차량 및 철도시설 이력 관리 정보시스템을 구축하기 위해 예산을 확대 편성하였다.

17 다음 중 빈칸에 들어갈 내용으로 가장 적절한 것은?

① 지역의 균형적인 발전을 위해

② 수도권의 교통난을 개선하기 위해

③ 노선 확장 공사의 차질 없는 추진을 위해

④ 잦은 열차 지연으로 낮아진 고객의 신뢰도 향상을 위해

⑤ 예상치 못한 철도안전 사고 등을 선제적으로 예방하기 위해

※ 다음은 국가유공자의 대상요건과 국가유공자 및 가족등록신청에 관한 자료이다. 다음 자료를 읽고 이어지는 질문에 답하시오. [18~20]

Ⅰ. 대상요건
  1. 전몰군경
     • 군인이나 경찰공무원으로서 전투 또는 이에 준하는 직무수행 중 상이를 입고 사망하신 분
     • 군무원으로서 1959년 12월 31일 이전에 전투 또는 이에 준하는 직무수행 중 사망하신 분
  2. 전상군경
     • 군인이나 경찰공무원으로서 전투 또는 이에 준하는 직무수행 중 상이를 입고 전역하거나 퇴직하신 분으로서 그 상이정도가 국가보훈처장이 실시하는 신체검사에서 상이등급 1급 내지 7급으로 판정된 분
     • 군무원으로서 1959년 12월 31일 이전에 전투 또는 이에 준하는 직무수행 중 상이를 입고 퇴직하신 분으로서 그 상이정도가 국가보훈처장이 실시하는 신체검사에서 상이등급 1급 내지 7급으로 판정된 분
  3. 순직군경
     • 군인이나 경찰·소방 공무원으로서 국가의 수호·안전보장 또는 국민의 생명, 재산 보호와 직접적인 관련이 있는 직무수행이나 교육훈련 중 사망하신 분(질병으로 사망하신 분 포함)
     • 소방공무원은 국가유공자 예우법 개정 시행일인 2011년 6월 30일 이후 사망하신 분부터 적용(2011년 6월 29일 이전은 화재구조구급 업무와 관련 사망하신 분만 순직군경에 준하여 보상)
  4. 공상군경
     • 군인이나 경찰·소방 공무원으로서 국가의 수호·안전보장 또는 국민의 생명·재산 보호와 직접적인 관련이 있는 직무수행이나 교육훈련 중 상이를 입고 전역하거나 퇴직하신 분으로서 그 상이정도가 국가보훈처장이 실시하는 신체검사에서 상이등급 1급 내지 7급으로 판정된 분
  5. 무공수훈자
     무공훈장(태극, 을지, 충무, 화랑, 인헌)을 받으신 분(공무원 또는 군인 등은 전역 또는 퇴직하신 분만 해당)

Ⅱ. 등록대상 유가족 및 가족요건
  1. 배우자(1순위)
     사실상의 배우자(사실혼 관계의 배우자를 말함)를 포함(배우자 및 사실상의 배우자가 독립유공자와 혼인 또는 사실혼 후 당해 독립유공자외의 자와 사실혼 중에 있거나 있었던 경우는 제외)
  2. 자녀(2순위)
     양자는 국가유공자가 직계비속이 없어 입양한 자 1인에 한하여 자녀로 봄
  3. 부모(3순위)
     • 국가유공자를 양육하거나 부양한 사실이 있는 경우에 한함
     • 부의 배우자와 생모, 모의 배우자와 생부가 각각인 때에는 국가유공자를 주로 부양한 자 1인을 모·부로 인정
     • 부모 중 국가유공자를 주로 부양 또는 양육한 자가 우선 함
  4. 성년인 직계비속이 없는 조부모(4순위)
     • 성년인 직계비속이 없는 것으로 보는 경우
       − 국가유공자 등 예우 및 지원에 관한 법률 시행령 별표2의 장애인
       − 현역병으로서 의무복무기간 중에 있는 자

Ⅲ. 국가유공자 및 유가족 등록신청

1. 등록신청대상
   - 국가유공자가 되고자 하는 본인
   - 국가유공자 유족 및 가족이 되고자 하는 분

2. 접수기관
   - 주소지 관할 보훈청 보상과

3. 처리기간
   - 20일(전몰・전상군경, 순직・공상군경, 순직・공상공무원, 4・19혁명 부상・사망자 등)
   - 14일(무공・보국수훈자 및 4・19혁명 공로자에 한함)

4. 구비서류
   - 본인
     - 등록신청서 1부
     - 병적증명서나 전역증(군인이 아닌 경우 경력증명서)
     - 가족관계기록사항에 관한 증명서 1통, 입양관계증명서 1통
     - 주민등록표등본 1통(담당 공무원이 행정정보의 공동이용을 통하여 확인하는 것에 동의하면 제출생략)
     - 반명함판 사진 1매(상이자는 2매)
   - 유족
     - 등록신청서 1부
     - 병적증명서나 전역증(군인이 아닌 경우 경력증명서)
     - 고인의 제적등본(사망일자 확인) 1통
     - 신청인의 가족관계 기록사항에 관한 증명서, 입양관계증명서, 혼인관계증명서(배우자인 경우) 각 1통
     - 신청인의 반명함판 사진 1매
   - 구비서류_개별서류
     - 전몰・전상군경, 순직・공상군경, 순직・공상공무원 : 국가유공자 등 요건관련확인서 발급신청서, 부상 또는 사망입증서류 각 1부
     - 무공수훈자, 보국수훈자 또는 4・19혁명 공로자 : 무공훈장증, 보국훈장증 또는 건국포장증 원본 또는 수훈사실확인서(행정자치부 발급) 1통
     - 4・19혁명사망자・부상자 : 4・19혁명 참가확인서 및 4・19혁명으로 인한 사망 또는 부상 확인서류 각 1통
     - 사실상의 배우자임을 입증할 수 있는 경위서 또는 증빙서류(사실상의 배우자에 한함)
     - 부양 또는 양육한 사실을 입증할 수 있는 서류(부양 또는 양육한 사실을 입증할 필요가 있는 자에 한함)

5. 민원신청방법
   - 방문 또는 우편

18 다음 〈보기〉에서 국가유공자의 유형이 바르게 연결된 것을 모두 고르면?

> **보기**
>
> ㄱ. 1950년 8월 21일 전투 중 군무원으로 참전하여 사망한 A – 전몰군경
> ㄴ. 2011년 8월 2일 소방 공무원으로서 대형 화재를 진압하고 다수의 국민을 구출하는 직무를 수행하던 중 얻은 폐질환으로 인해 사망한 B – 전상군경
> ㄷ. 해군 장교로 복무 중 인헌 훈장을 받고 현재 전역한 C – 무공수훈자
> ㄹ. 군인으로서 해외에 파병되어 전투 중 상이를 입고 전역하였으며, 국가보훈처장이 실시하는 신체검사에서 상이등급 3급으로 판정된 D – 순직군경

① ㄱ, ㄴ   ② ㄱ, ㄷ
③ ㄴ, ㄷ   ④ ㄴ, ㄹ

19 다음 중 국가유공자 혹은 유족으로서 혜택을 받을 수 없는 사람은?

① 전상군경와 법률혼 관계를 10년 이상 유지하다가 이혼한 후 타인과 재혼한 배우자
② 순직군경에 해당되는 자를 부양해 온 유일한 자녀인 입양자녀
③ 무공수훈자와 현재까지 혼인신고를 하지 않고 동거를 하며 사실혼 상태에 있는 배우자
④ 공상군경인 아버지를 생전에 부양해 온 친자녀

20 다음은 A에 대한 상황이다. 다음 중 국가유공자 혜택을 받기 위해 A가 제출해야 하는 서류가 아닌 것은?

> **〈상황〉**
>
> • A의 아버지는 경찰공무원으로서 1968년 1·21사태 당시 전투 중 사망하였다.
> • A의 어머니는 아버지와 법률혼 관계를 유지하다가 2년 전 사망하였다.
> • A는 2020년 10월 20일에 아버지에 대하여 전몰군경으로 유공자 신청 및 자신에 대하여 유공자 유족 등록을 하고자 한다.

① 등록신청서 1부
② 아버지의 병적증명서 1부
③ 사망일자가 확인 가능한 고인의 제적등본 1부
④ A의 어머니의 혼인관계증명서 1통

21 다음은 상반기 및 하반기에 보도되었던 국민건강보험공단의 채용관련 자료 중 일부이다. 자료를 보고 서술한 내용으로 적절하지 않은 것은?

국민건강보험, 올해 상반기 신규직원 458명 채용

국민건강보험공단은 '코로나19' 사태로 위축된 채용시장에 활기를 불어넣고 사회적 가치를 실현하기 위해 상반기 신규 직원 458명을 채용한다고 밝혔다. 채용인원 458명 중 일반 채용 393명, 사회형평적 채용 65명(장애인 15명, 국가유공자 50명)을 채용할 계획으로, 원서접수는 4. 2(목)부터 4. 16(목)까지이며, 이후 서류심사, 필기, 면접시험을 거쳐 선발된 최종합격자는 7. 20(월) 임용될 예정이다.

전년도 채용과 달라지는 점은 모집지역이 6개 지역본부에서 14개 지역으로 세분화되고, 기존 자격기준인 모집지역에서 3년 이상 거주 또는 최종학력 소재지 응시자격을 없앴다는 것이다. 또한, 근무조건을 모집지역 5년 이상 근무하는 것으로 하여 지원자 본인은 생활권을 고려하여 지원해야 할 것으로 보인다.

국민건강보험공단은 현재 코로나19 사태와 관련, 안전한 채용을 위해 고사장 사전·사후 방역은 물론 마스크 착용, 발열확인 등 안전 대책방안을 수립하여 철저히 대비하여 추진할 것이나, 앞으로의 코로나19 확산추이 및 정부의 지침에 따라서는 필기시험 및 면접일정은 변경될 수도 있다고 보도했다.

국민건강보험, 올해 하반기 신규직원 465명 채용

국민건강보험공단은 '코로나19'로 위축된 채용시장에 활기를 불어넣고 공단의 직무역량에 맞는 전문성 있는 신규직원 465명을 채용한다고 밝혔다.

채용인원 465명 중 일반채용 345명, 사회형평적 채용 120명(고졸 70명, 국가유공자 50명)을 채용할 계획으로, 원서 접수는 8. 13(목)부터 8. 27(목)까지이며 상반기와 달리 채용 지원서를 온라인 접수로만 진행하기로 하였다. 또 하반기 채용에서는 사회배려계층인 한부모가정과 북한이탈주민까지 우대가점 대상을 확대하였다. 이후 서류심사, 필기, 면접시험을 거쳐 선발된 최종합격자는 12월에 임용될 예정이다.

모집지역은 상반기 채용과 동일하게 14개 지역이며, 근무조건 또한 모집지역 내에서 5년 이상 근무하는 것으로 이 역시 상반기와 동일하다.

국민건강보험공단은 '코로나19' 감염을 대비하여 상반기 신규직원 채용을 안전하게 치른 경험을 바탕으로 고사장 사전·사후 방역은 물론 마스크 착용, 발열확인 등 철저한 안전 대책방안을 수립하여 대비할 것이라고 밝혔다.

---

① 상반기 대비 하반기의 전체 채용 인원은 증가하였지만, 일반 채용인원은 감소하였다.
② 국가유공자 채용인원은 상반기와 하반기가 동일하다.
③ 하반기보다는 상반기에 사회적 가치실현에 더 중점을 두었다.
④ 하반기 지원 역시 지원자 본인의 생활권을 고려하여 지원해야 할 것이다.

22 다음은 한국수력원자력의 원전용 리튬이온전지 개발 승인관련 자료이다. 자료에 대한 내용으로 옳지 않는 것은?

> 한국수력원자력은 대한전기협회로부터 원자력발전소 비상 리튬이온전지 사용을 위한 기술기준 승인을 받았다고 밝혔다.
> 원자력발전소는 전기가 끊어졌을 때를 대비해 비상용으로 납축전지를 사용해 왔는데, 전원 차단으로 발생한 후쿠시마 원전 사고 이후 비상용 전지의 용량 확대 필요성이 제기돼 왔다. 이번에 기술기준 승인을 받은 리튬이온전지 용량은 납축전지의 2 ~ 3배에 달해 원전 안전성에 크게 기여할 것으로 평가받고 있다.
> 한수원 중앙연구원은 자체 R&D로 2013년부터 2016년까지 원전에 사용할 리튬이온전지의 성능과 안전성에 대한 시험을 수행해 왔다. 그 결과 4개의 기술기준을 세계 최초로 개발했고, 2017년 대한전기협회로부터 이 기술기준들을 전력산업기술기준으로 채택하는 최종 승인을 받았다.
> 전력산업기술기준(KEPIC)이란 안전한 전력생산을 위해 ASME, IEEE 같은 국제 전기표준에 맞춰 1995년 제정한 국내기술기준으로, 원자력발전소의 경우 신고리 1, 2호기 건설부터 적용 중이다.

① 리튬이온전지 기술개발을 위해서는 승인이 필요하다.
② 전원 차단이 없었다면, 후쿠시마 원전 사고는 일어나지 않았을 수도 있다.
③ 리튬이온전지 용량이 클수록 안전성도 커진다.
④ 한국수력원자력은 리튬이온전지를 세계 최초로 개발하였다.
⑤ 국내기술기준은 해외의 영향을 받았다.

23 다음 빈칸에 들어갈 사자성어로 가장 적절한 것은?

> _____은 중국 노(魯)나라 왕이 바닷새를 궁 안으로 데려와 술과 육해진미를 권하고 풍악과 무희 등으로 융숭한 대접을 했지만, 바닷새는 어리둥절하여 슬퍼하며 아무것도 먹지 않아 사흘 만에 죽었다는 일화에서 유래하였다. 장자는 노나라 왕의 이야기를 통해 아무리 좋은 것이라도 상대방의 입장을 고려하지 않으면 실패할 수밖에 없다는 것을 비유적으로 표현하였다.

① 노심초사(勞心焦思)   ② 견강부회(牽強附會)
③ 설참신도(舌斬身刀)   ④ 이청득심(以聽得心)
⑤ 경전하사(鯨戰蝦死)

24 다음은 키덜트(Kidult)에 대한 정의이다. 이에 대한 설명으로 옳지 않은 것은?

> 키덜트란 키드와 어덜트의 합성어로 20 ~ 40대의 어른이 되었음에도 불구하고 여전히 어린이의 분위기와 감성을 간직하고 추구하는 성인들을 일컫는 말이다. 한때 이들은 책임감 없고 보호받기만을 바라는 '피터팬증후군'이라는 말로 표현되기도 하였으나, 이와 달리 키덜트는 각박한 현대인의 생활 속에서 마음 한구석에 어린이의 심상을 유지하는 사람들로 긍정적인 이미지를 가지고 있다.
> 이들의 특징은 무엇보다 진지하고 무거운 것 대신 유치하고 재미있는 것을 추구한다는 점이다. 예를 들면 대학생이나 직장인들이 엽기토끼 같은 앙증맞은 인형을 가방이나 핸드폰에 매달고 다니는 것, 회사 책상 위에 인형을 올려놓는 것 등이다. 키덜트들은 이를 통해 얻은 영감이나 에너지가 일에 도움이 된다고 한다.
> 이렇게 생활하면 정서 안정과 스트레스 해소에 도움이 된다는 긍정적인 의견이 나오면서 키덜트 특유의 감성이 반영된 트렌드가 유행하고 있다. 기업들은 키덜트족을 타깃으로 하는 상품과 서비스를 만들어내고 있으며, 엔터테인먼트 쇼핑몰과 온라인 쇼핑몰도 쇼핑과 놀이를 동시에 즐기려는 키덜트족의 욕구를 적극 반영하고 있는 추세이다.

① 키덜트의 나이도 범위가 존재한다.
② 피터팬증후군과 키덜트는 혼용하여 사용한다.
③ 키덜트는 현대사회와 밀접한 관련이 있다.
④ 키덜트도 시장의 수요자의 한 범주에 속한다.
⑤ 키덜트의 행위가 긍정적인 영향을 끼치기도 한다.

25 다음 중 밑줄 친 단어의 띄어쓰기가 올바른 것은?

① 어찌나 금방 품절되던지 나도 <u>열 번만에</u> 겨우 주문했어.
② 둘째 아들이 벌써 <u>아빠 만큼</u> 자랐구나.
③ 이번 일은 직접 나서는 <u>수밖에</u> 없다.
④ <u>너 뿐만</u> 아니라 우리 모두 노력해야 한다.

1

PART

의사소통능력 in PSAT

※ NCS 기출유형확인은 2017 ~ 2019년 주요 공기업의 NCS 필기시험 기출복원문제로 구성하였습니다.

☑ 확인 Check! ○ △ ×

01 다음 글을 읽고 이해한 내용으로 적절하지 않은 것은?

> 녹차와 홍차는 모두 카멜리아 시넨시스(Camellia Sinensis)라는 식물에서 나오는 찻잎으로 만든다. 공정과정에 따라 녹차와 홍차로 나뉘며, 재배지 품종에 따라서도 종류가 달라진다. 이처럼 같은 잎에서 만든 차일지라도 녹차와 홍차가 가지고 있는 특성에는 차이가 있다.
>
> 녹차와 홍차는 발효방법에 따라 구분된다. 녹차는 발효과정을 거치지 않은 것이며, 반쯤 발효시킨 것은 우롱차, 완전히 발효시킨 것은 홍차가 된다. 녹차는 찻잎을 따서 바로 솥에 넣거나 증기로 쪄서 만드는 반면, 홍차는 찻잎을 먼저 햇볕이나 그늘에서 시들게 한 후 천천히 발효시켜 만든다. 녹차가 녹색을 유지하는 반면에 홍차가 붉은색을 띠는 것은 녹차와 달리 높은 발효과정을 거치기 때문이다.
>
> 이러한 녹차와 홍차에는 긴장감을 풀어주고 마음을 진정시키는 L-테아닌(L-theanine)이라는 아미노산이 들어 있는데, 이는 커피에 들어 있지 않은 성분으로 진정효과와 더불어 가슴 두근거림 등의 카페인(Caffeine) 각성 증상을 완화하는 역할을 한다. 또한, 항산화 효과가 강력한 폴리페놀(Polyphenol)이 들어 있어 심장 질환 위험을 줄일 수 있다는 장점도 있다. 한 연구에 따르면, 녹차는 콜레스테롤 수치를 낮춰 심장병과 뇌졸중으로 사망할 위험을 줄이는 것으로 나타났다. 홍차 역시 연구 결과, 하루 두 잔 이상 마실 경우 심장발작 위험을 44% 정도 낮추는 효과를 보였다.
>
> 한편, 홍차와 녹차 모두에 폴리페놀 성분이 들어 있지만 그 종류는 다르다. 녹차는 카테킨(Catechin)이 많이 들어 있는 것으로 유명하지만 홍차는 발효과정에서 카테킨의 함량이 어느 정도 감소한다. 이 카테킨에는 EGCG(Epigall-ocatechin-3-gallate)가 많이 들어 있어 혈중 콜레스테롤 수치를 낮춰 동맥경화 예방을 돕고, 신진대사의 활성화와 지방 배출에 효과적이다. 홍차는 발효과정에서 생성된 테아플라빈(Theaflavins)을 가지고 있는데, 이 역시 혈관 기능을 개선하며, 혈당 수치를 감소시키는 것으로 알려져 있다. 연구에 따르면 홍차에 든 테아플라빈 성분이 인슐린과 유사작용을 보여 당뇨병을 예방하는 효과를 보이는 것으로 나타났다.
>
> 만약 카페인에 민감한 경우라면 홍차보다 녹차를 선택하는 것이 좋다. 카페인의 각성효과를 완화해주는 L-테아닌이 녹차에 더 많기 때문이다. 녹차에도 카페인이 들어 있지만, 커피와 달리 심신의 안정 효과와 스트레스 해소에 도움을 줄 수 있는 것은 이 때문이다. 또한, 녹차의 떫은맛을 내는 카테킨 성분은 카페인을 해독하고 흡수량을 억제하기 때문에 실제 카페인의 섭취량보다 흡수되는 양이 적다.

① 카멜리아 시넨시스의 잎을 천천히 발효시키면 붉은색을 띠겠구나.

② 녹차를 마셨을 때 가슴이 두근거리는 현상이 커피를 마셨을 때보다 적게 나타나는 이유는 L-테아닌 때문이야.

③ 녹차와 홍차에 들어 있는 폴리페놀이 심장 질환 위험을 줄이는 데 도움을 줘.

④ 녹차에 들어 있는 테아플라빈이 혈중 콜레스테롤 수치를 낮추는 역할을 하는구나.

⑤ 녹차가 떫은맛이 나는 이유는 카테킨이 들어 있기 때문이야.

02 다음 빈칸에 들어갈 내용으로 가장 적절한 것은?

> 스마트팩토리는 인공지능(AI), 사물인터넷(IoT) 등 다양한 기술이 융합된 자율화 공장으로, 제품 설계와 제조, 유통, 물류 등의 산업 현장에서 생산성 향상에 초점을 맞췄다. 이곳에서는 기계, 로봇, 부품 등의 상호 간 정보 교환을 통해 제조 활동을 하고, 모든 공정 이력이 기록되며, 빅데이터 분석으로 사고나 불량을 예측할 수 있다.
>
> 스마트팩토리에서는 컨베이어 생산 활동으로 대표되는 산업 현장의 모듈형 생산이 컨베이어를 대체하고 IoT가 신경망 역할을 한다. 센서와 기기 간 다양한 데이터를 수집하고, 이를 서버에 전송하면 서버는 데이터를 분석해 결과를 도출한다. 서버는 AI 기계학습 기술이 적용돼 빅데이터를 분석하고 생산성 향상을 위한 최적의 방법을 제시한다.
>
> 스마트팩토리의 대표 사례로는 고도화된 시뮬레이션 '디지털 트윈'을 들 수 있다. 이는 데이터를 기반으로 가상공간에서 미리 시뮬레이션하는 기술이다. 시뮬레이션을 위해 빅데이터를 수집하고 분석과 예측을 위한 통신·분석 기술에 가상현실(VR), 증강현실(AR)과 같은 기술을 얹는다. 이를 통해 산업 현장에서 작업 프로세스를 미리 시뮬레이션하고, VR·AR로 검증함으로써 실제 시행에 따른 손실을 줄이고, 작업 효율성을 높일 수 있다.
>
> 한편 '에지 컴퓨팅'도 스마트팩토리의 주요 기술 중 하나이다. 에지 컴퓨팅은 산업 현장에서 발생하는 방대한 데이터를 클라우드로 한 번에 전송하지 않고, 에지에서 사전 처리한 후 데이터를 선별해서 전송한다. 서버와 에지가 연동해 데이터 분석 및 실시간 제어를 수행하여 산업 현장에서 생산되는 데이터가 기하급수로 늘어도 서버에 부하를 주지 않는다. 현재 클라우드 컴퓨팅이 중앙 데이터센터와 직접 소통하는 방식이라면 에지 컴퓨팅은 기기 가까이에 위치한 일명 '에지 데이터 센터'와 소통하며, 저장을 중앙 클라우드에 맡기는 형식이다. 이를 통해 데이터 처리 지연 시간을 줄이고 즉각적인 현장 대처를 가능하게 한다.
>
> 이러한 스마트팩토리의 발전은 _____ 최근 선진국에서 나타나는 주요 현상 중의 하나는 바로 '리쇼어링'의 가속화이다. 리쇼어링이란 인건비 등 각종 비용 절감을 이유로 해외에 나간 자국 기업들이 다시 본국으로 돌아오는 현상을 의미하는 용어이다. 2000년대 초반까지는 국가적 차원에서 세제 혜택 등의 회유책을 통해 추진되어왔지만, 스마트팩토리의 등장으로 인해 자국 내 스마트팩토리에서의 제조 비용과 중국이나 멕시코와 같은 제3국에서 제조 후 수출하는 비용에 큰 차이가 없어 리쇼어링 현상은 더욱 가속화되고 있다.

① 공장의 제조 비용을 절감시키고 있다.
② 공장의 세제 혜택을 사라지게 하고 있다.
③ 공장의 위치를 변화시키고 있다.
④ 수출 비용을 줄이는 데 도움이 된다.
⑤ 공장의 생산성을 높이고 있다.

03 다음은 Y공단의 문서작성에 대한 자료이다. 〈보기〉의 ㉠∼㉤ 중 수정이 필요하지 않은 것은?

〈문서작성 원칙〉

① 문서는 「국어기본법」 제3조 제3호에 따른 어문규범에 맞게 한글로 작성하되, 뜻을 정확하게 전달하기 위하여 필요한 경우에는 괄호 안에 한자 또는 그 밖의 외국어를 함께 적을 수 있으며, 특별한 사유가 없으면 가로로 쓴다.

② 문서의 내용은 간결하고 명확하게 표현하고 일반화되지 않은 약어와 전문용어 등의 사용을 피하여 이해하기 쉽게 작성하여야 한다.

③ 문서에는 음성정보나 영상정보 등이 수록되거나 연계된 바코드 등을 표기할 수 있다.

④ 문서에 쓰는 숫자는 특별한 사유가 없으면 아라비아 숫자를 쓴다.

⑤ 문서에 쓰는 날짜는 숫자로 표기하되, 연·월·일의 글자는 생략하고 그 자리에 온점(.)을 찍어 표시하며, 시·분은 24시각제에 따라 숫자로 표기하되, 시·분의 글자는 생략하고 그 사이에 쌍점(:)을 찍어 구분한다.

⑥ 문서에 다른 서식 등이 첨부되는 경우에는 본문의 내용이 끝난 줄 다음에 "붙임" 표시를 하고 첨부물의 명칭과 수량을 적되, 첨부물이 두 가지 이상인 경우에는 항목을 구분하여 순서대로 표시하여야 한다.

⑦ 본문의 마지막에는 다음 각 호에 따라 "끝" 표시 등을 한다.

　1. 본문의 내용(본문에 붙임이 있는 경우에는 붙임을 말한다)의 마지막 글자에서 한 글자 띄우고 "끝" 표시를 한다. 다만, 본문의 내용이나 붙임에 적은 사항이 오른쪽 한계선에 닿은 경우에는 다음 줄의 왼쪽 한계선에서 한 글자 띄우고 "끝" 표시를 한다.

　2. 제1호에도 불구하고, 본문의 내용이 표 형식으로 끝나는 경우에는 표의 마지막 칸까지 작성되면 표 아래 왼쪽 한계선에서 한 글자를 띄운 후 "끝" 표시를 하고, 표의 중간까지만 작성된 경우에는 "끝" 표시를 하지 않고 마지막으로 작성된 칸의 다음 칸에 "이하 빈칸"으로 표시한다.

보기

Y공단

수신자　○○○ 부장

(경유)

제목　○○행사 진행 관련 업무협조 요청

1. ㉠ 2019년 08월 29일 진행하는 ○○행사 진행 관련 업무협조를 요청합니다.

2. 행사는 ㉡ 09시 30분부터 18시 30분까지 진행되며 세부 일정이 변경되었습니다.

3. 행사 참여자는 ㉢ 단톡방에 참여하여 안내를 받으시기 바랍니다.

4. 자세한 내용은 ㉣ 행사진행계획표를 참고해주시기 바랍니다.　끝.

㉤ 붙임. 행사진행계획표 1부.　끝.

Y공단 이사장

기안자 ○○○   검토자 ○○○   결재권자 ○○○

협조자 ○○○

시행   ○○부-○○○○(2019.00.00)   접수   ○○부-○○○○(2019.00.00)
우   주소   / 홈페이지 주소
전화(000)000-0000 전송(000)000-0000 / 기안자의 공식 전자우편주소 / 공개

① ㉠   ② ㉡
③ ㉢   ④ ㉣
⑤ ㉤

☑ 확인 Check! ○△✕

04 다음 글에서 ㉠ ~ ㉤의 수정 방안으로 적절하지 않은 것은?

> 동양의 산수화에는 자연의 다양한 모습을 대하는 화가의 개성 혹은 태도가 ㉠<u>드러나</u> 있는데, 이를 표현하는 기법 중의 하나가 준법이다. 준법(皴法)이란 점과 선의 특성을 활용하여 산, 바위, 토파(土坡) 등의 입체감, 양감, 질감, 명암 등을 나타내는 기법으로 산수화 중 특히 수묵화에서 발달하였다.
> 수묵화는 선의 예술이다. 수묵화에서는 먹(墨)만을 사용하기 때문에 대상의 다양한 모습이나 질감을 ㉡<u>표현하는데</u> 한계가 있다. ㉢<u>거친 선, 부드러운 선, 곧은 선, 꺾은 선 등 다양한 선을 활용하여 대상에 대한 느낌, 분위기를 표현한다.</u> 이 과정에서 선들이 지닌 특성과 효과 등이 점차 유형화되어 발전된 것이 준법이다.
> 준법 가운데 보편적으로 쓰이는 것에는 피마준, 수직준, 절대준, 미점준 등이 있다. 일정한 방향과 간격으로 선을 여러 개 그어 산의 등선을 표현하여 부드럽고 차분한 느낌을 주는 것이 피마준이다. 반면 수직준은 선을 위에서 아래로 죽죽 내려 그어 강하고 힘찬 느낌을 주어 뾰족한 바위산을 표현할 때 주로 사용한다. 절대준은 수평으로 선을 긋다가 수직으로 꺾어 내리는 것을 반복하여 마치 'ㄱ'자 모양이 겹쳐진 듯 표현한 것이다. 이는 주로 모나고 거친 느낌을 주는 지층이나 바위산을 표현할 때 쓰인다. 미점준은 쌀알 같은 타원형의 작은 점을 연속적으로 ㉣<u>찍혀</u> 주로 비 온 뒤의 습한 느낌이나 수풀을 표현할 때 사용한다.
> ㉤<u>준법은 화가가 자연에 대해 인식하고 표현하는 수단이다.</u> 화가는 준법을 통해 단순히 대상의 외양뿐만 아니라 대상에 대한 자신의 느낌, 인식의 깊이까지 화폭에 그려내는 것이다.

① ㉠ – 문맥의 흐름을 고려하여 '들어나'로 고친다.
② ㉡ – 띄어쓰기가 올바르지 않으므로 '표현하는 데'로 고친다.
③ ㉢ – 문장을 자연스럽게 연결하기 위해 문장 앞에 '그래서'를 추가한다.
④ ㉣ – 목적어와 서술어의 호응 관계를 고려하여 '찍어'로 고친다.
⑤ ㉤ – 필요한 문장 성분이 생략되었으므로 '표현하는' 앞에 '인식의 결과를'을 추가한다.

05 다음 (가) ~ (라) 문단을 논리적으로 배열한 것은?

> (가) 초연결사회란 사람, 사물, 공간 등 모든 것들이 인터넷으로 서로 연결돼, 모든 것에 대한 정보가 생성 및 수집되고 공유·활용되는 것을 말한다. 즉, 모든 사물과 공간에 새로운 생명이 부여되고 이들의 소통으로 새로운 사회가 열리고 있는 것이다.
>
> (나) 최근 '초연결사회(Hyper Connected Society)'란 말을 주위에서 심심치 않게 들을 수 있다. 인터넷을 통해 사람 간의 연결은 물론 사람과 사물, 심지어 사물 간의 연결 등 말 그대로 '연결의 영역 초월'이 이뤄지고 있다.
>
> (다) 나아가 초연결사회는 단지 기존의 인터넷과 모바일 발전의 맥락이 아닌 우리가 살아가는 방식 전체, 즉 사회의 관점에서 미래사회의 새로운 패러다임으로 큰 변화를 가져올 전망이다.
>
> (라) 초연결사회에서는 인간 대 인간은 물론, 기기와 사물 같은 무생물 객체끼리도 네트워크를 바탕으로 상호 유기적인 소통이 가능해진다. 컴퓨터, 스마트폰으로 소통하던 과거와 달리 초연결 네트워크로 긴밀히 연결되어 오프라인과 온라인이 융합되고, 이를 통해 새로운 성장과 가치 창출의 기회가 증가할 것이다.

① (가) – (나) – (다) – (라)
② (가) – (나) – (라) – (다)
③ (나) – (가) – (다) – (라)
④ (나) – (가) – (라) – (다)
⑤ (다) – (나) – (가) – (라)

정답 및 해설 p.11

STEP **1** 기본문제

☑ 확인 Check! ○△✕

01 다음 글을 근거로 판단할 때, 〈보기〉에서 옳은 것만을 모두 고르면?

> 현대적 의미의 시력 검사법은 1909년 이탈리아의 나폴리에서 개최된 국제안과학회에서 란돌트 고리를 이용한 검사법을 국제 기준으로 결정하면서 탄생하였다. 란돌트 고리란 시력 검사표에서 흔히 볼 수 있는 C자형 고리를 말한다. 란돌트 고리를 이용한 시력 검사에서는 5m 거리에서 직경이 7.5mm인 원형 고리에 있는 1.5mm 벌어진 틈을 식별할 수 있는지 없는지를 판단한다. 5m 거리의 1.5mm이면 각도로 따져서 약 1′(1분)에 해당한다. 1°(1도)의 1/60이 1′이고, 1′의 1/60이 1″(1초)이다.
>
> 이 시력 검사법에서는 구분 가능한 최소 각도가 1′일 때를 1.0의 시력으로 본다. 시력은 구분 가능한 최소 각도와 반비례한다. 예를 들어 구분할 수 있는 최소 각도가 1′의 2배인 2′이라면 시력은 1.0의 1/2배인 0.5이다. 만약 이 최소 각도가 0.5′이라면, 즉 1′의 1/2배라면 시력은 1.0의 2배인 2.0이다. 마찬가지로 최소 각도가 1′의 4배인 4′이라면 시력은 1.0의 1/4배인 0.25이다. 일반적으로 시력 검사표에는 2.0까지 나와 있지만 실제로는 이보다 시력이 좋은 사람도 있다. A천문학자는 5″까지의 차이도 구분할 수 있었던 것으로 알려져 있다.

보기
ㄱ. 구분할 수 있는 최소 각도가 10′인 사람의 시력은 0.1이다.
ㄴ. 천문학자 A의 시력은 12인 것으로 추정된다.
ㄷ. 구분할 수 있는 최소 각도가 1.25′인 甲은 구분할 수 있는 최소 각도가 0.1′인 乙보다 시력이 더 좋다.

① ㄱ
② ㄱ, ㄴ
③ ㄴ, ㄷ
④ ㄱ, ㄷ
⑤ ㄱ, ㄴ, ㄷ

02 다음 글을 근거로 판단할 때 옳은 것은?

다산 정약용은 아전의 핵심적인 직책으로 향승(鄕丞)과 좌수(座首), 좌우별감(左右別監)을 들고 있다. 향승은 지방관서장인 현령의 행정보좌역이고, 좌수는 지방자치기관인 향청의 우두머리로 이방과 병방의 직무를 관장한다. 좌우별감은 좌수의 아랫자리인데, 좌별감은 호방과 예방의 직무를 관장하고, 우별감은 형방과 공방의 직무를 관장한다. 다산은 향승이 현령을 보좌해야 하는 자리이기 때문에 반드시 그 고을에서 가장 착한 사람, 즉 도덕성이 가장 높은 사람에게 그 직책을 맡겨야 한다고 하였다. 또한, 좌수는 그 자리의 중요성을 감안하여 진실로 마땅한 사람으로 얻어야 한다고 강조하였다. 좌수를 선발하기 위해 다산이 제시한 방법은 다음과 같다. 먼저 좌수후보자들에게 모두 종사랑(從仕郞)의 품계를 주고 해마다 공적을 평가해 감사나 어사로 하여금 식년(式年)에 각각 9명씩을 추천하게 한다. 그리고 그 가운데 3명을 뽑아 경관(京官)에 임명하면, 자신을 갈고 닦아 명성이 있고 품행이 바른 사람이 그 속에서 반드시 나올 것이라고 주장했다. 좌우별감을 선발할 때에도 역시 마땅히 쓸 만한 사람을 골라 정사를 의논해야 한다고 했다.

다산은 아전을 임명할 때, 진실로 쓸 만한 사람을 얻지 못하면 그저 자리를 채우기는 하되 정사는 맡기지 말라고 했다. 아울러 아첨을 잘하는 자는 충성스럽지 못하므로 이를 잘 살피도록 권고했다. 한편 다산은 문관뿐만 아니라 무관의 자질에 대해서도 언급하였다. 그에 따르면 무관의 반열에 서는 자는 모두 굳세고 씩씩해 적을 막아낼 만한 기색이 있는 사람으로 뽑되, 도덕성을 첫째의 자질로 삼고 재주와 슬기를 다음으로 해야 한다고 강조하였다.

※ 식년(式年) : 과거를 보는 시기로 정한 해

① 관직의 서열로 보면 좌우별감은 좌수의 상관이다.
② 다산이 주장하는 좌수 선발방법에 따르면, 향승은 식년에 3명의 좌수후보자를 추천한다.
③ 다산은 아전으로 쓸 만한 사람이 없을 때에는 자리를 채우지 말아야 한다고 하였다.
④ 다산은 경관 가운데 우수한 공적이 있는 사람에게 종사랑의 품계를 주어야 한다고 주장했다.
⑤ 다산은 무관의 자질로 재주와 슬기보다 도덕성이 우선한다고 보았다.

03 다음 글을 근거로 판단할 때, 〈보기〉에서 옳은 것만을 모두 고르면?

인류 역사상 불공정거래 문제가 나타난 것은 먼 옛날부터이다. 자급자족경제에서 벗어나 물물교환이 이루어지고 상업이 시작된 시점부터 불공정거래 문제가 나타났고, 법을 만들어 이를 규율하기 시작하였다. 불공정거래 문제가 법적으로 다루어진 것으로 알려진 최초의 사건은 기원전 4세기 아테네에서 발생한 곡물 중간상 사건이다. 기원전 388년 겨울, 곡물 수입 항로가 스파르타로부터 위협을 받게 되자 곡물 중간상들의 물량 확보 경쟁이 치열해졌고 입찰가격은 급등하였다. 이에 모든 곡물 중간상들이 담합하여 동일한 가격으로 응찰함으로써 곡물 매입가격을 크게 하락시켰고, 이를 다시 높은 가격에 판매하였다. 이로 인해 그들은 아테네 법원에 형사상 소추되어 유죄 판결을 받았다. 당시 아테네는 곡물 중간상들이 담합하여 일정 비율 이상의 이윤을 붙일 수 없도록 성문법으로 규정하고 있었으며, 해당 규정 위반 시 사형에 처해졌다.

곡물의 공정거래를 규율하는 고대 아테네의 성문법은 로마로 계승되어 더욱 발전되었다. 그리고 로마의 공정거래 관련법은 13세기부터 15세기까지 이탈리아의 우루비노와 피렌체, 독일의 뉘른베르크 등의 도시국가와 프랑스 등 중세 유럽 각국의 공정거래 관련법 제정에까지 영향을 미쳤다. 영국에서도 로마의 공정거래 관련법의 영향을 받아 1353년에 에드워드 3세의 공정거래 관련법이 만들어졌다.

> **보기**
>
> ㄱ. 인류 역사상 불공정거래 문제는 자급자족경제 시기부터 나타났다.
> ㄴ. 기원전 4세기 아테네의 공정거래 관련법에 규정된 최고형은 벌금형이었다.
> ㄷ. 로마의 공정거래 관련법은 영국 에드워드 3세의 공정거래 관련법 제정에 영향을 미쳤다.
> ㄹ. 기원전 4세기 아테네 곡물 중간상 사건은 곡물 중간상들이 곡물을 1년 이상 유통하지 않음으로 인해 발생하였다.

① ㄱ   ② ㄷ
③ ㄱ, ㄴ   ④ ㄴ, ㄹ
⑤ ㄷ, ㄹ

04 다음 글을 근거로 판단할 때, 〈보기〉에서 옳은 것만을 모두 고르면?

태어난 아기에게 처음 입히는 옷을 배냇저고리라고 하는데, 보드라운 신생아의 목에 거친 깃이 닿지 않도록 깃 없이 만들어 '무령의(無領衣)'라고도 하였다. 배냇저고리는 대개 생후 삼칠일까지 입혔기 때문에 지역에 따라 '삼저고리', '이레안저고리' 등으로도 불리었다. 보통 저고리를 여미는 고름 대신 무명실 끈을 길게 달아 장수를 기원했는데, 이는 남아, 여아 모두 공통적이었다. 남자아기의 배냇저고리는 재수가 좋다고 하여 시험이나 송사를 치르는 사람이 부적같이 몸에 지니는 풍습이 있었다.

아기가 태어난 지 약 20일이 지나면 배냇저고리를 벗기고 돌띠저고리를 입혔다. 돌띠저고리에는 돌띠라는 긴 고름이 달려있는데, 길이가 길어 한 바퀴 돌려 맬 수 있을 정도이다. 이런 돌띠저고리에는 긴 고름처럼 장수하기를 바라는 의미가 담겨 있다.

백일에는 아기에게 백줄을 누빈 저고리를 입히기도 하였는데, 이는 장수하기를 바라는 의미를 담고 있다. 그리고 첫 생일인 돌에 남자아기에게는 색동저고리를 입히고 복건(幅巾)이나 호건(虎巾)을 씌우며, 여자아기에게는 색동저고리를 입히고 굴레를 씌웠다.

보기

ㄱ. 배냇저고리는 아기가 태어난 후 약 3주간 입히는 옷이다.
ㄴ. 시험을 잘 보기 위해 여자아기의 배냇저고리를 몸에 지니는 풍습이 있었다.
ㄷ. 돌띠저고리와 백줄을 누빈 저고리에 담긴 의미는 동일하다.
ㄹ. 남자아기뿐만 아니라 여자아기에게도 첫 생일에는 색동저고리를 입혔다.

① ㄴ
② ㄱ, ㄴ
③ ㄱ, ㄷ
④ ㄱ, ㄹ
⑤ ㄱ, ㄷ, ㄹ

05 다음 글을 근거로 판단할 때 옳은 것은?

> 아파트를 분양받을 경우 전용면적, 공용면적, 공급면적, 계약면적, 서비스면적이라는 용어를 자주 접하게 된다. 전용면적은 아파트의 방이나 거실, 주방, 화장실 등을 모두 포함한 면적으로, 개별 세대 현관문 안쪽의 전용 생활공간을 말한다. 다만 발코니 면적은 전용면적에서 제외된다.
> 공용면적은 주거공용면적과 기타공용면적으로 나뉜다. 주거공용면적은 세대가 거주를 위하여 공유하는 면적으로 세대가 속한 건물의 공용계단, 공용복도 등의 면적을 더한 것을 말한다. 기타공용면적은 주거공용면적을 제외한 지하층, 관리사무소, 노인정 등의 면적을 더한 것이다.
> 공급면적은 통상적으로 분양에 사용되는 용어로 전용면적과 주거공용면적을 더한 것이다. 계약면적은 공급면적과 기타공용면적을 더한 것이다. 서비스면적은 발코니 같은 공간의 면적으로 전용면적과 공용면적에서 제외된다.

① 발코니 면적은 계약면적에 포함된다.
② 관리사무소 면적은 공급면적에 포함된다.
③ 계약면적은 전용면적, 주거공용면적, 기타공용면적을 더한 것이다.
④ 공용계단과 공용복도의 면적은 공급면적에 포함되지 않는다.
⑤ 개별 세대 내 거실과 주방의 면적은 주거공용면적에 포함된다.

06 다음 글을 근거로 판단할 때 옳은 것은?

> 2009년 미국의 설탕, 옥수수 시럽, 기타 천연당의 1인당 연평균 소비량은 140파운드로 독일, 프랑스보다 50%가 많았고, 중국보다는 9배가 많았다. 그런데 설탕이 비만을 야기하고 당뇨병 환자의 건강에 해롭다는 인식이 확산되면서 사카린과 같은 인공감미료의 수요가 증가하였다.
> 세계 최초의 인공감미료인 사카린은 1879년 미국 존스 홉킨스 대학에서 화학물질의 산화반응을 연구하다가 우연히 발견됐다. 당도가 설탕보다 약 500배 정도 높은 사카린은 대표적인 인공감미료로 체내에서 대사되지 않고 그대로 배출된다는 특징이 있다. 그런데 1977년 캐나다에서 쥐를 대상으로 한 사카린 실험 이후 유해성 논란이 촉발되었다. 사카린을 섭취한 쥐가 방광암에 걸렸기 때문이다. 그러나 사카린의 무해성을 입증한 다양한 연구결과로 인해 2001년 미국 FDA는 사카린을 다시 안전한 식품첨가물로 공식 인정하였고, 현재도 설탕의 대체재로 사용되고 있다.
> 아스파탐은 1965년 위궤양 치료제를 개발하던 중 우연히 발견된 인공감미료로 당도가 설탕보다 약 200배 높다. 그러나 아스파탐도 발암성 논란이 끊이지 않았다. 미국 암협회가 안전하다고 발표했지만 이탈리아의 한 과학자가 쥐를 대상으로 한 실험에서 아스파탐이 암을 유발한다고 결론을 내렸기 때문이다.

① 사카린과 아스파탐은 설탕보다 당도가 높고, 사카린은 아스파탐보다 당도가 높다.
② 사카린과 아스파탐은 모두 설탕을 대체하기 위해 거액을 투자해 개발한 인공감미료이다.
③ 사카린은 유해성 논란으로 현재 미국에서는 더 이상 식품첨가물로 사용되지 않을 것이다.
④ 2009년 기준 중국의 설탕, 옥수수 시럽, 기타 천연당의 1인당 연평균 소비량은 20파운드 이상이었을 것이다.
⑤ 아스파탐은 암 유발 논란에 휩싸였지만, 2001년 미국 FDA로부터 안전한 식품첨가물로 처음 공식 인정받았다.

07 다음 글을 근거로 판단할 때, 〈보기〉에서 옳은 것만을 모두 고르면?

청백리(淸白吏)는 전통적으로 우리나라를 비롯한 동아시아 유교 문화권에서 청렴결백한 공직자를 지칭할 때 사용하는 말이다. 청백리를 선발하고 표창하는 제도는 중국에서 처음 시작되었다. 우리나라는 중국보다 늦었지만 이미 고려 때부터 이 제도를 도입한 것으로 보인다. 고려 인종 14년(1136년)에 청렴하고 절개 있는 사람들을 뽑아 벼슬을 준 기록이 있다.

조선시대에는 국가에 의해 선발되어 청백리 대장에 이름이 올랐던 사람을 청백리라고 하였다. 정확히 구분하면 청백리는 작고한 사람들에 대한 호칭이었고, 살아있을 때는 염근리(廉謹吏) 또는 염리(廉吏)라고 불렀다. 염근리로 선발된 사람은 청백리 대장에 수록되어 승진이나 보직에서 많은 특혜를 받았고, 죽은 후에는 그 자손들에게 벼슬이 내려지는 등 여러 혜택이 있었다. 반대로 부정부패한 관료는 탐관오리 또는 장리(贓吏)라고 불렀다. 탐관오리로 지목돼 탄핵되었거나 처벌받은 관리는 장리 대장에 수록되어 본인의 관직생활에 불이익을 받는 것은 물론이고, 그 자손들이 과거를 보는 것도 허용되지 않았다.

조선시대에 청백리를 선발하는 방법은 일정하지 않았다. 일반적으로는 청백리를 선발하라는 임금의 지시가 있거나 신하의 건의가 있어 임금이 승낙을 하면 2품 이상의 관리나 감사가 대상자를 예조에 추천하였다. 예조에서 후보자를 뽑아 의정부에 올리면 의정부의 대신들이 심의하여 임금에게 보고하였다. 어떤 때는 사헌부, 사간원 등에서 후보자를 의정부에 추천하기도 하였다.

보기

ㄱ. 동아시아 유교 문화권에서 청백리를 선발하는 제도는 고려에서 처음 시작되었을 것이다.
ㄴ. 조선시대에 염근리로 선발된 사람은 죽은 후에 청백리라고 불렸을 것이다.
ㄷ. 조선시대에 관리가 장리 대장에 수록되면 본인은 물론 그 자손까지 영향을 받았을 것이다.
ㄹ. 조선시대에 예조의 추천을 받지 못한 사람은 청백리가 될 수 없었을 것이다.

① ㄱ
② ㄴ, ㄷ
③ ㄷ, ㄹ
④ ㄱ, ㄴ, ㄹ
⑤ ㄴ, ㄷ, ㄹ

08 다음 글을 근거로 판단할 때 옳지 않은 것은?

> 1678년 영의정 허적(許積)의 제의로 상평통보(常平通寶)가 주조·발행되어 널리 유통된 이유는 다음과 같다. 첫째, 국내적으로 조정이 운영하는 수공업이 쇠퇴하고 민간이 운영하는 수공업이 발전함으로써 국내 시장의 상품교류가 확대되고, 1645년 회령 지방을 시초로 국경무역이 활발해짐에 따라 화폐의 필요성이 제기되었기 때문이다. 둘째, 임진왜란 이후 국가 재정이 궁핍하였으나 재정 지출은 계속해서 증가함에 따라 재원 마련의 필요성이 있었기 때문이다.
>
> 1678년에 발행된 상평통보는 초주단자전(初鑄單字錢)이라 불리는데, 상평통보 1문(개)의 중량은 1전 2푼이고 화폐 가치는 은 1냥을 기준으로 400문으로 정하였으며 쌀 1되가 4문이었다.
>
> 1679년 조정은 상평통보의 규격을 변경하였다. 초주단자전을 대신하여 당이전(當二錢) 또는 절이전(折二錢)이라는 대형전을 주조·발행하였는데, 중량은 2전 5푼이었고 은 1냥에 대한 공인 교환율도 100문으로 변경하였다.
>
> 1678년부터 1680년까지 상평통보 주조·발행량은 약 6만 관으로 추정되고 있다. 당이전의 화폐 가치는 처음에는 제대로 유지되었지만 조정이 부족한 재원을 마련하기 위해 발행을 증대하면서 1689년에 이르러서는 은 1냥이 당이전 400~800문이 될 정도로 그 가치가 폭락하였다. 1681년부터 1689년까지의 상평통보 주조·발행량은 약 17만 관이었다.
>
> 1752년에는 훈련도감, 어영청, 금위영 등 중앙의 3개 군사 부서와 지방의 통영에서도 중형상평통보(中型常平通寶)를 주조·발행하도록 하였다. 중형상평통보의 액면 가치는 당이전과 동일하지만 중량이 약 1전 7푼(1757년에는 1전 2푼)으로 당이전보다 줄어들고 크기도 축소되었다.
>
> ※ 상평통보 묶음단위 : 1관＝10냥＝100전＝1,000문
>
> ※ 중량단위 : 1냥＝10전＝100푼＝1,000리＝$\frac{1}{16}$근

① 초주단자전, 당이전, 중형상평통보 중 가장 무거운 것은 당이전이다.

② 은을 기준으로 환산할 때 상평통보의 가치는 경우에 따라 $\frac{1}{4}$ 이하로 떨어지기도 하였다.

③ 1678년부터 1689년까지 주조·발행된 상평통보는 약 2억 3,000만 문으로 추정된다.

④ 1678년을 기준으로 은 1근은 같은 해에 주조·발행된 상평통보 4,600문의 가치를 가진다.

⑤ 상품교류 및 무역 활성화뿐만 아니라 국가 재정상 필요에 따라 상평통보가 주조·발행되었다.

PART 1

09 다음 글을 근거로 판단할 때, 〈보기〉에서 옳은 것만을 모두 고르면?

「일월오봉도」는 하늘과 땅, 다섯 개의 산봉우리로 상징되는 '삼라만상'과 해와 달로 표상되는 '음양오행'의 원리를 시각화한 것이다. 이는 각각 조선의 왕이 '통치하는 대상'과 '치세의 이데올로기'를 시각적으로 응축한 것이기도 하다. 조선 후기 대다수의 「일월오봉도」는 크기에 관계없이 다음과 같은 형식을 취한다. 화면(畵面)의 중앙에는 다섯 개의 봉우리 가운데 가장 큰 산봉우리가 위치하고 그 양쪽으로 각각 두 개의 작은 봉우리가 배치되어 있다. 해는 오른편에 위치한 두 작은 봉우리 사이의 하늘에, 달은 왼편의 두 작은 봉우리 사이의 하늘에 보름달의 형상으로 떠 있다. 화면의 양쪽 구석을 차지하고 있는 바위 위에 키 큰 적갈색 소나무 네 그루가 대칭으로 서 있다. 화면의 하단을 완전히 가로질러 채워진 물은 비늘 모양으로 형식화되어 반복되는 물결 무늬로 그려져 있다.

「일월오봉도」는 왕이 정무를 보는 궁궐의 정전(正殿)뿐 아니라 왕이 참석하는 행사장에 임시로 설치된 어좌(御座)에도 배설(排設)되었으며 왕이 죽고 나면 그 시신을 모시던 빈전(殯殿)과 혼전(魂殿)에도 사용되었고 제사에 배향(配享)된 영정 초상 뒤에도 놓았다. 이는 「일월오봉도」가 살아 있는 왕을 위해서만이 아니라 왕의 사후에도 왕의 존재를 표상하기 위한 곳이라면 어디든 사용되었다는 것을 시사한다. 즉, 「일월오봉도」는 그 자체로 왕의 존재를 지시하는 동시에 왕만이 전유(專有)할 수 있는 것이었다.

※ 배설(排設) : 의식에 쓰이는 도구들을 벌여 놓음
※ 빈전(殯殿) : 발인 때까지 왕이나 왕비의 관(棺)을 모시던 전각
※ 혼전(魂殿) : 임금이나 왕비의 국장 후에 위패를 모시던 전각
※ 배향(配享) : 종묘에 죽은 사람의 위패를 모심

보기

ㄱ. 왕의 죽음과 관련된 장소에는 「일월오봉도」를 배치하지 않았다.
ㄴ. 조선 후기 대다수의 「일월오봉도」에서는 해가 달보다 오른쪽에 그려져 있다.
ㄷ. 「일월오봉도」는 왕비나 세자의 존재를 표상하기 위해 사용되었다.
ㄹ. 「일월오봉도」에서 다섯 개의 산봉우리는 왕을 나타내는 상징물이다.

---

① ㄴ
② ㄹ
③ ㄱ, ㄴ
④ ㄴ, ㄷ
⑤ ㄱ, ㄷ, ㄹ

10 다음 글을 근거로 판단할 때, 〈보기〉에서 옳은 것만을 모두 고르면?

방사선은 원자핵이 분열하면서 방출되는 것으로 우리의 몸속을 비집고 들어오면 인체를 구성하는 분자들에 피해를 준다. 인체에 미치는 방사선 피해 정도는 'rem'이라는 단위로 표현된다. 1rem은 몸무게 1g당 감마선 입자 5천만 개가 흡수된 양으로 사람의 몸무게를 80kg으로 가정하면 4조 개의 감마선 입자에 해당한다. 감마선은 방사선 중에 관통력이 가장 강하다. 체르노빌 사고 현장에서 소방대원의 몸에 흡수된 감마선 입자는 각종 보호 장구에도 불구하고 400조 개 이상이었다.

만일 우리 몸이 방사선에 100rem 미만으로 피해를 입는다면 별다른 증상이 없다. 이처럼 가벼운 손상은 몸이 스스로 짧은 시간에 회복할 뿐만 아니라, 정상적인 신체 기능에 거의 영향을 미치지 않는다. 이 경우 '문턱효과'가 있다고 한다. 일정량 이하 바이러스가 체내에 들어오는 경우 우리 몸이 스스로 바이러스를 제거하여 질병에 걸리지 않는 것도 문턱효과의 예라 할 수 있다. 방사선에 200rem 정도로 피해를 입는다면 머리카락이 빠지기 시작하고, 몸에 기운이 없어지고 구역질이 난다. 항암 치료로 방사선 치료를 받는 사람에게 이런 증상이 나타나는 것을 본 적이 있을 것이다. 300rem 정도라면 수혈이나 집중적인 치료를 받지 않는 한 방사선 피폭에 의한 사망 확률이 50%에 달하고, 1,000rem 정도면 한 시간 내에 행동불능 상태가 되어 어떤 치료를 받아도 살 수 없다.

※ 모든 감마선 입자의 에너지는 동일하다.

> **보기**
>
> ㄱ. 몸무게 120kg 이상인 사람은 방사선에 300rem 정도로 피해를 입은 경우 수혈이나 치료를 받지 않아도 사망할 확률이 거의 없다.
> ㄴ. 몸무게 50kg인 사람이 500조 개의 감마선 입자에 해당하는 방사선을 흡수한 경우 머리카락이 빠지기 시작하고 구역질을 할 것이다.
> ㄷ. 인체에 유입된 일정량 이하의 유해 물질이 정상적인 신체 기능에 거의 영향을 주지 않으면서 우리 몸에 의해 자연스럽게 제거되는 경우 문턱효과가 있다고 할 수 있다.
> ㄹ. 체르노빌 사고 현장에 투입된 몸무게 80kg의 소방대원 A씨가 입은 방사선 피해는 100rem 이상이었다.

① ㄱ, ㄴ
② ㄴ, ㄷ
③ ㄱ, ㄴ, ㄹ
④ ㄱ, ㄷ, ㄹ
⑤ ㄴ, ㄷ, ㄹ

11 다음 글을 근거로 판단할 때 옳은 것은?

> 1896년 『독립신문』 창간을 계기로 여러 가지의 애국가 가사가 신문에 게재되기 시작했는데, 어떤 곡조에 따라 이 가사들을 노래로 불렀는지는 명확하지 않다. 다만 대한제국이 서구식 군악대를 조직해 1902년 '대한제국 애국가'라는 이름의 국가(國歌)를 만들어 나라의 주요 행사에 사용했다는 기록은 남아 있다. 오늘날 우리가 부르는 애국가의 노랫말은 외세의 침략으로 나라가 위기에 처해 있던 1907년을 전후하여 조국애와 충성심을 북돋우기 위하여 만들어졌다.
>
> 1935년 해외에서 활동 중이던 안익태는 오늘날 우리가 부르고 있는 국가를 작곡하였다. 대한민국 임시정부는 이 곡을 애국가로 채택해 사용했으나 이는 해외에서만 퍼져 나갔을 뿐, 국내에서는 광복 이후 정부수립 무렵까지 애국가 노랫말을 스코틀랜드 민요에 맞춰 부르고 있었다. 그러다가 1948년 대한민국 정부가 수립된 이후 현재의 노랫말과 함께 안익태가 작곡한 곡조의 애국가가 정부의 공식 행사에 사용되고 각급 학교 교과서에도 실리면서 전국적으로 애창되기 시작하였다.
>
> 애국가가 국가로 공식화되면서 1950년대에는 대한뉴스 등을 통해 적극적으로 홍보가 이루어졌다. 그리고 「국기게양 및 애국가 제창 시의 예의에 관한 지시(1966)」 등에 의해 점차 국가의례의 하나로 간주되었다.
>
> 1970년대 초에는 공연장에서 본공연 전에 애국가가 상영되기 시작하였다. 이후 1980년대 중반까지 주요 방송국에서 국기강하식에 맞춰 애국가를 방송하였다. 주요 방송국의 국기강하식 방송, 극장에서의 애국가 상영 등은 1980년대 후반 중지되었으며 음악회와 같은 공연 시 애국가 연주도 이때 자율화되었다.
>
> 오늘날 주요 행사 등에서 애국가를 제창하는 경우에는 부득이한 경우를 제외하고 4절까지 제창하여야 한다. 애국가는 모두 함께 부르는 경우에는 전주곡을 연주한다. 다만, 약식 절차로 국민의례를 행할 때 애국가를 부르지 않고 연주만 하는 의전행사(외국에서 하는 경우 포함)나 시상식·공연 등에서는 전주곡을 연주해서는 안 된다.

① 1940년에 해외에서는 안익태가 만든 애국가 곡조를 들을 수 없었다.
② 1990년대 초반에는 국기강하식 방송과 극장에서의 애국가 상영이 의무화되었다.
③ 오늘날 우리가 부르는 애국가의 노랫말은 1896년 『독립신문』에 게재되지 않았다.
④ 시상식에서 애국가를 부르지 않고 연주만 하는 경우에는 전주곡을 연주할 수 있다.
⑤ 안익태가 애국가 곡조를 작곡한 해로부터 대한민국 정부 공식 행사에 사용될 때까지 채 10년이 걸리지 않았다.

12 다음 글을 근거로 판단할 때, 〈보기〉에서 옳은 것만을 모두 고르면?

> 사람들은 검은 후추와 흰 후추를 서로 다른 종류라고 생각한다. 그런데 사실 검은 후추는 열매가 완전히 익기 전에 따서 건조시킨 것이다. 그래서 검은 후추열매의 외관은 주름져 있다. 반대로 흰 후추는 열매가 완전히 익었을 때 따서 따뜻한 물에 담가 과피와 과육을 제거한 것이다.
>
> 맛을 잘 아는 미식가는 후추를 가능하면 사용하기 직전에 갈아서 쓰곤 한다. 왜냐하면 후추는 통후추 상태로는 향미가 오랫동안 보존되지만 갈아놓으면 향미를 빨리 잃기 때문이다. 그 때문에 일반 가정의 식탁에도 후추 분쇄기가 놓이게 되었다.
>
> 후추는 열매에 들어 있는 피페린이라는 성분 때문에 매운맛이 난다. 피페린을 5 ~ 8% 함유하고 있는 검은 후추는 피페린의 함유량이 더 적은 흰 후추보다 매운맛이 강하다. 반면 흰 후추는 매운맛은 덜하지만 더 향기롭다.

보기

ㄱ. 피페린이 4% 함유된 후추는 7% 함유된 후추보다 더 매울 것이다.

ㄴ. 흰 후추를 얻기 위해서는 후추열매가 완전히 익기 전에 수확해야 한다.

ㄷ. 더 매운 후추 맛을 원하는 사람은 흰 후추보다 검은 후추를 선택할 것이다.

ㄹ. 일반적으로 후추는 사용 직전에 갈아 쓰는 것이 미리 갈아놓은 것보다 향미가 더 강할 것이다.

① ㄱ, ㄴ   ② ㄱ, ㄷ

③ ㄱ, ㄹ   ④ ㄴ, ㄷ

⑤ ㄷ, ㄹ

PART 1

13 다음 글을 근거로 판단할 때, 〈보기〉에서 옳은 것만을 모두 고르면?

1493년 콜럼버스에 의해 에스파냐에 소개된 옥수수는 16세기 초에는 카스티야, 안달루시아, 카탈류냐, 포르투갈에서 재배되었고, 그 후에 프랑스, 이탈리아, 판노니아, 발칸 지역 등으로 보급되었다. 그러나 이 시기에는 옥수수를 휴경지에 심어 사료로 사용하거나 가끔 텃밭에서 재배하는 정도였다. 따라서 옥수수는 주곡의 자리를 차지하지 못했다.

감자는 1539년 페루에서 처음 눈에 띄었다. 이 무렵 에스파냐를 통해 이탈리아에 전해진 감자는 '타르투폴로'라는 이름을 가지게 되었다. 감자를 식용으로 사용한 초기 기록 중 하나는 1573년 세비야 상그레 병원의 물품 구입 목록이다. 이후 독일과 영국에서 감자를 식용으로 사용한 사례가 간혹 있었지만, 18세기에 이르러서야 주곡의 자리를 차지하였다.

한편 18세기 유럽에서는 인구가 크게 증가하였고, 정치, 경제, 문화 등 모든 면에서 활기가 넘쳤다. 늘어난 인구를 부양하는 데 감자와 옥수수 보급이 기여하는 바가 컸다. 18세기 기록을 보면 파종량 대 수확량은 호밀의 경우 1대 6인데 비해 옥수수는 무려 1대 80이었다. 그렇지만 감자와 옥수수는 하층민의 음식으로 알려졌고, 더욱이 구루병, 결핵, 콜레라 등을 일으킨다는 믿음 때문에 보급에 큰 어려움이 있었다. 그러나 대규모 기근을 계기로 감자와 옥수수는 널리 보급되었다. 굶어죽기 직전의 상황에서 전통적인 미각을 고집할 이유가 없었으니, 감자와 옥수수 같은 고수확작물 재배의 증가는 필연적이었다.

보기

ㄱ. 유럽에는 감자보다 옥수수가 먼저 들어왔을 것이다.
ㄴ. 유럽에서 감자와 옥수수를 처음으로 재배한 곳은 이탈리아였다.
ㄷ. 18세기에는 옥수수의 파종량 대비 수확량이 호밀보다 10배 이상 높았을 것이다.
ㄹ. 감자와 옥수수는 인구증가와 기근으로 유럽 전역에 확산되어 16세기에 주곡의 자리를 차지하였다.

① ㄱ, ㄴ
② ㄱ, ㄷ
③ ㄴ, ㄹ
④ ㄱ, ㄷ, ㄹ
⑤ ㄴ, ㄷ, ㄹ

14 다음 글을 근거로 판단할 때, 〈보기〉에서 옳은 것만을 모두 고르면?

> 진경산수화(眞景山水畵)는 18세기 초반에 우리 실경(實景)을 많이 그렸던 겸재 정선(鄭歚)의 산수화를 대표로 하여, 이후 18세기 후반에 계속 그려진 우리 산천이 담긴 산수화를 지칭하는 말이다. 여기에서 사용된 '진경(眞景)'과 달리 '진경(眞境)'은 이전 시대의 기록에도 많이 나타나지만, 그 의미는 선경(仙境)의 뜻으로만 사용되었다. 여기에 새 의미를 부여한 사람은 실학자 이익이고, 경계 '경(境)'자 대신에 경치 '경(景)'자를 쓴 사람은 강세황이다. 실학자 이익은 실재하는 경물이라는 의미로서 진경(眞境)을 사용하였으며, 우리 산수를 실제로 마주 대하는 사실정신을 강조하여 선경의 탈속성(脫俗性)을 제거하였다. 이것이 18세기 후반 강세황에 의해 적극 수용되어 진경(眞景)이란 말로 자리 잡게 된 것이다.
>
> 실재하는 경치를 그린 예는 고려시대나 조선시대 초·중기에도 있었다. 그러나 우리 회화에서 '진경산수화'가 새로운 회화영역으로서 본격적으로 발전한 것은 중국의 남종화(南宗畵) 양식에 바탕을 두고 우리나라에 실재하는 경관을 특유의 화풍으로 그린 겸재 정선에게서 비롯되었다. 사전적 해석으로 진경(眞景)은 '실재하는 풍경'이라는 뜻의 실경(實景)을 말한다. 그러나 진(眞)이라는 한자는 『설문해자(說問解字)』에 따르면 '선인이 변형해 놓고 하늘에 오른 땅'이라는 뜻을 지닌다. 이로 보아 진경(眞景)은 실경으로서의 단순한 경치뿐만 아니라 선경(仙境)의 의미, 즉 이상 세계까지 내포하고 있음을 알 수 있다. 그러므로 진경(眞景)이라는 말을 조선 후기의 맥락에서 이해하자면 참된 경치, 마음 속 경치를 포함하며 경치의 본질 혹은 진실까지 포함한 넓은 개념으로 보면 된다. 따라서 진경산수화는 실경을 바탕으로 작가가 경치를 보고 느낀 감동과 환희까지 투영한 그림으로 보면 될 것이다.

보기

ㄱ. 진경산수화는 중국 남종화 양식의 영향을 받았다.
ㄴ. 진경산수화는 이익에 의해 본격적으로 발전하기 시작하였다.
ㄷ. 진경산수화는 작가가 현실세계와 무관한 이상세계를 상상하여 그린 그림이다.
ㄹ. 선경(仙境)의 탈속성을 제거한 의미인 진경(眞景)이란 단어는 18세기 초반에 이미 정착되어 있었다.

---

① ㄱ

② ㄱ, ㄴ

③ ㄴ, ㄷ

④ ㄷ, ㄹ

⑤ ㄱ, ㄷ, ㄹ

15 다음 글을 근거로 판단할 때, 〈보기〉에서 옳은 것만을 모두 고르면?

> 피부색은 멜라닌, 카로틴 및 헤모글로빈이라는 세 가지 색소에 의해 나타난다. 흑색 또는 흑갈색의 색소인 멜라닌은 멜라노사이트라 하는 세포에서 만들어지며, 계속적으로 표피세포에 멜라닌 과립을 공급한다. 멜라닌의 양이 많을수록 피부색이 황갈색에서 흑갈색을 띠고, 적을수록 피부색이 엷어진다. 멜라닌은 피부가 햇빛에 노출될수록 더 많이 생성된다. 카로틴은 주로 각질층과 하피의 지방조직에 존재하며, 특히 동양인의 피부에 풍부하여 그들의 피부가 황색을 띠게 한다. 서양인의 혈색이 분홍빛을 띠는 것은 적혈구 세포 내에 존재하는 산화된 헤모글로빈의 진홍색에 기인한다. 골수에서 생성된 적혈구는 산소를 운반하는 역할을 하는데, 1개의 적혈구는 3억 개의 헤모글로빈을 가지고 있으며, 1개의 헤모글로빈에는 4개의 헴이 있다. 헴 1개가 산소 분자 1개를 운반한다.
>
> 한편 태양이 방출하는 여러 파장의 빛, 즉 적외선, 자외선 그리고 가시광선 중 피부에 주된 영향을 미치는 것이 자외선이다. 자외선은 파장이 가장 길고 피부 노화를 가져오는 자외선 A, 기미와 주근깨 등의 색소성 질환과 피부암을 일으키는 자외선 B, 그리고 화상과 피부암 유발 위험을 지니며 파장이 가장 짧은 자외선 C로 구분된다. 자외선으로부터 피부를 보호하기 위해서는 자외선 차단제를 발라주는 것이 좋다. 자외선 차단제에 표시되어 있는 자외선 차단지수(SPF; Sun Protection Factor)는 자외선 B를 차단해주는 시간을 나타낼 뿐 자외선 B의 차단 정도와는 관계가 없다. SPF 수치는 1부터 시작하며, SPF 1은 자외선 차단 시간이 15분임을 의미한다. SPF 수치가 1단위 올라갈 때마다 자외선 차단 시간은 15분씩 증가한다. 따라서 SPF 4는 자외선을 1시간 동안 차단시켜 준다는 것을 의미한다.

보기

ㄱ. 멜라닌의 종류에 따라 피부색이 결정된다.
ㄴ. 1개의 적혈구는 산소 분자 12억 개를 운반할 수 있다.
ㄷ. SPF 50은 SPF 30보다 1시간 동안 차단하는 자외선 B의 양이 많다.
ㄹ. SPF 40을 얼굴에 한 번 바르면 10시간 동안 자외선 B의 차단 효과가 있다.

① ㄱ, ㄴ ② ㄱ, ㄷ
③ ㄴ, ㄹ ④ ㄱ, ㄷ, ㄹ
⑤ ㄴ, ㄷ, ㄹ

16 다음 글을 근거로 판단할 때, 〈보기〉에서 옳은 것만을 모두 고르면?

> 경국대전은 조선의 기본 법전으로 여러 차례의 개정 작업을 거쳐 1485년(성종16년)에 최종본이 반포되었다. 경국대전은 6조(曹)의 직능에 맞추어 이(吏)·호(戶)·예(禮)·병(兵)·형(刑)·공(工)의 6전(典)으로 구성되어 있다. 경국대전에는 임금과 신하가 만나서 정사를 논의하는 조회제도의 기본 규정이 제시되어 있다. 조회에 대한 사항은 의례 관련 규정을 수록하고 있는 예전(禮典)의 조의(朝儀) 조항에 집약되어 있다. 조의는 '신하가 임금을 만나는 의식'을 의미한다. 다음은 경국대전 '조의'에 규정된 조회 의식의 분류와 관련 내용이다.
>
> 〈경국대전의 조회 의식〉
>
> | 분류 | 종류 | 시행일 | 장소 | 참여대상 |
> |------|------|--------|------|----------|
> | 대조
(大朝) | 정실조하
(正室朝賀) | 정삭(正朔), 동지(冬至), 탄일(誕日) | 근정전
(勤政殿) | 왕세자, 모든 관원, 제방객사(諸方客使) |
> | | 삭망조하
(朔望朝賀) | 매월 삭(朔)(1일)·망(望)(15일) | 근정전
(勤政殿) | |
> | 상조
(常朝) | 조참
(朝參) | 매월 5·11·21·25일 | 근정문
(勤政門) | 모든 관원, 제방객사(諸方客使) |
> | | 상참
(常參) | 매일 | 사정전
(思政殿) | 상참관(常參官) |
>
> ※ '대조'는 특별한 시점에 시행되는 조회라는 의미이고, '상조'는 일상적인 조회라는 의미이다.
> ※ '제방객사'는 주변국 외교사절로서, '삭망조하'와 '조참'에는 경우에 따라 참석하였다.
>
> 대조(大朝)의 범주에 해당하는 조회는 경국대전에 조하(朝賀)로 규정되어 있다. 조하는 축하를 모임의 목적으로 하는 의식이다. 정월 초하루, 해의 길이가 가장 짧아지는 동지 및 국왕의 생일 행사는 대조 중에서도 특별히 구분하여 3대 조회라고 지칭하고 의식의 규모도 가장 크다. 조하는 달의 변화에 따라 시행되기도 하였는데, 달의 변화를 기준으로 작성된 달력에 따라 매월 1일에 해당되는 삭일(朔日)과 보름달이 뜨는 망일(望日)에 시행되는 삭망조하가 그것이다.

보기

ㄱ. 삭망조하는 달의 변화에 맞추어 시행되었다.
ㄴ. 정실조하의 참여대상 범위는 대체로 상참보다 넓다.
ㄷ. 한 해 동안 조회가 가장 많이 열리는 곳은 사정전이다.
ㄹ. 조선시대 조회에 관한 사항은 공전(工典)의 의례 관련 규정에 집약되어 있다.

① ㄱ, ㄷ
② ㄴ, ㄹ
③ ㄱ, ㄴ, ㄷ
④ ㄱ, ㄴ, ㄹ
⑤ ㄴ, ㄷ, ㄹ

17 다음 글을 근거로 판단할 때, 〈보기〉에서 같이 사용하면 부작용을 일으키는 화장품의 조합으로 옳은 것만을 모두 고르면?

화장품 간에도 궁합이 있다. 같이 사용하면 각 화장품의 효과가 극대화되거나 보완되는 경우가 있는 반면 부작용을 일으키는 경우도 있다. 요즘은 화장품에 포함된 모든 성분이 표시되어 있으므로 기본 원칙만 알고 있으면 제대로 짝을 맞춰 쓸 수 있다.

트러블의 원인이 되는 묵은 각질을 제거하고 외부 자극으로부터 피부 저항력을 키우는 비타민 B성분이 포함된 제품을 트러블과 홍조 완화에 탁월한 비타민 K성분이 포함된 제품과 함께 사용하면, 양 성분의 효과가 극대화되어 깨끗하고 건강하게 피부를 관리하는 데 도움이 된다.

일반적으로 세안제는 알칼리성 성분이어서 세안 후 피부는 약알칼리성이 된다. 따라서 산성에서 효과를 발휘하는 비타민 A성분이 포함된 제품을 사용할 때는 세안 후 약산성 토너로 피부를 정리한 뒤 사용해야 한다. 한편 비타민 A성분이 포함된 제품은 오래된 각질을 제거하는 기능도 있다. 그러므로 각질관리 제품과 같이 사용하면 과도하게 각질이 제거되어 피부에 자극을 주고 염증을 일으킨다.

AHA 성분은 각질 결합을 느슨하게 해 묵은 각질이나 블랙헤드를 제거하고 모공을 축소시키지만, 피부의 수분을 빼앗고 탄력을 떨어뜨리며, 자외선에 약한 특성도 함께 지니고 있다. 따라서 AHA 성분이 포함된 제품을 사용할 때는 보습 및 탄력관리에 유의해야 하며, 자외선 차단제를 함께 사용해야 한다.

보기

ㄱ. 보습기능이 있는 자외선 차단제와 AHA 성분이 포함된 모공축소 제품
ㄴ. 비타민 A성분이 포함된 주름개선 제품과 비타민 B성분이 포함된 각질관리 제품
ㄷ. 비타민 B성분이 포함된 로션과 비타민 K성분이 포함된 영양크림

① ㄱ
② ㄴ
③ ㄷ
④ ㄱ, ㄴ
⑤ ㄴ, ㄷ

18 다음 글을 근거로 판단할 때 옳은 것은?

> '스마트 엔트리 서비스(Smart Entry Service)'는 대한민국 자동출입국심사시스템의 명칭으로, 사전에 여권정보와 바이오정보(지문, 안면)를 등록한 후 스마트 엔트리 서비스 게이트에서 이를 활용하여 출입국심사를 진행하는 첨단 시스템이다. 이 서비스 이용자는 출입국심사관의 대면심사를 대신하여 자동출입국심사대를 이용해 약 12초 이내에 출입국심사를 마칠 수 있다.
>
> 17세 이상의 주민등록증을 발급받은 대한민국 국민 및 국내체류 중인 등록외국인은 스마트 엔트리 서비스에 가입할 수 있다. 단, 복수국적자인 대한민국 국민은 외국여권으로는 가입할 수 없다. 미국인의 경우 한·미 자동출입국심사서비스 상호이용 프로그램에 따라 국내체류 중인 등록외국인이 아니어도 가입이 가능하다.
>
> 스마트 엔트리 서비스 가입 희망자는 자동판독이 가능한 전자여권을 소지하여야 한다. 그리고 바이오정보로 본인 여부를 확인할 수 있도록 지문정보 취득 및 얼굴사진 촬영이 가능해야 한다. 따라서 지문의 상태가 좋지 않아 본인 확인이 어려운 경우에는 가입이 제한된다. 대한민국 국민과 국내체류 중인 등록외국인은 스마트 엔트리 서비스 가 입을 위한 수수료가 면제되고, 한·미 자동출입국심사서비스 상호이용 프로그램을 통해 스마트 엔트리 서비스에 가입하려는 미국인은 100달러의 수수료를 지불해야 한다.
>
> 가입 후, 스마트 엔트리 서비스 이용 중에 여권 또는 개인정보가 변경된 경우에는 등록센터를 방문하여 변경사항을 수정하여야 하며, 심사대에서 지문 인식이 불가능한 경우에는 등록센터를 방문하여 지문을 재등록 하여야 한다. 스마트 엔트리 서비스에 가입한 사람은 출입국시 스마트 엔트리 서비스 게이트 또는 일반심사대에서 심사를 받을 수 있고, 스마트 엔트리 서비스 게이트를 이용하는 경우에는 출입국심사인 날인이 생략된다.

① 복수국적자인 대한민국 국민은 스마트 엔트리 서비스에 가입할 수 없다.

② 외국인의 경우 국내체류 중인 등록외국인 외에는 스마트 엔트리 서비스 가입이 불가능하다.

③ 스마트 엔트리 서비스에 가입한 자는 출입국시 항상 스마트 엔트리 서비스 게이트에서 심사를 받아야 한다.

④ 한·미 자동출입국심사서비스 상호이용 프로그램을 통해 스마트 엔트리 서비스에 가입하려는 대한민국 국민은 100달러를 수수료로 지불해야 한다.

⑤ 스마트 엔트리 서비스 가입 후 여권을 재발급 받아 여권정보가 변경된 경우, 이 서비스를 계속 이용하기 위해서는 등록센터를 방문하여 여권정보를 수정하여야 한다.

19 다음 글을 근거로 판단할 때, 〈보기〉에서 옳은 것만을 모두 고르면?

건축은 자연으로부터 인간을 보호하기 위한 인위적인 시설인 지붕을 만들기 위한 구축술(構築術)에서 시작되었다고 할 수 있다. 우리가 중력의 법칙이 작용하는 곳에 살고 있는 이상 지붕은 모든 건축에서 고려해야 할 필수적인 요소이다. 건축은 바닥과 벽 그리고 지붕의 세 요소로 이루어진다. 하지만 인류 최초의 건축 바닥은 지면이었고 별도의 벽은 없었다. 뿔형이나 삼각형 단면 구조에 의해 이루어지는 지붕이 벽의 기능을 하였을 뿐이다.

그러나 지붕만 있는 건축으로는 넓은 공간을 만들 수 없다. 천장도 낮아서 공간의 효율성이 떨어지고 불편했다. 따라서 공간에 대한 욕구가 커지고 건축술이 발달하면서 건축은 점차 수직으로 선 구조체가 지붕을 받치는 구조로 발전하였다. 그로 인해 지붕의 처마는 지면에서 떨어질 수 있게 되었고, 수직의 벽도 출현하게 되었다. 수직 벽체의 출현은 건축의 발달 과정에서 획기적인 전환이었다. 이후 수직 벽체는 건축구조에서 가장 중요한 부분의 하나가 되었고, 그것을 만드는 재료와 방법에 따라서 다양한 구조와 형태의 건축이 출현하였다.

흙을 사용하여 수직 벽체를 만드는 건축 방식에는 항토(夯土)건축과 토담, 전축(塼築) 등의 방식이 있다. 항토건축은 거푸집을 대고 흙 또는 흙에 강회(생석회)와 짚여물 등을 섞은 것을 넣고 다져 벽을 만든 것이다. 토담 방식은 햇볕에 말려 만든 흙벽돌을 쌓아올려 벽을 만든 것이다. 그리고 전축은 흙벽돌을 고온의 불에 구워 만든 전돌을 이용해 벽을 만든 것이다.

항토건축은 기단이나 담장, 혹은 성벽을 만드는 구조로 사용되었을 뿐 대형 건축물의 구조방식으로는 사용되지 않았고, 토담 방식으로 건물을 지은 예는 많지 않다. 한편 전축은 전탑, 담장, 굴뚝 등에 많이 활용되었고 조선 후기에는 화성(華城)의 건설에 이용되었다. 여름철에 비가 많고 겨울이 유난히 추운 곳에서는 수분의 침투와 동파를 막기 위해서 높은 온도에서 구워낸 전돌을 사용해야 했는데, 경제적인 부담이 커서 대량생산을 할 수 없었다.

보기

ㄱ. 수직 벽체를 만들게 됨에 따라서 지붕만 있는 건축물보다는 더 넓은 공간의 건축물을 지을 수 있게 되었다.
ㄴ. 항토건축 방식은 대형 건축물의 수직 벽체로 활용되었을 뿐 성벽에는 사용되지 않았다.
ㄷ. 토담 방식은 흙을 다져 전체 벽을 만든 것으로 당시 대부분의 건축물에 활용되었다.
ㄹ. 화성의 건설에 이용된 전축은 높은 온도에서 구워낸 전돌을 사용한 것이다.

① ㄱ, ㄴ　　　　　　　　　　　　② ㄱ, ㄹ
③ ㄴ, ㄷ　　　　　　　　　　　　④ ㄱ, ㄷ, ㄹ
⑤ ㄴ, ㄷ, ㄹ

20 다음 글을 근거로 판단할 때 옳은 것은?

> 승정원은 조선시대 왕명 출납을 관장하던 관청으로 오늘날 대통령 비서실에 해당한다. 조선시대 대부분의 관청이 왕 – 의정부 – 육조 – 일반 관청이라는 계통 속에 포함된 것과는 달리 승정원은 국왕 직속 관청이었다.
>
> 승정원에는 대통령 비서실장 격인 도승지를 비롯하여 좌승지, 우승지, 좌부승지, 우부승지, 동부승지를 각각 1인씩 두었는데, 이를 통칭 6승지라 부른다. 이들은 모두 같은 품계인 정3품 당상관이었으며, 6승지 아래에는 각각 정7품 주서 2인이 있었다. 통상 6승지는 분방(分房)이라 하여 부서를 나누어 업무를 담당하였는데, 도승지가 이방, 좌승지가 호방, 우승지가 예방, 좌부승지가 병방, 우부승지가 형방, 동부승지가 공방 업무를 맡았다. 이는 당시 중앙부처 업무 분담이 크게 육조(이조, 호조, 예조, 병조, 형조, 공조)로 나누어져 있었고, 경국대전 구성이 6전 체제로 되어 있던 것과도 맥을 같이 한다.
>
> 한편 6명의 승지가 동등하게 대우받는 것은 아니었다. 같은 승지라 하더라도 도승지는 다른 나머지 승지들과 대우가 달랐고, 좌승지·우승지와 좌부승지·우부승지·동부승지의 관청 내 위계질서 역시 현격한 차이가 있었다. 관청 청사에 출입할 때도 위계를 준수하여야 했고, 도승지가 4일에 한 번 숙직하는 반면 하위인 동부승지는 연속 3일을 숙직해야만 하였다.
>
> 주서는 고려 이래의 당후관(堂後官)을 개칭한 것으로 승정원을 통과한 모든 공사(公事)와 문서를 기록하는 것이 그 임무였다. 주서를 역임한 직후에는 성균관 전적이나 예문관 한림 등을 거쳐, 뒤에는 조선시대 청직(淸職)으로 불리는 홍문관·사간원·사헌부 등의 언관으로 진출하였다가 승지를 거쳐 정승의 자리에 이르는 사람이 많았다. 따라서 주서의 자격 요건은 엄격하였다. 반드시 문과 출신자여야 하였고, 인물이 용렬하거나 여론이 좋지 않은 등 개인적인 문제가 있거나 출신이 분명하지 않은 경우에는 주서에 임명될 수 없었다.

① 승정원 내에는 총 2명의 주서가 있었다.
② 승정원 도승지와 동부승지의 품계는 달랐다.
③ 양반자제로서 무과 출신자는 주서로 임명될 수 없었다.
④ 좌부승지는 병조에 소속되어 병방 업무를 담당하였다.
⑤ 홍문원·사간원 등의 언관이 승진한 후 승정원 주서를 역임하는 사례가 많았다.

21 A국은 B국을 WTO 협정 위반을 이유로 WTO 분쟁해결기구에 제소하였다. 다음 글을 근거로 판단할 때 옳은 것은?

> 일반적으로 상대 회원국의 조치가 WTO 협정에 어긋난다고 판단하는 회원국은 먼저 상대 회원국과 '외교적 교섭'을 하고, 그래도 해결가능성이 보이지 않으면 WTO 분쟁해결기구에 제소한다. WTO 회원국 간의 분쟁은 분쟁해결기구에 의하여 처리되는데, 분쟁해결절차는 크게 '협의', '패널', '상소'로 이루어진다. WTO에 제소한 이후에도 양국은 우호적인 해결을 위하여 비공개로 60일 간의 협의를 가진다. 그 협의를 통해 분쟁이 해결되지 않은 경우, WTO에 제소한 국가가 패널설치를 요구하면 분쟁해결기구는 이를 설치한다.
>
> 분쟁해결기구는 충분한 자질을 갖춘 정부인사 또는 비정부인사를 패널위원으로 위촉하여야 하며, 분쟁당사국 국민은 분쟁당사국 사이에 별도의 합의가 없는 한 패널위원이 될 수 없다. 패널은 별도의 합의가 없으면 3인으로 구성된다. 패널은 분쟁사실, 관련 규정 적용가능성과 분쟁해결에 대한 제안을 수록한 패널보고서를 분쟁해결기구에 제출하고, 분쟁당사국이 분쟁해결기구에 상소의사를 통보하지 않는 한 패널보고서는 회원국 전체에 회람된 날로부터 60일 이내에 분쟁해결기구에서 채택된다.
>
> 상소기구는 패널보고서에서 다루어진 법률문제와 패널이 내린 법률해석만을 대상으로 심의한다. 상소기구보고서는 분쟁당사국의 참여 없이 작성되는데, 패널에서의 법률적 조사결과나 결론을 확정, 변경 또는 파기할 수 있다.

① 협의는 A국, B국 및 제3자가 공개적으로 진행한다.

② 패널위원은 원칙적으로 A국과 B국의 국민을 포함한 3인이다.

③ 패널보고서와 상소기구보고서는 분쟁당사국과 합의하여 작성된다.

④ A국은 협의를 통해 분쟁이 해결되지 않으면 분쟁해결기구에 패널설치를 요구할 수 있다.

⑤ B국이 패널보고서를 회람한 후 60일 이내에 상소의사를 통보하더라도 분쟁해결기구는 패널보고서를 채택하여야 한다.

22 다음 글을 근거로 판단할 때 옳은 것은?

> 한복(韓服)은 한민족 고유의 옷이다. 삼국시대의 사람들은 저고리, 바지, 치마, 두루마기를 기본적으로 입었다. 저고리와 바지는 남녀 공용이었으며, 상하귀천에 관계없이 모두 저고리 위에 두루마기를 덧입었다. 삼국시대 이후인 남북국시대에는 서민과 귀족이 모두 우리 고유의 두루마기인 직령포(直領袍)를 입었다. 그런데 귀족은 직령포를 평상복으로만 입었고, 서민과 달리 의례와 같은 공식적인 행사에는 입지 않았다. 고려시대에는 복식 구조가 크게 변했다. 특히 귀족층은 중국옷을 그대로 받아들여 입었지만, 서민층은 우리 고유의 복식을 유지하여, 복식의 이중 구조가 나타났다. 조선시대에도 한복의 기본 구성은 지속되었다. 중기나 후기에 들어서면서 한복 디자인은 한층 단순해졌고, 띠 대신 고름을 매기 시작했다. 조선 후기에는 마고자와 조끼를 입기 시작했는데, 조끼는 서양 문물의 영향을 받은 것이었다.
>
> 한편 조선시대 관복에는 여러 종류가 있었다. 곤룡포(袞龍袍)는 임금이 일반 집무를 볼 때 입었던 집무복[상복 : 常服]으로, 그 흉배(胸背)에는 금색실로 용을 수놓았다. 문무백관의 상복도 곤룡포와 모양은 비슷했다. 그러나 무관 상복의 흉배에는 호랑이를, 문관 상복의 흉배에는 학을 수놓았다. 무관들이 주로 대례복으로 입었던 구군복(具軍服)은 무관 최고의 복식이었다. 임금도 전쟁 시에는 구군복을 입었는데, 임금이 입었던 구군복에만 흉배를 붙였다.
>
> ※ 흉배 : 왕을 비롯한 문무백관이 입던 관복의 가슴과 등에 덧붙였던 사각형의 장식품

① 남북국시대의 서민들은 직령포를 공식적인 행사에도 입었다.

② 고려시대에는 복식 구조가 크게 변하여 모든 계층에서 중국옷을 그대로 받아들여 입는 현상이 나타났다.

③ 조선시대 중기에 들어서면서 고름을 매기 시작했고, 후기에는 서양 문물의 영향으로 인해 마고자를 입기 시작했다.

④ 조선시대 무관이 입던 구군복의 흉배에는 호랑이가 수놓아져 있었다.

⑤ 조선시대 문관의 경우 곤룡포와 비슷한 모양의 상복에 호랑이가 수놓아진 흉배를 붙였다.

23 다음 글을 근거로 판단할 때 옳은 것은?[단, 올해는 1564년이고, 가장 최근에 치러진 소과(小科)는 1563년이었으며 대과(大科)는 1562년이었다]

> 시험제도, 즉 고시(考試)는 생원진사과, 문과와 무과 그리고 잡과 등이 있었다. 경학에 뛰어난 인재를 선발하는 생원과(生員科)와 문학적 재능이 뛰어난 인재를 뽑는 진사과(進士科)는 3년마다 각각 100명씩 선발했다. 이를 소과(小科) 혹은 사마시(司馬試)라고도 불렀다. 생원과 진사가 되면 바로 하급관원이 되기도 했지만, 그보다는 문과에 다시 응시하거나 성균관에 진학하는 경우가 더 많았다. 사마시는 1차 시험인 초시(初試)에서 7배수를 뽑았는데, 이는 각 도별 인구 비율로 강제 배분되었다. 그러나 2차 시험인 복시(覆試)에서는 도별 안배를 없애고 성적순으로 뽑았다.
>
> 고시 중에서 고급 문관을 선발하는 가장 경쟁률이 높고 비중이 큰 것을 문과(文科) 혹은 대과(大科)라고 불렀다. 문과는 3년마다 선발하는 정기 시험인 식년시(式年試)와 수시로 시험하는 별시(別試), 증광시(增廣試) 그리고 국가에 경사가 있을 때 시행하는 경과(慶科) 등이 있었다. 정기시험에는 1만 명 이상의 지원자들이 경쟁을 벌여 최종적으로 33명을 뽑는데, 초시에서는 7배수인 240명을 각 도의 인구 비율로 뽑았다. 그러나 2차 시험인 복시(覆試)에서는 도별 안배를 없애고 성적순으로 33명을 뽑았으며, 궁궐에서 치르는 3차 시험인 전시(殿試)에서는 갑과 3인, 을과 7인 병과 23인의 등급을 정하여 그 등급에 따라 최고 6품에서 최하 9품의 품계를 받았다. 현직 관원인 경우는 현재의 직급에서 1 ~ 4계(階)를 올려 주었다.

① 성균관에 입학할 수 있는 최대의 인원은 해마다 200명이다.
② 1560년에 한성부에 살던 정3품 관료의 아들 甲은 사마시 복시에 700등으로 합격하였다.
③ 정9품인 현직 관원 乙은 1559년에 문과 정기 시험에 응시하여 2차 시험에서 30등으로 합격하였다.
④ 진사(進士) 丙은 1547년에 사마시 초시를 합격하고 이후 6번이나 문과 정기 시험을 치렀다.
⑤ 현직관원인 丁은 왕세자의 탄생으로 경과(慶科)를 보아 33명을 뽑는 2차 시험에서 수석의 영광을 차지하였다.

24 다음 글을 근거로 판단할 때, 〈보기〉에서 옳은 것만을 모두 고르면?

상수도 요금을 결정하는 방식은 다음의 A, B, C, D 4가지 방식이 존재한다.

A는 상수사용량에 관계없이 일정한 금액을 요금으로 부과하는 방식으로, 수량이 풍부하던 19세기까지 선진국에서 많이 사용하던 방식이다. 이 방식은 요금징수가 편리하며 요금 체계가 단순하여 사용자의 이해나 적용의 측면에서 용이하고 재원 확보 확실성 등의 이점이 있다. 반면에 사용자가 일정한 금액만 지불하면 얼마든지 상수를 사용할 수 있으므로 필요 이상의 상수가 낭비되어 자원의 비효율적인 사용을 유발할 수 있는 단점이 있다.

B는 일정 사용 수준까지만 정액요금을 부과하고 그 이상을 초과하는 사용량에 대해서는 사용량에 비례하여 일정 요율을 적용하는 요금체계로, 현실적으로 가장 많이 적용되고 있는 체계이다. 여기에서의 정액요금은 기본요금 또는 최저요금이라고도 불리우며, 정액요금제와는 달리 일정 수준의 상수 사용량까지만 동일한 정액요금을 부과하는 방식이다.

C는 상수사용을 억제할 목적으로 상수 소비량이 증대할수록 단위당 적용요율이 상승하는 요금구조를 가지고 있으며, 개도국을 중심으로 가장 많이 적용되고 있는 방법이다. 이 요금제도는 소득이 많은 사용자들이 상수를 더 많이 소비할 것이라는 가정에 근거를 두고 상수 소비를 많이 할수록 보다 높은 단위당 요율이 적용된다.

D는 취수지점 또는 상수공급지점으로부터의 거리에 비례하여 요율에 차등을 두는 제도로, 사용자에 도달하는 용수 비용에 따라 요율을 다르게 설정한다.

> **보기**
>
> ㄱ. 물 절약을 유도하기 위해서는 A를 채택하지 않는 것이 바람직하다.
> ㄴ. 생활필수적인 기본수량에 저렴한 정액요금을 부여하기 위해서는 B를 적용하는 것이 바람직하다.
> ㄷ. 계층 간의 소득을 고려한다면 C를 적용하는 것이 바람직하다.
> ㄹ. 소득차를 반영하려면 D를 적용하는 것이 바람직하다.

① ㄱ, ㄴ   ② ㄴ, ㄷ
③ ㄷ, ㄹ   ④ ㄱ, ㄴ, ㄷ
⑤ ㄴ, ㄷ, ㄹ

25 다음 중 공인중개사 A씨의 예상이 적중되기 위해 필요한 상황으로 가장 적절한 것은?

> A씨는 작년 1월부터 자신의 사무실이 위치한 건물 1층에 세를 얻어 커피숍을 함께 운영하기 시작하였다. 비록 커피숍을 운영하여 얻은 이익은 공인중개사 업무를 통해 얻는 소득보다는 적었지만 A씨의 소득에 또 다른 큰 보탬이 되었다.
>
> 금년에도 A씨는 공인중개사 업무를 계속 수행하면서 커피숍을 운영하고 있는데 금년 3월부터 시작된 건물 앞 도로공사로 인해 6월 중순 현재까지 커피숍을 찾는 손님이 급격히 감소하여 커피숍 운영을 통해 오히려 금전적 손실을 입고 있다.
>
> A씨는 올해의 소득이 작년보다는 적을 것으로 예상했다.

① 커피숍의 임대료가 올해 10% 인하되었다.
② 부동산 중개 건수가 작년보다 2배 증가하였다.
③ 건물 앞 도로공사가 금년 6월 말에 끝이 난다.
④ 공인중개사 사무실과 커피숍의 직원을 각각 한 명씩 해고하였다.
⑤ 올해의 공인중개사 업무 수익의 증가분이 커피숍 운영의 손실을 상쇄할 수 없다.

26 다음 글에서 제시하고 있는 고령 인력에 대한 선입견이 잘못되었음을 보여주는 내용을 〈보기〉에서 모두 고르면?

> 민간연구원에서 200여 국내 기업을 대상으로 조사한 결과, 경력직 채용에서 연령을 제한하는 기업이 51%인 것으로 나타났다. 연구원은 그 원인을 높은 인건비 부담을 피하기 위해 조기 퇴직을 유도하는 인사 관행과 고령 인력에 대한 선입견 때문이라고 지적하였다. 그리고 고령인력에 대하여 기업들이 가지고 있는 선입견은 첫째, 배우는 것을 싫어한다. 둘째, 성과가 낮다. 셋째, 창의적이지 못하다. 넷째, 열정과 충성심이 적다. 다섯째, 체력 저하로 인하여 사고발생 확률이 높다는 점 등이다.

> **보기**
>
> ㄱ. 최근 어느 학회에서 연령과 성과 간에 반비례 관계가 있다는 연구결과가 발표되었다.
> ㄴ. 퇴직자협회는 신제품 아이디어의 80% 이상을 고령 인력이 창출하였다는 조사결과를 발표하였다.
> ㄷ. A교수의 조사에 따르면, 일단 은퇴했던 고령자들은 가능하면 자신이 받는 연금으로 편안한 여생을 보내고 싶다는 응답 비율이 90%를 넘었다.
> ㄹ. B교수는 나이와 안전사고 발생비율은 반비례하여 고령 인력일수록 안전사고 빈도가 줄어들었다는 연구결과를 발표하였다.

① ㄱ, ㄷ   ② ㄱ, ㄹ
③ ㄴ, ㄷ   ④ ㄴ, ㄹ
⑤ ㄱ, ㄴ, ㄹ

27 다음 글의 (A)에 해당하는 것만을 〈보기〉에서 모두 고르면?

> (가) 어떤 사람의 행동이 제3자에게 의도하지 않은 혜택이나 손해를 가져다 주면서 이에 대해 대가를 받지도 지불하지도 않을 때 발생하는 것을 외부효과라 한다. 이에는 부정적 외부효과와 긍정적 외부효과가 있다. 부정적 외부효과란 한 쪽의 행동이 다른 쪽에 비용을 발생시키는 것이고, 긍정적 외부효과란 한 쪽의 행동이 다른 쪽에 혜택을 발생시키는 것을 말한다.
>
> (나) 정부는 직접 규제를 통해 사람들의 행동을 규제하기보다는 시장기능을 활용하는 간접 규제를 통해 민간의 사적 이익 동기와 사회적 효율이 일치되도록 한다. 예를 들어 부정적 외부효과에 대해서는 세금을 부과하고, 긍정적 외부효과에 대해서는 보조금을 지급할 수 있다. 부정적 외부효과를 시정하기 위한 과세를 ____(A)____ 라고 한다. ____(A)____ 의 이상적인 금액은 부정적 외부효과를 일으키는 행위에서 비롯되는 외부효과 비용과 같아야 한다. 정부가 직접 규제보다 ____(A)____ 를 선호하는 이유는 민간에게 경제적 유인을 제공하여 낮은 비용으로 같은 수준의 결과를 얻을 수 있기 때문이다.

보기

ㄱ. 인체에 해로운 유기물질을 함유하고 있는 농약의 과용을 억제하기 위해 이러한 농약에 대한 세금을 인상하였다.

ㄴ. 특정 제품에 세금을 부과해도 수요가 변하지 않을 것이므로 재정 확충을 목적으로 그 제품에 대한 세금을 인상하였다.

ㄷ. 쓰레기 배출량을 줄이기 위해 쓰레기 배출량에 따라 오물세를 징수하였다.

ㄹ. 신기술 개발을 위해 새로 시설투자를 한 기업체에게 경비 보전을 위한 보조금을 지급하였다.

① ㄱ, ㄷ
② ㄱ, ㄹ
③ ㄴ, ㄷ
④ ㄴ, ㄹ
⑤ ㄱ, ㄴ, ㄷ

28 다음 글을 근거로 판단할 때, 연결이 서로 잘못된 것은?(단, 음식에서 언급되지 않은 재료는 고려하지 않는다)

채식주의자 중에는 육류와 함께 계란, 유제품(치즈, 버터, 생크림 등) 및 생선조차 먹지 않는 사람이 있는가 하면 때때로 육식을 하는 채식주의자도 있다. 또한, 채식이라고 하면 채소와 과일 등을 생각하기 쉽지만, 여기서 말하는 채식에는 곡물도 포함된다.

다음은 채식주의자의 유형별 특성을 분류한 것이다.

채식주의자의 유형	특성
과식(果食)주의자	모든 식물의 잎이나 뿌리는 섭취하지 않고, 오직 견과류나 과일 등 열매 부분만을 먹는다.
순수 채식주의자	동물로부터 얻은 모든 것을 먹지 않고, 식물로부터 나온 것만을 먹는다.
우유 채식주의자	순수 채식주의자가 먹는 음식에 더하여, 유제품은 먹되 계란은 먹지 않는다.
난류(卵類) 채식주의자	순수 채식주의자가 먹는 음식에 더하여, 계란은 먹되 유제품은 먹지 않는다.
유란(乳卵) 채식주의자	순수 채식주의자가 먹는 음식에 더하여, 유제품과 계란도 먹으며, 우유도 먹는다.
생선 채식주의자	유란 채식주의자가 먹는 음식에 더하여, 생선도 먹는다.
준(準) 채식주의자	생선 채식주의자가 먹는 음식에 더하여, 육류도 그 양을 줄여가며 먹는다.

	채식주의자의 유형	음식
①	과식주의자	호두를 으깨어 얹은 모듬 생과일
②	우유 채식주의자	단호박 치즈오븐구이
③	난류 채식주의자	치즈계란토스트
④	유란 채식주의자	생크림을 곁들인 삶은 계란
⑤	생선 채식주의자 및 준 채식주의자	연어훈제구이

☑ 확인 Check! ○△✕

01 다음 글을 근거로 판단할 때 옳지 않은 것은?

> 개발도상국으로 흘러드는 외국자본은 크게 원조, 부채, 투자가 있다. 원조는 다른 나라로부터 지원받는 돈으로, 흔히 해외 원조 혹은 공적개발원조라고 한다. 부채는 은행 융자와 정부 혹은 기업이 발행한 채권으로, 투자는 포트폴리오 투자와 외국인 직접투자로 이루어진다. 포트폴리오 투자는 경영에 대한 영향력보다는 경제적 수익을 추구하기 위한 투자이고, 외국인 직접투자는 회사 경영에 일상적으로 영향력을 행사하기 위한 투자이다.
>
> 개발도상국에 유입되는 이러한 외국자본은 여러 가지 문제점을 보이고 있다. 해외 원조는 개발도상국에 대한 경제적 효과가 있다고 여겨져 왔으나 최근 경제학자들 사이에서는 그러한 경제적 효과가 없다는 주장이 점차 힘을 얻고 있다.
>
> 부채는 변동성이 크다는 단점이 지적되고 있다. 특히 은행 융자는 변동성이 큰 것으로 유명하다. 예컨대 1998년 개발도상국에 대하여 이루어진 은행 융자 총액은 500억 달러였다. 하지만 1998년 러시아와 브라질, 2002년 아르헨티나에서 일어난 일련의 금융 위기가 개발도상국을 강타하여 1999 ~ 2002년의 4개년 동안에는 은행 융자 총액이 연평균 −65억 달러가 되었다가, 2005년에는 670억 달러가 되었다. 은행 융자만큼 변동성이 큰 것은 아니지만, 채권을 통한 자본 유입 역시 변동성이 크다. 외국인은 1997년에 380억 달러의 개발도상국 채권을 매수했다. 그러나 1998 ~ 2002년에는 연평균 230억 달러로 떨어졌고, 2003 ~ 2005년에는 연평균 440억 달러로 증가했다.
>
> 한편 포트폴리오 투자는 은행 융자만큼 변동성이 크지는 않지만 채권에 비하면 변동성이 크다. 개발도상국에 대한 포트폴리오 투자는 1997년의 310억 달러에서 1998 ~ 2002년에는 연평균 90억 달러로 떨어졌고, 2003 ~ 2005년에는 연평균 410억 달러에 달했다.

① 개발도상국에 대한 투자는 경제적 수익뿐만 아니라 회사 경영에 영향력을 행사하기 위해서도 이루어질 수 있다.

② 해외 원조는 개발도상국에 대한 경제적 효과가 없다고 주장하는 경제학자들이 있다.

③ 개발도상국에 유입되는 외국자본에는 해외 원조, 은행 융자, 채권, 포트폴리오 투자, 외국인 직접투자가 있다.

④ 개발도상국에 대한 2005년의 은행 융자 총액은 1998년의 수준을 회복하지 못하였다.

⑤ 1998 ~ 2002년과 2003 ~ 2005년의 연평균을 비교할 때, 개발도상국에 대한 포트폴리오 투자가 채권보다 증감액이 크다.

02 다음 글을 근거로 판단할 때, 〈보기〉에서 옳은 것만을 모두 고르면?

하와이 원주민들이 사용하던 토속어는 1898년 하와이가 미국에 병합된 후 미국이 하와이 학생들에게 사용을 금지하면서 급격히 소멸되었다. 그러나 하와이 원주민들이 소멸한 토속어를 부활시키기 위해 1983년 '아하 푸나나 레오'라는 기구를 설립하여 취학 전 아동부터 중학생까지의 원주민들을 대상으로 집중적으로 토속어를 교육한 결과 언어 복원에 성공했다.

이러한 언어의 다양성을 지키려는 노력뿐만 아니라 언어의 통일성을 추구하려는 노력도 있었다. 안과의사였던 자멘호프는 유태인, 폴란드인, 독일인, 러시아인들이 서로 다른 언어를 사용함으로써 갈등과 불화가 생긴다고 판단하고 예외와 불규칙이 없는 문법과 알기 쉬운 어휘에 기초해 국제공통어 에스페란토를 만들어 1887년 발표했다. 그의 구상은 '1민족 2언어주의'에 입각하여 같은 민족끼리는 모국어를, 다른 민족과는 중립적이고 배우기 쉬운 에스페란토를 사용하자는 것이었다.

에스페란토의 문자는 영어 알파벳 26개 문자에서 Q, X, W, Y의 4개 문자를 빼고 영어 알파벳에는 없는 Ĉ, Ĝ, Ĥ, Ĵ, Ŝ, Ŭ의 6개 문자를 추가하여 만들어졌다. 문법의 경우 가급적 불규칙 변화를 없애고 각 어간에 품사 고유의 어미를 붙여 명사는 −o, 형용사는 −a, 부사는 −e, 동사원형은 −i로 끝낸다. 예를 들어 '사랑'은 amo, '사랑의'는 ama, '사랑으로'는 ame, '사랑하다'는 ami이다. 시제의 경우 어간에 과거형은 −is, 현재형은 −as, 미래형은 −os를 붙여 표현한다.

또한, 1자 1음의 원칙에 따라 하나의 문자는 하나의 소리만을 내고, 소리 나지 않는 문자도 없으며, 단어의 강세는 항상 뒤에서 두 번째 모음에 있기 때문에 사전 없이도 쉽게 읽을 수 있다. 특정한 의미를 갖는 접두사와 접미사를 활용하여 많은 단어를 파생시켜 사용하므로 단어 암기를 위한 노력이 크게 줄어드는 것도 중요한 특징이다. 아버지는 patro, 어머니는 patrino, 장인은 bopatro, 장모는 bopatrino인 것이 그 예이다.

※ 에스페란토에서 모음은 A, E, I, O, U이며 반모음은 Ŭ이다.

보기

ㄱ. 에스페란토의 문자는 모두 28개로 만들어졌다.
ㄴ. 미래형인 '사랑할 것이다.'는 에스페란토로 'amios'이다.
ㄷ. '어머니'와 '장모'를 에스페란토로 말할 때 강세가 있는 모음은 같다.
ㄹ. 자멘호프의 구상에 따르면 동일한 언어를 사용하는 하와이 원주민끼리도 에스페란토만을 써야 한다.

---

① ㄱ, ㄷ   ② ㄱ, ㄹ

③ ㄴ, ㄹ   ④ ㄱ, ㄴ, ㄷ

⑤ ㄴ, ㄷ, ㄹ

03 다음 글을 근거로 판단할 때 옳은 것은?

> 오늘날에는 매우 다양한 모양의 바퀴가 사용되고 있는데, 통나무를 잘라 만든 원판 모양의 나무바퀴는 기원전 5000년경부터 사용된 것으로 추정된다. 이후 나무바퀴는 세 조각의 판자를 맞춘 형태로 진화했다. 현존하는 유물로는 기원전 3500년경에 제작된 것으로 추정되는 메소포타미아의 전차(戰車)용 나무바퀴가 가장 오래된 것이다.
>
> 바퀴가 처음부터 모든 문명에서 사용된 것은 아니다. 이집트에서는 피라미드를 만들 때 바퀴가 아닌 썰매를 사용했다. 잉카 원주민과 아메리카 원주민은 유럽인이 전파해주기 전까지 바퀴의 존재조차 몰랐다. 유럽인이 바퀴를 전해준 다음에도 아메리카 원주민들은 썰매를 많이 이용했다. 에스키모는 지금도 개가 끄는 썰매를 이용하고 있다.
>
> 바퀴가 수레에만 사용된 것은 아니다. 도자기를 만드는 데 사용하는 돌림판인 물레는 바퀴의 일종으로 우리나라에서는 4,000년 전부터 사용했다. 메소포타미아에서도 바퀴는 그릇을 빚는 물레로 쓰였다.
>
> 바퀴의 성능은 전쟁용 수레인 전차가 발달하면서 크게 개선되었다. 기원전 2000년경 히타이트족은 처음으로 바퀴살이 달린 바퀴를 전차에 사용하였다. 그 뒤 산업혁명기에 발명된 고무타이어가 바퀴에 사용되면서 바퀴의 성능은 한층 개선되었다. 1885년 다임러와 벤츠가 최초로 가솔린 자동차를 발명했다. 자동차용 공기압 타이어는 그로부터 10년 후 프랑스의 미쉘린 형제에 의해 처음으로 개발되었다. 1931년 미국 듀퐁사가 개발한 합성고무가 재료로 사용되면서 타이어의 성능은 더욱 발전하고 종류도 다양해졌다.

① 바퀴를 처음 만들고 사용한 사람은 기원전 3500년경 메소포타미아인이다.

② 19세기 초반부터 이미 자동차에 공기압 타이어가 사용되었다.

③ 전차의 발달과 고무타이어의 발명은 바퀴의 성능 개선에 기여했다.

④ 바퀴가 없었던 지역에 바퀴가 전해진 이후 그 지역에서 썰매는 사용되지 않았다.

⑤ 바퀴가 수레를 움직이는 것 외에 다른 용도로 사용되기 시작한 것은 산업혁명기 이후였다.

04 다음 글을 근거로 판단할 때 옳지 않은 것은?

> 여러분이 컴퓨터 키보드의 @ 키를 하루에 몇 번이나 누르는 지 한번 생각해 보라. 아마도 이메일 덕분에 사용 빈도가 매우 높을 것이다. 이탈리아에서는 '달팽이', 네덜란드에서는 '원숭이 꼬리'라 부르고 한국에서는 '골뱅이'라 불리는 이 '앳(at)' 키는 한때 수동 타자기와 함께 영영 잊혀질 위기에 처하기도 하였다.
>
> 6세기에 @은 라틴어 전치사인 'ad'를 한 획에 쓰기 위한 합자(合字)였다. 그리고 시간이 흐르면서 @은 베니스, 스페인, 포르투갈 상인들 사이에 측정 단위를 나타내는 기호로 사용되었다. 베니스 상인들은 @을 부피의 단위인 암포라(Amphora)를 나타내는 기호로 사용하였으며, 스페인과 포르투갈의 상인들은 질량의 단위인 아로바(Arroba)를 나타내는 기호로 사용하였다. 스페인에서의 1아로바는 현재의 9.5kg에 해당하며, 포르투갈에서의 1아로바는 현재의 12kg에 해당한다. 이후에 @은 단가를 뜻하는 기호로 변화하였다. 예컨대 '복숭아 12개@1.5달러'로 표기한 경우 복숭아 12개의 가격이 18달러라는 것을 의미했다.
>
> @ 키는 1885년 미국에서 언더우드 타자기에 등장하였고 20세기까지 자판에서 자리를 지키고 있었지만 사용 빈도는 점차 줄어들었다. 그런데 1971년 미국의 한 프로그래머가 잊혀지다시피 하였던 @ 키를 살려낸다. 연구개발 업체에서 인터넷상의 컴퓨터 간 메시지 송신기술 개발을 담당했던 그는 @ 키를 이메일 기호로 활용했던 것이다.
>
> ※ ad : 현대 영어의 'at' 또는 'to'에 해당하는 전치사

① 1960년대 말 @ 키는 타자기 자판에서 사라지면서 사용빈도가 점차 줄어들었다.
② @이 사용되기 시작한 지 1,000년이 넘었다.
③ @이 단가를 뜻하는 기호로 쓰였을 때, '토마토 15개@3달러'라면 토마토 15개의 가격은 45달러였을 것이다.
④ @은 전치사, 측정 단위, 단가, 이메일 기호 등 다양한 의미로 활용되어 왔다.
⑤ 스페인 상인과 포르투갈 상인이 측정 단위로 사용했던 1@는 그 질량이 동일하지 않았을 것이다.

05 다음 글을 근거로 판단할 때, 甲의 관찰 결과로 옳은 것은?

> 꿀벌의 통신방법은 甲의 관찰에 의해 밝혀졌다. 그에 따르면 꿀벌이 어디에선가 꿀을 발견하면 벌집에 돌아와서 다른 벌들에게 그 사실을 알리는데, 이때 춤을 통하여 꿀이 있는 방향과 거리 및 꿀의 품질을 비교적 정확하게 알려 준다.
>
> 꿀벌의 말에도 '방언'이 있어 지역에 따라 춤을 추는 방식이 다르다. 유럽 꿀벌의 경우 눕힌 8자형(○○) 모양의 춤을 벌집의 벽을 향하여 춘다. 이때 꿀이 발견된 장소의 방향은 ○○자 모양의 가운데 교차점에서의 꿀벌의 움직임과 관련돼 있다. 예컨대 꿀의 방향이 태양과 같은 방향이면 아래에서 위로 교차점을 통과(◯◯)하고, 태양과 반대 방향이면 위에서 아래로 교차점을 통과(◯◯)한다.
>
> 벌집에서 꿀이 발견된 장소까지의 거리는 단위 시간당 춤의 횟수로 나타낸다. 예를 들어 유럽 꿀벌이 약 15초 안에 열 번 돌면 100m 가량, 여섯 번 돌면 500m 가량, 네 번 돌면 1.5km 정도를 나타내며, 멀게는 11km 정도의 거리까지 정확하게 교신할 수 있다. 또 같은 ○○자 모양의 춤을 활기차게 출수록 꿀의 품질이 더 좋은 것임을 말해 준다.
>
> 甲은 여러 가지 실험을 통해서 위와 같은 유럽 꿀벌의 통신방법이 우연적인 것이 아니고 일관성 있는 것임을 알아냈다. 예를 들면 벌 한 마리에게 벌집에서 2km 지점에 있는 설탕물을 맛보게 하고 벌집으로 돌려보낸 뒤 설탕물을 다른 곳으로 옮겼는데, 그래도 이 정보를 수신한 벌들은 원래 설탕물이 있던 지점 근방으로 날아와 설탕물을 찾으려 했다. 또 같은 방향이지만 원지점보다 가까운 1.2km 거리에 설탕물을 옮겨 놓아도 벌들은 그곳을 그냥 지나쳐 버렸다.

① 유럽 꿀벌이 고품질의 꿀을 발견하면 ○○자와 다른 모양의 춤을 춘다.
② 유럽 꿀벌이 춤으로 전달하는 정보는 꿀이 있는 방향과 거리 및 꿀의 양이다.
③ 유럽 꿀벌이 단위 시간당 춤을 추는 횟수가 적을수록 꿀이 있는 장소까지의 거리는 멀다.
④ 유럽 꿀벌이 ○○자 모양의 춤을 출 때, 꿀이 있는 방향이 태양과 반대 방향이면 교차점을 아래에서 위로 통과한다.
⑤ 유럽 꿀벌은 동료의 춤을 통해 꿀에 관한 정보를 전달받은 후 실제 꿀의 위치가 달라져도 방향만 같으면, 그 정보를 통하여 꿀이 있는 장소를 한 번에 정확히 찾을 수 있다.

06 다음 글을 근거로 판단할 때 옳은 것은?

> 판옥선은 조선 수군의 주력 군선(軍船)으로 왜구를 제압하기 위해 1555년(명종 10년) 새로 개발된 것이다. 종전의 군선은 갑판이 1층뿐인 평선인 데 비하여 판옥선은 선체의 상부에 상장(上粧)을 가설하여 2층 구조로 만든 배이다. 이 같은 구조로 되어 있기 때문에, 노를 젓는 요원인 격군(格軍)은 1층 갑판에서 안전하게 노를 저을 수 있고, 전투 요원들은 2층 갑판에서 적을 내려다보면서 유리하게 전투를 수행할 수 있었다.
>
> 전근대 해전에서는 상대방 군선으로 건너가 마치 지상에서처럼 칼과 창으로 싸우는 경우가 흔했다. 조선 수군은 기본적으로 활과 화약무기 같은 원거리 무기를 능숙하게 사용했지만, 칼과 창 같은 단병무기를 운용하는 데는 상대적으로 서툴렀다. 이 같은 약점을 극복하고 조선 수군이 해전에서 승리하기 위해서는, 적이 승선하여 전투를 벌이는 전술을 막으면서 조선 수군의 장기인 활과 대구경(大口徑) 화약무기로 전투를 수행할 수 있도록 선체가 높은 군선이 필요했다.
>
> 선체 길이가 20~30m 정도였던 판옥선은 임진왜란 해전에 참전한 조선·명·일본의 군선 중 크기가 큰 편에 속한 데다가 선체도 높았기 때문에 일본군이 그들의 장기인 승선전투전술을 활용하기 어렵게 하는 효과도 있었다. 이 때문에 임진왜란 당시 도승지였던 이항복은 "판옥선은 마치 성곽과 같다."라고 그 성능을 격찬했다. 판옥선은 1592년 발발한 임진왜란에서 일본의 수군을 격파하여 조선 수군이 완승할 수 있는 원동력이 되었다. 옥포해전·당포해전·한산해전 등 주요 해전에 동원된 군선 중에서 3척의 거북선을 제외하고는 모두가 판옥선이었다.
>
> 판옥선의 승선인원은 시대와 크기에 따라 달랐던 것으로 보인다. 『명종실록』에는 50여 명이 탑승했다고 기록되어 있는 반면에, 『선조실록』에 따르면 거북선 운용에 필요한 사수(射手)와 격군을 합친 숫자가 판옥선의 125명보다 많다고 되어 있어 판옥선의 규모가 이전보다 커진 것을 알 수 있다.

① 판옥선은 갑판 구조가 단층인 군선으로, 선체의 높이가 20~30m에 달하였다.
② 판옥선의 구조는 적군의 승선전투전술 활용을 어렵게 하여 조선 수군이 전투를 수행하는 데 유리하였을 것이다.
③ 『선조실록』에 따르면 판옥선의 격군은 최소 125명 이상이었다.
④ 판옥선은 임진왜란 때 일본의 수군을 격파하기 위해 처음 개발되었다.
⑤ 판옥선은 임진왜란의 각 해전에서 주력 군선인 거북선으로 대체되었다.

07 다음 글을 근거로 판단할 때, 〈보기〉에서 허용될 수 있는 행동을 한 사람을 모두 고르면?

우매한 수령은 아전을 심복으로 여겨 밤중에 몰래 불러서 여러 가지 일을 의논한다. 아전이 그 수령에게 아첨하여 기쁘게 해주는 까닭은 전세(田稅)를 농간질하고 창고의 곡식을 가로채거나 송사(訟事)와 옥사(獄事)를 팔아서 그 뇌물을 빨아먹기 위한 것뿐이다.

대체적으로 참알(參謁)을 받는 수령은 조관(朝冠)을 착용하는데, 아전이 어찌 흰 옷과 베 띠를 착용하고 관정(官庭)에 들어올 수 있겠는가. 지금 경사(京司)에서 참알하는 서리(書吏)들은 모두 홍단령(紅團領)을 착용하는 것이 본연의 법도인 것이다. 다만, 상중(喪中)에 공무를 보러 나온 자는 검은 갓과 검은 띠를 착용함을 허락하되 관아에서 참알하는 것은 허락하지 말 것이며, 관아를 드나들면서 일을 품의(稟議)하도록 한다.

요즘 보면 수령된 자가 아전들이 잔치를 열고 노는 것을 내버려 두니 아전들은 산을 오르고 물에 배를 띄우면서 노래와 춤추기를 번갈아 한다. 백성들은 이를 보고는 미워하기를 원수와 같이 한다. 즐기기는 아전이 하고 원망은 수령이 듣게 되니 또한 터무니없는 일이 아닌가. 마땅히 엄금해야 할 것이다. 혹시 한번쯤 바람 쐬고 싶은 생각이 들면 시절이 좋고 풍년이 든 때를 가려서 관아에 일도 적은 날, 흰 밥과 나물반찬을 준비해 가지고 산에 오르거나 물가에 가서 소박한 모임을 갖도록 해야 할 것이다.

아전들이나 하인들이 사사로이 서로 경계하고 타이르는 것을 반드시 다 금지할 필요는 없다. 그러나 곤장 10대 이상을 벌주는 일은 마땅히 품의한 다음에 시행하도록 해야 한다. 백성으로서 관아에 직접 딸려 있지 않은 자에게는 읍민(邑民)이나 촌민(村民)을 가리지 않고 매 한 대라도 허용하여서는 안 된다.

※ 참알 : 조선시대 벼슬아치가 그의 책임 벼슬아치를 뵙는 일
※ 경사 : 서울에 있던 관아를 통틀어 이르는 말
※ 홍단령 : 붉은 색 공복(公服)
※ 품의 : 웃어른이나 상사에게 글이나 말로 여쭈어 의논함

보기

ㄱ. 흰 옷과 베 띠를 착용하고 경사에서 참알한 서리
ㄴ. 흉년에 사기진작을 위해 수시로 잔치를 열어 아전들을 격려한 수령
ㄷ. 아전이 잘못한 하인을 곤장으로 벌주는 모든 행위를 품의 없이 할 수 있도록 허락한 수령
ㄹ. 삼년상을 치르는 중 일을 품의하기 위해 검은 갓과 검은 띠를 착용하고 관아를 드나든 아전

① ㄱ
② ㄴ
③ ㄹ
④ ㄱ, ㄷ
⑤ ㄴ, ㄷ, ㄹ

08 다음 글을 근거로 판단할 때, 〈보기〉에서 옳은 것만을 모두 고르면?

무릇 오곡이란 백성들이 생존의 양식으로 의존하는 것이기에 군주는 식량 증산에 힘쓰지 않을 수 없고, 재물을 쓰는 데 절약하지 않을 수 없다. 오곡 가운데 한 가지 곡식이 제대로 수확되지 않으면 이것을 근(饉)이라 하고, 두 가지 곡식이 제대로 수확되지 않으면 이것을 한(旱)이라고 한다. 세 가지 곡식이 제대로 수확되지 않으면 이것을 흉(凶) 이라고 한다. 또 네 가지 곡식이 제대로 수확되지 않으면 이것을 궤(饋)라고 하고, 다섯 가지 곡식 모두 제대로 수확 되지 않으면 이것을 기(饑)라고 한다. 근이 든 해에는 대부(大夫) 이하 벼슬하는 사람들은 모두 봉록의 5분의 1을 감봉한다. 한이 든 해에는 5분의 2를 감봉하고, 흉이 든 해에는 5분의 3을 감봉하고, 궤가 든 해에는 5분의 4를 감봉하며, 기가 든 해에는 아예 봉록을 주지 않고 약간의 식량만을 지급할 뿐이다.

곡식이 제대로 수확되지 않으면 군주는 먹던 요리의 5분의 3을 줄이고, 대부들은 음악을 듣지 않으며, 선비들은 농사에 힘쓸 뿐 배우러 다니지 않는다. 군주는 조회할 때 입는 예복이 낡아도 고쳐 입지 않고, 사방 이웃 나라의 사신들에게도 식사만을 대접할 뿐 성대한 잔치를 베풀지 않는다. 또한, 군주가 행차할 때 수레를 끄는 말의 수도 반으로 줄여 두 마리만으로 수레를 끌게 한다. 길을 보수하지 않고, 말에게 곡식을 먹이지 않으며, 궁녀들은 비단옷 을 입지 않는다. 이것은 식량이 부족함을 백성들에게 인식시키고자 함이다.

보기

ㄱ. 대부 이하 벼슬하는 사람이 근(饉)이 들었을 때 받을 수 있는 봉록은 궤(饋)가 들었을 때 받을 수 있는 봉록의 4배일 것이다.

ㄴ. 오곡 모두 제대로 수확되지 않으면 대부 이하 벼슬하는 사람들은 봉록과 식량을 전혀 지급받지 못했을 것이다.

ㄷ. 곡식이 제대로 수확되지 않으면 군주가 행차할 때 탄 수레는 곡식을 먹인 말 두 마리가 끌었을 것이다.

ㄹ. 곡식이 제대로 수확되지 않으면 군주는 먹던 요리를 5분의 4로 줄였을 것이다.

① ㄱ
② ㄷ
③ ㄱ, ㄴ
④ ㄴ, ㄹ
⑤ ㄱ, ㄷ, ㄹ

09 다음 글을 근거로 판단할 때 옳은 것은?

A국의 지방자치단체는 국가에 비해 재원확보능력이 취약하고 지역간 재정 불균형이 심한 편이다. 이에 따라 국가는 지방자치단체의 재정활동을 지원하고 지역간 재정 불균형을 해소하기 위해, 지방교부세와 국고보조금을 교부하고 있다.

지방교부세는 국가가 각 지방자치단체의 재정부족액을 산정해 국세로 징수한 세금의 일부를 지방자치단체로 이전하는 재원이다. 이에 비해 국고보조금은 국가가 특정한 행정업무를 지방자치단체로 하여금 처리하도록 하기 위해 지방자치단체에 지급하는 재원으로, 국가의 정책상 필요한 사업뿐만 아니라 지방자치단체가 필요한 사업을 지원하기 위한 것이다.

국고보조금의 특징은 다음과 같다. 첫째, 국고보조금은 매년 지방자치단체장의 신청에 의해 지급된다. 둘째, 국고보조금은 특정 용도 외의 사용이 금지되어 있다는 점에서 용도에 제한을 두지 않는 지방교부세와 다르다. 셋째, 국고보조금이 투입되는 사업에 대해서는 상급기관의 행정적·재정적 감독을 받게 되어 예산운용의 측면에서 지방자치단체의 자율성이 약화될 수 있다. 넷째, 국고보조금은 지방자치단체가 사업 비용의 일부를 부담해야 한다는 것이 전제 조건이다. 따라서 재정력이 양호한 지방자치단체의 경우는 국고보조사업을 수행하는 데 문제가 없으나, 재정력이 취약한 지방자치단체는 지방비 부담으로 인해 상대적으로 국고보조사업 신청에 소극적이다.

① 국가는 지방자치단체가 필요로 하는 사업에 용도를 지정하여 지방교부세를 지급한다.

② 국고보조금은 지방교부세에 비해 예산운용의 측면에서 지방자치단체의 자율성을 약화시킬 수 있다.

③ 지방자치단체의 R&D 사업에 지급된 국고보조금의 경우, 해당 R&D 사업 외의 용도로 사용될 수 있다.

④ 일반적으로 재정력이 취약한 지방자치단체는 재정력이 양호한 지방자치단체에 비해 국고보조사업 신청에 더 적극적이다.

⑤ 국고보조금은 지방자치단체가 필요로 하는 사업에는 지원되지 않기 때문에 지방자치단체간 재정불균형을 해소하는 기능은 없다.

10 다음 글을 근거로 판단할 때, 〈보기〉에서 옳게 추론한 사람을 모두 고르면?

> 인류가 카펫을 사용한 기간은 2,500년이 넘는다. 1949년 카자흐스탄의 파지릭 고분에서 기원전 4~5세기의 것으로 추정되는 카펫이 발굴되었다. 이 카펫은 인류가 발견한 최고(最古)의 것으로 높은 수준의 채색·직조 기술을 담고 있다.
>
> 카펫은 이슬람의 긴 역사와 삶의 애환, 무슬림의 예술성과 기술, 일상의 시간들이 축적되어 있는 종합 예술품이다. 이슬람교에서 우상숭배를 금지하면서 사람이나 동물을 형상화할 수 없게 되자 풀과 나무, 코란의 서체를 이용한 독특한 예술적 문양을 창출해냈다.
>
> 이슬람 카펫의 아름다움이 서구에 소개되어 각광을 받은 것은 베네치아 상인들 덕분이다. 베네치아는 유럽에 카펫을 소개하는 중요한 통로였다. 베네치아인들은 집안에 카펫을 깔거나 창문에 드리웠으며, 유람선을 카펫으로 치장했었다.
>
> 카펫은 디자인 예술이다. 디자인만 보고도 그것이 언제 어디에서 생산된 것인지 알 수 있을 정도다. 페르시아와 인도에서는 꽃무늬 양식의 카펫이, 카프카스 및 중앙아시아의 투르크만 지역에서는 기하학적 무늬의 카펫이 주로 생산되었다. 터키에서는 두 가지 양식 모두 사용되었지만, 기하학적 무늬가 더 많이 애용되었다. 중국의 카펫에는 용이나 봉황, 간혹 도깨비 양식이 등장한다. 그런데 같은 디자인이라도 문화권에 따라 그 의미가 다르다. 예를 들어 중국에서 용은 황제를 상징하지만, 페르시아에서는 악마를, 인도에서는 죽음을 의미한다.

> **보기**
>
> 甲 : 우상숭배를 금지한 이슬람 국가에서 생산하고 있는 카펫의 문양은 식물과 동물, 코란의 서체 등 다양하군.
> 乙 : 베네치아 사람들은 카펫을 여러 용도로 활용했나봐.
> 丙 : 페르시아에서 생산된 카펫은 기하학적 무늬를 주로 사용했었구나.
> 丁 : 용이 그려진 카펫을 중국인이 호의로 선물했더라도 이를 받은 인도의 왕은 선물한 사람의 본래 의도를 오해할 수 있겠어.

① 甲
② 乙, 丁
③ 丙, 丁
④ 甲, 丙, 丁
⑤ 乙, 丙, 丁

11 다음 글을 근거로 추론할 때, 〈보기〉에서 옳은 것만을 모두 고르면?

> 계산을 한다는 것은 인간 고유의 능력이다. 글자도 숫자도 없던 원시시대에는 몸의 일부분, 특히 손가락이나 손을 사용하여 계산했다. 따라서 원시인은 5를 '손'이라고, 10을 '양손' 혹은 '인간'이라고 이해하였다. 또한, 산스크리트어로 5는 'Pancha'라고 하는데, 이것은 페르시아어로 '손'을 나타내는 'Pentcha'와 매우 유사하다.
> 원시인은 나뭇가지나 작은 돌멩이를 늘어놓고 계산하는 방법도 사용하였다. 라틴어의 'Talea'는 작은 나뭇가지를 뜻하는데 이로부터 영어의 'Tally(계산, 총계)'라는 단어가 생겼으며, 마찬가지로 'Calculus(조약돌)'에서 영어의 'Calculate(계산하다)'라는 단어가 생겼다.
> 손가락을 계산에 이용한 흔적은 현대에도 남아 있다. 시리아, 프랑스의 일부 지방에서는 지금까지도 5보다 큰 한 자리 자연수 2개를 곱할 때 손가락을 사용한다. 예를 들어 8×7을 구하기 위해서는 왼손 손가락 세 개(8−5)를 굽히고 오른손 손가락 두 개(7−5)를 굽힌다. 이렇게 한 후에 굽힌 손가락의 수를 더하여 5를 구한 다음, 굽히지 않은 손가락의 수를 곱해 6을 구한다. 이렇게 계산한 두 수를 통해 56이란 답을 구한다.

보기

ㄱ. '계산'이라는 단어는 계산을 하는 데 사용한 도구와 관련된 경우가 있다.
ㄴ. 원시인은 도구나 육체를 직접 사용하여 계산하였을 것이다.
ㄷ. 6×6을 계산하기 위하여 시리아, 프랑스 일부 지방의 손가락 곱셈 방법을 사용하려면 왼손 손가락 1개와 오른손 손가락 1개를 굽혀야 한다.

① ㄱ
② ㄴ
③ ㄱ, ㄷ
④ ㄴ, ㄷ
⑤ ㄱ, ㄴ, ㄷ

12 다음 글을 근거로 판단할 때 옳은 것은?

> 헌법은 국민의 기본권을 보장하고 국가의 통치조직과 통치작용의 원리를 정하는 최고법이다. '헌법'이라는 용어는 영어의 'Constitution', 'Constitutional Law'를 번역한 것이다. 근대 초기에 우리나라와 중국은 이 단어를 국제(國制), 헌장(憲章), 국헌(國憲) 등으로 다양하게 번역하였는데, 오늘날에는 공동체의 최고법규범을 지칭하는 용어로 사용하고 있다. 그런데 엄격히 보면 Constitution은 일정한 구성체(공동체)를 의미하고, Constitutional Law는 그 구성체를 규율하는 최고의 법규범을 일컫는다. 따라서 헌법학에서 헌법이라는 용어는 문맥에 따라 이 둘 가운데 어느 하나를 지칭하기도 하고, 둘을 같이 지칭하기도 한다.
>
> 역사적으로 헌법이라는 단어의 어원은 중국 전국시대 문헌인 『국어』 진어편(篇)의 '상선벌간 국지헌법야(賞善罰姦 國之憲法也)'라는 문장에서 찾아볼 수 있다. 또한 『후한서』, 『서경』, 『예기』 등 중국의 옛 문헌에도 헌법이라는 단어가 나타나는데, 여기에서 헌법은 모든 종류의 법을 통틀어 지칭하는 법의 통칭어이다. 우리나라에서는 법령을 통칭하는 '국제(國制)'라는 용어가 조선시대에 편찬된 『고려사』에 보이고, 헌법이라는 말은 1884년 1월 30일 한성순보에 실린 '구미입헌정체(歐美立憲政體)'라는 글에서 오늘날 의미로 사용되었다. 헌법이라는 단어가 실정법에서 처음 사용된 것은 1919년 9월 11일 공포된 「대한민국임시헌법」이다.
>
> 한편 헌법은 시대 흐름에 따라 고유한 의미의 헌법, 근대 입헌주의 헌법 등으로 나눌 수 있다. 고유한 의미의 헌법은 국가의 최고기관을 조직 · 구성하고, 이들 기관의 권한행사 방법, 국가기관의 상호관계 및 활동범위를 정한 기본법이다. 이러한 의미의 헌법은 국가가 존재하는 한 어떠한 형태로든 존재한다. 근대 입헌주의 헌법이란 개인의 자유와 권리를 보장하고, 권력분립에 의하여 국가권력의 남용을 억제하는 것을 내용으로 하는 헌법을 말한다.

① 개인의 자유를 보장하지 않은 헌법도 근대 입헌주의 헌법이라 할 수 있다.

② 고려사에 기록된 국제(國制)라는 용어는 오늘날 통용되는 헌법의 의미로 사용되었다.

③ 헌법학에서 사용하는 헌법이라는 용어는 최고의 법규범이 아닌 일정한 구성체를 지칭하기도 한다.

④ 근대 입헌주의 헌법과 비교할 때, 고유한 의미의 헌법은 국가권력의 조직 · 구성보다는 국가권력의 제한에 그 초점을 둔다고 할 수 있다.

⑤ 중국에서 헌법이라는 용어는 처음에는 최고법규범을 의미했지만, 현재는 다양한 종류의 법이 혼합된 형태를 의미하는 용어로 사용된다.

13 다음 글을 근거로 추론할 때, 〈보기〉에서 옳지 않은 것만을 모두 고르면?

봉수대 위에서 생활하면서 근무하는 요원으로 봉군(烽軍)과 오장(伍長)이 있었다. 봉군은 주야(晝夜)로 후망(堠望)을 게을리해서는 안 되는 고역을 직접 담당하였고, 오장은 대상(臺上)에서 근무하면서 봉군을 감시하는 임무를 맡았다. 경봉수는 전국의 모든 봉수가 집결하는 중앙봉수로서 서울에 위치하였고, 연변봉수는 해륙변경(海陸邊境)의 제1선에 설치한 것으로 그 임무수행이 가장 힘들었다. 내지봉수는 연변봉수와 경봉수를 연결하는 중간봉수로, 수적으로 대다수였다.

『경국대전』에 따르면 연변봉수와 내지봉수의 봉군 정원은 매소(每所) 6인이었다. 오장의 정원은 연변봉수·내지봉수·경봉수 모두 매소 2인이었다. 봉군은 신량역천(身良役賤), 즉 신분상으로는 양인(良人)이나 국역담당에 있어서는 천인(賤人)이었다.

『대동지지』에 수록된 파발(擺撥)의 조직망을 보면, 서발은 의주에서 한성까지 1,050리의 직로(直路)에 기마통신(騎馬通信)인 기발로 41참(站)을 두었고, 북발은 경흥에서 한성까지 2,300리의 직로에 도보통신인 보발로 64참을 설치하였다. 남발은 동래에서 한성까지 920리의 직로에 보발로 31참을 설치하였다. 발군(撥軍)은 양인(良人)인 기보병(騎步兵)으로만 편성되었다. 파발은 긴급을 요하기 때문에 주야로 달렸다. 기발의 속도가 1주야(24시간)에 약 300리 정도로 중국의 400~500리보다 늦은 것은 산악이 많은 지형 때문이었다.

봉수는 경비가 덜 들고 신속하게 전달할 수 있는 장점이 있으나 적의 동태를 오직 봉수의 개수로만 전하기 때문에 그 내용을 자세히 전달할 수 없고 또한 비와 구름·안개로 인하여 판단이 곤란하고 중도에 단절되는 결점이 있었다. 반면에 파발은 경비가 많이 소요되고 봉수보다는 전달속도가 늦은 결점이 있으나 문서로 전달되기 때문에 보안유지는 물론 적의 병력수·장비·이동상황 그리고 아군의 피해상황 등을 상세하게 전달할 수 있는 장점이 있었다.

> **보기**
>
> ㄱ. 『경국대전』에 따를 때 연변봉수의 근무자 정원은 총 6명이었을 것이다.
> ㄴ. 발군의 신분은 봉군의 신분보다 낮았을 것이다.
> ㄷ. 파발을 위한 모든 직로에 설치된 참과 참 사이의 거리는 동일했을 것이다.
> ㄹ. 의주에서 한성까지 기발로 문서를 전달하는 데 통상 2주야가 걸렸을 것이다.

① ㄱ
② ㄴ, ㄷ
③ ㄱ, ㄴ, ㄹ
④ ㄴ, ㄷ, ㄹ
⑤ ㄱ, ㄴ, ㄷ, ㄹ

14 다음 글에 근거할 때, 〈보기〉에서 옳게 추론한 것만을 모두 고르면?

> 과거에는 질병의 '치료'를 중시하였으나 점차 질병의 '진단'을 중시하는 추세로 변화하고 있다. 조기진단을 통해 질병을 최대한 빠른 시점에 발견하고 이에 따른 명확한 치료책을 제시함으로써 뒤늦은 진단 및 오진으로 발생하는 사회적 비용을 최소화하고 질병 관리능력을 증대시키고 있다. 조기진단의 경제적 효과는 실로 엄청난데, 관련 기관의 보고서에 의하면 유방암 치료비는 말기진단 시 60,000 ~ 145,000달러인데 비해 조기진단 시 10,000 ~ 15,000달러로 현저한 차이를 보인다. 또한, 조기진단과 치료로 인한 생존율 역시 말기진단의 경우에 비해 4배 이상 증가한 것으로 밝혀졌다. 현재 조기진단을 가능케 하는 진단영상기기로는 X-ray, CT, MRI 등이 널리 쓰이고 있으며, 이 중 1985년에 개발된 MRI가 가장 최신장비로 손꼽힌다. MRI는 다른 기기에 비해 연골과 근육, 척수, 혈관 속 물질, 뇌조직 등 체내 부드러운 조직의 미세한 차이를 구분하고 신체의 이상 유무를 밝히는 데 탁월하여 현존하는 진단기기 중에 가장 성능이 좋은 것으로 평가받고 있다. 이러한 특징으로 인해 MRI는 세포 조직 내 유방암, 위암, 파킨슨병, 알츠하이머병, 다발성경화증 등의 뇌신경계 질환 진단에 많이 활용되고 있다.
>
> 전 세계적으로 MRI 관련 산업의 시장규모는 매년 약 42억 ~ 45억 달러씩 늘어나고 있다. 한국의 시장규모는 연간 8,000만 ~ 1억 달러씩 증가하고 있다. 현재 한국에는 약 800대의 MRI기기가 도입돼 있다. 이는 인구 백만 명 당 16대꼴로 일본이나 미국에는 미치지 못하지만 유럽이나 기타 OECD 국가들에 뒤지지 않는 보급률이다.

보기

ㄱ. 질병의 조기진단은 경제적 측면 뿐만 아니라, 치료 효과 측면에서도 유리하다.
ㄴ. CT는 조기진단을 가능케 하는 진단영상기기로서, 체내 부드러운 조직의 미세한 차이를 구분하는 데 있어 다른 기기에 비해 더 탁월한 효과를 보여준다.
ㄷ. 한국의 MRI기기 보급률은 대부분의 OECD 국가들과 견줄 수 있는 정도이다.
ㄹ. 한국의 MRI 관련 산업 시장규모는 전 세계 시장규모의 3%를 상회하고 있다.

① ㄱ, ㄷ
② ㄱ, ㄹ
③ ㄴ, ㄷ
④ ㄴ, ㄹ
⑤ ㄱ, ㄷ, ㄹ

15 다음 글을 근거로 판단할 때 옳은 것은?

『규합총서(1809)』에는 생선을 조리하는 방법으로 고는 방법, 굽는 방법, 완자탕으로 만드는 방법 등이 소개되어 있다. 그런데 통째로 모양을 유지시키면서 접시에 올리려면 굽거나 찌는 방법 밖에 없다. 보통 생선을 구우려면 긴 꼬챙이를 생선의 입부터 꼬리까지 빗겨 질러서 화로에 얹고 간접적으로 불을 쬐게 한다. 그러나 이런 방법을 쓰면 생선의 입이 원래 상태에서 크게 벗어나 뒤틀리고 만다.

당시에는 굽기보다는 찌기가 더욱 일반적이었다. 먼저 생선의 비늘을 벗겨내고 내장을 제거한 후 흐르는 물에 깨끗하게 씻는다. 여기에 소금으로 간을 하여 하루쯤 채반에 받쳐 그늘진 곳에서 말린다. 이것을 솥 위에 올린 시루 속에 넣고 약한 불로 찌면 식어도 그 맛이 일품이다. 보통 제사에 올리는 생선은 이와 같이 찌는 조리법을 이용했다. 이 시대에는 신분에 관계없이 유교식 제사가 집집마다 퍼졌기 때문에 생선을 찌는 조리법이 널리 받아들여졌다.

한편 1830년대 중반 이후 밀입국한 신부 샤를 달레가 집필한 책에 생선을 생으로 먹는 조선시대의 풍습이 소개되어 있다. 샤를 달레는 "조선에서는 하천만 있으면 낚시하는 남자들을 많이 볼 수 있다. 그들은 생선 중 작은 것은 비늘과 내장을 정리하지 않고 통째로 먹는다."고 했다. 아마도 하천에 인접한 고을에서는 생으로 민물고기를 먹고 간디스토마에 걸려서 죽은 사람이 많았을 것이다. 하지만 간디스토마라는 질병의 실체를 알게 된 것은 일제시대에 들어오고 나서다. 결국 간디스토마에 걸리지 않도록 하기 위해 행정적으로 낚시금지령이 내려지기도 했다. 생선을 생으로 먹는 풍습은 일제시대에 사시미가 소개되면서 지속되었다. 그런데 실제로 일본에서는 잡은 생선을 일정 기간 숙성시켜서도 먹었다.

① 조선의 생선 조리법과 유교식 제사는 밀접한 관련이 있다.

② 일제시대에 일본을 통해서 생선을 생으로 먹는 풍습이 처음 도입되었다.

③ 샤를 달레의 『규합총서』에 생선을 생으로 먹는 조선의 풍습이 소개되었다.

④ 조선시대에는 생선을 통째로 접시에 올릴 수 없었기 때문에 굽기보다는 찌기를 선호하였다.

⑤ 1800년대 조선인은 간디스토마의 위험을 알면서도 민물고기를 먹었기 때문에 낚시금지령이 내려지기도 했다.

정답 및 해설 p.22

STEP 1 기본문제

☑ 확인 Check! ○ △ ✕

01 다음 글에서 알 수 있는 것은?

> 탁주는 혼탁한 술이다. 탁주는 알코올 농도가 낮고, 맑지 않아 맛이 텁텁하다. 반면 청주는 탁주에 비해 알코올 농도가 높고 맑은 술이다. 그러나 얼마만큼 맑아야 청주이고 얼마나 흐려야 탁주인가 하는 질문에는 명쾌하게 답을 내리기가 쉽지 않다. 탁주의 정의 자체에 혼탁이라는 다소 불분명한 용어가 쓰이기 때문이다. 과학적이라고 볼 수는 없지만, 투명한 병에 술을 담고 그 병 뒤에 작은 물체를 두었을 경우 그 물체가 희미하게 보이거나 아예 보이지 않으면 탁주라고 부른다. 술을 담은 병 뒤에 둔 작은 물체가 희미하게 보일 때 이 술의 탁도는 350ebc 정도이다. 청주의 탁도는 18ebc 이하이며, 탁주 중에 막걸리는 탁도가 1,500ebc 이상인 술이다.
>
> 막걸리를 만들기 위해서는 찹쌀, 보리, 밀가루 등을 시루에 쪄서 만든 지에밥이 필요하다. 적당히 말린 지에밥에 누룩, 효모와 물을 섞어 술독에 넣고 나서 며칠 지나면 막걸리가 만들어진다. 술독에서는 미생물에 의한 당화과정과 발효과정이 거의 동시에 일어나며, 이 두 과정을 통해 지에밥의 녹말이 알코올로 바뀌게 된다. 효모가 녹말을 바로 분해하지 못하므로, 지에밥에 들어 있는 녹말을 엿당이나 포도당으로 분해하는 당화과정에서는 누룩곰팡이가 중요한 역할을 한다. 누룩곰팡이가 갖고 있는 아밀라아제는 녹말을 잘게 잘라 엿당이나 포도당으로 분해한다. 이 당화과정에서 만들어진 엿당이나 포도당을 효모가 알코올로 분해하는 과정을 발효과정이라 한다. 당화과정과 발효과정 중에 나오는 에너지로 인하여 열이 발생하게 되며, 이 열로 술독 내부의 온도인 품온(品溫)이 높아진다. 품온은 막걸리의 질과 풍미를 결정하기에 적정 품온이 유지되도록 술독을 관리해야 하는데, 일반적인 적정 품온은 23 ~ 28℃이다.
>
> ※ ebc : 유럽양조협회에서 정한 탁도의 단위

① 청주와 막걸리의 탁도는 다르지만 알코올 농도는 같다.

② 지에밥의 녹말이 알코올로 변하면서 발생하는 열이 품온을 높인다.

③ 누룩곰팡이가 지닌 아밀라아제는 엿당이나 포도당을 알코올로 분해한다.

④ 술독에 넣는 효모의 양을 조절하면 청주와 막걸리를 구분하여 만들 수 있다.

⑤ 막걸리를 만들 때, 술독 안의 당화과정은 발효과정이 완료된 이후에 시작된다.

02 다음 글에서 알 수 있는 것은?

조선 왕조가 개창될 당시에는 승려에게 군역을 부과하지 않는 것이 상례였는데, 이를 노리고 승려가 되어 군역을 피하는 자가 많았다. 태조 이성계는 이를 막기 위해 국왕이 되자마자 앞으로 승려가 되려는 자는 빠짐없이 일종의 승려 신분증인 도첩을 발급 받으라고 명했다. 그는 도첩을 받은 자만 승려가 될 수 있으며 도첩을 신청할 때는 반드시 면포 150필을 내야 한다는 규정을 공포했다. 그런데 평범한 사람이 면포 150필을 마련하기란 쉽지 않았다. 이 때문에 도첩을 위조해 승려 행세하는 자들이 생겨났다.

태종은 이 문제를 해결하고자 즉위한 지 16년째 되는 해에 담당 관청으로 하여금 도첩을 위조해 승려 행세하는 자를 색출하게 했다. 이처럼 엄한 대응책 탓에 도첩을 위조해 승려 행세하는 사람은 크게 줄어들었다. 하지만 정식으로 도첩을 받은 후 승려 명부에 이름만 올려놓고 실제로는 승려 생활을 하지 않는 부자가 많은 것이 드러났다. 이런 자들은 불교 지식도 갖추지 않은 것으로 나타났다. 태종과 태종의 뒤를 이은 세종은 태조가 세운 방침을 준수할 뿐 이 문제에 대해 특별한 대책을 내놓지 않았다.

세조는 이 문제를 해결하기 위해 즉위하자마자 담당 관청에 대책을 세우라고 명했다. 그는 수년 후 담당 관청이 작성한 방안을 바탕으로 새 규정을 시행하였다. 이 방침에는 도첩을 신청한 자가 내야 할 면포 수량을 30필로 낮추되 불교 경전인 심경, 금강경, 살달타를 암송하는 자에게만 도첩을 준다는 내용이 있었다. 세조의 뒤를 이은 예종은 규정을 고쳐 도첩 신청자가 납부해야 할 면포 수량을 20필 더 늘리고, 암송할 불경에 법화경을 추가하였다. 이처럼 기준이 강화되자 도첩 신청자 수가 줄어들었다. 이에 성종 때에는 세조가 정한 규정으로 돌아가자는 주장이 나왔다. 하지만 성종은 이를 거부하고, 예종 때 만들어진 규정을 그대로 유지했다.

① 태종은 도첩을 위조해 승려가 된 자를 색출한 후 면포 30필을 내게 했다.
② 태조는 자신이 국왕이 되기 전부터 승려였던 자들에게 면포 150필을 일괄적으로 거두어들였다.
③ 세조가 즉위한 해부터 심경, 금강경, 살달타를 암송한 자에게만 도첩을 발급한다는 규정이 시행되었다.
④ 성종은 법화경을 암송할 수 있다는 사실을 인정받은 자가 면포 20필을 납부할 때에만 도첩을 내주게 했다.
⑤ 세종 때 도첩 신청자가 내도록 규정된 면포 수량은 예종 때 도첩 신청자가 내도록 규정된 면포 수량보다 많았다.

PART 1

03 다음 글에서 추론할 수 있는 것은?

> 종자와 농약을 생산하는 대기업들은 자신들이 유전자 기술로 조작한 종자가 농약을 현저히 적게 사용해도 되기 때문에 농부들이 더 많은 이윤을 낼 수 있다고 주장하였다. 그러나 미국에서 유전자 변형 작물을 재배한 16년(1996~2011년) 동안의 농약 사용량을 살펴보면, 이 주장은 사실이 아님을 알 수 있다.
>
> 유전자 변형 작물은 해충에 훨씬 더 잘 견디는 장점이 있다. 유전자 변형 작물이 해충을 막기 위해 자체적으로 독소를 만들어내기 때문이다. 독소를 함유한 유전자 변형 작물을 재배함으로써 일반 작물 재배와 비교하여 16년 동안 살충제 소비를 약 56,000톤 줄일 수 있었다. 그런데 제초제의 경우는 달랐다. 처음 4~5년 동안에는 제초제의 사용이 감소하였다. 그렇지만 전체 재배 기간을 고려하면 일반 작물 재배와 비교할 때 약 239,000톤이 더 소비되었다. 늘어난 제초제의 양에서 줄어든 살충제의 양을 빼면 일반 작물 재배와 비교하여 농약 사용이 재배 기간 16년 동안 183,000톤 증가했다.
>
> M사의 제초제인 글리포세이트에 내성을 가진 유전자 변형 작물을 재배하기 시작한 농부들은 그 제초제를 매년 반복해서 사용했다. 이로 인해 그 지역에서는 글리포세이트에 대해 내성을 가진 잡초가 생겨났다. 이와 같이 제초제에 내성을 가진 잡초를 슈퍼잡초라고 부른다. 유전자 변형 작물을 재배하는 농지는 대부분 이러한 슈퍼잡초로 인해 어려움을 겪게 되었다. 슈퍼잡초를 제거하기 위해서는 제초제를 더 자주 사용하거나 여러 제초제를 섞어서 사용하거나 아니면 새로 개발된 제초제를 사용해야 한다. 이로 인해 농부들은 더 많은 비용을 지불할 수밖에 없었다.

① 유전자 변형 작물을 재배하는 지역에서는 모든 종류의 농약 사용이 증가했다.
② 유전자 변형 작물을 도입한 해부터 그 작물을 재배하는 지역에 슈퍼잡초가 나타났다.
③ 유전자 변형 작물을 도입한 후 일반 작물 재배의 경우에도 살충제의 사용이 증가했다.
④ 유전자 변형 작물 재배로 슈퍼잡초가 발생한 지역에서는 작물 생산 비용이 증가했다.
⑤ 유전자 변형 작물을 재배하는 지역과 일반 작물을 재배하는 지역에서 슈퍼잡초의 발생 정도가 비슷했다.

04 다음 글에서 알 수 있는 것은?

> 고려의 수도 개경 안에는 궁궐이 있고, 그 주변으로 가옥과 상점이 모여 시가지를 형성하고 있었다. 이 궁궐과 시가지를 둘러싼 성벽을 개경 도성이라고 불렀다. 개경 도성에는 여러 개의 출입문이 있었는데, 서쪽에 있는 문 가운데 가장 많은 사람이 드나든 곳은 선의문이었다. 동쪽에는 숭인문이라는 문도 있었다. 도성 안에는 선의문과 숭인문을 잇는 큰 도로가 있었다. 이 도로는 궁궐의 출입문인 광화문으로부터 도성 남쪽 출입문 방향으로 나 있는 다른 도로와 만나는데, 두 도로의 교차점을 십자가라고 불렀다.
>
> 고려 때에는 개경의 십자가로부터 광화문까지 난 거리를 남대가라고 불렀다. 남대가 양편에는 관청의 허가를 받아 영업하는 상점인 시전들이 도로를 따라 나란히 위치해 있었다. 이 거리는 비단이나 신발을 파는 시전, 과일 파는 시전 등이 밀집한 번화가였다. 고려 정부는 이 거리를 관리하기 위해 남대가의 남쪽 끝 지점에 경시서라는 관청을 두었다.
>
> 개경에는 남대가에만 시전이 있는 것이 아니었다. 십자가에서 숭인문 방향으로 몇백 미터를 걸어가면 그 도로 북쪽 편에 자남산이라는 조그마한 산이 있었다. 이 산은 도로에서 불과 몇십 미터 떨어져 있지 않은데, 그 산과 남대가 사이의 공간에 기름만 취급하는 시전들이 따로 모인 유시 골목이 있었다. 또 십자가에서 남쪽으로 이어진 길로 백여 미터만 가도 그 길에 접한 서쪽면에 돼지고기만 따로 파는 저전들이 있었다. 이외에도 십자가와 선의문 사이를 잇는 길의 중간 지점에 수륙교라는 다리가 있었는데, 그 옆에 종이만 파는 저시 골목이 있었다.

① 남대가의 북쪽 끝에 궁궐의 출입문이 자리잡고 있었다.

② 수륙교가 있던 곳으로부터 서북쪽 방향에 자남산이 있다.

③ 숭인문과 경시서의 중간 지점에 저시 골목이 위치해 있었다.

④ 선의문과 십자가를 연결하는 길의 중간 지점에 저전이 모여 있었다.

⑤ 십자가에서 유시 골목으로 가는 길의 중간 지점에 수륙교가 위치해 있었다.

05 다음 글에서 추론할 수 없는 것은?

미국과 영국은 1921년 워싱턴 강화회의를 기점으로 태평양 및 중국에 대한 일본의 침략을 견제하기 시작하였다. 가중되는 외교적 고립으로 인해 일본은 광물과 곡물을 수입하는 태평양 경로를 상실할 위험에 처하였다. 이에 대처하기 위해 일본은 식민지 조선의 북부 지역에서 광물과 목재 등 군수산업 원료를 약탈하는 데 주력하게 되었다. 콩 또한 확보해야 할 주요 물자 중 하나였는데, 콩은 당시 일본에서 선호하던 식량일 뿐만 아니라 군수산업을 위한 원료이기도 하였다.

일본은 확보된 공업 원료와 식량 자원을 자국으로 수송하는 물류 거점으로 함경도를 주목하였다. 특히 청진·나진·웅기 등 대륙 종단의 시발점이 되는 항구와 조선의 최북단 지역이던 무산·회령·종성·온성을 중시하였다. 또한 조선의 남부 지방에서는 면화, 북부 지방에서는 양모 생산을 장려하였던 조선총독부의 정책에 따라 두만강을 통해 바로 만주로 진출할 수 있는 회령·종성·온성은 양을 목축하는 축산 거점으로 부상하였다. 일본은 만주와 함경도에서 생산된 광물자원과 콩, 두만강변 원시림의 목재를 일본으로 수송하기 위해 함경선, 백무선 등의 철도를 잇따라 부설하였다. 더불어 무산과 회령, 경흥에서는 석탄 및 철광 광산을 본격적으로 개발하였다. 이에 따라 오지의 작은 읍이었던 무산·회령·종성·온성의 개발이 촉진되어 근대적 도시로 발전하였다. 일본의 정책들은 함경도를 만주와 같은 경제권으로 묶음으로써 조선의 다른 지역과 경제적으로 분리시켰다.

철도 부설 및 광산 개발을 위해 일본은 조선 노동자들을 강제 동원하였고, 수많은 조선 노동자들이 강제 노동 끝에 산록과 땅 속 깊은 곳에서 비참한 삶을 마쳤다. 1935년 회령의 유선탄광에서 폭약이 터져 800여 명의 광부가 매몰돼 사망했던 사건은 그 단적인 예이다. 영화 「아리랑」의 감독 겸 주연이었던 나운규는 그의 고향 회령에서 청진까지 부설되었던 철도 공사에 조선인 노동자들이 강제 동원되어 잔혹한 노동에 혹사되는 참상을 목도하였다. 그때 그는 노동자들이 부르던 아리랑의 애달픈 노랫가락을 듣고 영화 「아리랑」의 기본 줄거리를 착상하였다.

① 영화 「아리랑」 감독의 고향에서 탄광 폭발사고가 발생하였다.
② 조선 최북단 지역의 몇몇 작은 읍들은 근대적 도시로 발전하였다.
③ 축산 거점에서 대륙 종단의 시발점이 되는 항구까지 부설된 철도가 있었다.
④ 군수산업 원료를 일본으로 수송하는 것이 함경선 부설의 목적 중 하나였다.
⑤ 일본은 함경도를 포함하여 한반도와 만주를 같은 경제권으로 묶는 정책을 폈다.

06 다음 글에서 알 수 없는 것은?

> 루머는 구전과 인터넷을 통해 확산되고, 그 과정에서 여러 사람들의 의견이 더해진다. 루머는 특히 사회적 불안감이 형성되었을 때 빠르게 확산되는데, 이는 사람들이 사회적·개인적 불안감을 해소하기 위한 수단으로 루머에 의지하기 때문이다.
>
> 나아가 루머가 확산되는 데는 사회적 동조가 중요한 영향을 미친다. 사회적 동조란 '다수의 의견이나 사회적 규범에 개인의 의견과 행동을 맞추거나 동화시키는 경향'을 뜻한다. 사회적 동조는 루머가 사실로 인식되고 대중적으로 수용되는 과정에서도 큰 영향력을 행사한다.
>
> 사회적 동조는 개인이 어떤 정보에 대해 판단하거나 그에 대한 태도를 결정하는 데 정당성을 제공한다. 다수의 의견을 따름으로써 어떤 정보를 믿는 것에 대한 합리적 이유를 갖게 되는 것이다. 실제로 루머에 대한 지지 댓글을 많이 본 사람들은 루머에 대한 반박 댓글을 많이 본 사람들에 비해 루머를 사실로 믿는 경향이 더욱 강한 것으로 나타났다. 또한 사회적 동조가 있는 상태에서는 개인의 성향과 상관없이 루머를 사실이라고 믿는 경우가 많았다.
>
> 사회적 동조의 또 다른 역할은 사람들이 자신의 의견을 제시할 때 사회적 분위기를 고려하게 하는 것이다. 소속된 집단으로부터 소외되지 않기 위해서 다수에 의해 지지되는 의견을 따라가는 현상이 발생하기도 한다. 이와 같은 현상은 개인주의 문화권보다는 집단주의 문화권에 있는 사람들에게서 더 잘 나타난다. 집단주의 문화권 사람들은 루머를 믿는 사람들로부터 루머에 대한 정보를 얻고 그것을 근거로 하여 판단하며, 다른 사람들의 의견에 개인의 생각을 일치시키는 경향이 두드러진다.

① 사람들은 루머를 사회적 불안감을 해소하기 위한 수단으로 삼기도 한다.

② 사회적 동조는 개인이 루머를 사실로 받아들이는 결정을 함에 있어 정당성을 제공한다.

③ 집단주의 문화권에서는 개인주의 문화권보다 사회적 동조가 루머의 확산에 미치는 영향이 더 크게 나타난다.

④ 루머에 대한 반박 댓글을 많이 본 사람들이 지지 댓글을 많이 본 사람들보다 루머를 사실로 믿는 경향이 더 약하다.

⑤ 사회적 동조가 있을 때, 충동적인 사람들은 충동적이지 않은 사람들에 비해 루머를 사실로 믿는 경향이 더 강하다.

07 다음 글에서 알 수 있는 것은?

> 불교가 삼국에 전래될 때 대개 불경과 불상 그리고 사리가 들어왔다. 이에 예불을 올리고 불상과 사리를 모실 공간으로 사찰이 건립되었다. 불교가 전래된 초기에는 불상보다는 석가모니의 진신사리를 모시는 탑이 예배의 중심이 되었다.
>
> 불교에서 전하기를, 석가모니가 보리수 아래에서 열반에 든 후 화장(火葬)을 하자 여덟 말의 사리가 나왔다고 한다. 이것이 진신사리이며 이를 모시는 공간이 탑이다. 탑은 석가모니의 분신을 모신 곳으로 간주되어 사찰의 중심에 놓였다. 그러나 진신사리는 그 수가 한정되어 있었기 때문에 삼국시대 말기에는 사리를 대신하여 작은 불상이나 불경을 모셨다. 이제 탑은 석가모니의 분신을 모신 곳이 아니라 사찰의 상징적 건축물로 그 의미가 변했고, 예배의 중심은 탑에서 불상을 모신 금당으로 자연스럽게 옮겨갔다.
>
> 삼국시대 사찰은 탑을 중심으로 하고 그 주위를 회랑으로 두른 다음 부속 건물들을 정연한 비례에 의해 좌우대칭으로 배치하는 구성을 보였다. 그리하여 이 시기 사찰에서는 기본적으로 남문·중문·탑·금당·강당·승방 등이 남북으로 일직선상에 놓였다. 그리고 반드시 중문과 강당 사이를 회랑으로 연결하여 탑을 감쌌다. 동서양을 막론하고 모든 고대국가의 신전에는 이러한 회랑이 공통적으로 보이는데, 이는 신전이 성역임을 나타내기 위한 건축적 장치가 회랑이기 때문이다. 특히 삼국시대 사찰은 후대의 산사와 달리 도심 속 평지 사찰이었기 때문에 회랑이 필수적이었다.
>
> ※ 회랑 : 종교 건축이나 궁궐 등에서 중요 부분을 둘러싸고 있는 지붕 달린 복도

① 삼국시대의 사찰에서 탑은 중문과 강당 사이에 위치한다.
② 진신사리를 모시는 곳은 탑에서 금당의 불상으로 바뀌었다.
③ 삼국시대 말기에는 진신사리가 부족하여 탑 안을 비워 두었다.
④ 삼국시대 이후에는 평지 사찰과 산사를 막론하고 회랑을 세우지 않았다.
⑤ 탑을 사찰의 중심에 세웠던 것은 사찰이 성역임을 나타내기 위해서였다.

08 다음 글에서 알 수 있는 것은?

공동의 번영과 조화를 뜻하는 공화(共和)에서 비롯된 공화국이라는 용어는 국가라는 정치 공동체 전체를 위해 때로는 개인의 양보가 필요할 수 있음을 전제하고 있다는 점에서 사회적 공공성 개념과 연결된다. 이미 1919년 임시정부가 출범하면서 '민주공화국'이라는 표현이 등장하였고 헌법 제1조에도 '대한민국은 민주공화국'이라고 명시되어 있지만, 분단 이후 북한도 '공화국'이라는 용어를 사용함에 따라 한국에서는 이 용어의 사용이 기피되었다. 냉전체제의 고착화로 인해 반공이 국시가 되면서 '공화국'보다는 오히려 '자유민주주의'라는 용어가 훨씬 더 널리 사용되었는데, 이때에도 민주주의보다는 자유가 강조되었다.

그런데 해방 이후 한국 사회에 널리 유포된 자유의 개념은 대체로 서구의 고전적 자유주의 전통에서 비롯된 것이다. 이 전통에서 보자면, 자유란 '국가의 강제에 대립하여 자신의 사유 재산권을 자기 마음대로 행사할 수 있는 것'을 의미한다. 이 같은 자유 개념에 기초하고 있는 자유민주주의에서는 개인의 자유를 강조할수록 사회적 공공성은 약화될 수밖에 없다.

자유민주주의가 1960년대 이후 급속히 팽배하기 시작한 개인주의와 결합하면서 사회적 공공성은 더욱 후퇴하였다. 이 시기 군사정권이 내세웠던 "잘 살아보세."라는 표어는 우리 공동체 전체가 다 함께 잘 사는 것이라기보다는 사실상 나 또는 내 가족만큼은 잘 살아보자는 개인적 욕망의 합리화를 의미했다. 그 결과 공동체 전체의 번영을 위한 사회 전반의 공공성이 강화되기보다는 사유 재산의 증대를 위해 국가의 간섭을 배제해야 한다는 논리가 강화되었던 것이다.

① 한국 사회에서 자유민주주의라는 용어는 공화국의 이념을 충실하게 수용한 것이다.
② 임시 정부에서 민주공화국이라는 용어를 사용한 것은 자유주의 전통에 따른 것이다.
③ 고전적 자유주의에서 비롯된 자유 개념을 강조할수록 사회적 공공성이 약화될 수 있다.
④ 반공이 국시가 된 이후 국가 공동체에 대한 충성을 강조한 결과 공공성에 대한 관심이 증대되었다.
⑤ 1960년대 이후 개인주의와 자유민주주의의 결합은 공동체 전체의 번영이라는 사회적 결과를 낳았다.

09 다음 글에서 알 수 있는 것은?

우리들 대부분이 당연시하지만 세상을 이해하는 데 필요한 몇몇 범주는 표준화를 위해 노력한 국가적 사업에 그 기원이 있다. 성(姓)의 세습이 대표적인 사례이다.

부계(父系) 성의 고착화는 대부분의 경우 국가적 프로젝트였으며, 관리가 시민들의 신원을 분명하게 확인할 수 있도록 설계되었다. 이 프로젝트의 성공은 국민을 '읽기 쉬운' 대상으로 만드는 데 달려 있다. 개개인의 신원을 확보하고 이를 친족 집단과 연결시키는 방법 없이는 세금 징수, 소유권 증서 발행, 징병 대상자 목록 작성 등은 어렵기 때문이다. 여기서 짐작할 수 있는 것처럼 부계 성을 고착화하려는 노력은 한층 견고하고 수지맞는 재정 시스템을 구축하려는 국가의 의도에서 비롯되었다.

국민을 효율적으로 통치하기 위한 성의 세습은 시기적으로 일찍 발전한 국가에서 나타났다. 이 점과 관련해 중국은 인상적인 사례이다. 대략 기원전 4세기에 진(秦)나라는 세금 부과, 노역, 징집 등에 이용하기 위해 백성 대다수에게 성을 부여한 다음 그들의 호구를 파악한 것으로 알려져 있다. 이러한 시도가 '라오바이싱[老百姓]'이라는 용어의 기원이 되었으며, 이는 문자 그대로 '오래된 100개의 성'이란 뜻으로 중국에서 '백성'을 의미하게 되었다.

예로부터 중국에 부계전통이 있었지만 진나라 이전에는 몇몇 지배 계층의 가문 및 그 일족을 제외한 백성은 성이 없었다. 그들은 성이 없었을 뿐만 아니라 지배 계층을 따라 성을 가질 생각도 하지 않았다. 부계 성을 따르도록 하는 진나라의 국가 정책은 가족 내에서 남편에게 우월한 지위를 부여하고, 부인, 자식, 손아랫사람에 대한 법적인 지배권을 주면서 가족 전체에 대한 재정적 의무를 지도록 했다. 이러한 정책은 모든 백성에게 인구 등록을 요구했다. 아무렇게나 불리던 사람들의 이름에 성을 붙여 분류한 다음, 아버지의 성을 후손에게 영구히 물려주도록 한 것이다.

① 부계전통의 확립은 중국에서 처음 이루어졌다.
② 진나라는 모든 백성에게 새로운 100개의 성을 부여하였다.
③ 중국의 부계전통은 진나라가 부계 성 정책을 시행함에 따라 만들어졌다.
④ 진나라의 부계 성 정책은 몇몇 지배 계층의 기존 성을 확산하려는 시도였다.
⑤ 진나라가 백성에게 성을 부여한 목적은 통치의 효율성을 높이고자 한 것이었다.

10 다음 글에서 추론할 수 있는 것은?

> 인간이 부락집단을 형성하고 인간의 삶 전체가 반영된 이야기가 시작되었을 때부터 설화가 존재하였다. 설화에는 직설적인 표현도 있지만, 풍부한 상징성을 가진 것이 많다. 이 이야기들에는 민중이 믿고 숭상했던 신들에 관한 신성한 이야기인 신화, 현장과 증거물을 중심으로 엮은 역사적인 이야기인 전설, 민중의 욕망과 가치관을 보여주는 허구적 이야기인 민담이 있다. 설화 속에는 원(願)도 있고 한(恨)도 있으며, 아름답고 슬픈 사연도 있다. 설화는 한 시대의 인간들의 삶과 문화이며 바로 그 시대에 살았던 인간의식 그 자체이기에 설화 수집은 중요한 일이다.
>
> 상주지방에 전해오는 '공갈못설화'를 놓고 볼 때 공갈못의 생성은 과거 우리의 농경사회에서 중요한 역사적 사건으로서 구전되고 인식되었지만, 이에 관한 당시의 문헌 기록은 단 한 줄도 전해지지 않고 있다. 이는 당시 신라의 지배층이나 관의 입장에서 공갈못 생성에 관한 것이 기록할 가치가 있는 정치적 사건은 아니라는 인식을 보여준다. 공갈못 생성은 다만 농경생활에 필요한 농경민들의 사건이었던 것이다.
>
> 공갈못 관련 기록은 조선시대에 와서야 발견된다. 이에 따르면 공갈못은 삼국시대에 형성된 우리나라 3대 저수지의 하나로 그 중요성이 인정되었다. 당대에 기록되지 못하고 한참 후에서야 단편적인 기록들만이 전해진 것이다. 일본은 고대 역사를 제대로 정리한 기록이 없는데도 주변에 흩어진 기록과 구전(口傳)을 모아 『일본서기』라는 그럴싸한 역사책을 완성하였다. 이 점을 고려할 때 역사성과 현장성이 있는 전설을 가볍게 취급해서는 결코 안 된다. 이러한 의미에서 상주지방에 전하는 지금의 공갈못에 관한 이야기도 공갈못 생성의 증거가 될 수 있는 역사성을 가진 귀중한 자료인 것이다.

① 공갈못설화는 전설에 해당한다.
② 설화가 기록되기 위해서는 원이나 한이 배제되어야 한다.
③ 삼국의 사서에는 농경생활 관련 사건이 기록되어 있지 않다.
④ 한국의 3대 저수지 생성 사건은 조선시대에 처음 기록되었다.
⑤ 조선과 일본의 역사기술 방식의 차이는 전설에 대한 기록 여부에 있다.

11 다음 글에서 알 수 있는 것은?

우리가 조선의 왕을 부를 때 흔히 이야기하는 태종, 세조 등의 호칭은 묘호(廟號)라고 한다. 왕은 묘호뿐 아니라 시호(諡號), 존호(尊號) 등도 받았으므로 정식 칭호는 매우 길었다. 예를 들어 선조의 정식 칭호는 '선조소경정륜입극성덕홍렬지성대의격천희운현문의무성예달효대왕(宣祖昭敬正倫立極盛德洪烈至誠大義格天熙運顯文毅武聖睿達孝大王)'이다. 이 중 '선조'는 묘호, '소경'은 명에서 내려준 시호, '정륜입극성덕홍렬'은 1590년에 올린 존호, '지성대의격천희운'은 1604년에 올린 존호, '현문의무성예달효대왕'은 신하들이 올린 시호이다.

묘호는 왕이 사망하여 삼년상을 마친 뒤 그 신주를 종묘에 모실 때 사용하는 칭호이다. 묘호에는 왕의 재위 당시의 행적에 대한 평가가 담겨 있다. 시호는 왕의 사후 생전의 업적을 평가하여 붙여졌는데, 중국 천자가 내린 시호와 조선의 신하들이 올리는 시호 두 가지가 있었다. 존호는 왕의 공덕을 찬양하기 위해 올리는 칭호이다. 기본적으로 왕의 생전에 올렸지만 경우에 따라서는 '추상존호(追上尊號)'라 하여 왕의 승하 후 생전의 공덕을 새롭게 평가하여 존호를 올리는 경우도 있었다.

왕실의 일원들을 부르는 호칭도 경우에 따라 달랐다. 왕비의 아들은 '대군'이라 부르고, 후궁의 아들은 '군'이라 불렀다. 또한 왕비의 딸은 '공주'라 하고, 후궁의 딸은 '옹주'라 했으며, 세자의 딸도 적실 소생은 '군주', 부실 소생은 '현주'라 불렀다. 왕실에 관련된 다른 호칭으로 '대원군'과 '부원군'도 있었다. 비슷한 듯 보이지만 크게 차이가 있었다. 대원군은 왕을 낳아준 아버지, 즉 생부를 가리키고, 부원군은 왕비의 아버지를 가리키는 말이었다. 조선시대에 선조, 인조, 철종, 고종은 모두 방계에서 왕위를 계승했기 때문에 그들의 생부가 모두 대원군의 칭호를 얻게 되었다. 그런데 이들 중 살아 있을 때 대원군의 칭호를 받은 이는 고종의 아버지 흥선대원군 한 사람뿐이었다. 왕비의 아버지를 부르는 호칭인 부원군은 경우에 따라 책봉된 공신(功臣)에게도 붙여졌다.

① 세자가 왕이 되면 적실의 딸은 옹주로 호칭이 바뀔 것이다.
② 조선시대 왕의 묘호에는 명나라 천자로부터 부여받은 것이 있다.
③ 왕비의 아버지가 아님에도 부원군이라는 칭호를 받은 신하가 있다.
④ 우리가 조선시대 왕을 지칭할 때 사용하는 일반적인 칭호는 존호이다.
⑤ 흥선대원군은 왕의 생부이지만 고종이 왕이 되었을 때 생존하지 않았더라면 대원군이라는 칭호를 부여받지 못했을 것이다.

12 다음 글에서 알 수 있는 것은?

중국에서는 기원전 8 ~ 7세기 이후 주나라에서부터 청동전이 유통되었다. 이후 진시황이 중국을 통일하면서 화폐를 통일해 가운데 네모난 구멍이 뚫린 원형 청동 엽전이 등장했고, 이후 중국 통화의 주축으로 자리 잡았다. 하지만 엽전은 가치가 낮고 금화와 은화는 아직 주조되지 않았기 때문에 고액 거래를 위해서는 지폐가 필요했다. 결국 11세기경 송나라에서 최초의 법정 지폐인 교자(交子)가 발행되었다. 13세기 원나라에서는 강력한 국가 권력을 통해 엽전을 억제하고 교초(交鈔)라는 지폐를 유일한 공식 통화로 삼아 재정 문제를 해결했다.

아시아와 유럽에서 지폐의 등장과 발달 과정은 달랐다. 우선 유럽에서는 금화가 비교적 자유롭게 사용되어 대중들 사이에서 널리 유통되었다. 반면에 아시아의 통치자들은 금의 아름다움과 금이 상징하는 권력을 즐겼다는 점에서는 서구인들과 같았지만, 비천한 사람들이 화폐로 사용하기에는 금이 너무 소중하다고 여겼다. 대중들 사이에서 유통되도록 금을 방출하면 권력이 약화된다고 본 것이다. 대신에 일찍부터 지폐가 널리 통용되었다.

마르코 폴로는 쿠빌라이 칸이 모든 거래를 지폐로 이루어지게 하는 것을 보고 깊은 인상을 받았다. 사실상 종잇조각에 불과한 지폐가 그렇게 널리 통용되었던 이유는 무엇 때문일까? 칸이 만든 지폐에 찍힌 그의 도장은 금이나 은과 같은 권위가 있었다. 이것은 지폐의 가치를 확립하고 유지하는 데 국가 권력이 핵심 요소라는 사실을 보여준다. 유럽의 지폐는 그 초기 형태가 민간에서 발행한 어음이었으나, 아시아의 지폐는 처음부터 국가가 발행권을 갖고 있었다. 금속 주화와는 달리 내재적 가치가 없는 지폐가 화폐로 받아들여지고 사용되기 위해서는 신뢰가 필수적이다. 중국은 강력한 왕권이 이 신뢰를 담보할 수 있었지만, 유럽에서 지폐가 사람들의 신뢰를 얻기까지는 그보다 오랜 시간과 성숙된 환경이 필요했다. 유럽의 왕들은 종이에 마음대로 숫자를 적어 놓고 화폐로 사용하라고 강제할 수 없었다. 그래서 서로 잘 아는 일부 동업자들끼리 신뢰를 바탕으로 자체 지폐를 만들어 사용해야 했다. 하지만 민간에서 발행한 지폐는 신뢰 확보가 쉽지 않아 주기적으로 금융 위기를 초래했다. 정부가 나서기까지는 오랜 시간이 걸렸고, 17 ~ 18세기에 지폐의 법정화와 중앙은행의 설립이 이루어졌다. 중앙은행은 금을 보관하고 이를 바탕으로 금 태환(兌換)을 보장하는 증서를 발행해 화폐로 사용하기 시작했고, 그것이 오늘날의 지폐로 이어졌다.

① 유럽에서 금화의 대중적 확산은 지폐가 널리 통용되는 결정적인 계기가 되었다.
② 유럽에서는 민간 거래의 신뢰를 기반으로 지폐가 중국에 비해 일찍부터 통용되었다.
③ 중국에서 청동으로 만든 최초의 화폐는 네모난 구멍이 뚫린 원형 엽전의 형태였다.
④ 중국에서 지폐 거래의 신뢰를 확보할 수 있었던 것은 강력한 국가 권력이 있었기 때문이다.
⑤ 아시아와 유럽에서는 금화의 사용을 권력의 상징으로 여겨 금화의 제한적인 유통이 이루어졌다.

13 다음 글의 내용과 부합하지 않는 것은?

고대 철학자인 피타고라스는 현이 하나 달린 음향 측정 기구인 일현금을 사용하여 음정 간격과 수치 비율이 대응하는 원리를 발견하였다. 이를 바탕으로 피타고라스는 모든 것이 숫자 또는 비율에 의해 표현될 수 있다고 주장하였다. 그를 신봉한 피타고라스주의자들은 수와 기하학의 규칙이 무질서하게 보이는 자연과 불가해한 가변성의 세계에 질서를 부여한다고 믿었다. 즉 피타고라스주의자들은 자연의 온갖 변화는 조화로운 규칙으로 환원될 수 있다고 믿었다. 이는 피타고라스주의자들이 물리적 세계가 수학적 용어로 분석될 수 있다는 현대 수학자들의 사고에 단초를 제공한 것이라고 할 수 있다.

그러나 피타고라스주의자들은 현대 수학자들과는 달리 수에 상징적이고 심지어 신비적인 의미를 부여했다. 피타고라스주의자들은 '기회', '정의', '결혼'과 같은 추상적인 개념을 특정한 수의 가상적 특징, 즉 특정한 수에 깃들어 있으리라고 추정되는 특징과 연계시켰다. 또한, 이들은 여러 물질적 대상에 수를 대응시켰다. 예를 들면 고양이를 그릴 때 다른 동물과 구별되는 고양이의 뚜렷한 특징을 드러내려면 특정한 개수의 점이 필요했다. 이때 점의 개수는 곧 고양이를 가리키는 수가 된다. 이것은 세계에 대한 일종의 원자적 관점과도 관련된다. 이 관점에서는 단위(Unity), 즉 숫자 1은 공간상의 한 물리적 점으로 간주되기 때문에 물리적 대상들은 수 형태인 단위 점들로 나타낼 수 있다. 이처럼 피타고라스주의자들은 수를 실재라고 여겼는데 여기서 수는 실재와 무관한 수가 아니라 실재를 구성하는 수를 가리킨다.

피타고라스의 사상이 수의 실재성이라는 신비주의적이고 형이상학적인 관념에 기반하고 있다는 점은 틀림없다. 그럼에도 불구하고 피타고라스주의자들은 자연을 이해하는 데 있어 수학이 중요하다는 점을 알아차린 최초의 사상가들임이 분명하다.

① 피타고라스는 음정 간격을 수치 비율로 나타낼 수 있다는 것을 발견하였다.
② 피타고라스주의자들은 자연을 이해하는 데 있어 수학의 중요성을 인식하였다.
③ 피타고라스주의자들은 물질적 대상뿐만 아니라 추상적 개념 또한 수와 연관시켰다.
④ 피타고라스주의자들은 물리적 대상을 원자적 관점에서 실재와 무관한 단위 점으로 나타낼 수 있다고 믿었다.
⑤ 피타고라스주의자들은 수와 기하학적 규칙을 통해 자연의 변화를 조화로운 규칙으로 환원할 수 있다고 믿었다.

14 다음 글에서 알 수 있는 것만을 〈보기〉에서 모두 고르면?

공직의 기강은 상령하행(上令下行)만을 일컫는 것이 아니다. 법으로 규정된 직분을 지켜 위에서 명령하고 아래에서 따르되, 그 명령이 공공성에 기반한 국가 법제를 벗어나지 않았을 때 기강은 바로 설 수 있다. 만약 명령이 법 바깥의 사적인 것인데 그것을 수행한다면 이는 상령하행의 원칙을 잘못 이해한 것이다. 무릇 고위의 상급자라 하더라도 그가 한 개인으로서 하급자를 반드시 복종하게 할 권위가 있는 것은 아니다. 권위는 오직 그 명령이 국가의 법제를 충실히 따랐을 때 비로소 갖춰지는 것이다.

조선시대에는 6조의 수장인 판서가 공적인 절차와 내용에 따라 무엇을 행하라 명령하는데 아랫사람이 시행하지 않으면 사안의 대소에 관계없이 아랫사람을 파직하였다. 그러나 판서가 공적인 절차를 벗어나 법 외로 사적인 명령을 내리면 비록 미관말직이라 해도 이를 따르지 않는 것이 올바른 것으로 인정되었다. 이처럼 공적인 것에 반드시 복종하는 것이 기강이요, 사적인 것에 복종하지 않는 것도 기강이다. 만약 세력에 압도되고 이욕에 이끌려, 부당하게 직무의 분한(分限)을 넘나들며 간섭하고 간섭받게 된다면 공적인 지휘 체계는 혼란에 빠지고 기강은 무너질 것이다. 그러므로 기강을 확립할 때, 그 근간이 되는 상령하행과 공적 직분의 엄수는 둘이 아니라 하나이다. 공직의 기강은 곧 국가의 동맥이니, 이 맥이 찰나라도 끊어지면 어떤 지경에 이를 것인가? 공직자들은 깊이 생각해 보아야 할 것이다.

보기

ㄱ. 상급자의 직위가 높아야만 명령의 권위가 갖춰진다.
ㄴ. 조선시대에는 상령하행이 제대로 준수되지 않았다.
ㄷ. 하급자가 상급자의 명령을 언제나 수행해야 하는 것은 아니다.

① ㄱ
② ㄷ
③ ㄱ, ㄴ
④ ㄴ, ㄷ
⑤ ㄱ, ㄴ, ㄷ

15 다음 글의 내용과 부합하지 않는 것은?

> 한국 사회의 근대화 과정은 급속한 산업화와 도시화라는 특징을 가진다. 1960년대 이후 급속한 근대화에 따라 전통적인 농촌공동체를 떠나 도시로 이주하는 사람들이 급격하게 증가하였으며, 이로 인해 전통적인 사회구조가 해체되었다. 이 과정에서 직계가족이 가치판단의 중심이 되는 가족주의가 강조되었다. 이는 전통적 공동체가 힘을 잃은 상황에서 가족이 매우 중요한 역할을 담당했기 때문이다. 국가의 복지가 부실한 상황에서 가족은 노동력의 재생산 비용을 담당했다.
>
> 가족은 물질적 생존의 측면뿐만 아니라 정서적 생존을 위해서도 중요한 보호막으로 기능했다. 말하자면, 전통적 사회구조가 약화되면서 나타나는 사회적 긴장과 불안을 해소하는 역할을 해 왔다는 것이다. 서구 사회의 근대화 과정에서는 개인의 자율적 판단과 선택을 강조하는 개인주의 윤리나 문화가 그러한 사회적 긴장과 불안을 해소하는 역할을 담당했다. 하지만 한국 사회의 경우 근대화가 급속하게 압축적으로 이루어졌기 때문에 서구 사회와 같은 근대적 개인주의 문화가 제대로 정착하지 못했다. 그래서 한국 사회에서는 가족주의 문화가 근대화 과정의 긴장과 불안을 해소하는 역할을 담당하게 되었다.
>
> 한편, 전통적 공동체 문화는 학연과 지연을 매개로 하여 유사가족주의 형태로 나타났다. 1960년대 이후 농촌을 떠나온 사람들이 도시에서 만든 계나 동창회와 같은 것들이 유사가족주의의 단적인 사례이다.

① 근대화 과정을 거치면서 한국 사회에서는 가족주의가 강조되었다.

② 한국의 근대화 과정에서 전통적 공동체 문화는 유사가족주의로 변형되기도 했다.

③ 근대화 과정에서 한국의 가족주의 문화와 서구의 개인주의 문화는 유사한 역할을 수행했다.

④ 한국의 근대화 과정에서 서구의 개인주의 문화가 정착하지 못한 것은 가족주의 문화 때문이었다.

⑤ 한국의 근대화 과정에서 가족주의 문화는 급속한 산업화가 야기한 불안과 긴장을 해소하는 기제로 작용했다.

16 다음 글의 내용과 부합하는 것은?

금군이란 왕과 왕실 및 궁궐을 호위하는 임무를 띤 특수부대였다. 금군의 임무는 크게 국왕의 신변을 보호하는 시위 임무와 왕실 및 궁궐을 지키는 입직 임무로 나누어지는데, 시위의 경우 시립, 배종, 의장의 임무로 세분된다. 시립은 궁내의 행사 때 국왕의 곁에 서서 국왕의 신변을 보호하는 것이고, 배종은 어가가 움직일 때 호위하는 것이며, 의장은 왕이 참석하는 중요한 의식에서 병장기와 의복을 갖추고 격식대로 행동하는 것을 말한다.

조선 전기에 금군은 내금위, 겸사복, 우림위의 세 부대로 구성되었다. 이들 세 부대를 합하여 금군삼청이라 하였으며 왕의 친병으로 가장 좋은 대우를 받았다. 내금위는 1407년에 조직되었다. 190명의 인원으로 편성하였는데 왕의 가장 가까이에서 임무를 수행하였으므로 무예는 물론 왕의 신임이 중요한 선발 기준이었다. 이들은 주로 양반 자제들로 편성되었으며, 금군 중에서 가장 우대를 받았다. 1409년에는 50인으로 구성된 겸사복이 만들어졌는데, 금군 중 최고 정예 부대였다. 서얼과 양민에 이르기까지 두루 선발되었고 특별히 함경도, 평안도 지역 출신이 우대되었다. 겸사복은 기병이 중심이며 시립과 배종을 주로 담당하였다. 우림위는 1492년에 궁성 수비를 목적으로 서얼 출신 50인으로 편성되었다. 내금위와 겸사복의 다수가 변방으로 파견되자 이를 보충하기 위한 목적과 함께 서얼 출신의 관직 진출을 열어 주기 위한 목적도 가지고 있었다. 이들은 겸사복이나 내금위보다는 낮은 대우를 받았다. 하지만 중앙군 소속의 갑사보다는 높은 대우를 받았다.

---

① 양민은 원칙상 금군이 될 수 없었다.
② 갑사는 금군보다 높은 대우를 받았다.
③ 우림위가 겸사복보다 먼저 만들어졌다.
④ 내금위 병사들의 무예가 가장 뛰어났다.
⑤ 어가 호위는 겸사복의 주요 임무 중 하나였다.

17 다음 글에서 알 수 있는 것만을 〈보기〉에서 모두 고르면?

영국의 식민지였던 시기의 미국 남부와 북부 지역에서는 사회 형성과 관련하여 전혀 다른 상황이 전개되었다. 가난한 형편을 면하기 위해 남부로 이주한 영국 이주민들은 행실이 방정하지 못하고 교육도 받지 못한 하층민이었다. 이들 중에는 황금에 눈이 먼 모험가와 투기꾼 기질이 강한 사람들도 있었다. 반면에 뉴잉글랜드 해안에 정착한 북부 이주민들은 모두 영국에서 경제적으로 여유 있던 사람들로서, 새 보금자리인 아메리카에서 빈부귀천의 차이가 없는 특이한 사회 유형을 만들어냈다. 적은 인구에도 불구하고 그들은 거의 예외 없이 훌륭한 교육을 받았으며, 상당수는 뛰어난 재능과 업적으로 유럽 대륙에도 이미 널리 알려져 있었다.

북부 이주민들을 아메리카로 이끈 것은 순수한 종교적 신념과 새로운 사회에 대한 열망이었다. 그들은 청교도라는 별칭을 가진 교파에 속한 이들로, 스스로를 '순례자'로 칭했을 만큼 엄격한 규율을 지켰다. 이들의 종교적 교리는 민주공화이론과 일치했다. 뉴잉글랜드의 이주자들이 가족을 데리고 황량한 해안에 상륙하자마자 맨 먼저 한 일은 자치를 위한 사회 규약을 만드는 일이었다. 유럽인들이 전제적인 신분질서에 얽매여 있는 동안, 뉴잉글랜드에서는 평등한 공동사회가 점점 모습을 드러냈다. 반면에 남부 이주민들은 부양가족이 없는 모험가들로서 기존의 사회 체계를 기반으로 자신들의 사회를 건설하였다.

보기

ㄱ. 북부 이주민은 종교 규율과 사회 규약을 중시했다.
ㄴ. 남·북부 이주민 사이에 이주 목적의 차이가 있었다.
ㄷ. 북부 이주민은 남부 이주민보다 영국의 사회 체계를 유지하려는 성향이 강했다.

① ㄱ
② ㄷ
③ ㄱ, ㄴ
④ ㄴ, ㄷ
⑤ ㄱ, ㄴ, ㄷ

18 다음 글의 내용과 부합하는 것은?

1876년 개항 이후 제당업은 많은 변화를 거치며 지금에 이르렀다. 처음 조선에 수입되기 시작한 영국 자본계 정제 당은 1905년 러일전쟁 이후 일본정부가 정책적으로 지원한 일본의 정제당으로 교체되었다. 한말에는 일본제품이 유입되는 여러 경로가 있었으나 1907년에 '대일본제당(大日本製糖)'으로 단일화되었다. 제1차 세계대전 발발 후에 도 세계적으로 설탕 시세가 고가를 유지하자 대일본제당은 제당업의 장래를 밝게 전망했다. 1920년대 후반 세계적 인 설탕 가격 하락과 일본 내 과잉 공급으로 제당회사 간의 경쟁이 과열되었다. 이에 당업연합회는 설탕 가격 하락 을 막기 위해 강력한 카르텔로 전환하여 가격 통제를 강화하였다.

대일본제당은 조선총독부의 후원 아래 독점적 제당회사인 대일본제당 조선지점을 설립하고, 1920년부터 원료비 절 감을 위해 평안남도와 황해도 일대에 사탕무를 재배하기 시작하였다. 하지만 생산성이 매우 낮아 국제적인 경쟁력 이 없는 것으로 판명되었다. 이에 대일본제당 조선지점은 1922년부터 원료당을 수입해 가공하는 정제당업으로 전 환하여, 저렴한 자바 원료당을 조선에 독점적으로 공급하면서 생산 기반을 구축하였다. 또한, 상품 시장인 만주와 지리적으로 근접한 이점을 활용하여 운송비를 절감함으로써 1930년대 후반까지 호황을 누렸다.

해방 후 한국은 일제 강점기의 제당업 생산체제와 단절되어 공급량이 줄었음에도 불구하고 설탕 소비는 계속 증가 하였다. 사업 기회를 포착한 설탕 무역업자들이 정부로부터 생산 설비를 위한 자금을 지원 받고, 미국이 원조하는 원료당의 배정에서도 특혜를 받으며 제당업에 뛰어들었다. 더구나 설탕은 가격 통제 대상이 아니었기 때문에 제당 회사들은 설탕 가격을 담합하여 높은 가격을 유지했다. 제당회사들 간 과잉 투자로 후발업체가 도태되는 상황이 벌어져도 국내 설탕 가격은 하락하지 않았다.

---

① 개항 이후 제당업 성장의 배경에는 정책적 지원과 특혜가 있었다.

② 제1차 세계대전으로 인한 설탕 수급 불균형은 국제적인 설탕가격 폭락을 초래하였다.

③ 대일본제당 조선지점은 설탕의 운송비를 절감하기 위해 정제당업으로 전환하였다.

④ 대일본제당은 조선을 설탕의 상품 시장이자 원료 공급지로 개발하여 큰 이득을 거두었다.

⑤ 해방 후 설탕에 대한 수요가 증가하자 정부는 제당회사들의 설탕 가격 담합을 단속하였다.

19 다음 글에서 알 수 있는 것은?

조선의 수령은 그가 다스리는 군현의 행정권과 사법권을 독점하는 존재로서 막강한 권력을 행사하였다. 수령은 범죄의 유형이나 정도에 상관없이 태형 50대 이하의 처벌은 언제나 실행할 수 있고 경우에 따라서는 최고 형벌인 사형도 내릴 수 있는 사법권을 가지고 있었다.

수령이 사법권을 행사할 때에는 법전의 규정에 따라 신중하게 실행할 것이 요구되었다. 하지만 이러한 원칙은 어디까지나 법전 속 문구에 지나지 않았다. 실제로 수령 중에는 죄인을 마음대로 처벌하는 남형(濫刑)이나 법규 이상으로 혹독하게 처벌하는 혹형(酷刑), 죄인을 함부로 죽이는 남살(濫殺)을 행사하는 이들이 많았다. 예를 들어 고령현감에 재직 중이던 김수묵은 자신을 모함했다는 이유로 향리 이진신을 비롯한 가족 3명을 잔혹하게 곤장으로 쳐 죽였다. 그는 그들의 숨이 끊어질 때까지 형벌을 가했지만 어떤 문책도 당하지 않았다. 오히려 해이해진 기강을 단속하여 백성을 잘 다스린다는 평가를 받는 수령들은 남형이나 혹형, 남살을 일삼는 경우가 많았다.

그런데 수령의 남형이나 혹형, 남살보다 더 큰 문제는 하급 관속이 백성들에게 사적인 형벌을 마구 휘둘렀던 데 있었다. 특히 도적 체포와 치안 유지를 위해 백성들과 직접 접촉을 했던 포교, 포졸, 관교 등의 비리나 폭력이 심각하였다. 범죄자를 잡는다거나 치안을 유지한다는 명목으로 이들이 죄 없는 백성들에 대해 자행한 불법적인 폭력은 수령의 과도한 사법권 행사와 함께 사회 불안을 조장하는 주요 요소였다.

① 포교의 비리보다 포졸의 비리가 더 많았다.
② 법적으로 허용된 수령의 처벌권은 50대 이하의 태형에 국한되었다.
③ 남형, 혹형, 남살을 일삼는 수령들이 유능하다는 평가를 받기도 하였다.
④ 법전에 규정된 수령의 사법권은 사회 불안을 조장하는 주요 요소였다.
⑤ 백성에게 비리와 폭력을 일삼는 하급 관속들은 법규에 따라 처벌되었다.

20 다음 글의 내용과 부합하는 것은?

중세 동아시아 의학의 특징은 강력한 중앙권력의 주도 아래 통치수단의 방편으로서 활용되었다는 점이다. 권력자들은 최상의 의료 인력과 물자를 독점적으로 소유함으로써 의료를 충성에 대한 반대급부로 삼았다. 이러한 특징은 국가 간의 관계에서도 나타나 중국의 황제는 조공국에게 약재를 하사함으로써 위세와 권위를 과시했다. 고려의 국왕 또한 가부장적 이데올로기에 입각하여 의료를 신민 지배의 한 수단으로 삼았다. 국왕은 일년 중 정해진 날에 종4품 이상의 신료에게 약재를 내렸는데, 이를 납약(臘藥)이라 하였다. 납약은 중세 국가에서 약재가 일종의 위세품(威勢品)으로 작용하였음을 잘 보여주는 사례이다.

역병이 유행하면 고려의 국왕은 이에 상응하는 약재를 분배하였다. 1018년 개경에 유행성 열병인 장역(瘴疫)이 유행하자 현종은 관의(官醫)에게 병에 걸린 문무백관의 치료를 명령하고 필요한 약재를 하사하였다. 하층 신민에 대해서는 혜민국과 구제도감 등 다양한 의료 기관을 설립하여 살피게 했다. 전염병이 유행하면 빈민들의 희생이 컸기에 소극적이나마 빈민을 위한 의료대책을 시행하지 않을 수 없었다. 1110년과 1348년 전염병이 유행하였을 때에는 개경 시내에 빈민의 주검이 많이 방치되어 있었고, 이는 전염병이 유행하게 되는 또 다른 요인이 되었다. 이들 빈민 환자를 한 곳에 모아 관리해야 할 필요성에서 빈민의료가 시작되었다. 그러나 혜민국은 상설 기관이 아니라 전염병 유행과 같은 비상시에 주로 기능하는 임시 기관이었다. 애민(愛民)정책 아래 만들어진 이들 기관의 실상은 치료보다는 통치를 위한 격리를 목적으로 하였다.

① 고려는 역병을 예방하기 위해 혜민국을 설치하였다.
② 고려 국왕은 병든 문무백관의 치료를 위해 납약을 하사하였다.
③ 가부장적 이데올로기는 고려시대 전염병의 발병률 감소에 기여하였다.
④ 중세 동아시아 의학은 상·하층 신민의 질병을 치료하기 위한 목적으로 발전하였다.
⑤ 중세 동아시아의 권력자는 의료 인력과 약재를 독점하여 신료의 충성을 유도하였다.

21 다음 글에서 추론할 수 있는 것은?

> 많은 재화나 서비스는 경합성과 배제성을 지닌 '사유재'이다. 여기서 경합성이란 한 사람이 어떤 재화나 서비스를 소비하면 다른 사람의 소비를 제한하는 특성을 의미하며, 배제성이란 공급자에게 대가를 지불하지 않으면 그 재화를 소비하지 못하는 특성을 의미한다. 반면 '공공재'란 사유재와는 반대로 비경합적이면서도 비배제적인 특성을 가진 재화나 서비스를 말한다.
>
> 그러나 우리 주위에서는 이렇듯 순수한 사유재나 공공재와는 또 다른 특성을 지닌 재화나 서비스도 많이 찾아볼 수 있다. 예를 들어 영화 관람이라는 소비 행위는 비경합적이지만 배제가 가능하다. 왜냐하면 영화는 사람들과 동시에 즐길 수 있으나 대가를 지불하지 않고서는 영화관에 입장할 수 없기 때문이다. 마찬가지로 케이블 TV를 즐기기 위해서는 시청료를 지불해야 한다.
>
> 비배제적이지만 경합적인 재화들도 찾아낼 수 있다. 예를 들어 출퇴근 시간대의 무료 도로를 생각해보자. 자가용으로 집을 출발해서 직장에 도달하는 동안 도로에 진입하는 데에 요금을 지불하지 않으므로 도로의 소비는 비배제적이다. 하지만 출퇴근 시간대의 체증이 심한 도로는 내가 그 도로에 존재함으로 인해서 다른 사람의 소비를 제한하게 된다. 따라서 출퇴근 시간대의 도로 사용은 경합적인 성격을 갖는다. 이러한 내용을 표로 정리하면 다음과 같다.

경합성＼배제성	배제적	비배제적
경합적	a	b
비경합적	c	d

① 체증이 심한 유료 도로 이용은 a에 해당한다.
② 케이블 TV 시청은 b에 해당한다.
③ 사먹는 아이스크림과 같은 사유재는 b에 해당한다.
④ 국방 서비스와 같은 공공재는 c에 해당한다.
⑤ 영화 관람이라는 소비 행위는 d에 해당한다.

22 다음 글에서 추론할 수 없는 것은?

조선시대의 궁궐은 남쪽에서 북쪽에 걸쳐 외전(外殿), 내전(內殿), 후원(後苑)의 순서로 구성되었다. 공간배치상 가장 앞쪽에 배치된 외전은 왕이 의례, 외교, 연회 등 정치행사를 공식적으로 치르는 공간이며, 그 중심은 정전(正殿) 혹은 법전(法殿)이라고 부르는 건물이었다. 정전은 회랑(回廊)으로 둘러싸여 있는데, 그 회랑으로 둘러싸인 넓은 마당이 엄격한 의미에서 조정(朝庭)이 된다.

내전은 왕과 왕비의 공식 활동과 일상적인 생활이 이루어지는 공간으로서 위치상으로 궁궐의 중앙부를 차지할 뿐만 아니라 그 기능에서도 궁궐의 핵을 이루는 곳이다. 그 가운데서도 왕이 일상적으로 기거하는 연거지소(燕居之所)는 왕이 가장 많은 시간을 보내는 곳이다. 주요 인물들을 만나 정치 현안에 대해 의견을 나누는 곳으로 실질적인 궁궐의 핵심이라 할 수 있다. 왕비의 기거 활동 공간인 중궁전은 중전 또는 중궁이라고도 불렸는데 궁궐 중앙부의 가장 깊숙한 곳에 위치한다. 동궁은 차기 왕위 계승자인 세자의 활동 공간으로 내전의 동편에 위치한다. 세자도 동궁이라 불리기도 하였는데, 그 이유는 다음 왕위를 이을 사람이기에 '떠오르는 해'라는 상징적 의미를 가졌기 때문이다. 내전과 동궁 일대는 왕, 왕비, 세자와 같은 주요 인물의 공간이다. 그들을 시중드는 사람들의 기거 활동 공간은 내전의 뒤편에 배치되었다. 이 공간은 내전의 연장으로 볼 수 있고, 뚜렷한 명칭이 따로 있지는 않았다.

후원은 궁궐의 북쪽 산자락에 있는 원유(苑囿)를 가리킨다. 위치 때문에 북원(北苑)으로 부르거나, 아무나 들어갈 수 없는 금단의 구역이기에 금원(禁苑)이라고도 불렀다. 후원은 일차적으로는 휴식 공간이었다. 또한 부차적으로는 내농포(內農圃)라는 소규모 논을 두고 왕이 직접 농사를 체험하며 농민들에게 권농(勸農)의 모범을 보이는 실습장의 기능도 가지고 있었다.

① 내농포는 금원에 배치되었다.
② 내전에서는 국왕의 일상생활과 정치가 병행되었다.
③ 궁궐 남쪽에서 공간적으로 가장 멀리 위치한 곳은 중궁전이다.
④ 외국 사신을 응대하는 국가의 공식 의식은 외전에서 거행되었다.
⑤ 동궁은 세자가 활동하는 공간의 이름이기도 하고 세자를 가리키는 별칭이기도 하였다.

23 다음 글에서 추론할 수 있는 것은?

> 고려시대에 지방에서 의료를 담당했던 사람으로는 의학박사, 의사, 약점사가 있었다. 의학박사는 지방에 파견된 최초의 의관으로서, 12목에 파견되어 지방의 인재들을 뽑아 의학을 가르쳤다. 반면 의사는 지방 군현에 주재하면서 약재 채취와 백성의 치료를 담당하였다. 의사는 의학박사만큼 교육에 종사하기는 어려웠지만 의학교육의 일부를 담당했다. 의학박사에 비해 관품이 낮은 의사들은 실력이 뒤지거나 경력이 부족했으며 행정업무를 병행하기도 하였다. 한편 지방 관청에는 약점이 설치되었고, 그곳에 약점사를 배치하였다. 약점사는 향리들 중에서 임명하였는데, 향리가 없는 개경과 서경을 제외한 전국의 모든 고을에 있었다. 약점은 약점사들이 환자들을 치료하는 공간이자 약재의 유통 공간이었다. 지방 관청에는 향리들의 관청인 읍사가 있었다. 큰 고을은 100여 칸, 중간 크기 고을은 10여 칸, 작은 고을은 4～5칸 정도의 규모였다. 약점도 읍사 건물의 일부를 사용하였다. 약점사들이 담당한 여러 일 중 가장 중요한 것은 인삼, 생강, 백자인 등 백성들이 공물로 바치는 약재를 수취하고 관리하여 중앙정부에 전달하는 일이었다. 약점사는 국왕이 하사한 약재들을 관리하는 일과 환자들을 치료하는 일도 담당하였다. 지방마다 의사를 두지는 못하였으므로 의사가 없는 지방에서는 의사의 업무 모두를 약점사가 담당했다.

① 의사들 가운데 실력이 뛰어난 사람이 의학박사로 임명되었다.
② 약점사의 의학 실력은 의사들보다 뛰어났다.
③ 약점사가 의학교육을 담당할 수도 있었다.
④ 의사는 향리들 중에서 임명되었다.
⑤ 의사들의 진료 공간은 약점이었다.

24 다음 글의 내용과 부합하지 않는 것은?

> 1970년대 이후 미국의 사회 규범과 제도는 소득 불균형을 심화시켰고 그런 불균형을 묵과했다고 볼 수 있다. 그 예로 노동조합의 역사를 보자. 한때 노동조합은 소득 불균형을 제한하는 역할을 하였고, 노동조합이 몰락하자 불균형을 억제하던 힘이 사라졌다.
>
> 제조업이 미국경제를 주도할 때 노동조합도 제조업 분야에서 가장 활발했다. 그러나 지금 미국경제를 주도하는 것은 서비스업이다. 이와 같은 산업구조의 변화는 기술의 발전이 주된 요인이지만 많은 제조업 제품을 주로 수입에 의존하게 된 것이 또 다른 요인이다. 이러한 사실에 기초하여 노동조합의 몰락은 산업구조의 변화가 그 원인이라는 견해가 지배적이었다. 그러나 노동조합이 전반적으로 몰락한 주요 원인을 제조업 분야의 쇠퇴에서 찾는 이러한 견해는 틀린 것으로 판명되었다.
>
> 1973년 전체 제조업 종사자 중 39%였던 노동조합원의 비율이 2005년에는 13%로 줄어들었을 뿐더러, 새롭게 부상한 서비스업 분야에서도 조합원들을 확보하지 못했다. 예를 들어 대표적인 서비스 기업인 월마트는 제조업에 비해 노동조합이 생기기에 더 좋은 조건을 갖추고 있었다. 월마트 직원들이 더 높은 임금과 더 나은 복리후생 제도를 요구할 수 있는 노동조합에 가입되어 있었더라면, 미국의 중산층은 수십만 명 더 늘었을 것이다. 그런데도 월마트에는 왜 노동조합이 없는가?
>
> 1960년대에는 노동조합을 인정하던 기업과 이에 관련된 이해집단들이 1970년대부터는 노동조합을 공격하기 시작했다. 1970년대 말과 1980년대 초에는, 노동조합을 지지하는 노동자 20명 중 적어도 한 명이 불법적으로 해고되었다. 1970년대 중반 이후 기업들은 보수적 성향의 정치적 영향력에 힘입어서 노동조합을 압도할 수 있게 되었다. 소득의 불균형에 강력하게 맞섰던 노동조합이 축소된 것이다. 이처럼 노동조합의 몰락은 정치와 기업이 결속한 결과이다.

① 1973년부터 2005년 사이에 미국 제조업에서는 노동조합원의 비율이 감소하였다.

② 1970년대 중반 이후 노동조합의 몰락에는 기업뿐 아니라 보수주의적 정치도 일조하였다.

③ 미국에서 제조업 상품의 수입의존도 상승은 서비스업이 경제를 주도하는 산업 분야가 되는 요인 중 하나였다.

④ 미국 제조업 분야 내에서의 노동조합 가입률 하락은 산업구조의 변화로 인한 서비스업의 성장 때문이다.

⑤ 1970년대 말 이후 미국 기업이 노동조합을 지지하는 노동자들에게 행한 조치 중에는 합법적이지 못한 경우도 있었다.

25 다음 글에서 알 수 있는 것은?

> 소리를 내는 것, 즉 음원의 위치를 판단하는 일은 복잡한 과정을 거친다. 사람의 청각은 '청자의 머리와 두 귀가 소리와 상호작용하는 방식'을 단서로 음원의 위치를 파악한다.
>
> 음원의 위치가 정중앙이 아니라 어느 한쪽으로 치우쳐 있으면, 소리가 두 귀 중에서 어느 한쪽에 먼저 도달한다. 왼쪽에서 나는 소리는 왼쪽 귀가 먼저 듣고, 오른쪽에서 나는 소리는 오른쪽 귀가 먼저 듣는다. 따라서 소리가 두 귀에 도달하는 데 걸리는 시간차를 이용하면 소리가 오는 방향을 알아낼 수 있다. 소리가 두 귀에 도달하는 시간의 차이는 음원이 정중앙에서 한쪽으로 치우칠수록 커진다.
>
> 양 귀를 이용해 음원의 위치를 알 수 있는 또 다른 단서는 두 귀에 도달하는 소리의 크기 차이이다. 왼쪽에서 나는 소리는 왼쪽 귀에 더 크게 들리고, 오른쪽에서 나는 소리는 오른쪽 귀에 더 크게 들린다. 이런 차이는 머리가 소리 전달을 막는 장애물로 작용하기 때문이다. 하지만 이런 차이는 소리에 섞여 있는 여러 음파들 중 고주파에서만 일어나고 저주파에서는 일어나지 않는다. 따라서 소리가 저주파로만 구성되어 있는 경우 소리의 크기 차이를 이용한 위치 추적은 효과적이지 않다.
>
> 또 다른 단서는 음색의 차이이다. 고막에 도달하기 전에 소리는 머리와 귓바퀴를 지나는데 이때 머리와 귓바퀴의 굴곡은 소리를 변형시키는 필터 역할을 한다. 이 때문에 두 고막에 도달하는 소리의 음색 차이가 생겨난다. 이러한 차이를 통해 음원의 위치를 파악할 수 있다.

① 다른 조건이 같다면 고주파로만 구성된 소리가 저주파로만 구성된 소리보다 음원의 위치를 파악하기 쉽다.

② 두 귀에 도달하는 소리의 시간차가 클수록 청자와 음원의 거리는 멀다.

③ 저주파로만 구성된 소리의 경우 그 음원의 위치를 파악할 수 없다.

④ 머리가 소리를 막지 않는다면 음원의 위치를 파악할 수 없다.

⑤ 두 귀에 도달하는 소리의 음색 차이는 음원에서 발생한다.

26 다음 글의 내용과 부합하는 것은?

> 인간이 서로 협력하지 않을 수 없게 하는 힘은 무엇인가? 사회는 타인과 어울리고 싶어 하는 끊임없는 충동이나 노동의 필요 때문에 생겨나지 않았다. 인간이 협력하고 단합하는 원인은 다름 아닌 폭력의 경험이다. 사회란 공동체의 구성원들끼리 공동의 보호를 위해 만든 예방조치이다. 사회가 구성되면 모든 것이 허용되는 시절은 끝나게 된다. 무제약적으로 자유를 추구하던 시절이 끝나게 되는 것이다.
>
> 행동을 제한하는 규약이 없다면 도처에 수시로 간섭이나 침해가 이뤄질 수밖에 없다. 결국 살아남기 위한 투쟁이 불가피해진다. 그런데 이 말은 누구나 항상 폭력을 행사하고 무법천지의 상태를 만든다는 뜻이 아니라, 누구나 언제든지 의도적이건 의도적이지 않건 간에 주먹질을 할 가능성이 열려 있다는 뜻이다. 만인에 대한 만인의 투쟁 상태는 끊임없는 유혈 사태가 아니라 그런 사태가 일어날 가능성으로 인한 지속적인 불안감에서 비롯된다. 사회를 구성하는 동기와 근거는 바로 인간이 서로에 대해 느끼는 공포와 불안이다.
>
> 모든 인간은 신체를 갖고 있다는 점에서 동등하다. 사람들은 상처를 받을 수 있기 때문에, 그리고 자신의 몸에 발생할지도 모르는 고통의 가능성을 너무나 두려워하기 때문에 각종 계약을 맺어야 할 필요성을 느낀다. 상대방으로부터 안전을 확보하기 위해 서로 손을 잡고, 서로 관계를 맺음으로써 스스로를 보존한다. 결국 사회의 탄생은 인간이라는 존재의 육체적 속성에 뿌리를 두고 있다. 사회가 생겨난 근원은 신체상의 고통이다. 그래서 인간은 자신의 대인기피증을 완화하며 동시에 자신의 신체를 방어하기 위해 다양한 사회 형태를 고안했다.

① 인간이 계약을 통해 고안해 낸 다양한 사회 형태는 상호간의 폭력에 대한 불안을 완화시키지 못한다.
② 인간 행동에 대한 지나친 규제는 타인에 대한 간섭과 침해를 발생시켜 투쟁을 불가피하게 만든다.
③ 인간이 사회를 구성하는 원인은 공동체를 통해 타인과 어울리고 싶어 하는 충동 때문이다.
④ 인간이 계약을 맺어 공동체를 만든 이유는 자유를 제약 없이 누리기 위해서이다.
⑤ 인간은 타인의 침해로 인한 신체적 고통을 피하기 위해 계약을 맺는다.

27 다음 글에서 알 수 있는 것은?

> 1950년대 이후 부국이 빈국에 재정지원을 하는 개발원조계획이 점차 시행되었다. 하지만 그 결과는 그다지 좋지 못했다. 부국이 개발협력에 배정하는 액수는 수혜국의 필요가 아니라 공여국의 재량에 따라 결정되었고, 개발지원의 효과는 보잘 것 없었다. 원조에도 불구하고 빈국은 대부분 더욱 가난해졌다. 개발원조를 받았어도 라틴 아메리카와 아프리카의 많은 나라들이 부채에 시달리고 있다.
>
> 공여국과 수혜국 간에는 문화 차이가 있기 마련이다. 공여국은 개인주의적 문화가 강한 반면 수혜국은 집단주의적 문화가 강하다. 공여국 쪽에서는 실제 도움이 절실한 개인들에게 우선적으로 혜택이 가기를 원하지만, 수혜국 쪽에서는 자국의 경제 개발에 필요한 부문에 개발원조를 우선 지원하려고 한다.
>
> 개발협력의 성과는 두 사회 성원의 문화 간 상호 이해 정도에 따라 결정된다는 것이 최근 분명해졌다. 자국민 말고는 어느 누구도 그 나라를 효율적으로 개발할 수 없다. 그러므로 외국 전문가는 현지 맥락을 고려하여 자신의 기술과 지식을 이전해야 한다. 원조 내용도 수혜국에서 느끼는 필요와 우선순위에 부합해야 효과적이다. 이 일은 문화 간 이해와 원활한 의사소통을 필요로 한다.

① 공여국은 수혜국의 문화 부문에 원조의 혜택이 돌아가기를 원한다.
② 수혜국은 자국의 빈민에게 원조의 혜택이 우선적으로 돌아가기를 원한다.
③ 수혜국의 집단주의적 경향은 공여국의 개발원조계획 참여를 저조하게 만든다.
④ 개발원조에서 공여국과 수혜국이 생각하는 지원의 우선순위는 일치하지 않는다.
⑤ 라틴 아메리카와 아프리카의 많은 나라들이 시달리고 있는 부채위기는 원조정책에 기인한다.

28 다음 글에서 알 수 있는 것은?

국내에서 벤처버블이 발생한 1999 ~ 2000년 동안 한국 뿐 아니라 미국, 유럽 등 전세계 주요 국가에서 벤처버블이 나타났다. 미국 나스닥의 경우 1999년 초 이후에 주가가 급상승하여 2000년 3월을 전후해서 정점에 이르렀는데, 이는 한국의 주가 흐름과 거의 일치한다. 또한 한국에서는 1998년 5월부터 외국인의 종목별 투자한도를 완전 자유화하였는데, 외환위기 이후 해외투자를 유치하기 위한 이런 주식시장의 개방은 주가 상승에 영향을 미쳤다. 외국인 투자자들은 벤처버블이 정점에 이르렀던 1999년 12월에 벤처기업으로 구성되어 있는 코스닥 시장에서 투자금액을 이전 달의 1조 4천억 원에서 8조 원으로 늘렸으며, 투자비중도 늘렸다.

또한 벤처버블 당시 국내에서는 인터넷이 급속히 확산되고 있었다. 초고속 인터넷 서비스는 1998년 첫 해에 1만 3천 가구에 보급되었지만 1999년에는 34만 가구로 확대되었다. 또한, 1997년 163만 명이던 인터넷 이용자는 1999년에 천만 명으로 폭발적으로 증가하였다. 이처럼 초고속 인터넷의 보급과 인터넷 사용인구의 급증은 뚜렷한 수익모델이 없는 업체라 할지라도 인터넷을 활용한 비즈니스를 내세우면 투자자들 사이에서 높은 잠재력을 가진 기업으로 인식되는 효과를 낳았다.

한편 1997년 8월에 시행된 벤처기업 육성에 관한 특별조치법은 다음과 같은 상황으로 인해 제정되었다. 법 제정 당시 우리 경제는 혁신적 기술이나 비즈니스 모델에 의한 성장보다는 설비확장에 토대한 외형성장에 주력해 왔다. 그러나 급격한 임금상승, 공장용지와 물류 및 금융 관련 비용 부담 증가, 후발국가의 추격 등은 우리 경제가 하루빨리 기술과 지식을 경쟁력의 기반으로 하는 구조로 변화해야 할 필요성을 높였다. 게다가 1997년 말 외환위기로 30대 재벌의 절반이 부도 또는 법정관리에 들어가게 되면서 재벌을 중심으로 하는 경제성장 방식의 한계가 지적되었고, 이에 따라 우리 경제는 고용창출과 경제성장을 주도할 새로운 기업군을 필요로 하게 되었다. 이로 인해 시행된 벤처기업 육성 정책은 벤처기업에 세제 혜택은 물론, 기술개발, 인력공급, 입지공급까지 다양한 지원을 제공하면서 벤처기업의 폭증에 많은 영향을 주게 되었다.

① 해외 주식시장의 주가 상승은 국내 벤처버블 발생의 주요 원인이 되었다.
② 벤처버블은 한국뿐 아니라 전세계 모든 국가에서 거의 비슷한 시기에 발생했다.
③ 국내의 벤처기업 육성책 실행은 한국 경제구조 변화의 필요성과 관련을 맺고 있다.
④ 국내 초고속 인터넷 서비스 확대는 벤처기업을 활성화 시켰으나 대기업 침체의 요인이 되었다.
⑤ 외환위기는 새로운 기업과 일자리 창출의 필요성을 불러왔고 해외 주식을 대규모로 매입하는 계기가 되었다.

29 다음 글에서 알 수 있는 것은?

고려시대에 철제품 생산을 담당한 것은 철소(鐵所)였다. 철소는 기본적으로 철산지나 그 인근의 채광과 제련이 용이한 곳에 설치되었다. 철소 설치에는 몇 가지 요소가 갖추어져야 유리하였다. 철소는 철광석을 원활하게 공급받을 수 있고, 철을 제련하는 데 필수적인 숯의 공급이 용이해야 하며, 채광, 선광, 제련 기술을 가진 장인 및 채광이나 숯을 만드는 데 필요한 노동력이 존재해야 했다. 또한, 철 제련에 필요한 물이 풍부하게 있는 곳이어야 했다.

망이와 망소이가 반란을 일으킨 공주의 명학소는 철소였다. 하지만 다른 철소와 달리 그곳에서 철이 생산된 것은 아니었다. 철산지는 인근의 마현이었다. 명학소는 제련에 필요한 숯을 생산하고, 마현으로부터 가져온 철광석을 가공하여 철제품을 생산하는 곳이었다. 마현에서 채취된 철광석은 육로를 통해 명학소로 운반되었고, 이곳에서 생산된 철제품은 명학소의 갑천을 통해 공주로 납부되었다. 갑천의 풍부한 수량은 철제품을 운송하는 수로로 적합했을 뿐 아니라, 제련에 필요한 물을 공급하는 데에도 유용하였다.

하지만 명학소민의 입장에서 보면, 마현에서 철광석을 채굴하고 선광하여 명학소로 운반하는 작업, 철광석 제련에 필요한 숯을 생산하는 작업, 철제품을 생산하는 작업, 생산된 철제품을 납부하는 작업에 이르기까지 감당할 수 없는 과중한 부담을 지고 있었다. 이는 일반 군현민의 부담뿐만 아니라 다른 철소민의 부담과 비교해 보아도 훨씬 무거운 것이었다. 더군다나 명종 무렵에는 철 생산이 이미 서서히 한계를 드러내고 있었음에도 할당된 철제품의 양은 줄어들지 않았다. 이러한 것이 복합되어 망이와 망소이의 반란이 일어난 것이다.

① 모든 철소에서 철이 생산되었다.
② 명학소에서는 숯이 생산되지 않았다.
③ 망이와 망소이는 철제품 생산 기술자였다.
④ 명학소민은 다른 철소민보다 부담이 적었다.
⑤ 풍부한 물은 명학소에 철소를 설치하는 데 이점이었다.

☑ 확인 Check! ○ △ ✕

01 다음 글의 내용과 부합하는 것은?

> 미국의 건축물 화재안전 관리체제는 크게 시설계획기준을 제시하는 건축모범규준과 특정 시설의 화재안전평가 및 대안설계안을 결정하는 화재안전평가제 그리고 기존 건축물의 화재위험도를 평가하는 화재위험도평가제로 구분된다. 건축모범규준과 화재안전평가제는 건축물의 계획 및 시공단계에서 설계지침으로 적용되며, 화재위험도평가제는 기존 건축물의 유지 및 관리단계에서 화재위험도 관리를 위해 활용된다. 우리나라는 정부가 화재안전 관리체제를 마련하고 시행하는 데 반해 미국은 공신력 있는 민간기관이 화재 관련 모범규준이나 평가제를 개발하고 주 정부가 주 상황에 따라 특정 제도를 선택하여 운영하고 있다.
>
> 건축모범규준은 미국화재예방협회에서 개발한 것이 가장 널리 활용되는데 3년마다 개정안이 마련된다. 특정 주요 기준은 대부분의 주가 최근 개정안을 적용하지만, 그 외의 기준은 개정되기 전 규준의 기준을 적용하는 경우도 있다. 역시 미국화재예방협회가 개발하여 미국에서 가장 널리 활용되는 화재안전평가제는 공공안전성이 강조되는 의료, 교정, 숙박, 요양 및 교육시설 등 5개 용도시설에 대해 화재안전성을 평가하고 대안설계안의 인정 여부를 결정함에 목적이 있다. 5개 용도시설을 제외한 건축물의 경우에는 건축모범규준의 적용이 권고된다. 화재위험도평가제는 기존 건축물에 대한 데이터를 수집하여 화재안전을 효율적으로 평가·관리함에 목적이 있다. 이 중에서 뉴욕주 소방청의 화재위험도평가제는 공공데이터 공유 플랫폼을 이용하여 수집된 주 내의 모든 정부 기관의 정보를 평가자료로 활용한다.

① 건축모범규준이나 화재안전평가제에 따르면 공공안전성이 강조되는 건물에는 특정 주요 기준이 강제적으로 적용되고 있다.

② 건축모범규준, 화재안전평가제, 화재위험도평가제 모두 건축물의 설계·시공단계에서 화재안전을 확보하는 수단이다.

③ 건축모범규준을 적용하여 건축물을 신축하는 경우 반드시 가장 최근에 개정된 기준에 따라야 한다.

④ 미국에서는 민간기관인 미국화재예방협회가 건축모범규준과 화재안전평가제를 개발·운영하고 있다.

⑤ 뉴욕주 소방청은 화재위험도 평가에 타 기관에서 수집한 정보를 활용한다.

02 다음 글에서 알 수 없는 것은?

> 연금 제도의 금융 논리와 관련하여 결정적으로 중요한 원리는 중세에서 비롯된 신탁 원리다. 12세기 영국에서는 미성년 유족(遺族)에게 토지에 대한 권리를 합법적으로 이전할 수 없었다. 그럼에도 불구하고 영국인들은 유언을 통해 자식에게 토지 재산을 물려주고 싶어 했다. 이런 상황에서 귀족들이 자신의 재산을 미성년 유족이 아닌, 친구나 지인 등 제3자에게 맡기기 시작하면서 신탁 제도가 형성되기 시작했다. 여기서 재산을 맡긴 성인 귀족, 재산을 물려받은 미성년 유족, 그리고 미성년 유족을 대신해 그 재산을 관리·운용하는 제3자로 구성되는 관계, 즉 위탁자, 수익자, 그리고 수탁자로 구성되는 관계가 등장했다. 이 관계에서 주목해야 할 것은 미성년 유족은 성인이 될 때까지 재산권을 온전히 인정받지는 못했다는 점이다. 즉 신탁 원리하에서 수익자는 재산에 대한 운용 권리를 모두 수탁자인 제3자에게 맡기도록 되어 있었기 때문에 수익자의 지위는 불안정했다.
>
> 연금 제도가 이 신탁 원리에 기초해 있는 이상, 연금 가입자는 연기금 재산의 운용에 대해 영향력을 행사하기 어렵게 된다. 왜냐하면 신탁의 본질상 공·사 연금을 막론하고 신탁 원리에 기반을 둔 연금 제도에서는 수익자인 연금 가입자의 적극적인 권리 행사가 허용되지 않기 때문이다. 결국 신탁 원리는 수익자의 연금 운용 권리를 현저히 약화시키는 것을 기본으로 한다. 그 대신 연금 운용을 수탁자에게 맡기면서 '수탁자 책임'이라는, 논란이 분분하고 불분명한 책임이 부과된다. 수탁자 책임 이행의 적절성을 어떻게 판단할 수 있는가에 대해 많은 논의가 있었지만, 수탁자 책임의 내용에 대해서 실질적인 합의가 이루어지지는 못했다.
>
> 중세에서 기원한 신탁 원리가 연금 제도와 연금 산업에 미치는 효과는 현재까지도 여전히 유효하고 강력하다. 신탁 원리의 영향으로 인해 연금 가입자의 자율적이고 적극적인 권리 행사가 철저하게 제한되어 왔다. 그 결과 연금 가입자는 자본 시장의 최고 원리인 유동성을 마음껏 누릴 수 없었으며, 결국 연기금 운용자인 수탁자의 재량에 종속되는 존재가 되고 말았다.

① 사적 연금 제도의 가입자는 자본 시장의 유동성을 충분히 누릴 수 없었다.

② 위탁자 또는 수익자와 직접적인 혈연 관계에 있지 않아도 수탁자로 지정될 수 있었다.

③ 연금 수익자의 지위가 불안정하기 때문에 연기금 재산에 대한 적극적인 권리 행사가 제한되었다.

④ 신탁 제도는 미성년 유족에게 토지 재산권이 합법적으로 이전될 수 없었던 중세 영국의 상황 속에서 생겨났다.

⑤ 연금 제도가 신탁 원리에 기반을 두었기 때문에 수탁자가 수익자보다 재산 운용에 대해 더 많은 재량권을 갖게 되었다.

03 다음 글에서 추론할 수 있는 것은?

> 미국 대통령 후보 선거제도 중 '코커스'는 정당 조직의 가장 하위 단위인 기초선거구의 당원들이 모여 상위의 전당대회에 참석할 대의원을 선출하는 당원회의이다. 대의원 후보들은 자신이 대통령 후보로 누구를 지지하는지 먼저 밝힌다. 상위 전당대회에 참석할 대의원들은 각 대통령 후보에 대한 당원들의 지지율에 비례해서 선출된다. 코커스에서 선출된 대의원들은 카운티 전당대회에서 투표권을 행사하여 다시 다음 수준인 의회선거구 전당대회에 보낼 대의원들을 선출한다. 여기서도 비슷한 과정을 거쳐 주(州) 전당대회 대의원들을 선출해내고, 거기서 다시 마지막 단계인 전국 전당대회 대의원들을 선출한다. 주에 따라 의회선거구 전당대회는 건너뛰기도 한다.
>
> 1971년까지는 선거법에 따라 민주당과 공화당 모두 5월 둘째 월요일까지 코커스를 개최해야 했다. 그런데 민주당 전국위원회가 1972년부터는 대선후보 선출을 위한 전국 전당대회를 7월 말에 개최하도록 결정하면서 1972년 아이오와주 민주당의 코커스는 그 해 1월에 열렸다. 아이오와주 민주당 규칙에 코커스, 카운티 전당대회, 의회선거구 전당대회, 주 전당대회, 전국 전당대회 순서로 진행되는 각급 선거 간에 최소 30일의 시간적 간격을 두어야 한다는 규정이 있었기 때문이다. 이후 아이오와주에서 공화당이 1976년부터 코커스 개최시기를 1월로 옮기면서, 아이오와주는 미국의 대선후보 선출 과정에서 민주당과 공화당 모두 가장 먼저 코커스를 실시하는 주가 되었다.
>
> 아이오와주의 선거 운영 방식은 민주당과 공화당 간에 차이가 있었다. 공화당의 경우 코커스를 포함한 하위 전당대회에서 특정 대선후보를 지지하여 당선된 대의원이 상위 전당대회에서 반드시 같은 후보를 지지해야 하는 것은 아니었다. 반면 민주당의 경우 그러한 구속력을 부여하였다. 그러나 2016년부터 공화당 역시 상위 전당대회에 참여하는 대의원에게 같은 구속력을 부여함으로써 기층 당원의 대통령 후보에 대한 지지도가 전국 전당대회에 참여할 주(州) 대의원 선출에 반영되도록 했다.

① 주 전당대회에 참석할 대의원은 모두 의회선거구 전당대회에서 선출되었다.

② 1971년까지 아이오와주보다 이른 시기에 코커스를 실시하는 주는 없었다.

③ 1972년 아이오와주 민주당의 주 전당대회 선거는 같은 해 2월 중에 실시되었다.

④ 1972년 아이오와주에서 민주당 코커스와 공화당 코커스는 같은 달에 실시되었다.

⑤ 1976년 아이오와주 공화당 코커스에서 특정 후보를 지지한 대의원은 카운티 전당대회에서 다른 후보를 지지할 수 있었다.

04 다음 글에서 알 수 있는 것은?

조선 시대에 설악산이라는 지명이 포함하는 영역은 오늘날의 그것과 달랐다. 오늘날에는 대청봉, 울산바위가 있는 봉우리, 한계령이 있는 봉우리를 하나로 묶어 설악산이라고 부른다. 그런데 조선 시대의 자료 중에는 현재의 대청봉만 설악산이라고 표시하고 울산바위가 있는 봉우리는 천후산으로, 그리고 한계령이 있는 봉우리는 한계산으로 표시한 것이 많다.

요즘 사람들은 설악산이나 계룡산과 같이 잘 알려진 산에 수많은 봉우리가 포함되어 있는 것이 당연하다고 생각하는데, 고려 시대까지만 해도 하나의 봉우리는 다른 봉우리와 구별된 별도의 산이라는 인식이 강했다. 이런 생각은 조선 전기에도 이어졌다. 그러나 조선 후기에 해당하는 18세기에는 그 인식에 변화가 나타나기 시작했다. 18세기 중엽에 제작된 지도인 『여지도』에는 오늘날 설악산이라는 하나의 지명으로 포괄되어 있는 범위가 한계산과 설악산이라는 두 개의 권역으로 구분되어 있다. 이 지도에 표시된 설악산의 범위와 한계산의 범위를 합치면 오늘날 설악산이라고 부르는 범위와 동일해진다. 그런데 같은 시기에 제작된 『비변사인 방안지도 양양부 도엽』이라는 지도에는 설악산, 천후산, 한계산의 범위가 모두 따로 표시되어 있고, 이 세 산의 범위를 합치면 오늘날의 설악산 범위와 같아진다.

한편 18세기 중엽에 만들어진 『조선팔도지도』에는 오늘날과 동일하게 설악산의 범위가 표시되어 있고, 그 범위 안에 '설악산'이라는 명칭만 적혀 있다. 이 지도에는 한계산과 천후산이라는 지명이 등장하지 않는다. 김정호는 『대동지지』라는 책에서 "옛날 사람들 중에는 한계령이 있는 봉우리를 한계산이라고 부른 이도 있었으나, 사실 한계산은 설악산에 속한 봉우리에 불과하다."라고 설명하였다. 현종 때 만들어진 『동국여지』에는 "설악산 아래에 사는 사람들은 다른 지역 사람들이 한계산이라 부르는 봉우리를 설악산과 떨어져 있는 별도의 산이라고 생각하지 않고, 설악산 안에 있는 봉우리라고 생각한다."라는 내용이 나온다. 김정호는 이를 참고해 『대동지지』에 위와 같이 썼던 것으로 보인다. 『조선팔도지도』에는 천후산이라는 지명이 표시되어 있지 않은데, 이는 이 지도를 만든 사람이 조선 전기에 천후산이라고 불리던 곳을 대청봉과 동떨어진 별도의 산이라고 생각하지 않았음을 뜻한다.

① 『여지도』에 표시된 설악산의 범위와 『대동지지』에 그려져 있는 설악산의 범위는 동일하다.
② 『동국여지』에 그려져 있는 설악산의 범위와 『조선팔도지도』에 표시된 설악산의 범위는 동일하다.
③ 『조선팔도지도』에 표시된 대로 설악산의 범위를 설정하면 그 안에 한계령이 있는 봉우리가 포함된다.
④ 『대동지지』와 『비변사인 방안지도 양양부 도엽』에는 천후산과 한계산이 서로 다른 산이라고 적혀 있다.
⑤ 『여지도』에 표시된 천후산의 범위와 『비변사인 방안지도 양양부 도엽』에 표시된 천후산의 범위는 동일하다.

05 다음 글에서 추론할 수 있는 것은?

> 조선왕조실록은 조선 시대 국왕의 재위 기간에 있었던 중요 사건들을 정리한 기록물로 역사적인 가치가 크다. 이에 유네스코는 태조부터 철종까지의 시기에 있었던 사건들이 담긴 조선왕조실록 총 1,893권, 888책을 세계 기록 유산으로 등재하였다.
>
> 실록의 간행 과정은 상당히 길고 복잡했다. 먼저, 사관이 국왕의 공식적 언행과 주요 사건을 매일 기록하여 사초를 만들었다. 그 국왕의 뒤를 이어 즉위한 새 왕은 전왕(前王)의 실록을 만들기 위해 실록청을 세웠다. 이 실록청은 사초에 담긴 내용을 취사선택해 실록을 만든 후 해산하였다. 이렇게 만들어진 실록은 전왕의 묘호(廟號)를 붙여 '○○실록'이라고 불렀다. 이런 식으로 일이 진행되다보니 『철종실록』이 고종 때에 간행되었던 것이다.
>
> 한편 정변으로 왕이 바뀌었을 때에는 그 뒤를 이은 국왕이 실록청 대신 일기청을 설치하여 물러난 왕의 재위 기간에 있었던 일을 '○○○일기(日記)'라는 명칭으로 정리해 간행했다. 인조 때 『광해군실록』이 아니라 『광해군일기』가 간행된 것은 바로 이 때문이다. '일기'는 명칭만 '실록'이라고 부르지 않을 뿐 간행 과정은 그와 동일했다. 그렇기 때문에 '일기'도 세계 기록 유산으로 등재된 조선왕조실록에 포함된 것이다. 『단종실록』은 특이한 사례에 해당된다. 단종은 계유정난으로 왕위에서 쫓겨난 후에 노산군으로 불렸고, 그런 이유로 세조 때 『노산군일기』가 간행되었다. 그런데 숙종 24년(1698)에 노산군이 단종으로 복위된 후로 『노산군일기』를 『단종실록』으로 고쳐 부르게 되었다.
>
> 조선 후기 붕당 간의 대립은 실록 내용에도 영향을 미쳤다. 선조 때 동인과 서인이라는 붕당이 등장한 이래, 선조의 뒤를 이은 광해군과 인조 때까지만 해도 붕당 간 대립이 심하지 않았다. 그러나 인조의 뒤를 이어 효종, 현종, 숙종이 연이어 왕위에 오르는 과정에서 붕당 간 대립이 심해졌다. 효종 때부터는 집권 붕당이 다른 붕당을 폄훼하기 위해 이미 만들어져 있는 실록을 수정해 간행하는 일이 벌어졌다. 수정된 실록에는 원래의 실록과 구분해 '○○수정실록'이라는 명칭을 따로 붙였다.

① 『효종실록』은 현종 때 설치된 실록청이 간행했을 것이다.
② 『노산군일기』는 숙종 때 설치된 일기청이 간행했을 것이다.
③ 『선조수정실록』은 광해군 때 설치된 실록청이 간행했을 것이다.
④ 『고종실록』은 세계 기록 유산으로 등재된 조선왕조실록에 포함되어 있을 것이다.
⑤ 『광해군일기』는 세계 기록 유산으로 등재된 조선왕조실록에 포함되어 있지 않을 것이다.

06 다음 글에서 알 수 있는 것은?

'인간'이란 말의 의미는 '호모 속(屬)에 속하는 동물'이고, 호모 속에는 사피엔스 외에도 여타의 종(種)이 존재했다. 불을 가졌던 사피엔스는 선조들에 비해 치아와 턱이 작았고 뇌의 크기는 우리와 비슷한 수준이었다. 사피엔스는 7만 년 전 아라비아 반도로 퍼져나갔고, 이후 다른 지역으로 급속히 퍼져나가 번성했다. 기술과 사회성이 뛰어난 사피엔스는 이미 그 지역에 정착해 있었던 다른 종의 인간들을 멸종시키기 시작하였다.

사피엔스의 확산은 인지혁명 덕분이었다. 이 혁명은 약 7만 년 전부터 3만 년 전 사이에 출현한 사고방식의 변화와 의사소통 방식의 변화를 가리킨다. 이와 같은 변화의 중심에는 그들의 언어가 있었다. 그렇다면, 사피엔스의 언어에 어떤 특별한 점이 있었기에 그들이 세계를 정복할 수 있었을까?

사피엔스는 제한된 개수의 소리와 기호를 연결해 각기 다른 의미를 지닌 무한한 개수의 문장을 만들 수 있었다. 곧 그들의 언어는 유연성을 지녔다. 이로써 그들은 자기 주변 환경에 대한 막대한 양의 정보를 공유할 수 있었다. 사피엔스가 다른 종의 인간들을 내몰 수 있었던 까닭이 공유된 정보의 양 때문이었다는 이론이 널리 알려져 있기는 하다. 그러나 공유된 정보의 양이 성공의 직접적 원인은 아니라는 이론 또한 존재한다. 이에 따르면 사피엔스가 세계를 정복할 수 있었던 원인은 오히려 그들의 언어가 사회적 협력을 다른 언어보다 더 원활하게 해주었다는 데 있다. 사피엔스는 주변 환경에 대한 담화를 할 수 있었을 뿐 아니라 다른 사회 구성원에 대한 담화도 할 수 있었다. 그런 담화는 상호 간의 관계를 더욱 긴밀하게 했고 협력을 증진시켰다. 작은 무리의 사피엔스는 이렇게 더욱 긴밀한 협력 관계를 유지할 수 있었다.

위의 두 이론, 곧 유연성 이론과 담화 이론은 사피엔스의 정복을 부분적으로는 설명해줄 수 있을 것이다. 하지만 그 직접적 원인은 그들이 사용한 언어만이 존재하지도 않는 것에 대한 정보를 공유할 수 있게끔 해주었다는 데 있다. 직접 보거나 만지거나 냄새 맡지 못한 것에 대해 이야기할 수 있었던 존재는 사피엔스뿐이었다. 그들이 지닌 언어의 이와 같은 특성 때문에 사피엔스는 개인적인 상상을 집단적으로 공유할 수 있게 되었으며 공통의 신화들을 짜낼 수 있었다. 그 덕분에 그들의 사회는 서로 모르는 구성원들 사이에서도 협력 관계를 유지하고 복잡한 거대 사회로 발전될 수 있었다.

① 사피엔스의 뇌 크기는 인지혁명 이후에야 현재 인류의 그것과 비슷해졌다.

② 유연성 이론과 담화 이론에 따르면 공유한 정보의 양이 사피엔스 성공의 직접적 원인이었다.

③ 사피엔스가 다른 인간 종을 몰아내기 시작한 것은 그들이 이주를 시도한 때부터 약 4만 년 후였다.

④ 담화 이론에 따르면, 자기 주변 환경에 대한 정보가 사회 구성원들에 대한 정보보다 사피엔스에게 더 중요하였다.

⑤ 사피엔스가 다른 인간 종을 멸종시킬 수 있었던 원인은 상상이나 신화와 같은 허구를 사회적으로 공유할 수 있는 능력에 있었다.

07 다음 글에서 알 수 없는 것은?

현존하는 한국 범종 중에서 신라 범종이 으뜸이다. 신라 범종으로는 상원사 동종, 성덕대왕 신종, 용주사 범종이 있으며 모두 국보로 지정되어 있다. 이 가운데 에밀레종이라 알려진 성덕대왕 신종은 세계의 보배라 여겨진다. 그러나 이러한 평가는 미술이나 종교의 차원에 국한될 뿐, 에밀레종이 갖는 음향공학 차원의 가치는 간과되고 있다. 에밀레종을 포함한 한국 범종은 종신(鐘身)이 작고 종구(鐘口)가 벌어져 있는 서양 종보다 종신이 훨씬 크다는 점에서는 중국 범종과 유사하다. 또한 한국 범종은 높은 종탑에 매다는 서양 종과 달리 높지 않은 종각에 매단다는 점에서도 중국 범종과 비슷하다. 하지만 중국 범종은 종신의 중앙 부분에 비해 종구가 나팔처럼 벌어져 있는 반면, 한국 범종은 종구가 항아리처럼 오므라져 있다. 또한 한국 범종은 중국 범종에 비해 지상에 더 가까이 땅에 닿을 듯이 매단다.

나아가 한국 범종은 종신과 대칭 형태로 바닥에 커다란 반구형의 구덩이를 파두는데, 바로 여기에 에밀레종이나 여타 한국 범종의 숨은 진가가 있다. 한국 범종의 이러한 구조는 종소리의 조음에 영향을 미쳐 독특한 음향을 내게 한다. 이 구덩이는 100헤르츠 미만의 저주파 성분이 땅속으로 스며들게 하고, 커다란 울림통으로 작용하여 소리의 여운을 길게 한다.

땅속으로 음파를 밀어 넣어 주려면 뒤에서 받쳐 주는 지지대가 있어야 하는데, 한국 범종에서는 땅에 닿을 듯이 매달려 있는 거대한 종신이 바로 이 역할을 한다. 이를 음향공학에서는 뒷판이라 한다. 땅을 거쳐 나온 저주파 성분은 종신 꼭대기에 있는 음통관을 거쳐 나온 고주파 성분과 조화를 이루면서 인간이 듣기에 가장 적합한 소리, 곧 장중하고 그윽하며 은은히 울려 퍼지는 여음이 발생하는 것이다.

① 현존하는 한국 범종 중 세 개 이상이 국보로 지정되어 있다.
② 한국 범종과 중국 범종은 종신 중앙 부분의 지름이 종구의 지름보다 크다.
③ 한국 범종의 종신은 저주파 성분을 땅속으로 밀어 넣어주는 뒷판 역할을 한다.
④ 한국 범종의 독특한 소리는 종신과 대칭 형태로 파놓은 반구형의 구덩이와 관련이 있다.
⑤ 성덕대왕 신종의 여음은 음통관을 거쳐 나오는 소리와 땅을 거쳐 나오는 소리가 조화되어 만들어진다.

08 다음 글의 내용과 부합하는 것은?

> 국민주권에 바탕을 둔 민주주의 원리는 모든 국가기관의 의사가 국민의 의사로 귀착될 수 있어야 한다는 것이다. 이러한 민주주의 원리로부터 국민의 생활에 중요한 영향을 미치는 국가기관일수록 국민의 대표성이 더 반영되어야 한다는 '민주적 정당성'의 원리가 도출된다. 헌법재판 역시 그 중대성을 감안할 때 국민의 대의기관이 직접 담당하는 것이 민주적 정당성의 원리에 부합할 것이다. 헌법재판은 과거 세대와 현재 및 미래 세대에게 아울러 적용되는 헌법과 인권의 가치를 수호하는 특수한 기능을 수행한다. 헌법재판소는 항구적인 인권 가치를 수호하기 위하여 의회입법이나 대통령의 행위를 위헌이라고 선언할 수 있다. 이는 현재 세대의 의사와 배치될 수도 있는 작업이다. 그렇다면 이는 의회와 같은 현 세대의 대표자가 직접 담당하기에는 부적합하다. 헌법재판관들은 현재 다수 국민들의 실제 의사를 반영하기 위하여 임명되는 것이 아니다. 그들의 임무는 현재 국민들이 헌법을 개정하지 않는 한 헌법에 선언된 과거 국민들의 미래에 대한 약정을 최대한 실현하는 것이다. 그렇다면 헌법재판은 의회로부터 어느 정도 독립되고, 전문성을 갖춘 재판관들이 담당해야 한다.
>
> 한편 헌법재판은 사법적으로 이루어질 때 보다 공정하고 독립적으로 이루어질 수 있다. 이는 독립된 재판관에 의하여 이루어지는 법해석을 중심으로 판단이 이루어져야 한다는 것을 말한다. 그런데 독립된 헌법재판소를 두더라도 헌법재판관의 구성방법이 문제된다. 헌법 제1조 제2항에 따라 모든 국가권력은 국민에게 귀착되어야 하는 정당성의 사슬로 연결되어 있기에 헌법재판관 선출은 국민의 직접 위임에 의한 것이 이상적이다. 그러나 현실적으로 국민의 직접선거로 재판관을 선출하는 것은 용이하지 않다. 따라서 대의기관이 관여하여 헌법재판관을 임명함으로써 최소한의 민주적 정당성을 갖추어야 할 것이다. 그러므로 헌법재판관들이 선출되지 않은 소수 혹은 국민에 대하여 책임지지 않는 소수라는 이유만으로 민주적 정당성이 없다고 하는 것은, 헌법재판관 선출에 의회와 대통령이 관여한다는 점에서 무리한 비판이라고 볼 것이다.

① 헌법재판관들은 현행 헌법 개정에 구속되지 않고 미래 세대에 대한 약정을 최대한 실현해야 한다.

② 헌법재판소가 다수의 이익을 대표하는 대의기관의 행위를 위헌이라고 판단하는 것은 민주적 정당성의 원리에 배치된다.

③ 현재 헌법재판관 선출방법은 모든 국가권력이 국민에게 귀착되어야 한다는 민주적 정당성의 원리를 이상적으로 실현하고 있다.

④ 헌법재판은 현재와 미래 세대에게 아울러 적용되는 헌법과 항구적인 인권의 가치를 수호해야 하지만, 이는 현재 세대의 의사와 배치되어서는 안 된다.

⑤ 헌법재판은 사법기관이 담당하는 것이 바람직하며, 그 기관은 현재 세대를 대표하는 대의기관으로부터 어느 정도 독립되고 전문성을 갖출 필요가 있다.

09 다음 A의 견해로 볼 수 없는 것은?

> 왕이 말했다. "선생께서 천리의 먼 길을 오셨는데, 장차 무엇으로 우리 국가에 이익이 있게 하시겠습니까?"
> A가 대답했다. "왕께서는 어떻게 이익을 말씀하십니까? 오직 인의(仁義)가 있을 따름입니다. 모든 사람이 이익만을 추구한다면, 서로 빼앗지 않고는 만족하지 못할 것입니다. 사람의 도리인 인을 잘 실천하는 사람이 자기 부모를 버린 경우는 없으며, 공적 직위에서 요구되는 역할인 의를 잘 실천하는 사람이 자기 임금을 저버린 경우는 없습니다."
> 왕이 물었다. "탕(湯)이 걸(桀)을 방벌하고, 무(武)가 주(紂)를 정벌하였다는데 정말 그런 일이 있었습니까? 신하가 자기 군주를 시해한 것이 정당합니까?"
> A가 대답했다. "인을 해친 자를 적(賊)이라 하고, 의를 해친 자를 잔(殘)이라 하며, 잔적(殘賊)한 자를 일부(一夫)라 합니다. 일부인 걸과 주를 죽였다는 말은 들었지만 자기 군주를 시해하였다는 말은 듣지 못했습니다. 무릇 군주란 백성의 부모로서 그 도리와 역할을 다하는 인의의 정치를 해야 하는 공적 자리입니다. 탕과 무는 왕이 되었을 때 비록 백성들을 수고롭게 했지만, 그 지위에 요구되는 역할을 온전히 다하는 정치를 행했기 때문에 오히려 최대의 이익을 누릴 수 있었습니다. 걸과 주는 이와 반대되는 정치를 행하면서 자신의 이익만을 추구하며, 자신을 태양에 비유하였습니다. 하지만 백성들은 오히려 태양과 함께 죽고자 하였습니다. 백성들이 그 임금과 함께 죽고자 한다면, 군주가 어떻게 정당하게 그 지위와 이익을 향유할 수 있겠습니까?"

① 인의에 의한 정치를 펼치는 왕은 백성들을 수고롭게 할 수도 있다.
② 인의를 잘 실천하면 이익의 문제는 부차적으로 해결될 가능성이 있다.
③ 탕과 무는 자기 군주를 방벌했다는 점에서 인의 가운데 특히 의를 잘 실천하지 못한 사람이다.
④ 군주는 그 자신과 국가의 이익 이전에 군주로서의 도리와 역할을 온전히 수행하는 데 최선을 다해야 한다.
⑤ 공적 지위에 있는 자가 직책에 요구되는 도리와 역할을 수행하지 않고 사익(私益)을 추구하면 그 권한과 이익을 제한하는 것은 정당하다.

PART 1

10 다음 글의 내용과 부합하지 않는 것은?

토크빌이 미국에서 관찰한 정치 과정 가운데 가장 놀랐던 것은 바로 시민들의 정치적 결사였다. 미국인들은 어려서부터 스스로 단체를 만들고 스스로 규칙을 제정하여 그에 따라 행동하는 것을 관습화해왔다. 이에 미국인들은 어떤 사안이 발생할 경우 국가기관이나 유력자의 도움을 받기 전에 스스로 단체를 결성하여 집합적으로 대응하는 양상을 보인다. 미국의 항구적인 지역 자치의 단위인 타운, 시티, 카운티조차도 주민들의 자발적인 결사로부터 형성된 단체였다.

미국인들의 정치적 결사는 결사의 자유에 대한 완벽한 보장을 기반으로 실현된다. 일단 하나의 결사로 뭉친 개인들은 언론의 자유를 보장받으면서 자신들의 집약된 견해를 널리 알린다. 이러한 견해에 호응하는 지지자들의 수가 점차 늘어날수록 이들은 더욱 열성적으로 결사를 확대해간다. 그런 다음에는 집회를 개최하여 자신들의 힘을 표출한다. 집회에서 가장 중요한 요소는 대표자를 선출하는 기회를 만드는 것이다. 집회로부터 선출된 지도부는 물론 공식적으로 정치적 대의제의 대표는 아니다. 하지만 이들은 도덕적인 힘을 가지고 자신들의 의견을 반영한 법안을 미리 기초하여 그것이 실제 법률로 제정되게끔 공개적으로 입법부에 압력을 가할 수 있다.

토크빌은 이러한 정치적 결사가 갖는 의미에 대해 독특한 해석을 펼친다. 그에 따르면, 미국에서는 정치적 결사가 다수의 횡포에 맞서는 보장책으로서의 기능을 수행한다. 미국의 입법부는 미국 시민의 이익을 대표하며, 의회 다수당은 다수 여론의 지지를 받는다. 이를 고려하면 언제든 '다수의 이름으로' 소수를 배제한 입법권의 행사가 가능해짐에 따라 입법 활동에 대한 다수의 횡포가 나타날 수 있다. 토크빌은 이러한 다수의 횡포를 제어할 수 있는 정치제도가 없는 상황에서 소수 의견을 가진 시민들의 정치적 결사는 다수의 횡포에 맞설 수 있는 유일한 수단이라고 보았다. 더불어 토크빌은 시민들의 정치적 결사가 소수자들이 다수의 횡포를 견제할 수 있는 수단으로 온전히 기능하기 위해서는 도덕의 권위에 호소해야 한다고 보았다. 왜냐하면 힘이 약한 소수자가 호소할 수 있는 것은 도덕의 권위뿐이기 때문이다.

① 미국 정치는 다수에 의한 지배를 정당화하는 체제를 토대로 한다.
② 미국에서는 처음에 자발적 결사로 시작된 단체도 항구적 자치 단체로 성장할 수 있다.
③ 미국 시민들은 정치적 결사를 통해 실제 법률 제정과 관련하여 입법부에 압력을 행사할 수 있다.
④ 토크빌에 따르면 미국에서 소수자는 도덕의 권위에 도전함으로써 다수의 횡포에 저항해야 한다.
⑤ 토크빌에 따르면 미국에서 정치적 결사는 시민들의 소수 의견이 배제된 입법 활동을 제어하는 역할을 한다.

11 다음 글에서 알 수 있는 것은?

> 김정호에 의해 1861년에 만들어진 대동여지도는 근대적 방식에 의해 만들어진 것이 아님에도 국토의 윤곽이 아주 정확하게 묘사되어 있다. 그래서 김정호가 백두산을 일곱 차례나 오르는 등 피나는 노력 끝에 대동여지도를 만들어 내었다는 일화가 있다. 또한, 대동여지도의 자세함에 놀란 흥선대원군이 국가기밀이 누설될 우려가 있다고 하여 지도 목판을 불사르고 김정호를 옥에 가두어 죽게 하였다는 일화도 있다. 이러한 일화들은 1930년대 교과서에 소개된 것으로서, 불굴의 의지와 위대한 업적의 표상으로 김정호를 보여주는 반면에 지도 목판을 불사르고 김정호를 죽게 만든 우매한 위정자의 모습을 보여주고 있다. 이는 조선의 통치자들을 부정적으로 만들고 일본의 조선 통치를 정당화하려는 일제 식민사관의 논리가 반영된 것이었다. 그런데 최근에 대동여지도의 목판이 발견되는 등 이러한 일화들이 허구임이 밝혀졌다.
>
> 중국에서는 일찍부터 종이 위에 모눈을 그어 모든 지역이 같은 비율로 나타나도록 표현하는 방식이 고안되었다. 방격법이라 불린 이 방법은 우리나라에 전래되어 우물 정(井)자를 긋는다는 의미로 획정(劃井)이라 불렸다. 17세기의 조선 정부는 북방지역에 대해 커다란 관심을 기울였고, 남구만은 이 방법을 적용하여 함경도의 지도를 만들었다. 18세기 초에 정상기가 백리척을 이용한 축척법을 만들어 동국지도를 제작함으로써 조선의 지도 제작 기술은 한 단계 도약하였다. 그는 서울을 중심으로, 서울에서 가까운 지방, 좀 더 먼 지방 순으로 차례로 지도를 제작하였다. 이때 각 지역 간의 상대적 거리를 설정해야만 했고, 백리척은 이 과정에서 만들어졌다.
>
> 18세기 말 정조 대에는 열람과 휴대의 편의를 고려하면서도 합리적 표현을 중시하며 지도를 만들었다. 어떤 한 지역과 다른 지역 사이의 거리만을 중시하던 단계에서 벗어나 지도에 각 지역의 북극 고도를 고려함으로써 지도의 정확성이 높아졌다. 북극 고도는 동양의 천문지식을 활용하여 측정하였다. 이처럼 조선 후기 지도 제작의 역사 속에서 대동여지도를 만들 만한 기술적 여건이 충족되어 있었다. 김정호는 당시 국가가 소장하고 있던 각종 지도와 지도 제작 방법에 관한 자료를 모두 열람할 수 있도록 편의를 제공받았으며, 북극 고도 측정 방법을 비롯하여 그때까지 조선에 축적된 지도 제작 기술과 정보를 배워 대동여지도 제작에 반영하였다.

① 불굴의 의지를 가지고 백두산을 일곱 번 오르는 등의 노력을 한 끝에 김정호는 대동여지도를 제작할 수 있었다.

② 김정호는 대동여지도를 제작하면서 백리척의 축척법은 이용하였으나, 중국에서 전래된 방격법은 사용하지 않았다.

③ 정조 대 이후 조선에서는 천문지식을 활용하여 지도의 정확성을 높였으며, 대동여지도 제작에 이러한 지식이 활용되었다.

④ 지도의 정확성을 높이기 위하여, 정상기는 서울에서부터 지방까지의 거리를 실측해가면서 백리척을 이용하여 동국지도를 만들었다.

⑤ 조선의 중요한 지리 정보가 다른 나라에 누설될 수 있다는 판단 때문에 김정호의 대동여지도 목판이 불태워 없어졌다는 이야기는 대원군 때부터 민간에 퍼지기 시작하였다.

12 다음 글의 내용과 부합하는 것은?

현재 알려진 가장 오래된 판소리는 「춘향가」이다. 기생의 딸과 양반집 도련님의 신분을 뛰어넘는 사랑이 주제인 「춘향가」는 노비에서 양인으로, 양인에서 양반으로 신분상승이 이루어지던 조선 후기의 사회현상과 하층민의 신분상 승에 대한 열망을 반영하고 있다. 이처럼 민(民)의 사회적 열망을 담고 있던 판소리들은 당시 전국으로 확산되었다. 판소리는 한국의 서사무가의 서술원리와 구연방식을 빌려다가 흥미 있는 설화 자료를 각색해, 굿이 아닌 세속의 저잣거리에서 일반 사람들을 상대로 노래하면서 시작되었다. 호남지역에서 대대로 무당을 세습하던 세습 무당 집안 에서는 여자 무당이 굿을 담당하고 남자 무당은 여자 무당을 도와 여러 가지 잡일을 했다. 당연히 굿을 해주고 받는 굿값의 분배도 여자 무당을 중심으로 이루어졌고, 힘든 잡일을 담당한 남자 무당은 몫이 훨씬 적었다. 남자 무당이 굿에 참여하고 그 몫의 돈을 받는 경우는 노래를 할 때뿐이었다. 따라서 세습 무당 집안에서 태어난 남자들은 노래 를 잘하는 것이 잘 살 수 있는 길이었다. 남자들은 노래공부를 열심히 했고, 이 과정에서 세습 무당 집안에서는 많은 명창을 배출하였다.

이러한 호남지역의 무속적 특징은 조선 후기 사회 변화와 관련을 맺으면서 판소리의 발생을 자극했다. 조선 후기로 갈수록 지역 마을마다 행하던 주민 공동행사인 마을굿이 제사형태로 바뀌었고, 이에 따라 무당이 참여하지 않는 마을굿이 늘어났다. 정부와 양반 지배층이 유교이념에 입각하여 지속적으로 무속을 탄압하는 정책을 펴왔던 탓이었 다. 또한 합리적 사고의 발달에 따라 무속이 사회적 신임을 잃은 탓이기도 하였다.

호남지역의 세습 무당들은 개인의 질병을 치료하는 굿보다는 풍년이나 풍어를 기원하는 정기적인 마을굿을 하여 생계를 유지했다. 이러한 마을굿이 점차 사라지면서 그들은 생계를 위협받게 되었다. 한편 이 시기에는 상업이 발달 하면서 상행위가 활발해졌고, 생활이 풍족해짐에 따라 백성들의 문화욕구가 커지면서 예능이 상품으로 인정받았다. 이에 따라 춤과 소리 등의 예술과 곡예가 구경거리로 부상하였다. 세습 무당 집안 출신의 노래 잘하는 남자 무당들 은 무속이라는 속박을 떨쳐 버리고 돈을 벌기 위하여 소리판을 벌이게 되었다. 이들의 소리가 많은 사람에게 환영을 받자 점차 전문 직업인으로서 명창이 등장하게 되었다. 대중적 인기가 자신의 명성과 소득에 직결되었으므로, 이들 은 대중이 좋아할 만한 내용을 담은 소리들을 발굴하고 개발하였다. 이 중 가장 인기를 얻은 것이 「춘향가」였다.

① 호남지역의 무속적 특징이 판소리 발생의 배경이었으므로, 판소리는 호남지역에 국한되었다.

② 호남지역의 세습 무당 집안에서는 일반적으로 여자 무당의 소득이 남자 무당보다 높았다.

③ 마을굿의 형식을 표준화하는 과정에서 세습 무당 집안은 명창을 배출하였다.

④ 조선 후기 상업 발달은 여자 무당의 쇠퇴와 남자 무당의 성장을 가져왔다.

⑤ 판소리의 시작은 서사무가의 다양화와 무속의 상업화를 가져왔다.

13 다음 글에서 알 수 있는 것은?

> 고려 현종 1년 11월 16일 거란의 왕 성종은 직접 40만 대군을 이끌고 압록강을 건너 고려에 쳐들어왔다. 이때 행영 도통사 강조가 지휘하는 고려의 주력군은 통주성 근처에 주둔하고 있었는데, 거란군이 다가오자 통주성 남쪽으로 나와 세 부대로 나누어 진을 쳤다. 강조는 칼과 창으로 무장한 수레인 검거를 진에 배치해 두었다가 거란군이 쳐들 어오면 검거로 포위하고, 또 세 부대가 유기적으로 협조하여 여러 차례 승리를 거두었다. 하지만 거란군을 얕보게 된 강조는 여유를 부리다 결국 거란군의 포로가 되었다. 성종은 포로로 잡혀온 강조의 결박을 풀어주며 자신의 신하 가 되라고 요구하였다. 강조는 "나는 고려인이다. 어찌 너의 신하가 되겠는가?"라고 답하였고, 거란왕이 재차 묻자 똑같이 대답하였다. 거란왕은 살을 찢는 가혹한 고문을 가해 강조를 죽였다.
>
> 강조의 죽음으로 고려의 주력군이 패전하자 거란군의 남침 속도는 빨라졌고, 현종은 수도인 개경을 떠나 남쪽으로 피난길에 오를 수밖에 없었다. 양주에 다다랐을 무렵 하공진은 고영기와 함께 거란군과 평화 협상을 하기 위한 사신 으로 파견되었다. 거란군의 선봉이 창화현에 이르자 하공진은 거란군을 찾아가 철수를 요구하였다.
>
> 이듬해 정월에 개경이 함락되었다. 거란군은 개경에서 약탈, 살인, 방화 등 온갖 만행을 저질렀고, 웅장하고 아름다 운 궁궐과 대묘, 관공서는 물론 일반 민가까지 모두 불살라 폐허로 만들었다. 이를 목격한 하공진은 거란왕을 만나 거란군의 철수를 거듭 요청하였다. 성종은 그 요청을 받아들여 철수하였으나, 고려의 사신들을 볼모로 잡아갔다. 거란으로 끌려간 하공진은 고려로 탈출하기 위해 몰래 시장에서 말을 사서 고려로 가는 길에 차례로 배치해 두었다. 하지만 이 계획은 발각되었고 거란왕은 하공진을 붙잡아 심문하였다. 하공진은 "나는 고려에 대해서 두 마음을 가질 수 없다. 살아서 거란을 섬기는 것을 원하지 않는다."라고 하였다. 거란왕은 하공진의 충성에 감동하여 이제까지의 잘못을 용서할 테니 자신에게 충성하라고 요구하였다. 회유가 계속될수록 하공진은 단호한 태도를 취하였고, 거란 왕을 모욕하는 말까지 서슴지 않았다. 결국 화가 난 거란왕은 하공진을 처형하였다. 그가 최후를 마친 날은 현종 2년 12월이었다.

① 거란군에 사신으로 파견된 하공진은 창화현에서 거란왕을 만나 거란군의 철수를 요청하였다.
② 압록강을 건너 고려를 침공한 지 석 달이 되지 않아 거란군은 고려 수도를 함락시켰다.
③ 볼모로 거란에 끌려간 하공진과 고영기는 탈출하기 위해 서로 협력하였다.
④ 통주성 근처에서 거란군에게 패전한 고려의 주력군은 남쪽으로 후퇴하였다.
⑤ 거란왕을 모욕하는 말을 한 하공진은 가혹한 고문을 당한 후 처형되었다.

14 다음 글에서 알 수 있는 것은?

정도전은 불교와 도교를 이단으로 배척하며 이른바 벽이단론(闢異端論)의 실천운동과 이론적 체계화에 앞장섰다. 『심기리편(心氣理篇)』은 이단 배척에 대한 그의 대표작 중의 하나이다.

『심기리편』에서 정도전은 불교와 도교 및 유교의 중심 개념을 각각 마음[心], 기운[氣], 이치[理]로 표출시키고, 그 개념이 지니는 가치의식의 정당성을 평가하였다. 그에 따르면 불교에서는 '마음'을 신령하며 무궁한 변화에 대응하는 것이라고 보지만, '기운'은 물질의 욕망일 뿐이라고 하였다. 이에 반해 도교에서는 기운은 천진하고 자연스러운 것이지만, 마음은 타산적이고 근심에 사로잡힌 것이라고 하였다. 이에 대해 유교에서는 '이치'를 마음과 기운의 근거로 보고, 이치가 없이는 마음도 욕심에 빠지고 기운도 동물적인 데로 빠진다고 보았다. 정도전은 『심기리편』에서, 불교의 마음과 도교의 기운이 서로 비난하게 하면서 유교의 이치가 양자를 올바르게 주재해야 한다고 주장하였으며, 이를 통해 불교와 도교에 대한 유교의 우월함을 강조하였다.

정도전은 『심기리편』에서 불교와 도교에 대해 날카로운 비판을 이어갔다. 그는 정념이 일어나는 것을 두려워하여 적멸(寂滅)에로 돌아가려 한다고 불교를 비판하였다. 동시에 "어린 아이가 우물로 기어가는 것을 보면 측은히 여기는 감정[인(仁)의 단서]이 일어나니, 유교는 정념이 일어나는 것을 두려워하지 않는다."라고 하면서 정념에 대한 유교의 긍정적 인식을 제기하였다. 정도전은 수련을 통해 장생(長生)을 꾀하는 도교도 비판하였다. 그는 "죽어야 할 때 죽는 것은 의리가 신체보다 소중하기 때문이니, 군자는 자기 몸을 죽여서 인을 이룬다."라고 하며, 유교에는 신체의 죽음을 넘어선 의리(義理)가 있음을 말하였다. "의롭지 못하면서 장수하는 것[도교의 양생(養生)]은 거북이나 뱀과 같으며, 졸면서 앉아 있는 것[불교의 좌선(坐禪)]은 흙이나 나무와 같다."라는 정도전의 말은 도교와 불교의 기본 수양방법을 비판한 것이다. 정도전은 "마음을 간직하면 맑고 밝게 될 것이요, 기운을 기르면 호연한 기상이 일어날 것이다."라고 하면서 유교적인 마음과 기운의 배양을 통해 도교와 불교의 이상이 올바르게 성취될 수 있음을 강조하였다.

① 정도전은 보편적인 이치가 성립하려면 감정을 배제할 것을 주장하였다.
② 정도전은 불교와 도교를 모두 비판하였지만 상대적으로 불교를 더 비판하였다.
③ 정도전은 도교를 비판하면서 살신성인(殺身成仁)을 가치 있는 일로 간주하였다.
④ 정도전은 불교와 도교의 가치의식이 잘못된 근본 이유를 수행방법에서 찾았다.
⑤ 정도전은 도교와 불교가 서로의 장점을 흡수할 때 자신들의 이상을 성취할 수 있다고 보았다.

15 다음 글에서 알 수 없는 것은?

'캐리 벅 사건(1927)'은 버지니아주에서 시행하는 강제불임시술의 합헌성에 대한 판단을 다룬 것이다. 버지니아주에서는 정신적 결함을 가진 사람들의 불임시술을 강제하는 법을 1924년에 제정하여 시행하고 있었다. 이 법은 당시 과학계에서 받아들여지던 우생학의 연구결과들을 반영한 것인데, 유전에 의해 정신적으로 결함이 있는 자들에게 강제불임시술을 함으로써 당사자의 건강과 이익을 증진하는 것을 목적으로 하였다. 우생학은 인간의 유전과 유전형질을 연구하여, 결함이 있는 유전자를 제거하여 인류를 개선하는 것이 주목적이었는데, 정신이상자, 정신박약자, 간질환자 등을 유전적 결함을 가진 대상으로 보았다.

이 사건의 주인공인 캐리 벅은 10대 후반의 정신박약인 백인 여성으로서 정신박약자들을 수용하기 위한 시설에 수용되어 있었다. 법에 따르면, 캐리 벅은 불임시술을 받지 않으면 수십 년 동안 수용시설에 갇혀 기본적인 의식주만 공급받고 다른 사회적 권리와 자유가 제약받을 수밖에 없는 상황이었다.

미국 연방대법원은 강제불임시술을 규정한 버지니아주의 주법을 합헌으로 판단하였다. 이 사건의 다수의견을 작성한 홈즈 대법관은 판결의 이유를 다음과 같이 밝혔다.

"사회 전체의 이익 때문에 가장 우수한 시민의 생명을 희생시키는 일도 적지 않다. 사회가 무능력자로 차고 넘치는 것을 막고자 이미 사회에 부담이 되는 사람들에게 그보다 작은 희생을 요구하는 것이 금지된다고 할 수 없다. 사회에 적응할 능력이 없는 사람들의 출산을 금지하는 것이 사회에 이익이 된다. 법률로 예방접종을 하도록 강제할 수 있는 것과 같은 원리로 나팔관 절제도 강제할 수 있다고 해야 한다."

이 사건은 사회적 파장이 매우 컸다. 당시 미국의 주들 가운데는 강제불임시술을 규정하고 있는 주들이 있었지만 그중 대부분의 주들이 이러한 강제불임시술을 실제로는 하고 있지 않았다. 하지만 연방대법원의 이 사건 판결이 나자 많은 주들이 새로운 법률을 제정하거나, 기존의 법률을 개정해서 버지니아주법과 유사한 법률을 시행하게 되었다. 버지니아주의 강제불임시술법은 1974년에야 폐지되었다.

① 당시 우생학에 따르면 캐리 벅은 유전적 결함을 가진 사람이었다.

② 버지니아주법은 정신박약이 유전되는 것이라는 당시의 과학 지식을 반영하여 제정된 것이었다.

③ 버지니아주법에 의하면 캐리 벅에 대한 강제불임시술은 캐리 벅 개인의 이익을 위한 것이다.

④ 홈즈에 따르면 사회가 무능력자로 넘치지 않기 위해서는 사회에 부담이 되는 사람들에게 희생을 요구할 수 있다.

⑤ 버지니아주법이 합헌으로 판단되기 이전, 불임시술을 강제하는 법을 가지고 있던 다른 주들은 대부분 그 법을 집행하고 있었다.

16 다음 글에서 알 수 있는 것은?

> 그리스의 대표적 도시국가인 스파르타는 어떤 정치체제를 가지고 있었을까? 정치체제의 형성은 단순히 정치 이념뿐만 아니라 어떤 생활방식을 선택하느냐의 문제와도 연결되어 있다. 기원전 1200년경 남하해온 도리아 민족이 선주민을 정복하여 생긴 것이 스파르타이다. 지배계급과 피지배계급이 스파르타만큼 확실히 분리되고 지속된 도시국가는 없었다. 스파르타에서 지배계급과 피지배계급의 차이는 권력의 유무 이전에 민족의 차이였다.
>
> 우선, 지배계급은 '스파르타인'으로 1만 명 남짓한 자유 시민과 그 가족뿐이다. 순수한 혈통을 가진 스파르타인들의 유일한 직업은 군인이었고, 참정권도 이들만이 가지고 있었다. 두 번째 계급은 상공업에만 종사하도록 되어 있는 '페리오이코이'라고 불리는 자유인이다. 이들은 도리아인도, 선주민도 아니었으며, 도리아 민족을 따라와 정착한 타 지방 출신의 그리스인이었다. 이들은 시민권을 받지 못했으므로 참정권과 선거권이 없었지만, 병역 의무는 주어졌다. 그리스의 도시국가들에서는 일반적으로 병역에 종사하는 시민에게 참정권이 주어졌다. 하지만, 페리오이코이는 일개 병졸로만 종사했으므로, 스파르타인이 갖는 권리와는 차이가 있었다. 스파르타의 세 번째 계급은 '헬로트'라고 불리는 농노들로, 도리아인이 침략하기 전에 스파르타 지역에 살았던 선주민이다. 이들의 유일한 직업은 스파르타인이 소유한 농장에서 일하는 것으로, 비록 노예는 아니었지만 생활은 비참했다. 이들은 결혼권을 제외하고는 참정권, 사유재산권, 재판권 같은 시민의 권리를 전혀 가지지 못했고, 병역의 의무도 없었다.
>
> 스파르타인과 페리오이코이와 헬로트의 인구 비율은 1대 7대 16 정도였다. 스파르타인이 농업과 상공업을 피지배계급들에게 맡기고 오직 군무에만 종사한 것은, 전체의 24분의 1밖에 안 되는 인구로 나머지를 지배해야 하는 상황이 낳은 방책이었을 것이다. 피지배계급들 중에서도 특히 헬로트는 스파르타인에게 적대적인 태도를 보이고 있었다. 이 때문에 스파르타는 우선 내부의 잠재적인 불만세력을 억압해야 할 필요성이 있었고, 군사대국으로 불리는 막강한 군사력을 가진 나라가 되었던 것이다.

① 스파르타에서는 구성원의 계급에 따라 직업 선택이 제한되어 있었다.
② 스파르타에서는 병역 의무를 이행한 사람들에게는 참정권을 부여하였다.
③ 스파르타가 막강한 군사대국이 될 수 있었던 것은 농업과 상공업을 발전시켰기 때문이다.
④ 스파르타에서는 페리오이코이에게 병역 의무를 부여함으로써 지배층의 인구를 늘리려 하였다.
⑤ 스파르타에서 시민권을 가지지 못한 헬로트는 의무만 있었으므로, 실질적으로는 노예나 마찬가지였다.

17 다음 글의 내용과 부합하는 것만을 〈보기〉에서 모두 고르면?

지역 주민들로 이루어진 작은 집단에 국한된 고대 종교에서는 성찬을 계기로 신자들이 함께 모일 수 있었다. 그중에서도 특히 고대 셈족에게 성찬은 신의 식탁에 공동으로 참석해서 형제의 관계를 맺음을 의미했다. 사람들은 실제로 자신의 몫만을 배타적으로 먹고 마심에도 불구하고, 같은 것을 먹고 마신다는 생각을 통해서 공동의 피와 살을 만든다는 원시적인 표상이 만들어진다. 빵을 예수의 몸과 동일시한 기독교의 성찬식에 이르러서 신화의 토대 위에 비로소 '공동 식사'라는 것의 새로운 의미가 형성되고 이를 통해서 참가자들 사이에 고유한 연결 방식이 창출되었다. 이러한 공동 식사 중에는 모든 참가자가 각기 자기만의 부분을 차지하는 것이 아니라, 전체를 분할하지 않고 누구나 함께 공유한다는 생각을 함으로써 식사 자체의 이기주의적 배타성이 극복된다.

공동 식사는 흔히 행해지는 원초적 행위를 사회적 상호 작용의 영역과 초개인적 의미의 영역으로 고양시킨다는 이유 때문에 과거 여러 시기에서 막대한 사회적 가치를 획득했다. 식탁 공동체의 금지 조항들이 이를 명백히 보여 준다. 이를테면 11세기의 케임브리지 길드는 길드 구성원을 살해한 자와 함께 먹고 마시는 사람에게 무거운 형벌을 가했다. 또한 강한 반유대적 성향 때문에 1267년의 비엔나 공의회는 기독교인들은 유대인들과 같이 식사를 할 수 없다고 규정했다. 그리고 인도에서는 낮은 카스트에 속하는 사람과 함께 식사를 함으로써 자신과 자신의 카스트를 더럽히는 사람은 때로 죽임을 당하기까지 했다. 서구 중세의 모든 길드에서는 공동으로 먹고 마시는 일이 오늘날 우리가 상상할 수 없을 정도로 중요하였다. 아마도 중세 사람들은 존재의 불확실성 가운데서 유일하게 눈에 보이는 확고함을 같이 모여서 먹고 마시는 데에서 찾았을 것이다. 당시의 공동 식사는 중세 사람들이 언제나 공동체에 소속되어 있다는 확신을 얻을 수 있는 상징이었던 것이다.

보기

ㄱ. 개별 집단에서 각기 이루어지는 공동 식사는 집단 간의 배타적인 경계를 강화시켜 주는 역할을 한다.
ㄴ. 일반적으로 공동 식사는 성스러운 음식을 공유함으로써 새로운 종교가 창출되는 계기로 작용했다.
ㄷ. 공동 식사는 식사가 본질적으로 이타적인 행위임을 잘 보여 주는 사례이다.

① ㄱ
② ㄷ
③ ㄱ, ㄴ
④ ㄴ, ㄷ
⑤ ㄱ, ㄴ, ㄷ

18 다음 글의 내용과 부합하지 않는 것은?

> 중동 제국이 발전함에 따라 제국의 개입으로 인해 소규모 공동체의 생활에 변화가 일어났다. 종교 조직은 제국 조직의 한 구성 요소로 전락했으며 제사장은 사법적 · 정치적 권력을 상실했다. 또한, 제국은 소규모 공동체에 개입함으로써 개인이 씨족이나 종교 조직에 구속받지 않게 만들었다. 광대한 영토를 방어하고 통제하며 제국 내에서의 커뮤니케이션을 더욱 활발하게 하기 위해서는 분권과 자치, 그리고 개인의 이동을 어느 정도 허용할 필요가 있었다. 이에 따라 제국은 전사와 관리에게 봉토를 지급하고 독점적 소유권을 인정해 주었다. 상인들은 자신의 자본으로 사업을 하기 시작했고, 생산 계급은 종교 조직이나 왕족이 아니라 시장을 겨냥한 물건을 만들기 시작했다. 낡은 자급자족 경제 대신 시장경제가 출현하여 독립된 생산자와 소비자 사이의 교환을 촉진했다. 시장이 확대되고 기원전 7세기경에 교환 수단인 화폐가 도입됨에 따라 고대 세계의 경제 구조는 획기적인 변화를 겪었다. 점점 더 많은 사람들의 생계가 세습적 권위의 지배를 받는 메커니즘이 아니라 금전 관계의 메커니즘에 좌우되었다.
>
> 또한, 제국은 개인이 씨족이나 종교 조직 또는 유력 집단에 흡수되는 것을 막는 언어적 · 종교적 · 법적 여건을 마련함으로써 개인이 좀 더 개방된 사회에서 활동할 수 있게 해주었다. 지배 엘리트가 사용하는 언어가 사회의 보편적인 언어가 되었으며, 각 지방의 토속신은 왕과 제국이 섬겨왔던 범접하기 어려운 강력한 신들, 즉 일종의 만신전에 모신 우주의 신들에게 자리를 양보했다. 아울러 제국의 법이 부의 분배와 경제적 교환 그리고 강자와 약자의 관계를 규제했다. 고대 제국은 정치의 행위 주체였을 뿐만 아니라 사회의 문화적 · 종교적 · 법률적 토대를 제공했다. 다시 말하면 제국은 중동 문명의 문화적 통합을 가능케 하는 강력한 힘이었다.

① 제국의 발전으로 인해 제국 내에서의 교류가 증대되었다.
② 제국이 발전함에 따라 제국 내에서 특정 언어와 종교가 보편화되었다.
③ 제국이 발전함에 따라 자급자족 체제가 시장경제 체제로 발전했다.
④ 제국의 힘은 생산과 소비를 통제하는 경제의 독점으로부터 비롯되었다.
⑤ 제국은 개인이 씨족이나 종교 조직 등 기존 체제와 맺는 관계를 약화시켰다.

19 다음 글에서 알 수 없는 것은?

> 연금술은 일련의 기계적인 속임수나 교감적 마술에 대한 막연한 믿음 이상의 인간 행위다. 출발에서부터 그것은 세계와 인간 생활을 관계 짓는 이론이었다. 물질과 과정, 원소와 작용 간의 구분이 명백하지 않았던 시대에 연금술이 다루는 원소들은 인간성의 측면들이기도 했다.
>
> 당시 연금술사의 관점에서 본다면 인체라는 소우주와 자연이라는 대우주 사이에는 일종의 교감이 있었다. 대규모의 화산은 일종의 부스럼과 같고 폭풍우는 왈칵 울어대는 동작과 같았다. 연금술사들은 두 가지 원소가 중요하다고 보았다. 그중 하나가 수은인데, 수은은 밀도가 높고 영구적인 모든 것을 대표한다. 또 다른 하나는 황으로, 가연성이 있고 비영속적인 모든 것을 표상한다. 이 우주 안의 모든 물체들은 수은과 황으로 만들어졌다. 이를테면 연금술사들은 알 속의 배아에서 뼈가 자라듯, 모든 금속들은 수은과 황이 합성되어 자라난다고 믿었다. 그들은 그와 같은 유추를 진지한 것으로 여겼는데, 이는 현대 의학의 상징적 용례에 그대로 남아 있다. 우리는 지금도 여성의 기호로 연금술사들의 구리 표시, 즉 '부드럽다'는 뜻으로 '비너스'를 사용하고 있다. 그리고 남성에 대해서는 연금술사들의 철 기호, 즉 '단단하다'는 뜻으로 '마르스'를 사용한다.
>
> 모든 이론이 그렇듯이 연금술은 당시 그 시대의 문제를 해결하기 위한 노력의 산물이었다. 1500년경까지는 모든 치료법이 식물 아니면 동물에서 나와야 한다는 신념이 지배적이었기에 의학 문제들은 해결을 보지 못하고 좌초해 있었다. 그때까지 의약품은 대체로 약초에 의존하였다. 그런데 연금술사들은 거리낌 없이 의학에 금속을 도입했다. 예를 들어 유럽에 창궐한 매독을 치료하기 위해 대단히 독창적인 치료법을 개발했는데, 그 치료법은 연금술에서 가장 강력한 금속으로 간주된 수은을 바탕으로 하였다.

① 연금술사는 모든 치료행위에 수은을 사용하였다.
② 연금술사는 인간을 치료하는 데 금속을 사용하였다.
③ 연금술사는 구리가 황과 수은의 합성의 산물이라고 보았다.
④ 연금술사는 연금술을 자연만이 아니라 인간에게도 적용했다.
⑤ 연금술사는 모든 물체가 두 가지 원소로 이루어진다고 보았다.

20 다음 글에서 추론할 수 없는 것은?

세종대 오례(五禮) 운영의 특징은 더욱 완벽한 유교적 예악(禮樂) 이념에 접근하고자 노력하였다는 점에 있다. 유교적 예악 이념을 근간으로 국가의 오례 운영을 심화시키는 과정에서 예제(禮制)와 음악, 즉 예악이 유교적 정치질서를 이루는 중요한 요소라는 점이 인식되었고, 예제와 음악이 조화된 단계의 오례 운영이 모색되었다.

이에 따라 음악에 대한 정리가 시도되었는데, 음악연구의 심화는 박연(朴堧)에 의한 음악서 편찬으로 이어졌다. 박연은 음악을 양성음과 음성음의 대응과 조화로서 이해하였고, 박연의 의견에 따라 이후 조선시대 오례 의식에 사용되는 모든 음악은 양성음인 양률과 음성음인 음려의 화합으로 이루어지게 되었다. 음악에 대한 이해가 심화됨에 따라 자주적인 악기 제조가 가능하게 되었으며, 악공(樂工)의 연주 수준이 향상되었다.

한편으로 박연 이후 아악(雅樂)과 향악(鄕樂)의 문제가 제기되었다. 아악은 중국에서 들어온 음악으로 우리에게는 익숙한 음악이 아니었다. 따라서 우리나라 사람들이 평소에는 우리의 성음으로 이루어진 향악을 듣다가 오례 때에는 중국의 성음으로 이루어진 아악을 듣는 것에 대한 의문이 제기되었다. 이로 인해 오례에서는 으레 아악을 연주해야 한다는 관행을 벗어나, 우리의 고유 음악인 향악을 유교의 예악과 어떻게 조화시킬 것인가에 관한 문제가 공론화되기 시작하였다. 이후 여러 논의를 거쳐 오례 의식에서 향악을 반드시 연주하게 되었다.

나아가 향악에 대한 관심은 중국에서 유래된 아악과 우리 향악 사이에 음운 체계가 근본적으로 다르다는 것을 인식하게 하였다. 또한 보편적 음성이론에 의한 예악 운영에 따라 향악의 수준이 향상되는 결과를 가져왔다.

① 아악과 향악은 음운 체계가 서로 다르다.
② 향악의 수준 향상으로 아악은 점차 오례 의식에서 배제되어 갔다.
③ 오례에서 연주된 향악은 양률과 음려가 화합을 이룬 음악이었다.
④ 완벽한 유교적 예악 이념을 지향하는 과정에서 음악 연구가 심화되었다.
⑤ 세종대 음악에 대한 심화된 이해는 자주적인 악기 제조, 악공의 연주 수준 향상으로 이어졌다.

21 다음 글의 내용과 부합하지 않는 것은?

> 글쓰기 양식은 글 내용을 담는 그릇으로 내용을 강제한다. 이런 측면에서 다산 정약용이 '원체(原體)'라는 문체를 통해 정치라는 내용을 담고자 했던 '양식 선택의 정치학'은 특별한 의미를 갖는다.
>
> 원체는 작가가 당대(當代)의 정치적 쟁점이 되는 핵심 개념을 액자화하여 새롭게 의미를 환기하려는 의도를, 과학적 방식에 의거하여 설득하려는 정치·과학적 글쓰기라고 할 수 있다. 당나라 한유(韓愈)가 다섯 개의 원체 양식의 문장을 지은 이후 후대의 학자들은 이를 모범으로 삼았다. 원체는 고문체는 아니지만 새롭게 부상한 문체로서, 당대 사상의 핵심 개념에 대해 정체성을 추구하는 분석적이고 학술적인 글쓰기이자 정치적 글쓰기로 정립되었다. 다산은 원체가 가진 이러한 정치·과학적 힘을 인식하고 『원정(原政)』이라는 글을 남겼다.
>
> 그런데 다산은 단순히 개인적인 차원에서 원체를 선택한 것이 아니었다. 그것은 새로운 시각의 정식화라는 당대의 문화적 추세를 반영한 것이었다. 다산의 원체와 유비될 수 있는 것으로 당시 새롭게 등장한 미술 사조인 정선(鄭敾)의 진경(眞景) 화법을 들 수 있다. 진경 화법에서 다산의 글쓰기와 구조적으로 유사한 점들을 찾을 수 있다. 진경 화법의 특징은 경관(景觀)을 모사하는 사경(寫景)에 있는 것이 아니라 회화적 재구성을 통하여 경관에서 받은 미적 감흥을 창조적으로 구현하는 데 있다. 이와 같은 진경 화법은 각 지방의 무수한 사경에서 터득한 시각의 정식화를 통해 만들어졌다. 실경을 새로운 기법을 통하여 정식화한 진경 화법은 다산이 전통적인 시무책(時務策) 형식을 탈피하고 새로운 관점으로 정치를 포착하고 표현하기 위해 채택한 원체의 글쓰기와 다를 바 없다. 다산이 쓴 『원정』은 기존 정치 개념의 답습 또는 모방이 아니라 정치의 정체성에 대한 질문을 통하여 그가 생각하는 정치에 관한 새로운 관점을 정식화하여 제시한 것이다.

① 원체는 분석적이고 과학적인 글쓰기 양식이다.

② 다산의 원체는 당대의 문화적 추세를 반영한다.

③ 진경 화법은 경관에서 받은 미적 감흥을 창조적으로 구현하였다.

④ 실물을 있는 그대로 모사하는 진경 화법은 『원정』과 구조적으로 유사하다.

⑤ 다산은 『원정』에서 기존의 정치 개념을 그대로 모방하기보다는 정치에 관한 새로운 관점을 제시하였다.

정답 및 해설 p.37

STEP 1 기본문제

☑ 확인 Check! ○△✕

01 다음 글의 빈칸에 들어갈 내용으로 가장 적절한 것은?

> 알레르기는 도시화와 산업화가 진행되는 지역에서 매우 빠르게 증가하고 있는데, 알레르기의 발병 원인에 대한 20세기의 지배적 이론은 알레르기는 병원균의 침입에 의해 발생하는 감염성 질병이라는 것이다. 하지만 1989년 영국 의사 S는 이 전통적인 이론에 맞서 다음 가설을 제시했다. _____ S는 1958년 3월 둘째 주에 태어난 17,000명 이상의 영국 어린이를 대상으로 그들이 23세가 될 때까지 수집한 개인 정보 데이터베이스를 분석하여, 이 가설을 뒷받침하는 증거를 찾았다. 이들의 가족 관계, 사회적 지위, 경제력, 거주 지역, 건강 등의 정보를 비교 분석한 결과, 두 개 항목이 꽃가루 알레르기와 상관관계를 가졌다. 첫째, 함께 자란 형제자매의 수이다. 외동으로 자란 아이의 경우 형제가 서넛인 아이에 비해 꽃가루 알레르기에 취약했다. 둘째, 가족 관계에서 차지하는 서열이다. 동생이 많은 아이보다 손위 형제가 많은 아이가 알레르기에 걸릴 확률이 낮았다. S의 주장에 따르면 가족 구성원이 많은 집에 사는 아이들은 가족 구성원, 특히 손위 형제들이 집안으로 끌고 들어오는 온갖 병균에 의한 잦은 감염 덕분에 장기적으로는 알레르기 예방에 오히려 유리하다. S는 유년기에 겪은 이런 감염이 꽃가루 알레르기를 비롯한 알레르기성 질환으로부터 아이들을 보호해 왔다고 생각했다.

① 알레르기는 유년기에 병원균 노출의 기회가 적을수록 발생 확률이 높아진다.
② 알레르기는 가족 관계에서 서열이 높은 가족 구성원에게 더 많이 발생한다.
③ 알레르기는 성인보다 유년기의 아이들에게 더 많이 발생한다.
④ 알레르기는 도시화에 따른 전염병의 증가로 인해 유발된다.
⑤ 알레르기는 형제가 많을수록 발생 확률이 낮아진다.

02 다음 글의 문맥상 (가) ~ (마)에 들어갈 내용으로 적절하지 않은 것은?

'방언(方言)'이라는 용어는 표준어와 대립되는 개념으로 사용될 수 있다. 이때 방언이란 '교양 있는 사람들이 두루 쓰는 현대 서울말'로서의 표준어가 아닌 말, 즉 비표준어라는 뜻을 갖는다. 가령 _____(가)_____ 는 생각에는 방언을 비표준어로서 낮잡아 보는 인식이 담겨 있다. 이러한 개념으로서의 방언은 '사투리'라는 용어로 바뀌어 쓰이는 수가 많다. '충청도 사투리', '평안도 사투리'라고 할 때의 사투리는 대개 이러한 개념으로 쓰이는 경우이다. 이때의 방언이나 사투리는, 말하자면 표준어인 서울말이 아닌 어느 지역의 말을 가리키거나, 더 나아가 _____(나)_____ 을 일컫는다. 이러한 용법에는 방언이 표준어보다 열등하다는 오해와 편견이 포함되어 있다. 여기에는 표준어보다 못하다거나 세련되지 못하고 규칙에 엄격하지 않다와 같은 부정적 평가가 담겨 있는 것이다. 그런가 하면 사투리는 한 지역의 언어 체계 전반을 뜻하기보다 그 지역의 말 가운데 표준어에는 없는, 그 지역 특유의 언어 요소만을 일컫기도 한다. _____(다)_____고 할 때의 사투리가 그러한 경우에 해당된다.

언어학에서의 방언은 한 언어를 형성하고 있는 하위 단위로서의 언어 체계 전부를 일컫는 말로 사용된다. 가령 한국어를 예로 들면 한국어를 이루고 있는 각 지역의 말 하나하나, 즉 그 지역의 언어 체계 전부를 방언이라 한다. 서울말은 이 경우 표준어이면서 한국어의 한 방언이다. 그리고 나머지 지역의 방언들은 _____(라)_____ 이러한 의미에서의 '충청도 방언'은 충청도에서만 쓰이는, 표준어에도 없고 다른 도의 말에도 없는 충청도 특유의 언어 요소만을 가리키는 것이 아니다. '충청도 방언'은 충청도의 토박이들이 전래적으로 써온 한국어 전부를 가리킨다. 이 점에서 한국어는 _____(마)_____

① (가) : 바른말을 써야 하는 아나운서가 방언을 써서는 안 된다.
② (나) : 표준어가 아닌, 세련되지 못하고 격을 갖추지 못한 말
③ (다) : 사투리를 많이 쓰는 사람과는 의사소통이 어렵다.
④ (라) : 한국어라는 한 언어의 하위 단위이기 때문에 방언이다.
⑤ (마) : 표준어와 지역 방언의 공통부분을 지칭하는 개념이다.

03 다음 글의 ㉠과 ㉡에 들어갈 말을 〈보기〉에서 골라 적절하게 나열한 것은?

갈릴레오는 망원경으로 목성을 항상 따라다니는 네 개의 위성을 관찰하였다. 이 관찰 결과는 지동설을 지지해 줄 수 있는 것이었다. 당시 지동설에 대한 반대 논증 중 하나는 다음과 같은 타당한 논증이었다.

> (가) _____㉠_____
> (나) 달은 지구를 항상 따라다닌다.
> 따라서 (다) 지구는 공전하지 않는다.

갈릴레오의 관찰 결과는 이 논증의 (가)를 반박할 수 있는 것이었다. 왜냐하면 목성이 공전한다는 것은 당시 천동설 학자들도 받아들이고 있었고 그의 관찰로 인해 위성들이 공전하는 목성을 따라다닌다는 것이 밝혀지는 셈이기 때문이다. 그런데 문제는 당시의 학자들이 망원경을 통한 관찰을 신뢰하지 않는다는 데 있었다. 당시 학자들 대부분은 육안을 통한 관찰로만 실제 존재를 파악할 수 있다고 믿었다. 따라서 갈릴레오는 망원경을 통한 관찰이 육안을 통한 관찰만큼 신뢰할 만하다는 것을 입증해야 했다. 이를 보이기 위해 그는 '빛 번짐 현상'을 활용하였다.

빛 번짐 현상이란, 멀리 떨어져 있는 작고 밝은 광원을 어두운 배경에서 볼 때 실제 크기보다 광원이 크게 보이는 현상이다. 육안으로 금성을 관찰할 경우, 금성이 주변 환경에 비해 더 밝게 보이는 밤에 관찰하는 것보다 낮에 관찰 하는 것이 더 정확하다. 그런데 낮에 관찰한 결과는 연중 금성의 외견상 크기가 변한다는 것을 보여준다.

그렇다면 망원경을 통한 관찰이 신뢰할 만하다는 것은 어떻게 보일 수 있었을까? 갈릴레오는 밤에 금성을 관찰할 때 망원경을 사용하면 빛 번짐 현상을 없앨 수 있다는 것을 강조하면서 다음과 같은 논증을 펼쳤다.

> (라) _____㉡_____면, 망원경에 의한 관찰 자료를 신뢰할 수 있다.
> (마) _____㉡_____
> 따라서 (바) 망원경에 의한 관찰 자료를 신뢰할 수 있다.

결국 갈릴레오는 (마)를 입증함으로써, (바)를 보일 수 있었다.

보기

ㄱ. 지구가 공전한다면, 달은 지구를 따라다니지 못한다.
ㄴ. 달이 지구를 따라다니지 못한다면, 지구는 공전한다.
ㄷ. 낮에 망원경을 통해 본 금성의 크기 변화와 낮에 육안으로 관찰한 금성의 크기 변화가 유사하다.
ㄹ. 낮에 망원경을 통해 본 금성의 크기 변화와 밤에 망원경을 통해 본 금성의 크기 변화가 유사하다.
ㅁ. 낮에 육안으로 관찰한 금성의 크기 변화와 밤에 망원경을 통해 본 금성의 크기 변화가 유사하다.

	㉠	㉡
①	ㄱ	ㄷ
②	ㄱ	ㅁ
③	ㄴ	ㄷ
④	ㄴ	ㄹ
⑤	ㄴ	ㅁ

04 다음 글의 빈칸에 들어갈 진술로 가장 적절한 것은?

> 조선 후기에는 이앙법이 전국적으로 확산되었다. 이앙법을 수용하면 잡초 제거에 드는 시간과 노동력이 줄어든다. 상당수 역사학자들은 조선 후기 이앙법의 확대 수용 결과 광작(廣作)이 확산되고 상업적 농업 경영이 가능하게 되었다고 생각한다. 즉 한 사람이 경작할 수 있는 면적이 늘어남은 물론 많은 양의 다양한 농작물 수확이 가능하게 되어 판매까지 활성화되었다는 것이다. 그 결과 양반과 농민 가운데 다수의 부농이 나타나게 되었다고 주장한다.
>
> 그런데 A는 조선 후기에 다수의 양반이 광작을 통해 부농이 되었다는 주장을 근거가 없다고 비판한다. 그에 의하면 조선 전기에는 자녀 균분 상속이 일반적이었다. 그런데 균분 상속을 하게 되면 자식들이 소유하게 될 땅의 면적이 선대에 비해 줄어들게 된다. 이에 조선 후기 양반들은 가문의 경제력을 보전해야 한다고 생각해 대를 이을 장자에게만 전답을 상속해주기 시작했고, 그 결과 장자를 제외한 사람들은 영세한 소작인으로 전락했다는 것이 그의 주장이다.
>
> 또한, A는 조선 후기의 대다수 농민은 소작인이었으며, 그나마 이들이 소작할 수 있는 땅도 적었다고 주장한다. 그는 반복된 자연재해로 전답의 상당수가 황폐해져 전체적으로 경작지가 줄어들었기 때문에 이앙법 확산의 효과를 기대하기 어려운 여건이었다고 하였다. 이런 여건에서 정부의 재정 지출 증가로 농민의 부세 부담 또한 늘어났고, 늘어난 부세를 부담하기 위해 한정된 경작지에 되도록 많은 작물을 경작하려 한 결과 집약적 농업이 성행하게 되었다고 보았다. 그런데 집약적으로 농사를 짓게 되면 농업 생산력이 높아질 리 없다는 것이 그의 주장이다. 가령 면화를 재배하면서도 동시에 다른 작물을 면화 사이에 심어 기르는 경우가 많았는데, 이렇듯 제한된 면적에 한꺼번에 많은 양의 작물을 재배하면 지력이 떨어지고 수확량은 줄어들어 자연히 시장에 농산물을 내다 팔 여력이 거의 없게 된다는 것이다.
>
> 요컨대 A의 주장은 _____는 것이다.

① 이앙법의 확산 효과는 시기별, 신분별로 다르게 나타났다.

② 자녀 균분 상속제가 사라져 농작물 수확량이 급속히 감소하였다.

③ 집약적 농업이 성행하였기 때문에 이앙법의 확산을 기대하기 어려웠다.

④ 조선 후기에는 양반이든 농민이든 부농으로 성장할 수 있는 가능성이 높지 않았다.

⑤ 대다수 농민이 광작과 상업적 농업에 주력했음에도 불구하고 자연재해로 인해 생산력은 오히려 낮아졌다.

PART 1

05 다음 글의 (가) ~ (다)에 들어갈 진술을 〈보기〉에서 골라 짝지은 것으로 가장 적절한 것은?

비어즐리는 '제도론적 예술가'와 '낭만주의적 예술가'의 개념을 대비시킨다. 낭만주의적 예술가는 사회의 모든 행정과 교육의 제도로부터 독립하여 작업하는 사람이다. 그는 자기만의 상아탑에 칩거하며, 혼자 캔버스 위에서 일하고, 자신의 돌을 깎고, 자신의 소중한 서정시의 운율을 다듬는다.

그러나 사회와 동떨어져 혼자 작업하더라도 예술가는 작품을 만드는 동안 예술 제도로부터 단절될 수 없다. _____ (가) _____ 즉 예술가는 특정 예술 제도 속에서 예술의 사례들을 경험하고, 예술적 기술의 훈련이나 교육을 받음으로써 예술에 대한 배경지식을 얻게 된다. 그리고 이와 같은 배경지식이 예술가의 작품 활동에 반영된다.

낭만주의적 예술가 개념은 예술 창조의 주도권이 완전히 개인에게 있으며 예술가가 문화의 진공 상태 안에서 작품을 창조할 수 있다고 가정한다. 하지만 그런 낭만주의적 예술가는 사실상 존재하기 어렵다. 심지어 어린 아이들의 그림이나 놀이조차도 문화의 진공 상태에서 이루어지지 않는다. _____ (나) _____

어떤 사람이 예술작품을 전혀 본 적 없는 상태에서 진흙으로 어떤 형상을 만들어냈다고 가정해 보자. 이것이 지금까지 본 적이 없던 새로운 형상이라 하더라도, 그 사람은 예술작품을 창조한 것이라 볼 수 없다. _____ (다) _____

비어즐리의 주장과는 달리 예술가는 아무 맥락 없는 진공 상태에서 창작하지 않는다. 예술은 어떤 사람이 문화적 역할을 수행한 산물이며, 언제나 문화적 주형(鑄型) 안에 존재한다.

보기

ㄱ. 왜냐하면 어떤 사람이 예술작품을 창조하였다고 하기 위해서는 그는 예술작품이 무엇인가에 대한 개념을 가지고 있어야 하기 때문이다.

ㄴ. 왜냐하면 사람은 두세 살만 되어도 인지구조가 형성되고, 이 과정에서 문화의 영향을 받을 수밖에 없기 때문이다.

ㄷ. 왜냐하면 예술가들은 예술작품을 만들 때 의식적이든 무의식적이든 예술교육을 받으면서 수용한 가치 등을 고려하는데, 그러한 교육은 예술 제도 안에서 이루어지기 때문이다.

	(가)	(나)	(다)
①	ㄱ	ㄴ	ㄷ
②	ㄴ	ㄱ	ㄷ
③	ㄴ	ㄷ	ㄱ
④	ㄷ	ㄱ	ㄴ
⑤	ㄷ	ㄴ	ㄱ

06 다음 글의 ㉠과 ㉡에 들어갈 말을 가장 적절하게 나열한 것은?

> 아담 스미스의 '보이지 않는 손'이라는 가정은 시장에서 개인의 이익추구 활동을 제한하지 않는 것이 전체 이윤을 극대화하는 최선의 방책임을 보여주는 것으로 간주되었다. 그렇다면 다음의 경우는 어떠한가?
>
> 공동 소유의 목초지에 양을 치기에 알맞은 풀이 자라고 있다고 생각해 보자. 일정 넓이의 목초지에 방목할 수 있는 가축 두수에는 일정한 한계가 있기 마련이다. 즉 '수용 한계'가 존재하는 것이다. 그 목초지에 한 마리를 더 방목시 킨다고 해서 다른 가축들이 갑자기 죽거나 병에 걸리는 것은 아니다. 하지만 목초지의 수용 한계를 넘어 양을 키울 경우, 목초가 줄어들어 그 목초지에서 양을 키워 얻을 수 있는 전체 생산량이 줄어든다. 나아가 수용 한계를 과도하 게 초과할 정도로 사육 두수가 늘어날 경우 목초지 자체가 거의 황폐화된다.
>
> 예를 들어 수용 한계가 양 20마리인 공동 목초지에서 4명의 농부가 각각 5마리의 양을 키우고 있다고 해 보자. 그 목초지의 수용 한계에 이미 도달한 상태이지만, 그중 한 농부가 자신의 이익을 늘리고자 방목하는 양의 두수를 늘리 려 한다. 그러면 5마리를 키우고 있는 농부들은 목초지의 수용 한계로 인하여 기존보다 이익이 줄어들지만, 두수를 늘린 농부의 경우 그의 이익이 기존보다 조금 늘어난다. 손실을 만회하기 위해 다른 농부들도 사육 두수를 늘리고자 할 것이다. 이러한 상황이 장기화될 경우, _____㉠_____
>
> 이와 같이 아담 스미스의 '보이지 않는 손'에 시장을 맡겨 둘 경우 _____㉡_____ 결과가 나타날 것이다.

① ㉠ : 농부들의 총이익은 기존보다 증가할 것이다.
　 ㉡ : 한 사회의 공공 영역이 확장되는

② ㉠ : 농부들의 총이익은 기존보다 감소할 것이다.
　 ㉡ : 한 사회의 전체 이윤이 감소하는

③ ㉠ : 농부들의 총이익은 기존보다 감소할 것이다.
　 ㉡ : 한 사회의 전체 이윤이 유지되는

④ ㉠ : 농부들의 총이익은 기존과 동일하게 될 것이다.
　 ㉡ : 한 사회의 전체 이윤이 유지되는

⑤ ㉠ : 농부들의 총이익은 기존과 동일하게 될 것이다.
　 ㉡ : 한 사회의 공공 영역이 보호되는

07 다음 글의 빈칸에 들어갈 내용으로 가장 적절한 것은?

> 현상의 원인을 찾는 방법들 가운데 최선의 설명을 이용하는 방법이 있다. 우리는 주어진 현상을 일으키는 원인을 찾아 이 원인이 그 현상을 일으켰다고 말함으로써 현상을 설명하곤 한다. 우리는 여러 가지 가능한 설명들 중에서 가장 좋은 설명에 나오는 원인이 현상의 진정한 원인이라고 결론을 내릴 수 있다.
>
> 지구에 조수 현상이 있는데 이 현상의 원인은 무엇일까? 우리는 조수 현상을 일으킬 수 있는 원인들을 일종의 가설로서 설정할 수 있다. 만일 지구의 물과 달 사이에 중력이나 자기력 같은 인력이 작용한다면, 이런 인력은 지구에 조수 현상을 일으키는 원인일 수 있다. 지구와 달 사이에 유동 물질이 있고 그 물질이 지구를 누른다면, 이런 누름은 지구에 조수 현상을 일으키는 원인일 수 있다. 지구가 등속도로 자전하지 않아 지구 전체가 흔들거린다면, 이런 지구의 흔들거림은 지구에 조수 현상을 일으키는 원인일 수 있다.
>
> 우리는 이런 설명들을 견주어 어떤 것이 다른 것보다 낫다는 것을 언제든 주장할 수 있으며, 나은 순으로 줄을 세워 가장 좋은 설명을 찾을 수 있다. 우리는 조수 현상에 대한 설명들로, 지구의 물과 달 사이에 인력 때문에 조수가 생긴다는 설명, 지구와 달 사이의 물질이 지구를 누르기 때문에 조수가 생긴다는 설명, 지구 전체의 흔들거림 때문에 조수가 생긴다는 설명을 갖고 있다. 이 설명들 가운데 지구 전체의 흔들거림 때문에 조수가 생긴다는 설명보다 지구와 달 사이의 물질이 지구를 누르기 때문에 조수가 생긴다는 설명이 더 낫다. _____
>
> 따라서 우리는 조수 현상의 원인이 지구의 물과 달 사이에 작용하는 인력이라고 결론 내릴 수 있다.

① 지구 전체의 흔들거림 때문에 조수가 생긴다는 설명보다 지구와 달 사이에 인력 때문에 조수가 생긴다는 설명이 더 낫다.

② 지구의 물과 달 사이에 인력 때문에 조수가 생긴다는 설명보다 지구 전체의 흔들거림 때문에 조수가 생긴다는 설명이 더 낫다.

③ 지구와 달 사이의 물질이 지구를 누르기 때문에 조수가 생긴다는 설명보다 지구 전체의 흔들거림 때문에 조수가 생긴다는 설명이 더 낫다.

④ 지구의 물과 달 사이에 인력 때문에 조수가 생긴다는 설명보다 지구와 달 사이의 물질이 지구를 누르기 때문에 조수가 생긴다는 설명이 더 낫다.

⑤ 지구와 달 사이의 물질이 지구를 누르기 때문에 조수가 생긴다는 설명보다 지구의 물과 달 사이에 인력 때문에 조수가 생긴다는 설명이 더 낫다.

08 다음 ㉠과 ㉡에 들어갈 말을 바르게 나열한 것은?

> 이동통신이 유선통신에 비하여 어려운 점은 다중 경로에 의해 통신채널이 계속적으로 변화하여 통신 품질이 저하된다는 것이다. 다중 경로는 송신기에서 발생한 신호가 수신기에 어떠한 장애물을 거치지 않고 직접적으로 도달하기도 하고 장애물을 통과하거나 반사하여 간접적으로 도달하기도 하기 때문에 발생한다. 이 다중 경로 때문에 송신기에서 발생한 신호가 안테나에 도달할 때 신호들마다 시간 차이가 발생한다. 이렇게 하나의 송신 신호가 시시각각 수신기에 다르게 도달하기 때문에 이동통신 채널은 일반적으로 유선통신 채널에 비해 빈번히 변화한다. 일반적으로 거쳐 오는 경로가 길수록 수신되는 진폭은 작아지고 지연시간도 길어지게 된다. 다중 경로를 통해 전파가 전송되어 오면 각 경로의 거리 및 전송 특성 등의 차이에 의해 수신기에 도달하는 시간과 신호 세기의 차이가 발생한다.
> 시간에 따라 변화하는 이동통신의 품질을 극복하기 위해 개발된 것이 A기술이다. 이 기술을 사용하면 하나의 송신기로부터 전송된 하나의 신호가 다중 경로를 통해 안테나에 수신된다. 이때 안테나에 수신된 신호들 중 일부 경로를 통해 수신된 신호의 크기가 작더라도 나머지 다른 경로를 통해 수신된 신호의 크기가 크면 수신된 신호들 중 가장 큰 것을 선택하여 안정적인 송수신을 이루려는 것이 A기술이다. A기술은 마치 한 종류의 액체를 여러 배수관에 동시에 흘려보내 가장 빨리 나오는 배수관의 액체를 선택하는 것에 비유할 수 있다. 여기서 액체는 _____㉠_____에 해당하고, 배수관은 _____㉡_____에 해당한다.

	㉠	㉡
①	송신기	안테나
②	신호	경로
③	신호	안테나
④	안테나	경로
⑤	안테나	신호

09 A사원의 추론이 올바를 때, 다음 글의 빈칸에 들어갈 진술로 적절한 것만을 〈보기〉에서 모두 고르면?

A사원은 인사과에서 인사고과를 담당하고 있다. 그는 올해 우수 직원을 선정하여 표창하기로 했으니 인사고과에서 우수한 평가를 받은 직원을 후보자로 추천하라는 과장의 지시를 받았다. 평가 항목은 대민봉사, 업무역량, 성실성, 청렴도이고 각 항목은 상(3점), 중(2점), 하(1점)로 평가한다. A사원이 추천한 표창 후보자는 갑돌, 을순, 병만, 정애 네 명이며, 이들이 받은 평가는 다음과 같다.

구분	대민봉사	업무역량	성실성	청렴도
갑돌	상	상	상	하
을순	중	상	하	상
병만	하	상	상	중
정애	중	중	중	상

A사원은 네 명의 후보자에 대한 평가표를 과장에게 제출하였다. 과장은 "평가 점수 총합이 높은 순으로 선발한다. 단, 동점자 사이에서는 ＿＿＿＿＿＿＿＿＿＿＿＿＿＿＿＿＿＿＿＿＿＿＿"라고 하였다. A사원은 과장과의 면담 후 이들 중 세 명이 표창을 받게 된다고 추론하였다.

> **보기**
>
> ㄱ. 두 개 이상의 항목에서 상의 평가를 받은 후보자를 선발한다.
> ㄴ. 청렴도에서 하의 평가를 받은 후보자를 제외한 나머지 후보자를 선발한다.
> ㄷ. 하의 평가를 받은 항목이 있는 후보자를 제외한 나머지 후보자를 선발한다.

① ㄱ
② ㄷ
③ ㄱ, ㄴ
④ ㄴ, ㄷ
⑤ ㄱ, ㄷ

10 다음 글의 (가)와 (나)에 들어가기에 가장 적절한 것을 ㄱ~ㅁ 중 골라 알맞게 짝지은 것은?

일반적으로 결정론은 도덕적 책임과 양립할 수 없는 것으로 간주된다. 그 이유는 다음과 같다. ㄱ <u>결정론이 참일 경우 우리의 실제 행동과는 다른 행동을 할 가능성이 없다.</u> 그런데 ㄴ <u>우리에게 실제로 행한 것과는 다른 행동을 할 가능성이 있을 경우에만 우리는 행동의 자유를 가진 존재이다.</u> 또한 ㄷ <u>우리가 행동의 자유를 가진 존재가 아니라면, 우리는 도덕적 책임을 가질 필요가 없다.</u> 따라서 ㄹ <u>결정론이 참일 경우 우리는 행동의 자유를 가진 존재가 아니다.</u> 결론적으로, ㅁ <u>결정론이 참일 경우 우리는 도덕적 책임을 가지는 존재가 아니다.</u> 이런 주장에 대해서 철학자 A는 다음 사례를 통해 _____(가)_____ 가 거짓이라고 보임으로써 _____(나)_____ 를 반박하였다.

〈사례〉

차를 운전하고 있던 어느 날, 나는 우회전을 하기 위해서 차의 핸들을 오른쪽으로 돌리는 행동을 하였다. 이런 행동 이후, 오른쪽으로 움직인 나의 차는 길을 가는 행인을 치는 사고를 일으켰다. 당연히 나는 그 행인을 다치게 만든 것에 대해 도덕적 책임을 느꼈다. 내가 핸들을 오른쪽으로 돌리는 행동이 그 사고를 야기했기 때문이다. 그러나 사실 내 차의 핸들은 오른쪽으로 돌리기 직전에 망가져서 핸들이 오른쪽으로 돌아갈 수밖에 없었고, 그 사고는 일어날 수밖에 없었다. 이와 더불어 여러 다른 사정으로 나에게는 다른 행동의 가능성이 전혀 없었으며, 이에 나에겐 행동의 자유가 존재하지 않았던 것이다. 나는 이런 사실을 모른 채 핸들을 오른쪽으로 돌리는 행동을 하였고 내 차는 오른쪽으로 움직였다. 그 핸들은 내 행동에 따라 움직였고, 내 차도 핸들에 아무런 문제가 없었을 경우와 같이 움직인 뒤 행인을 쳤던 것이다. 그렇기 때문에 내 차의 핸들이 망가져 있다는 사실을 알고 난 후에도 나는 행인을 친 것에 대한 도덕적 책임을 가져야 한다는 것을 당연하게 생각했다.

	(가)	(나)
①	ㄱ	ㄹ
②	ㄴ	ㄹ
③	ㄴ	ㅁ
④	ㄷ	ㄹ
⑤	ㄷ	ㅁ

11 다음 빈칸에 들어갈 말로 가장 적절한 것은?

> A국 정부는 유전 관리 부서 업무에 적합한 전문가를 한 명 이상 임용하려고 한다. 그런데 지원자들 중 갑은 경쟁국인 B국에 여러 번 드나든 기록이 있다. 그래서 정보 당국은 갑의 신원을 조사했다. 조사 결과 갑이 부적격 판정을 받는다면, 그는 임용되지 못할 것이다. 한편, A국 정부는 임용 심사에서 지역과 성별을 고려한 기준도 적용한다. 동일 지역 출신은 두 사람 이상을 임용하지 않는다. 그리고 적어도 여성 한 명을 임용해야 한다. 이번 임용 시험에 응시한 여성은 갑과 을 둘 밖에 없다. 또한 지원자들 중에서 병과 을이 동일 지역 출신이므로, 만약 병이 임용된다면 을은 임용될 수 없다. 그런데 _____ 따라서 병은 임용되지 못할 것이다.

① 갑이 임용될 것이다.

② 을이 임용되지 못할 것이다.

③ 갑은 조사 결과 부적격 판정을 받을 것이다.

④ 병이 임용된다면, 갑도 임용될 것이다.

⑤ 갑이 조사 결과 적격 판정을 받는다면, 갑이 임용될 것이다.

12 다음 글의 문맥상 (가) ~ (라)에 들어가기에 가장 적절한 것을 〈보기〉에서 골라 짝지은 것으로 가장 적절한 것은?

플라톤은 아테네에서 진행되던 민주주의에 대해 탐탁하지 않게 생각했다. 플라톤은 지혜를 갖춘 전문가가 정치를 담당해야 한다고 보았다. 자격을 갖춘 능력 있는 소수를 뒷전으로 밀어내고 무능하고 무책임한 다수 대중에게 권력을 이양하는 민주주의의 정치 게임에 플라톤은 분노했다. 특히 플라톤은 궤변으로 떠들어대는 무능한 민주주의 정치 지도자들을 비판했다. _____(가)_____

이랬던 플라톤이 자신의 마지막 저서인 『법률』에서는 대중에게 적정한 수준에서 자유를 허용하는 체제, 즉 왕정과 민주정의 요소를 고루 내포한 혼합 체제의 필요성을 역설했다. 일정 정도의 자유와 정치 참여를 대중들에게 허용하면, 그들은 국가에 애착을 느끼고 필요하다면 자신을 희생하기도 한다고 플라톤은 강조했다. 대중들의 정치 참여가 국가의 발전 가능성을 높여준다고 생각한 것이다. _____(나)_____

그렇다고 해서 플라톤이 전적으로 민주주의에 투항한 것은 결코 아니다. 『법률』의 경우에도 여전히 민주주의를 찬양하는 대목보다 그것을 강경하게 비판하는 대목이 더 많이 눈에 띈다. 민주정과 왕정의 혼합 체제를 지향하기는 했지만, 플라톤에게 민주주의는 중심적 요소가 아닌 부차적 요소에 지나지 않았다. 플라톤이 지향한 혼합 체제는 대중들의 승인을 받은 귀족주의에 가까운 것이었다. 그에게 대중이란 주권자일 수는 있어도 결코 지배자가 될 수는 없는 존재였다. _____(다)_____

플라톤이 대중들의 정치 참여를 어느 정도 수용하면서도 민주주의를 인정하지 않았던 것은 의미심장한 대목이다. 해석하기에 따라, 플라톤의 태도는 대중들을 정치의 주인인 것처럼 착각하게 만든 후 그들의 충성을 끌어내고, 정치적 실권은 실상 소수 엘리트들에게 넘겨주는 '사이비' 민주주의 체제를 가능하게 한 것처럼 보이기 때문이다. _____(라)_____

보기

ㄱ. 생각해보면 이는 일인 독재 정치 체제보다 더욱 기만적인 정치 체제일 수 있다.

ㄴ. 이것을 액면 그대로 받아들이면 플라톤이야말로 참여민주주의의 원조격이 아닐 수 없다.

ㄷ. 민주주의를 내세우지만 동시에 대중들의 정치 참여를 제한하는 것이 플라톤 정치 이론의 실체이다.

ㄹ. 플라톤은 민주주의를 이끄는 정치인들의 실체가 수술을 요하는 환자에게 메스 대신 비타민을 내미는 엉터리 의사와 같다고 생각했다.

	(가)	(나)	(다)	(라)
①	ㄱ	ㄹ	ㄴ	ㄷ
②	ㄴ	ㄱ	ㄹ	ㄷ
③	ㄴ	ㄹ	ㄱ	ㄷ
④	ㄹ	ㄱ	ㄷ	ㄴ
⑤	ㄹ	ㄴ	ㄷ	ㄱ

13 다음 중 (가) ~ (다)에 들어갈 예시를 〈보기〉에서 골라 짝지은 것으로 가장 적절한 것은?

첫째, 필요조건으로서 원인은 "어떤 결과의 원인이 없었다면 그 결과도 없다."는 말로 표현할 수 있다. 예를 들어 _____(가)_____ 만일 원치 않는 결과를 제거하고자 할 때 그 결과의 원인이 필요조건으로서 원인이라면, 우리는 그 원인을 제거하여 결과가 일어나지 않게 할 수 있다.

둘째, 충분조건으로서 원인은 "어떤 결과의 원인이 있었다면 그 결과도 있다."는 말로 표현할 수 있다. 예를 들어 _____(나)_____ 만일 특정한 결과를 원할 때 그것의 원인이 충분조건으로서 원인이라면, 우리는 그 원인을 발생시켜 그것의 결과가 일어나게 할 수 있다.

셋째, 필요충분조건으로서 원인은 "어떤 결과의 원인이 없다면 그 결과는 없고, 동시에 그 원인이 있다면 그 결과도 있다."는 말로 표현할 수 있다. 예를 들어 _____(다)_____ 필요충분조건으로서 원인의 경우, 원인을 일으켜서 그 결과를 일으키고 원인을 제거해서 그 결과를 제거할 수 있다.

보기

ㄱ. 물체 속도 변화의 원인은 물체에 힘을 가하는 것이다. 물체에 힘이 가해지면 물체의 속도가 변하고, 물체에 힘이 가해지지 않는다면 물체의 속도는 변하지 않는다.

ㄴ. 뇌염모기에 물리는 것은 뇌염 발생의 원인이다. 뇌염모기에 물린다고 해서 언제나 뇌염에 걸리는 것은 아니다. 하지만 뇌염모기에 물리지 않으면 뇌염은 발생하지 않는다. 그래서 원인에 해당하는 뇌염모기를 박멸한다면 뇌염 발생을 막을 수 있다.

ㄷ. 콜라병이 총알에 맞는 것은 콜라병이 깨지는 원인이다. 콜라병을 깨뜨리는 원인은 콜라병을 맞히는 총알 이외에도 다양하다. 누군가 던진 돌도 콜라병을 깨뜨릴 수 있다. 하지만 콜라병이 총알에 맞는다면 그것이 깨지는 것은 분명하다.

	(가)	(나)	(다)
①	ㄱ	ㄴ	ㄷ
②	ㄱ	ㄷ	ㄴ
③	ㄴ	ㄱ	ㄷ
④	ㄴ	ㄷ	ㄱ
⑤	ㄷ	ㄴ	ㄱ

14 다음 글의 문맥상 (가) ~ (라)에 가장 적절한 말을 〈보기〉에서 골라 짝지은 것으로 가장 적절한 것은?

> 심각한 수준의 멸종 위기에 처한 생태계를 보호하기 위해 생물다양성 관련 정책이 시행되고 있다. 먼저 보호지역 지정은 생물다양성을 보존하는 데 반드시 필요한 정책 수단이다. 이 정책 수단은 각국에 의해 빈번히 사용되었다. 그러나 보호지역의 숫자는 생물다양성의 보존과 지속가능한 이용 정책의 성공 여부를 피상적으로 알려주는 지표에 지나지 않으며, _____(가)_____ 없이는 생물다양성의 감소를 막을 수 없다. 세계자연보전연맹에 따르면, 보호지역으로 지정되었음에도 실제로는 최소한의 것도 실시되지 않는 곳이 많다. 보호지역 관리에 충분한 인력을 투입하는 것은 보호지역 수를 늘리는 것만큼이나 필요하다.
>
> _____(나)_____ 은/는 민간시장에서 '생물다양성 관련 제품과 서비스'가 갖는 가치와 사회 전체 내에서 그것이 갖는 가치 간의 격차를 해소하기 위해 도입된다. 이를 통해 생태계 훼손에 대한 비용 부담은 높이고 생물다양성의 보존, 강화, 복구 노력에 대해서는 보상을 한다. 상품으로서의 가치와 공공재로서의 가치 간의 격차를 좁히는 데에 원칙적으로 이 제도만큼 적합한 것이 없다.
>
> 생물다양성을 증가시키는 유인책 중에서 _____(다)_____ 의 효과가 큰 편이다. 시장 형성이 마땅치 않아 이전에는 무료로 이용할 수 있었던 것에 대해 요금을 부과함으로써 생태계의 무분별한 이용을 억제하는 것이 이 제도의 골자이다. 최근 이 제도의 도입 사례가 증가하고 있으며 앞으로도 늘어날 전망이다.
>
> 생물다양성 친화적 제품 시장에 대한 전망에는 관련 정보를 지닌 소비자들이 _____(라)_____ 을/를 선택할 것이라는 가정이 전제되어야 한다. 친환경 농산물, 무공해 비누, 생태 관광 등에 대한 인기가 증대되고 있는 현상은 소비자들이 친환경 제품이나 서비스에 더 비싼 값을 지불할 수도 있다는 사실을 보여주는 사례이다.

보기

ㄱ. 생태계 사용료
ㄴ. 경제 유인책
ㄷ. 생물다양성 보호 제품
ㄹ. 보호조치

	(가)	(나)	(다)	(라)
①	ㄱ	ㄴ	ㄹ	ㄷ
②	ㄴ	ㄱ	ㄷ	ㄹ
③	ㄴ	ㄹ	ㄷ	ㄱ
④	ㄹ	ㄱ	ㄷ	ㄴ
⑤	ㄹ	ㄴ	ㄱ	ㄷ

PART 1

☑ 확인 Check! ○ △ ✕

01 다음 글의 ⊙과 ⓒ에 들어갈 말을 가장 적절하게 나열한 것은?

> 축산업은 지난 50여 년 동안 완전히 바뀌었다. 예를 들어, 1967년 미국에는 약 100만 곳의 돼지 농장이 있었지만, 2005년에 들어서면서 전체 돼지 농장의 수는 10만을 조금 넘게 되었다. 이러는 가운데 전체 돼지 사육 두수는 크게 증가하여 _____⊙_____ 밀집된 형태에서 대규모로 돼지를 사육하는 농장이 출현하기 시작하였다. 이러한 농장은 경제적 효율성을 지녔지만, 사육 가축들의 병원균 전염 가능성을 높인다. 이러한 농장에서 가축들이 사육되면, 소규모 가축 사육 농장에 비해 벌레, 쥐, 박쥐 등과의 접촉으로 병원균들의 침입 가능성은 높아진다. 또한 이러한 농장의 가축 밀집 상태는 가축 간 접촉을 늘려 병원균의 전이 가능성을 높임으로써 전염병을 쉽게 확산시킨다. 축산업과 관련된 가축의 가공 과정과 소비 형태 역시 변화하였다. 과거에는 적은 수의 가축을 도축하여 고기 그 자체를 그대로 소비할 수밖에 없었다. 그러나 현대에는 소수의 대규모 육류가공기업이 많은 지역으로부터 수집한 수많은 가축의 고기를 재료로 햄이나 소시지 등의 육류가공제품을 대량으로 생산하여 소비자에 공급한다. 이렇게 되면 오늘날의 개별 소비자들은 적은 양의 육류가공제품을 소비하더라도, 엄청나게 많은 수의 가축과 접촉한 결과를 낳는다. 이는 소비자들이 감염된 가축의 병원균에 노출될 가능성을 높인다.
>
> 정리하자면 _____ⓒ_____ 결과를 야기하기 때문에, 오늘날의 변화된 축산업은 소비자들이 가축을 통해 전염병에 노출될 가능성을 높인다.

① ⊙ : 농장당 돼지 사육 두수는 줄고 사육 면적당 돼지의 수도 줄어든
　 ⓒ : 가축 사육량과 육류가공제품 소비량이 증가하는
② ⊙ : 농장당 돼지 사육 두수는 줄고 사육 면적당 돼지의 수도 줄어든
　 ⓒ : 가축 간 접촉이 늘고 소비자도 많은 수의 가축과 접촉한
③ ⊙ : 농장당 돼지 사육 두수는 늘고 사육 면적당 돼지의 수도 늘어난
　 ⓒ : 가축 사육량과 육류가공제품 소비량이 증가하는
④ ⊙ : 농장당 돼지 사육 두수는 늘고 사육 면적당 돼지의 수도 늘어난
　 ⓒ : 가축 간 접촉이 늘고 소비자도 많은 수의 가축과 접촉한
⑤ ⊙ : 농장당 돼지 사육 두수는 늘고 사육 면적당 돼지의 수도 늘어난
　 ⓒ : 가축 간 접촉이 늘고 소비자는 적은 수의 가축과 접촉한

02 다음 글의 ⊙과 ⓒ에 들어갈 문장을 〈보기〉에서 골라 적절하게 나열한 것은?

> 한편에서는 "C시에 건설될 도시철도는 무인운전 방식으로 운행된다."라고 주장하고, 다른 한편에서는 "C시에 건설될 도시철도는 무인운전 방식으로 운행되지 않는다."라고 주장한다고 하자. 이 두 주장은 서로 모순되는 것처럼 보인다. 하지만 양편이 팽팽히 대립한 회의가 "C시에 도시철도는 적합하지 않다고 판단되므로, 없던 일로 합시다."라는 결론으로 끝날 가능성도 있다는 사실을 우리는 고려해야 한다. C시에 도시철도가 건설되지 않을 경우에도 양편의 주장에 참이나 거짓이라는 값을 매겨야 한다면 어떻게 매겨야 옳을까?
>
> 한 가지 분석 방안에 따르면, "C시에 건설될 도시철도는 무인운전 방식으로 운행된다."라는 문장은 "_____⊙_____"라는 것을 의미하는 것으로 해석한다. 이렇게 해석할 경우, C시에 도시철도를 건설하지 않기로 했으므로 원래의 문장은 거짓이 된다. 이런 분석은 "C시에 건설될 도시철도는 무인운전 방식으로 운행되지 않는다."에 대해서도 똑같이 적용되어 그것에도 거짓이라는 값을 부여한다.
>
> 원래 문장, "C시에 건설될 도시철도는 무인운전 방식으로 운행된다."를 분석하는 둘째 방안도 있다. 이 방안에서는 우선 원래 문장은 "_____ⓒ_____"라는 것을 의미하는 것으로 해석한다. 그런 다음 이렇게 분석된 이 문장은 C시에 도시철도를 건설해 그것을 무인운전이 아닌 방식으로 운행하는 일은 없다는 주장과 같은 의미를 나타낸다고 이해한다. 이렇게 해석할 경우 원래의 문장은 참이 된다. 왜냐하면 C시에 도시철도를 건설하지 않기로 했으므로 C시에 도시철도를 건설해 그것을 무인운전이 아닌 방식으로 운행하는 일도 당연히 없을 것이기 때문이다. 이런 분석은 "C시에 건설될 도시철도는 무인운전 방식으로 운행되지 않는다."에 대해서도 똑같이 적용되어 그것에도 참이라는 값을 부여한다.

보기

(가) C시에 도시철도가 건설되고, 그 도시철도는 무인운전 방식으로 운행된다.
(나) C시에 무인운전 방식으로 운행되는 도시철도가 건설되거나, 아니면 아무 도시철도도 건설되지 않는다.
(다) C시에 도시철도가 건설되면, 그 도시철도는 무인운전 방식으로 운행된다.
(라) C시에 도시철도가 건설되는 경우에만, 그 도시철도는 무인운전 방식으로 운행된다.

	⊙	ⓒ
①	(가)	(다)
②	(가)	(라)
③	(나)	(다)
④	(나)	(라)
⑤	(라)	(다)

03 다음 글의 빈칸에 들어갈 진술로 가장 적절한 것은?

기분관리 이론은 사람들의 기분과 선택 행동의 관계에 대해 설명하기 위한 이론이다. 이 이론의 핵심은 사람들이 현재의 기분을 최적 상태로 유지하려고 한다는 것이다. 따라서 기분관리 이론은 흥분 수준이 최적 상태보다 높을 때는 사람들이 이를 낮출 수 있는 수단을 선택한다고 예측한다. 반면에 흥분 수준이 낮을 때는 이를 회복시킬 수 있는 수단을 선택한다고 예측한다. 예를 들어, 음악 선택의 상황에서 전자의 경우에는 차분한 음악을 선택하고 후자의 경우에는 흥겨운 음악을 선택한다는 것이다. 기분조정 이론은 기분관리 이론이 현재 시점에만 초점을 맞추고 있다는 점을 지적하고 이를 보완하고자 한다. 기분조정 이론을 음악 선택의 상황에 적용하면, '_____'고 예측할 수 있다.

연구자 A는 음악 선택 상황을 통해 기분조정 이론을 검증하기 위한 실험을 했다. 그는 실험 참가자들을 두 집단으로 나누고 집단 1에게는 한 시간 후 재미있는 놀이를 하게 된다고 말했고, 집단 2에게는 한 시간 후 심각한 과제를 하게 된다고 말했다. 집단 1은 최적 상태 수준에서 즐거워했고, 집단 2는 최적 상태 수준을 벗어날 정도로 기분이 가라앉았다. 이 때 연구자 A는 참가자들에게 기다리는 동안 음악을 선택하게 했다. 그랬더니 집단 1은 다소 즐거운 음악을 선택한 반면, 집단 2는 과도하게 흥겨운 음악을 선택했다. 그런데 30분이 지나고 각 집단이 기대하는 일을 하게 될 시간이 다가오자 두 집단 사이에는 뚜렷한 차이가 나타났다. 집단 1의 선택에는 큰 변화가 없었으나, 집단 2는 기분을 가라앉히는 차분한 음악을 선택하는 쪽으로 변하는 경향을 보인 것이다. 이러한 선택의 변화는 기분조정 이론을 뒷받침하는 것으로 간주되었다.

① 사람들은 현재의 기분을 지속하는 데 도움이 되는 음악을 선택한다.
② 사람들은 다음에 올 상황을 고려해 흥분을 유발할 수 있는 음악을 선택한다.
③ 사람들은 다음에 올 상황에 맞추어 현재의 기분을 조정하는 음악을 선택한다.
④ 사람들은 현재의 기분과는 상관없이 자신이 평소 선호하는 음악을 선택한다.
⑤ 사람들은 현재의 기분이 즐거운 경우에는 그것을 조정하기 위해 그와 반대되는 기분을 자아내는 음악을 선택한다.

04 다음 글의 빈칸에 들어갈 진술로 가장 적절한 것은?

> 야생의 자연이라는 이상을 고집하는 자연 애호가들은 인류가 자연과 내밀하면서도 창조적인 관계를 맺었던 반(反)야생의 자연, 즉 정원을 간과한다. 정원은 울타리를 통해 농경지보다 야생의 자연과 분명한 경계를 긋는다. 집약적인 토지 이용이라는 전통은 정원에서 시작되었다. 정원은 대규모의 농경지 경작이 행해지지 않은 원시적인 문화에서도 발견된다. 만여 종의 경작용 식물들은 모두 대량 생산에 들어가기 전에 정원에서 자라는 단계를 거쳐 온 것으로 보인다.
>
> 농업경제의 역사에서 정원이 갖는 의미는 시대와 지역에 따라 매우 달랐다. 좁은 공간에서 집약적인 농사를 짓는 지역에서는 농부가 곧 정원사였다. 반면 예전의 독일 농부들은 정원이 곡물 경작에 사용될 퇴비를 앗아가므로 정원을 악으로 여기기도 했다. 하지만 여성들의 입장은 지역적인 편차가 없었다. 아메리카의 푸에블로 인디언부터 근대 독일의 농부 집안까지 정원은 농업 혁신에 주도적인 역할을 해온 여성들에게는 자신들의 제국이자 자존심이었다. 그곳에는 여성들이 경험을 통해 쌓은 지식 전통이 살아 있었다. 환경사에서 여성이 갖는 특별한 역할의 물질적 근간은 대부분 정원에서 발견된다. 지난 세기들의 경우 이는 특히 여성 제후들과 관련되어 있으며 자료가 풍부하다. 작센의 여성 제후인 안나는 식물에 관한 지식을 늘 공유했던 긴밀하고도 광범위한 사회적 네트워크를 가지고 있었는데 그중에는 식물 경제학에 관심이 깊은 고귀한 신분의 여성들도 많았으며 수도원 소속의 여성들도 있었다.
>
> 여성들이 정원에서 쌓은 경험의 특징은 무엇일까? 정원에서는 땅을 면밀히 살피고 손으로 흙을 부스러뜨리는 습관이 생겨났을 것이다. 정원에서 즐겨 이용되는 삽도 다양한 토질의 층을 자세히 연구하도록 부추겼을 것이 분명하다. 넓은 경작지보다는 정원에서 땅을 다룰 때 더 아끼고 보호했을 것이다. 정원이라는 매우 제한된 공간에는 옛날에도 충분한 퇴비를 줄 수 있었다. 경작지보다도 다양한 종류의 퇴비로 실험할 수 있었고 새로운 작물을 키우며 경험을 수집할 수 있었다. 정원에서는 좁은 공간에서 다양한 식물이 자라기 때문에 모든 종류의 식물들이 서로 잘 지내지는 않는다는 사실에도 주의를 기울였다. 이는 식물 생태학의 근간을 이루는 통찰이었다.
>
> 결론적으로 정원은 _____

① 자연을 즐기고 자연과 교감할 수 있는 야생의 공간으로서 집안에 들여놓은 자연의 축소판이었다.
② 여성들이 자연을 통제하고자 하는 이룰 수 없는 욕구를 충족하기 위하여 인공적으로 구축한 공간이었다.
③ 경작용 식물들이 서로 잘 지낼 수 있도록 농경지를 구획하는 울타리를 헐어버림으로써 구축한 인위적 공간이었다.
④ 여성 제후들이 농부들의 경작 경험을 집대성하여 환경사의 근간을 이루는 식물 생태학의 기초를 다지는 공간이었다.
⑤ 여성들이 주도가 되어 토양과 식물을 이해하고 농경지 경작에 유용한 지식과 경험을 배양할 수 있는 좋은 장소였다.

05 다음 글의 빈칸에 들어갈 진술로 가장 적절한 것은?

하늘이 내린 생물을 해치고 없애는 것은 성인(聖人)이 하지 않는 바이다. 하물며 하늘의 도가 어찌 사람들에게 살아 있는 것을 죽여서 자기의 생명을 기르게 하였겠는가? 『서경』에서는 "천지는 만물의 부모이며, 인간은 만물의 영장이다. 진실로 총명한 자는 천자가 되고, 천자는 백성의 부모가 된다."라고 하였다. 천지가 이미 만물의 부모라면 천지 사이에 태어난 것은 모두 천지의 자식이다. 천지와 사물의 관계는 부모와 자식의 관계와 같으며, 자식 가운데 어리석고 지혜로움의 차이가 있는 것은 사람과 만물 사이에 밝고 어두움의 차이가 있는 것과 같다. 부모는 자식이 어리석고 불초하면 사랑하고 가엽게 여기며 오히려 걱정하거늘, 하물며 해치겠는가? 살아있는 것을 죽여서 자기의 생명을 기르는 것은 같은 식구를 죽여서 자기를 기르는 것이다. 같은 식구를 죽여서 자기를 기르면 부모의 마음이 어떠하겠는가? 자식들끼리 서로 죽이는 것은 부모의 마음이 아니다. 사람과 만물이 서로 죽이는 것이 어찌 천지의 뜻이겠는가? 인간과 만물은 이미 천지의 기운을 함께 얻었으며, 또한 천지의 이치도 함께 얻었고 천지 사이에서 함께 살아가고 있다. 이미 하나의 같은 기운과 이치를 함께 부여받았는데, 어찌 살아있는 것들을 죽여서 자신의 생명을 양육할 수 있겠는가? 그래서 불교에서는 "천지는 나와 뿌리가 같고, 만물은 나와 한 몸이다."라고 하였고, 유교에서는 "천지만물을 자기와 하나로 여긴다."고 하면서 이것을 '인(仁)'이라고 부른다.

그렇지만 실천하여 행하는 것이 그 이상과 같아야 비로소 인의 도를 온전히 다했다고 할 수 있다. 유교 경전인 『논어』는 "공자는 그물질은 하지 않으셔도 낚시질은 하셨으며, 화살로 잠든 새는 쏘지 않으셨지만 나는 새는 맞추셨다."라고 하였고, 『맹자』도 "군자가 푸줏간을 멀리하는 것은 가축이 죽으면서 울부짖는 소리를 들으면 차마 그 고기를 먹지 못하기 때문이다."라고 말하고 있다. 이것으로 보면, _____

① 유교는 『서경』이래 천지만물을 하나의 가족처럼 여기는 인의 도를 철두철미하게 잘 실천하고 있다.
② 유교에서는 공자와 맹자에서부터 살생하지 말라는 불교의 계율을 이미 잘 실천하고 있다.
③ 유교의 공자와 맹자는 동물마저 측은히 여기는 대상에 포함하여 인간처럼 대하였다.
④ 유교는 인의 도가 지향하는 이상을 실천하는 데 철저하지 못한 측면이 있다.
⑤ 유교에서 인의 도는 인간과 동물을 부모와 자식의 관계로 보고 있다.

06 다음 글의 빈칸에 들어갈 진술로 가장 적절한 것은?

오늘날 프랑스 영토의 윤곽은 9세기 샤를마뉴 황제가 유럽 전역을 평정한 후, 그의 후손들 사이에 벌어진 영토 분쟁의 결과로 만들어졌다. 제국 분할을 둘러싸고 그의 후손들 사이에 빚어진 갈등은 제국을 독차지하려던 로타르의 군대와, 루이와 샤를의 동맹군 사이의 전쟁으로 확대되었다. 결국 동맹군의 승리로 전쟁이 끝나면서 왕자들 사이에 제국의 영토를 분할하는 원칙을 명시한 베르됭 조약이 체결되었다. 영토 분할을 위임받은 로마 교회는 조세 수입이나 영토 면적보다는 '세속어'를 그 경계의 기준으로 삼는 것이 더 공정하다는 결론을 내렸다. 그래서 게르만어를 사용하는 지역과 로망어를 사용하는 지역을 각각 루이와 샤를에게 할당했다. 그리고 힘없는 로타르에게는 이들 두 국가를 가르는 완충지대로서, 이탈리아 북부 롬바르디아 지역으로부터 프랑스의 프로방스 지방, 스위스, 스트라스부르, 북해로 이어지는 긴 복도 모양의 영토가 주어졌다.

루이와 샤를은 베르됭 조약 체결에 앞서 스트라스부르에서 서로의 동맹을 다지는 서약 문서를 상대방이 분할 받은 영토의 세속어로 작성하여 교환하고, 곧이어 각자 자신의 군사들로부터 자신이 분할 받은 영토의 세속어로 충성 맹세를 받았다. 학자들은 두 사람이 서로의 동맹에 충실할 것을 상대측 영토의 세속어로 서약했다는 점에 주목한다. 또한, 역사적 자료에 의해 _____ 그러므로 루이와 샤를 중 적어도 한 명은 서약 문서를 자신의 모어로 작성한 것이 아니다. 게다가 그들의 군대는 필요에 따라 여기저기서 수시로 징집된 다양한 언어권의 병사들로 구성되어 있었으므로 세속어의 사용이 군사들의 이해를 목적으로 한다는 설명도 설득력이 없다. 결국 학자들은 상대측 영토의 세속어 사용이 상대 국민의 정체성과 그에 따른 권력의 합법성을 상호 인정하기 위한 상징행위로서 의미를 갖는다고 결론을 내렸다.

① 게르만어와 로망어는 세속어가 아니었다는 사실이 알려져 있다.
② 루이와 샤를 모두 게르만어를 모어로 사용하였다는 사실이 알려져 있다.
③ 스트라스부르의 세속어는 루이와 샤를의 모어와 달랐다는 사실이 알려져 있다.
④ 루이와 샤를의 모어는 각각 상대방이 분할 받은 영토의 세속어와 일치하였다는 사실이 알려져 있다.
⑤ 각자 자신의 모어로 서약 문서를 작성하는 것은 서로의 동맹에 충실하겠다는 상징행위라는 사실이 알려져 있다.

07 다음 글의 빈칸에 들어갈 말로 가장 적절한 것은?

> 테러리스트가 시내 번화가에 설치한 시한폭탄이 발견되었다. 48시간 뒤에 폭발하도록 되어 있는 이 폭탄은 저울 위에 고정되어 있는데, 저울이 나타내는 무게가 30% 이상 증가하거나 감소하면 폭발하게 되어 있다. 해체가 불가능해 보이는 이 폭탄을 무인 로켓에 실어 우주 공간으로 옮겨 거기서 폭발하도록 하자는 제안이 나왔고, 이 방안에 대해 다음과 같은 토론이 진행되었다.
>
> A : 그 계획에는 문제가 있습니다. 우주선이 지구에서 멀어짐에 따라 중력이 감소할 것이고, 그렇다면 폭탄의 무게가 감소하게 될 것입니다. 결국, 안전한 곳까지 도달하기 전에 폭발할 것입니다.
> B : 더 심각한 문제가 있습니다. 로켓이 지구를 탈출하려면 엄청난 속도까지 가속되어야 하는데, 이 가속도 때문에 저울에 얹혀 있는 폭탄의 무게는 증가합니다. 이 무게가 30%만 변하면 끝장이지요.
> C : 그런 문제들은 해결할 수 있을 것입니다. 아인슈타인의 등가원리에 따르면, 외부와 차단된 상태에서는 중력에 의한 효과와 가속운동에 의한 효과를 서로 구별할 수 없지요. 그러니 일단 로켓의 속도를 적당히 조절하기만 하면 그 안에서는 로켓이 지구 위에 멈춰 있는지 가속되고 있는지조차 알 수 없습니다. 그러므로 폭탄을 안전하게 우주로 보내기 위해 사용할 수 있는 방법은 _____ 입니다.

① 지구의 중력이 0이 되는 높이까지 로켓을 가속하는 것
② 로켓에 미치는 중력과 가속도를 일정하게 증가시키는 것
③ 로켓에 미치는 중력과 가속도를 일정하게 감소시키는 것
④ 지구로부터 멀어짐에 따라 중력이 감소하는 만큼 로켓을 가속하는 것
⑤ 로켓의 속도가 감소하는 만큼 로켓에 미치는 중력의 크기를 증가시키는 것

STEP 1 기본문제

☑ 확인 Check! ○△✕

01 다음 중 글의 전체 흐름과 맞지 않는 한 곳을 찾아 수정하려고 할 때, 가장 적절한 것은?

> 소아시아 지역에 위치한 비잔틴 제국의 수도 콘스탄티노플이 이슬람교를 신봉하는 오스만인들에 의해 함락되었다는 소식이 인접해 있는 유럽 지역에까지 전해지자 그 곳 교회의 한 수도원 서기는 "㉠ 지금까지 이보다 더 끔찍했던 사건은 없었으며, 앞으로도 결코 없을 것이다."라고 기록했다. 1453년 5월 29일 화요일, 해가 뜨자마자 오스만 제국의 군대는 난공불락으로 유명한 케르코포르타 성벽의 작은 문을 뚫고 진군하기 시작했다. 해가 질 무렵, 약탈당한 도시에 남아있는 모든 것들은 그들의 차지가 되었다. 비잔틴 제국의 86번째 황제였던 콘스탄티노스 11세는 서쪽 성벽 아래에 있는 좁은 골목에서 전사하였다. 이것으로 ㉡ 1,100년 이상 존재했던 소아시아 지역의 기독교도 황제가 사라졌다.
>
> 잿빛 말을 타고 화요일 오후 늦게 콘스탄티노플에 입성한 술탄 메흐메드 2세는 우선 성소피아 대성당으로 갔다. 그는 이 성당을 파괴하는 대신 이슬람 사원으로 개조하라는 명령을 내렸고, 우선 그 성당을 철저하게 자신의 보호 하에 두었다. 또한 학식이 풍부한 그리스 정교회 수사에게 격식을 갖추어 공석중인 총대주교직을 수여하고자 했다. 그는 이슬람 세계를 위해 ㉢ 기독교의 제단뿐만 아니라 그 이상의 것들도 활용했다. 역대 비잔틴 황제들이 제정한 법을 그가 주도하고 있던 법제화의 모델로 이용하였던 것이다. 이러한 행위들은 ㉣ 단절을 추구하는 정복왕 메흐메드 2세의 의도에서 비롯된 것이라고 할 수 있다.
>
> 그는 자신이야말로 지중해를 '우리의 바다'라고 불렀던 로마 제국의 진정한 계승자임을 선언하고 싶었던 것이다. 일례로 그는 한때 유럽과 아시아를 포함한 지중해 전역을 지배했던 제국의 정통 상속자임을 선언하면서, 의미심장하게도 자신의 직함에 '룸 카이세리', 즉 로마의 황제라는 칭호를 추가했다. 또한 그는 패권 국가였던 로마의 옛 명성을 다시 찾기 위한 노력의 일환으로 로마 사람의 땅이라는 뜻을 지닌 루멜리아에 새로 수도를 정했다. 이렇게 함으로써 그는 ㉤ 오스만 제국이 유럽으로 확대될 것이라는 자신의 확신을 보여 주었다.

① ㉠ : '지금까지 이보다 더 영광스러운 사건은 없었으며'로 고친다.
② ㉡ : '1,100년 이상 존재했던 소아시아 지역의 이슬람 황제가 사라졌다.'로 고친다.
③ ㉢ : '기독교의 제단뿐만 아니라 그 이상의 것들도 파괴했다.'로 고친다.
④ ㉣ : '연속성을 추구하는 정복왕 메흐메드 2세의 의도에서 비롯된 것'으로 고친다.
⑤ ㉤ : '오스만 제국이 아시아로 확대될 것이라는 자신의 확신을 보여 주었다.'로 고친다.

02 다음 중 글의 논지를 고려할 때 보완 방식으로 적절하지 않은 것은?

> 20세기에 가장 광범위하게 퍼져있던 정치형태는 독재였다. 세계 거의 모든 곳에서 비대의제 독재가 표준이었다. 18세기부터 제국주의 열강은 자기 식민지에서 독재를 강요했다. 제국주의 시대가 저문 뒤 이들이 지배했던 지역이 신생독립국이 된 뒤에도 상황은 그리 달라지지 않았는데 이들 나라에서 만연한 독재는 발전을 가로막았다.
>
> 2차 세계대전 이후 신생독립국들 대부분은 처음에 독립투쟁 지도자들이 권력을 장악했다. 하지만 ㉠ 이들은 그 지지를 빠르게 잃었다. 이들이 권력을 오래 유지한 경우는 매우 드물었다. ㉡ 이들 나라는 많은 국내 문제에 직면해 있었는데, 식민지 지배를 겪거나 외세의 입김을 받아 정치구조가 허약했고 정당성 있는 정치집단이나 성숙한 정치문화도 형성되지 못해 국내 문제들을 해소할 수 없었다. ㉢ 만연한 사회경제적 긴장은 억압을 낳았고 이 억압은 독재로 이어졌다. ㉣ 독재를 수립하기 위한 쿠데타가 전 세계에서 거의 끊임없이 일어났다. 신생국들은 비교적 급속히 일당제 국가나 군사독재 체제로 빨려들었다.
>
> 결국 20세기 말 세계의 대다수 국가는 군사 통치하에 있거나 개인 독재 혹은 일당제 정부 아래 있게 되었다. 40개 이상의 나라에 군사 통치자가 있고 22개국에는 군사화된 정당 제도가 있었다. 30개 국가는 일당제 국가이고, 많은 경우 이 상황이 헌법으로 공식화되었다. ㉤ 독재자는 국가의 발전과 공업화라는 이데올로기의 실천자로 자임했다. 세계 인구의 압도적 다수는 자신들이 통치 받는 방식에 관해 발언권이 없었다.

① ㉠ : 독립 직후 집권한 독립투쟁 지도자들이 지지 기반을 잃었던 사례를 제시하고 그 과정을 기술한다.

② ㉡ : 신생독립국들이 직면한 정치, 경제, 교육 문제들을 구체적으로 열거한다.

③ ㉢ : 사회경제적 긴장이 초래된 신생독립국을 거명하고 이들 국가에서 민주주의가 파괴되는 과정을 상술한다.

④ ㉣ : 1945년 이후 각 대륙별로 쿠데타의 사례들을 정리해서 제시한다.

⑤ ㉤ : 국익 실현에 독재가 긍정적 영향을 미쳤음을 통계치를 통해 보여 준다.

03 다음 글을 논리적 순서에 맞게 배열한 것은?

(가) 회전문의 축은 중심에 있다. 축을 중심으로 통상 네 짝의 문이 계속 돌게 되어 있다. 마치 계속 열려 있는 듯한 착각을 일으키지만, 사실은 네 짝의 문이 계속 안 또는 밖을 차단하도록 만든 것이다. 실질적으로는 열려 있는 순간 없이 계속 닫혀 있는 셈이다.

(나) 문은 열림과 닫힘을 위해 존재한다. 이 본연의 기능을 하지 못한다는 점에서 계속 닫혀 있는 문이 무의미하듯이, 계속 열려 있는 문 또한 그 존재 가치와 의미가 없다. 그런데 현대 사회의 문은 대부분의 경우 닫힌 구조로 사람들을 맞고 있다. 따라서 사람들을 환대하는 것이 아니라 박대하고 있다고 할 수 있다. 그 대표적인 예가 회전문이다. 가만히 회전문의 구조와 그 기능을 머릿속에 그려보라. 그것이 어떤 식으로 열리고 닫히는지 알고는 놀랄 것이다.

(다) 회전문은 인간이 만들고 실용화한 문 가운데 가장 문명적이고 가장 발전된 형태로 보일지 모르지만, 사실상 열림을 가장한 닫힘의 연속이기 때문에 오히려 가장 야만적이며 가장 미개한 형태의 문이다.

(라) 또한 회전문을 이용하는 사람들은 회전문의 구조와 운동 메커니즘에 맞추어야 실수 없이 문을 통과해 안으로 들어가거나 밖으로 나올 수 있다. 어린아이, 허약한 사람, 또는 민첩하지 못한 노인은 쉽게 그것에 맞출 수 없다. 더구나 휠체어를 탄 사람이라면 더 말할 나위도 없다. 이들에게 회전문은 문이 아니다. 실질적으로 닫혀 있는 기능만 하는 문은 문이 아니기 때문이다.

---

① (가) – (나) – (라) – (다)
② (가) – (라) – (나) – (다)
③ (나) – (가) – (라) – (다)
④ (나) – (다) – (라) – (가)
⑤ (다) – (가) – (라) – (나)

04 다음 중 이어질 내용으로 가장 적절한 것은?

테레민이라는 악기는 손을 대지 않고 연주하는 악기이다. 이 악기를 연주하기 위해 연주자는 허리 높이쯤에 위치한 상자 앞에 선다. 연주자의 오른손은 상자에 수직으로 세워진 안테나 주위에서 움직인다. 오른손의 엄지와 집게손가락으로 고리를 만들고 손을 흔들면서 나머지 손가락을 하나씩 펴면 안테나에 손이 닿지 않고서도 음이 들린다. 이때 들리는 음은 피아노 건반을 눌렀을 때 나는 것처럼 정해진 음이 아니고 현악기를 연주하는 것과 같은 연속음이며, 소리는 손과 손가락의 움직임에 따라 변한다. 왼손은 손가락을 펼친 채로 상자에서 수평으로 뻗은 안테나 위에서 서서히 오르내리면서 소리를 조절한다.

오른손으로는 수직 안테나와의 거리에 따라 음고(音高)를 조절하고 왼손으로는 수평 안테나와의 거리에 따라 음량을 조절한다. 따라서 오른손과 수직 안테나는 음고를 조절하는 회로에 속하고 왼손과 수평 안테나는 음량을 조절하는 또 다른 회로에 속한다. 이 두 회로가 하나로 합쳐지면서 두 손의 움직임에 따라 음고와 음량을 변화시킬 수 있다.

어떻게 테레민에서 다른 음고의 음이 발생되는지 알아보자. 음고를 조절하는 회로는 가청주파수 범위 바깥의 주파수를 갖는 서로 다른 두 개의 음파를 발생시킨다. 이 두 개의 음파 사이에 존재하는 주파수의 차이값에 의해 가청주파수를 갖는 새로운 진동이 발생하는데 그것으로 소리를 만든다. 가청주파수 범위 바깥의 주파수 중 하나는 고정된 주파수를 갖고 다른 하나는 연주자의 손 움직임에 따라 주파수가 바뀐다. 이렇게 발생한 주파수의 변화에 의해 진동이 발생되고 이 진동의 주파수는 가청주파수 범위 내에 있기 때문에 그 진동을 증폭시켜 스피커로 보내면 소리가 들린다.

① 수직 안테나에 손이 닿으면 소리가 발생하는 원리
② 왼손의 손가락의 모양에 따라 음고가 바뀌는 원리
③ 수평 안테나와 왼손 사이의 거리에 따라 음량이 조절되는 원리
④ 음고를 조절하는 회로에서 가청주파수의 진동이 발생하는 원리
⑤ 오른손 손가락으로 가상의 피아노 건반을 눌러 음량을 변경하는 원리

☑ 확인 Check! ○ △ ✕

01 다음 중 글의 전체 흐름과 맞지 않는 한 곳을 찾아 수정하려고 할 때, 가장 적절한 것은?

상업적 농업이란 전통적인 자급자족 형태의 농업과 달리 ㉠ 판매를 위해 경작하는 농업을 일컫는다. 농업이 상업화된다는 것은 산출할 수 있는 최대의 수익을 얻기 위해 경작이 이루어짐을 뜻한다. 이를 위해 쟁기질, 제초작업 등과 같은 생산 과정의 일부를 인간보다 효율이 높은 기계로 작업하게 되고, 농장에서 일하는 노동자도 다른 산업 분야처럼 경영상의 이유에 따라 쉽게 고용되고 해고된다. 이처럼 상업적 농업의 도입은 근대 사회의 상업화를 촉진한 측면이 있다.

홉스봄은 18세기 유럽에 상업적 농업이 도입되면서 일어난 몇 가지 변화에 주목했다. 중세 말기 장원의 해체로 인해 지주와 소작인 간의 인간적이었던 관계가 사라진 것처럼, ㉡ 농장주와 농장 노동자의 친밀하고 가까웠던 관계가 상업적 농업의 도입으로 인해 사라졌다. 토지는 삶의 터전이라기보다는 수익의 원천으로 여겨지게 되었고, 농장 노동자는 시세대로 고용되어 임금을 받는 존재로 변화하였다. 결국 대량 판매 시장을 위한 ㉢ 대규모 생산이 점점 더 강조되면서 기계가 인간을 대체하기 시작했다.

또한 상업적 농업의 도입은 중요한 사회적 결과를 가져왔다. 점차적으로 ㉣ 중간 계급으로의 수렴현상이 나타난 것이다. 저임금 구조의 고착화로 농장주와 농장 노동자 간의 소득 격차는 갈수록 벌어졌고, 농장 노동자의 처지는 위생과 복지의 양 측면에서 이전보다 더욱 열악해졌다.

나아가 상업화로 인해 그 동안 호혜성의 원리가 적용되어왔던 대상들의 성격이 변화하였는데, 특히 돈과 관련된 것, 즉 재산권이 그러했다. 수익을 얻기 위한 토지 매매가 본격화되면서 ㉤ 재산권은 공유되기보다는 개별화되었다. 이에 따라 이전에 평등주의 가치관이 우세했던 일부 유럽 국가에서조차 자원의 불평등한 분배와 사회적 양극화가 심화되었다.

① ㉠을 '개인적인 소비를 위해 경작하는 농업'으로 고친다.
② ㉡을 '농장주와 농장 노동자의 이질적이고 사용 관계에 가까웠던 관계'로 고친다.
③ ㉢을 '기술적 전문성이 점점 더 강조되면서 인간이 기계를 대체'로 고친다.
④ ㉣을 '계급의 양극화가 나타난 것이다.'로 고친다.
⑤ ㉤을 '재산권은 개별화되기보다는 사회 구성원 내에서 공유되었다.'로 고친다.

PART 1

02 다음 중 글의 전체 흐름과 맞지 않는 한 곳을 찾아 수정하려고 할 때, 가장 적절한 것은?

> '단일환자방식'은 숫자가 아닌 문자를 암호화하는 가장 기본적인 방법이다. 이는 문장에 사용된 문자를 일정한 규칙에 따라 일대일 대응으로 재배열하여 문장을 암호화하는 방법이다. 예를 들어, 철수가 이 방법에 따라 영어 문장 'I LOVE YOU'를 암호화하여 암호문으로 만든다고 해보자. 철수는 먼저 알파벳을 일대일 대응으로 재배열하는 규칙을 정하고, 그 규칙에 따라 'I LOVE YOU'를 'Q RPDA LPX'와 같이 암호화하게 될 것이다. 이때 철수가 사용한 규칙에는 ⊙ 'I를 Q로 변경한다.', 'L을 R로 변경한다.' 등이 포함되어 있는 셈이다.
>
> 우리가 단일환자방식에 따라 암호화한 영어 문장을 접한다고 해보자. 그 암호문을 어떻게 해독할 수 있을까? ⓒ 우리가 그 암호문에 단일환자방식의 암호화 규칙이 적용되어 있다는 것을 알고 있다면 문제가 쉽게 해결될 수도 있다. 알파벳의 사용 빈도를 파악하여 일대일 대응의 암호화 규칙을 추론해낼 수 있기 때문이다. 이제 통계 자료를 통해 영어에서 사용되는 알파벳의 사용 빈도를 조사해 보니 E가 12.51%로 가장 많이 사용되었고 그 다음 빈도는 T, A, O, I, N, S, R, H의 순서라는 것이 밝혀졌다고 하자. ⓒ 물론 이러한 통계 자료를 확보했다고 해도 암호문이 한두 개 밖에 없다면 암호화 규칙을 추론하기는 힘들 것이다. 그러나 암호문을 많이 확보하면 할수록 암호문을 해독할 수 있는 가능성이 높아질 것이다.
>
> 이제 누군가가 어떤 영자 신문에 포함되어 있는 모든 문장을 단일환자방식의 암호화 규칙 α에 따라 암호문들로 만들었다고 해보자. 그 신문 전체에 사용된 알파벳 수는 충분히 많기 때문에 우리는 암호문들에 나타난 알파벳 빈도의 순서에 근거하여 규칙 α가 무엇인지 추론할 수 있다. ⓒ 만일 규칙 α가 앞서 예로 든 철수가 사용한 규칙과 동일하다면, 암호문들에 가장 많이 사용된 알파벳은 E일 가능성이 높을 것이다. 그런데 조사 결과 암호문들에는 영어 알파벳 26자가 모두 사용되었는데, 그중 W가 25,021자로 가장 많이 사용되었고, 이후의 빈도는 P, F, C, H, Q, T, N의 순서라는 것이 밝혀졌다. 따라서 우리는 철수가 정한 규칙은 규칙 α가 아니라고 추론할 수 있다. 또한 규칙 α에 대해 추론하면서 암호문들을 해독할 수 있다. 예를 들어, ⓜ 암호문 'H FPW HP'는 'I ATE IT'를 암호화한 것이라는 사실을 알 수 있게 될 것이다.

① ⊙을 'Q를 I로 변경한다.', 'R을 L로 변경한다.'로 수정한다.

② ⓒ을 '우리가 그 암호문에 단일환자방식의 암호화 규칙이 적용되어 있지 않다고 생각한다 해도 문제는 쉽게 해결될 수 있다.'로 수정한다.

③ ⓒ을 '이러한 통계 자료를 확보하게 되면 자동적으로 암호화 규칙을 추론할 수 있게 될 것이다.'로 수정한다.

④ ⓒ을 '만일 규칙 α가 앞서 철수가 사용한 규칙과 동일하다면, 암호문들에 가장 많이 사용된 알파벳은 A일 가능성이 높을 것이다.'로 수정한다.

⑤ ⓜ을 '암호문 'I ATE IT'는 'H FPW HP'를 암호화한 것이라는 사실을 알 수 있게 될 것이다.'로 수정한다.

※ NCS 기출유형확인은 2017 ~ 2019년 주요 공기업의 NCS 필기시험 기출복원문제로 구성하였습니다.

☑ 확인 Check! ○ △ ✕

01 다음 글에서 설명한 '즉흥성'과 관련 있는 내용을 〈보기〉에서 모두 고르면?

우리나라의 전통 음악은 대체로 크게 정악과 속악으로 나뉜다. 정악은 왕실이나 귀족들이 즐기던 음악이고, 속악은 일반 민중들이 가까이 하던 음악이다. 개성을 중시하고 자유분방한 감정을 표출하는 한국인의 예술 정신은 정악보다는 속악에 잘 드러나 있다. 우리 속악의 특징은 한 마디로 즉흥성이라는 개념으로 집약될 수 있다. 판소리나 산조에 '유파(流派)'가 자꾸 형성되는 것은 모두 즉흥성이 강하기 때문이다. 즉흥으로 나왔던 것이 정형화되면 그 사람의 대표 가락이 되는 것이고, 그것이 독특한 것이면 새로운 유파가 형성되기도 하는 것이다.

물론 즉흥이라고 해서 음악가가 제멋대로 하는 것은 아니다. 곡의 일정한 틀은 유지하면서 그 안에서 변화를 주는 것이 즉흥 음악의 특색이다. 판소리 명창이 무대에 나가기 전에 "오늘 공연은 몇 분으로 할까요?"하고 묻는 것이 그런 예다. 이때 창자는 상황에 맞추어 얼마든지 곡의 길이를 조절할 수 있는 것이다. 이것은 서양 음악에서는 어림없는 일이다. 그나마 서양 음악에서 융통성을 발휘할 수 있다면 4악장 가운데 한 악장만 연주하는 것 정도이지 각 악장에서 조금씩 뽑아 한 곡을 만들어 연주할 수는 없다. 그러나 한국 음악에서는, 특히 속악에서는 연주 장소나 주문자의 요구 혹은 연주자의 상태에 따라 악기도 하나면 하나로만, 둘이면 둘로 연주해도 별문제가 없다. 거문고나 대금 하나만으로도 얼마든지 연주할 수 있다. 전혀 이상하지도 않다. 그렇지만 베토벤의 운명 교향곡을 바이올린이나 피아노만으로 연주하는 경우는 거의 없을 뿐만 아니라, 연주를 하더라도 어색하게 들릴 수밖에 없다.

즉흥과 개성을 중시하는 한국의 속악 가운데 대표적인 것이 시나위다. 현재의 시나위는 19세기 말에 완성되었으나 원형은 19세기 훨씬 이전부터 연주되었을 것으로 추정된다. 시나위의 가장 큰 특징은 악보 없는 즉흥곡이라는 것이다. 연주자들이 모여 아무 사전 약속도 없이 "시작해 볼까."하고 연주하기 시작한다. 그러니 처음에는 서로가 맞지 않는다. 불협음 일색이다. 그렇게 진행되다가 중간에 호흡이 맞아 떨어지면 협음을 낸다. 그러다가 또 각각 제 갈 길로 가서 혼자인 것처럼 연주한다. 이게 시나위의 묘미다. 불협음과 협음이 오묘하게 서로 들어맞는 것이다.

그런데 이런 음악은 아무나 하는 게 아니다. 즉흥곡이라고 하지만 '초보자(初步者)'들은 꿈도 못 꾸는 음악이다. 기량이 뛰어난 경지에 이르러야 가능한 음악이다. 그래서 요즈음은 시나위를 잘 할 수 있는 사람들이 별로 없다고 한다. 요즘에는 악보로 정리된 시나위를 연주하는 경우가 대부분인데, 이것은 시나위 본래의 취지에 어긋난다. 악보로 연주하면 박제된 음악이 되기 때문이다.

요즘 음악인들은 시나위 가락을 보통 '허튼 가락'이라고 한다. 이 말은 말 그대로 '즉흥 음악'으로 이해된다. 미리 짜 놓은 일정한 형식이 없이 주어진 장단과 연주 분위기에 몰입해 그때그때의 감흥을 자신의 음악성과 기량을 발휘해 연주하는 것이다. 이럴 때 즉흥이 튀어 나온다. 시나위는 이렇듯 즉흥적으로 흐드러져야 맛이 난다. 능청거림, 이것이 시나위의 음악적 모습이다.

> **보기**
> ㉠ 주어진 상황에 따라 임의로 곡의 길이를 조절하여 연주한다.
> ㉡ 장단과 연주 분위기에 몰입해 새로운 가락으로 연주한다.
> ㉢ 연주자들 간에 사전 약속 없이 연주하지만 악보의 지시는 따른다.
> ㉣ 감흥을 자유롭게 표현하기 위해 일정한 틀을 철저히 무시한 채 연주한다.

① ㉠, ㉡　　　　　　　　　② ㉠, ㉢
③ ㉡, ㉢　　　　　　　　　④ ㉠, ㉣
⑤ ㉢, ㉣

PART 1

02 다음은 '부정청탁 및 금품 등 수수의 금지에 관한 법률(김영란법)'에 관한 글이다. 사례로 올바르지 않은 것은?

'부정청탁 및 금품 등 수수의 금지에 관한 법률'은 공직자와 언론사·사립학교·사립유치원 임직원, 사학재단 이사진 등이 부정한 청탁을 받고도 신고하지 않거나, 직무 관련성이나 대가성에 상관없이 1회 100만 원(연간 300만 원)이 넘는 금품이나 향응을 받으면 형사처벌하도록 하는 법률이다.

우선 공직자를 비롯해 언론인·사립학교 교직원 등 법안 대상자들이 직무 관련성이나 대가성에 상관없이 1회 100만 원(연간 300만 원)을 초과하는 금품을 수수하면 형사처벌(3년 이하의 징역 또는 3,000만 원 이하의 벌금)을 받도록 규정했다. 또 직무 관련자에게 1회 100만 원(연간 300만 원) 이하의 금품을 받았다면 대가성이 입증되지 않더라도 수수금액의 2~5배를 과태료로 물도록 했다. 다만, 원활한 직무 수행, 사교·의례·부조 등의 목적으로 공직자에게 제공되는 금품의 상한액을 설정했다.

또 법안 시행 초기에는 식사·다과·주류·음료 등 음식물은 3만 원, 금전 및 음식물을 제외한 선물은 5만 원, 축의금·조의금 등 부조금과 화환·조화를 포함한 경조사비는 10만 원을 기준으로 했다. 그러나 국민권익위원회는 2017년 12월 선물 상한액은 농축수산물에 한해 10만 원으로 오르고 경조사비는 5만 원으로 낮아지는 내용의 개정안을 의결해 입법예고했다.

이에 따르면 선물비의 경우 상한액을 5만 원으로 유지하되 농축수산물(화훼 포함)에 한해 5만 원에서 10만 원으로 상향한다. 여기에는 농수축산물 원재료가 50% 이상인 가공품도 함께 해당한다. 경조사비는 기존 10만 원에서 5만 원으로 상한액이 낮아지는데 현금 5만 원과 함께 5만 원짜리 화환은 제공할 수 있다. 만약 현금 없이 경조사 화환만 제공할 경우에는 10만 원까지 인정된다. 다만 음식물은 유일하게 현행 상한액(3만 원)이 유지된다.

외부 강사의 경우 사례금 상한액은 장관급 이상은 시간당 50만 원, 차관급과 공직유관단체 기관장은 40만 원, 4급 이상 공무원과 공직유관단체 임원은 30만 원, 5급 이하와 공직유관단체 직원은 20만 원으로 제한했다. 사립학교 교직원, 학교법인 임직원, 언론사 임직원의 외부강의 사례금 상한액은 시간당 100만 원이다.

① 논문심사 중인 대학교수가 심사대상 대학원생에게 1만 원 이하의 도시락세트를 받은 것은 김영란법에 위배되는 행위이다.
② 직무 관련자들과 1인당 5만 원 가량의 식사를 하고 각자 식사비를 지불한 것은 김영란법에 위배되는 행위이다.
③ 퇴직 예정자가 부하 직원들이 갹출한 50만 원 상당의 선물을 받는 것은 김영란법에 위배되는 행위이다.
④ 졸업한 학생선수가 학교운동부지도자에게 3만 원 상당의 선물을 제공하는 것은 김영란법에 위배되지 않는다.
⑤ A신문사 사장이 B대학에서 1시간 강의 후 그 대가로 90만 원을 지급받은 것은 김영란법에 위배되지 않는다.

03 다음 〈보기〉의 입장에서 제시문을 비판하는 내용으로 가장 적절한 것은?

로봇의 발달로 일자리가 줄어들 것이라는 사람들의 불안이 커지면서 최근 로봇세(Robot稅) 도입에 대한 논의가 활발하다. 로봇세는 로봇을 사용해 이익을 얻는 기업이나 개인에 부과하는 세금이다. 로봇으로 인해 일자리를 잃은 사람들을 지원하거나 사회 안전망을 구축하기 위해 예산을 마련하자는 것이 로봇세 도입의 목적이다. 이처럼 로봇의 사용으로 일자리가 감소할 것이라는 이유로 로봇세의 필요성이 제기되었지만, 역사적으로 볼 때 새로운 기술로 인해 전체 일자리는 줄지 않았다. 산업 혁명을 거치면서 새로운 기술에 대한 걱정은 늘 존재했지만, 산업 전반에서 일자리는 오히려 증가해 왔다는 점이 이를 뒷받침한다. 따라서 로봇의 사용으로 일자리가 줄어들 가능성은 낮다. 우리는 로봇 덕분에 어렵고 위험한 일이나 반복적인 일로부터 벗어나고 있다. 로봇 사용의 증가 추세에서 알 수 있듯이 로봇 기술이 인간의 삶을 편하게 만들어 주는 것은 틀림이 없다. 로봇세의 도입으로 이러한 편안한 삶이 지연되지 않기를 바란다.

> **보기**
>
> 로봇 기술의 발전에 따라 로봇의 생산 능력이 비약적으로 향상되고 있다. 이는 로봇 하나당 대체할 수 있는 인간 노동자의 수도 지속적으로 증가함을 의미한다. 로봇 사용이 사회 전반에 빠르게 확산되는 현실을 고려할 때, 로봇 사용으로 인한 일자리 대체 규모가 기하급수적으로 커질 것이다.

① 산업 혁명의 경우와 같이 로봇의 생산성 증가는 인간의 새로운 일자리를 만드는 데 기여할 것이다.
② 로봇세를 도입해 기업이 로봇의 생산성 향상에 기여하도록 해야 인간의 일자리 감소를 막을 수 있다.
③ 로봇 사용으로 밀려날 수 있는 인간 노동자의 생산 능력을 향상시킬 수 있는 제도적 지원 방안을 마련해야 한다.
④ 로봇의 생산 능력에 대한 고려 없이 과거 사례만으로 일자리가 감소하지 않을 것이라고 보는 것은 성급한 판단이다.
⑤ 로봇 기술의 발달을 통해 일자리를 늘리려면 지속적으로 일자리가 늘었던 산업 혁명의 경험에서 대안을 찾아야 한다.

04 甲과 乙의 주장을 도출할 수 있는 질문으로 가장 적절한 것은?

> 甲 : 개인의 욕구를 충족시키고 자원을 배분하는 사회적 기능은 일차적으로 사적 영역인 가족이나 시장 등을 통해 이루어져야 한다. 다만 이것이 제대로 이루어지지 않을 때 사회 복지 제도가 잠정적이고 일시적으로 그 기능을 대신할 수 있지만, 자유주의 이념에 따라 사적 영역에 대한 국가의 관여는 최소 수준으로 제한해야 한다. 사회 복지의 대상도 노동시장에서 소득을 얻지 못하는 사람들과 같이 사적 영역에서 사회적 기능을 보장받지 못한 일부 사람들로 국한되어야 한다. 즉, 가족, 공동체, 민간 자원봉사, 시장 등의 민간 부문이 개인 복지의 중요한 역할을 담당하게 된다.
>
> 乙 : 각 개인의 욕구 충족과 자기 성취를 돕기 위해서 국가가 사회 제도를 통해 보편적 복지 서비스를 제공하는 것이 필요하다. 이는 개인들이 자신의 힘만으로는 일상적 위험과 불안에 충분히 대처하기 어려우며, 가족이나 직장도 개인들의 기본적인 필요와 욕구를 충족해 줄 수는 없기 때문이다. 복지 국가의 이념에 따라 개인의 성별, 나이, 지위, 계층 등의 조건과 관계없이 국가가 모든 국민에게 복지 혜택을 제공함으로써, 국민들의 기본적인 욕구를 해결하고 생존의 불안과 위험을 최소화해야 한다. 국가는 사회 복지를 시장 논리에 내맡기지 않고 개인 또는 가족, 민간 부문에 그 책임을 전가하지 않아야 한다.

① 국가의 사회 복지 제도는 어느 수준으로 제공되어야 하는가?
② 개인의 욕구 충족을 위한 사회 복지 제도가 필요한가?
③ 민간기업의 복지 사업 참여는 정당한가?
④ 모든 국민에게 복지 혜택을 제공하기 위한 방법은 무엇인가?
⑤ 국가의 사회 복지 제도는 모두에게 보편적 서비스를 제공하는가?

05 甲과 乙의 주장을 도출할 수 있는 질문으로 가장 적절한 것은?

> 甲 : 유물이 가지고 있는 인지 가능한 형태적 특질을 검토하여 그룹을 지을 수 있다. '형식'이라는 용어로 개념화되는 본질적이고 형태적인 특징, 혹은 중심적 경향을 찾으면 이를 바탕으로 하나의 '유형'이 만들어진다. 이 작업은 특정한 하나의 형식을 공통으로 가진 여러 유물 가운데, 원형이 되는 유물을 확인하고 이 유물을 이상적인 기준으로 삼아 다른 유물들과 비교하는 과정을 거쳐 이루어진다. 각각의 유형 안에는 개별 유물 간의 차이, 즉 '변이'가 있기 마련이지만 그것이 새 유형을 설정할 수 있을 정도로 본질적이라고 판단되지 않는 한, 그것은 편차 정도일 뿐 설명할 가치가 없다. 유물의 모든 변화는 한 유형에서 다른 유형으로 바뀌는 '변환'이다.
>
> 乙 : 유물의 본질적 특징은 중심적인 경향 또한 경험적 관찰의 결과일 뿐이다. 특히 중심적인 경향은 유물의 수와 기준에 따라 언제든지 바뀔 수 있다. 유형은 유물 자체에 고유한 본질에 따라 존재하는 것이 아니라, 관찰을 통해 추론된 것이며 연구자가 자신의 연구 목적에 따라 고안한 도구일 뿐이다. 존재하는 것은 사물의 상태를 의미하는 상과 변이뿐이다. 따라서 변이에 관심을 집중해야 한다. 이 변이는 다양하게 나타나는데, 최초로 등장한 이후 점차적으로 많아지다가 서서히 소멸해간다. 즉, 변이의 빈도는 시·공간에 따라 다르게 나타나며, 변화는 변이들이 시·공간에 따라 얼마나 분포되어 있는지에 의해 결정된다.

① 유물을 유형에 따라 구분할 수 있는가?
② 연구자의 유물 구분 기준은 무엇인가?
③ 유물의 본질적 특징은 실재하는가?
④ 유물의 유형 설정에 유물의 개수가 영향을 미치는가?
⑤ 유물의 보존 상태가 유형 설정에 중요한 역할을 하는가?

STEP **1** 기본문제

☑ 확인 Check! ○△✕

01 다음 글을 근거로 판단할 때, 〈보기〉에서 옳은 것만을 모두 고르면?

제1조
지방자치단체의 장은 행정재산에 대하여 그 목적 또는 용도에 장애가 되지 않는 범위에서 사용 또는 수익을 허가할 수 있다.

제2조
① 행정재산의 사용·수익허가기간은 그 허가를 받은 날부터 5년 이내로 한다.
② 지방자치단체의 장은 허가기간이 끝나기 전에 사용·수익허가를 갱신할 수 있다.
③ 제2항에 따라 사용·수익허가를 갱신 받으려는 자는 사용·수익허가기간이 끝나기 1개월 전에 지방자치단체의 장에게 사용·수익허가의 갱신을 신청하여야 한다.

제3조
① 지방자치단체의 장은 행정재산의 사용·수익을 허가하였을 때에는 매년 사용료를 징수한다.
② 지방자치단체의 장은 행정재산의 사용·수익을 허가할 때 다음 각 호의 어느 하나에 해당하면 제1항에도 불구하고 그 사용료를 면제할 수 있다.
  1. 국가나 다른 지방자치단체가 직접 해당 행정재산을 공용·공공용 또는 비영리 공익사업용으로 사용하려는 경우
  2. 천재지변이나 재난을 입은 지역주민에게 일정기간 사용·수익을 허가하는 경우

제4조
① 지방자치단체의 장은 행정재산의 사용·수익허가를 받은 자가 다음 각 호의 어느 하나에 해당하면 그 허가를 취소할 수 있다.
  1. 지방자치단체의 장의 승인 없이 사용·수익의 허가를 받은 행정재산의 원상을 변경한 경우
  2. 해당 행정재산의 관리를 게을리하거나 그 사용 목적에 위배되게 사용한 경우
② 지방자치단체의 장은 사용·수익을 허가한 행정재산을 국가나 지방자치단체가 직접 공용 또는 공공용으로 사용하기 위하여 필요로 하게 된 경우에는 그 허가를 취소할 수 있다.
③ 제2항의 경우에 그 취소로 인하여 해당 허가를 받은 자에게 손실이 발생한 경우에는 이를 보상한다.

보기

ㄱ. A시의 장은 A시의 행정재산에 대하여 B기업에게 사용허가를 했더라도 국가가 그 행정재산을 직접 공용으로 사용하기 위해 필요로 하게 된 경우, 그 허가를 취소할 수 있다.
ㄴ. C시의 행정재산에 대하여 C시의 장이 천재지변으로 주택을 잃은 지역주민에게 임시 거처로 사용하도록 허가한 경우, C시의 장은 그 사용료를 면제할 수 있다.

ㄷ. D시의 행정재산에 대하여 사용허가를 받은 E기업이 사용 목적에 위배되게 사용한다는 이유로 허가가 취소되었다면, D시의 장은 E기업의 손실을 보상하여야 한다.

ㄹ. 2014년 3월 1일에 5년 기한으로 F시의 행정재산에 대하여 수익허가를 받은 G가 허가 갱신을 받으려면, 2019년 2월 28일까지 허가 갱신을 신청하여야 한다.

① ㄱ, ㄴ   ② ㄴ, ㄷ

③ ㄷ, ㄹ   ④ ㄱ, ㄴ, ㄹ

⑤ ㄴ, ㄷ, ㄹ

02 다음 글을 근거로 판단할 때 옳은 것은?

제1조
① 무죄재판을 받아 확정된 사건(이하 '무죄재판사건'이라 한다)의 피고인은 무죄재판이 확정된 때부터 3년 이내에, 확정된 무죄재판사건의 재판서(이하 '무죄재판서'라 한다)를 법무부 인터넷 홈페이지에 게재하도록 해당 사건을 기소한 검사의 소속 지방검찰청에 청구할 수 있다.
② 피고인이 제1항의 무죄재판서 게재 청구를 하지 아니하고 사망한 때에는 그 상속인이 이를 청구할 수 있다. 이 경우 같은 순위의 상속인이 여러 명일 때에는 상속인 모두가 그 청구에 동의하였음을 소명하는 자료도 함께 제출하여야 한다.
③ 무죄재판서 게재 청구가 취소된 경우에는 다시 그 청구를 할 수 없다.

제2조
① 제1조의 청구를 받은 날부터 1개월 이내에 무죄재판서를 법무부 인터넷 홈페이지에 게재하여야 한다.
② 다음 각 호의 어느 하나에 해당할 때에는 무죄재판서의 일부를 삭제하여 게재할 수 있다.
  1. 청구인이 무죄재판서 중 일부 내용의 삭제를 원하는 의사를 명시적으로 밝힌 경우
  2. 무죄재판서의 공개로 인하여 사건 관계인의 명예나 사생활의 비밀 또는 생명·신체의 안전이나 생활의 평온을 현저히 해칠 우려가 있는 경우
③ 제2항 제1호의 경우에는 청구인의 의사를 서면으로 확인하여야 한다.
④ 제1항에 따른 무죄재판서의 게재기간은 1년으로 한다.

① 무죄재판이 확정된 피고인 甲은 무죄재판이 확정된 때부터 3년 이내에 관할법원에 무죄재판서 게재 청구를 할 수 있다.
② 무죄재판이 확정된 피고인 乙이 무죄재판서 게재 청구를 취소한 후 사망한 경우, 乙의 상속인은 무죄재판이 확정된 때부터 3년 이내에 무죄재판서 게재 청구를 할 수 있다.
③ 무죄재판이 확정된 피고인 丙이 무죄재판서 게재 청구 없이 사망한 경우, 丙의 상속인은 같은 순위의 다른 상속인의 동의 없이 무죄재판서 게재 청구를 할 수 있다.
④ 무죄재판이 확정된 피고인 丁이 무죄재판서 게재 청구를 하면 그의 무죄재판서는 법무부 인터넷 홈페이지에 3년간 게재된다.
⑤ 무죄재판이 확정된 피고인 戊의 청구로 무죄재판서가 공개되면 사건 관계인의 명예를 현저히 해칠 우려가 있는 경우, 무죄재판서의 일부를 삭제하여 게재할 수 있다.

03 다음 글을 근거로 판단할 때, 〈보기〉에서 옳은 것만을 모두 고르면?

제1조

이 법에서 '폐교'란 학생 수 감소, 학교 통폐합 등의 사유로 폐지된 공립학교를 말한다.

제2조

① 시·도 교육감은 폐교재산을 교육용시설, 사회복지시설, 문화시설, 공공체육시설로 활용하려는 자 또는 소득증대시설로 활용하려는 자에게 그 폐교재산의 용도와 사용 기간을 정하여 임대할 수 있다.

② 제1항에 따라 폐교재산을 임대하는 경우, 연간 임대료는 해당 폐교재산평정가격의 1천분의 10을 하한으로 한다.

제3조

① 제2조 제2항에도 불구하고 시·도 교육감은 다음 각 호의 어느 하나에 해당하는 경우에는 폐교재산의 연간 임대료를 감액하여 임대할 수 있다.

    1. 국가 또는 지방자치단체가 폐교재산을 교육용시설, 사회복지시설, 문화시설, 공공체육시설 또는 소득증대시설로 사용하려는 경우

    2. 단체 또는 사인(私人)이 폐교재산을 교육용시설, 사회복지시설, 문화시설 또는 공공체육시설로 사용하려는 경우

    3. 폐교가 소재한 시·군·구에 주민등록이 되어 있고 실제 거주하는 지역주민이 공동으로 폐교재산을 소득증대시설로 사용하려는 경우

② 전항에 따라 폐교재산의 임대료를 감액하는 경우 연간 임대료의 감액분은 다음 각 호에서 정한 바를 초과하지 아니하는 범위에서 정한다.

    1. 교육용시설, 사회복지시설, 문화시설, 공공체육시설로 사용하는 경우: 제2조 제2항에 따른 연간 임대료의 1천분의 500

    2. 소득증대시설로 사용하는 경우: 제2조 제2항에 따른 연간 임대료의 1천분의 300

보기

ㄱ. 시·도 교육감은, 폐교가 소재하는 시·군·구에 거주하지 않으면서 폐교재산을 사회복지시설로 활용하려는 자에게 그 폐교재산을 임대할 수 있다.

ㄴ. 폐교재산평정가격이 5억 원인 폐교재산을 지방자치단체가 문화시설로 사용하려는 경우, 연간 임대료의 최저액은 250만 원이다.

ㄷ. 폐교가 소재한 군에 주민등록이 되어 있고 실제 거주하는 지역주민이 단독으로 폐교재산을 소득증대시설로 사용하려는 경우, 연간 임대료로 지불해야 할 최저액은 폐교재산평정가격의 0.7%이다.

ㄹ. 폐교재산을 활용하려는 자가 폐교 소재 지역주민이 아니어도 그 폐교재산을 공공체육시설로 사용할 수 있으나 임대료 감액은 받을 수 없다.

① ㄱ, ㄴ

② ㄱ, ㄷ

③ ㄱ, ㄴ, ㄹ

④ ㄱ, ㄷ, ㄹ

⑤ ㄴ, ㄷ, ㄹ

04 다음 글을 근거로 판단할 때 옳은 것은?

제1조

① 지방자치단체의 장은 하수도정비기본계획에 따라 공공하수도를 설치하여야 한다.

② 시·도지사는 공공하수도를 설치하고자 하는 때에는 사업시행지의 위치 및 면적, 설치하고자 하는 시설의 종류, 사업시행기간 등을 고시하여야 한다. 고시한 사항을 변경 또는 폐지하고자 하는 때에도 또한 같다.

③ 시장·군수·구청장(자치구의 구청장을 말한다. 이하 같다)은 공공하수도를 설치하려면 시·도지사의 인가를 받아야 한다.

④ 시장·군수·구청장은 제3항에 따라 인가받은 사항을 변경하거나 폐지하려면 시·도지사의 인가를 받아야 한다.

⑤ 시·도지사는 국가의 보조를 받아 설치하고자 하는 공공하수도에 대하여 제2항에 따른 고시 또는 제3항의 규정에 따른 인가를 하고자 할 때에는 그 설치에 필요한 재원의 조달 및 사용에 관하여 환경부장관과 미리 협의하여야 한다.

제2조

① 공공하수도관리청(이하 '관리청'이라 한다)은 관할 지방자치단체의 장이 된다.

② 공공하수도가 둘 이상의 지방자치단체의 장의 관할구역에 걸치는 경우, 관리청이 되는 자는 제1조 제2항에 따른 공공하수도 설치의 고시를 한 시·도지사 또는 같은 조 제3항에 따른 인가를 받은 시장·군수·구청장으로 한다.

※ 공공하수도 : 지방자치단체가 설치 또는 관리하는 하수도

---

① A자치구의 구청장이 관할구역 내에 공공하수도를 설치하려고 인가를 받았는데, 그 공공하수도가 B자치구에 걸치는 경우, 설치하려는 공공하수도의 관리청은 B자치구의 구청장이다.

② 시·도지사가 국가의 보조를 받아 공공하수도를 설치하려면, 그 설치에 필요한 재원의 조달 등에 관하여 환경부장관의 인가를 받아야 한다.

③ 시장·군수·구청장이 공공하수도 설치에 관하여 인가받은 사항을 폐지할 경우에는 시·도지사의 인가를 필요로 하지 않는다.

④ 시·도지사가 공공하수도 설치를 위해 고시한 사항은 변경할 수 없다.

⑤ 시장·군수·구청장이 공공하수도를 설치하려면 시·도지사의 인가를 받아야 한다.

05 다음 글을 근거로 판단할 때, 〈보기〉에서 옳은 것만을 모두 고르면?

제1조(술에 취한 상태에서의 운전 금지)

① 누구든지 술에 취한 상태에서 자동차를 운전하여서는 아니 된다.

② 경찰공무원은 제1항을 위반하여 술에 취한 상태에서 자동차를 운전하였다고 인정할 만한 상당한 이유가 있는 경우에는 운전자가 술에 취하였는지를 호흡조사로 측정(이하 '음주측정'이라 한다)할 수 있다. 이 경우 운전자는 경찰공무원의 음주측정에 응하여야 한다.

③ 제1항을 위반하여 술에 취한 상태에서 자동차를 운전한 사람은 다음 각 호의 구분에 따라 처벌한다.

　1. 혈중알콜농도가 0.2퍼센트 이상인 사람은 1년 이상 3년 이하의 징역이나 500만 원 이상 1천만 원 이하의 벌금

　2. 혈중알콜농도가 0.1퍼센트 이상 0.2퍼센트 미만인 사람은 6개월 이상 1년 이하의 징역이나 300만 원 이상 500만 원 이하의 벌금

　3. 혈중알콜농도가 0.05퍼센트 이상 0.1퍼센트 미만인 사람은 6개월 이하의 징역이나 300만 원 이하의 벌금

④ 다음 각 호의 어느 하나에 해당하는 사람은 1년 이상 3년 이하의 징역이나 500만 원 이상 1천만 원 이하의 벌금에 처한다.

　1. 제3항에도 불구하고 제1항을 2회 이상 위반한 사람으로서 다시 술에 취한 상태에서 자동차를 운전한 사람

　2. 술에 취한 상태에 있다고 인정할 만한 상당한 이유가 있는 사람으로서 제2항에 따른 경찰공무원의 음주측정에 응하지 아니한 사람

보기

ㄱ. 혈중알콜농도 0.05퍼센트의 상태에서 운전하여 1회 적발된 행위는, 술에 취한 상태에서 운전을 하고 있다고 인정할 만한 상당한 이유가 있는 사람이 경찰공무원의 음주측정을 거부하는 행위보다 불법의 정도가 크다.

ㄴ. 술에 취한 상태에서 자동차를 운전하는 행위는 혈중알콜농도 또는 적발된 횟수에 따라 처벌의 정도가 달라질 수 있다.

ㄷ. 술에 취한 상태에서의 자동차 운전으로 2회 적발된 자가 다시 혈중알콜농도 0.15퍼센트 상태의 운전으로 적발된 경우, 6개월 이상 1년 이하의 징역이나 300만 원 이상 500만 원 이하의 벌금에 처해진다.

---

① ㄱ
② ㄴ
③ ㄱ, ㄷ
④ ㄴ, ㄷ
⑤ ㄱ, ㄴ, ㄷ

06 다음 글을 근거로 판단할 때, 〈보기〉에서 규정을 위반한 행위만을 모두 고르면?

제1조(청렴의 의무)

① 공무원은 직무와 관련하여 직접적이든 간접적이든 사례·증여 또는 향응을 주거나 받을 수 없다.

② 공무원은 직무상의 관계가 있든 없든 그 소속 상관에게 증여하거나 소속 공무원으로부터 증여를 받아서는 아니 된다.

제2조(정치운동의 금지)

① 공무원은 정당이나 그 밖의 정치단체의 결성에 관여하거나 이에 가입할 수 없다.

② 공무원은 선거에서 특정 정당 또는 특정인을 지지 또는 반대하기 위한 다음의 행위를 하여서는 아니 된다.

  1. 투표를 하거나 하지 아니하도록 권유 운동을 하는 것

  2. 기부금을 모집 또는 모집하게 하거나, 공공자금을 이용 또는 이용하게 하는 것

  3. 타인에게 정당이나 그 밖의 정치단체에 가입하게 하거나 가입하지 아니하도록 권유 운동을 하는 것

③ 공무원은 다른 공무원에게 제1항과 제2항에 위배되는 행위를 하도록 요구하거나, 정치적 행위에 대한 보상 또는 보복으로서 이익 또는 불이익을 약속하여서는 아니 된다.

제3조(집단행위의 금지)

① 공무원은 노동운동이나 그 밖에 공무 외의 일을 위한 집단행위를 하여서는 아니 된다. 다만, 사실상 노무에 종사하는 공무원은 예외로 한다.

② 제1항 단서에 규정된 공무원으로서 노동조합에 가입된 자가 조합 업무에 전임하려면 소속 장관의 허가를 받아야 한다.

보기

ㄱ. 공무원 甲은 그 소속 상관에게 직무상 관계 없이 고가의 도자기를 증여하였다.

ㄴ. 사실상 노무에 종사하는 공무원으로서 노동조합에 가입된 乙은 소속 장관의 허가를 받아 조합 업무에 전임하고 있다.

ㄷ. 공무원 丙은 동료 공무원 丁에게 선거에서 A정당을 지지하기 위한 기부금을 모집하도록 요구하였다.

ㄹ. 공무원 戊는 국회의원 선거기간에 B후보를 낙선시키기 위해 해당 지역구 지인들을 대상으로 다른 후보에게 투표하도록 권유 운동을 하였다.

① ㄱ, ㄴ

② ㄴ, ㄷ

③ ㄷ, ㄹ

④ ㄱ, ㄴ, ㄹ

⑤ ㄱ, ㄷ, ㄹ

PART 1

07 동산 X를 甲, 乙, 丙 세 사람이 공유하고 있다. 다음 A국의 규정을 근거로 판단할 때, 〈보기〉에서 옳은 것만을 모두 고르면?

제1조(물건의 공유)
① 물건이 지분에 의하여 여러 사람의 소유로 된 때에는 공유로 한다.
② 공유자의 지분은 균등한 것으로 추정한다.
제2조(공유지분의 처분과 공유물의 사용, 수익) 공유자는 자신의 지분을 다른 공유자의 동의 없이 처분할 수 있고 공유물 전부를 지분의 비율로 사용, 수익할 수 있다.
제3조(공유물의 처분, 변경) 공유자는 다른 공유자의 동의 없이 공유물을 처분하거나 변경하지 못한다.
제4조(공유물의 관리, 보존) 공유물의 관리에 관한 사항은 공유자의 지분의 과반수로써 결정한다. 그러나 보존행위는 각자가 할 수 있다.
제5조(지분포기등의 경우의 귀속) 공유자가 그 지분을 포기하거나 상속인 없이 사망한 때에는 그 지분은 다른 공유자에게 각 지분의 비율로 귀속한다.

보기

ㄱ. 甲, 乙, 丙은 X에 대해 각자 1/3씩 지분을 갖는 것으로 추정된다.
ㄴ. 甲은 단독으로 X에 대한 보존행위를 할 수 있다.
ㄷ. 甲이 X에 대한 자신의 지분을 처분하기 위해서는 乙과 丙의 동의를 얻어야 한다.
ㄹ. 甲이 상속인 없이 사망한 경우, X에 대한 甲의 지분은 乙과 丙에게 각 지분의 비율에 따라 귀속된다.

① ㄱ, ㄴ
② ㄴ, ㄷ
③ ㄷ, ㄹ
④ ㄱ, ㄴ, ㄹ
⑤ ㄱ, ㄷ, ㄹ

08 다음 글을 근거로 판단할 때, 재산등록 의무자(A ~ E)의 재산등록 대상으로 옳은 것은?

재산등록 및 공개 제도는 재산등록 의무자가 본인, 배우자 및 직계존·비속의 재산을 주기적으로 등록·공개하도록 하는 제도이다. 이 제도는 재산등록 의무자의 재산 및 변동사항을 국민에게 투명하게 공개함으로써 부정이 개입될 소지를 사전에 차단하여 공직 사회의 윤리성을 높이기 위해 도입되었다.

○ 재산등록 의무자 : 대통령, 국무총리, 국무위원, 지방자치단체장 등 국가 및 지방자치단체의 정무직 공무원, 4급 이상의 일반직·지방직 공무원 및 이에 상당하는 보수를 받는 별정직 공무원, 대통령령으로 정하는 외무공무원 등

○ 등록대상 친족의 범위 : 본인, 배우자, 본인의 직계존·비속. 다만, 혼인한 직계비속인 여성, 외증조부모, 외조부모 및 외손자녀, 외증손자녀는 제외한다.

○ 등록대상 재산 : 부동산에 관한 소유권·지상권 및 전세권, 자동차·건설기계·선박 및 항공기, 합명회사·합자회사 및 유한회사의 출자 지분, 소유자별 합계액 1천만 원 이상의 현금·예금·증권·채권·채무, 품목당 5백만 원 이상의 보석류, 소유자별 연간 1천만 원 이상의 소득이 있는 지식재산권

※ 직계존속 : 부모, 조부모, 증조부모 등 조상으로부터 자기에 이르기까지 직계로 이어 내려온 혈족

※ 직계비속 : 자녀, 손자, 증손 등 자기로부터 아래로 직계로 이어 내려가는 혈족

① 시청에 근무하는 4급 공무원 A의 동생이 소유한 아파트
② 시장 B의 결혼한 딸이 소유한 1,500만 원의 정기예금
③ 도지사 C의 아버지가 소유한 연간 600만 원의 소득이 있는 지식재산권
④ 정부부처 4급 공무원 상당의 보수를 받는 별정직 공무원 D의 아들이 소유한 승용차
⑤ 정부부처 4급 공무원 E의 이혼한 전처가 소유한 1,000만 원 상당의 다이아몬드

09 다음 글을 근거로 판단할 때 옳은 것은?

제1조(국민공천배심원단)

① 공정하고 투명한 국회의원 후보자 선발을 위하여 국민공천배심원단을 둔다.

② 국민공천배심원단은 국회의원 후보자 중 비전략지역 후보자를 제외한 전략지역 및 비례대표 후보자를 심사대상으로 한다.

제2조(지역구 국회의원 후보자의 확정)

① 지역구 국회의원 후보자는 공천위원회의 추천을 받아 최고위원회의 의결로 확정한다.

② 공천위원회는 후보자의 적격여부에 대한 심사를 거쳐 단수 후보자를 최고위원회에 추천하거나 복수의 후보자를 선정한다.

③ 공천위원회는 제2항에 따라 선정된 복수의 후보자를 대상으로 여론조사를 실시하여 결정된 단수 후보자를 최고위원회에 추천한다.

④ 국민공천배심원단은 공천위원회에서 추천한 전략지역 후보자에 대해 적격여부를 심사하여 부적격하다고 판단할 경우, 재적 3분의 2 이상의 의결로 최고위원회에 재의요구를 권고할 수 있다.

제3조(비례대표 국회의원 후보자 확정) 비례대표 국회의원 후보자는 공천위원회에서 지역 및 직역별로 공모를 실시한 후 후보자와 그 순위를 정하고, 국민공천배심원단의 심사를 거쳐 최고위원회의 의결로 확정한다.

---

① 국민공천배심원단은 비례대표 국회의원 후보자를 최종적으로 확정한다.

② 국민공천배심원단은 전략지역 국회의원 후보자를 추천할 수 있다.

③ 국민공천배심원단은 공천위원회가 추천한 비전략지역 국회의원 후보자에 대해 재의를 요구할 수 있다.

④ 최고위원회는 공천위원회의 추천을 받아 비전략지역 국회의원 후보자를 의결로 확정한다.

⑤ 전략지역 국회의원 후보자에 대하여 최고위원회에 재의요구를 권고할 수 있는 국민공천배심원단의 의결정족수는 재적 3분의 1 이상이다.

10 다음 글을 근거로 판단할 때, 스프링클러설비를 설치해야 하는 곳은?

스프링클러설비를 설치해야 하는 곳은 다음과 같다.

1. 종교시설(사찰·제실·사당은 제외한다), 운동시설(물놀이형 시설은 제외한다)로서 수용인원이 100명 이상인 경우에는 모든 층
2. 판매시설, 운수시설 및 창고시설 중 물류터미널로서 다음의 어느 하나에 해당하는 경우에는 모든 층
    ○ 층수가 3층 이하인 건축물로서 바닥면적 합계가 6,000m² 이상인 것
    ○ 층수가 4층 이상인 건축물로서 바닥면적 합계가 5,000m² 이상인 것
3. 다음의 어느 하나에 해당하는 경우에는 모든 층
    ○ 의료시설 중 정신의료기관, 노인 및 어린이 시설로서 해당 용도로 사용되는 바닥면적의 합계가 600m² 이상인 것
    ○ 숙박이 가능한 수련시설로서 해당 용도로 사용되는 바닥면적의 합계가 600m² 이상인 것
4. 기숙사(교육연구시설·수련시설 내에 있는 학생 수용을 위한 것을 말한다) 또는 복합건축물로서 연면적 5,000m² 이상인 경우에는 모든 층
5. 교정 및 군사시설 중 다음의 어느 하나에 해당하는 경우에는 해당 장소
    ○ 보호감호소, 교도소, 구치소, 보호관찰소, 갱생보호시설, 치료감호시설, 소년원의 수용거실
    ○ 경찰서 유치장

---

① 경찰서 민원실
② 수용인원이 500명인 사찰의 모든 층
③ 연면적 15,000m²인 5층 복합건축물의 모든 층
④ 2층 건축물로서 바닥면적 합계가 5,000m²인 물류터미널의 모든 층
⑤ 외부에서 입주한 편의점의 바닥면적을 포함한 바닥면적 합계가 500m²인 정신의료기관의 모든 층

11 다음 글을 근거로 판단할 때, 〈보기〉에서 인공임신중절수술이 허용되는 경우만을 모두 고르면?

제1조(인공임신중절수술의 허용한계)

① 의사는 다음 각 호의 어느 하나에 해당되는 경우에만 본인과 배우자(사실상의 혼인관계에 있는 사람을 포함한다. 이하 같다)의 동의를 받아 인공임신중절수술을 할 수 있다.

  1. 본인이나 배우자가 대통령령으로 정하는 우생학적(優生學的) 또는 유전학적 정신장애나 신체질환이 있는 경우

  2. 본인이나 배우자가 대통령령으로 정하는 전염성 질환이 있는 경우

  3. 강간 또는 준강간(準强姦)에 의하여 임신된 경우

  4. 법률상 혼인할 수 없는 혈족 또는 인척 간에 임신된 경우

  5. 임신의 지속이 보건의학적 이유로 모체의 건강을 심각하게 해치고 있거나 해칠 우려가 있는 경우

② 제1항의 경우에 배우자의 사망·실종·행방불명, 그 밖에 부득이한 사유로 동의를 받을 수 없으면 본인의 동의만으로 그 수술을 할 수 있다.

③ 제1항의 경우 본인이나 배우자가 심신장애로 의사표시를 할 수 없을 때에는 그 친권자나 후견인의 동의로, 친권자나 후견인이 없을 때에는 부양의무자의 동의로 각각 그 동의를 갈음할 수 있다.

〈시행령〉

제1조(인공임신중절수술의 허용한계)

① 법 제1조에 따른 인공임신중절수술은 임신 24주일 이내인 사람만 할 수 있다.

② 법 제1조 제1항 제1호에 따라 인공임신중절수술을 할 수 있는 우생학적 또는 유전학적 정신장애나 신체질환은 연골무형성증, 낭성섬유증 및 그 밖의 유전성 질환으로서 그 질환이 태아에 미치는 위험성이 높은 질환으로 한다.

③ 법 제1조 제1항 제2호에 따라 인공임신중절수술을 할 수 있는 전염성 질환은 풍진, 톡소플라즈마증 및 그 밖에 의학적으로 태아에 미치는 위험성이 높은 전염성 질환으로 한다.

보기

ㄱ. 태아에 미치는 위험성이 높은 연골무형성증의 질환이 있는 임신 20주일 임산부와 그 남편이 동의한 경우

ㄴ. 풍진을 앓고 있는 임신 28주일 임산부가 동의한 경우

ㄷ. 남편이 실종 중인 상황에서 임신중독증으로 생명이 위험한 임신 20주일 임산부가 동의한 경우

ㄹ. 남편이 실업자가 되어 도저히 아이를 키울 수 없다고 판단한 임신 16주일 임산부와 그 남편이 동의한 경우

① ㄱ, ㄴ

② ㄱ, ㄷ

③ ㄴ, ㄹ

④ ㄱ, ㄷ, ㄹ

⑤ ㄴ, ㄷ, ㄹ

12 다음 A국의 법률을 근거로 할 때, 조치로 옳지 않은 것은?

제1조(출국의 금지)

① A장관은 다음 각 호의 어느 하나에 해당하는 사람에 대하여는 6개월 이내의 기간을 정하여 출국을 금지할 수 있다.

1. 형사재판에 계류 중인 사람
2. 징역형이나 금고형의 집행이 끝나지 아니한 사람
3. 1천만 원 이상의 벌금이나 2천만 원 이상의 추징금을 내지 아니한 사람
4. 5천만 원 이상의 국세·관세 또는 지방세를 정당한 사유 없이 그 납부기한까지 내지 아니한 사람

② A장관은 범죄 수사를 위하여 출국이 적당하지 아니하다고 인정되는 사람에 대하여는 1개월 이내의 기간을 정하여 출국을 금지할 수 있다. 다만 다음 각 호에 해당하는 사람은 그 호에서 정한 기간으로 한다.

1. 소재를 알 수 없어 기소중지결정이 된 사람 또는 도주 등 특별한 사유가 있어 수사진행이 어려운 사람 : 3개월 이내
2. 기소중지결정이 된 경우로서 체포영장 또는 구속영장이 발부된 사람 : 영장 유효기간 이내

---

① 사기사건으로 인해 유죄판결을 받고 현재 고등법원에서 항소심이 진행 중인 甲에 대하여 5개월 간 출국을 금지할 수 있다.

② 추징금 2천 5백만 원을 내지 않은 乙에 대하여 3개월 간 출국을 금지할 수 있다.

③ 소재를 알 수 없어 기소중지결정이 된 강도사건 피의자 丙에 대하여 2개월 간 출국을 금지할 수 있다.

④ 징역 2년을 선고받고 그 집행이 끝나지 않은 丁에 대하여 3개월 간 출국을 금지할 수 있다.

⑤ 정당한 사유 없이 2천만 원의 지방세를 납부기한까지 내지 않은 戊에 대하여 4개월 간 출국을 금지할 수 있다.

13 다음 글에 근거할 때, 〈보기〉의 甲, 乙 각각의 부양가족 수가 바르게 연결된 것은?(단, 甲, 乙 각 세대 모든 구성원은 주민등록표상 같은 주소에 등재되어 있고 현실적으로 생계를 같이하고 있다)

부양가족이란 주민등록표상 부양의무자와 세대를 같이하는 사람으로서 해당 부양의무자의 주소에서 현실적으로 생계를 같이하는 다음 중 어느 하나에 해당하는 사람을 말한다.

1. 배우자
2. 본인 및 배우자의 60세(여성인 경우에는 55세) 이상의 직계존속과 60세 미만의 직계존속 중 장애의 정도가 심한 사람
3. 본인 및 배우자의 20세 미만의 직계비속과 20세 이상의 직계비속 중 장애의 정도가 심한 사람
4. 본인 및 배우자의 형제자매 중 장애의 정도가 심한 사람

※ '장애의 정도가 심한 사람'이란 다음 중 어느 하나에 해당하는 사람을 말한다.

    가. 장애등급 제1급부터 제6급까지
    나. 상이등급 제1급부터 제7급까지
    다. 장해등급 제1급부터 제6급까지

보기

ㄱ. 부양의무자 甲은 배우자, 75세 아버지, 15세 자녀 1명, 20세 자녀 1명, 장애 6급을 가진 39세 처제 1명과 함께 살고 있다.

ㄴ. 부양의무자 乙은 배우자, 58세 장인과 56세 장모, 16세 조카 1명, 18세 동생 1명과 함께 살고 있다.

	甲	乙
①	4명	2명
②	4명	3명
③	5명	2명
④	5명	3명
⑤	5명	4명

14 다음 규정을 근거로 판단할 때, 〈보기〉에서 옳은 것을 모두 고르면?

제1조

① 의회는 다음 각 호의 사유를 제외하고는 재적의원 과반수의 출석과 출석의원 과반수의 찬성으로 안건을 의결한다. 가부동수(可否同數)인 때에는 부결된 것으로 한다.

  1. 국무총리 또는 국무위원의 해임 건의

  2. 국무총리·국무위원·행정각부의 장·헌법재판소재판관·법관에 대한 탄핵소추

  3. 대통령에 대한 탄핵소추

  4. 헌법개정안

  5. 의회의원 제명

  6. 대통령이 재의를 요구한 법률안에 대한 재의결

② 제1항 제1호와 제2호는 재적의원 과반수의 찬성으로 의결한다.

③ 제1항 제3호, 제4호, 제5호는 재적의원 3분의 2 이상의 찬성으로 의결한다.

④ 제1항 제6호는 재적의원 과반수의 출석과 출석의원 3분의 2 이상의 찬성으로 의결한다.

보기

ㄱ. 탄핵소추의 대상에 따라 탄핵소추를 의결하는데 필요한 정족수가 다르다.

ㄴ. 의회 재적의원 과반수의 찬성이 있더라도 의회는 직접 국무위원을 해임시킬 수 없다.

ㄷ. 의회의 의결정족수 중 대통령이 재의를 요구한 법률안을 의회가 재의결하는 데 필요한 의결정족수가 가장 크다.

ㄹ. 헌법개정안을 의회에서 의결하기 위해서는 의회 재적의원 과반수의 출석과 출석의원 과반수의 찬성을 요한다.

---

① ㄱ, ㄴ

② ㄴ, ㄷ

③ ㄷ, ㄹ

④ ㄱ, ㄴ, ㄷ

⑤ ㄴ, ㄷ, ㄹ

15 다음 규정을 근거로 판단할 때, 〈보기〉에서 옳은 것을 모두 고르면?

제1조(성립)

① 정당은 중앙당이 중앙선거관리위원회에 등록함으로써 성립한다.

② 제1항의 등록에는 다음 각 호의 요건을 구비하여야 한다.

    1. 정당은 5개 이상의 시·도당을 가져야 한다.

    2. 시·도당은 각 1,000명 이상의 당원을 가져야 한다.

제2조(창당준비위원회) 정당의 창당활동은 발기인으로 구성하는 창당준비위원회가 한다.

제3조(창당준비위원회의 활동범위)

① 중앙당창당준비위원회는 중앙선거관리위원회에의 결성신고일부터 6월 이내에 한하여 창당활동을 할 수 있다.

② 중앙당창당준비위원회가 제1항의 기간 이내에 중앙당의 창당등록신청을 하지 아니한 때에는 그 기간만료일의 다음 날에 그 창당준비위원회는 소멸된 것으로 본다.

제4조(발기인) 창당준비위원회는 중앙당의 경우에는 200명 이상의, 시·도당의 경우에는 각 100명 이상의 발기인으로 구성한다.

제5조(등록신청) 창당준비위원회가 창당준비를 완료한 때에는 그 대표자는 관할 선거관리위원회에 정당의 등록을 신청하여야 한다.

제6조(등록의 취소)

① 정당이 다음 각 호의 어느 하나에 해당하는 때에는 당해 선거관리위원회는 그 등록을 취소한다.

    1. 정당성립의 등록에 필요한 시·도당 수 및 시·도당의 당원수의 요건을 구비하지 못하게 된 때. 다만, 요건의 흠결이 공직선거의 선거일 전 3월 이내에 생긴 때에는 선거일 후 3월까지, 그 외의 경우에는 요건 흠결시부터 3월까지 그 취소를 유예한다.

    2. 의회의원 총선거에 참여하여 의석을 얻지 못하고 유효투표총수의 100분의 2 이상을 득표하지 못한 때

보기

ㄱ. 2010년 2월 1일, 정치인 甲은 5개 시·도에서 600명의 발기인으로 구성된 창당준비위원회를 결성하고 신고한 뒤, 이들 시·도에서 총 4,000명의 당원을 모집하였고, 같은 해 7월 30일 중앙선거관리위원회에 등록을 신청하여 정당으로 성립되었다.

ㄴ. 2010년 3월 15일, 정치인 乙은 중앙당 300명, 5개 시·도에서 각각 150명의 발기인으로 창당준비위원회를 결성하고 신고한 뒤, 이들 시·도에서 각 2,000명씩 총 10,000명의 당원을 모집한 후, 같은 해 9월 30일 중앙선거관리위원회에 등록을 신청하여 정당으로 성립되었다.

ㄷ. 중앙선거관리위원회에 등록되어 활동해오던 정당 丙은 의회의원 총선거를 2개월 앞둔 시점에서 2개 도의 당원수가 각각 2,000명에서 절반으로 줄어 선거 1개월 후에 등록이 취소되었다.

ㄹ. 중앙선거관리위원회에 등록되어 활동해오던 정당 丁은 최근에 실시되었던 의회의원 총선거에 참여하여 한 명의 후보도 당선시키지 못하였으나, 유효투표총수인 1,000만 표 중 25만 표를 획득함으로써 등록이 유지되었다.

① ㄹ
② ㄱ, ㄴ
③ ㄴ, ㄷ
④ ㄷ, ㄹ
⑤ ㄱ, ㄴ, ㄹ

16 다음 규정을 근거로 판단할 때, 〈보기〉에서 옳은 것을 모두 고르면?

제1조

① 의회의 정기회는 법률이 정하는 바에 의하여 매년 1회 집회되며, 의회의 임시회는 대통령 또는 의회재적의원 4분의 1 이상의 요구에 의하여 집회된다.

② 정기회의 회기는 100일을, 임시회의 회기는 30일을 초과할 수 없다.

③ 대통령이 임시회의 집회를 요구할 때에는 기간과 집회요구의 이유를 명시하여야 한다.

제2조 의회는 헌법 또는 법률에 특별한 규정이 없는 한 재적의원 과반수의 출석과 출석의원 과반수의 찬성으로 의결한다. 가부동수(可否同數)인 때에는 부결된 것으로 본다.

제3조 의회에 제출된 법률안 및 기타의 의안은 회기 중에 의결되지 못한 이유로 폐기되지 아니한다. 다만, 의회의원의 임기가 만료된 때에는 그러하지 아니하다.

제4조 부결된 안건은 같은 회기 중에 다시 발의 또는 제출하지 못한다.

보기

ㄱ. 甲의원이 임시회의 기간과 이유를 명시하여 집회요구를 하는 경우 임시회가 소집된다.

ㄴ. 정기회와 임시회 회기의 상한일수는 상이하나 의결정족수는 특별한 규정이 없는 한 동일하다.

ㄷ. 乙의원이 제출한 의안이 계속해서 의결되지 못한 상태에서 乙의원의 임기가 만료되면 이 의안은 폐기된다.

ㄹ. 임시회에서 丙의원이 제출한 의안이 표결에서 가부동수인 경우, 丙의원은 동일 회기 중에 그 의안을 다시 발의할 수 없다.

① ㄱ, ㄴ

② ㄱ, ㄷ

③ ㄴ, ㄹ

④ ㄱ, ㄷ, ㄹ

⑤ ㄴ, ㄷ, ㄹ

17 다음 제시문을 근거로 판단할 때 금융기관 등이 의무적으로 해야 할 일이 아닌 것을 〈보기〉에서 모두 고르면?

〈혐의거래보고 기본체계〉

1) 혐의거래보고의 대상

금융기관 등은 ① 원화 2천만 원 또는 외화 1만 달러 상당 이상의 거래로서 금융재산이 불법재산이거나 금융거래 상대방이 자금세탁행위를 하고 있다고 의심할 만한 합당한 근거가 있는 경우, ② 범죄수익 또는 자금세탁행위를 알게 되어 수사기관에 신고한 경우에는 의무적으로 금융정보분석원에 혐의거래보고를 하여야 한다.

의무보고대상거래를 보고하지 않을 경우에는 관련 임직원에 대한 징계 및 기관에 대한 과태료 부과 등 적절한 제재조치를 할 수 있다. 또한, 혐의거래 중 거래액이 보고대상 기준금액 미만인 경우에 금융기관은 이를 자율적으로 보고할 수 있다.

2) 혐의거래보고의 방법 및 절차

영업점직원은 업무지식과 전문성, 경험을 바탕으로 고객의 평소 거래상황, 직업, 사업내용 등을 고려하여 취급한 금융거래가 혐의거래로 의심되면 그 내용을 보고책임자에게 보고한다.

보고책임자는 특정금융거래정보보고 및 감독규정의 별지 서식에 의한 혐의거래보고서에 보고기관, 거래상대방, 의심스러운 거래내용, 의심스러운 합당한 근거, 보존하는 자료의 종류 등을 기재하여 온라인으로 보고하거나 문서로 제출하되, 긴급한 경우에는 우선 전화나 팩스로 보고하고 추후 보완할 수 있다.

보기

ㄱ. A은행은 창구에서 3천만 원을 현금으로 인출하려는 고객의 금융재산이 불법재산이라고 의심할 만한 합당한 근거가 있어 혐의거래보고를 한다.

ㄴ. B은행이 자금세탁행위로 신고하여 검찰수사를 받고 있는 거래에 대하여 B은행은 혐의거래보고서를 금융정보분석원에 제출한다.

ㄷ. C은행은 10억 원을 해외송금하는 거래자에 대해 뚜렷이 의심할 만한 근거는 없으나 거액의 거래이므로 혐의거래보고를 한다.

ㄹ. D은행은 의심할 만한 합당한 근거가 있는 거래에 대해 혐의거래보고서를 완벽하게 작성하지 못했지만 신속한 조사를 위해 팩스로 검찰청에 제출한다.

ㅁ. E은행은 5백만 원을 현금으로 인출하는 거래에 대해 의심할 만한 합당한 근거를 찾고 혐의거래보고서를 금융정보분석원에 제출한다.

① ㄱ, ㄴ

② ㄷ, ㄹ

③ ㄴ, ㄹ, ㅁ

④ ㄴ, ㄷ, ㅁ

⑤ ㄷ, ㄹ, ㅁ

18 다음 제시문을 근거로 할 때 사례의 빈칸에 들어갈 점수는?

---

1. 누진계급의 구분 및 진급
   ① 교도소장은 수형자에 대한 단계별 처우를 위하여 수형자의 행형(行刑)성적에 따라 누진계급을 제1급, 제2급, 제3급, 제4급으로 구분한다.
   ② 신입수형자는 제4급에 편입하고 행형성적에 따라 단계별로 상위계급으로 진급시킨다.
   ③ 계급의 진급은 각 계급의 책임점수를 매월 소득점수로 모두 공제한 때에 이루어진다. 만약 책임점수를 공제하고 소득점수가 남아있는 경우에는 이를 다음 계급의 소득점수로 인정한다.
2. 책임점수 및 소득점수
   ① 각 계급의 책임점수는 집행할 형기를 월 단위로 환산하여 이에 수형자의 개선급 유형 및 범수(犯數)별 점수를 곱하여 얻은 수로 한다(책임점수＝집행할 형기의 개월 수×개선급 유형 및 범수별 점수).
   ② 책임점수는 계급이 바뀔 때마다 잔여형기를 기준으로 다시 부여한다.
   ③ 개선급은 범죄성향의 강화와 개선정도에 따라 책임점수의 산정기준이 되는 분류급을 의미한다. 개선급 유형 및 범수별 점수는 다음과 같다.

〈개선급 유형 및 범수별 점수〉

개선급 유형		범수별 점수	
구분	판단기준	초범	2범 이상
A급	범죄성향이 강화되지 아니한 자로서 개선이 가능한 자	2점	2.5점
B급	범죄성향이 강화된 자로서 개선이 가능한 자	3점	3.5점
C급	범죄성향이 강화된 자로서 개선이 곤란한 자	4점	4.5점

   ④ 매월의 소득점수 산정은 소행점수, 작업점수, 상훈점수의 합산에 의한다.

〈사례〉

초범인 갑은 법원에서 징역 5년 2개월 형을 선고받고 교도소에 수감되었다(잔여형기 5년). 그리고 교도소 심사에서 '범죄성향이 강화되지 아니한 자로서 개선이 가능한 자'라는 판정을 받았다. 갑이 12개월 만에 129점의 소득점수를 얻어 제3급으로 진급하였다면 제2급으로 진급하기 위해서는 앞으로 최소한 _____을 더 획득하여야 한다.

---

① 81점
② 87점
③ 96점
④ 111점
⑤ 115점

19 다음 규정을 근거로 판단할 때 옳은 것은?

> **제1조** 중앙선거관리위원회는 비례대표 국회의원 선거에서 유효투표 총수의 100분의 3 이상을 득표하였거나 지역구 국회의원 총선거에서 5석 이상의 의석을 차지한 각 정당에 대하여 당해 의석할당정당이 비례대표 국회의원 선거에서 얻은 득표비율에 따라 비례대표 국회의원 의석을 배분한다.
>
> **제2조** 정당이 다음 각 호의 어느 하나에 해당하는 때에는 당해 선거관리위원회는 그 등록을 취소한다.
> 1. 최근 4년간 임기만료에 의한 국회의원 선거 또는 임기만료에 의한 지방자치단체의 장(長) 선거나 시·도의회의원 선거에 참여하지 아니한 때
> 2. 임기만료에 의한 국회의원 선거에 참여하여 의석을 얻지 못하고 유효투표 총수의 100분의 2 이상을 득표하지 못한 때
>
> **제3조**
> ① 의원이 의장으로 당선된 때에는 당선된 다음 날부터 그 직에 있는 동안은 당적을 가질 수 없다. 다만 국회의원 총선거에 있어서 공직선거법에 의한 정당추천후보자로 추천을 받고자 하는 경우에는 의원 임기만료일 전 90일부터 당적을 가질 수 있다.
> ② 제1항 본문의 규정에 의하여 당적을 이탈한 의장이 그 임기를 만료한 때에는 당적을 이탈할 당시의 소속 정당으로 복귀한다.
>
> **제4조** 비례대표 국회의원 또는 비례대표 지방의회의원이 소속 정당의 합당·해산 또는 제명 외의 사유로 당적을 이탈·변경하거나 2 이상의 당적을 가지고 있는 때에는 퇴직된다. 다만 비례대표 국회의원이 국회의장으로 당선되어 당적을 이탈한 경우에는 그러하지 아니하다.

① 비례대표 국회의원 甲은 국민들의 여론에 따라 소속 정당을 탈당하고 신생정당으로 옮겨 국회의원으로서의 활동을 계속 하고 있다.

② A정당은 지난 달 비례대표 국회의원 선거에서 유효투표 총수의 2%를 득표하고 지역구 국회의원 총선거에서 4석을 차지하여 정당등록이 취소되었다.

③ 비례대표 국회의원 乙은 자신이 속한 정당의 당론과 반대되는 의견을 제시한다는 이유로 소속 정당으로부터 제명되었으나 국회의원직을 계속 유지하고 있다.

④ 국회의장은 당적을 보유할 수 없고 비례대표 국회의원은 당적이 변경되면 퇴직하여야 하기 때문에 비례대표 국회의원 丙은 국회의장으로 당선될 수 없다.

⑤ B정당은 비례대표 국회의원 선거에서 유효투표 총수의 3%를 획득하였으나 지역구 국회의원 선거에서 의석을 4석밖에 차지하지 못하였기 때문에 비례대표 국회의원 의석을 배분받지 못하였다.

20 다음은 모회사와 자회사 간의 주식소유의 금지 및 회사 상호간의 주식소유에 따른 의결권의 제한과 관련된 규정이다. 이러한 규정에 근거한 판단으로 옳지 않은 것은?

> **제1조** 자회사는 '자기회사 발행주식총수의 100분의 50을 초과하는 주식을 가진 회사(모회사)'의 주식을 취득할 수 없다.
>
> **제2조** 다른 회사 발행주식총수의 100분의 50을 초과하는 주식을 모회사 및 자회사 또는 자회사가 가지고 있는 경우, 그 다른 회사는 그 모회사의 자회사로 본다.
>
> **제3조** 회사, 모회사 및 자회사 또는 자회사가 다른 회사 발행주식총수의 10분의 1을 초과하는 주식을 가지고 있는 경우, 그 다른 회사가 가지고 있는 회사 또는 모회사의 주식은 의결권이 없다.
>
> ※ 발행주식총수 : 회사가 실제로 발행한 주식의 총수

① A회사가 B회사 주식의 51%를 소유하고 있고 B회사도 C회사 주식의 51%를 소유하고 있는 경우, C회사는 A회사 주식을 취득하지 못한다.

② B회사 주식의 51%를 소유하고 있는 A회사가 B회사와 함께 소유하고 있는 C회사 주식의 합계가 C회사 주식의 51%인 경우, C회사는 A회사 주식을 취득하지 못한다.

③ A회사는 C회사 주식의 30%를 소유하고 C회사는 A회사 주식의 15%를 소유하는 경우, A회사와 C회사가 소유하는 상대방 회사의 주식은 각각 의결권이 없다.

④ A회사는 B회사 주식의 51%와 C회사 주식의 7%를 소유하고, B회사는 C회사 주식의 8%를 소유하는 경우, C회사가 소유하는 B회사 주식은 의결권이 없다.

⑤ A회사는 B회사 주식의 51%를 소유하고, B회사는 C회사 주식의 15%를 소유하는 경우, C회사가 소유하는 A회사 주식은 의결권이 없다.

21 다음의 종합부동산세에 관한 법률규정을 근거로 판단할 때 옳지 않은 것은?

> **제1조(과세기준일)** 종합부동산세의 과세기준일은 재산세의 과세기준일(6월 1일)로 한다.
>
> **제2조(납세의무자)** 과세기준일 현재 주택분 재산세의 납세의무자로서 국내에 있는 재산세 과세대상인 주택의 공시가격을 합산한 금액(개인의 경우 세대별로 합산한 금액)이 10억 원을 초과하는 자는 종합부동산세를 납부할 의무가 있다.
>
> **제3조(과세표준)** 주택에 대한 종합부동산세의 과세표준은 납세의무자별로 주택의 공시가격을 합산한 금액에서 10억 원을 공제한 금액으로 한다.
>
> **제4조(세율 및 세액)**
>
> ① 주택에 대한 종합부동산세는 과세표준에 다음의 세율을 적용하여 계산한 금액을 그 세액으로 한다.
>
> | 과세표준 | 세율 |
> | --- | --- |
> | 5억 원 이하 | 1천분의 10 |
> | 5억 원 초과 10억 원 이하 | 1천분의 15 |
> | 10억 원 초과 100억 원 이하 | 1천분의 20 |
> | 100억 원 초과 | 1천분의 30 |
>
> ② 주택분 종합부동산세액을 계산함에 있어 2017년부터 2019년까지의 기간에 납세의무가 성립하는 주택분 종합부동산세에 대하여는 제1항의 규정에 의한 세율별 과세표준에 다음 각호의 연도별 적용비율과 제1항의 규정에 의한 세율을 곱하여 계산한 금액을 각각 당해 연도의 세액으로 한다.
>
> 1. 2017년 : 100분의 70
> 2. 2018년 : 100분의 80
> 3. 2019년 : 100분의 90

① 각각 단독세대주인 갑(공시가격 25억 원 주택소유)과 을(공시가격 30억 원 주택소유)이 2017년 5월 31일 혼인신고 하여 부부가 되었다. 만약 혼인하지 않았다면 갑과 을이 각각 납부하였을 2017년 종합부동산세액의 합계는 혼인 후 납부하는 세액과 동일하다.

② 2017년 12월 31일 현재 A의 세대별 주택공시가격의 합산액이 15억 원일 경우 재산변동이 없다면 다음 해의 종합부동산세액은 400만 원이다.

③ 종합부동산세를 줄이기 위해 주택을 처분하기로 결정하였다면, 당해 연도 6월 1일 이전에 처분하는 것이 유리하다.

④ 2017년부터 2019년까지의 적용비율을 점차적으로 상승시킴으로써 시행 초기에 나타날 수 있는 조세저항을 줄이려고 했다.

⑤ 종합부동산세를 줄이기 위해 기혼 무주택 자녀에게 주택을 증여하여 재산을 분할하는 일이 증가할 수 있다.

☑ 확인 Check! ○△✕

01 다음 글을 근거로 판단할 때 옳은 것은?

> **제1조**
> ① 청원경찰이란 기관의 장 또는 시설·사업장 등의 경영자(이하 '기관의 장 등'이라 한다)가 경비를 부담할 것을 조건으로 경찰의 배치를 신청하는 경우 그 기관·시설·사업장 등의 경비를 담당하게 하기 위하여 배치하는 경찰을 말한다.
> ② 청원경찰을 배치받으려는 기관의 장 등은 관할 지방경찰청장에게 청원경찰 배치를 신청하여야 한다.
> ③ 지방경찰청장은 제2항의 청원경찰 배치신청을 받으면 지체 없이 그 배치 여부를 결정하여야 한다.
> ④ 지방경찰청장은 청원경찰 배치가 필요한 경우 관할 구역에 소재하는 기관의 장 등에게 청원경찰을 배치할 것을 요청할 수 있다.
>
> **제2조**
> ① 청원경찰은 청원경찰의 배치결정을 받은 자[이하 '청원주(請願主)'라 한다]와 배치된 기관·시설·사업장의 구역을 관할하는 경찰서장의 감독을 받아 그 경비구역만의 경비를 목적으로 필요한 범위에서 경찰관 직무집행법에 따른 경찰관의 직무를 수행한다.
> ② 청원경찰은 제1항에도 불구하고 수사활동 등 사법경찰관리(司法警察官吏)의 직무를 수행해서는 아니 된다.
>
> **제3조**
> ① 청원경찰은 청원주가 임용하되, 임용을 할 때에는 미리 관할 지방경찰청장의 승인을 받아야 한다.
> ② 국가공무원법의 결격사유에 해당하는 사람은 청원경찰로 임용될 수 없다.
> ③ 청원경찰의 임용자격·임용방법·교육 및 보수에 관하여는 대통령령으로 정한다.
> **제4조** 청원주가 청원경찰이 휴대할 무기를 대여 받으려는 경우에는 관할 경찰서장을 거쳐 지방경찰청장에게 무기대여를 신청하여야 한다.

① 청원경찰의 임용승인과 직무감독의 권한은 관할 경찰서장에게 있다.
② 청원경찰은 관할 지방경찰청장의 요청뿐만 아니라 배치 받으려는 기관의 장 등의 신청에 의해서도 배치될 수 있다.
③ 청원경찰의 임용자격 및 임용방법은 국가공무원법에 따르며, 청원경찰의 결격사유는 대통령령으로 정한다.
④ 청원경찰은 배치된 사업장의 경비를 목적으로 필요한 범위에서 수사활동 등 사법경찰관리의 직무를 수행할 수 있다.
⑤ 청원경찰은 직무수행에 필요한 경우 직접 관할 지방경찰청장에게 무기대여를 신청하여야 한다.

02 다음 글과 상황을 근거로 판단할 때, 甲이 A대학을 졸업하기 위해 추가로 필요한 최소 취득학점은?

〈K법〉

제1조(학점의 인정 등)
① 전문학사학위과정 또는 학사학위과정을 운영하는 대학(이하 '대학'이라 한다)은 학생이 다음 각 호의 어느 하나에 해당하는 경우에 학칙으로 정하는 바에 따라 이를 해당 대학에서 학점을 취득한 것으로 인정할 수 있다.
   1. 국내외의 다른 전문학사학위과정 또는 학사학위과정에서 학점을 취득한 경우
   2. 전문학사학위과정 또는 학사학위과정과 동등한 학력·학위가 인정되는 평생교육시설에서 학점을 취득한 경우
   3. 병역법에 따른 입영 또는 복무로 인하여 휴학 중인 사람이 원격수업을 수강하여 학점을 취득한 경우
② 제1항에 따라 인정되는 학점의 범위와 기준은 다음 각 호와 같다.
   1. 제1항 제1호에 해당하는 경우 : 취득한 학점의 전부
   2. 제1항 제2호에 해당하는 경우 : 대학 졸업에 필요한 학점의 2분의 1 이내
   3. 제1항 제3호에 해당하는 경우 : 연(年) 12학점 이내
제2조(편입학 등) 학사학위과정을 운영하는 대학은 다음 각 호에 해당하는 학생을 편입학 전형을 통해 선발할 수 있다.
1. 전문학사학위를 취득한 자
2. 학사학위과정의 제2학년을 수료한 자

〈상황〉

○ A대학은 학칙을 통해 학점인정의 범위를 K법에서 허용하는 최대 수준으로 정하고 있다.
○ 졸업에 필요한 최소 취득학점은 A대학 120학점, B전문대학 63학점이다.
○ 甲은 B전문대학에서 졸업에 필요한 최소 취득학점만으로 전문학사학위를 취득하였다.
○ 甲은 B전문대학 졸업 후 A대학 3학년에 편입하였고 군복무로 인한 휴학 기간에 원격수업을 수강하여 총 6학점을 취득하였다.
○ 甲은 A대학에 복학한 이후 총 30학점을 취득하였고, 1년 동안 미국의 C대학에 교환학생으로 파견되어 총 12학점을 취득하였다.

① 9학점   ② 12학점
③ 15학점   ④ 22학점
⑤ 24학점

03 다음 글을 근거로 판단할 때 옳은 것은?

제1조(연구실적평가)

① 연구직으로 근무한 경력이 2년 이상인 연구사(석사 이상의 학위를 가진 사람은 제외한다)는 매년 12월 31일까지 그 연구실적의 결과를 논문으로 제출하여야 한다. 다만 연구실적 심사평가를 3번 이상 통과한 연구사는 그러하지 아니하다.

② 연구실적의 심사를 위하여 소속기관의 장은 임용권자 단위 또는 소속 기관 단위로 직렬별, 직류별 또는 직류 내 같은 업무분야별로 연구실적평가위원회를 설치하여야 한다.

③ 연구실적평가위원회는 위원장을 포함한 5명의 위원으로 구성한다. 위원장과 2명의 위원은 소속기관 내부 연구관 중에서, 위원 2명은 대학교수나 외부 연구기관·단체의 연구관 중에서 연구실적평가위원회를 구성할 때마다 임용권자가 임명하거나 위촉한다. 이 경우 위원 중에는 대학교수인 위원이 1명 이상 포함되어야 한다.

④ 연구실적평가위원회의 회의는 임용권자나 위원장이 매년 1월 중에 소집하고, 그 밖에 필요한 경우에는 수시로 소집한다.

⑤ 연구실적평가위원회의 표결은 무기명 투표로 하며, 재적위원 과반수의 찬성으로 의결한다.

※ 대학교수와 연구관은 겸직할 수 없음

---

① 개별 연구실적평가위원회는 최대 3명의 대학교수를 위원으로 위촉할 수 있다.

② 연구실적평가위원회 위원장은 소속기관 내부 연구관이 아닌 대학교수가 맡을 수 있다.

③ 연구실적평가위원회에 4명의 위원이 출석한 경우와 5명의 위원이 출석한 경우의 의결정족수는 같다.

④ 연구실적평가위원회 위원으로 위촉된 경력이 있는 사람을 재위촉하는 경우 별도의 위촉절차를 거치지 않아도 된다.

⑤ 석사학위 이상을 소지하지 않은 모든 연구사는 연구직으로 임용된 이후 5년이 지나면 석사학위를 소지한 연구사와 동일하게 연구실적 결과물 제출을 면제받는다.

04 다음 글을 근거로 판단할 때 옳은 것은?

제1조(문서의 성립 및 효력발생)

① 문서는 결재권자가 해당 문서에 서명(전자이미지서명, 전자문자서명 및 행정전자서명을 포함한다)의 방식으로 결재함으로써 성립한다.

② 문서는 수신자에게 도달(전자문서의 경우는 수신자가 지정한 전자적 시스템에 입력되는 것을 말한다)됨으로써 효력이 발생한다.

③ 제2항에도 불구하고 공고문서는 그 문서에서 효력발생 시기를 구체적으로 밝히고 있지 않으면 그 고시 또는 공고가 있은 날부터 5일이 경과한 때에 효력이 발생한다.

제2조(문서 작성의 일반원칙)

① 문서는 어문규범에 맞게 한글로 작성하되, 뜻을 정확하게 전달하기 위하여 필요한 경우에는 괄호 안에 한자나 그 밖의 외국어를 함께 적을 수 있으며, 특별한 사유가 없으면 가로로 쓴다.

② 문서의 내용은 간결하고 명확하게 표현하고 일반화되지 않은 약어와 전문용어 등의 사용을 피하여 이해하기 쉽게 작성하여야 한다.

③ 문서에는 음성정보나 영상정보 등을 수록할 수 있고 연계된 바코드 등을 표기할 수 있다.

④ 문서에 쓰는 숫자는 특별한 사유가 없으면 아라비아 숫자를 쓴다.

⑤ 문서에 쓰는 날짜는 숫자로 표기하되, 연·월·일의 글자는 생략하고 그 자리에 온점(.)을 찍어 표시하며, 시·분은 24시각제에 따라 숫자로 표기하되, 시·분의 글자는 생략하고 그 사이에 쌍점(:)을 찍어 구분한다. 다만 특별한 사유가 있으면 다른 방법으로 표시할 수 있다.

---

① 문서에 '2018년 7월 18일 오후 11시 30분'을 표기해야 할 때 특별한 사유가 없으면 '2018. 7. 18. 23:30'으로 표기한다.

② 2018년 9월 7일 공고된 문서에 효력발생 시기가 구체적으로 명시되지 않은 경우 그 문서의 효력은 즉시 발생한다.

③ 전자문서의 경우 해당 수신자가 지정한 전자적 시스템에 도달한 문서를 확인한 때부터 효력이 발생한다.

④ 문서 작성 시 이해를 쉽게 하기 위해 일반화되지 않은 약어와 전문용어를 사용하여 작성하여야 한다.

⑤ 연계된 바코드는 문서에 함께 표기할 수 없기 때문에 영상 파일로 처리하여 첨부하여야 한다.

05 다음 글을 근거로 판단할 때 옳은 것은?

제1조 이 법은 법령의 공포절차 등에 관하여 규정함을 목적으로 한다.

제2조

① 법률 공포문의 전문에는 국회의 의결을 받은 사실을 적고, 대통령이 서명한 후 대통령인을 찍고 그 공포일을 명기하여 국무총리와 관계 국무위원이 서명한다.

② 확정된 법률을 대통령이 공포하지 아니할 때에는 국회의장이 이를 공포한다. 국회의장이 공포하는 법률의 공포문 전문에는 국회의 의결을 받은 사실을 적고, 국회의장이 서명한 후 국회의장인을 찍고 그 공포일을 명기하여야 한다.

제3조 조약 공포문의 전문에는 국회의 동의 또는 국무회의의 심의를 거친 사실을 적고, 대통령이 서명한 후 대통령인을 찍고 그 공포일을 명기하여 국무총리와 관계 국무위원이 서명한다.

제4조 대통령령 공포문의 전문에는 국무회의의 심의를 거친 사실을 적고, 대통령이 서명한 후 대통령인을 찍고 그 공포일을 명기하여 국무총리와 관계 국무위원이 서명한다.

제5조

① 총리령을 공포할 때에는 그 일자를 명기하고, 국무총리가 서명한 후 총리인을 찍는다.

② 부령을 공포할 때에는 그 일자를 명기하고, 해당 부의 장관이 서명한 후 그 장관인을 찍는다.

제6조

① 법령의 공포는 관보에 게재함으로써 한다.

② 관보의 내용 및 적용 시기 등은 종이관보를 우선으로 하며, 전자관보는 부차적인 효력을 가진다.

※ 법령 : 법률, 조약, 대통령령, 총리령, 부령을 의미한다.

---

① 모든 법률의 공포문 전문에는 국회의장인이 찍혀 있다.

② 핵무기비확산조약의 공포문 전문에는 총리인이 찍혀 있다.

③ 지역문화발전기본법의 공포문 전문에는 대법원장인이 찍혀 있다.

④ 대통령인이 찍혀 있는 법령의 공포문 전문에는 국무총리의 서명이 들어 있다.

⑤ 종이관보에 기재된 법인세법의 세율과 전자관보에 기재된 그 세율이 다른 경우 전자관보를 기준으로 판단하여야 한다.

06 다음 글을 근거로 판단할 때 옳은 것은?

> **제1조** 다음 각 호의 어느 하나에 해당하는 자는 감사원에 감사를 청구할 수 있다.
> 1. 19세 이상으로서 300명 이상의 국민
> 2. 상시 구성원 수가 300인 이상으로 등록된 공익 추구의 시민단체. 다만 정치적 성향을 띄거나 특정 계층 또는 집단의 이익을 추구하는 단체는 제외한다.
> 3. 감사대상기관의 장. 다만 해당 감사대상기관의 사무처리에 관한 사항 중 자체감사기구에서 직접 처리하기 어려운 부득이한 사유가 있거나 자체감사기구가 없는 경우에 한한다.
> 4. 지방의회. 다만 해당 지방자치단체의 사무처리에 한한다.
>
> **제2조**
> ① 감사청구의 대상은 공공기관에서 처리한 사무처리가 다음 각 호의 어느 하나에 해당하는 사항으로 한다.
>   1. 주요 정책 · 사업의 추진과정에서의 예산낭비에 관한 사항
>   2. 기관이기주의 등으로 인하여 정책 · 사업 등이 장기간 지연되는 사항
>   3. 국가 행정 및 시책, 제도 등이 현저히 불합리하여 개선이 필요한 사항
>   4. 기타 공공기관의 사무처리가 위법 또는 부당행위로 인하여 공익을 현저히 해한다고 판단되는 사항
> ② 제1항의 규정에 불구하고 다음 각 호의 어느 하나에 해당하는 사항은 감사청구의 대상에서 제외한다.
>   1. 수사 중이거나 재판(헌법재판소 심판을 포함한다), 행정심판, 감사원 심사청구 또는 화해 · 조정 · 중재 등 법령에 의한 불복절차가 진행 중인 사항. 다만 수사 또는 재판, 행정심판 등과는 직접적인 관계없이 예산낭비 등을 방지하기 위한 긴급한 필요가 있다고 인정될 때에는 감사를 실시할 수 있다.
>   2. 수사 결과, 판결, 재결, 결정 또는 화해 · 조정 · 중재 등에 의하여 확정되었거나 형 집행에 관한 사항
> ※ 공공기관 : 중앙행정기관, 지방자치단체, 정부투자기관을 의미한다.

① A시 지방의회는 A시가 주요 사업으로 시행하는 노후수도설비교체사업 중 발생한 예산낭비 사항에 대하여 감사를 청구할 수 있다.

② B정당의 사무총장은 C시청 별관신축공사 입찰시 담당공무원의 부당한 업무처리에 대하여 단독으로 감사를 청구할 수 있다.

③ D정부투자기관의 장은 해당 기관 직원과 특정 기업 간 유착관계에 대하여 자체감사기구에서 직접 처리할 수 있더라도 감사를 청구할 수 있다.

④ E시 지방의회는 E시 시장의 위법한 사무처리에 대하여 판결이 확정되었더라도 감사를 청구할 수 있다.

⑤ 민간 유통업체 F마트 사장은 농산물의 납품대가로 과도한 향응을 받은 담당직원의 위법행위에 대하여 감사를 청구할 수 있다.

07 다음 글을 근거로 판단할 때, 상황에서 제한보호구역으로 지정해야 하는 지역은?

제1조(통제보호구역과 제한보호구역의 지정)

① 다음 각 호 중 어느 하나에 해당하는 경우 통제보호구역으로 지정한다.

   1. 민간인통제선 이북(以北)지역

   2. 제1호 외의 지역에 위치한 특별군사시설의 최외곽경계선으로부터 500미터 이내의 지역

② 통제보호구역이 아닌 지역으로 다음 각 호 중 어느 하나에 해당하는 경우 제한보호구역으로 지정한다.

   1. 특별군사시설이 아닌 군사시설로서 군폭발물시설·군방공기지·군사격장·군훈련장의 경우, 당해 군사시설의 최외곽경계선으로부터 1킬로미터 이내의 지역

   2. 특별군사시설이 아닌 군사시설로서 취락지역에 위치하는 제1호 이외의 군사시설의 경우, 당해 군사시설의 최외곽경계선으로부터 500미터 이내의 지역

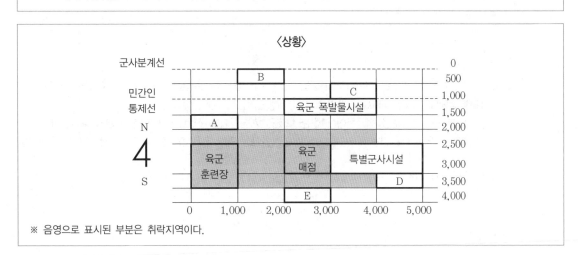

〈상황〉

※ 음영으로 표시된 부분은 취락지역이다.

① A   ② B

③ C   ④ D

⑤ E

08 다음 글과 상황을 근거로 판단할 때, 2019년 정당에 지급할 국고보조금의 총액은?

제1조(국고보조금의 계상)

① 국가는 정당에 대한 보조금으로 최근 실시한 임기만료에 의한 국회의원선거의 선거권자 총수에 보조금 계상단가를 곱한 금액을 매년 예산에 계상하여야 한다.

② 대통령선거, 임기만료에 의한 국회의원선거 또는 동시지방선거가 있는 연도에는 각 선거(동시지방선거는 하나의 선거로 본다)마다 보조금 계상단가를 추가한 금액을 제1항의 기준에 의하여 예산에 계상하여야 한다.

③ 제1항 및 제2항에 따른 보조금 계상단가는 전년도 보조금 계상단가에 전전년도와 대비한 전년도 전국소비자물가 변동률을 적용하여 산정한 금액을 증감한 금액으로 한다.

④ 중앙선거관리위원회는 제1항의 규정에 의한 보조금(이하 '경상보조금'이라 한다)은 매년 분기별로 균등분할하여 정당에 지급하고, 제2항의 규정에 의한 보조금(이하 '선거보조금'이라 한다)은 당해 선거의 후보자등록마감일 후 2일 이내에 정당에 지급한다.

〈상황〉

○ 2017년 실시된 임기만료에 의한 국회의원선거의 선거권자 총수는 3천만 명이었고, 국회의원 임기는 4년이다.

○ 2018년 정당에 지급된 국고보조금의 보조금 계상단가는 1,000원이었다.

○ 전국소비자물가 변동률을 적용하여 산정한 보조금 계상단가는 전년 대비 매년 30원씩 증가한다.

○ 2019년에는 5월에 대통령선거가 있고 8월에 임기만료에 의한 동시지방선거가 있다. 각 선거의 한 달 전에 후보자등록을 마감한다.

○ 2020년에는 대통령선거, 임기만료에 의한 국회의원선거 또는 동시지방선거가 없다.

---

① 309억 원

② 600억 원

③ 618억 원

④ 900억 원

⑤ 927억 원

09 다음 글을 근거로 판단할 때, 허용될 수 없는 행위는?(단, 적법한 권한을 가진 자가 조회하는 것으로 전제한다)

제1조(범죄경력조회·수사경력조회 및 회보의 제한 등) 수사자료표에 의한 범죄경력조회 및 수사경력조회와 그에 대한 회보는 다음 각 호의 어느 하나에 해당하는 경우에 그 전부 또는 일부에 대하여 조회 목적에 필요한 범위에서 할 수 있다.

1. 범죄 수사 또는 재판을 위하여 필요한 경우
2. 형의 집행 또는 사회봉사명령, 수강명령의 집행을 위하여 필요한 경우
3. 보호감호, 치료감호, 보호관찰 등 보호처분 또는 보안관찰업무의 수행을 위하여 필요한 경우
4. 수사자료표의 내용을 확인하기 위하여 본인이 신청하거나 외국 입국·체류 허가에 필요하여 본인이 신청하는 경우
5. 외국인의 귀화·국적회복·체류 허가에 필요한 경우
6. 각군 사관생도의 입학 및 장교의 임용에 필요한 경우
7. 병역의무 부과와 관련하여 현역병 및 사회복무요원의 입영(入營)에 필요한 경우
8. 공무원 임용, 인가·허가, 서훈(敍勳), 대통령 표창, 국무총리 표창 등의 결격사유, 징계절차가 개시된 공무원의 구체적인 징계 사유(범죄경력조회와 그에 대한 회보에 한정한다) 또는 공무원연금 지급 제한 사유 등을 확인하기 위하여 필요한 경우

※ 회보 : 신청인의 요구에 대하여 조회 후 알려주는 것

---

① 외국인 A의 귀화 허가를 위하여 A의 범죄경력을 조회하는 행위
② 회사원 B에 대한 사회봉사명령 집행을 위하여 B에 대한 수사경력을 조회하는 행위
③ 퇴직공무원 C의 공무원연금 지급 제한 사유를 확인하기 위해 C의 범죄경력을 조회하는 행위
④ 취업준비생 D의 채용에 참고하기 위하여 해당 사기업의 요청을 받아 D의 범죄경력을 조회하는 행위
⑤ 징계절차가 개시된 공무원 E의 구체적인 징계 사유를 확인하기 위하여 E의 범죄경력을 조회하는 행위

10 다음 글과 상황을 근거로 판단할 때, A지방자치단체 지방의회의 의결에 관한 설명으로 옳은 것은?

제1조(의사정족수)

① 지방의회는 재적의원 3분의 1 이상의 출석으로 개의(開議)한다.

② 회의 중 제1항의 정족수에 미치지 못할 때에는 의장은 회의를 중지하거나 산회(散會)를 선포한다.

제2조(의결정족수)

① 의결사항은 재적의원 과반수의 출석과 출석의원 과반수의 찬성으로 의결한다.

② 의장은 의결에서 표결권을 가지며, 찬성과 반대가 같으면 부결된 것으로 본다.

③ 의장은 제1항에 따라 의결하지 못한 때에는 다시 그 일정을 정한다.

제3조(지방의회의 의결사항) 지방의회는 다음 사항을 의결한다.

1. 조례의 제정·개정 및 폐지

2. 예산의 심의·확정

※ 지방의회의원 중 사망한 자, 제명된 자, 확정판결로 의원직을 상실한 자는 재적의원에 포함되지 않는다.

〈상황〉

○ A지방자치단체의 지방의회 최초 재적의원은 111명이다. 그중 2명은 사망하였고, 3명은 선거법 위반으로 구속되어 재판이 진행 중이며, 2명은 의회에서 제명되어 현재 총 104명이 의정활동을 하고 있다.

○ A지방자치단체 ○○조례 제정안이 상정되었다.

○ A지방자치단체의 지방의회는 의장을 포함한 53명이 출석하여 개의하였다.

---

① 의결할 수 없다.

② 부결된 것으로 본다.

③ 26명 찬성만으로 의결할 수 있다.

④ 27명 찬성만으로 의결할 수 있다.

⑤ 28명 찬성만으로 의결할 수 있다.

11 다음 글을 근거로 판단할 때 옳은 것은?

제1조(군위탁생의 임명)

① 군위탁생은 육군, 해군 및 공군(이하 '각군'이라 한다)에서 시행하는 전형과 해당 교육기관에서 시행하는 소정의 시험에 합격한 자 중에서 각군 참모총장의 추천에 의하여 국방부장관이 임명한다. 다만 부사관의 경우에는 각군 참모총장이 임명한다.

② 군위탁생은 임명권자의 허가 없이 교육기관을 옮기거나 전과(轉科)할 수 없다.

제2조(경비의 지급)

① 군위탁생에 대하여는 수학기간 중 입학금·등록금 기타 필요한 경비를 지급한다.

② 국외위탁생에 대하여는 왕복항공료 및 체재비를 지급하며, 6개월 이상 수학하는 국외위탁생에 대하여는 배우자 및 자녀의 왕복항공료, 의료보험료 또는 의료보조비, 생활준비금 및 귀국 이전비를 가산하여 지급할 수 있다. 이 경우 체재비의 지급액은 월 단위로 계산한다.

제3조(성적이 우수한 자의 진학 등)

① 국방부장관은 군위탁생으로서 소정의 과정을 우수한 성적으로 마친 자 중 지원자에 대하여는 소속군 참모총장의 추천에 의하여 해당 전공분야 또는 관련 학문분야의 상급과정에 진학하여 계속 수학하게 할 수 있다.

② 국방부장관은 군위탁생으로서 박사과정을 우수한 성적으로 마친 자 중 지원자에 대하여는 소속군 참모총장의 추천에 의하여 해당 전공분야 또는 관련분야의 실무연수를 하게 할 수 있다.

---

① 해군 장교가 군위탁생으로 추천받기 위해서는 해군에서 시행하는 전형과 해당 교육기관에서 시행하는 시험에 합격하여야 한다.

② 육군 부사관인 군위탁생이 다른 학교로 전학을 하기 위해서는 국방부장관의 허가를 받아야 한다.

③ 석사과정을 우수한 성적으로 마친 군위탁생은 소속군 참모총장의 추천이 없어도 관련 학문분야 박사과정에 진학하여 계속 수학할 수 있다.

④ 군위탁생의 경우 국내위탁과 국외위탁의 구별 없이 동일한 경비가 지급된다.

⑤ 3개월의 국외위탁교육을 받는 군위탁생은 체재비를 지급받을 수 없다.

12 다음 규정에 근거할 때, 옳은 것을 〈보기〉에서 모두 고르면?

제1조(공공기관의 구분)
① 기획재정부장관은 공공기관을 공기업·준정부기관과 기타공공기관으로 구분하여 지정한다. 직원 정원이 50인 이상인 공공기관은 공기업 또는 준정부기관으로, 그 외에는 기타공공기관으로 지정한다.
② 기획재정부장관은 제1항의 규정에 따라 공기업과 준정부기관을 지정하는 경우 자체수입액이 총수입액의 2분의 1 이상인 기관은 공기업으로, 그 외에는 준정부기관으로 지정한다.
③ 기획재정부장관은 제1항 및 제2항의 규정에 따른 공기업을 다음 각 호의 구분에 따라 세분하여 지정한다.
 1. 시장형 공기업 : 자산규모가 2조 원 이상이고, 총 수입액 중 자체수입액이 100분의 85 이상인 공기업
 2. 준시장형 공기업 : 시장형 공기업이 아닌 공기업

〈공공기관 현황〉

공공기관	직원 정원	자산규모	자체수입비율
A	80명	3조 원	85%
B	40명	1.5조 원	60%
C	60명	1조 원	45%
D	55명	2.5조 원	40%

※ 자체수입비율 : 총 수입액 대비 자체수입액 비율

보기

ㄱ. 기관 A는 시장형 공기업이다.
ㄴ. 기관 B는 준시장형 공기업이다.
ㄷ. 기관 C는 기타공공기관이다.
ㄹ. 기관 D는 준정부기관이다.

① ㄱ, ㄴ
② ㄱ, ㄹ
③ ㄴ, ㄷ
④ ㄱ, ㄷ, ㄹ
⑤ ㄴ, ㄷ, ㄹ

13 다음 규정과 상황에 근거할 때, 옳은 것은?

제1조(환경오염 및 예방 대책의 추진) 환경부장관 및 시장·군수·구청장 등은 국가산업단지의 주변지역에 대한 환경기초조사를 정기적으로 실시하여야 하며 이를 기초로 하여 환경오염 및 예방 대책을 수립·시행하여야 한다.

제2조(환경기초조사의 방법·시기 등) 전조(前條)에 따른 환경기초조사의 방법과 시기 등은 다음 각 호와 같다.

1. 환경기초조사의 범위는 지하수 및 지표수의 수질, 대기, 토양 등에 대한 계획·조사 및 치유대책을 포함한다.

2. 환경기초조사는 당해 기초지방자치단체장이 1단계 조사를 실시하고 환경부장관이 2단계 조사를 실시한다. 다만 1단계 조사결과에 의하여 정상지역으로 판정된 때는 2단계 조사를 실시하지 아니한다.

3. 제2호에 따른 1단계 조사는 그 조사 실시일 기준으로 매 3년마다 실시하고, 2단계 조사는 1단계 조사 판정일 이후 1월 내에 실시하여야 한다.

〈상황〉

甲시에는 A, B, C 세 개의 국가산업단지가 위치해 있다. 甲시 시장은 아래와 같이 세 개 단지의 주변지역에 대한 1단계 환경기초조사를 실시하였다. 2020년 1월 1일 현재, 기록되어 있는 실시일, 판정일 및 판정결과는 다음과 같다.

구분	1단계 조사 실시일	1단계 조사 판정일	판정 결과
A단지 주변지역	2019. 7. 1.	2019. 11. 30.	오염지역
B단지 주변지역	2017. 3. 1.	2017. 9. 1.	오염지역
C단지 주변지역	2018. 10. 1.	2019. 7. 1.	정상지역

① A단지 주변지역에 대하여 2020년에 환경부장관은 2단계 조사를 실시해야 한다.

② B단지 주변지역에 대하여 2020년에 甲시 시장은 1단계 조사를 실시해야 한다.

③ B단지 주변지역에 대하여 甲시 시장은 2단계 조사를 실시하였다.

④ C단지 주변지역에 대하여 환경부장관은 2019년 7월 중에 2단계 조사를 실시하였다.

⑤ C단지 주변지역에 대하여 甲시 시장은 2020년에 1단계 조사를 실시해야 한다.

14 다음 규정을 근거로 판단할 때 허위표시나 과대광고에 해당하지 않는 것을 〈보기〉에서 모두 고르면?

제1조

① 식품에 대한 허위표시 및 과대광고의 범위는 다음 각 호의 어느 하나에 해당하는 것으로 한다.
　　1. 질병의 치료와 예방에 효능이 있다는 내용의 표시·광고
　　2. 각종 감사장·상장 또는 체험기 등을 이용하거나 '인증'·'보증' 또는 '추천'을 받았다는 내용을 사용하거나
　　　 이와 유사한 내용을 표현하는 광고. 다만 중앙행정기관·특별지방행정기관 및 그 부속기관 또는 지방자치단
　　　 체에서 '인증'·'보증'을 받았다는 내용의 광고는 제외한다.
　　3. 다른 업소의 제품을 비방하거나 비방하는 것으로 의심되는 광고나, 제품의 제조방법·품질·영양가·원재료·
　　　 성분 또는 효과와 직접적인 관련이 적은 내용 또는 사용하지 않은 성분을 강조함으로써 다른 업소의 제품을
　　　 간접적으로 다르게 인식하게 하는 광고
② 제1항에도 불구하고 다음 각 호에 해당하는 경우에는 허위표시나 과대광고로 보지 않는다.
　　1. 일반음식점과 제과점에서 조리·제조·판매하는 식품에 대한 표시·광고
　　2. 신체조직과 기능의 일반적인 증진, 인체의 건전한 성장 및 발달과 건강한 활동을 유지하는 데 도움을 준다는
　　　 표시·광고
　　3. 제품에 함유된 영양성분의 기능 및 작용에 관하여 식품영양학적으로 공인된 사실

보기

ㄱ. (○○삼계탕 식당 광고) "고단백 식품인 닭고기와 스트레스 해소에 효과가 있는 인삼을 넣은 삼계탕은 인삼,
　　찹쌀, 밤, 대추 등의 유효성분이 어우러져 영양의 균형을 이룬 아주 훌륭한 보양식입니다."
ㄴ. (○○라면의 표시·광고) "우리 회사의 라면은 폐식용유를 사용하지 않습니다."
ㄷ. (○○두부의 표시·광고) "건강유지 및 영양보급에 만점인 단백질을 많이 함유한 ○○두부"
ㄹ. (○○녹차의 표시·광고) "변비와 당뇨병 예방에 탁월한 ○○녹차"
ㅁ. (○○소시지의 표시·광고) "위해요소중점관리기준을 충족하는 업소에서 만든 식품의약품안전청 인증 ○○소
　　시지"

---

① ㄱ, ㅁ
② ㄷ, ㅁ
③ ㄱ, ㄴ, ㄹ
④ ㄱ, ㄷ, ㅁ
⑤ ㄴ, ㄷ, ㄹ

15 甲은 2019년 10월 10일 인근 농업진흥지역 내의 A농지 2,000m²를 주말영농을 하기 위하여 구입하였고, 2019년 11월 11일 B농지 15,000m²을 상속받았다. 다음 〈조건〉을 근거로 판단할 때 옳지 않은 것을 〈보기〉에서 모두 고르면?

조건

○ 농업인이란 1,000m² 이상의 농지에서 농작물을 경작하는 자 또는 1년 중 90일 이상 농업에 종사하는 자를 말한다.
○ 자기의 농업경영에 이용하거나 이용할 자가 아니면 농지를 소유하지 못한다. 예외적으로 ① 자기의 농업경영에 이용하지 않더라도 주말·체험영농을 하려는 자는 총 1,000m² 미만의 농지를 소유할 수 있다. ② 상속으로 농지를 취득한 자로서 농업경영을 하지 않는 자는 그 상속 농지 중에서 총 10,000m²까지는 자기의 농업경영에 이용하지 않더라도 농지를 소유 및 제3자에게 임대할 수 있지만, 한국농촌공사에 위탁하여 임대하는 경우에는 20,000m²까지 소유할 수 있다.
○ 농지소유자가 정당한 사유 없이 그 농지를 주말·체험영농에 이용하지 않는 경우, 그때부터 1년 이내에 그 농지를 처분하여야 한다. 또한 농지 소유 상한을 초과하여 농지를 소유한 것이 판명된 경우, 농지소유자는 그때부터 1년 이내에 초과된 농지를 처분하여야 한다.
※ 농업경영이란 농업인이나 농업법인이 자기의 계산과 책임으로 농업을 영위하는 것을 말함
※ 주말·체험영농이란 개인이 주말 등을 이용하여 취미생활이나 여가활동으로 농작물을 경작하는 것을 말함

보기

ㄱ. 甲이 직장을 다니면서 A농지에 농작물을 직접 경작하는 경우, 농업인으로 볼 수 있다.
ㄴ. 甲이 정당한 사유 없이 A농지를 경작하지 않는 경우, 그때부터 1년 이내에 A농지 전부를 처분하여야 한다.
ㄷ. 甲이 농업인 乙에게 B농지를 임대한 경우, B농지 전부를 처분하여야 한다.
ㄹ. 직장을 그만두고 귀농한 甲이 A농지에 농작물을 스스로 경작하고 B농지는 한국농촌공사에 임대한 경우, A·B 농지 모두를 계속 소유할 수 있다.

① ㄷ
② ㄹ
③ ㄱ, ㄴ
④ ㄷ, ㄹ
⑤ ㄱ, ㄴ, ㄹ

STEP 1 기본문제

☑ 확인 Check! ○△✕

01 다음 글에서 알 수 없는 것은?

> 갈릴레오는 『두 가지 주된 세계 체계에 관한 대화』에서 등장인물인 살비아티에게 자신을 대변하는 역할을 맡겼다. 심플리치오는 아리스토텔레스의 자연철학을 대변하는 인물로서 살비아티의 대화 상대역을 맡고 있다. 또 다른 등장인물인 사그레도는 건전한 판단력을 지닌 자로서 살비아티와 심플리치오 사이에서 중재자 역할을 맡고 있다.
> 이 책의 마지막 부분에서 사그레도는 나흘간의 대화를 마무리하며 코페르니쿠스의 지동설을 옳은 견해로 인정한다. 그리고 그는 그 견해를 지지하는 세 가지 근거를 제시한다. 첫째는 행성의 겉보기 운동과 역행 운동에서, 둘째는 태양이 자전한다는 것과 그 흑점들의 운동에서, 셋째는 조수 현상에서 찾아낸다.
> 이에 반해 살비아티는 지동설의 근거로서 사그레도가 언급하지 않은 항성의 시차(視差)를 중요하게 다룬다. 살비아티는 지구의 공전을 입증하기 위한 첫 번째 단계로 지구의 공전을 전제로 한 코페르니쿠스의 이론이 행성의 겉보기 운동을 얼마나 간단하고 조화롭게 설명할 수 있는지를 보여준다. 그런 다음 그는 지구의 공전을 전제로 할 때, 공전 궤도의 두 맞은편 지점에서 관측자에게 보이는 항성의 위치가 달라지는 현상, 곧 항성의 시차를 기하학적으로 설명한다.
> 그렇다면 사그레도는 왜 이 중요한 사실을 거론하지 않았을까? 그것은 세 번째 날의 대화에서 심플리치오가 아리스토텔레스의 이론을 옹호하면서 지동설에 대한 반박 근거로 공전에 의한 항성의 시차가 관측되지 않음을 지적한 것과 관련이 있다. 당시 갈릴레오는 자신의 망원경을 통해 별의 시차를 관측하지 못했다. 그는 그 이유가 항성이 당시 알려진 것보다 훨씬 멀리 있기 때문이라고 주장하였지만, 반대자들에게 그것은 임기응변적인 가설로 치부될 뿐이었다. 결국 그 작은 각도가 나중에 더 좋은 망원경에 의해 관측되기까지 항성의 시차는 지동설의 옹호자들에게 '불편한 진실'로 남아 있었다.

① 아리스토텔레스의 철학을 따르는 심플리치오는 지구가 공전하지 않음을 주장한다.
② 사그레도는 항성의 시차에 관한 기하학적 예측에 근거하여 코페르니쿠스의 지동설을 받아들인다.
③ 사그레도와 살비아티는 둘 다 행성의 겉보기 운동을 근거로 하여 코페르니쿠스의 지동설을 옹호한다.
④ 심플리치오는 관측자에게 항성의 시차가 관측되지 않았다는 사실에 근거하여 코페르니쿠스의 지동설을 반박한다.
⑤ 살비아티는 지구가 공전한다면 공전궤도상의 지구의 위치에 따라 항성의 시차가 존재할 수밖에 없다고 예측한다.

02 다음 중 갑 ~ 병의 주장의 관계에 대한 평가로 적절한 것만을 〈보기〉에서 모두 고르면?

> 갑 : 어떠한 경우에도 자살은 옳지 않은 행위이다. 신의 뜻에 어긋날 뿐만 아니라 공동체에 해악을 끼치기 때문이다. 자살은 사회로부터 능력있는 사람들을 빼앗아가는 행위이다. 물론 그러한 행위는 공동체에 피해를 주는 것이다. 따라서 자살은 죄악이다.
>
> 을 : 자살하는 사람은 사회에 해악을 끼치는 것이 아니다. 그는 단지 선을 행하는 것을 멈추는 것일 뿐이다. 사회에 선을 행해야 한다는 우리의 모든 의무는 상호성을 함축한다. 즉 나는 사회로부터 혜택을 얻으므로 사회의 이익을 증진시켜야 한다. 그러나 내가 만약 사회로부터 완전히 물러난다면 그러한 의무를 계속 짊어져야 하는 것은 아니다.
>
> 병 : 인간의 행위는 자신에게만 관련된 것과 타인이 관련된 것으로 구분될 수 있다. 원칙적으로 인간은 타인에게 해가 되지 않는 한 원하는 것은 무엇이든지 행할 수 있다. 다만 타인에게 해악을 주는 행위만이 도덕적 비판의 대상이 된다고 할 수 있다. 이러한 원칙은 자살의 경우에도 적용된다.

보기

ㄱ. 갑의 주장은 을의 주장과 양립할 수 없다.
ㄴ. 을의 주장은 병의 주장과 양립할 수 있다.
ㄷ. 자살이 타인이 아닌 자신에게만 관련된 행위일 경우 병은 갑의 주장에 찬성할 것이다.

---

① ㄱ
② ㄷ
③ ㄱ, ㄴ
④ ㄴ, ㄷ
⑤ ㄱ, ㄴ, ㄷ

03 다음 A ~ C의 주장에 대한 평가로 적절한 것만을 〈보기〉에서 모두 고르면?

> A : 정당에 대한 충성도와 공헌도를 공직자 임용 기준으로 삼아야 한다. 이는 전쟁에서 전리품은 승자에게 속한다는 국제법의 규정에 비유할 수 있다. 즉 주기적으로 실시되는 대통령 선거에서 승리한 정당이 공직자 임용의 권한을 가져야 한다. 이러한 임용 방식은 공무원에 대한 정치 지도자의 지배력을 강화시켜 지도자가 구상한 정책 실현을 용이하게 할 수 있다.
>
> B : 공직자 임용 기준은 개인의 능력·자격·적성에 두어야 하며 공개경쟁 시험을 통해 공무원을 선발하는 것이 좋다. 그러면 신규 채용 과정에서 공개와 경쟁의 원칙이 준수되기 때문에 정실 개입의 여지가 줄어든다. 공개경쟁 시험은 무엇보다 공직자 임용에서 기회균등을 보장하여 우수한 인재를 임용함으로써 행정의 능률을 높일 수 있고 공무원의 정치적 중립을 통하여 행정의 공정성이 확보될 수 있다는 장점을 가지고 있다. 또한, 공무원의 신분보장으로 행정의 연속성과 직업적 안정성도 강화될 수 있다.
>
> C : 사회를 구성하는 모든 지역 및 계층으로부터 인구 비례에 따라 공무원을 선발하고, 그들을 정부 조직 내의 각 직급에 비례적으로 배치함으로써 정부 조직이 사회의 모든 지역과 계층에 가능한 한 공평하게 대응하도록 구성되어야 한다. 공무원들은 가치중립적인 존재가 아니다. 그들은 자신의 출신 집단의 영향을 받은 가치관과 신념을 가지고 정책 결정과 정책 집행에 깊숙이 개입하고 있으며, 이 과정에서 자신의 견해나 가치를 반영하고자 노력한다.

보기

ㄱ. 공직자 임용의 정치적 중립성을 보장할 필요성이 대두된다면, A의 주장은 설득력을 얻는다.
ㄴ. 공직자 임용과정의 공정성을 높일 필요성이 부각된다면, B의 주장은 설득력을 얻는다.
ㄷ. 인구의 절반을 차지하는 비수도권 출신 공무원의 비율이 1/4에 그쳐 지역 편향성을 완화할 필요성이 제기된다면, C의 주장은 설득력을 얻는다.

① ㄱ
② ㄴ
③ ㄷ
④ ㄱ, ㄷ
⑤ ㄴ, ㄷ

04 다음 글의 가설 A, B에 대한 평가로 가장 적절한 것은?

> 진화론에서는 인류 진화 계통의 초기인 약 700만 년 전에 인간에게 털이 거의 없어졌다고 보고 있다. 털이 없어진 이유에 대해서 학자들은 해부학적, 생리학적, 행태학적 정보들을 이용하는 한편 다양한 상상력까지 동원해서 이와 관련된 진화론적 시나리오들을 제안해 왔다.
>
> 가설 A는 단순하게 고안되어 1970년대 당시 많은 사람들이 고개를 끄덕였던 설명으로, 현대적 인간의 출현을 무자비한 폭력과 투쟁의 산물로 설명하던 당시의 모든 가설을 대체할 수 있을 정도로 매력적으로 보였다. 이 가설에 따르면 인간은 진화 초기에 수상생활을 시작하였다. 인간 선조들은 수영을 하고 물속에서 아기를 키우는 등 즐거운 활동을 하기 위해서 수상생활을 하였다. 오랜 물속 생활로 인해 고대 초기 인류들은 몸의 털이 거의 없어졌다. 그 대신 피부 아래에 지방층이 생겨났다.
>
> 그 이후에 나타난 가설 B는 인간의 피부에 털이 없으면 털에 사는 기생충들이 감염시키는 질병이 줄어들기 때문에 생존과 생식에 유리하다고 주장하였다. 털은 따뜻하여 이나 벼룩처럼 질병을 일으키는 체외 기생충들이 살기에 적당하기 때문에 신체에 털이 없으면 그러한 병원체들이 자리 잡기 어렵다는 것이다. 이 가설에 따르면 인간이 자신을 더 효과적으로 보호할 수 있는 의복이나 다른 수단들을 활용할 수 있었을 때 비로소 털이 없어지는 진화가 가능하다. 옷이 기생충에 감염되면 벗어서 씻어 내면 간단한데, 굳이 영구적인 털로 몸을 덮을 필요가 있겠는가?

① 인간 선조들의 화석이 고대 호수 근처에서 가장 많이 발견되었다는 사실은 가설 A를 약화한다.
② 털 없는 신체나 피하 지방 같은 현대 인류의 해부학적 특징들을 고래나 돌고래 같은 수생 포유류들도 가지고 있다는 사실은 가설 A를 약화한다.
③ 호수나 강에는 인간의 생존을 위협하는 수인성 바이러스가 광범위하게 퍼져 있었으며 인간의 피부에 그에 대한 방어력이 없다는 사실은 가설 A를 약화한다.
④ 열대 아프리카 지역에서 고대로부터 내려온 전통 생활을 유지하고 있는 주민들이 옷을 거의 입지 않는다는 사실은 가설 B를 강화한다.
⑤ 피부를 보호할 수 있는 옷이나 다른 수단을 만들 수 있는 인공물들이 사용된 시기는 인류 진화의 마지막 단계에 한정된다는 사실은 가설 B를 강화한다.

05 다음 중 갑 ~ 병의 논증에 대한 분석으로 적절한 것만을 〈보기〉에서 모두 고르면?

> 갑 : 절대적으로 확실한 지식은 존재하지 않는다. 왜냐하면 그런 지식으로 인도해줄 방법은 없기 때문이다. 첫째, 사람의 감각은 믿을 수가 없으며, 실제 외부세계의 본질에 대해서 아무것도 말해 주지 않는다. 둘째, 확실한 것으로 받아들여지는 논리적 방법도, 주어진 사실에 바탕을 두고 그것을 전제로 해서 새로운 사실을 결론짓는 것이므로, 결국 불확실한 것에 바탕을 두었을 따름이다.
>
> 을 : 정상적인 감각기관을 통하여 얻어낸 감각 경험은 믿을 만하고, 우리는 이 감각 경험에 기초한 판단이 참인지 아닌지를 가릴 수 있다. 그러므로 감각 경험을 통해서 우리는 절대적으로 확실한 지식을 얻게 된다.
>
> 병 : 나는 인간의 경험에 의존한 방법이나 이성적 추론을 통한 방법은 의심이 가능하며 믿을 수 없다고 생각했었다. 하지만 이런 의심을 거듭한 결과 나는 놀라운 결론에 이르렀다. 그것은 모든 것을 의심한다고 하더라도 의심할 수 없는 것이 있다는 사실이다. 그것은 바로 의심하는 내가 있다는 것이다. 결국 나는 거듭 의심하는 방법을 사용하여 절대적으로 확실한 지식을 발견하였다.

보기

ㄱ. 갑의 결론은 을의 결론과 양립 불가능하다.
ㄴ. 갑의 결론은 병의 결론과 양립 불가능하다.
ㄷ. 을과 병은 모두 절대적으로 확실한 지식이 있다고 주장한다.

① ㄱ
② ㄴ
③ ㄱ, ㄷ
④ ㄴ, ㄷ
⑤ ㄱ, ㄴ, ㄷ

06 다음 (가) ~ (라)의 주장간의 관계를 바르게 파악한 사람을 〈보기〉에서 모두 고르면?

(가) 도덕성의 기초는 이성이지 동정심이 아니다. 동정심은 타인의 고통을 공유하려는 선한 마음이지만, 그것은 일관적이지 않으며 때로는 변덕스럽고 편협하다.

(나) 인간의 동정심은 신뢰할 만하지 않다. 예컨대, 같은 종류의 불행을 당했다고 해도 내 가족에 대해서는 동정심이 일어나지만 모르는 사람에 대해서는 동정심이 생기지 않기도 한다.

(다) 도덕성의 기초는 이성이 아니라 오히려 동정심이다. 즉 동정심은 타인의 곤경을 자신의 곤경처럼 느끼며 타인의 고난을 위로해 주고 싶은 욕구이다. 타인의 고통을 나의 고통처럼 느끼고, 그로부터 타인의 고통을 막으려는 행동이 나오게 된다. 이렇게 동정심은 도덕성의 원천이 된다.

(라) 동정심과 도덕성의 관계에서 중요한 문제는 어떻게 동정심을 함양할 것인가의 문제이지, 그 자체로 도덕성의 기초가 될 수 있는지 없는지의 문제가 아니다. 동정심은 전적으로 신뢰할 만한 것은 아니며 때로는 왜곡될 수도 있다. 그렇다고 그 때문에 도덕성의 기반에서 동정심을 완전히 제거하는 것은 도덕의 풍부한 원천을 모두 내다 버리는 것과 같다. 오히려 동정심이나 공감의 능력은 성숙하게 함양해야 하는 도덕적 소질에 가까운 것이다.

보기

갑 : (가)와 (다)는 양립할 수 없는 주장이다.
을 : (나)는 (가)를 지지하는 관계이다.
병 : (가)와 (라)는 동정심의 도덕적 역할을 전적으로 부정하고 있다.
정 : (나)와 (라)는 모순관계이다.

① 갑, 을
② 을, 정
③ 갑, 을, 병
④ 갑, 병, 정
⑤ 을, 병, 정

07 다음 글을 통해 알 수 없는 것은?

베트남 전쟁에서의 패배와 과도한 군사비 부담에 직면한 미국은 동아시아의 질서를 안정적으로 재편하고자 하였다. 1970년 미국이 발표한 닉슨 독트린은 동아시아의 긴장 완화를 통하여 소련과 베트남을 견제하고 자국의 군비 부담을 줄이고자 하는 의도를 담고 있다. 미국의 이와 같은 바람은 미·중 수교를 위한 중국과의 외교적 접촉으로 이어져, 1971년 중국의 UN가입과 1972년 닉슨의 중국 방문이 성사되었다. '데탕트'라 불리는 이와 같은 국제 정세의 변동은 한반도에도 영향을 미쳤다. 미국과 중국은 남·북한에 긴장 완화를 위한 조치들을 취하도록 촉구하였다. 이에 1971년 대한적십자사가 먼저 이산가족의 재회를 위한 남북 적십자 회담을 제의하였고, 곧바로 북한적십자회가 이를 수락하여 회답을 보내왔다. 이후 여러 차례의 예비회담이 열린 끝에 분단 이후 최초의 남북회담이 개최되었다. 다음은 대한적십자사의 특별성명과 북한적십자회의 회답이다.

[대한적십자사 특별성명]

4반세기에 걸친 남북 간의 장벽은 온갖 민족 비극의 원천이며, 특히 남북으로 갈린 이산가족들의 비극은 인류의 상징적 비극이라 아니할 수 없습니다. 물론 이러한 이산가족의 비극은 남북 간의 장벽이 해소됨으로써 완전히 종식될 것이나, 이것이 단시일 내에 이룩되기 어려운 현실 아래에서 적어도 1천만 남북 이산가족들의 실태를 확인하고 이들의 소식을 알려주며 재회를 알선하는 가족찾기 운동만이라도 우선 전개해야 하겠습니다. 그러므로 나는 대한적십자사를 대표하여 적십자 정신에 따라 남북 간의 순수한 인도적 문제를 조속히 해결할 목적으로 다음과 같이 제의합니다.

첫째, 남북한의 가족찾기 운동을 구체적으로 협의하기 위해 가까운 시일 안에 남북 적십자 대표가 한자리에 마주앉아 회담할 것을 제의한다. 둘째, 본 회담의 절차상의 문제를 협의하기 위하여 늦어도 오는 10월 안으로 제네바에서 예비회담을 개최할 것을 제의한다. 우리는 북한적십자회가 적십자 정신과 그 기본 임무에 입각하여 이러한 순수한 인도적 제의를 호의적으로 받아들일 것을 확신하는 바입니다.

— 대한적십자사 총재 최○○ —

[북한적십자회 회답]

귀하가 이번에 처음으로 우리들의 시종일관한 애국적인 호소에 호응하여 북남 접촉을 실현할 용단을 내린 것은 참으로 다행한 일이라고 생각한다. 의제에 대하여 말한다면 우리는 북남에 헤어져 있는 가족과 친척, 친우의 절실한 염원에 비추어 다만 가족찾기 운동만으로는 부족하다고 인정한다. 북남 전체 인민의 공통한 염원과 인도주의적 원칙의 취지에서 적십자단체의 대표회의에 가족찾기 운동을 포함한 다음과 같은 문제를 토의할 것을 정중히 제안한다. 첫째, 북남으로 헤어져 있는 가족과 친척·친우의 재회 및 자유로운 왕래와 상호방문의 실현, 둘째, 북남 간 분단된 가족과 친척·친우의 자유로운 편지 교환 실시, 셋째, 귀하(대한적십자사 총재)가 제안한 바 있는 가족을 찾아 재회시키는 문제. 우리는 북남 적십자단체 대표가 순수한 인도주의적 입장에서 한자리에 모여 진지하고 허심탄회하게 의견을 교환할 수 있다면, 반드시 상호 간에 공통점을 발견하여 민족적인 이익에 부합되도록 모든 문제를 원만히 해결할 것이라고 확신한다. 이에 우리는 9월 말까지 쌍방 대표가 예비회담을 열 것을 제안한다.

— 북한적십자회 중앙위원회 위원장 손○○ —

① 북측은 남측이 제안한 의제가 충분하지 않다고 답하고 있다.
② 남북 양측은 이산가족 찾기가 현안이라는 데에 공감대를 형성하고 예비회담의 개최를 제안하였다.
③ 남북 양측은 이산가족 문제의 해결을 위해서 군사적 긴장완화가 추진되어야 한다는 점을 인정하고 있다.
④ 남북 양측의 이산가족 찾기를 위한 적십자 회담은 닉슨 독트린 이후의 미·중 긴장 완화를 배경으로 하고 있다.
⑤ 남북 양측은 이산가족 찾기에 대한 인도주의적 입장을 내세워 한반도 긴장 완화에 관한 미국과 중국의 외교적 요구를 수용하고 있다.

08 다음 중 (가) ~ (마)의 쟁점으로 적절하지 않은 것은?

미국 연방통신위원회(FTC)는 12세 이하의 어린이를 위한 프로그램의 경우 주중에는 1시간에 12분, 주말에는 10.5 분을 초과하는 광고를 방영해서는 안 된다고 규정하고 있다. 이러한 사례로 대표되는 어린이 광고 규제에 대한 다음 글들에서는 상반된 시각들이 발견된다.

(가) 최근 특정 회사의 교재와 교육장비를 일선 학교의 교육 프로그램에 제공하는 방식의 자사제품 홍보가 어린이들 의 자발적 선택능력을 저하시키고 그릇된 편견을 조성할 수 있다는 소비자 연합의 주장이 있었다. 그러나 일선 학교의 교장들은 특정 상품의 지원을 통해 학교 교육 프로그램을 다양하게 운영할 수 있게 됨으로써 교육의 질적 향상에 기여하는 바가 크다고 주장했다.

(나) FTC는 최근 보고서에서 음향효과와 조명 전문가들, 심리 분석가들, 대본작가 등 여러 전문가들과 방대한 자금 의 투입으로 만들어지는 텔레비전 광고는 속기 쉬운 8세 어린이의 상표 충성(Brand Loyalty)을 얻으려는 목적 으로 부당한 노력을 서슴지 않는다고 비판하였다. 이에 비해 어린이 대상 광고의 지지자들은 8세 이상의 어린 이들 정도면 광고의 판매 의도를 인식할 수 있다고 주장한다. 이들은 어린이 역시 광고 정보를 받을 권리를 가지고 있기 때문에 이들을 대상으로 한 광고가 적절하다고 역설한다.

(다) FTC 조사에 따르면, 설탕이 과도하게 함유된 시리얼, 스낵 및 음료에 대한 지나친 광고가 학교나 부모로부터 받은 영양교육을 부정하고 건강에 해로운 제품을 구매하도록 자녀들을 몰아가고 있다고 생각하는 학부모가 60% 이상이라 한다. 하지만 이들 제품을 제조하는 회사들은 실질적으로 구매를 결정하는 것은 부모들이므로 그러한 우려가 기우일 뿐이라고 일축하였다.

(라) 어떤 부모들은 광고를 접한 어린이가 부지불식간에 '보조판매원'이 되어 자신이 원하는 물건을 얻을 때까지 끊임없이 귀찮게 굴고 투정이 늘어 자식과 말다툼을 벌이는 경우가 많아졌다고 주장한다. 한편 최근의 설문조 사에서는 대다수의 부모들이 텔레비전에서 본 것을 사달라는 자녀들의 요구를 정당한 것으로 받아들이고 있음 이 밝혀졌다. 많은 부모들이 이러한 요구가 부모와 자식 사이의 자연스러운 부분이며 부모와 자식 사이에 토론 의 기회를 제공해 주는 긍정적 계기라고 생각한다는 것이다.

(마) 광고가 자본주의의 미덕을 알려주고 의사 결정 능력을 길러줄 수 있다는 주장이 있다. 혹자는 이를 근거로 광고 가 어린이들이 실제 세상을 준비하는 데 도움이 된다고 하면서 반대론자들의 견해를 효과적으로 반격하였다. '광고주들은 긍정적이고 유익한 사회적 표준들을 다루는 광고를 개발함으로써 사회적 행동에 영향을 미치는 광고의 가능성을 이용하여야 한다.'고 권유하는 한 단체의 지침서에서도 이러한 인식이 간접적으로 드러난다.

① (가) – 학교 교육프로그램을 지원하는 판촉활동은 바람직한가?
② (나) – 어린이는 광고정보를 받을 권리가 있는가?
③ (다) – 광고는 어린이들에게 몸에 좋지 않은 제품을 구매하도록 하는가?
④ (라) – 광고는 부모와 자식 사이에 부정적 영향을 끼치는가?
⑤ (마) – 광고는 어린이의 사회화에 기여하는가?

09 다음 A, B, C, D의 견해에 대한 평가로 부적절한 것은?

> 서구 열강이 동아시아에 영향력을 확대시키고 있던 19세기 후반, 동아시아 지식인들은 당시의 시대 상황을 전환의 시대로 인식하고 이러한 상황을 극복하기 위해 여러 방안을 강구했다. 조선 지식인들 역시 당시 상황을 위기로 인식하면서 다양한 해결책을 제시하고자 했지만, 서양 제국주의의 실체를 정확하게 파악할 수 없었다. 그들에게는 서양 문명의 본질에 대해 치밀하게 분석하고 종합적으로 고찰할 지적 배경이나 사회적 여건이 조성되지 못했기 때문이다. 그들은 자신들의 세계관에 근거하여 서양 문명을 판단할 수밖에 없었다. 당시 지식인들에게 비친 서양 문명의 모습은 대단히 혼란스러웠다. 과학기술 수준은 높지만 정신문화 수준은 낮고, 개인의 권리와 자유가 무한히 보장되어 있지만 사회적 품위는 저급한 것으로 인식되었다. 그래서 그들은 서양 자본주의 문화의 원리와 구조를 정확히 인식하지 못해 빈부격차의 심화, 독점자본의 폐해, 금융질서의 혼란에 대처할 능력이 없었다. 이뿐만 아니라 겉으로는 보편적 인권과 민주주의를 표방하면서도 실제로는 제국주의적 야욕을 드러내는 서구 열강의 이중성을 깊게 인식할 수 없었다.
>
> 당시 조선 지식인들은 근대 서양 문화에 대한 이러한 인식에 기초하여 전통과 근대성, 동양과 서양의 문화에 대해 다양한 관점을 드러냈다. A는 전통 유가 이데올로기와 조선의 주체성을 중시하며 서양 문화 전반을 배척하는 관점을 드러냈다. B는 전통 문화를 비판하고 근대화와 개화를 중시하며, 개인적 자유의 확립과 부강한 근대적 국민국가의 건설을 위해 서양 문화 전반에 대한 적극적인 수용을 주창했다. C는 일본과 서양 문화를 비롯한 외세의 침략에 저항하고, 민중의 생존권을 확보하고 만민평등권을 쟁취하기 위해 전통사상과 제도를 타파하고자 했다. D는 동양 문화와 서양 문화가 대립적인 것이 아니라 상호보완적인 것이라고 생각하고, 동양 문화의 장점과 서양 문화의 장점을 융합하고자 하였다. 그래서 유교적 가치를 바탕으로 서양의 과학기술뿐 아니라, 근대 민주주의, 시장경제 등 사회 분야에서도 서양 제도의 수용이 필요하다고 주장했다. 특히 D는 이전의 상당수 성리학자들이 부국강병의 문제를 소홀하게 취급했던 것을 비판했다. 그는 서양의 발전이 경제의 발전에 있다고 판단하고, 부국강병의 원천이 국가 경제 발전에 있다고 보았다.

① A와 C는 군왕제에 대해 서로 다른 입장을 보일 것이다.
② A는 D의 경제사상에 대해 반대할 것이다.
③ B와 C는 과학기술에 대해 같은 입장을 취할 것이다.
④ B는 D의 정치사상은 받아들일 수 있지만 유가윤리는 거부할 것이다.
⑤ C와 D는 신분제에 대해 부정적 태도를 취할 것이다.

10 다음 글의 내용과 부합하지 않는 것은?

> 오늘날 대부분의 경제 정책은 경제의 규모를 확대하거나 좀 더 공평하게 배분하는 것을 도모한다. 하지만 뉴딜 시기 이전의 상당 기간 동안 미국의 경제 정책은 성장과 분배의 문제보다는 '자치(Self Rule)에 가장 적절한 경제 정책은 무엇인가?'의 문제를 중시했다.
>
> 그 시기에 정치인 A와 B는 거대화된 자본 세력에 대해 서로 다르게 대응하였다. A는 거대 기업에 대항하기 위해 거대 정부로 맞서기보다 기업 담합과 독점을 무너뜨려 경제권력을 분산시키는 것을 대안으로 내세웠다. 그는 산업 민주주의를 옹호했는데 그 까닭은 그것이 노동자들의 소득을 증진시키기 때문이 아니라 자치에 적합한 시민의 역량을 증진시키기 때문이었다. 반면 B는 경제 분산화를 꾀하기보다 연방 정부의 역량을 증가시켜 독점자본을 통제하는 노선을 택했다. 그에 따르면, 민주주의가 성공하기 위해서는 거대 기업에 대응할 만한 전국 단위의 정치권력과 시민 정신이 필요하기 때문이었다. 이렇게 A와 B의 경제 정책에는 차이점이 있지만, 둘 다 경제 정책이 자치에 적합한 시민 도덕을 장려하는 경향을 지녀야 한다고 보았다는 점에서는 일치한다.
>
> 하지만 뉴딜 후반기에 시작된 성장과 분배 중심의 정치경제학은 시민 정신 중심의 정치경제학을 밀어내게 된다. 실제로 1930년대 대공황 이후 미국의 경제 회복은 시민의 자치 역량과 시민 도덕을 육성하는 경제 구조 개혁보다는 케인즈 경제학에 입각한 중앙정부의 지출 증가에서 시작되었다. 그에 따라 미국은 자치에 적합한 시민 도덕을 강조할 필요가 없는 경제 정책을 펼쳐나갔다. 또한 모든 가치에 대한 판단은 시민 도덕에 의지하는 것이 아니라 개인이 알아서 해야 하는 것이며 국가는 그 가치관에 중립적이어야만 공정한 것이라는 자유주의 철학이 우세하게 되었다. 모든 이들은 자신이 추구하는 가치와 상관없이 일정 정도의 복지 혜택을 받을 권리를 가지게 되었다. 하지만 공정하게 분배될 복지 자원을 만들기 위해 경제 규모는 확장되어야 했으며, 정부는 거대화된 경제권력들이 망하지 않도록 국민의 세금을 투입하여 관리하기 시작했다. 그리고 시민들은 자치하는 자 즉 스스로 통치하는 자가 되기보다 공정한 분배를 받는 수혜자로 전락하게 되었다.

① A는 시민의 소득 증진을 위하여 경제권력을 분산시키는 방식을 택하였다.
② B는 거대 기업을 규제할 수 있는 전국 단위의 정치권력이 필요하다는 입장이다.
③ A와 B는 시민 자치 증진에 적합한 경제 정책이 필요하다는 입장이다.
④ A와 B의 정치경제학은 모두 1930년대 미국의 경제 위기 해결에 주도적 역할을 하지 못하였다.
⑤ 케인즈 경제학에 기초한 정책은 시민의 자치 역량을 육성하기 위한 경제 구조 개혁 정책이 아니었다.

11 다음 글에서 알 수 없는 것은?

A효과란 기업이 시장에 최초로 진입하여 무형 및 유형의 이익을 얻는 것을 의미한다. 반면 뒤늦게 뛰어든 기업이 앞서 진출한 기업의 투자를 징검다리로 이용하여 성공적으로 시장에 안착하는 것을 B효과라고 한다. 물론 B효과는 후발진입기업이 최초진입기업과 동등한 수준의 기술 및 제품을 보다 낮은 비용으로 개발할 수 있을 때만 가능하다. 생산량이 증가할수록 평균생산비용이 감소하는 규모의 경제 효과 측면에서, 후발진입기업에 비해 최초진입기업이 유리하다. 즉, 대량 생산, 인프라 구축 등에서 우위를 조기에 확보하여 효율성 증대와 생산성 향상을 꾀할 수 있다. 반면 후발진입기업 역시 연구개발 투자 측면에서 최초진입기업에 비해 상대적으로 유리한 면이 있다. 후발진입기업의 모방 비용은 최초진입기업이 신제품 개발에 투자한 비용 대비 65% 수준이기 때문이다. 최초진입기업의 경우, 규모의 경제 효과를 얼마나 단기간에 이룰 수 있는가가 성공의 필수 요건이 된다. 후발진입기업의 경우, 절감된 비용을 마케팅 등에 효과적으로 투자하여 최초진입기업의 시장 점유율을 단기간에 빼앗아 오는 것이 성공의 핵심 조건이다.

규모의 경제 달성으로 인한 비용상의 이점 이외에도 최초진입기업이 누릴 수 있는 강점은 강력한 진입 장벽을 구축할 수 있다는 것이다. 시장에 최초로 진입했기에 소비자에게 우선적으로 인식된다. 그로 인해 후발진입기업에 비해 적어도 인지도 측면에서는 월등한 우위를 확보한다. 또한 기술적 우위를 확보하여 라이센스, 특허 전략 등을 통해 후발진입기업의 시장 진입을 방해하기도 한다. 뿐만 아니라 소비자들이 후발진입기업의 브랜드로 전환하려고 할 때 발생하는 노력, 비용, 심리적 위험 등을 마케팅에 활용하여 후발진입기업이 시장에 진입하기 어렵게 할 수도 있다. 결국 A효과를 극대화할 수 있는지는 규모의 경제 달성 이외에도 얼마나 오랫동안 후발주자가 진입하지 못하도록 할 수 있는가에 달려 있다.

① 최초진입기업은 후발진입기업에 비해 매년 더 많은 마케팅 비용을 사용한다.
② 후발진입기업의 모방 비용은 최초진입기업이 신제품 개발에 투자한 비용보다 적다.
③ 최초진입기업이 후발진입기업에 비해 인지도 측면에서 우위에 있다는 것은 A효과에 해당한다.
④ 후발진입기업이 성공하려면 절감된 비용을 효과적으로 투자하여 최초진입기업의 시장점유율을 단기간에 빼앗아 와야 한다.
⑤ 후발진입기업이 최초진입기업과 동등한 수준의 기술 및 제품을 보다 낮은 비용으로 개발할 수 없다면 B효과를 얻을 수 없다.

12 다음 글을 읽고 〈보기〉에서 옳게 추론한 것을 모두 고르면?

> 甲 : 한 사회에서 무엇이 옳은가는 그 사회의 도덕률에 의해 결정됩니다. 그런데 서로 다른 사회에는 서로 다른 도덕률이 존재하기 마련입니다. 이는 결국 어떤 특정 사회의 규칙이 다른 사회의 규칙보다 더 좋다고 판단할 수 있는 객관적인 기준이 없다는 것을 의미합니다. 또한 우리 사회의 도덕률이라고 해서 특별한 지위를 갖고 있는 것은 아니며, 많은 도덕률 중의 하나일 뿐임을 의미합니다. 무엇보다도 다른 사회 구성원의 행위를 우리 사회의 잣대로 판단하려 하는 것은 오만한 태도임을 기억해야 합니다. 따라서 우리는 다른 문화의 관습에 대해 관용적이고 개방적인 태도를 취해야 합니다.
>
> 乙 : 甲의 입장을 받아들이는 경우 다음과 같은 문제가 발생할 수 있습니다. 첫째, 우리는 더 이상 다른 사회의 관습이 우리 사회의 관습보다 도덕적으로 열등하다고 말할 수 없을 것입니다. 둘째, 다른 사회의 규칙을 비판하는 것이 허용되지 않을 뿐만 아니라 우리 사회의 규칙을 비판하는 것 또한 허용되지 않을 것입니다. 셋째, 어쩌면 가장 심각한 문제는 우리가 보편적 도덕과 도덕적 진보에 관한 일체의 믿음을 갖지 못하게 된다는 것입니다. 따라서 무조건적인 관용은 결코 바람직하지 않습니다.

보기

ㄱ. 甲은 일부 이슬람 국가에서 여성들에게 운전면허증을 발급하지 않는 관습을 다른 국가가 비판하는 것이 옳지 않다고 주장할 것이다.

ㄴ. 乙은 싱가포르 정부가 절도죄로 체포된 자에게 태형(笞刑)을 가한 일을 야만적인 행위라며 비난한 미국정부의 행동을 정당하다고 옹호할 것이다.

ㄷ. 甲은 다른 사회의 문화에 대한 상대주의적 태도가 자국 문화의 절대적 우월성에 대한 믿음으로 이어질 것으로 본다.

ㄹ. 乙은 서로 다른 문화를 가진 사회들 간에 도덕적 수준의 차이가 존재할 수 있다고 본다.

① ㄱ, ㄴ

② ㄱ, ㄷ

③ ㄷ, ㄹ

④ ㄱ, ㄴ, ㄹ

⑤ ㄴ, ㄷ, ㄹ

☑ 확인 Check! ○ △ ✕

01 다음 갑 ~ 병의 견해에 대한 분석으로 적절한 것만을 〈보기〉에서 모두 고르면?

갑 : 현대 사회에서 '기술'이라는 용어는 낯설지 않다. 이 용어는 어떻게 정의될 수 있을까? 한 가지 분명한 사실은 우리가 기술이라고 부를 수 있는 것은 모두 물질로 구현된다는 것이다. 기술이 물질로 구현된다는 말은 그것이 물질을 소재 삼아 무언가 물질적인 결과물을 산출한다는 의미이다. 나노기술이나 유전자조합기술도 당연히 이 조건을 만족하는 기술이다.

을 : 기술은 반드시 물질로 구현되는 것이어야 한다는 말은 맞지만 그렇게 구현되는 것들을 모두 기술이라고 부를 수는 없다. 가령, 본능적으로 개미집을 만드는 개미의 재주 같은 것은 기술이 아니다. 기술로 인정되려면 그 안에 지성이 개입해 있어야 한다. 나노기술이나 유전자조합기술을 기술이라 부를 수 있는 이유는 둘 다 고도의 지성의 산물인 현대과학이 그 안에 깊게 개입해 있기 때문이다. 더 나아가 기술에 대한 우리의 주된 관심사가 현대 사회에 끼치는 기술의 막강한 영향력에 있다는 점을 고려할 때, '기술'이란 용어의 적용을 근대 과학혁명 이후에 등장한 과학이 개입한 것들로 한정하는 것이 합당하다.

병 : 근대 과학혁명 이후의 과학이 개입한 것들이 기술이라는 점을 부인하지 않는다. 하지만 그런 과학이 개입한 것들만 기술로 간주하는 정의는 너무 협소하다. 지성이 개입해야 기술인 것은 맞지만 기술을 만들어내기 위해 과학의 개입이 꼭 필요한 것은 아니다. 오히려 기술은 과학과 별개로 수많은 시행착오를 통해 발전해 나가기도 한다. 이를테면 근대 과학혁명 이전에 인간이 곡식을 재배하고 가축을 기르기 위해 고안한 여러 가지 방법들도 기술이라고 불러야 마땅하다. 따라서 우리는 '기술'을 더 넓게 적용할 수 있도록 정의할 필요가 있다.

보기

ㄱ. '기술'을 적용하는 범위는 셋 중 갑이 가장 넓고 을이 가장 좁다.
ㄴ. 을은 '모든 기술에는 과학이 개입해 있다.'라는 주장에 동의하지만, 병은 그렇지 않다.
ㄷ. 병은 시행착오를 거쳐 발전해온 옷감 제작법을 기술로 인정하지만, 갑은 그렇지 않다.

① ㄱ
② ㄴ
③ ㄱ, ㄷ
④ ㄴ, ㄷ
⑤ ㄱ, ㄴ, ㄷ

02 다음 A ~ D의 견해에 대한 분석으로 적절한 것만을 〈보기〉에서 모두 고르면?

> A : '정격연주'란 음악을 연주할 때 그것이 작곡된 시대에 연주된 느낌을 정확하게 구현하는 것을 목표로 하는 연주
> 이다. 그럼 어떻게 정격연주가 가능할까? 그 방법은 옛 음악을 작곡 당시에 공연된 것과 똑같이 재연하는 것이
> 다. 이런 연주는 가능하며, 그렇다면 우리는 음악이 작곡되었던 때와 똑같은 느낌을 구현할 수 있을 것이다.
> B : 옛 음악을 작곡 당시에 연주된 것과 똑같이 재연하는 것은 이상일 뿐이지 현실화할 수 없다. 18세기 오페라
> 공연에서 거세된 사람만 할 수 있었던 카스트라토 역을 오늘날에는 도덕적인 이유에서 여성 소프라노가 맡아서
> 노래한다. 따라서 과거와 현재의 연주 관습상 차이 때문에, 옛 음악을 작곡 당시와 똑같이 재연하는 것은 불가
> 능하다.
> C : 똑같이 재연하지 못한다고 해서 정격연주가 불가능한 것은 아니다. 작곡자는 명확히 하나의 의도를 갖고 작품
> 을 창작한다. 작곡자가 자신의 작품이 어떻게 들리기를 의도했는지 파악해 연주하면, 작곡된 시대에 연주된
> 느낌을 정확하게 구현할 수 있다. 따라서 작곡자의 의도를 파악할 수 있다면 정격연주를 할 수 있다.
> D : 작곡자의 의도대로 한 연주가 작곡된 시대에 연주된 느낌을 정확하게 구현하지 못할 수 있다. 작곡된 시대에
> 연주된 느낌을 정확하게 구현하려면 작곡자의 의도뿐만 아니라 당시의 연주 관습도 고려해야 한다. 전근대 시
> 대에 악기 구성이나 프레이징 등은 작곡자의 의도만이 아니라 연주자와 연주 상황에 따라 관습적으로 결정되었
> 다. 따라서 작곡자의 의도와 연주 관습을 모두 고려하지 않는다면 정격연주를 실현할 수 없다.

보기

ㄱ. A와 C는 옛 음악을 과거와 똑같이 재연한다면 과거의 연주 느낌이 구현될 수 있다는 것을 부정하지 않는다.
ㄴ. B는 어떤 과거 연주 관습은 현대에 똑같이 재연될 수 없다는 것을 인정하지만 D는 그렇지 않다.
ㄷ. C와 D는 작곡자의 의도를 파악한다면 정격연주가 가능하다는 것에 동의한다.

① ㄱ
② ㄴ
③ ㄱ, ㄷ
④ ㄴ, ㄷ
⑤ ㄱ, ㄴ, ㄷ

03 다음 글의 ㉠으로 가장 적절한 것은?

> 갑 : 우리는 타인의 언어나 행동을 관찰함으로써 타인의 마음을 추론한다. 예를 들어, 우리는 철수의 고통을 직접적으로 관찰할 수 없다. 그러면 철수가 고통스러워한다는 것을 어떻게 아는가? 우리는 철수에게 신체적인 위해라는 특정 자극이 주어졌다는 것과 그가 신음 소리라는 특정 행동을 했다는 것을 관찰함으로써 철수가 고통이라는 심리 상태에 있다고 추론하는 것이다.
>
> 을 : 그러한 추론이 정당화되기 위해서는 내가 보기에 ㉠ A원리가 성립한다고 가정해야 한다. 그렇지 않다면, 특정 자극에 따른 철수의 행동으로부터 철수의 고통을 추론하는 것은 잘못이다. 그런데 A원리가 성립하는지는 아주 의심스럽다. 예를 들어, 로봇이 우리 인간과 유사하게 행동할 수 있다고 하더라도 로봇이 고통을 느낀다고 생각하는 것은 잘못일 것이다.
>
> 병 : 나도 A원리는 성립하지 않는다고 생각한다. 아무런 고통을 느끼지 못하는 사람이 있다고 해 보자. 그런데 그는 고통을 느끼는 척하는 방법을 배운다. 많은 연습 끝에 그는 신체적인 위해가 가해졌을 때 비명을 지르고 찡그리는 등 고통과 관련된 행동을 완벽하게 해낸다. 그렇지만 그가 고통을 느낀다고 생각하는 것은 잘못일 것이다.
>
> 정 : 나도 A원리는 성립하지 않는다고 생각한다. 위해가 가해져 고통을 느끼지만 비명을 지르는 등 고통과 관련된 행동은 전혀 하지 않는 사람도 있기 때문이다. 가령 고통을 느끼지만 그것을 표현하지 않고 잘 참는 사람도 많지 않은가? 그런 사람들을 예외적인 사람으로 치부할 수는 없다. 고통을 참는 것이 비정상적인 것은 아니다.
>
> 을 : 고통을 참는 사람들이 있고 그런 사람들이 비정상적인 것은 아니라는 데는 나도 동의한다. 하지만 그러한 사람의 존재가 내가 얘기한 A원리에 대한 반박 사례인 것은 아니다.

① 어떤 존재의 특정 심리 상태 X가 관찰 가능할 경우, X는 항상 특정 자극에 따른 행동 Y와 동시에 발생한다.

② 어떤 존재의 특정 심리 상태 X가 항상 특정 자극에 따른 행동 Y와 동시에 발생할 경우, X는 관찰 가능한 것이다.

③ 어떤 존재에게 특정 자극에 따른 행동 Y가 발생할 경우, 그 존재에게는 항상 특정 심리 상태 X가 발생한다.

④ 어떤 존재에게 특정 심리 상태 X가 발생할 경우, 그 존재에게는 항상 특정 자극에 따른 행동 Y가 발생한다.

⑤ 어떤 존재에게 특정 심리 상태 X가 발생할 경우, 그 존재에게는 항상 특정 자극에 따른 행동 Y가 발생하고, 그 역도 성립한다.

04 다음 글의 (가)와 (나)를 비교한 것으로 적절한 것만을 〈보기〉에서 모두 고르면?

> (가) 1960년대 중반까지 대부분의 미국 사학자들은 19세기 미국의 경제 성장에서 철도 건설이 필수불가결한 것이었다는 생각을 받아들였다. 포겔은 그러한 생각이 잘못된 추론에 기초한 것이라고 비판했다. 그는 만약 철도가 건설되지 않았다면 대안이 될 운송 체계에 상당한 투자가 추가적으로 이루어졌을 것이라는 점을 고려해야 한다고 지적했다. 예컨대 철도 건설을 위한 투자 대신에 새로운 운하나 도로 건설과 연소 엔진 기능 향상을 위한 투자가 이루어졌을 것이다. 철도 건설이 운송비 변화에 초래하는 효과를 평가할 때 두 개의 인과 경로에 따른 효과들을 모두 고려해야 한다. 첫째는 철도를 이용하여 물류를 운송하게 됨에 따라 운송비가 감소한 효과이다. 둘째는 대안적인 운송 체계의 발전에 따라 가능했을 운송비 감소가 철도 건설로 인해 실현되지 못한 효과이다. 따라서 철도가 건설되지 않았다면 19세기 미국의 놀라운 경제성장이 불가능했을 것이라는 생각은 두 개의 효과 중 하나만 고려한 추론에 따른 결론이라 할 수 있다.
>
> (나) 고혈압으로 고생하던 갑은 신약 A를 복용하여 혈압 저하 효과를 보았고, 그 이후 마라톤에도 출전할 수 있었다. 갑은 친구들에게 신약 A가 아니었다면 자신이 마라톤에 출전할 수 없었을 것이라고 말했다. 반면 을은 갑이 신약 A를 복용함으로써 혈압 저하에 기여하는 다른 방안을 취하지 못하게 되었다고 지적하며, 신약 A의 혈압 저하 효과를 평가할 때 두 개의 인과 경로에 따른 효과를 모두 고려해야 한다고 말한다.

보기

ㄱ. 철도 건설의 운송비 감소 효과를 평가할 때 철도 건설이 대안적인 운송 수단의 발전을 억제하는 효과를 고려해야 한다는 것은, A 복용의 혈압 저하 효과를 평가할 때 A의 복용이 갑으로 하여금 혈압 저하를 위하여 다른 방안을 취하지 못하게 하는 효과를 고려해야 한다는 것에 해당한다.

ㄴ. 철도가 건설되지 않았다면 대안적인 운송 수단의 발전에 따라 운송비가 감소했을 것이라고 말하는 것은, 갑이 A를 복용하지 않았다면 다른 방안을 취하여 혈압 저하가 이루어졌을 것이라고 말하는 것에 해당한다.

ㄷ. 대부분의 미국 사학자들이 19세기 미국의 경제 성장에서 철도 건설이 필수불가결한 것이었다고 생각한 것은, 갑이 자신의 마라톤 출전에 A의 복용이 필수불가결한 것이었다고 말하는 것과 마찬가지이다.

---

① ㄱ
② ㄷ
③ ㄱ, ㄴ
④ ㄴ, ㄷ
⑤ ㄱ, ㄴ, ㄷ

05 다음 ㉠ ~ ㉣에 대한 판단으로 가장 적절한 것은?

동물실험이란 교육, 시험, 연구 및 생물학적 제제의 생산 등 과학적 목적을 위해 동물을 대상으로 실시하는 실험 및 그 절차를 말한다. 동물실험은 오랜 역사를 가진 만큼 이에 대한 찬반 입장이 복잡하게 얽혀있다.

인간과 동물의 몸이 자동 기계라고 보았던 근대 철학자 ㉠ 데카르트는 동물은 인간과 달리 영혼이 없어 쾌락이나 고통을 경험할 수 없다고 믿었다. 데카르트는 살아있는 동물을 마취도 하지 않은 채 해부 실험을 했던 것으로 악명이 높다. 당시에는 마취술이 변변치 않았을 뿐더러 동물이 아파하는 행동도 진정한 고통의 반영이 아니라고 보았기 때문에, 그는 양심의 가책을 느끼지 않았을 것이다. ㉡ 칸트는 이성 능력과 도덕적 실천 능력을 가진 인간은 목적으로서 대우해야 하지만, 이성도 도덕도 가지지 않는 동물은 그렇지 않다고 보았다. 그는 동물을 학대하는 일은 옳지 않다고 생각했는데, 동물을 잔혹하게 대하는 일이 습관화되면 다른 사람과의 관계에도 문제가 생기고 인간의 품위가 손상된다고 보았기 때문이다.

동물실험을 옹호하는 여러 입장들은 인간은 동물이 가지지 않은 언어 능력, 도구 사용 능력, 이성 능력 등을 가진다는 점을 근거로 삼는 경우가 많지만, 동물들도 지능과 문화를 가진다는 점을 들어 인간과 동물의 근본적 차이를 부정하는 이들도 있다. 현대의 ㉢ 공리주의 생명윤리학자들은 이성이나 언어 능력에서 인간과 동물이 차이가 있더라도 동물실험이 정당화되는 것은 아니라고 본다. 이들에게 도덕적 차원에서 중요한 기준은 고통을 느낄 수 있는지 여부이다. 인종이나 성별과 무관하게 고통은 최소화되어야 하듯, 동물이 겪고 있는 고통도 마찬가지이다. 이들이 문제 삼는 것은 동물실험 자체라기보다는 그것이 초래하는 전체 복지의 감소에 있다. 따라서 동물에 대한 충분한 배려 속에서 전체적인 복지를 증대시킬 수 있다면, 일부 동물실험은 허용될 수 있다.

이와 달리, 현대 철학자 ㉣ 리건은 몇몇 포유류의 경우 각 동물 개체가 삶의 주체로서 갖는 가치가 있다고 주장하면서, 이 동물에게는 실험에 이용되지 않을 권리가 있다고 본다. 이러한 고유한 가치를 지닌 존재는 존중되어야 하며 결코 수단으로 취급되어서는 안 된다. 따라서 개체로서의 가치와 동물권을 지니는 대상은 그 어떤 실험에도 사용되지 않아야 한다.

① ㉠과 ㉡은 이성과 도덕을 갖춘 인간의 이익을 우선시하기 때문에 동물실험에 찬성한다.
② ㉠과 ㉢은 동물이 고통을 느낄 수 있는지 여부에 관해 견해가 서로 다르다.
③ ㉡과 ㉣은 인간과 동물의 근본적 차이로 인해 동물을 인간과 다르게 대우해도 좋다고 본다.
④ ㉢은 언어와 이성 능력에서 인간과 동물이 차이가 있음을 부정한다.
⑤ ㉣은 동물이 고통을 느낄 수 있는 존재이기 때문에 각 동물 개체가 삶의 주체로서 가치를 지닌다고 본다.

06 다음 글에서 추론할 수 있는 것만을 〈보기〉에서 모두 고르면?

> 대선후보 경선 여론조사에서 후보에 대한 지지 정도에 따라 피조사자들은 세 종류로 분류된다. 특정 후보를 적극적으로 지지하는 사람들과 소극적으로 지지하는 사람들, 그리고 기타에 해당하는 사람들이다.
>
> 후보가 두 명인 경우로 한정해서 생각해 보자. 여론조사 방식은 설문 문항에 따라 두 가지로 분류된다. 하나는 선호도 방식으로 "차기 대통령 후보로 누구를 더 선호하느냐?"라고 묻는다. 선호도 방식은 적극적으로 지지하는 사람들과 소극적으로 지지하는 사람들을 모두 지지자로 계산하는 방식이다. 이 여론조사 방식에서 적극적 지지자들과 소극적 지지자들은 모두 지지 의사를 답한다.
>
> 다른 한 방식은 지지도 방식으로 "내일(혹은 오늘) 투표를 한다면 누구를 지지하겠느냐?"라고 묻는다. 특정 후보를 적극적으로 지지하는 지지자들은 두 경쟁 후보를 놓고 두 물음에서 동일한 반응을 보일 것이다. 문제는 어느 한 후보를 적극적으로 지지하지 않는 소극적 지지자들이다. 이들은 특정 후보가 더 낫다고 생각하기 때문에 선호도를 질문할 경우에는 특정 후보를 선호한다고 대답하지만, 지지 여부를 질문할 경우에는 지지하는 후보가 없다는 '무응답'을 선택한다. 따라서 지지도 방식은 적극적 지지자만 지지자로 분류하고 나머지는 기타로 분류하는 방식에 해당한다.

보기

ㄱ. A후보가 B후보보다 적극적 지지자의 수가 많고 소극적 지지자의 수는 적을 경우, 지지도 방식을 사용할 때 A후보가 B후보보다 더 많은 지지를 받을 것이다.

ㄴ. A후보가 B후보보다 적극적 지지자의 수는 적고 소극적 지지자의 수가 많을 경우, 선호도 방식을 사용할 때 A후보가 B후보보다 더 많은 지지를 받을 것이다.

ㄷ. A후보가 B후보보다 적극적 지지자와 소극적 지지자의 수가 각각 더 많다면, 선호도 방식에 비해 지지도 방식에서 A후보와 B후보 사이의 지지자 수의 격차가 더 클 것이다.

① ㄱ

② ㄷ

③ ㄱ, ㄴ

④ ㄴ, ㄷ

⑤ ㄱ, ㄷ

07 다음 글에서 이끌어 낼 수 없는 것은?

『논어』 가운데 해석상 가장 많은 논란을 일으킨 구절은 '극기복례(克己復禮)'이다. 이 구절을 달리 해석하는 A학파와 B학파는 문장의 구절을 구분하는 것부터 견해가 다르다. A학파는 '극기'와 '복례'를 하나의 독립된 구절로 구분한다. 그들에 따르면, '극'과 '복'은 서술어이고, '기'와 '예'는 목적어이다. 이에 반해 B학파는 '극'을 서술어로 보고 '기복례'는 목적어구로 본다. 두 학파가 동일한 구절을 이와 같이 서로 다르게 구분하는 이유는 '극'과 '기' 그리고 '예'에 대한 이해가 다르기 때문이다.

A학파는 천리(天理)가 선천적으로 마음에 내재해 있다는 심성론에 따라 이 구절을 해석한다. 그들은 '극'은 '싸워서 이기다.'로, '복'은 '회복하다.'로 해석한다. 그리고 '기'는 '몸으로 인한 개인적 욕망'으로 '예'는 '천리에 따라 행위하는 것'으로 규정한다. 따라서 '극기'는 '몸의 개인적 욕망을 극복하다.'로 해석하고, '복례'는 '천리에 따라 행위하는 본래 모습을 회복하다.'로 해석한다.

이와 달리 B학파는 심성론에 따라 해석하지 않고 예를 중심으로 해석한다. 이들은 '극'을 '능숙하다.'로, '기'는 '몸'으로 이해한다. 또 '복'을 '한 번 했던 동작을 거듭하여 실천하다.'로 풀이한다. 그리고 예에 대한 인식도 달라서 '예'를 천리가 아닌 '본받아야 할 행위'로 이해한다. 예를 들면, 제사에 참여하여 어른들의 행위를 모방하면서 자신의 역할을 수행하는 것이 이에 해당한다. 따라서 이들의 해석에 따르면, '기복례'는 '몸이 본받아야 할 행위를 거듭 실행함'이 되고, '극'과 연결하여 해석하면 '몸이 본받아야 할 행위를 거듭 실행하여 능숙하게 되다.'가 된다.

두 학파가 동일한 구절을 달리 해석하는 또 다른 이유는 그들이 지향하는 철학적 관심이 다르기 때문이다. A학파는 '극기'를 '사욕의 제거'로 해석하면서, 용례상으로나 구문론상으로 "왜 꼭 그렇게 해석해야만 하는가?"라는 질문에 답하는 대신 자신들의 철학적 체계에 따른 해석을 고수한다. 그들의 관심은 악의 문제를 어떻게 설명할 것인가라는 문제에 집중되고 있다. B학파는 '극기복례'에 사용된 문자 하나하나의 용례를 추적하여 A학파의 해석이 『논어』가 만들어졌을 당시의 유가 사상과 거리가 있다는 것을 밝히려 한다. 그들은 욕망의 제거가 아닌 '모범적 행위의 창안'이라는 맥락에서 유가의 정통성을 찾으려 한다.

① A학파는 '기'를 극복의 대상으로 삼고, 천리를 행위의 기준으로 삼을 것이다.
② A학파에 의하면 '예'의 실천은 태어날 때부터 마음에 갖추고 있는 원리에 따라 이루어질 것이다.
③ B학파는 마음의 본래 모습을 회복함으로써 악을 제거하려 할 것이다.
④ B학파는 '기'를 숙련 행위의 주체로 이해하며, 선인의 행위를 모범으로 삼을 것이다.
⑤ B학파에 의하면 '예'의 실천은 구체적 상황에서 규범 행위의 모방과 재연을 통해서 이루어질 것이다.

08 다음 글의 내용과 부합하지 않는 것은?

> 경제질서는 국가 간의 교역과 상호투자 등을 원활히 하기 위해 각 국가가 준수할 규범들을 제정하고 이를 이행시키면서 이루어진 질서이다. 경제질서는 교역 당사국 모두에 직접적인 이익을 가져다주기 때문에 비교적 잘 지켜지고 있다. 특히 1995년 WTO가 발족되어 안보질서보다도 더 정교한 질서로 자리를 잡고 있다. 경제질서를 준수하게 하는 힘은 준수하지 않았을 때 가해지는 불이익으로, 다른 나라들의 집단적 경제제재가 그에 해당된다. 자연보호질서는 경제질서의 한 종류로, 자원보호질서와 환경보호질서로 나뉜다. 이 두 가지 질서는 다음과 같은 생각에서 제안된 범세계적 운동이다. 자원보호질서는 유한한 자원을 모두 소비하면 후세 사람들이 살아갈 수 없으므로 재생 가능한 자원을 많이 사용하고 가능한 한 자원을 재활용하자는 생각이다. 환경보호질서는 하나밖에 없는 지구의 원 모습을 지켜 후손에게 물려주어야 한다는 생각이다. 자원보호질서는 부존자원의 낭비를 막기 위해 사용 물질의 양에 대한 규제를 주도하는 질서이고, 환경보호질서는 글자 그대로 환경을 쾌적한 상태로 유지하려는 질서이다. 이 두 가지 질서는 서로 연관되어 있으나 지키려는 내용에서 다르다. 자원보호질서는 사람이 사용하는 물자의 양을 통제하기 위한 질서이고, 환경보호질서는 환경의 원형보존을 위한 질서이다.
>
> 경제질서와는 달리 공공질서는 일부가 아닌 모든 구성국들에 이익을 가져다주는 국제질서이다. 국가 간의 교류 및 협력을 위해서는 서로 간의 의사소통, 인적·물적 교류 등이 원활히 이루어져야 한다. 이러한 거래, 교류, 접촉 등을 원활하게 하는 공동규범들이 공공질서를 이룬다. 공공질서는 모든 구성국에 편익을 주는 공공재를 창출하고 유지하려는 구성국들의 공동노력으로 이루어진다.
>
> 가장 새롭게 등장한 국제질서가 인권보호질서이다. 웨스트팔리아체제라 부르는 주권국가 중심의 현 국제정치질서에서는 주권존중, 내정불간섭 원칙이 엄격히 지켜진다. 그래서 자국 정부에 의한 자국민 학살, 탄압, 인권유린 등이 국외에서는 외면되어 왔다. 그러나 정부에 의한 인민학살의 피해나, 다민족 국가에서의 자국 내 소수민족 탄압이 용인될 수 없는 상태에까지 이르게 됨에 따라 점차로 인권보호를 위한 인도주의적 개입의 당위가 논의되기 시작하고 있다. 이러한 흐름 속에서 국제연합인권위원회 및 각종 NGO 등의 노력으로 국제사회에서 공동 개입하여 인권보호를 이루어내자는 운동이 일어나고 있다. 이러한 노력의 결과 하나의 새로운 국제질서인 인권보호질서가 자리를 잡아가고 있다. 인권보호질서는 아직 형성과정에 있으며, 또한 주권국가 중심의 현 국제정치질서와 충돌하므로 앞으로도 쉽게 자리를 잡기는 어려우리라 예상된다. 그러나 21세기에 접어들면서 '세계시민의식'이 급속히 확산되고 있는 점을 감안한다면, 어떤 국가도 결코 무시할 수 없는 국제질서로 발전하리라 생각한다.

① 교역 당사국에 직접 이익을 주기 때문에 WTO에 의한 경제질서가 비교적 잘 유지되고 있다.

② 세계시민의식의 확산과 더불어 등장한 인권보호질서는 내정불간섭 원칙의 엄격한 준수를 요구한다.

③ 세계적 차원에서 유한한 자원의 낭비를 규제하고 자원을 재활용하기 위해 자원보호질서가 제안되었다.

④ 인적·물적 교류를 원활하게 하는 공동규범으로 이루어진 공공질서는 그 구성국들에 이익을 가져다준다.

⑤ 자연보호질서의 하위질서인 환경보호질서는 지구를 쾌적한 상태로 유지하고 후세에 원형대로 물려주려는 것이다.

09 다음 글의 내용과 부합하는 것은?

조선시대 우리의 전통적인 전술은 흔히 장병(長兵)이라고 불리는 것이었다. 장병은 기병(騎兵)과 보병(步兵)이 모두 궁시(弓矢)나 화기(火器) 같은 장거리 무기를 주무기로 삼아 원격전(遠隔戰)에서 적을 제압하는 것이 특징이었다. 이에 반해 일본의 전술은 창과 검을 주무기로 삼아 근접전(近接戰)에 치중하였기 때문에 단병(短兵)이라 일컬어졌다. 이러한 전술상의 차이로 인해 임진왜란 이전에는 조선의 전력(戰力)이 일본의 전력을 압도하는 형세였다. 조선의 화기 기술은 고려 말 왜구를 효과적으로 격퇴하는 방도로 수용된 이래 발전을 거듭했지만, 단병에 주력하였던 일본은 화기 기술을 습득하지 못하고 있었다.

그러나 이러한 전력상의 우열관계는 임진왜란 직전 일본이 네덜란드 상인들로부터 조총을 구입함으로써 역전되고 말았다. 일본의 새로운 장병 무기가 된 조총은 조선의 궁시나 화기보다도 사거리나 정확도 등에서 훨씬 우세하였다. 조총은 단지 조선의 장병 무기류를 압도하는데 그치지 않고 일본이 본래 가지고 있던 단병 전술의 장점을 십분 발휘하게 하였다. 조선이 임진왜란 때 육전(陸戰)에서 참패를 거듭한 것은 정치·사회 전반의 문제가 일차적 원인이겠지만, 이러한 전술상의 문제에도 전혀 까닭이 없지 않았던 것이다. 그러나 일본은 근접전이 불리한 해전(海戰)에서 조총의 화력을 압도하는 대형 화기의 위력에 눌려 끝까지 열세를 만회하지 못했다. 일본은 화약무기 사용의 전통이 길지 않았기 때문에 해전에서도 조총만을 사용하였다. 반면 화기 사용의 전통이 오래된 조선의 경우 비록 육전에서는 소형 화기가 조총의 성능을 당해내지 못했지만, 해전에서는 함선에 탑재한 대형 화포의 화력이 조총의 성능을 압도하였다. 해전에서 조선 수군이 거둔 승리는 이순신의 탁월한 지휘력에도 힘입은 바 컸지만, 이러한 장병 전술의 우위가 승리의 기본적인 토대가 되었던 것이다.

① 장병 무기인 조총은 일본의 근접 전투기술을 약화시켰다.
② 조선의 장병 전술은 고려 말 화기의 수용으로부터 시작되었다.
③ 임진왜란 당시 조선은 육전에서 전력상 우위를 점하고 있었다.
④ 원격전에 능한 조선 장병 전술의 장점이 해전에서 잘 발휘되었다.
⑤ 임진왜란 때 조선군이 참패한 일차적인 원인은 무기 기술의 열세에 있었다.

10 다음 글의 내용과 부합하는 것은?

> 1918년 캘리포니아의 요세미티 국립공원에 인접한 헤츠헤치 계곡에 댐과 저수지를 건설하자는 제안을 놓고 중요한 논쟁이 벌어졌다. 샌프란시스코 시에 물이 부족해지자 헤츠헤치 계곡을 수몰시키는 댐을 건설하여 샌프란시스코에 물을 안정적으로 공급하자는 계획이 등장한 것이다. 이 계획안을 놓고 핀쇼와 뮤어 사이에 중요한 논쟁이 벌어지는 데, 이는 이후 환경문제에 대한 유력한 두 가지 견해를 상징적으로 드러낸다.
>
> 핀쇼는 당시 미국 산림청장으로서 미국에서 거의 최초로 전문적인 교육과 훈련을 받은 임업전문가 중의 한 사람이 었다. 또한 핀쇼는 환경의 보호관리(Conservation) 운동의 창시자였다. 이 운동은 산림 지역을 지혜롭게 이용하기 위해서는 이를 보호하는 동시에 적절하게 관리해야 한다는 주장을 폈다. 핀쇼는 국유림을 과학적으로 경영, 관리해 야 한다고 생각하였다. 그의 기본 방침은 국유지는 대중의 필요와 사용을 위해 존재한다는 것이었다. 그는 "어떤 사람은 산림이 아름답고 야생 생물의 안식처라는 이유를 들어 이를 보존해야 한다고 주장한다. 하지만 우리의 산림 정책의 목표는 산림을 보존하는 것이 아니라 이를 활용하여 행복한 가정을 꾸미고 대중의 복지를 추구하는 것"이라 고 말하였다. 핀쇼는 계곡에 댐을 건설하려는 샌프란시스코 시의 계획을 지지하였는데 그 근거는 계곡의 댐 건설이 수백만의 사람들이 필요로 하는 물을 제공할 수 있다는 점이었다. 그는 이것이 자연자원을 가장 효과적으로 사용하 는 방법이라고 생각하였다.
>
> 반면 시에라 클럽의 창립자이며 자연보존(Preservation) 운동의 대변인인 뮤어는 계곡의 보존을 주장하였다. 그는 자연을 인간의 소비를 위한 단순한 상품으로만 간주하는 보호관리주의가 심각한 문제점을 지닌다고 생각하였다. 그는 야생 자연의 정신적이고 심미적인 가치를 강조했으며, 모든 생명체의 내재적 가치를 존중하였다. 그는 헤츠헤 치 계곡이 원형대로 보존되어야 하며 댐을 건설하여 계곡을 파괴하는 인간의 행위는 막아야 한다고 주장하였다.
>
> 이러한 초기의 논쟁은 환경 이론의 지배적인 두 흐름이 지니고 있는 세계관을 상징적으로 잘 보여준다. 보호관리주 의자들은, 오직 소수의 이익을 위한 자연환경 착취를 금지해야 인간이 자연으로부터 더 오랜 시간 동안, 더 큰 이익 을 얻을 수 있다고 주장하였다. 반면에 보존주의자들은 자연을 파괴하거나 변형하려는 인간의 활동으로부터 자연을 있는 그대로 보존해야 한다고 주장하였다. 다시 말해 이들의 목표는 야생 자연을 원형 그대로 보존하는 것이었다. 보호관리주의자들의 윤리적 근거는 자연 환경이 인간의 이익을 위한 수단으로서 가치를 지닌다는 것이다. 따라서 자연과 자원은 도구적 가치를 지닌다. 이와 달리 보존주의자들은 자연을 종교적 영감, 정서적 안식, 심미적 경험의 원천으로 인식한다. 이는 자연이 도구적 가치를 지님과 동시에 그 자체로 목적으로서의 가치도 있다는 점을 인정하 는 것이다.

① 보호관리주의와 보존주의는 모두 자연의 이중적인 가치를 인정한다.

② 보호관리주의와 보존주의는 모두 자연의 도구적 가치를 인정한다.

③ 핀쇼는 인간과 자연의 대등한 관계가 자연자원의 효과적 활용에 꼭 필요하다고 주장했다.

④ 뮤어는 자연보존의 윤리적 근거를 자연이 인간에게 주는 수단적 가치와 경제적 이익에서 찾았다.

⑤ 핀쇼와 뮤어는 자연개발을 통한 이익이 해당 지역 주민과 일반 대중 중 어느 쪽에 우선적으로 배정되어야 하는가 를 두고 논쟁하였다.

11 다음 글의 내용과 부합하지 않는 것은?

설헌 : 우리 여자들은 학문이 없는 까닭으로 기 천년 금수 같은 대우를 받았으니 우리 여자 사회에서 제일 급한 것이 학문인즉 학문 말씀을 먼저 하겠소. 우리 이천 만 민족 중에 일천 만 남자들은 응당 고명한 학교를 졸업하여 정치, 법률, 군제, 농상공 등 만 가지 사업에 족하겠지마는 우리 일 천만 여자들은 학문이 무엇인지 도무지 모르고 또 배우려고 하지도 않으며, 유의유식(遊衣遊食)으로 남자만 의뢰하여 먹고 입으려 하니, 국세가 어찌 빈약하지 아니하겠소? 우리가 본받을 만한 강성한 여러 문명국 사람들은 남자와 여자가 학문과 기예에 차등이 없고 오히려 여자는 남자보다 해산하는 재주 한 가지가 더 있다 평하기도 하며, 혹 전쟁이 있어 남자가 다 죽어도 겨우 반을 잃었다고 말하니, 그 여자들이 창법과 검술까지 두루 통달함을 가히 알 수 있소.

금운 : 설헌 씨는 우리 여자들이 배워야 할 학문 설명을 자세히 잘 말하였으나, 그 성질과 형편에서 그래도 미진한 곳이 있습니다. 우리나라 사람들이 떠받드는 중국의 글자를 폐지하여야 할 필요가 있겠소. 대저 글자라 하는 것은 소와 같아서 그 나라의 온갖 정신을 싣고 있으니, 우리나라의 소위 한문이란 것은 곧 지나의 소요, 다만 지나의 정신만 실었으니, 우리나라 사람이야 평생을 끌고 당긴들 무슨 이익이 있겠소? 대체 책은 무엇에 쓰자고 읽소? 사리에 통하려고 읽는 것인데, 내 나라 역사와 지리를 모르고서 『제갈량전』과 『비사맥(比斯麥)전』을 천만 번이나 읽은들 현금 비참한 지경을 면하겠소? 일본 학교 교과서를 보시오. 소학교에서 가르치는 것은 다만 자국 인물이 어떠하고 자국 지리가 어떠하다 하여 자국 정신이 굳은 후에 비로소 만국 역사와 만국 지리를 가르치니, 그런고로 남녀를 불문하고 자국의 일반 지식이 없는 자가 없으니, 오늘날 저러한 큰 세력을 얻어 나라의 영광을 이루었소.

국란 : 아니오. 우리나라가 가뜩이나 무식한데 그나마 한문도 없어지면 어쩌겠소. 수모(水母)란 것은 눈이 없이 새우를 따라다니면서 새우 눈을 제 눈 같이 아니니, 우리나라가 수모 세계인데 새우 노릇은 누가 하오? 아니 될 말이오. 졸지에 한문을 없애고 국문(國文)만 힘쓰면 무슨 별지식이 나오리까? 나도 한문을 좋다 하는 것은 아니나 형편으로 말하자면 요순(堯舜)이래 치국평천하(治國平天下)하는 법과 수신제가(修身齊家)하는 천사만사가 모두 한문에 있으니 한문을 없애고 국문만 쓰면, 비유컨대 유리창을 떼어 버리고 흙벽 치는 셈이오.

※ 비사맥 : 독일의 근대 정치가 비스마르크
※ 수모 : 해파리

---

① 설헌에 따르면 우리나라가 강국이 되기 위해서는 여자도 학문을 익혀야 한다.

② 금운에 따르면 우리 문자에는 우리 정신이 담겨 있으므로 한글을 중시하지 않으면 안 된다.

③ 금운에 따르면 국문으로 쓰인 우리나라 위인의 전기를 읽어야 하지 『비사맥전』을 읽어서는 안 된다.

④ 국란에 따르면 한자 사용을 금지하자는 금운의 주장은 우리나라의 사정을 고려할 때 옳지 않다.

⑤ 국란에 따르면 우리나라 사람들은 새우를 따라다니는 수모처럼 한문에 의해 인도를 받아야 한다.

12 다음 (가) ~ (다)에 대한 판단으로 가장 적절한 것은?

> (가) 지금 열 사람이 굶주리는데 한 그릇의 밥을 먹게 되면 그 밥을 다 먹기 전에 싸움이 일어날 것이다. 조정의 붕당(朋黨)도 어찌 이와 다르겠는가. 오늘날 붕당의 폐해가 날로 극심하니 한 당이 득세하면 현우(賢愚)의 구별 없이, 그리고 청직(淸職)과 요직(要職)을 불문하고 다투어 자기 사람을 심어 세력을 떨친다. 그리하여 가난한 문필가의 가문들에서는 과거의 홍패(紅牌)를 안고서 관직을 얻지 못해 탄식하는 자가 셀 수조차 없이 많게 된다.
>
> (나) 3백 년 동안 사색(四色)의 당파 싸움은 국가에 큰 해를 끼쳤다고도 한다. 하지만 당론이 극렬할수록 제각기 나는 옳고 저는 그르다는 것을 퍼뜨리기 위하여 개인적인 역사 기술이 성행했다. 마침내 한백겸, 안정복, 한치윤 등 뛰어난 인물이 등장하게 되었다. 혹 어떤 이는, "사색 이후의 역사는 서로 모순되어 그 시비를 가릴 수가 없어서 역사의 난관이 된다."고 한다. 그러나 그들의 시비를 보면 아무 당이 조선의 충신이니, 역적이니, 아무 선생이 주자학의 정통이니 아니니 하는 문제들뿐이므로, 오늘날 우리의 눈으로 보면 칼을 휘둘러 임금의 시체를 두 동강 낸 연개소문을 쾌남아라 할 것이요, 자기의 의견을 주장하여 명륜당(明倫堂) 기둥에 공자를 비평한 글을 붙인 윤백호를 걸물이라 할 것이다.
>
> (다) 조선왕조의 정치가 양반관료체제로 귀결된 것은 지배 신분층의 확대라는 역사적 변환과 밀접하게 관련되어 있다. 중소 지주층의 대부분이 신분적으로 관인이 될 수 있는 자격을 획득한 조건 아래서 그들의 정치 참여 욕구를 수렴하려면, 체제의 운영 방식이 보다 많은 수의 참여를 가져와야 했다. 고려시대에 비하여 관료제도가 더 발달하고 관료의 선발 방식으로서의 과거제도가 활성화된 까닭이 바로 여기에 있다. 정치체제의 기반이 그러한 역사적 조건을 가진 이상, 국체가 왕정으로 내세워졌다 하더라도 전제왕권은 일시적인 것에 그치지 않을 수 없었다.
>
> ※ 홍패 : 급제자에게 주는 증서

① (가)에 의하면 붕당의 폐해가 심해지면서 과거에 급제하고도 기용되기 힘들어지는 사례가 많아졌다.
② (나)에 의하면 당파의 성립과 당파 간 논쟁이 민주적인 공론의 장을 형성했다.
③ (다)에 의하면 과거제의 활성화로 인해 중소 지주들의 정치 참여 욕구가 높아져 지배층이 확대되었다.
④ 전근대 시기 우리나라가 당파 간 대립이 극심했다는 점에서 (가)와 (다)는 일치하는 견해를 보여준다.
⑤ 과거제도가 문제점과 더불어 순기능도 있었다는 점에서 (나)와 (다)는 일치하는 견해를 보여준다.

STEP **1** 기본문제

☑ 확인 Check! ○△✕

01 다음 글의 결론을 이끌어내기 위해 추가해야 할 전제만을 〈보기〉에서 모두 고르면?

> 젊고 섬세하고 유연한 자는 아름답다. 아테나는 섬세하고 유연하다. 아름다운 자가 모두 훌륭한 것은 아니다. 덕을 가진 자는 훌륭하다. 아테나는 덕을 가졌다. 아름답고 훌륭한 자는 행복하다. 따라서 아테나는 행복하다.

보기

ㄱ. 아테나는 젊다.
ㄴ. 아테나는 훌륭하다.
ㄷ. 아름다운 자는 행복하다.

① ㄱ
② ㄷ
③ ㄱ, ㄴ
④ ㄴ, ㄷ
⑤ ㄱ, ㄴ, ㄷ

02 다음 글에서 밑줄 친 결론을 이끌어내기 위해 추가해야 할 전제만을 〈보기〉에서 모두 고르면?

> 이미지란 우리가 세계에 대해 시각을 통해 얻는 표상을 가리킨다. 상형문자나 그림문자를 통해서 얻은 표상도 여기에 포함된다. 이미지는 세계의 실제 모습을 아주 많이 닮았으며 그러한 모습을 우리 뇌 속에 복제한 결과이다. 그런데 우리의 뇌는 시각적 신호를 받아들일 때 시야에 들어온 세계를 한꺼번에 하나의 전체로 받아들이게 된다. 즉 대다수의 이미지는 한꺼번에 지각된다. 예를 들어 우리는 새의 전체 모습을 한꺼번에 지각하지 머리, 날개, 꼬리 등을 개별적으로 지각한 후 이를 머릿속에서 조합하는 것이 아니다.
>
> 표음문자로 이루어진 글을 읽는 것은 이와는 다른 과정이다. 표음문자로 구성된 문장에 대한 이해는 그 문장의 개별적인 문법적 구성요소들로 이루어진 특정한 수평적 연속에 의존한다. 문장을 구성하는 개별 단어들, 혹은 각 단어를 구성하는 개별 문자들이 하나로 결합되어 비로소 의미 전체가 이해되는 것이다. 비록 이 과정이 너무도 신속하고 무의식적으로 이루어지기는 하지만 말이다. 알파벳을 구성하는 기호들은 개별적으로는 아무런 의미도 가지지 않으며 어떠한 이미지도 나타내지 않는다. 일련의 단어군은 한꺼번에 파악될 수도 있겠지만, 표음문자의 경우 대부분 언어는 개별 구성 요소들이 하나의 전체로 결합되는 과정을 통해 이해된다.
>
> 남성적인 사고는, 사고 대상 전체를 구성요소 부분으로 분해한 후 그들 각각을 개별화시키고 이를 다시 재조합하는 과정으로 진행된다. 그에 비해 여성적인 사고는, 분해되지 않은 전체 이미지를 통해서 의미를 이해하는 특징을 지닌다. 그림문자로 구성된 글의 이해는 여성적인 사고 과정을, 표음문자로 구성된 글의 이해는 남성적인 사고 과정을 거친다. 여성은 대체로 여성적 사고를, 남성은 대체로 남성적 사고를 한다는 점을 고려할 때 <u>표음문자 체계의 보편화는 여성의 사회적 권력을 약화시키는 결과를 낳게 된다.</u>

보기

ㄱ. 그림문자를 쓰는 사회에서는 남성의 사회적 권력이 여성의 그것보다 우월하였다.
ㄴ. 표음문자 체계는 기능적으로 분화된 복잡한 의사소통을 가능하도록 하였다.
ㄷ. 글을 읽고 이해하는 능력은 사회적 권력에 영향을 미친다.

---

① ㄱ   ② ㄴ
③ ㄷ   ④ ㄱ, ㄴ
⑤ ㄴ, ㄷ

03 다음 논증에 대한 평가로 적절한 것만을 〈보기〉에서 모두 고르면?

합리적 판단과 윤리적 판단의 관계는 무엇일까? 나는 합리적 판단만이 윤리적 판단이라고 생각한다. 즉, 어떤 판단이 합리적인 것이 아닐 경우 그 판단은 윤리적인 것도 아니라는 것이다. 그 이유는 다음과 같다. 일단 ㉠ 보편적으로 수용될 수 있는 판단만이 윤리적 판단이다. 즉 개인이나 사회의 특성에 따라 수용 여부에서 차이가 나는 판단은 윤리적 판단이 아니라는 것이다. 그리고 ㉡ 모든 이성적 판단은 보편적으로 수용될 수 있는 판단이다. 예를 들어, "모든 사람은 죽는다."와 "소크라테스는 사람이다."라는 전제들로부터 "소크라테스는 죽는다."라는 결론으로 나아가는 이성적인 판단은 보편적으로 수용될 수 있는 것이다. 이러한 판단이 나에게는 타당하면서, 너에게 타당하지 않을 수는 없다. 이것은 이성적 판단이 갖는 일반적 특징이다. 따라서 ㉢ 보편적으로 수용될 수 있는 판단만이 합리적 판단이다. ㉣ 모든 합리적 판단은 이성적 판단이다라는 것은 부정할 수 없기 때문이다. 결국 우리는 ㉤ 합리적 판단만이 윤리적 판단이다라는 결론에 도달할 수 있다.

보기

ㄱ. ㉠은 받아들일 수 없는 것이다. '1+1=2'와 같은 수학적 판단은 보편적으로 수용될 수 있는 것이지만, 수학적 판단이 윤리적 판단은 아니기 때문이다.

ㄴ. ㉡과 ㉣이 참일 경우 ㉢은 반드시 참이 된다.

ㄷ. ㉠과 ㉢이 참이라고 할지라도 ㉤이 반드시 참이 되는 것은 아니다.

① ㄱ   ② ㄴ

③ ㄱ, ㄷ   ④ ㄴ, ㄷ

⑤ ㄱ, ㄴ, ㄷ

04 다음 글의 내용이 참일 때, 밑줄 친 결론을 이끌어내기 위해 추가해야 할 전제로 적절한 것은?

A팀이 제작하는 운영체제를 C팀의 전산 시스템에 설치하면 C팀의 보안 시스템에 오류를 발생시킨다. B팀이 제작하는 전원 공급 장치는 5%의 결함률이 있다. 즉 B팀이 제작하는 전원 공급 장치 중 5%의 제품은 결함이 있고 나머지는 결함이 없다. C팀의 전산 시스템에는 반드시 B팀이 제작한 전원 공급 장치를 장착한다. 만일 C팀의 보안 시스템에 오류가 있거나 전원 공급 장치에 결함이 있다면, C팀의 전산 시스템에는 오류가 발생한다. 그러므로 C팀의 전산 시스템에는 반드시 오류가 발생한다.

① A팀이 제작하는 운영체제를 B팀의 전산 시스템에 설치한다.

② A팀이 제작하는 운영체제를 C팀의 전산 시스템에 설치하지 않는다.

③ B팀이 제작하여 C팀에 제공하는 전원 공급 장치에 결함이 있다.

④ B팀에서 제작한 결함이 없는 95%의 전원 공급 장치를 C팀의 전산 시스템에 장착한다.

⑤ C팀의 전산 시스템 오류는 다른 결함요인에 의해서도 발생한다.

05 복지사 A의 결론을 이끌어내기 위해 추가해야 할 두 전제를 〈보기〉에서 고르면?

> 복지사 A는 담당 지역에서 경제적 곤란을 겪고 있는 아동을 찾아 급식 지원을 하는 역할을 담당하고 있다. 갑순, 을순, 병순, 정순이 급식 지원을 받을 후보이다. 복지사 A는 이들 중 적어도 병순은 급식 지원을 받게 된다고 결론 내렸다. 왜냐하면 갑순과 정순 중 적어도 한 명은 급식 지원을 받는데, 갑순이 받지 않으면 병순이 받기 때문이었다.

> **보기**
> ㄱ. 갑순이 급식 지원을 받는다.
> ㄴ. 을순이 급식 지원을 받는다.
> ㄷ. 을순이 급식 지원을 받으면, 갑순은 급식 지원을 받지 않는다.
> ㄹ. 을순과 정순 둘 다 급식 지원을 받지 않으면, 병순이 급식 지원을 받는다.

① ㄱ, ㄴ   ② ㄱ, ㄹ
③ ㄴ, ㄷ   ④ ㄴ, ㄹ
⑤ ㄷ, ㄹ

06 다음 글에 대한 분석으로 적절하지 않은 것은?

> 공포영화에 자주 등장하는 좀비는 철학에서도 자주 논의된다. 철학적 논의에서 좀비는 '의식을 갖지는 않지만 겉으로 드러나는 행동에서는 인간과 구별되지 않는 존재'로 정의된다. 이를 '철학적 좀비'라고 하자. ⊙ <u>인간은 고통을 느끼지만, 철학적 좀비는 고통을 느끼지 못한다.</u> 즉 고통에 대한 의식을 가질 수 없는 존재라는 것이다. 그러나 ⓒ <u>철학적 좀비도 압정을 밟으면 인간과 마찬가지로 비명을 지르며 상처 부위를 부여잡을 것이다.</u> 즉 행동 성향에서는 인간과 차이가 없다. 그렇기 때문에 겉으로 드러나는 모습만으로는 철학적 좀비와 인간을 구별할 수 없다. 그러나 ⓒ <u>인간과 철학적 좀비는 동일한 존재가 아니다.</u> ⓔ <u>인간이 철학적 좀비와 동일한 존재라면, 인간도 고통을 느끼지 못하는 존재여야 한다.</u>
> 물론 철학적 좀비는 상상의 산물이다. 그러나 우리가 철학적 좀비를 모순 없이 상상할 수 있다는 사실은 마음에 관한 이론인 행동주의에 문제가 있다는 점을 보여준다. 행동주의는 마음을 행동 성향과 동일시하는 입장이다. 이에 따르면, ⓜ <u>마음은 특정 자극에 따라 이러저러한 행동을 하려는 성향이다.</u> ⓑ <u>행동주의가 옳다면, 인간이 철학적 좀비와 동일한 존재라는 점을 인정할 수밖에 없다.</u> 그러나 인간과 달리 철학적 좀비는 마음이 없어서 어떤 의식도 가질 수 없는 존재다. 따라서 ④ <u>행동주의는 옳지 않다.</u>

① ⊙과 ⓒ은 동시에 참일 수 있다.
② ⊙과 ⓔ이 모두 참이면, ⓒ도 반드시 참이다.
③ ⓒ과 ⓑ이 모두 참이면, ⓜ도 반드시 참이다.
④ ⓒ과 ⓑ이 모두 참이면, ④도 반드시 참이다.
⑤ ⓜ과 ④은 동시에 거짓일 수 없다.

07 다음 밑줄 친 결론을 이끌어내기 위해 추가해야 할 전제는?

> 만약 국제적으로 테러가 증가한다면, A국의 국방비 지출은 늘어날 것이다. 그런데 A국 앞에 놓인 선택은 국방비 지출을 늘리지 않거나 증세 정책을 실행하는 것이다. 그러나 A국이 증세 정책을 실행한다면, 세계 경제는 반드시 침체한다. 그러므로 <u>세계 경제는 결국 침체하고 말 것이다.</u>

① 국제적으로 테러가 증가한다.
② A국이 감세 정책을 실행한다.
③ A국의 국방비 지출이 늘어나지 않는다.
④ 만약 A국이 증세 정책을 실행한다면, A국의 국방비 지출은 늘어날 것이다.
⑤ 만약 A국의 국방비 지출이 늘어난다면, 국제적으로 테러는 증가하지 않을 것이다.

08 다음 밑줄 친 결론을 이끌어내기 위해 추가해야 할 전제는?

> A국은 현실적으로 실행 가능한 대안만을 채택하는 합리적인 국가이다. A국의 외교는 B원칙의 실현을 목표로 하고 있으며 앞으로도 이 목표는 변하지 않는다. 그러나 문제는 B원칙을 실현하는 방안이다. B원칙을 실현하기 위해서는 적어도 하나의 전략이 실행되어야 한다. 최근 외교전문가들 간에 뜨거운 토론의 대상이 되었던 C전략은 B원칙을 실현하기에 충분한 방안으로 평가된다. 그러나 C전략의 실행을 위해서는 과다한 비용이 소요되기 때문에, A국이 C전략을 실행하는 것은 현실적으로 불가능하다. 한편 일부 전문가가 제시했던 D전략은 그 자체로는 B원칙을 실현하기에 충분하지 않다. 하지만 금년부터 A국 외교정책의 기조로서 일관성 있게 실행될 E정책과 더불어 D전략이 실행될 경우, B원칙은 실현될 것이다. 뿐만 아니라 E정책 하에서 D전략의 실행 가능성도 충분하다. 그러므로 <u>A국의 외교정책에서 D전략이 채택될 것은 확실하다.</u>

① D전략은 C전략과 목표가 같다.
② A국의 외교정책 상 C전략은 B원칙에 부합한다.
③ C전략과 D전략 이외에 B원칙을 실현할 다른 전략은 없다.
④ B원칙의 실현을 위해 C전략과 D전략은 함께 실행될 수 없다.
⑤ B원칙의 실현을 위해 C전략과 E정책은 함께 실행될 수 없다.

09 다음 논증이 타당하기 위해서 빈칸에 들어갈 진술로 가장 적절한 것은?

> 실천적 지혜가 있는 사람은 덕이 있는 성품을 가진 사람이다. 그런데 덕을 아는 것만으로 실천적 지혜가 있는 사람이 될 수는 없다. 실천적 지혜가 있는 사람은 덕을 알 뿐만 아니라 그것을 실행에 옮기는 사람이다. 그리고 그런 사람이 실천적 지혜가 있다고 할 수 있다. 그런데 _____ 따라서 실천적 지혜가 있는 사람은 자제력도 있다.

① 자제력이 없는 사람은 성품이 나약한 사람이다.
② 덕이 있는 성품을 가진 사람도 자제력이 없을 수 있다.
③ 덕이 있는 성품을 가진 사람은 실천적 지혜가 있는 사람이다.
④ 자제력이 없는 사람은 올바른 선택을 따르지 않는 사람이다.
⑤ 자제력이 없는 사람은 아는 덕을 실행에 옮기는 사람이 아니다.

10 다음 글을 하나의 논증이라고 할 때, 이 논증에 대한 서술로 적절한 것을 〈보기〉에서 모두 고르면?

> 어떤 수학적 체계가 모든 사람에게 동일한 것이기 위해서 다음 두 조건이 모두 만족되어야 한다는 것은 분명하다. 우선, 이성적 판단 능력을 지닌 주체들이 그 체계에 대한 판단에서 언제나 완전한 합의를 이룰 수 있어야 한다. 이런 조건이 충족된다면, 누구나 자신의 판단과 다른 주체의 판단을 비교함으로써 어느 판단이 사실과 더 잘 부합하는지 확인할 수 있을 것이다. 두 번째 조건은 그 체계를 적용하여 판단을 내릴 때, 그런 판단에 도달하는 과정이 모든 주체에서 동일해야 한다는 것이다. 과정의 동일성은 전제나 결론의 동일성 못지않게 중요하다.
>
> 그런데 자연수의 체계는 이러한 두 조건 가운데 어느 것도 만족하지 않는다. 우선 자연수 체계는 우리가 세계를 해석하는 데 적용할 수 있는 하나의 틀이고, 세계를 해석하는 데는 다양한 체계가 동원될 수 있기 때문이다. 두 번째 조건도 충족되기 어려워 보인다. 예를 들어 자연수의 체계를 적용하여 두 물체의 크기를 비교할 때 어떤 사람은 두 물체를 각각 특정한 자연수에 대응시키는 방식을 취하지만, 어떤 사람은 한 물체의 크기를 100에 대응시킨 후 나머지 물체의 크기에 대응하는 자연수를 찾기 때문이다.

> **보기**
>
> ㄱ. 수학적 체계가 모든 사람에게 동일한 것이기 위한 필요조건을 제시하였다.
> ㄴ. 이 논증에 따르면 자연수 체계는 모든 사람에게 동일한 체계라고 볼 수 없다.
> ㄷ. 예시를 통해 서두에 제시된 동일성 조건의 부적절성을 보이려 했다.
> ㄹ. 제시된 조건에 부합하는 사례와 그렇지 않은 사례를 대비시켜 개념을 명료화했다.

① ㄱ, ㄴ ② ㄴ, ㄷ
③ ㄴ, ㄹ ④ ㄱ, ㄴ, ㄷ
⑤ ㄱ, ㄷ, ㄹ

01 다음 글의 '나'의 암묵적 전제로 볼 수 있는 것만을 〈보기〉에서 모두 고르면?

> 나는 최근에 수집한 암석을 분석하였다. 암석의 겉껍질은 광물이 녹아서 엉겨 붙어 있는 상태인데, 이것은 운석이 대기를 통과할 때 가열되면서 나타나는 대표적인 현상이다. 암석은 유리를 포함하고 있었고 이 유리에는 약간의 기체가 들어 있었다. 이 기체는 현재의 지구나 원시 지구의 대기와 비슷하지 않지만 바이킹 화성탐사선이 측정한 화성의 대기와는 흡사하였다. 특히 암석에서 발견된 산소는 지구의 암석에 있는 것과 동위원소 조성이 달랐다. 그러나 화성에서 기원한 다른 운석에서 나타나는 동위원소 조성과는 일치하였다.
>
> 놀랍게도 이 암석에서는 박테리아처럼 보이는 작은 세포 구조가 발견되었다. 그 크기는 100나노미터였고 모양은 둥글거나 막대기 형태였다. 이 구조는 매우 정교하여 살아 있는 세포처럼 보였다. 추가 분석으로 이 암석에서 탄산염 광물을 발견하였고 이 탄산염 광물은 박테리아가 활동하는 곳에서 형성된 지구의 퇴적물과 닮았다는 것을 알게 되었다. 이 탄산염 광물에서는 특이한 자철석 결정이 발견되었다. 지구에서 발견되는 A종류의 박테리아는 자체적으로 합성한, 특이한 형태와 높은 순도를 지닌 자철석 결정의 긴 사슬을 이용해 방향을 감지한다. 이 자철석은 지층에 퇴적될 수 있다. 자성을 띤 화석은 지구상에 박테리아가 나타나기 시작한 20억 년 전의 암석에서도 발견된다. 내가 수집한 암석에서 발견된 자철석은 A종류의 박테리아에 의해 생성되는 것과 같은 결정형과 높은 순도를 지니고 있었다. 따라서 나는 최근에 수집한 암석이 생명체가 화성에서 실재하였음을 나타내는 증거라고 확신한다.

보기

ㄱ. 크기가 100나노미터 이하의 구조는 생명체로 볼 수 없다.
ㄴ. 산소의 동위원소 조성은 행성마다 모두 다르게 나타난다.
ㄷ. A종류의 박테리아가 없었다면 특이한 결정형의 자철석이 나타나지 않는다.

---

① ㄱ
② ㄴ
③ ㄱ, ㄷ
④ ㄴ, ㄷ
⑤ ㄱ, ㄴ, ㄷ

02   다음 ㉠~㉣에 대한 분석으로 가장 적절한 것은?

우리의 사고는 구조를 가지고 있을까? 이를 알아보기 위해 한국어 문장 "철수는 영희를 사랑한다."에서 출발해 보자. ㉠ 이 문장에 포함되어 있는 고유명사 '철수'와 '영희'가 지시하는 대상이 존재한다면, 이 문장이 유의미하다는 점을 부정할 사람은 없을 것이다. 그런데 ㉡ 이 문장이 유의미하다면, 두 고유명사의 위치를 서로 바꾼 문장 "영희는 철수를 사랑한다."도 유의미하다. 언어의 이러한 속성을 체계성이라고 한다. ㉢ 언어의 체계성은 해당 언어의 문장이 구조를 가질 경우에만 보장된다.

이번에는 언어의 생산성에 관해 생각해 보자. 한 언어가 생산적이라는 말의 의미는, 그 언어 내의 임의의 문장을 이용하여 유의미한 문장을 새롭게 구성할 수 있다는 것이다. 예를 들어, "철수는 귀엽다."와 "영희는 씩씩하다."는 문장들을 가지고 새로운 문장 "철수는 귀엽고 영희는 씩씩하다."를 얻을 수 있다. 또한 여기에다가 "영희는 철수를 사랑한다."를 덧붙여서 "철수는 귀엽고 영희는 씩씩하고 영희는 철수를 사랑한다."를 얻을 수 있다. 이러한 과정은 끝없이 확대될 수 있다. ㉣ 언어의 이러한 특성 역시 해당 언어의 문장이 구조를 가질 경우에만 보장된다.

이제 우리는 ㉤ 언어의 체계성과 생산성은 언어가 구조를 가질 경우에만 보장된다고 결론지을 수 있다. 이러한 결론은 우리의 사고에 대해서도 성립할 가능성이 있다. 왜냐하면 ㉥ 우리의 사고가 체계성과 생산성을 가지고 있다는 것은 부정할 수 없는 사실이기 때문이다. ㉦ 우리는 A가 B를 사랑한다고 생각할 수 있다면, B가 A를 사랑한다고 생각할 수도 있다. 뿐만 아니라 ㉧ 우리는 A가 귀엽다고 생각하고 B가 씩씩하다고 생각할 수 있다면, A는 귀엽고 B는 씩씩하다고 생각할 수 있다. 언어의 경우와 유사하게 사고의 경우도 이처럼 체계성과 생산성을 가지고 있다. 결국 언어와 마찬가지로 ㉨ 우리의 사고도 구조를 가지고 있다는 유추가 가능하다.

① ㉠은 ㉡을 지지한다.
② ㉥은 ㉤을 지지한다.
③ ㉢과 ㉣이 참이라고 할지라도 ㉤은 거짓일 수 있다.
④ ㉤과 ㉥이 참이라고 할지라도 ㉨은 거짓일 수 있다.
⑤ ㉥이 참이라고 할지라도 ㉦과 ㉧은 거짓일 수 있다.

※ NCS 기출유형확인은 2017 ~ 2019년 주요 공기업의 NCS 필기시험 기출복원문제로 구성하였습니다.

☑ 확인 Check! ○ △ ✕

01 다음 글을 읽고 오프라 윈프리의 설득 비결로 적절한 것은?

> 1954년 1월 29일, 미시시피주에서 사생아로 태어난 오프라 윈프리는 어릴 적 사촌에게 강간과 학대를 당하고 14살에 미혼모가 되었으나, 2주 후에 아기가 죽는 등 불우한 어린 시절을 보냈다. 그 후 고등학생 때 한 라디오 프로에서 일하게 되었고, 19살에는 지역의 저녁 뉴스에서 공동뉴스 캐스터를 맡게 되었다. 그러나 곧 특기인 즉흥적 감정 전달 덕분에 뉴스 캐스터가 아닌 낮 시간대의 토크쇼에서 진행자로 활동하게 되었다.
>
> 에이엠 시카고(AM Chicago)는 시카고에서 낮은 시청률을 가진 30분짜리 아침 토크쇼였지만 오프라 윈프리가 맡은 이후, 시카고에서 가장 인기 있는 토크쇼였던 '도나휴'를 능가하게 되었다. 그리고 그 쇼가 바로 전국적으로 방영되었던 '오프라 윈프리 쇼'의 시초였다.
>
> 이렇듯 그녀가 토크쇼의 진행자로서 크게 성공할 수 있었던 요인은 무엇이었을까? 얼마 전 우리나라에서 방송되었던 한 프로그램에서는 그 이유에 대해 '말하기와 듣기'라고 밝혔다. 실제로 그녀는 방송에서 자신의 아픈 과거를 고백함으로써 게스트들의 진심을 이끌어 냈으며, 재밌는 이야기에 함께 웃고 슬픈 이야기를 할 때는 함께 눈물을 흘리는 등 그녀의 공감 능력을 통해 상대방의 닫힌 마음을 열었다. 친숙한 고백적 형태의 미디어 커뮤니케이션이라는 관계 형성 토크의 새로운 영역을 개척한 것이다.
>
> 오프라 윈프리는 상대방의 설득을 얻어내기 위한 방법으로 다섯 가지를 들었다. 첫째, 항상 진솔한 자세로 말하여 상대방의 마음을 열어야 한다. 둘째, 아픔을 함께 하는 자세로 말하여 상대방의 공감을 얻어야 한다. 셋째, 항상 긍정적으로 말한다. 넷째, 사랑스럽고 따뜻한 표정으로 대화한다. 다섯째, 말할 때는 상대방을 위한다는 생각으로 정성을 들여 말해야 한다. 또한, 그녀는 '바위 같은 고집쟁이도 정성을 다해 말하면 꼼짝없이 마음의 문을 열고 설득당할 것이다.'라고도 말했다.

① 자신감 있는 태도　　　　　　　　② 화려한 경력
③ 공감의 화법　　　　　　　　　　④ 상대방에 대한 사전 조사
⑤ 사실적 근거

02 C사원은 사보 담당자인 G주임에게 다음 달 기고할 사설 원고를 전달하였다. G주임은 문단마다 소제목을 붙였으면 좋겠다는 의견을 보냈다. C사원이 G주임의 의견을 반영하여 소제목을 붙였을 때, 적절하지 않은 것은?

(A) 떨어질 줄 모르는 음주율은 정신건강 지표와도 연결된다. 아무래도 생활에서 스트레스를 많이 느끼는 사람들이 음주를 통해 긴장을 풀고자 하는 욕구가 많기 때문이다. 특히 퇴근 후 혼자 한적하고 조용한 술집을 찾아 맥주 1~2캔을 즐기는 혼술 문화는 젊은 연령층에서 급속히 퍼지고 있는 트렌드이기도 하다. 이렇게 혼술 문화가 대중적으로 널리 퍼지게 된 원인은 1인 가구의 증가와 사회적 관계망이 헐거워진 데 있다는 것이 지배적인 분석이다.

(B) 혼술은 간단하게 한 잔, 긴장을 푸는 데 더없이 좋은 효과를 주기도 하지만 그 이면에는 '음주 습관의 생활화'라는 문제도 있다. 혼술이 습관화되면 알코올중독으로 병원 신세를 질 가능성이 9배 늘어난다는 최근 연구결과도 있다. 실제로 가톨릭대 알코올 의존치료센터에 따르면 5년 동안 알코올 의존 상담환자 중 응답자 75.4%가 평소 혼술을 즐겼다고 답했다.

(C) 2016년 보건복지부와 국립암센터에서는 국민 암 예방 수칙의 하나인 '술은 하루 2잔 이내로 마시기' 수칙을 '하루 한두 잔의 소량 음주도 피하기'로 개정했다. 뉴질랜드 오타고대 연구진의 최신 연구에 따르면 술이 7종 암과 직접적 관련이 있는 것으로 밝혀졌고 이런 영향력은 적당한 음주에도 예외가 아닌 것으로 나타났다. 연구를 이끈 제니 코너 박사는 "음주 습관은 소량에서 적당량을 섭취했을 때도 몸에 상당한 부담으로 작용한다."고 밝혔다.

(D) 흡연과 함께 하는 음주는 1군 발암요인이기도 하다. 몸속에서 알코올과 니코틴 등의 독성물질이 만나면 더 큰 부작용과 합병증을 일으키기 때문이다. 일본 도쿄대 나카무라 유스케 교수는 '체질과 생활습관에 따른 식도암 발병률'이라는 논문에서 하루에 캔 맥주 1개 이상을 마시고 흡연을 같이할 경우 유해물질이 인체에서 상승작용을 한다는 것을 밝혀냈다. 또한 술, 담배를 함께 하는 사람의 식도암 발병 위험이 다른 사람들에 비해 190배나 높은 것으로 나타났다. 우리나라는 세계적으로도 식도암 발병률이 높은 나라이기도 하다. 이것이 우리가 음주습관 형성에 특히 주의를 기울여야 하는 이유다.

---

① (A) : 1인 가구, 혼술 문화의 유행
② (B) : 혼술습관, 알코올중독으로 발전할 수 있어
③ (C) : 가벼운 음주, 대사 촉진에 도움이 돼
④ (D) : 흡연과 음주를 동시에 즐기면 식도암 위험률 190배
⑤ (D) : 하루 한두 잔, 가벼운 음주와 흡연, 암 위험에서 벗어나지 못해

03 다음 글을 근거로 추론할 때, 언급된 작품 중 가장 마지막에 완성된 작품은?

반 고흐가 여동생 윌에게

재작년 누에넨에서 완성한 「감자 먹는 사람들」이 내가 그린 그림 중 제일 낫다고 생각해. 그 후로는 알맞은 모델을 구할 수 없었어. 그 대신 색채 문제를 고민할 기회를 가질 수 있었지. 작년에는 「장미와 해바라기가 있는 정물」을 완성하면서 분홍색, 노란색, 주황색, 찬란한 빨간색에 익숙해질 수 있었단다. 그 덕에 올 여름 「아시니에르의 음식점」을 완성하면서 과거보다 더 많은 색을 볼 수 있었어.

　　　　　　　　　　　　　　　　　　　　　　　　　　　　　　　　　－ 1887년 여름 －

반 고흐가 베르나르에게

이제 막 다 그린 「씨 뿌리는 사람」을 보내네. 태양만큼이나 환한 그림일세. 「별이 빛나는 밤」은 언제쯤이면 완성할 수 있을까? 완벽한 자연의 아름다움 앞에서 아무리 큰 무력감을 느끼더라도 우선 노력은 해야겠다고 다짐하네.

　　　　　　　　　　　　　　　　　　　　　　　　　　　　　　　　　－ 1888년 6월 －

반 고흐가 동생 테오에게

근래 아프기는 했지만 「수확하는 사람」을 드디어 완성했어. 수확하느라 뙤약볕에서 온 힘을 다하고 있는 흐릿한 인물에서 나는 죽음의 이미지를 발견하곤 해. 그래서 「씨 뿌리는 사람」과는 반대의 그림이라 해야겠지.

　　　　　　　　　　　　　　　　　　　　　　　　　　　　　　　　　－ 1889년 9월 5일 －

테오가 형 반 고흐에게

앵데팡당 전이 열렸어. 올 초에 받은 형의 두 작품 「장미와 해바라기가 있는 정물」과 「별이 빛나는 밤」도 그곳에 전시되었어. 멀리서도 시선을 확 잡아끄는 아름다운 그림이야.

　　　　　　　　　　　　　　　　　　　　　　　　　　　　　　　　　－ 1889년 9월 12일 －

---

① 「감자 먹는 사람들」
② 「별이 빛나는 밤」
③ 「수확하는 사람」
④ 「씨 뿌리는 사람」
⑤ 「장미와 해바라기가 있는 정물」

04 다음 글을 읽고 추론한 내용으로 적절하지 않은 것은?

현재 다양한 종류의 라이프로그가 있으며, 개인의 생활방식 변화와 새로운 기술의 출현에 따라 새로운 종류의 라이프로그가 계속 생겨나고 있다. 기본적인 라이프로그에는 사진, 비디오, 문서, 이메일, 일정 등이 있으며, 대화나 모임의 내용, 컴퓨터 사용 내역 등을 기록한 라이프로그도 있다. 또한, 센서 기술의 발달로 다양한 센서에서 측정한 값이나 건강상태의 기록 같은 라이프로그도 생겨나고 있다. 개인 정보기기와 저장 기술이 발전하면서 개인 콘텐츠를 손쉽게 생성할 수 있게 되었고, 유비쿼터스 컴퓨팅 기술의 발달로 지속적인 라이프로그 생성이 가능해졌다. 이러한 라이프로그는 효과적인 관리를 통해 개인의 생산성 향상, 소셜 릴레이션십 강화, 문화 수준의 증진, 삶의 질 향상, 개인화된 비즈니스 창출 등 다양한 효과를 기대할 수 있다. 이렇게 라이프로그 관리의 중요성에 대한 인식이 확산되면서 라이프로그를 효과적으로 관리하기 위한 라이프로그 관리 시스템들이 제안되었다.

기존 라이프로그 관리 시스템들은 기반 데이터 모델에 따라 크게 세 가지 부류로 나눌 수 있다. 먼저, 관계 데이터 모델 기반 라이프로그 관리 시스템은 라이프로그를 관계 데이터 모델로 모델링하고, 라이프로그에 관한 질의를 SQL로 변환해 처리한다. 이러한 시스템은 질의 처리 성능이 뛰어난 반면 라이프로그 간 복잡한 관계에 기반한 관계 질의 처리를 제대로 지원하지 못한다. 반면, 온톨로지 기반 라이프로그 관리 시스템은 라이프로그를 자유로운 구조를 가지는 그래프로 모델링함으로써 복잡한 관계 질의를 가능하게 한다. 하지만, 이러한 시스템은 질의 작성이 어렵고 질의 처리 성능이 떨어진다. 마지막으로 구글 데스크톱이나 SIS와 같이 PC에 있는 모든 파일의 메타 데이터와 콘텐츠에 대해 텍스트 인덱스를 생성하고, 이를 기반으로 키워드 질의를 지원하는 파일 기반 라이프로그 관리 시스템도 존재한다. 이러한 시스템들은 라이프로그에 대한 키워드 검색만을 지원할 뿐 관계 질의를 지원하지 못한다.

개별 라이프로그들이 관리되는 상황에서 사람들이 더욱 관심을 가지게 되는 것은 여행, 결혼식, 돌잔치 등 기억에 남는 사건들일 것이다. 라이프로그 관리 시스템은 사용자의 이러한 요구사항을 충족시키기 위해 개별 라이프로그 관리에서 한발 더 나아가 라이프로그 그룹인 라이프 이벤트를 생성 · 편집 · 검색 · 플레이 · 공유할 수 있는 기능을 제공해야 한다. 기존 라이프로그 관리 시스템들은 라이프로그 그룹을 생성하고 브라우징하기 위한 간단한 기능만을 제공할 뿐, 총체적인 라이프 이벤트 관리와 관계 데이터 모델 기반의 라이프로그 관리 시스템과 그 응용 기능을 제공하지 못하고 있다. 사용자 질의에 대해 풍부한 결과를 제공하기 위해서는 수집된 라이프로그에 충분한 정보가 태깅(Tagging)되어 있어야 한다. 또한, 라이프로그에 태깅된 정보가 잘못되었을 경우 이를 수정할 수도 있어야 한다. 그러나 기존 라이프로그 관리 시스템에서는 라이프로그에 추가 정보를 간단히 태깅하는 기능만을 제공할 뿐, 기존 태그 정보를 수정하는 방법을 제공하고 있지 않거나 편리한 태깅 인터페이스를 제공하지 못하고 있다.

※ SQL(Structured Query Language, 구조화 질의어) : 관계형 데이터베이스 관리 시스템에서 자료의 검색과 관리, 데이터베이스 스키마 생성과 수정, 데이터베이스 객체 접근 조정 관리를 위해 고안된 컴퓨터 언어

① 라이프로그는 헬스케어 분야에서 활용될 수 있다.
② 기존의 라이프로그 관리 시스템은 라이프로그 그룹 생성 기능을 갖추지 못했다.
③ 많은 사람들이 라이프로그 관리의 중요성을 인식하고 있다.
④ 기존 라이프로그 관리 시스템은 태깅된 정보 수정에 한계가 있다.
⑤ 라이프로그 간의 관계에 대한 관리가 중요해지고 있다.

05 다음 글을 읽고 난 후의 반응으로 가장 적절하지 않은 것은?

근대 초기의 여성상은, 가족의 생계 부양자이자 가장으로서의 남성상을 보완하는 모습이었다. 모성, 의존, 감정, 사랑스러움 등이 그 여성상의 내용을 이룬다. 그러나 후기로 가면서 여자들이 고등 교육의 기회를 얻고 경제 활동에 대거 참여하게 되자, 이런 변화는 '근대적 여성성'의 위기로 이어졌다. 여자들은 효율성을 중시하는 일터에서는 여성적이기보다 중성적이기를 요구받으면서도, 가정에 들어가면 남편의 요구를 충실히 들어 주는 종전의 여성성을 그대로 갖추고 있어야 했던 것이다.

이러한 근대적 여성성의 위기는 20세기 말에 들어서면서 크게 완화되었다. 20세기 초반부터 여성 중심의 남녀평등주의자들은 남성과 여성의 차이는 있지만, 그 차이는 대부분 통계적인 차이이지 절대적인 차이는 아님을 강조해 왔다. 만일 성에 따른 생득적 차이가 있다면 그 차이는 그냥 두어도 드러날 것이니, 미리 성별에 따라 다르게 사회화시킬 필요가 없다는 주장이었다. 이렇게 여성들이 여성성을 스스로 규정하는 운동을 펼친 결과, 여성들은 가정과 일터 모두에서 스스로의 자신 있는 모습을 그대로 드러낼 수 있게 되었다. 가장 선진적 조직인 벤처 회사들의 탁월한 최고경영자(CEO) 가운데 상당수가 여성이라는 사실은 이러한 변화를 시사한다.

여성들이 스스로 여성성을 새롭게 규정하기 시작하면서 '여성성의 딜레마'를 나름대로 극복해 갈 즈음, 남자들은 남성성의 위기를 겪게 된다. 영국의 경우, 전통적으로 책임감 있고 용감한 신사들이 급격히 사라지는 한편, 책임을 회피하고 감상적이며 나약한 '신종 남자'들이 생기고 있다는 것이다. 이들 '신세대' 남자는 남자됨을 자랑스러워하기는커녕 기피하거나 거부하려 든다. 사회로부터 분리되고 아늑한 공간인 가정을 더 이상 유지하기 어려운 고(高)실업 시대로 접어들면서, 가장이 되는 꿈을 꾸던 남자들이 위기를 느끼기 시작한 것이다.

새로운 시대에 가장 큰 거부감을 드러내는 집단은 전통적인 남성성에 자존심을 걸고 있는 보수적 남성들이다. 자신의 존재 가치를 여자를 보호하는 '강한 자' 또는 가장이라는 점에서 찾았던 남자들은, 여성이 더 이상 보호의 대상이 되고 싶어 하지 않는 상황에서 큰 혼란을 경험하게 된다. 자존심이 상한 남자는 무리한 방식으로 자신의 남성성을 회복해 보려 하게 되는데, 남성들의 폭력은 상당 부분 이런 근대적 남성성의 붕괴 현상과 관련이 있다.

지금 우리는 여성성보다 남성성에 대한 새로운 정의를 필요로 하고 있는 시점에 살고 있다. 정복과 경쟁의 표상으로서의 남성성이 해체되어야 할 지점에 온 것이다. 상호 협력과 네트워킹이 중요해지는 사회에서 사실상 근대적 남성성의 덕목인 독립성과 경쟁심, 권력 지향성은 오히려 사회적 성공에 걸림돌이 된다. 심각한 위기 상황에 처한 현재 우리 사회에서 이루어지고 있는 선각자적 논의들은 모두 소통과 보살핌의 원리를 강조하고 있다. 최근 눈물을 흘리는 남자, 감정으로 소통할 줄 아는 남자, 평등 의식과 보살핌의 능력을 가진 남자에 대한 이야기들이 소설이나 영화에 자주 등장하는 것도 이러한 변화를 반영한다.

① 보수적인 남성들은 이제 사회가 변화한 사실을 인정하고 전통적 남성성에서 벗어나야 한다.
② 글쓴이는 근대적 남성성의 긍정적인 측면은 도외시하고, 부정적인 측면만 지나치게 강조하고 있다.
③ 글쓴이는 소통과 보살핌의 능력을 갖춘 여성들이 폭력적인 남성조차 포용해야 할 것이라고 주장하고 있다.
④ 글쓴이는 남편과 아내가 가사를 공평하게 분담하는 가정을 여성성과 남성성이 잘 조화된 상태로 평가할 것이다.
⑤ 아직까지 미해결 상태로 남아 있는 사회 현안을 해결하기 위해 여성성의 덕목을 적용해 보는 것도 좋은 방법이 될 수 있다.

STEP 1 기본문제

☑ 확인 Check! ○△✕

01 다음 글에서 알 수 없는 것은?

> 휴대전화를 뜻하는 '셀룰러폰'은 이동 통신 서비스에서 하나의 기지국이 담당하는 지역을 셀이라고 말한 것에서 유래하였다. 이동 통신은 주어진 총 주파수 대역폭을 다수의 사용자가 이용하므로 통화 채널당 할당된 주파수 대역을 재사용하는 기술이 무엇보다 중요하다. 이동 통신 회사들은 제한된 주파수 자원을 보다 효율적으로 사용하기 위하여 넓은 지역을 작은 셀로 나누고, 셀의 중심에 기지국을 만든다. 각 기지국마다 특정 주파수 대역을 사용해 서비스를 제공하는데, 일정 거리 이상 떨어진 기지국은 동일한 주파수 대역을 다시 사용함으로써 주파수 재사용률을 높인다. 예를 들면, 아래 그림은 특정 지역에 이동 통신 서비스를 제공하기 위하여 네 종류의 주파수 대역(F1, F2, F3, F4)을 사용하고 있다. 주파수 간섭 문제를 피하기 위해 인접한 셀들은 서로 다른 주파수 대역을 사용하지만, 인접하지 않은 셀에서는 이미 사용하고 있는 주파수 대역을 다시 사용하는 것을 볼 수 있다. 이렇게 셀을 구성하여 방대한 지역을 제한된 몇 개의 주파수 대역으로 서비스할 수 있다.
>
>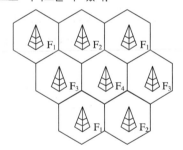
>
> 하나의 기지국이 감당할 수 있는 최대 통화량은 일정하다. 평지에서 기지국이 전파를 발사하면 전파의 장은 기지국을 중심으로 한 원 모양이지만, 서비스 지역에 셀을 배치하는 시스템 설계자는 해당 지역을 육각형의 셀로 디자인하여 중심에 기지국을 배치한다. 기지국의 전파 강도를 조절하여 셀의 반지름을 반으로 줄이면 면적은 약 1/4로 줄어들게 된다. 따라서 셀의 반지름을 반으로 줄일 경우 동일한 지역에는 셀의 수가 약 4배가 되고, 수용 가능한 통화량도 약 4배로 증가하게 된다. 이를 이용하여 시스템 설계자는 평소 통화량이 많은 곳은 셀의 반지름을 줄이고 통화량이 적은 곳은 셀의 반지름을 늘려 서비스 효율성을 높인다.

① 주파수 재사용률을 높이기 위해 기지국의 전파 강도를 높여 이동 통신 서비스를 제공한다.
② 제한된 수의 주파수 대역으로 넓은 지역에 이동 통신 서비스를 제공할 수 있다.
③ 인접 셀에서 같은 주파수 대역을 사용하면 주파수 간섭 문제가 발생할 수 있다.
④ 시스템 설계자는 서비스 지역의 통화량에 따라 셀의 반지름을 정한다.
⑤ 기지국 수를 늘리면 수용 가능한 통화량이 증가한다.

PART 1

02 다음 글의 ㉠에 대한 비판으로 가장 적절한 것은?

"프랑스 수도가 어디지?"라는 가영의 물음에 나정이 "프랑스 수도는 로마지."라고 대답했다고 하자. 나정이 가영에게 제공한 것을 정보라고 할 수 있을까? 정보의 일반적 정의는 '올바른 문법 형식을 갖추어 의미를 갖는 자료'이다. 이 정의에 따르면 나정의 대답은 정보를 담고 있다. 다음 진술은 이런 관점을 대변하는 진리 중립성 논제를 표현한다. "정보를 준다는 것이 반드시 그 내용이 참이라는 것을 의미하지는 않는다." 이 논제의 관점에서 보자면, 올바른 문법 형식을 갖추어 의미를 해석할 수 있는 자료는 모두 정보의 자격을 갖는다. 그 내용이 어떤 사태를 표상하든, 참을 말하든, 거짓을 말하든 상관없다.

그러나 이 조건만으로는 불충분하다는 지적이 있다. 철학자 플로리디는 전달된 자료를 정보라고 하려면 그 내용이 참이어야 한다고 주장한다. 즉, 정보란 올바른 문법 형식을 갖춘, 의미 있고 참인 자료라는 것이다. 이를 ㉠ 진리성 논제라고 한다. 그라이스는 이렇게 말한다. "거짓 '정보'는 저급한 종류의 정보가 아니다. 그것은 아예 정보가 아니기 때문이다." 이 점에서 그 역시 이 논제를 받아들이고 있다.

이런 논쟁은 용어법에 관한 시시한 언쟁처럼 보일 수도 있지만, 두 진영 간에는 정보 개념이 어떤 역할을 해야 하는가에 대한 근본적인 견해 차이가 있다. 진리성 논제를 비판하는 사람들은 틀린 '정보'도 정보로 인정되어야 한다고 말한다. 자료의 내용이 그것을 이해하는 주체의 인지 행위에서 분명한 역할을 수행한다는 이유에서다. '프랑스 수도가 로마'라는 말을 토대로 가영은 이런저런 행동을 할 수 있다. 가령, 프랑스어를 배우기 위해 로마로 떠날 수도 있고, 프랑스 수도를 묻는 퀴즈에서 오답을 낼 수도 있다. 거짓인 자료는 정보가 아니라고 볼 경우, '정보'라는 말이 적절하게 사용되는 사례들의 범위를 부당하게 제한하는 꼴이 된다.

① '정보'라는 표현이 일상적으로 사용되는 사례가 모두 적절한 것은 아니다.
② 올바른 문법 형식을 갖추지 못한 자료는 정보라는 지위에 도달할 수 없다.
③ 사실과 다른 내용의 자료를 숙지하고 있는 사람은 정보를 안다고 볼 수 없다.
④ 내용이 거짓인 자료를 토대로 행동을 하는 사람은 자신이 의도한 결과에 도달할 수 없다.
⑤ 거짓으로 밝혀질 자료도 그것을 믿는 사람의 인지 행위에서 분명한 역할을 한다면 정보라고 볼 수 있다.

03 다음 글에서 추론할 수 있는 것만을 〈보기〉에서 모두 고르면?

생산자가 어떤 자원을 투입물로 사용해서 어떤 제품이나 서비스 등의 산출물을 만드는 생산과정을 생각하자. 산출물의 가치에서 생산하는 데 소요된 모든 비용을 뺀 것이 '순생산가치'이다. 생산자가 생산과정에서 투입물 1단위를 추가할 때 순생산가치의 증가분이 '한계순생산가치'이다. 경제학자 P는 이를 ⓐ '사적(私的) 한계순생산가치'와 ⓑ '사회적 한계순생산가치'로 구분했다.

사적 한계순생산가치란 한 기업이 생산과정에서 투입물 1단위를 추가할 때 그 기업에 직접 발생하는 순생산가치의 증가분이다. 사회적 한계순생산가치란 한 기업이 투입물 1단위를 추가할 때 발생하는 사적 한계순생산가치에 그 생산에 의해 부가적으로 발생하는 사회적 비용을 빼고 편익을 더한 것이다. 여기서 이 생산과정에서 부가적으로 발생하는 사회적 비용이나 편익에는 그 기업의 사적 한계순생산가치가 포함되지 않는다.

> **보기**
>
> ㄱ. ⓐ의 크기는 기업의 생산이 사회에 부가적인 편익을 발생시키는지의 여부와 무관하게 결정된다.
> ㄴ. 어떤 기업이 투입물 1단위를 추가할 때 사회에 발생하는 부가적인 편익이나 비용이 없는 경우, 이 기업이 야기하는 ⓐ와 ⓑ의 크기는 같다.
> ㄷ. 기업 A와 기업 B가 동일한 투입물 1단위를 추가했을 때 각 기업에 의해 사회에 부가적으로 발생하는 비용이 같을 경우, 두 기업이 야기하는 ⓑ의 크기는 같다.

① ㄱ   ② ㄷ
③ ㄱ, ㄴ   ④ ㄴ, ㄷ
⑤ ㄱ, ㄴ, ㄷ

04 다음 글에서 알 수 있는 것은?

체험사업을 운영하는 이들은 아이들에게 다양한 직업의 현장과 삶의 실상, 즉 현실을 체험하게 해준다고 홍보한다. 직접 겪지 못하는 현실을 잠시나마 체험함으로써 미래에 더 좋은 선택을 할 수 있게 한다는 것이다. 체험은 생산자에게는 홍보와 돈벌이 수단이 되고, 소비자에게는 교육의 연장이자 주말 나들이 거리가 된다. 이런 필요와 전략이 맞물려 체험사업이 번성한다. 그러나 이때의 현실은 체험하는 사람의 필요와 여건에 맞추어 미리 짜놓은 현실, 치밀하게 계산된 현실이다. 다른 말로 하면 가상현실이다. 아이들의 상황을 고려해서 눈앞에 보일 만한 것, 손에 닿을 만한 것, 짧은 시간에 마칠 수 있는 것을 잘 계산해서 마련해 놓은 맞춤형 가상현실인 것이다. 눈에 보이지 않는 구조, 손에 닿지 않는 제도, 장기간 반복되는 일상은 체험행사에서는 제공될 수 없다.

여기서 주목해야 할 것은 경험과 체험의 차이이다. 경험은 타자와의 만남이다. 반면 체험 속에서 인간은 언제나 자기 자신만을 볼 뿐이다. 타자들로 가득한 현실을 경험함으로써 인간은 스스로 변화하는 동시에 현실을 변화시킬 동력을 얻는다. 이와 달리 가상현실에서는 그것을 체험하고 있는 자신을 재확인하는 것으로 귀결되기 마련이다. 경험 대신 체험을 제공하는 가상현실은 실제와 가상의 경계를 모호하게 할 뿐만 아니라 우리를 현실에 순응하도록 이끈다. 요즘 미래 기술로 각광받는 디지털 가상현실 기술은 경험을 체험으로 대체하려는 오랜 시도의 결정판이다. 버튼 하나만 누르면 3차원으로 재현된 세계가 바로 앞에 펼쳐진다. 한층 빠르고 정교한 계산으로 구현한 가상현실은 우리에게 필요한 모든 것을 눈앞에서 체험할 수 있는 본격 체험사회를 예고하는 것만 같다.

① 체험사업은 장기간의 반복적 일상을 가상현실을 통해 경험하도록 해준다.

② 현실을 변화시킬 수 있는 동력은 체험이 아닌 현실을 경험함으로써 얻게 된다.

③ 가상현실은 실제와 가상 세계의 경계를 구분하여 자기 자신을 체험할 수 없도록 한다.

④ 체험사업은 아이들에게 타자와의 만남을 경험하게 해줌으로써 경제적 이윤을 얻고 있다.

⑤ 디지털 가상현실 기술은 아이들에게 현실을 경험하게 함으로써 미래에 더 좋은 선택을 하도록 돕는다.

05 다음 글에서 알 수 있는 것은?

> 경제학자들은 환경자원을 보존하고 환경오염을 억제하는 방편으로 환경세 도입을 제안했다. 환경자원을 이용하거나 오염물질을 배출하는 제품에 환경세를 부과하면 제품 가격 상승으로 인해 그 제품의 소비가 감소함에 따라 환경자원을 아낄 수 있고 환경오염을 줄일 수 있다.
>
> 일부에서는 환경세가 소비자의 경제적 부담을 늘리고 소비와 생산의 위축을 가져올 수 있다고 우려한다. 그러나 많은 경제학자들은 환경세 세수만큼 근로소득세를 경감하는 경우 환경보존과 경제성장이 조화를 이룰 수 있다고 본다.
>
> 환경세는 환경오염을 유발하는 상품의 가격을 인상시킴으로써 가계의 경제적 부담을 늘려 실질소득을 떨어뜨리는 측면이 있다. 하지만 환경세 세수만큼 근로소득세를 경감하게 되면 근로자의 실질소득이 증대되고, 그 증대효과는 환경세 부과로 인한 상품가격 상승효과를 넘어설 정도로 크다. 왜냐하면 상품가격 상승으로 인한 경제적 부담은 연금생활자나 실업자처럼 고용된 근로자가 아닌 사람들 사이에도 분산되는 반면, 근로소득세 경감의 효과는 근로자에게 집중되기 때문이다. 근로자의 실질소득 증대는 사실상 근로자의 실질임금을 높이고, 이것은 대체로 노동공급을 증가시키는 경향이 있다.
>
> 또한, 환경세가 부과되더라도 노동수요가 늘어날 수 있다. 근로소득세 경감은 기업의 입장에서 노동이 그만큼 저렴해지는 효과가 있다. 더욱이 환경세는 노동자원보다는 환경자원의 가격을 인상시켜 상대적으로 노동을 저렴하게 하는 효과가 있다. 이렇게 되면 기업의 노동수요가 늘어난다.
>
> 결국 환경세 세수를 근로소득세 경감으로 재순환시키는 조세구조 개편은 한편으로는 노동의 공급을 늘리고, 다른 한편으로는 노동에 대한 수요를 늘린다. 이것은 고용의 증대를 낳고, 결국 경제 활성화를 가져온다.

① 환경세의 환경오염 억제 효과는 근로소득세 경감에 의해 상쇄된다.
② 환경세를 부과하더라도 그만큼 근로소득세를 경감할 경우, 근로자의 실질소득은 늘어난다.
③ 환경세를 부과할 경우 근로소득세 경감이 기업의 고용 증대에 미치는 효과가 나타나지 않는다.
④ 환경세를 부과하더라도 노동집약적 상품의 상대가격이 낮아진다면 기업의 고용은 늘어나지 않는다.
⑤ 환경세 부과로 인한 상품가격 상승효과는 근로소득세 경감으로 인한 근로자의 실질소득 상승효과보다 크다.

06 다음 글의 내용과 상충하는 것만을 〈보기〉에서 모두 고르면?

> 벼슬에 나아감과 물러남의 도리에 밝은 옛 군자는 조금이라도 관직에 책임을 다하지 못하거나 의리의 기준으로 보아 직책을 더 이상 수행할 수 없을 경우, 반드시 몸을 이끌고 급히 물러났습니다. 그들도 임금을 사랑하는 정(情)이 있기에 차마 물러나기 어려웠을 터이나, 정 때문에 주저하여 자신이 물러나야 할 때를 놓치지는 않았으니, 이는 정보다는 의리를 지키지 않을 수 없었기 때문입니다.
>
> 임금과 어버이는 일체이므로 모두 죽음으로 섬겨야 할 대상입니다. 그러나 부자관계는 천륜이어서 자식이 어버이를 봉양하는 데 한계가 없지만, 군신관계는 의리로 합쳐진 것이라, 신하가 임금을 받드는 데 한계가 있습니다. 한계가 없는 경우에는 은혜가 항상 의리에 우선하므로 관계를 떠날 수 없지만, 한계가 있는 경우에는 때때로 의리가 은혜보다 앞서기도 하므로 떠날 수 있는 상황이 생기는 것입니다. 의리의 문제는 사람과 때에 따라 같지 않습니다. 여러 공들의 경우는 벼슬에 나가는 것이 의리가 되지만 나에게 여러 공들처럼 하도록 요구해서는 안 되며, 내 경우는 물러나는 것이 의리가 되니 여러 공들에게 나처럼 하도록 바라서도 안 됩니다.

보기

ㄱ. 부자관계에서는 은혜가 의리보다 중요하다.
ㄴ. 군신관계에서 의리가 은혜에 항상 우선하는 것은 아니다.
ㄷ. 군신관계에서 신하들이 임금에 대해 의리를 실천하는 방식은 누구에게나 동일하다.

① ㄱ
② ㄷ
③ ㄱ, ㄴ
④ ㄴ, ㄷ
⑤ ㄱ, ㄴ, ㄷ

07 다음 글에서 추론할 수 있는 것을 〈보기〉에서 모두 고르면?

수학을 이해하기 위해서는 연역적인 공리적 증명 방법에 대해 정확히 이해할 필요가 있다. 우리는 2보다 큰 짝수들을 원하는 만큼 많이 조사하여 각각이 두 소수(素數)의 합이라는 것을 알아낼 수 있다. 그러나 이러한 과정을 통해 얻은 결과를 '수학적 정리'라고 말할 수 없다. 이와 비슷하게, 한 과학자가 다양한 크기와 모양을 가진 1,000개의 삼각형의 각을 측정하여, 측정 도구의 정확도 범위 안에서 그 각의 합이 180도라는 것을 알아냈다고 가정하자. 이 과학자는 임의의 삼각형의 세 각의 합이 180도가 확실하다고 결론 내릴 것이다. 그러나 이러한 측정의 결과는 근삿값일 뿐이라는 문제와, 측정되지 않은 어떤 삼각형에서는 현저하게 다른 결과가 나타날지도 모른다는 의문이 남는다. 이러한 과학자의 증명은 수학적으로 받아들일 수 없다. 반면에, 수학자들은 모두 의심할 수 없는 공리들로부터 시작한다. 두 점을 잇는 직선을 하나만 그을 수 있다는 것을 누가 의심할 수 있는가? 이와 같이 의심할 수 없는 공리들을 참이라고 받아들이면, 이로부터 연역적 증명을 통해 나오는 임의의 삼각형의 세 각의 합이 180도라는 것이 참이라는 것을 받아들여야만 한다. 이런 식으로 증명된 결론을 수학적 정리라고 한다.

보기

ㄱ. 연역적으로 증명된 것은 모두 수학적 정리이다.
ㄴ. 연역적으로 증명된 수학적 정리를 거부하려면, 공리 역시 거부해야 한다.
ㄷ. 어떤 삼각형의 세 각의 합이 오차 없이 측정되었다면, 그 결과는 수학적 정리로 받아들일 수 있다.

① ㄱ   ② ㄴ
③ ㄱ, ㄷ   ④ ㄴ, ㄷ
⑤ ㄱ, ㄴ, ㄷ

08 다음 글에서 추론할 수 있는 것만을 〈보기〉에서 모두 고르면?

20세기 초만 해도 전체 사망자 중 폐암으로 인한 사망자의 비율은 극히 낮았다. 그러나 20세기 중반에 들어서면서, 이 병으로 인한 사망률은 크게 높아졌다. 이러한 변화를 우리는 어떻게 설명할 수 있을까? 여러 가지 가설이 가능한 것으로 보인다. 예를 들어 자동차를 이용하면서 운동 부족으로 사람들의 폐가 약해졌을지도 모른다. 또는 산업화 과정에서 증가한 대기 중의 독성 물질이 도시 거주자들의 폐에 영향을 주었을지도 모른다.

하지만 담배가 그 자체로 독인 니코틴을 함유하고 있다는 것이 사실로 판명되면서, 흡연이 폐암으로 인한 사망의 주요 요인이라는 가설은 다른 가설들보다 더 그럴듯해 보이기 시작한다. 담배 두 갑에 들어 있는 니코틴이 화학적으로 정제되어 혈류 속으로 주입된다면, 그것은 치사량이 된다. 이러한 가설을 지지하는 또 다른 근거는 담배 연기로부터 추출된 타르를 쥐의 피부에 바르면 쥐가 피부암에 걸린다는 사실에 기초해 있다. 이미 18세기 이후 영국에서는 타르를 함유한 그을음 속에서 일하는 굴뚝 청소부들이 다른 사람들보다 피부암에 더 잘 걸린다는 것이 정설이었다. 이러한 증거들은 흡연이 폐암의 주요 원인이라는 가설을 뒷받침해 주지만, 그것들만으로 이 가설을 증명하기에는 충분하지 않다. 의학자들은 흡연과 폐암을 인과적으로 연관시키기 위해서는 훨씬 더 많은 증거가 필요하다는 점을 깨닫고, 수십 가지 연구를 수행하고 있다.

보기

ㄱ. 화학적으로 정제된 니코틴은 폐암을 유발한다.
ㄴ. 19세기에 타르와 암의 관련성이 이미 보고되어 있었다.
ㄷ. 니코틴이 타르와 동시에 신체에 흡입될 경우 폐암 발생률은 급격히 증가한다.

① ㄱ   ② ㄴ
③ ㄱ, ㄴ   ④ ㄴ, ㄷ
⑤ ㄱ, ㄴ, ㄷ

09 다음 글로부터 옳게 추론한 것을 〈보기〉에서 모두 고르면?

정상적인 애기장대의 꽃은 바깥쪽에서부터 안쪽으로 꽃받침, 꽃잎, 수술 그리고 암술을 가지는 구조로 되어 있다. 이 꽃의 발생에 미치는 유전자의 영향에 대한 연구를 통해 유전자 A는 단독으로 꽃받침의 발생에 영향을 주고, 유전자 A와 B는 함께 작용하여 꽃잎의 발생에 영향을 준다는 것을 알아냈다. 그리고 유전자 B와 C는 함께 작용하여 수술의 발생에 영향을 미치며, 유전자 C는 단독으로 암술의 발생에 영향을 미치는 것을 알아냈다. 또한, 돌연변이로 유전자 A가 결여된다면 유전자 A가 정상적으로 발현하게 될 꽃의 위치에 유전자 C가 발현하고, 유전자 C가 결여된다면 유전자 C가 정상적으로 발현하게 될 꽃의 위치에 유전자 A가 발현한다는 것을 알아냈다.

〈정상적인 애기장대 꽃 모형〉

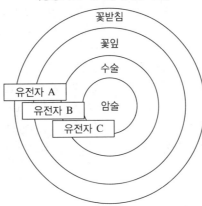

보기

ㄱ. 유전자 A가 결여된 돌연변이 애기장대는 가장 바깥쪽으로부터 암술, 수술, 수술 그리고 암술의 구조를 가질 것이다.
ㄴ. 유전자 B가 결여된 돌연변이 애기장대는 가장 바깥쪽으로부터 꽃받침, 암술, 암술 그리고 꽃받침의 구조를 가질 것이다.
ㄷ. 유전자 C가 결여된 돌연변이 애기장대는 가장 바깥쪽으로부터 꽃받침, 꽃잎, 꽃잎 그리고 꽃받침의 구조를 가질 것이다.
ㄹ. 유전자 A와 B가 결여된 돌연변이 애기장대는 수술과 암술만 존재하는 구조를 가질 것이다.

① ㄱ, ㄴ 　　　　② ㄱ, ㄷ
③ ㄴ, ㄷ 　　　　④ ㄴ, ㄹ
⑤ ㄷ, ㄹ

10 다음 글에서 이끌어낼 수 있는 것은?

> 인종차별주의는 사람을 인종에 따라 구분하고 이에 근거해 한 인종 집단의 이익이 다른 인종 집단의 이익보다 더 중요하다고 본다. 그 결과로 한 인종 집단의 구성원은 다른 인종 집단의 구성원보다 더 나은 대우를 받게 된다. 특정 종교에 대한 편견이나 민족주의도 이와 다르지 않다. 그러나 여기에는 심각한 문제가 있다. 왜냐하면 특정 집단들 사이의 차별 대우가 정당화되기 위해서는 그 집단들 사이에 합당한 차이가 있어야 하는데 그렇지 않기 때문이다. 인종차별주의, 종교적 편견, 민족주의에서는 합당한 차이를 찾을 수 없다. 물론 차별 대우가 정당화되는 경우는 있다. 예를 들어 국가에서 객관적인 평가를 통해 대학마다 차별적인 지원을 하기로 결정했다고 가정해보자. 이 결정은 대학들 사이의 합당한 차이를 통해 정당화될 수 있다. 만약 어떤 대학이 국가에서 제시한 평가 기준에 부합하는 조건을 갖추고 있고 다른 대학은 그렇지 못하다면, 이에 근거해 국가의 차별적 지원은 정당화될 수 있다. 그렇지만 인종차별주의, 종교적 편견, 민족주의에 따른 차별 대우는 이렇게 정당화될 수 없다. 합당한 차이를 찾을 수 없기 때문이다.

① 특정 집단이 다른 집단보다 더 큰 이익을 획득해서는 안 된다.
② 특정 집단 내에서 구성원들 사이의 차별 대우는 정당화될 수 없다.
③ 특정 집단에 속한 구성원들은 다른 집단 구성원들의 이익을 고려해야 한다.
④ 특정 집단들 사이의 차별 대우가 정당화되기 위해서는 합당한 차이가 있어야 한다.
⑤ 특정 집단에 속한 구성원들 사이에 합당한 차이가 있더라도 차별 대우를 정당화해서는 안 된다.

11 다음 글에서 이끌어낼 수 있는 것은?

현대의 과학사가들과 과학사회학자들은 지금 우리가 당연시하는 과학과 비과학의 범주가 오랜 시간에 걸쳐 구성된 범주임을 강조하면서 과학자와 대중이라는 범주의 형성에 연구의 시각을 맞출 것을 주장한다. 특히 과학 지식에 대한 구성주의자들은 과학과 비과학의 경계, 과학자와 대중의 경계 자체가 처음부터 고정된 경계가 아니라 오랜 역사적 투쟁을 통해서 만들어진 문화적 경계라는 점을 강조한다.

과학자와 대중을 가르는 가장 중요한 기준은 문화적 능력이라고 할 수 있는데 이것은 과학자가 대중과 구별되는 인지 능력이나 조작 기술을 가지고 있다는 것을 의미한다. 부르디외의 표현을 빌자면, 과학자들은 대중이 결여한 '문화 자본'을 소유하고 있다는 것이다. 이러한 문화 자본 때문에 과학자들과 대중 사이에 불연속성이 생겨난다. 여기서 중요한 것은 이러한 불연속성의 형태와 정도이다.

예를 들어 수리물리학, 광학, 천문학 등의 분야는 대중과 유리된 불연속성의 정도가 상대적으로 컸다. 고대부터 16세기 코페르니쿠스에 이르는 천문학자들이나 17세기 과학혁명 당시의 수리물리학자들은 그들의 연구가 보통의 교육을 받은 사람들을 대상으로 한 것이 아니고, 그들과 같은 작업을 하고 전문성을 공유하고 있던 사람들만을 위한 것이라는 점을 분명히 했다. 갈릴레오에 따르면 자연이라는 책은 수학의 언어로 쓰여 있으며 따라서 이 언어를 익힌 사람만이 자연의 책을 읽어낼 수 있다. 반면 유전학이나 지질학 등은 20세기 중반 전까지 대중 영역과 일정 정도의 연속성을 가지고 있었으며 거기서 영향을 받았던 것이 사실이다. 특히 20세기 초 유전학은 멘델 유전학의 재발견을 통해 눈부시게 발전할 수 있었는데 이러한 발전은 실제로 오랫동안 동식물을 교배하고 품종개량을 해왔던 육종가들의 기여 없이는 불가능했다.

① 과학과 비과학의 경계는 존재하지 않는다.
② 과학자들은 과학혁명 시기에 처음 '문화 자본'을 획득했다.
③ 과학과 비과학을 가르는 보편적 기준은 수학 언어의 유무이다.
④ 과학자와 대중의 불연속성은 동일한 정도로 나타나지 않는다.
⑤ 과학과 비과학의 경계는 수리물리학에서 가장 먼저 생겨났다.

12 다음 글로부터 이끌어낼 수 있는 것으로 가장 적절한 것은?

> 그라노베터의 논문은 오늘날 역사상 가장 많은 영향을 끼친 사회학 논문 중 하나로 평가받는다. 이 논문에서 그는 상식적으로 이치에 맞지 않는 것처럼 보이는 주장을 편다. 새로운 소식을 접하거나, 새로 차린 식당을 홍보하거나, 최신의 유행이 전파될 때, 그 과정에서 우리의 약한 사회적 연결이 강한 친분 관계보다 더 중요한 역할을 한다는 것이다. 그에 따르면 사람들은 여러 명의 가까운 친구들을 갖고 있는데, 이들은 대부분 상호 간에 잘 알고 자주 접촉하는 긴밀한 사회적 클러스터를 이룬다. 그런데 이 사람들은 또한 각자 그저 알고 지내는 사람들을 더 많이 갖고 있는데, 이들은 상호간에 잘 모르는 경우가 많다. 물론 이 그저 알고 지내는 사람들 하나하나도 역시 자신의 친한 친구들을 갖고 있어서 긴밀하게 짜여진 사회적 클러스터를 이룬다.
>
> 사회는 여러 개의 클러스터로 구성되어 있는데, 각 클러스터 내부에서는 모두가 모두를 서로 잘 아는 긴밀한 친구들이 서클을 이루고 있다. 그리고 이 클러스터들은 약한 연결고리를 통해 외부와 연결되어 있다. 우리의 가장 친한 친구들은 같은 서클에 있으므로 대개 동일한 인적 정보 출처를 갖고 있는 경우가 많다. 그러나 우리가 새로운 정보를 얻거나 외부 세계와 의사소통을 하려고 할 때는 오히려 이들보다는 약한 연결들이 결정적인 역할을 한다. 정보의 출처를 고려하면 가장 가까운 친구들로부터 얻은 정보 역시 약한 연결을 통해 획득된 것일 가능성이 높기 때문이다.

① 구직자가 새로운 일자리에 대해 얻은 정보의 원래 출처는 그가 잘 알던 사람보다는 그저 알고 지내던 사람들일 경우가 더 많을 것이다.

② 아프리카 작은 부족에서 발생한 에이즈는 차츰 인근 지역으로 조금씩 전염 범위가 넓어지는 방식으로 퍼졌을 것이다.

③ 사람들은 잘 아는 사람과 같은 식당에 가며 같은 영화를 보기는 하지만 새로운 정보를 서로 교류하지는 않을 것이다.

④ 나의 가장 친한 친구 두 사람이 서로 알 확률은 서로 모를 확률과 비슷할 것이다.

⑤ 새로 개점한 식당에 관한 소문은 주로 처음 만난 사람을 통해서 퍼져갈 것이다.

13 다음 글로부터 확신인간에 대해 추론할 수 있는 것은?

반 보크트는 히틀러나 스탈린 등으로부터 '확신인간'이라는 인간상을 만들어냈다. 그는 이들의 비인도적 행위에 대해 이렇게 묻는다. "이런 인간의 행동에 깔려있는 동기는 도대체 무엇인가? 자기와 생각이 다른 사람을 부정직하거나 나쁜 사람이라고 단정하는데, 그러한 단정은 도대체 어디에 근거하는가? 마음속 깊이 자기는 한 점의 잘못도 범하지 않는 신이라고 믿는 것은 아닐까?"

반 보크트는 확신인간은 이상주의자라고 지적한다. 이들은 자기만의 고립된 정신세계에 살면서 현실의 다양한 측면이 자신의 세계와 어긋나고 부딪힐 때 이를 무시하려 안간힘을 쓴다. 힘을 쥐게 되면 이들은 자신이 그리는 이상적인 세계의 틀에 맞추어 현실을 멋대로 조정하려 한다.

그러나 확신인간도 아내나 자기와 밀접한 관계에 있는 사람이 그를 버리면 한순간에 심리적 공황상태에 빠져버리는 경향이 있다. 이러한 상황에 이르면 그는 완전히 기가 꺾여 앞으로는 행실을 고치겠다고 약속한다. 하지만 그렇게 해도 상황이 원상으로 복구되지 않으면 알코올 중독에 빠지거나 마약에 손을 대며 최악의 경우 자살에 이르기도 한다. 그에게 있어 근본 문제는 자기감정을 통제하지 못한다는 것과 뿌리 깊은 열등감이다. 설혹 외형적으로 성공한다 하더라도 그러한 성공이 마음속 깊은 근원적 문제에까지 영향을 미치지는 못한다.

확신인간은 결코 타인에 의해 통제받지 않겠다는 성격적 특징을 갖는다. 인간은 누구나 현실 사회에서, 특히 타인과의 관계에서 자제심을 배울 수밖에 없다. 그러나 이들은 쉽게 자제심을 잃고 미친 사람처럼 행동한다. 심각한 문제는 그 후에도 이들은 전혀 반성하지 않고 이를 '당연하다.'고 생각한다는 점이다. 확신인간에게 분노와 같은 격렬한 감정의 폭발은 그의 이러한 '당연하다.'는 생각을 강화한다. 당연하다는 생각은 감정폭발에 대한 자기 통제력을 약화시켜 감정폭발을 더욱 강화한다. 이러한 경향이 폭력심리의 기본이며 범죄의 기본이다.

① 확신인간의 폭력성은 불가피한 상황에서 우발적으로 발생한다.
② 확신인간의 감정 폭발은 자신의 폭력적 행동을 더욱 심화시킨다.
③ 확신인간은 자신을 둘러 싼 주위환경의 변화에 괴로워하지 않는다.
④ 확신인간의 교정 불가능한 폭력적 성향은 생물학적 본능에 기초하고 있다.
⑤ 확신인간의 경우 부부관계가 위기에 빠지면 행동에 변화를 일으키나, 관계가 회복되면 원래의 모습으로 돌아간다.

14   다음 글에서 추론할 수 있는 내용은?

어떤 시점에 당신만이 느끼는 어떤 감각을 지시하여 'W'라는 용어의 의미로 삼는다고 해보자. 그 이후에 가끔 그 감각을 느끼게 되면, "'W'라고 불리는 그 감각이 나타났다."고 당신은 말할 것이다. 그렇지만 그 경우에 당신이 그 용어를 올바로 사용했는지 그렇지 않은지를 어떻게 결정할 수 있는가? 만에 하나 첫 번째 감각을 잘못 기억할 수도 있는 것이고, 혹은 실제로는 단지 희미하고 어렴풋한 유사성밖에 없는데도 첫 번째 감각과 두 번째 감각 사이에 밀접한 유사성이 있는 것으로 착각할 수도 있다. 더구나 그것이 착각인지 아닌지를 판단할 근거가 없다. 만약 'W'라는 용어의 의미가 당신만이 느끼는 그 감각에만 해당한다면, 'W'라는 용어의 올바른 사용과 잘못된 사용을 구분할 방법은 어디에도 없게 될 것이다. 올바른 적용에 관해 결정을 내릴 수 없는 용어는 아무런 의미도 갖지 않는다.

① 본인만이 느끼는 감각을 지시하는 용어는 아무 의미도 없다.
② 어떤 용어도 구체적 사례를 통해서 의미를 얻게 될 수 없다.
③ 감각을 지시하는 용어는 사용하는 사람에 따라 상대적인 의미를 갖는다.
④ 감각을 지시하는 용어의 의미는 그것이 무엇을 지시하는가와 아무 상관이 없다.
⑤ 감각을 지시하는 용어의 의미는 다른 사람들과 공유하는 의미로 확장될 수 있다.

01 다음 글에서 추론할 수 있는 것만을 〈보기〉에서 모두 고르면?

> '공립학교 인종차별 금지 판결의 준수를 종용하면서, 어떤 법률에 대해서는 의도적으로 그 준수를 거부하니 이는 기괴하다.'라고 할 수 있습니다. '어떤 법률은 준수해야 한다고 하면서도 어떤 법률에 대해서는 그를 거부하라 할 수 있습니까?'라고 물을 수도 있습니다. 하지만 이에는 '불의한 법률은 결코 법률이 아니다.'라는 아우구스티누스의 말을 살펴 답할 수 있습니다. 곧, 법률에는 정의로운 법률과 불의한 법률, 두 가지가 있습니다.
>
> 이 두 가지 법률 간 차이는 무엇입니까? 법률이 정의로운 때가 언제이며, 불의한 때는 언제인지 무엇을 보고 결정해야 합니까? 우리 사회에서 통용되는 법률들을 놓고 생각해 봅시다. 우리 사회에서 지켜야 할 법률이라는 점에서 정의로운 법률과 불의한 법률 모두 사람에게 적용되는 규약이기는 합니다. 하지만 정의로운 법률은 신의 법, 곧 도덕법에 해당한다는 데에 동의할 것으로 믿습니다. 그렇다면 불의한 법률은 그 도덕법에 배치되는 규약이라 할 것입니다. 도덕법을 자연법이라 표현한 아퀴나스의 말을 빌리면, 불의한 법률은 결국 사람끼리의 규약에 불과합니다. 사람끼리의 규약이 불의한 이유는 그것이 자연법에 기원한 것이 아니기 때문입니다.
>
> 인간의 성품을 고양하는 법률은 정의롭습니다. 인간의 품성을 타락시키는 법률은 물론 불의한 것입니다. 인종차별을 허용하는 법률은 모두 불의한 것인데 그 까닭은 인종차별이 영혼을 왜곡하고 인격을 해치기 때문입니다. 가령 인종을 차별하는 자는 거짓된 우월감을, 차별당하는 이는 거짓된 열등감을 느끼게 되는데 여기서 느끼는 우월감과 열등감은 영혼의 본래 모습이 아니라서 올바른 인격을 갖추지 못하도록 합니다.
>
> 따라서 인종차별은 정치·사회·경제적으로 불건전할 뿐 아니라 죄악이며 도덕적으로 그른 것입니다. 분리는 곧 죄악이라 할 것인데, 인간의 비극적인 분리를 실존적으로 드러내고, 두려운 소외와 끔찍한 죄악을 표출하는 상징이 인종차별 아니겠습니까? 공립학교 인종차별 금지 판결이 올바르기에 그 준수를 종용할 수 있는 한편, 인종차별을 허용하는 법률은 결단코 그르기에 이에 대한 거부에 동참해달라고 호소하는 바입니다.

보기

ㄱ. 인간의 성품을 고양하는 법률은 도덕법에 해당한다.
ㄴ. 사람끼리의 규약에 해당하는 법률은 자연법이 아니다.
ㄷ. 인종차별적 내용을 포함하지 않는 모든 법률은 신의 법에 해당한다.

① ㄱ
② ㄷ
③ ㄱ, ㄴ
④ ㄴ, ㄷ
⑤ ㄱ, ㄴ, ㄷ

02 다음 글에서 알 수 있는 것만을 〈보기〉에서 모두 고르면?

손익이 동일해도 상황에 따라 그 손익에 대한 효용은 달라질 수 있다. 손익이 양수이면 수익을 얻고 손익이 음수이면 손실을 입는다. 효용이 양수이면 만족감을 느끼고 효용이 음수이면 상실감을 느낀다. 효용의 차이는 다음과 같은 세 가지 특징을 통해 설명할 수 있다.

첫 번째 특징은 준거점 의존성이다. 사람들은 기대손익을 준거점으로 삼는다. 기대손익이 다르면 실제 손익이 같다 하더라도 그에 따른 만족감이나 상실감이 달라진다. 철수의 기대수익이 200만 원이었을 때 실제 수익이 300만 원이라면 그는 100만큼의 만족감을 느낀다. 하지만 그의 실제 수익이 300만 원으로 같아도 기대수익이 1,000만 원이었다면 그는 700만큼의 상실감을 느낀다. 두 번째 특징은 민감성 반응이다. 재산의 상황에 따라 민감성 반응도 달라진다. 재산이 양수이면 자산을 갖고 재산이 음수이면 부채를 갖는다. 사람들은 자산이 많을수록 동일한 수익에 대해 둔감하게 반응한다. 마찬가지로 부채가 많을수록 동일한 손실에 대해 둔감하게 반응한다. 예를 들어 100만 원의 손실을 입을 경우, 부채가 200만 원일 때 발생하는 상실감보다 부채가 1,000만 원일 때 발생하는 상실감이 더 작다. 세 번째 특징은 손실 회피성이다. 이는 심리적으로 수익보다 손실에 더 큰 가중치를 두는 것을 말한다. 기대손익과 재산이 고정되어 있는 경우, 한 사람이 100만 원의 수익을 얻었을 때 느끼는 만족감보다 100만 원의 손실을 입었을 때 느끼는 상실감이 더 크다. 연구에 따르면, 이 경우 상실감은 만족감의 2배로 나타났다.

보기

ㄱ. 손실을 입은 사람은 상실감을 느낀다.
ㄴ. 동일한 수익을 얻은 경우라도 자산이 x였을 때 자산이 y였을 때보다 더 큰 만족감을 느꼈다면, x는 y보다 작다.
ㄷ. 갑이 x의 손실을 입고 을이 x의 수익을 얻은 경우, 갑이 느끼는 상실감은 을이 느끼는 만족감의 2배이다.

① ㄱ
② ㄴ
③ ㄱ, ㄷ
④ ㄴ, ㄷ
⑤ ㄱ, ㄴ, ㄷ

03 다음 글에서 알 수 있는 것은?

> 1965년 노벨상 수상자 게리 베커는 '시간의 비용'이 시간을 소비하는 방식에 따라 변화한다고 주장했다. 예를 들어 수면이나 식사활동은 영화 관람에 비해 단위 시간당 시간의 비용이 적다. 그 이유는 수면과 식사가 생산적인 활동에 기여하기 때문이다. 잠을 못 자거나 식사를 제대로 하지 못해 체력이 떨어진다면, 생산적인 활동에 제약을 받기 때문에 수면과 식사활동에 들어가는 시간의 비용이 영화 관람에 비해 작다고 볼 수 있다. 베커는 "주말이나 저녁에는 회사들이 문을 닫기 때문에 활용할 수 있는 시간의 길이가 길어지고 이에 따라 특정 행동의 시간의 비용이 줄어든다."고도 지적한다. 시간의 비용이 가변적이라는 개념은, 기대수명이 늘어나서 사람들에게 더 많은 시간이 주어지는 것이 시간의 비용에 영향을 미칠 수 있다는 점에서 의미가 있다.
>
> 시간의 비용이 가변적이라고 생각한 이는 베커만이 아니었다. 스웨덴의 경제학자 스테판 린더는 서구인들이 엄청난 경제성장을 이루고도 여유를 누리지 못하는 이유를 논증한다. 경제가 성장하면 사람들의 시간을 쓰는 방식도 달라진다. 임금이 상승하면 직장 밖 활동에 들어가는 시간의 비용이 늘어난다. 일하는 데 쓸 수 있는 시간을 영화나 책을 보는 데 소비하면 그만큼의 임금을 포기하는 것이다. 따라서 임금이 늘어난 만큼 일 이외의 활동에 들어가는 시간의 비용도 함께 늘어난다는 것이다.
>
> 베커와 린더는 사람들에게 주어진 시간을 고정된 양으로 전제했다. 1965년 당시의 기대수명은 약 70세였다. 하루 24시간 중 8시간을 수면에 쓰고 나머지 시간에 활동이 가능하다면, 평생 408,800시간의 활동가능 시간이 주어지는 셈이다. 하지만 이 방정식에서 변수 하나가 바뀌면 어떻게 될까? 기대수명이 크게 늘어난다면 시간의 가치 역시 달라져서, 늘 시간에 쫓기는 조급한 마음에도 영향을 주게 되지 않을까?

① 베커에 따르면, 2시간의 수면과 1시간의 영화 관람 중 시간의 비용은 후자가 더 크다.

② 베커에 따르면, 평일에 비해 주말에 단위 시간당 시간의 비용이 줄어드는데, 그 감소폭은 수면이 영화 관람보다 더 크다.

③ 린더에 따르면, 임금이 삭감되었는데도 노동의 시간과 조건이 이전과 동일한 회사원의 경우, 수면에 들어가는 시간의 비용은 이전보다 줄어든다.

④ 베커와 린더 모두 개인이 느끼는 시간의 비용이 작아질수록 주관적인 시간의 길이가 길어진다고 생각한다.

⑤ 베커와 린더 모두 시간의 비용이 가변적이라고 생각했지만, 기대수명이 시간의 비용에 영향을 미치는지 여부에 관해서는 서로 다른 견해를 가지고 있었다.

04 다음 글에서 A의 견해로 볼 수 있는 것은?

> 명예는 세 가지 종류가 있다. 첫째는 인간으로서의 존엄성에 근거한 고유한 인격적 가치를 의미하는 내적 명예이며, 둘째는 실제 이 사람이 가진 사회적·경제적 지위에 대한 사회적 평판을 의미하는 외적 명예, 셋째는 인격적 가치에 대한 자신의 주관적 평가 내지는 감정으로서의 명예감정이다.
>
> 악성 댓글, 즉 악플에 의한 인터넷상의 명예훼손이 통상적 명예훼손보다 더 심하기 때문에 통상의 명예훼손행위에 비해서 인터넷상의 명예훼손행위를 가중해서 처벌해야 한다는 주장이 일고 있다. 이에 대해 법학자 A는 다음과 같이 주장하였다.
>
> 인터넷 기사 등에 악플이 달린다고 해서 즉시 악플 대상자의 인격적 가치에 대한 평가가 하락하는 것은 아니므로, 내적 명예가 그만큼 더 많이 침해되는 것으로 보기 어렵다. 또한, 만약 악플 대상자의 외적 명예가 침해되었다고 하더라도 이는 악플에 의한 것이 아니라 악플을 유발한 기사에 의한 것으로 보아야 한다. 오히려 악플로 인해 침해되는 것은 명예감정이라고 보는 것이 마땅하다. 다만 인터넷상의 명예훼손행위는 그 특성상 해당 악플의 내용이 인터넷 곳곳에 퍼져 있을 수 있어 명예감정의 훼손 정도가 피해자의 정보수집량에 좌우될 수 있다는 점을 간과해서는 안 될 것이다. 구태여 자신에 대한 부정적 평가를 모을 필요가 없음에도 부지런히 수집·확인하여 명예감정의 훼손을 자초한 피해자에 대해서 국가가 보호해줄 필요성이 없다는 점에서 명예감정을 보호해야 할 법익으로 삼기 어렵다. 따라서 인터넷상의 명예훼손이 통상적 명예훼손보다 더 심하다고 보기 어렵다.

① 기사가 아니라 악플로 인해서 악플 피해자의 외적 명예가 침해된다.
② 악플이 달리는 즉시 악플 대상자의 내적 명예가 더 많이 침해된다.
③ 악플 피해자의 명예감정의 훼손 정도는 피해자의 정보수집 행동에 영향을 받는다.
④ 인터넷상의 명예훼손행위를 통상적 명예훼손행위에 비해 가중해서 처벌하여야 한다.
⑤ 인터넷상의 명예훼손행위의 가중처벌 여부의 판단에서 세 종류의 명예는 모두 보호하여야 할 법익이다.

05 다음 글의 주장으로 볼 수 있는 것만을 〈보기〉에서 모두 고르면?

> A는 고려 인종 때 사람이니, 삼국의 시초로부터 일천 이백여 년이나 떨어져 활동한 사람이다. 천년 이후의 사람이 천년 이전의 역사를 기록하는 일에는 오류가 발생할 경우가 많다. 예를 들어 남송 때 사람인 조정·장준이 한나라 때 위상·병길의 일을 엉터리로 기록한 것과 같은 경우가 그것이다. A 역시 삼한이 어느 곳에 있었는지도 모르면서 역사서에 기록하였으니, 다른 사실이야 말해 무엇 하겠는가. 우리나라 고대사의 기록은 근거를 댈 수 없는 경우가 많은데도 A는 그 기록을 자료로 역사서를 저술하였다. 또 사실 여부를 따져 보지도 않고 중국의 책들을 그대로 끌어다 인용하였다.
>
> 백두산은 몽고 땅에서부터 뻗어내려 온 줄기가 남쪽으로 천여 리를 달려 만들어졌다. 이 대간룡(大幹龍)의 동쪽 지역 가운데 별도로 한 지역을 이루어 다른 지역과 섞이지 않은 곳이 있다. 하·은·주 삼대에는 이를 숙신(肅愼)이라 일컬었고, 한나라 때는 읍루(挹婁), 당나라 때는 말갈(靺鞨), 송나라 때는 여진(女眞)이라 하였으며 지금은 오라 영고탑(烏喇寧古塔)이라고 부른다. 그런데 A의 역사서에는 이곳이 한나라 선제 때 '말갈'이라는 이름으로 일컬어졌다고 하였다. 가리키는 대상이 같더라도 명칭은 시대에 따라 변화하는 법이거늘, A의 서술은 매우 터무니없다. 북적(北狄)을 삼대에는 훈육(葷粥), 한나라 때는 흉노(匈奴), 당나라 때는 돌궐(突厥), 송나라 때는 몽고(蒙古)라고 하였는데, 어떤 이가 한나라 역사를 서술하며 돌궐이 중원을 침입했다고 쓴다면 비웃지 않을 사람이 없을 것이다. A의 역사서는 비유하자면 이와 같은 것이다.

보기

ㄱ. 역사서를 저술할 때에는 중국의 기록을 참조하더라도 우리 역사서를 기준으로 해야 한다.
ㄴ. 역사서를 저술할 때에는 지역의 위치, 종족과 지명의 변천 등 사실을 확인해야 한다.
ㄷ. 역사서를 저술할 때에는 중국의 역사서에서 우리나라와 관계된 것들을 찾아내어 반영해야 한다.

① ㄱ
② ㄴ
③ ㄱ, ㄷ
④ ㄴ, ㄷ
⑤ ㄱ, ㄴ, ㄷ

06 다음 글의 주장과 부합하는 것은?

옛날 태학에서는 사람들에게 풍악을 가르쳤기 때문에 명칭을 '성균관(成均館)'이라 하였다. 그러나 지금 태학에서는 풍악을 익히지 않으니 이 이름을 쓰는 것은 옳지 않고 '국자감'으로 바꾸는 것이 옳다. 국자(國子)란 원래 왕실의 적자(嫡者)와 공경대부의 적자인데, 지금 태학에는 국자만 다니는 것이 아니기에 명칭과 실상이 서로 어긋나지만 국자감이 그래도 본래 의미에 가깝다.

옛날에 사람을 가르치는 법은 원래 두 길이었다. 국자는 태학에서 가르쳤는데 대사악(大司樂)이 주관했고, 서민은 향학에서 가르쳤는데 대사도(大司徒)가 주관하였다. 순 임금이 "기여, 너에게 악(樂)을 맡도록 명하노니 주자(胄子)를 가르치되 곧으면서 온화하게 하라." 했으니, 이것은 태학에서 국자를 가르친 것이다. 순 임금이 "설이여, 백성들이 서로 친근하지 않는구나. 너를 사도(司徒)로 삼으니, 공경하게 오교(五敎)를 펼쳐라." 했으니, 이것은 향학에서 서민을 가르친 것이다. 『주례』에 대사악이 육덕(六德)으로 국자를 가르쳤는데 이것도 순 임금이 기에게 명하던 그 법이고, 대사도가 향삼물(鄕三物)로 만민을 가르쳤는데 이것도 순 임금이 설에게 명하던 그 법이었다. 오늘날은 국자가 어떤 인물인지, 성균이 어떤 의미인지 알지 못하여, 서민의 자식이 국자로 자칭하고, 광대의 노래를 성균에 해당시키니 어찌 잘못된 것이 아니겠는가?

왕제(王制)는 한(漢)나라의 법이다. 왕제가 시행된 이래로 국자와 서민이 함께 태학에 들어가게 되었다. 그 제도가 2천 년이나 내려왔으니, 옛 제도는 회복할 수 없게 되었다. 비록 그렇지만 국자를 가르치던 법을 없어지게 해서는 안 된다. 우리나라 제도에 종학(宗學)이 있어 종실 자제를 교육했었는데, 지금은 혁파되었다. 태학은 종실 자제를 교육하던 곳인데 까닭 없이 서민에게 양보하고 따로 학교를 세워 종학이라 한 것도 잘못된 일인데 지금은 그것마저 혁파되었으니 개탄할 일이 아닌가? 지금 태학의 명륜당은 종학으로 만들어 종실의 자제 및 공경의 적자가 다니게 하고, 비천당은 백성들이 다니는 학교로 만들어 별도로 운영하는 것이 합당할 것이다.

---

① 종실 자제 위주의 독립된 교육은 잘못된 일이다.
② 성균관에서 풍악을 가르치던 전통을 회복해야 한다.
③ 향학의 설립을 통해 백성에 대한 교육을 강화해야 한다.
④ 왕제보다는 『주례』의 교육 전통을 따르는 것이 바람직하다.
⑤ 국자와 서민의 교육 내용을 통합하는 교육 과정이 필요하다.

07 다음 글에서 추론할 수 없는 것은?

'장가간다'와 '시집간다' 두 용어를 시간 순서대로 살펴보면, 후자가 나중에 생겼다. 이것은 문화 변동의 문제로 볼 수 있다. 두 용어 다 '결혼한다'의 의미이다. 전자는 남자가 여자의 집으로, 후자는 여자가 남자의 집으로 가는 것을 말한다.

우리나라는 역사적으로 거주율(居住律)에 있어서 처거제를 오랫동안 유지하였다. 즉 신혼부부가 부인의 본가에 거주지를 정하고 살림을 하면서 자녀를 키웠다. 이와 같은 거주율의 영향을 받아 고려시대까지 혈통률(血統律)에 있어서 모계제를 유지하는 삶의 방식을 취하였다.

조선시대 들어 유교적 혈통률의 영향을 받아 삶의 모습은 처거제 – 부계제로 변화하였다. 이러한 체제는 조선 전기까지 대부분 유지되었다. 친척관계 자료들을 수집하기 위해 마을을 방문할 경우, '처가로 장가를 든 선조가 이 마을의 입향조가 되었다.'는 얘기를 듣곤 하는데, 이것이 바로 처거제 – 부계제의 원리가 작동한 결과라고 말할 수 있다. 거주율과 혈통률을 결합할 경우, 혼인에 있어서는 남자의 뿌리를 뽑아서 여자의 거주지로 이전하고, 집안 계승의 측면에서는 남자 쪽을 선택하도록 한 것이다. 거주율에서는 여자의 입장을 유리하게 하고, 혈통률에서는 남자의 입장이 유리하도록 하는 균형적인 모습을 보여주고 있다.

삶의 진화선상에서 생각한다면, 어떤 시점에 처거제 – 모계제를 유지하는 가족제에서 '남자의 반란'이 있었다는 가설을 제기할 수 있다. 처거제에서 부거제로 전환된 시점을 정확하게 지목하기는 힘들지만, 조선 후기에 부거제가 시행된 점에 대해서는 이론의 여지가 없다. 거주율이 바뀌었다는 것은 대단한 사회변동이다. 혁명 이상의 것이라고도 할 수 있다.

① 조선 전기와 후기 사이에 커다란 사회변동이 있었다.
② 우리나라에서 부계제가 부거제보다 먼저 등장하였다.
③ 고려시대의 남성은 외가에서 어린 시절을 보냈을 것이다.
④ 조선 전기에 이르러 가족관계에서 남녀 간 힘의 균형이 무너졌다.
⑤ 우리나라의 거주율과 혈통률은 모두 여자 위주에서 남자 위주로 변화하였다.

08 다음 글에 제시된 '강화 학습 시스템'에 대한 설명으로 적절하지 않은 것은?

> 강화 학습 시스템은 현실의 다양한 문제를 자기 주도적으로 해결하는 프로그램을 실현하고자 한다. 대부분의 현실 문제는 매우 복잡하므로 정형화된 규칙에 한정되지 않는 방식으로 대처하는 매우 큰 유연성을 필요로 한다. 그런 유연성이 없는 프로그램은 결국 특정한 목적에만 사용된다. 강화 학습 시스템의 목적은 궁극적으로 자신의 목표를 유연하고도 창의적으로 성취할 수 있는, 다시 말해 자가 프로그래밍적인 시스템에 도달하는 것이다.
>
> 1980년대까지 강화 학습 시스템은 실제 세계의 문제를 해결하기에 너무 느렸고 이로 인해 이 시스템에 대한 연구를 지속할 필요가 있는지 의문이 제기되었다. 하지만 이 평가는 적절하지 않다. 그 어떤 학습 시스템도 아무런 가정 없이 학습을 시작할 수는 없는 법이다. 자신이 어떤 문제에 부딪히게 될지, 그 문제로부터 어떻게 학습할 수 있을지 등의 가정도 없는 시스템이라면 그 시스템은 결국 아무 것도 배울 수 없다. 생물계는 그런 가정을 가진 학습 시스템을 가장 잘 보여주는 사례이다. 생명체 모두는 각자의 DNA에 암호화된 생물학적 정보를 가지고 학습을 시작한다. 강화 학습 시스템이 가정을 거의 갖지 않은 상태로 문제를 해결하려고 할 경우, 그 시스템은 매우 느리게 학습하고 아주 간단한 문제조차 풀지 못하게 된다. 이는 생물학적 유기체인 경우에도 마찬가지이다. 쥐의 경우 물 밑에 있는 조개를 어떻게 사냥해야 할지에 관해서는 아는 바가 거의 없지만, 어둡고 특히 공간적으로 복잡한 장소에서 먹이를 구하는 데 있어서는 행동에 관한 엄청난 정보를 지니고 있다. 따라서 쥐는 생존에 필수적인 문제들에 대해 풍부한 내적 모형을 사전에 갖고 있다고 봐야 한다. 이를 통해 볼 때 강화 학습 시스템에 대한 연구가 진행되어야 할 이유는 분명하다.

① 강화 학습 시스템의 유연성은 임기응변 능력과 관련이 있다.
② 강화 학습 시스템의 목적은 자율적인 시스템을 만드는 데에 있다.
③ 강화 학습 시스템이 무에서 유를 생성할 것으로 기대하기는 어렵다.
④ 강화 학습 시스템은 생명체의 분자 구조에 관한 정보를 가질 때 빠르게 문제를 생성할 수 있다.
⑤ 강화 학습 시스템이 현실에서 부딪히는 문제를 효율적으로 해결하기 위해서는 그 문제에 관한 배경 정보가 필요하다.

09 다음 글의 내용과 부합하지 않는 것은?

프랑스의 과학기술학자인 브루노 라투르는 아파트 단지 등에서 흔히 보이는 과속방지용 둔덕을 통해 기술이 인간에게 어떤 역할을 수행하는지를 흥미롭게 설명한다. 운전자들은 둔덕 앞에서 자연스럽게 속도를 줄인다. 그런데 운전자가 이렇게 하는 이유는 이웃을 생각해서가 아니라, 빠른 속도로 둔덕을 넘었다가는 차에 무리가 가기 때문이다. 즉 둔덕은 "타인을 위해 과속을 하면 안 된다."는 (사람들이 잘 지키지 않는) 도덕적 심성을 "과속을 하면 내 차에 고장이 날 수 있다."는 (사람들이 잘 지키는) 이기적 태도로 바꾸는 역할을 한다. 라투르는 과속방지용 둔덕을 "잠자는 경찰"이라고 부르면서, 이것이 교통경찰의 역할을 대신한다고 보았다. 이렇게 라투르는 인간이 했던 역할을 기술이 대신 수행함으로써 우리 사회의 훌륭한 행위자가 된다고 하였다.

라투르는 총기의 예도 즐겨 사용한다. 총기 사용 규제를 주장하는 사람들은 총이 없으면 일어나지 않을 살인 사건이 총 때문에 발생한다고 주장한다. 반면에 총기 사용 규제에 반대하는 그룹은 살인은 사람이 저지르는 것이며, 총은 중립적인 도구일 뿐이라고 주장한다. 라투르는 전자를 기술결정론, 후자를 사회결정론으로 분류하면서 이 두 가지 입장을 모두 비판한다. 그의 주장은 사람이 총을 가짐으로써 사람도 바뀌고 총도 바뀐다는 것이다. 즉 총과 사람의 합체라는 잡종이 새로운 행위자로 등장하며, 이 잡종 행위자는 이전에 가졌던 목표와는 다른 목표를 가지게 된다. 예를 들어, 원래는 다른 사람에게 겁만 주려 했는데, 총이 손에 쥐어져 있어 살인을 저지르게 되는 식이다.

라투르는 서양의 학문이 자연, 사회, 인간만을 다루어왔다고 강하게 비판한다. 라투르에 따르면 서양의 학문은 기술과 같은 '비인간'을 학문의 대상에서 제외했다. 과학이 자연을 탐구하려면 기술이 바탕이 되는 실험기기에 의존해야 하지만, 과학은 기술을 학문 대상이 아닌 도구로 취급했다. 사회 구성 요소 중에 가장 중요한 것은 기술이지만, 사회 과학자들은 기술에는 관심이 거의 없었다. 철학자들은 인간을 주체 / 객체로 나누면서, 기술을 저급하고 수동적인 대상으로만 취급했다. 그 결과 기술과 같은 비인간이 제외된 자연과 사회가 근대성의 핵심이 되었다. 결국 라투르는 행위자로서 기술의 능동적 역할에 주목하면서, 이를 통해 서구의 근대적 과학과 철학이 범했던 자연 / 사회, 주체 / 객체의 이분법을 극복하고자 하였다.

① 라투르는 총과 사람의 합체로 탄생되는 잡종 행위자를 막기 위해서는 총기 사용을 규제해야 한다고 주장했다.
② 라투르는 서양의 학문이 자연, 사회, 인간만을 다루고 학문의 대상에서 기술을 제외했다고 비판했다.
③ 라투르는 행위자로서의 기술의 능동적 역할에 주목하여 자연과 사회의 이분법을 극복하고자 하였다.
④ 라투르는 과속방지용 둔덕이 행위자로서의 능동적 역할을 한다고 주장했다.
⑤ 라투르는 인간이 맡았던 역할을 기술이 대신 수행하는 것을 인정했다.

정답 및 해설 p.75

STEP 1 기본문제

☑ 확인 Check! ○ △ ✕

01 다음 글의 '나'의 견해와 부합하는 것만을 〈보기〉에서 모두 고르면?

이제 '나'는 사람들이 동물실험의 모순적 상황을 직시하기를 바랍니다. 생리에 대한 실험이건, 심리에 대한 실험이건, 동물을 대상으로 하는 실험은 동물이 어떤 자극에 대해 반응하고 행동하는 양상이 인간과 유사하다는 것을 전제합니다. 동물실험을 옹호하는 측에서는 인간과 동물이 유사하기 때문에 실험결과에 실효성이 있다고 주장합니다. 그런데 설령 동물실험을 통해 아무리 큰 성과를 얻을지라도 동물실험 옹호론자들은 중대한 모순을 피할 수 없습니다. 그들은 인간과 동물이 다르다는 것을 실험에서 동물을 이용해도 된다는 이유로 제시하고 있기 때문입니다. 이것은 명백히 모순적인 상황이 아닐 수 없습니다.

이러한 모순적 상황은 영장류의 심리를 연구할 때 확연히 드러납니다. 최근 어느 실험에서 심리 연구를 위해 아기 원숭이를 장기간 어미 원숭이와 떼어놓아 정서적으로 고립시켰습니다. 사람들은 이 실험이 우울증과 같은 인간의 심리적 질환을 이해하기 위한 연구라는 구실을 앞세워 이 잔인한 행위를 합리화하고자 했습니다. 즉 이 실험은 원숭이가 인간과 유사하게 고통과 우울을 느끼는 존재라는 사실을 가정하고 있습니다. 인간과 동물이 심리적으로 유사하다는 사실을 인정하면서도 사람에게는 차마 하지 못할 잔인한 행동을 동물에게 하고 있는 것입니다.

또 동물의 피부나 혈액을 이용해서 제품을 실험할 때, 동물실험 옹호론자들은 이 실험이 오로지 인간과 동물 사이의 '생리적 유사성'에만 바탕을 두고 있을 뿐이라고 변명합니다. 이처럼 인간과 동물이 오로지 '생리적'으로만 유사할 뿐이라고 생각한다면, 이는 동물실험의 모순적 상황을 외면하는 것입니다.

> **보기**
>
> ㄱ. 동물실험은 동물이 인간과 유사하면서도 유사하지 않다고 가정하는 모순적 상황에 놓여 있다.
> ㄴ. 인간과 동물 간 생리적 유사성에도 불구하고 심리적 유사성이 불확실하기 때문에 동물실험은 모순적 상황에 있다.
> ㄷ. 인간과 원숭이 간에 심리적 유사성이 존재하기 때문에 인간의 우울증 연구를 위해 아기 원숭이를 정서적으로 고립시키는 실험은 윤리적으로 정당화된다.

① ㄱ
② ㄴ
③ ㄱ, ㄷ
④ ㄴ, ㄷ
⑤ ㄱ, ㄴ, ㄷ

02 다음 글의 중심 주제로 가장 적절한 것은?

맹자는 다음과 같은 이야기를 전한다. 송나라의 한 농부가 밭에 나갔다 돌아오면서 처자에게 말한다. "오늘 일을 너무 많이 했다. 밭의 싹들이 빨리 자라도록 하나하나 잡아당겨줬더니 피곤하구나." 아내와 아이가 밭에 나가보았더니 싹들이 모두 말라 죽어 있었다. 이렇게 자라는 것을 억지로 돕는 일, 즉 조장(助長)을 하지 말라고 맹자는 말한다. 싹이 빨리 자라기를 바란다고 싹을 억지로 잡아 올려서는 안 된다. 목적을 이루기 위해 가장 빠른 효과를 얻고 싶겠지만 이는 도리어 효과를 놓치는 길이다. 억지로 효과를 내려고 했기 때문이다. 싹이 자라기를 바라 싹을 잡아 당기는 것은 이미 시작된 과정을 거스르는 일이다. 효과가 자연스럽게 나타날 가능성을 방해하고 막는 일이기 때문이다. 당연히 싹의 성장 가능성은 땅 속의 씨앗에 들어 있는 것이다. 개입하고 힘을 쏟고자 하는 대신에 이 잠재력을 발휘할 수 있도록 하는 것이 중요하다.

피해야 할 두 개의 암초가 있다. 첫째는 싹을 잡아당겨서 직접적으로 성장을 이루려는 것이다. 이는 목적성이 있는 적극적 행동주의로서 성장의 자연스러운 과정을 존중하지 않는 것이다. 달리 말하면 효과가 숙성되도록 놔두지 않는 것이다. 둘째는 밭의 가장자리에 서서 자라는 것을 지켜보는 것이다. 싹을 잡아당겨서도 안 되고 그렇다고 단지 싹이 자라는 것을 지켜만 봐서도 안 된다. 그렇다면 무엇을 해야 하는가? 싹 밑의 잡초를 뽑고 김을 매주는 일을 해야 하는 것이다. 경작이 용이한 땅을 조성하고 공기를 통하게 함으로써 성장을 보조해야 한다. 기다리지 못함도 삼가고 아무것도 안함도 삼가야 한다. 작동 중에 있는 자연스런 성향이 발휘되도록 기다리면서도 전력을 다할 수 있도록 돕는 노력도 멈추지 말아야 한다.

① 인류사회는 자연의 한계를 극복하려는 인위적 노력에 의해 발전해 왔다.
② 싹이 스스로 성장하도록 그대로 두는 것이 수확량을 극대화하는 방법이다.
③ 어떤 일을 진행할 때 가장 중요한 것은 명확한 목적성을 설정하는 것이다.
④ 자연의 순조로운 운행을 방해하는 인간의 개입은 예기치 못한 화를 초래할 것이다.
⑤ 잠재력을 발휘하도록 하려면 의도적 개입과 방관적 태도 모두를 경계해야 한다.

03 다음 글의 논지를 비판하는 진술로 가장 적절한 것은?

> 자신의 스마트폰 없이는 도무지 일과를 진행하지 못하는 K의 경우를 생각해 보자. 그의 일과표는 전부 그의 스마트폰에 저장되어 있어서 그의 스마트폰은 적절한 때가 되면 그가 해야 할 일을 알려줄 뿐만 아니라 약속 장소로 가기 위해 무엇을 타고 어떻게 움직여야 할지까지 알려 준다. K는 어릴 때 보통 사람보다 기억력이 매우 나쁘다는 진단을 받았지만 스마트폰 덕분에 어느 동료에게도 뒤지지 않는 업무 능력을 발휘하고 있다. 이와 같은 경우, K는 스마트폰 덕분에 인지 능력이 보강된 것으로 볼 수 있는데, 그 보강된 인지 능력을 K 자신의 것으로 볼 수 있는가? 이 물음에 대한 답은 긍정이다. 즉 우리는 K의 스마트폰이 그 자체로 K의 인지 능력 일부를 실현하고 있다고 보아야 한다. 그런 판단의 기준은 명료하다. 스마트폰의 메커니즘이 K의 손바닥 위나 책상 위가 아니라 그의 두뇌 속에서 작동하고 있다고 가정해 보면 된다. 물론 사실과 다른 가정이지만 만일 그렇게 가정한다면 우리는 필경 K 자신이 모든 일과를 정확하게 기억하고 있고 또 약속 장소를 잘 찾아간다고 평가할 것이다. 이처럼 '만일 K의 두뇌 속에서 일어난다면'이라는 상황을 가정했을 때 그것을 K 자신의 기억이나 판단이라고 인정할 수 있다면, 그런 과정은 K 자신의 인지 능력이라고 평가해야 한다.

① K가 자신이 미리 적어 놓은 메모를 참조해서 기억력 시험 문제에 답한다면 누구도 K가 그 문제의 답을 기억한다고 인정하지 않는다.

② K가 종이 위에 연필로 써가며 253×87 같은 곱셈을 할 경우 종이와 연필의 도움을 받은 연산 능력 역시 K 자신의 인지 능력으로 인정해야 한다.

③ K가 집에 두고 나온 스마트폰에 원격으로 접속하여 거기 담긴 모든 정보를 알아낼 수 있다면 그는 그 스마트폰을 손에 가지고 있는 것과 다름없다.

④ 스마트폰의 모든 기능을 두뇌 속에서 작동하게 하는 것이 두뇌 밖에서 작동하게 하는 경우보다 우리의 기억력과 인지 능력을 향상시키지 않는다.

⑤ 전화번호를 찾으려는 사람의 이름조차 기억이 나지 않을 때에도 스마트폰에 저장된 전화번호 목록을 보면서 그 사람의 이름을 상기하고 전화번호를 알아낼 수 있다.

04 다음 글의 '도덕적 딜레마 논증'에 대한 비판으로 적절한 것만을 〈보기〉에서 모두 고르면?

1890년대에 이르러 어린이를 의료 실험 대상에서 배제시켜야 한다는 주장이 대두되었다. 그 주장의 핵심적인 근거는 어린이가 의료 실험과 관련하여 제한적인 동의능력만을 가지고 있다는 것이었다. 여기서 동의능력이란, 충분히 자율적인 존재가 제안된 실험의 특성이나 위험성 등에 대한 적절한 정보를 인식하고 그것에 기초하여 그 실험을 자발적으로 받아들일 수 있는 능력을 일컫는다. 그렇기 때문에 어린이를 실험 대상으로 하는 연구는 항상 도덕적 논란을 불러일으켰고, 1962년 이후 미국에서는 어린이에 대한 실험이 거의 시행되지 않았다. 이러한 상황에서 1968년 미국의 소아 약물학자 셔키는 다음과 같은 '도덕적 딜레마 논증'을 제시하였다. 어린이를 실험 대상에서 배제시키면, 어린이 환자 집단에 대해 충분한 실험을 하지 않은 약품들로 어린이를 치료하게 되어 어린이를 더욱 커다란 위험에 몰아넣게 된다. 따라서 어린이를 실험 대상에서 배제시키는 것은 도덕적으로 올바르지 않다. 반면, 어린이를 실험 대상에서 배제시키지 않으면, 제한적인 동의능력만을 가진 존재를 실험 대상에 포함시키게 된다. 제한된 동의능력만을 가진 이를 실험 대상에 포함시키는 것은 도덕적으로 올바르지 않다. 따라서 어린이를 실험 대상에 포함시키는 것은 도덕적으로 올바르지 않다. 우리의 선택지는 어린이를 실험 대상에서 배제시키거나 배제시키지 않는 것뿐이다. 결국 어떠한 선택을 하든 도덕적인 잘못을 저지를 수밖에 없다.

보기

ㄱ. 어린이를 실험 대상으로 하는 연구는 그 위험성의 여부와는 상관없이 모두 거부되어야 한다. 왜냐하면 적합한 사전 동의 없이 행해지는 어떠한 실험도 도덕적 잘못이기 때문이다.

ㄴ. 동물실험이나 성인에 대한 임상 실험을 통해서도 어린이 환자를 위한 안전한 약물을 만들어낼 수 있다. 따라서 어린이를 실험 대상에 포함시키지 않더라도 어린이 환자가 안전하게 치료받지 못하는 위험에 빠지지 않을 수 있다.

ㄷ. 부모나 법정 대리인을 통해 어린이의 동의능력을 적합하게 보완할 수 있다. 어린이의 동의능력이 부모나 법정 대리인에 의해 적합하게 보완된다면 어린이를 실험 대상에 포함시켜도 도덕적 잘못이 아닐 수 있다. 따라서 이런 경우의 어린이를 실험 대상에 포함시켜도 도덕적 잘못이 아닐 수 있다.

① ㄱ
② ㄴ
③ ㄱ, ㄷ
④ ㄴ, ㄷ
⑤ ㄱ, ㄴ, ㄷ

05 다음 글의 논지로 가장 적절한 것은?

최근 다도해 지역을 해양사의 관점에서 새롭게 주목하는 논의가 많아졌다. 그들은 주로 다도해 지역의 해로를 통한 국제 교역과 사신의 왕래 등을 거론하면서 해로와 포구의 기능과 해양 문화의 개방성을 강조하고 있다. 한편 다도해는 오래전부터 유배지로 이용되었다는 사실이 자주 언급됨으로써 그동안 우리에게 고립과 단절의 이미지로 강하게 남아 있다. 이처럼 다도해는 개방성의 측면과 고립성의 측면에서 모두 조명될 수 있다. 이는 섬이 바다에 의해 격리되는 한편 그 바다를 통해 외부 세계와 연결되기 때문이다.

다도해의 문화적 특징을 말할 때 흔히 육지에 비해 옛 모습의 문화가 많이 남아 있다는 점이 거론된다. 섬이 단절된 곳이므로 육지에서는 이미 사라진 문화가 섬에는 아직 많이 남아 있다고 여기는 것이다. 또한, 섬이라는 특수성 때문에 무속이 성하고 마을굿도 풍성하다고 생각하는 이들도 있다. 이런 견해는 다도해를 고립되고 정체된 곳이라고 생각하는 관점과 통한다. 실제로는 육지에도 무당과 굿당이 많은데도 관념적으로 섬을 특별하게 여기는 것이다. 이런 관점에서 '진도 다시래기'와 같은 축제식 장례 풍속을 다도해 토속 문화의 대표적인 사례로 드는 경우도 있다. 지금도 진도나 신안 등지에 가면 상가(喪家)에서 노래하고 춤을 추며 굿을 하는 것을 볼 수 있는데, 이런 모습은 고대 역사서의 기록과 흡사하므로 그 풍속이 고풍스러운 것은 분명하다. 하지만 기존 연구에서 밝혀졌듯이 진도 다시래기가 지금의 모습을 갖추게 된 데에는 육지의 남사당패와 같은 유희 유랑 집단에서 유입된 요소들의 영향도 적지 않다. 이런 연구 결과도 다도해의 문화적 특징을 일방적인 관점에서 접근해서는 안 된다는 점을 시사해 준다.

① 유배지로서의 다도해 역사를 제대로 이해해야 한다.
② 옛 모습이 많이 남아 있는 다도해의 문화를 잘 보존해야 한다.
③ 다도해의 문화적 특징을 논의할 때 개방성의 측면을 간과해서는 안 된다.
④ 다도해의 관념적 측면을 소홀히 해서는 그 풍속을 제대로 이해하기 어렵다.
⑤ 다도해의 토속 문화를 제대로 이해하기 위해서는 고전의 기록을 잘 살펴봐야 한다.

06 다음 글의 결론으로 가장 적절한 것은?

이론 P에 따르면 복지란 다른 시민의 기본권을 침해하지 않는 한, 각 시민이 갖고 있는 현재의 선호들만 만족시키는 것이다. 현재 선호만을 만족시켜야 한다고 주장하는 근거는 크게 두 가지이다. 첫째, 지금은 사라진 그 어떤 과거 선호들보다 현재의 선호가 더 강렬하다는 것이다. 둘째, 어떤 사람이 지금 선호하지 않는 것을 그에게 지금 제공하는 것은 그에게 만족의 기쁨을 주지 못한다는 사실이다. 만일 이 근거들이 약점을 갖고 있다면 우리는 이론 P를 받아들일 이유가 없다.

첫째 근거에 대해 이런 반론을 제기할 수 있다. 현재 선호와 과거 선호의 강렬함을 현재 시점에서 비교하는 것은 공정하지 않다. 시간에서 벗어나 둘을 비교한다면 현재의 선호보다 더 강렬했던 과거 선호가 있을 수 있다. 예컨대 10년 전 김 씨가 자신의 고향인 개성에 방문하기를 바랐던 것이 일생에서 가장 강렬한 선호였을 수 있다. 둘째 근거에 대해서는 이런 반론을 제기할 수 있다. 선호하는 시점과 만족하는 시점은 대부분의 경우 시간차가 존재한다. 만일 사람들의 선호가 자주 바뀐다면 그들의 현재 선호가 그것이 만족되는 시점까지 지속하리라는 보장이 없다. 이것이 사실이라면 정부가 시민의 현재 선호를 만족시키려고 노력하는 것은 낭비를 낳는다. 이처럼 현재 선호만을 만족시켜야 한다는 주장을 뒷받침하는 근거들은 허점이 많다.

① 사람들의 선호는 시간이 지남에 따라 변하기 때문에 그의 현재 선호도 만족시킬 수 없다.
② 복지를 시민의 현재 선호를 만족시키는 것으로 보는 이론은 받아들이기 어렵다.
③ 어느 선호가 더 강렬한 선호인지를 결정하는 것은 중요하지 않다.
④ 복지 문제에서 과거 선호를 만족시키는 것도 중요하다.
⑤ 복지가 무엇인지 정의하는 것은 불가능하다.

07 다음 글을 토대로 할 때, 흄이 반대하는 주장은?

의무와 합의의 관계에 대한 데이빗 흄의 생각이 시험대에 오르는 일이 발생했다. 흄은 집을 한 채 갖고 있었는데, 이 집을 자신의 친구에게 임대해 주었고, 그 친구는 이 집을 다시 다른 사람에게 임대했다. 이렇게 임대받은 사람은 집을 수리해야겠다고 생각했고, 흄과 상의 없이 사람을 불러 일을 시켰다. 집을 수리한 사람은 일을 끝낸 뒤 흄에게 청구서를 보냈다. 흄은 집수리에 합의한 적이 없다는 이유로 지불을 거절했다. 그는 집을 수리할 사람을 부른 적이 없었다. 사건은 법정 공방으로 이어졌다. 집을 수리한 사람은 흄이 합의한 적이 없다는 사실을 인정했다. 그러나 집은 수리해야 하는 상태였기에 수리를 마쳤다고 그는 말했다. 집을 수리한 사람은 단순히 '그 일은 꼭 필요했다.'고 주장했다. 흄은 "그런 논리라면, 에든버러에 있는 집을 전부 돌아다니면서 수리할 곳이 있으면 집주인과 합의도 하지 않은 채 수리를 해놓고 지금처럼 자기는 꼭 필요한 일을 했으니 집수리 비용을 달라고 하지 않겠는가."라고 주장했다.

① 공정한 절차를 거쳐 집수리에 대한 합의에 이르지 못했다면 집수리 비용을 지불할 의무는 없다.
② 집수리에 대한 합의가 없었다면 필요한 집수리를 했더라도 집수리 비용을 지불할 의무는 없다.
③ 집수리에 대한 합의가 있었더라도 필요한 집수리를 하지 않았다면, 집수리 비용을 지불할 의무는 없다.
④ 집수리에 대한 합의가 있었고 필요한 집수리를 했다면, 집수리 비용을 지불할 의무가 생겨난다.
⑤ 집수리에 대한 합의가 없었더라도 필요한 집수리를 했다면, 집수리 비용을 지불할 의무가 생겨난다.

08 다음 글의 중심 내용으로 가장 적절한 것은?

> 화이트(H. White)는 19세기의 역사 관련 저작들에서 역사가 어떤 방식으로 서술되어 있는지를 연구했다. 그는 특히 '이야기식 서술'에 주목했는데, 이것은 역사적 사건의 경과과정이 의미를 지닐 수 있도록 서술하는 양식이다. 그는 역사적 서술의 타당성이 문학적 장르 내지는 예술적인 문체에 의해 결정된다고 보았다. 이러한 주장에 따르면 역사적 서술의 타당성은 결코 논증에 의해 결정되지 않는다. 왜냐하면 논증은 지나간 사태에 대한 모사로서의 역사적 진술의 '옳고 그름'을 사태 자체에 놓여 있는 기준에 의거해서 따지기 때문이다.
>
> 이야기식 서술을 통해 사건들은 서로 관련되면서 무정형적 역사의 흐름으로부터 벗어난다. 이를 통해 역사의 흐름은 발단 – 중간 – 결말로 인위적으로 구분되어 인식 가능한 전개과정의 형태로 제시된다. 문학 이론적으로 이야기하자면, 사건 경과에 부여되는 질서는 '구성(Plot)'이며 이야기식 서술을 만드는 방식은 '구성화(Emplotment)'이다. 이러한 방식을 통해 사건은 원래 가지고 있지 않던 발단 – 중간 – 결말이라는 성격을 부여받는다. 또 사건들은 일종의 전형에 따라 정돈되는데, 이러한 전형은 역사가의 문화적인 환경에 의해 미리 규정되어 있거나 경우에 따라서는 로맨스·희극·비극·풍자극과 같은 문학적 양식에 기초하고 있다.
>
> 따라서 이야기식 서술은 역사적 사건의 경과 과정에 특정한 문학적 형식을 부여할 뿐만 아니라 의미도 함께 부여한다. 우리는 이야기식 서술을 통해서야 비로소 이러한 역사적 사건의 경과 과정을 인식할 수 있게 된다는 말이다. 사건들 사이에서 만들어지는 관계는 사건들 자체에 내재하는 것이 아니다. 그것은 사건에 대해 사고하는 역사가의 머릿속에만 존재한다.

① 역사의 의미는 절대적인 것이 아니라 현재 시점에서 새롭게 규정되는 것이다.

② 역사가가 속한 문화적인 환경은 역사와 문학의 기술 내용과 방식을 규정한다.

③ 역사적 사건에서 객관적으로 드러나는 발단에서 결말까지의 일정한 과정을 서술하는 일이 역사가의 임무이다.

④ 이야기식 역사 서술이란 사건들 사이에 내재하는 인과적 연관을 찾아내는 작업이다.

⑤ 이야기식 역사 서술은 문학적 서술 방식을 원용하여 역사적 사건의 경과 과정에 의미를 부여한다.

09 다음 글의 내용을 포괄하는 진술로 가장 적절한 것은?

사람의 신체는 형체가 있으나 지각은 형체가 없습니다. 형체가 있는 것은 죽으면 썩어 없어지지만, 형체가 없는 것은 모이거나 흩어지는 일이 없으니, 죽은 뒤에 지각이 있을 법도 합니다. 죽은 뒤에도 지각이 있을 경우에만 불교의 윤회설이 맞고, 지각이 없다고 한다면 제사를 드리는 것에 실질적 근거는 없을 것입니다. 사람의 지각은 정기(精氣)에서 나옵니다. 눈과 귀가 지각하는 것은 넋의 영이며, 마음이 생각하는 것은 혼의 영입니다. 지각하고 생각하는 것은 기(氣)이며, 생각하도록 하는 것은 이(理)입니다. 이(理)는 지각이 없고 기는 지각이 있습니다. 따라서 귀가 있어야 듣고, 눈이 있어야 보며, 마음이 있어야 생각을 할 수 있으니, 정기가 흩어지고 나면 무슨 물체에 무슨 지각이 있겠습니까? 지각이 없다고 한다면 비록 천당과 지옥이 있다고 하더라도 즐거움과 괴로움을 지각할 수 없으니, 불가의 인과응보설(因果應報說)은 저절로 무너지게 됩니다.

죽은 뒤에는 지각이 없다 해도 제사를 지내는 것에는 이치[理]가 있습니다. 사람이 죽어도 오래되지 않으면 정기가 흩어졌다 해도 바로 소멸되는 것은 아니기 때문에 정성과 공경을 다하면 돌아가신 조상과 느껴서 통할 수 있습니다. 먼 조상의 경우 기운은 소멸했지만 이치는 소멸한 것이 아니니 또한 정성으로 느껴서 통할 수 있습니다. 감응할 수 있는 기운은 없지만 감응할 수 있는 이치가 있기 때문입니다. 조상이 돌아가신 지 오래되지 않았으면 기운으로써 감응하고, 돌아가신 지 오래되었으면 이치로써 감응하는 것입니다.

① 윤회설이 부정된다고 해서 제사가 부정되지는 않는다.
② 제사는 조상의 기를 느껴서 감응하는 것이다.
③ 죽은 사람과는 기운과 정성을 통해 감응할 수 있다.
④ 사람이 죽으면 지각이 없어지므로 인과응보설은 옳지 않다.
⑤ 사람이 죽으면 정기는 흩어지므로 지각은 존재하지 않는다.

10 다음 글의 핵심 주장으로 가장 적합한 것은?

2004년 2월에 발생한 A씨의 '위안부 누드' 사건을 영화 『원초적 본능』의 감독 폴 버호벤의 후속작 『쇼걸』을 통해 살펴보자. 한 마디로 말해 『쇼걸』은 그 제목답게 많은 여성들이 벗었지만, 기대와 달리 흥행에 실패했다. 이 예상치 못한 결과는 성차별 사회에서 포르노 및 누드 산업이 생산하는 에로틱한 쾌락의 작동 양상을 분명하게 보여준다. 『쇼걸』은 쇼걸들의 벗은 몸을 보여주었지만, 이 영화의 주제는 여성의 벗은 몸을 보여주어 남성 관객의 시선을 만족시키는 데 있지 않았다. 오히려 쇼걸들의 연대와 자매애를 강조했기 때문에, 돈벌이에 성공할 수 없었다. 남성 사회의 관객들은 여성들의 단결을 좋아하지 않기 때문이다.

모든 재현은 현실을 구성하는 담론의 일부이며 실천이고, 그것은 현실의 권력 관계를 반영한다. 현실에서 권력과 자원이 있는 집단은 포르노그래피의 대상으로 구성되지 않는다. 구성된다 하더라도 이러한 재현물은 흥행에 실패한다. 현실세계에서 인간성을 박탈당하고 열등한 자로 낙인찍힌 사람이 화면에서 고문당하는 경우와 권력 있고 존경받는 사람이 고문당할 때, 관객의 반응은 완전히 다르다. 전자의 경우 쾌락을 느낀다면 후자의 경우는 심한 불쾌감으로 다가온다.

A씨의 '위안부 누드'는 제작사의 주장대로 "식민의 역사적 아픔을 상기하기 위해서" 제작된 것이 아니라 화면에서 재현되는 남성과 여성의 성별 권력 차이를 극대화하기 위해 만들어졌으며, 이는 누드 산업의 당연한 귀결이라고 할 수 있다. 남성과 여성의 권력 격차가 최대치일 때, 남성 관객의 권력도 최대한 보장될 것이다. 가장 자극적인 소재는 바로 이 권력 관계가 극단화되었을 경우이다. 일반 포르노 화면에서 남성의 사회적 지위가 더 높은 경우도 있지만, 대개는 남자와 여자라는 성별 권력 차이 그 자체가 주요 쾌락 코드이다. 이번에 논란이 된 '위안부 누드'는 남성과 여성이라는 성별 권력 차이에다가 남성은 일본, 제국주의, 군인, 성폭력 가해자이고 여성은 한국인, 순진하고 겁먹은 처녀, 피해자라는 코드가 더해져 남성 권력을 극대화했다. 그만큼 재미있으며 더 팔릴 수 있는 상품이 되었던 것이다.

그러므로 '위안부 누드'의 제작은 황당한 일이 아니라, 남성의 이윤과 쾌락을 보장하려는 자연스러운 발상이었다. '위안부' 누드여서 문제인가, 위안부 '누드'여서 문제인가? 누드의 소재가 위안부였기 때문에 분노한 것이라면, 일반 누드와 포르노그래피는 별 문제가 없다는 것일까. 여성에 대한 남성의 지배와 폭력이 이처럼 성애화될 때, 남성 권력은 보이지 않게 되고 여성 억압은 생물학적 질서로 비정치화된다. 한국 사회에서 여성 누드나 포르노그래피는 쾌락이나 표현의 자유의 실천이 아니라 오히려 정치적인 사건이며 권력 관계의 문제이다. 포르노에서 남성 관객 혹은 남성화된 관객이 느끼는 쾌락은 권력 행동의 결과이다.

이러한 포르노의 쾌락은 여성이 벗었기 때문이 아니라 여성이 응시의 대상, 폭력의 대상으로 재현되어 남성 소비자가 자신에게 권력이 있다는 느낌과 의식이 충족될 때 발생한다.

따라서 이 사건에 대한 가장 중요한 질문은 왜 인간의 감성이 평등이나 정의보다 지배와 폭력을 에로틱하게 느끼는지를 묻는 것이다. 만일 우리가 평등을 에로틱한 것으로 느낀다면, '위안부 누드'는 제작되지 않았을 것이다. "일반 누드는 되지만 위안부 누드는 안 된다."라는 사람들에게 들려주고 싶은 이야기이다.

① '위안부 누드' 사건은 권력 관계의 문제를 드러낸다.
② '위안부 누드' 사건은 위안부라는 소재가 결정적이다.
③ '위안부 누드' 사건은 강조점에 따라 해석이 달라진다.
④ '위안부 누드' 사건을 정치적 관점에서 해석하면 그 의미가 왜곡된다.
⑤ '위안부 누드' 사건은 평등을 에로틱하게 여겨야 하는 이유를 알려준다.

11 다음 글의 주장에 대한 반박으로 가장 적절한 것은?

> 1880년 조지 풀맨은 미국 일리노이 주에 풀맨 마을을 건설했다. 이 마을은 그가 경영하는 풀맨 공장 노동자들을 위해 기획한 공동체이다. 이 마을의 소유자이자 경영자인 풀맨은 마을의 교회 수 및 주류 판매 여부 등을 결정했다. 1898년 일리노이 최고법원은 이런 방식의 마을 경영이 민주주의 정신과 제도에 맞지 않는다고 판결하고, 풀맨에게 공장 경영과 직접 관련되지 않은 정치적 권한을 포기할 것을 명령했다. 이 판결이 보여주는 것은 민주주의 사회에서 소유권을 인정하는 것이 자동적으로 정치적 권력에 대한 인정을 함축하지 않는다는 점이다. 즉 풀맨이 자신의 마을에서 모든 집과 가게를 소유하는 것은 적법하지만, 그가 노동자들의 삶을 통제하며 그 마을에서 민주적 자치의 방법을 배제했기 때문에 결과적으로 민주주의 정신을 위배했다는 것이다.
>
> 이 결정은 분명히 미국 민주주의 정신에 부합한다. 하지만 문제는 미국이 이와 비슷한 다른 사안에는 동일한 민주주의 정신을 적용하지 않았다는 것이다. 미국은 누군가의 소유물인 마을에서 노동자들이 민주적 결정을 하지 못하게 하는 소유자의 권력을 제지한 반면, 누군가의 소유물인 공장에서 노동자들이 민주적 의사결정을 도입하고자 하는 것에는 반대했다. 만약 미국의 민주주의 정신에 따라 마을에서 재산 소유권과 정치적 권력을 분리하라고 명령할 수 있다면, 공장 내에서도 재산 소유권과 정치적 권력은 분리되어야 한다고 명령할 수 있어야 한다. 공장 소유주의 명령이 공장 내에서 절대적 정치권력이 되어서는 안 된다는 것이다. 하지만 미국은 공장 내에서 소유주의 명령이 공장 운영에 대한 노동자의 민주적 결정을 압도하는 것을 묵인한다. 공장에서도 민주적 원리가 적용되어야만 미국의 민주주의가 일관성을 가진다.

① 미국의 경우 마을 운영과 달리 공장 운영에 관한 법적 판단은 주 법원이 아닌 연방 법원에서 다루어야 한다.
② 대부분의 미국 자본가들은 풀맨 마을과 같은 마을을 경영하지 않으므로 미국의 민주적 가치를 훼손하지 않는다.
③ 미국이 내세우는 민주적 가치는 모든 시민이 자신의 거주지 안에서 자유롭게 살 수 있는 권리를 가장 우선시한다.
④ 마을 운영이 정치적 문제에 속하는 것과 달리 공장 운영은 경제적 문제에 속하므로 전적으로 소유주의 권한에 속한다.
⑤ 공장에서 이루어지고 있는 소유와 경영의 분리는 공장뿐 아니라 마을 공동체 등 사회의 다른 영역에도 적용되어야 한다.

12 간도협약이 무효라는 주장을 뒷받침하기 위해 이 글이 의존하는 원칙이 아닌 것은?

중국은 간도협약에 의거하여 현재 연변조선자치주가 된 간도 지역을 실질적으로 지배하고 있다. 그렇다면 간도협약은 어떤 효력을 가질까. 이 협약은 을사늑약을 근거로 일본이 대한제국(이하 한국)을 대신하여 체결한 조약이다. 그러나 을사늑약은 강압에 의해 체결된 조약이므로 조약으로서 효력이 없다. 따라서 이 조약에 근거하여 체결된 간도협약은 당연히 원천적으로 무효일 수밖에 없다.

설사 을사늑약이 유효하다 하더라도, 일본이 간도협약을 체결할 권리가 있는가. 을사늑약은 "일본은 금후 한국의 외국에 대한 관계 및 사무를 감리·지휘하며(제1조)", "한국 정부는 금후 일본 정부의 중개에 의하지 않고는 국제적 성질을 가진 어떠한 조약 또는 약속을 하지 못한다(제2조)."고 규정하고 있다. 이 업무를 담당하기 위해 일본은 한국에 통감을 두도록 되어 있으나, "통감은 단지 외교에 관한 사항만을 관리한다(제3조)."고 규정되어 있다. 이러한 문맥에서 본다면, 한국은 일본 정부의 중개를 거쳐 조약을 체결해야 하며, 일본은 한국의 외교를 '감리·지휘'하도록 되어 있다. 즉 조약 체결의 당사자는 어디까지나 한국이어야 한다. 그렇기 때문에 조약 체결의 당사자가 될 수 없는 일본이 체결한 간도협약은 무효이다. 만약에 일본의 '감리·지휘'를 받아서 한국이 간도협약을 체결했다면 간도협약은 유효하다고 하겠다. 또 일본이 보호국으로서 외교 대리권이 있다 하더라도 그것은 '대리'에 한정되는 것이지, 한국의 주권을 본질적으로 침해하는 영토의 처분권까지 포함하는 것은 아니다.

일반적으로 보호국이 피보호국의 외교권을 대리하는 경우, 보호국은 피보호국의 이익을 보호하는 것이 바른 의무이고, 그러한 목적 하에서 외교권을 대리해야 한다. 그런데 간도협약의 경우는 일본이 자국의 이익을 위해서 만주에 대한 권익과 간도 영유권을 교환한 것이다. 간도협약은 피보호국(한국)을 희생시키고 보호국(일본)의 이익을 확보한 것이기 때문에 보호국의 권한 범위를 벗어나는 것이다.

간도협약이 유효하다고 가정하더라도, 협약의 당사자는 일본과 중국으로서 한국은 제3국에 해당된다. 조약은 당사국에게만 효력이 있을 뿐, 제3국에게는 아무런 영향을 미치지 않는다는 국제법의 일반 원칙에 의해서도 간도협약에 의한 간도 영유권의 변경은 있을 수 없다.

① 법적 효력이 없는 계약에 기초하여 체결된 계약은 무효이다.
② 계약 당사자가 아닌 제3자라 하더라도 그 계약을 무효화할 수 있다.
③ 계약 당사자들의 자유로운 의사에 의해 체결되지 않은 계약은 무효이다.
④ 계약 당사자 혹은 대리자가 자신의 정당한 의무를 버리고 체결한 계약은 무효이다.
⑤ 계약 내용이 계약 당사자 혹은 대리자의 권한을 벗어나 있을 경우 그 계약은 무효이다.

01 다음 글의 결론으로 가장 적절한 것은?

> 정치 갈등의 중심에는 불평등과 재분배의 문제가 자리하고 있다. 이 문제로 좌파와 우파는 오랫동안 대립해 왔다. 두 진영이 협력하여 공동의 목표를 이루려면 두 진영이 불일치하는 지점을 찾아 이 지점을 올바르고 정확하게 분석해야 한다. 바로 이것이 우리가 논증하고자 하는 바이다.
>
> 우파는 시장 원리, 개인 주도성, 효율성이 장기 관점에서 소득 수준과 생활환경을 실제로 개선할 수 있다고 주장한다. 반면 정부 개입을 통한 재분배는 그 규모가 크지 않아야 한다. 이 점에서 이들은 선순환 메커니즘을 되도록 방해하지 않는 원천징수나 근로장려세 같은 조세 제도만을 사용해야 한다고 주장한다.
>
> 반면 19세기 사회주의 이론과 노동조합 운동을 이어받은 좌파는 사회 및 정치 투쟁이 극빈자의 불행을 덜어주는 더 좋은 방법이라고 주장한다. 이들은 불평등을 누그러뜨리고 재분배를 이루려면 우파가 주장하는 조세 제도만으로는 부족하고, 생산수단을 공유화하거나 노동자의 급여 수준을 강제하는 등 보다 강력한 정부 개입이 있어야 한다고 주장한다. 정부의 개입이 생산 과정의 중심에까지 영향을 미쳐야 시장 원리의 실패와 이 때문에 생긴 불평등을 해소할 수 있다는 것이다.
>
> 좌파와 우파의 대립은 두 진영이 사회정의를 바라보는 시각이 다른 데서 비롯된 것이 아니다. 오히려 불평등이 왜 생겨났으며 그것을 어떻게 해소할 것인가를 다루는 사회경제 이론이 다른 데서 비롯되었다. 사실 좌우 진영은 사회정의의 몇 가지 기본 원칙에 합의했다.
>
> 행운으로 얻었거나 가족에게 물려받은 재산의 불평등은 개인이 통제할 수 없다. 개인이 통제할 수 없는 요인 때문에 생겨난 불평등을 그런 재산의 수혜자에게 책임지우는 것은 옳지 않다. 이 점에서 행운과 상속의 혜택을 받은 이들에게 이런 불평등 문제를 해결하라고 요구하는 것은 바람직하지 않다. 혜택 받지 못한 이들, 곧 매우 불리한 형편에 부닥친 이들의 처지를 개선하려고 애써야 할 당사자는 당연히 국가다. 정의로운 국가라면 국가가 사회 구성원 모두 평등권을 되도록 폭넓게 누리도록 보장해야 한다는 정의의 원칙은 좌파와 우파 모두에게 널리 받아들여진 생각이다.
>
> 불리한 형편에 놓인 이들의 삶을 덜 나쁘게 하고 불평등을 누그러뜨려야 하는 국가의 목표를 이루는 데 두 진영이 협력하는 첫걸음이 무엇인지는 이제 거의 분명해졌다.

① 좌파와 우파는 자신들의 문제점을 개선하려고 애써야 한다.
② 좌파와 우파는 정치 갈등을 해결하려는 의지가 있어야 한다.
③ 좌파와 우파는 사회정의를 위한 기본 원칙에 먼저 합의해야 한다.
④ 좌파와 우파는 분배 문제 해결에 국가가 앞장서야 한다는 데 동의해야 한다.
⑤ 좌파와 우파는 불평등을 일으키고 이를 완화하는 사회경제 메커니즘을 보다 정확히 분석해야 한다.

02 다음 글의 논지로 가장 적절한 것은?

> 베블런에 의하면 사치품 사용 금기는 전근대적 계급에 기원을 두고 있다. 즉, 사치품 소비는 상류층의 지위를 드러내는 과시소비이기 때문에 피지배계층이 사치품을 소비하는 것은 상류층의 안락감이나 쾌감을 손상한다는 것이다. 따라서 상류층은 사치품을 사회적 지위 및 위계질서를 나타내는 기호(記號)로 간주하여 피지배계층의 사치품 소비를 금지했다. 또한 베블런은 사치품의 가격 상승에도 그 수요가 줄지 않고 오히려 증가하는 이유가 사치품의 소비를 통하여 사회적 지위를 과시하려는 상류층의 소비행태 때문이라고 보았다.
>
> 그러나 소득 수준이 높아지고 대량 생산에 의해 물자가 넘쳐흐르는 풍요로운 현대 대중사회에서 서민들은 과거 왕족들이 쓰던 물건들을 일상생활 속에서 쓰고 있고 유명한 배우가 쓰는 사치품도 쓸 수 있다. 모든 사람들이 명품을 살 수 있는 돈을 갖고 있을 때 명품의 사용은 더 이상 상류층을 표시하는 기호가 될 수 없다. 따라서 새로운 사회의 도래는 베블런의 과시소비이론으로 설명하기 어려운 소비행태를 가져왔다. 이때 상류층이 서민들과 구별될 수 있는 방법은 오히려 아래로 내려가는 것이다. 현대의 상류층에게는 차이가 중요한 것이지 사물 그 자체가 중요한 것이 아니기 때문이다. 월급쟁이 직원이 고급 외제차를 타면 사장은 소형 국산차를 타는 것이 그 예이다.
>
> 이와 같이 현대의 상류층은 고급, 화려함, 낭비를 과시하기보다 서민들처럼 소박한 생활을 한다는 것을 과시한다. 이것은 두 가지 효과가 있다. 사치품을 소비하는 서민들과 구별된다는 점이 하나이고, 돈 많은 사람이 소박하고 겸손하기까지 하여 서민들에게 친근감을 준다는 점이 다른 하나이다.
>
> 그러나 그것은 극단적인 위세의 형태일 뿐이다. 뽐냄이 아니라 남의 눈에 띄지 않는 겸손한 태도와 검소함으로 자신을 한층 더 드러내는 것이다. 이런 행동들은 결국 한층 더 심한 과시이다. 소비하기를 거부하는 것이 소비 중에서도 최고의 소비가 된다. 다만 그들이 언제나 소형차를 타는 것은 아니다. 차별화해야 할 아래 계층이 없거나 경쟁 상대인 다른 상류층 사이에 있을 때 그들은 마음 놓고 경쟁적으로 고가품을 소비하며 자신을 마음껏 과시한다. 현대사회에서 소비하지 않기는 고도의 교묘한 소비이며, 그것은 상류층의 표시가 되었다. 그런 점에서 상류층을 따라 사치품을 소비하는 서민층은 순진하다고 하지 않을 수 없다.

① 현대의 상류층은 낭비를 지양하고 소박한 생활을 지향함으로써 서민들에게 친근감을 준다.
② 현대의 서민들은 상류층을 따라 겸손한 태도로 자신을 한층 더 드러내는 소비행태를 보인다.
③ 현대의 상류층은 그들이 접하는 계층과는 무관하게 절제를 통해 자신의 사회적 지위를 과시한다.
④ 현대에 들어와 위계질서를 드러내는 명품을 소비하면서 과시적으로 소비하는 새로운 행태가 나타났다.
⑤ 현대의 상류층은 사치품을 소비하는 것뿐만 아니라 소비하지 않기를 통해서도 자신의 사회적 지위를 과시한다.

03 다음 글의 논지로 가장 적절한 것은?

물리학의 근본 법칙들은 실재 세계의 사실들을 정확하게 기술하는가? 이 질문에 확신을 가지고 그렇다고 대답할 사람은 많지 않을 것이다. 사실 다양한 물리 현상들을 설명하는 데 사용되는 물리학의 근본 법칙들은 모두 이상적인 상황만을 다루고 있는 것 같다. 정말로 물리학의 근본 법칙들이 이상적인 상황만을 다루고 있다면 이 법칙들이 실재 세계의 사실들을 정확히 기술한다는 생각에는 문제가 있는 듯하다.

가령 중력의 법칙을 생각해 보자. 중력의 법칙은 "두 개의 물체가 그들 사이의 거리의 제곱에 반비례하고 그 둘의 질량의 곱에 비례하는 힘으로 서로 당긴다."는 것이다. 이 법칙은 두 물체의 운동을 정확하게 설명할 수 있는가? 그렇지 않다는 것은 분명하다. 만약 어떤 물체가 질량뿐이 아니라 전하를 가지고 있다면 그 물체들 사이에 작용하는 힘은 중력의 법칙만으로 계산된 것과 다를 것이다. 즉 위의 중력의 법칙은 전하를 가지고 있는 물체의 운동을 설명하지 못한다.

물론 사실을 정확하게 기술하는 형태로 중력의 법칙을 제시할 수 있다. 가령, 중력의 법칙은 "중력 이외의 다른 어떤 힘도 없다면, 두 개의 물체가 그들 사이의 거리의 제곱에 반비례하고 그 둘의 질량의 곱에 비례하는 힘으로 서로 당긴다."로 수정될 수 있다. 여기서 '중력 이외의 다른 어떤 힘도 없다면'이라는 구절이 추가된 것에 주목하자. 일단, 이렇게 바뀐 중력의 법칙이 참된 사실을 표현한다는 것은 분명해 보인다. 그러나 이렇게 바꾸면 한 가지 중요한 문제가 발생한다.

어떤 물리 법칙이 유용한 것은 물체에 작용하는 힘들을 통해 다양하고 복잡한 현상을 설명할 수 있기 때문이다. 물리 법칙은 어떤 특정한 방식으로 단순한 현상만을 설명하는 것을 목표로 하지 않는다. 중력의 법칙 역시 마찬가지다. 그것이 우리가 사는 세계를 지배하는 근본적인 법칙이라면 중력이 작용하는 다양한 현상들을 설명할 수 있어야 한다. 하지만 '중력 이외의 다른 어떤 힘도 없다면'이라는 구절이 삽입되었을 때, 중력의 법칙이 설명할 수 있는 영역은 무척 협소해진다. 즉 그것은 오로지 중력만이 작용하는 아주 특수한 상황만을 설명할 수 있을 뿐이다. 결과적으로 참된 사실들을 진술하기 위해 삽입된 구절은 설명력을 현저히 감소시킨다. 이 문제는 거의 모든 물리학의 근본 법칙들이 가지고 있다.

① 물리학의 근본 법칙은 그 영역을 점점 확대하는 방식으로 발전해 왔다.

② 물리적 자연 현상이 점점 복잡하고 다양해짐에 따라 물리학의 근본 법칙도 점점 복잡해진다.

③ 더 많은 실재 세계의 사실들을 기술하는 물리학의 법칙이 그렇지 않은 법칙보다 뛰어난 설명력을 가진다.

④ 물리학의 근본 법칙들은 이상적인 상황을 다루고 있어 실재 세계의 사실들을 정확하게 기술하는 데 어려움이 없다.

⑤ 참된 사실을 정확하게 기술하려고 물리 법칙에 조건을 추가하면 설명 범위가 줄어 다양한 물리 현상을 설명하기 어려워진다.

04 다음 글이 비판의 대상으로 삼는 주장으로 가장 적절한 것은?

> 경제 문제는 대개 해결이 가능하다. 대부분의 경제 문제에는 몇 개의 해결책이 있다. 그러나 모든 해결책은 누군가가 상당한 손실을 반드시 감수해야 한다는 특징을 갖고 있다. 하지만 누구도 이 손실을 자발적으로 감수하고자 하지 않으며, 우리의 정치제도는 누구에게도 이 짐을 짊어지라고 강요할 수 없다. 우리의 정치적, 경제적 구조로는 실질적으로 제로섬(Zero-sum)적인 요소를 지니는 경제 문제에 전혀 대처할 수 없다.
>
> 대개의 경제적 해결책은 대규모의 제로섬적인 요소를 갖기 때문에 큰 손실을 수반한다. 모든 제로섬 게임에는 승자가 있다면 반드시 패자가 있으며, 패자가 존재해야만 승자가 존재할 수 있다. 경제적 이득이 경제적 손실을 초과할 수도 있지만, 손실의 주체에게 손실의 의미란 상당한 크기의 경제적 이득을 부정할 수 있을 만큼 매우 중요하다. 어떤 해결책으로 인해 평균적으로 사회는 더 잘살게 될 수도 있지만, 이 평균이 훨씬 더 잘살게 된 수많은 사람들과 훨씬 더 못살게 된 수많은 사람들을 감춘다. 만약 당신이 더 못살게 된 사람 중 하나라면 내 수입이 줄어든 것보다 다른 누군가의 수입이 더 많이 늘었다고 해서 위안을 얻지는 않을 것이다. 결국 우리는 우리 자신의 수입을 보호하기 위해 경제적 변화가 일어나는 것을 막거나 혹은 사회가 우리에게 손해를 입히는 공공정책이 강제로 시행되는 것을 막기 위해 싸울 것이다.

① 빈부격차를 해소하는 것만큼 중요한 정책은 없다.
② 사회의 총생산량이 많아지게 하는 정책이 좋은 정책이다.
③ 경제문제에서 모두가 만족하는 해결책은 존재하지 않는다.
④ 경제적 변화에 대응하는 정치제도의 기능에는 한계가 존재한다.
⑤ 경제정책의 효율성을 높이는 방법은 일관성을 유지하는 것이다.

05 다음 글에서 ㉠과 같은 질문이 생기는 이유로 가장 적절한 것은?

서울에 거주하는 초등학생 중에서 휴대전화를 가지고 있는 학생들은 얼마나 될까? 서울에 거주하는 초등학생 중에서 일부를 표본으로 삼아 조사해보니 이 중 60%가 휴대전화를 갖고 있다는 자료가 나왔다고 하자. 이 경우에 '서울에 거주하는 초등학생'을 이 표본 조사의 '준거집합'이라고 한다. 철수는 서울에 거주하는 초등학생이다. 이 경우에 철수가 휴대전화를 갖고 있을 확률을 묻는다면, 우리는 60%라고 해야 할 것이다. 그런데 서울에 거주하는 초등학생이면서 차상위계층의 자녀 중에서는 얼마나 많은 학생들이 휴대전화를 갖고 있을까? 이 경우에 준거집합은 '서울에 거주하는 초등학생이면서 차상위계층의 자녀'가 될 것이다. 앞서 삼은 표본 조사에서 차상위계층의 자녀만을 추려서 살펴보니 이 중 50%의 학생들이 휴대전화를 갖고 있다는 결과가 나왔다. 철수는 서울에 거주하는 초등학생일 뿐만 아니라 그의 가족은 차상위계층에 속한다. 이 경우 철수가 휴대전화를 갖고 있을 확률을 묻는다면, 우리는 50%라고 해야 할 것 같다. 마지막으로, 같은 표본 조사에서 이번에는 서울 거주 초등학생이면서 외동아이인 아이들의 집합에 대해서 조사해 보았는데, 70%가 휴대전화를 갖고 있었다는 결과가 나왔다. 철수는 서울 거주 초등학생이면서 외동아이이다. 이 경우에 철수가 휴대전화를 갖고 있을 확률을 우리는 70%라고 해야 할 것이다.

철수는 서울에 거주하는 초등학생이면서 차상위계층의 자녀이고 또한 외동아이인 것으로 확인되었다. 그렇다면 ㉠ 철수가 휴대전화를 갖고 있을 확률은 얼마라고 해야 하는가?

① 한 사람이 다양한 준거집합에 속할 수 있기 때문이다.
② 준거집합이 클수록 표본 조사의 결과를 더 신뢰할 수 있기 때문이다.
③ 준거집합이 작을수록 표본 조사의 결과를 더 신뢰할 수 있기 때문이다.
④ 표본의 크기가 준거집합의 크기에 따라 달라지기 때문이다.
⑤ 표본을 추출하는 방법이 얼마나 무작위적인가에 따라서 표본조사의 결과가 변화하기 때문이다.

06 다음 글의 논지와 부합하는 것은?

근대적 공론장의 형성을 중시하는 연구자들은 아렌트와 하버마스의 공론장 이론을 적용하여 한국적 근대 공론장의 원형을 찾는다. 이들은 유럽에서 18 ~ 19세기에 우후죽순처럼 등장한 신문, 잡지 등이 시민들의 대화와 토론에 의거한 부르주아 공론장을 형성하였다는 사실에 착안하여 『독립신문』이 근대적 공론장의 역할을 하였다고 주장한다. 또한 만민공동회라는 새로운 정치 권력이 만들어낸 근대적 공론장을 통해, 공화정의 근간인 의회와 한국 최초의 근대적 헌법이 등장하는 결정적 계기가 마련되었다고 인식한다.

그런데 공론장의 형성을 근대 이행의 절대적 특징으로 이해하는 태도는 근대 이행의 다른 길들에 대한 불신과 과소평가로 이어지기도 한다. 당시 사회의 개혁을 위해서는 갑신정변과 같은 소수 엘리트 주도의 혁명이나 동학농민운동과 같은 민중봉기가 아니라, 만민공동회와 같은 다수 인민에 의한 합리적인 토론과 공론에 의거한 민주적 개혁이 올바른 길이라고 주장하는 것이 대표적 예이다. 나아가 이러한 태도는 당시 고종이 만민공동회의 주장을 수용하여 입헌군주제나 공화제를 채택했더라면 국권박탈이라는 비극만은 면할 수 있었으리라는 비약으로 이어진다.

이러한 생각의 배경에는 개인의 자각에 근거한 공론장과 평화적 토론을 통한 공론의 형성, 그리고 공론을 정치에 실현시킬 제도적 장치가 마련되어 있는 체제가 바로 '근대'라는 확고한 인식이 자리 잡고 있다. 그들은 시민세력으로 성장할 가능성을 지닌 인민들의 행위가 근대적 정치를 표현하고 있었다는 점만 중시하고, 공론 형성의 주체인 시민이 아직 형성되지 못한 시대 상황은 특수한 것으로 평가한다. 또한, 근대적 정치행위가 실패한 것은 인민들의 한계가 아니라, 전제황실 권력의 탄압이나 개혁파 지도자 내부의 권력투쟁 때문이라고 설명한다.

이러한 인식으로는 농민들을 중심으로 한 반봉건 민중운동의 지향점, 그리고 토지문제 해결을 통한 근대 이행이라는 고전적 과제에 답할 수가 없다. 또한 근대적 공론장에 기반한 근대국가가 수립되었을지라도 제국주의 열강들의 위협을 극복할 수 있었겠는지, 그 극복이 농민들의 지지 없이 가능했을지에 대한 문제의식은 들어설 여지가 없게 된다. 더 큰 문제는 이런 인식이 농민운동을 근대 이행을 방해하는 역사의 반역으로 왜곡할 소지가 있다는 것이다. 이러한 의문들이 적극적으로 해명되지 않는다면 근대 공론장 이론은 설득력을 갖기 어려울 것이다.

① 『독립신문』은 근대적 공론장의 역할을 하지 못하였다.
② 농민운동이 한국의 근대 이행을 방해했다고 볼 수 없다.
③ 제국주의 열강의 위협이 한국의 근대 공론장 형성을 가속화하였다.
④ 고종이 만민공동회의 주장을 채택하였다면 국권박탈의 비극은 없었을 것이다.
⑤ 근대 공론장 이론의 한국적 적용은 몇 가지 한계가 있지만 근대 이행의 문제를 효과적으로 설명하였다.

STEP **1** 기본문제

☑ 확인 Check! ○△×

01 다음 글의 ⊙과 ⓒ에 대한 평가로 적절하지 않은 것은?

> 미국 수정헌법 제1조는 국가가 시민들에게 진리에 대한 권위주의적 시각을 강제하는 일을 금지함으로써 정부가 다양한 견해들에 중립적이어야 한다는 중립성 원칙을 명시하였다. 특히 표현에 관한 중립성 원칙은 지난 수십 년에 걸쳐 발전해 왔다. 이 발전 과정의 초기에 미국 연방대법원은 표현의 자유를 부르짖는 급진주의자들의 요구에 선동적 표현의 위험성을 근거로 내세우며 맞섰다. 1940 ~ 1950년대에 연방대법원은 수정헌법 제1조가 보호하는 표현과 그렇지 않은 표현을 구분하는 ⊙ 이중기준론을 표방하면서, 수정헌법 제1조의 보호 대상이 아닌 표현들이 있다고 판결했다. 추잡하고 음란한 말, 신성 모독적인 말, 인신공격이나 타인을 모욕하는 말, 즉 발언만으로도 누군가에게 해를 입히거나 사회의 양속을 해칠 말이 이에 포함되었다.
>
> 이중기준론의 비판자들은 연방대법원이 표현의 범주를 구분하는 과정에서 표현의 내용에 관한 가치 판단을 내림으로써 실제로 표현의 자유를 침해했다고 공격하였다. 1960 ~ 1970년대를 거치며 연방대법원은 점차 비판자들의 견해를 수용했다. 1976년 연방대법원이 상업적 표현도 수정헌법 제1조의 보호범위에 포함된다고 판결한 데 이어, 인신 비방 발언과 음란성 표현 등도 표현의 자유에 포함되기에 이르렀다.
>
> 정부가 모든 표현에 대해 중립적이어야 한다는 원칙은 1970 ~ 1980년대에 ⓒ 내용중립성 원칙을 통해 한층 더 또렷이 표명되었다. 내용중립성 원칙이란, 정부가 어떤 경우에도 표현되는 내용에 대한 평가에 근거하여 표현을 제한해서는 안 된다는 것이다. 다시 말해 정부는 표현되는 사상이나 주제나 내용을 이유로 표현을 제한할 수 없다. 이렇게 해석된 수정헌법 제1조에 따르면, 미국 정부는 특정 견해를 편들 수 없을 뿐만 아니라 어떤 문제가 공공의 영역에서 토론하거나 논쟁할 가치가 있는지 없는지 미리 판단하여 선택해서도 안 된다.

① 시민을 보호하기 위해 제한해야 할 만큼 저속한 표현의 기준을 정부가 정하는 것은 ⊙과 상충하지 않는다.

② 음란물이 저속하고 부도덕하다는 이유에서 음란물 유포를 금하는 법령은 ⊙과 상충한다.

③ 어떤 영화의 주제가 나치즘 찬미라는 이유에서 상영을 금하는 법령은 ⓒ에 저촉된다.

④ 경쟁 기업을 비방하는 내용의 광고라는 이유로 광고의 방영을 금지하는 법령은 ⓒ에 저촉된다.

⑤ 인신공격하는 표현으로 특정 정치인을 힐난하는 내용의 기획물이라는 이유로 TV 방송을 제재할 것인지에 관해 ⊙과 ⓒ은 상반되게 답할 것이다.

02   다음 글의 주장을 강화하는 것만을 〈보기〉에서 모두 고르면?

우리는 물체까지의 거리 자체를 직접 볼 수는 없다. 거리는 눈과 그 물체를 이은 직선의 길이인데, 우리의 망막에는 직선의 한쪽 끝 점이 투영될 뿐이기 때문이다. 그러므로 물체까지의 거리 판단은 경험을 통한 추론에 의해서 이루어진다고 보아야 한다. 예컨대 우리는 건물, 나무 같은 친숙한 대상들의 크기가 얼마나 되는지, 이들이 주변 배경에서 얼마나 공간을 차지하는지 등을 경험을 통해 이미 알고 있다. 우리는 물체와 우리 사이에 혹은 물체 주위에 이런 친숙한 대상들이 어느 정도 거리에 위치해 있는지를 우선 지각한다. 이로부터 우리는 그 물체가 얼마나 멀리 떨어져 있는지를 추론하게 된다. 또한 그 정도 떨어진 다른 사물들이 보이는 방식에 대한 경험을 토대로, 그보다 작고 희미하게 보이는 대상들은 더 멀리 떨어져 있다고 판단한다. 거리에 대한 이런 추론은 과거의 경험에 기초하는 것이다. 반면에 물체가 손이 닿을 정도로 아주 가까이에 있는 경우, 물체까지의 거리를 지각하는 방식은 이와 다르다. 우리의 두 눈은 약간의 간격을 두고 서로 떨어져 있다. 이에 우리는 두 눈과 대상이 위치한 한 점을 연결하는 두 직선이 이루는 각의 크기를 감지함으로써 물체까지의 거리를 알게 된다. 물체를 바라보는 두 눈의 시선에 해당하는 두 직선이 이루는 각은 물체까지의 거리가 멀어질수록 필연적으로 더 작아진다. 대상까지의 거리가 몇 미터만 넘어도 그 각의 차이는 너무 미세해서 우리가 감지할 수 없다. 하지만 팔 뻗는 거리 안의 가까운 물체에 대해서는 그 각도를 감지하는 것이 가능하다.

보기

ㄱ. 100미터 떨어진 지점에 민수가 한 번도 본 적이 없는 대상만 보이도록 두고 다른 사물들은 보이지 않도록 민수의 시야 나머지 부분을 가리는 경우, 민수는 그 대상을 보고도 얼마나 떨어져 있는지 판단하지 못한다.
ㄴ. 아무것도 보이지 않는 캄캄한 밤에 안개 속의 숲길을 걷다가 앞쪽 멀리서 반짝이는 불빛을 발견한 태훈이가 불빛이 있는 곳까지의 거리를 어렵잖게 짐작한다.
ㄷ. 태어날 때부터 한쪽 눈이 실명인 영호가 30센티미터 거리에 있는 낯선 물체 외엔 어떤 것도 보이지 않는 상황에서 그 물체까지의 거리를 옳게 판단한다.

① ㄱ
② ㄷ
③ ㄱ, ㄴ
④ ㄴ, ㄷ
⑤ ㄱ, ㄴ, ㄷ

03 다음 글의 A의 가설을 약화하는 것만을 〈보기〉에서 모두 고르면?

얼룩말의 얼룩무늬가 어떻게 생겨났는지는 과학계의 오랜 논쟁거리다. 월러스는 "얼룩말이 물을 마시러 가는 해질 녘에 보면 얼룩무늬가 위장 효과를 낸다."라고 주장했지만, 다윈은 "눈에 잘 띌 뿐"이라며 그 주장을 일축했다. 검은 무늬는 쉽게 더워져 공기를 상승시키고 상승한 공기가 흰 무늬 부위로 이동하면서 작은 소용돌이가 일어나 체온조절을 돕는다는 가설도 있다. 위험한 체체파리나 사자의 눈에 얼룩무늬가 잘 보이지 않는다거나, 고유의 무늬 덕에 얼룩말들이 자기 무리를 쉽게 찾는다는 견해도 있다.

최근 A는 실험을 토대로 새로운 가설을 제시했다. 그는 얼룩말과 같은 속(屬)에 속하는 검은 말, 갈색 말, 흰 말을 대상으로 몸통에서 반사되는 빛의 특성을 살펴 보았다. 검정이나 갈색처럼 짙은 색 몸통에서 반사되는 빛은 수평 편광으로 나타났다. 수평 편광은 물 표면에서 반사되는 빛의 특성이기도 한데, 물에서 짝짓기를 하고 알을 낳는 말 파리가 아주 좋아하는 빛이다. 편광이 없는 빛을 반사하는 흰색 몸통에는 말파리가 훨씬 덜 꼬였다. A는 몸통 색과 말파리의 행태 간에 상관관계가 있다고 생각하고, 말처럼 생긴 일정 크기의 모형에 검은색, 흰색, 갈색, 얼룩무늬를 입힌 뒤 끈끈이를 발라 각각에 말파리가 얼마나 꼬이는지를 조사했다. 이틀간의 실험 결과 검은색 말 모형에는 562 마리, 갈색에는 334마리, 흰색에 22마리의 말파리가 붙은 데 비해 얼룩무늬를 가진 모형에는 8마리가 붙었을 뿐이었다. 이것은 실제 얼룩말의 무늬와 유사한 얼룩무늬가 말파리를 가장 덜 유인한다는 결과였다. A는 이를 바탕으로 얼룩말의 얼룩무늬가 말의 피를 빠는 말파리를 피하는 방향으로 진행된 진화의 결과라는 가설을 제시했다.

> **보기**
>
> ㄱ. 실제 말에 대한 말파리의 행동반응이 말 모형에 대한 말파리의 행동반응과 다르다는 연구결과
> ㄴ. 말파리가 실제로 흡혈한 피의 99% 이상이 검은색이나 진한 갈색 몸통을 가진 말의 것이라는 연구결과
> ㄷ. 얼룩말 고유의 무늬 때문에 초원 위의 얼룩말이 사자 같은 포식자 눈에 잘 띈다는 연구결과

① ㄱ
② ㄷ
③ ㄱ, ㄴ
④ ㄴ, ㄷ
⑤ ㄱ, ㄴ, ㄷ

04 다음 글의 논지를 지지하는 진술로 적절한 것만을 〈보기〉에서 모두 고르면?

> 과학과 예술이 무관하다는 주장의 첫 번째 근거는 과학과 예술이 인간의 지적 능력의 상이한 측면을 반영한다는 것이다. 즉 과학은 주로 분석·추론·합리적 판단과 같은 지적 능력에 기인하는 반면에, 예술은 종합·상상력·직관과 같은 지적 능력에 기인한다고 생각한다. 두 번째 근거는 과학과 예술이 상이한 대상을 다룬다는 것이다. 과학은 인간 외부에 실재하는 자연의 사실과 법칙을 다루기에 과학자는 사실과 법칙을 발견하지만, 예술은 인간의 내면에 존재하는 심성을 탐구하며, 미적 가치를 창작하고 구성하는 활동이라고 본다. 그러나 이렇게 과학과 예술을 대립시키는 태도는 과학과 예술의 특성을 지나치게 단순화하는 것이다. 과학이 단순한 발견의 과정이 아니듯이 예술도 순수한 창조와 구성의 과정이 아니기 때문이다. 과학에는 상상력을 이용하는 주체의 창의적 과정이 개입하며, 예술 활동은 전적으로 임의적인 창작이 아니라 논리적 요소를 포함하는 창작이다. 과학 이론이 만들어지기 위해 필요한 것은 냉철한 이성과 객관적 관찰만이 아니다. 새로운 과학 이론의 발견을 위해서는 상상력과 예술적 감수성이 필요하다. 반대로 최근의 예술적 성과 중에는 과학기술의 발달에 의해 뒷받침된 것이 많다.

보기

> ㄱ. 과학자 왓슨과 크릭이 없었더라도 누군가 DNA 이중나선 구조를 발견하였겠지만, 셰익스피어가 없었다면 『오셀로』는 결코 창작되지 못 하였을 것이다.
> ㄴ. 물리학자 파인만이 주장했듯이 과학에서 이론을 정립하는 과정은 가장 아름다운 그림을 그려나가는 예술가의 창작 작업과 흡사하다.
> ㄷ. 입체파 화가들은 수학자 푸앵카레의 기하학 연구를 자신들의 그림에 적용하고자 하였으며, 이런 의미에서 피카소는 "내 그림은 모두 연구와 실험의 산물이다."라고 말하였다.

① ㄱ
② ㄷ
③ ㄱ, ㄴ
④ ㄴ, ㄷ
⑤ ㄱ, ㄴ, ㄷ

05 다음 정보를 바탕으로 ㉠~㉢을 적절하게 평가한 것은?

'사람 한 명 당 쥐 한 마리', 즉 지구상에 사람 수 만큼의 쥐가 있다는 통계에 대한 믿음은 1백년쯤 된 것이지만 잘못된 믿음이다. 이 가설은 1909년 뵐터가 쓴 『문제』라는 책에서 비롯되었다. 영국의 지방을 순회하던 뵐터에게 문득 이런 생각이 떠올랐다. "1에이커(약 4천 제곱미터)에 쥐 한 마리쯤 있다고 봐도 별 무리가 없지 않을까?" 이것은 근거가 박약한 단순한 추측에 불과했지만, 그는 무심코 떠오른 이런 추측에서 추론을 시작했다. 뵐터는 이 추측을 ㉠ <u>첫 번째 전제</u>로 삼고 영국의 국토 면적이 4천만 에이커 정도라는 사실을 추가 전제로 고려하여 영국에 쥐가 4천만 마리쯤 있으리라는 ㉡ <u>중간 결론</u>에 도달했다. 그런데 마침 당시 영국의 인구가 약 4천만 명이었고, 이런 우연한 사실을 발판 삼아 그는 세상 어디에나 인구 한 명 당 쥐도 한 마리쯤 있을 것이라는 ㉢ <u>최종 결론</u>을 내렸다. 이것은 논리적 관점에서 타당성이 의심스러운 추론이었지만, 사람들은 이 결론을 이상하리만큼 좋아했다. 쥐의 개체수를 실제로 조사하는 노고도 없이 '한 사람당 쥐 한 마리'라는 어림값은 어느새 사람들의 믿음으로 굳어졌다. 이 믿음은 국경마저 뛰어넘어, 미국의 방역업체나 보건을 담당하는 정부 기관이 이를 참고하기도 했다. 지금도 인구 약 900만인 뉴욕시에 가면 뉴욕시에 900만 마리쯤의 쥐가 있다고 믿는 사람을 어렵잖게 만날 수 있다.

〈정보〉

(가) 최근 조사에 의하면 뉴욕시에는 약 30만 마리의 쥐가 있는 것으로 추정된다.

(나) 20세기 초의 한 통계조사에 의하면 런던의 주거 밀집 지역에는 가구 당 평균 세 마리의 쥐가 있었다.

(다) 사람들이 자기 집에 있다고 생각하는 쥐의 수는 실제 조사를 통해 추정된 쥐의 수보다 20% 정도 더 많다.

(라) 쥐의 개체수 조사에는 특정 건물을 표본으로 취해 쥐구멍을 세고 쥐 배설물 같은 통행 흔적을 살피는 방법과 일정 면적마다 설치한 쥐덫을 활용하는 방법 등이 있는데, 다양한 방법으로 조사한 결과가 서로 높은 수준의 일치를 보인다.

① (가)는 ㉢을 약화한다.
② (나)는 ㉠을 강화한다.
③ (다)는 ㉢을 강화한다.
④ (라)는 ㉡을 약화한다.
⑤ (나)와 (다)가 참인 경우, ㉡은 참일 수 없다.

06 다음 논증에 대한 평가로 적절한 것만을 〈보기〉에서 모두 고르면?

> 집단 내지 국가의 청렴도를 평가하는 잣대로 종종 공공 물품을 사적으로 사용하는 정도가 활용된다. 이와 관련하여 M시의 경우 회사원들이 사내용 물품을 개인적인 용도로 사용하는 정도가 꽤 높은 것으로 밝혀졌다. 이는 M시의 대표적 A회사에서 직원 200명을 대상으로 회사물품을 사적인 용도로 사용한 적이 있는지를 설문조사해본 결과에 따른 것이다. 조사 결과 '늘 그랬다.'는 직원은 5%, '종종 그랬다.'는 직원은 15%, '가끔 그랬다.'는 직원은 35%, '어쩌다 한두 번 그랬다.'는 직원은 25%, '전혀 그런 적이 없다.'는 직원은 10%, 응답을 거부한 직원은 10%였다. 설문조사에 응한 직원들 중에서 가끔이라도 사용한 적이 있다고 답한 직원의 비율이 절반을 넘었다. 따라서 M시의 회사원들은 낮은 청렴도를 가졌다고 평가할 수 있다.

보기

ㄱ. 설문조사에 응한 A회사의 직원들 중 회사물품에 대한 사적 사용 정도를 실제보다 축소하여 답한 직원들이 많다는 사실은 위 논증의 결론을 강화한다.

ㄴ. M시에 있는 또 다른 대표적 회사 B에서 동일한 설문조사를 했는데 A회사와 거의 비슷한 결과가 나왔다는 사실은 위 논증의 결론을 강화한다.

ㄷ. M시에 있는 대부분의 회사들에 비해 A회사의 직원들이 회사물품을 사적으로 사용한 정도가 심했던 것으로 밝혀졌다는 사실은 위 논증의 결론을 약화한다.

---

① ㄱ

② ㄷ

③ ㄱ, ㄴ

④ ㄴ, ㄷ

⑤ ㄱ, ㄴ, ㄷ

07 다음 글의 연구결과에 대한 평가로 적절한 것만을 〈보기〉에서 모두 고르면?

콩 속에는 식물성 단백질과 불포화 지방산 등 건강에 이로운 물질들이 풍부하다. 약콩, 서리태 등으로 불리는 검은 콩 껍질에는 황색 콩 껍질에서 발견되지 않는 특수한 항암물질이 들어 있다. 검은 콩은 항암 효과는 물론 항산화 작용 및 신장 기능과 시력 강화에도 좋은 것으로 알려져 있다. A ~ C팀은 콩의 효능을 다음과 같이 연구했다.

〈연구결과〉

- A팀 연구진 : 콩 속 제니스틴의 성인병 예방 효능을 실험을 통해 세계 최초로 입증했다. 또한 제니스틴은 발암 물질에 노출된 비정상 세포가 악성 종양 세포로 진행되지 않도록 억제하는 효능을 갖고 있다는 사실을 흰쥐 실험을 통해 밝혔다. 암이 발생하는 과정은 세포 내의 유전자가 손상되는 개시 단계와 손상된 세포의 분열이 빨라지는 촉진 단계로 나뉘는데 제니스틴은 촉진 단계에서 억제효과가 있다는 것이다.
- B팀 연구진 : 200명의 여성을 조사해 본 결과, 매일 흰 콩 식품을 섭취한 사람은 한 달에 세 번 이하로 섭취한 사람에 비해 폐암에 걸릴 위험이 절반으로 줄었다.
- C팀 연구진 : 식이요법으로 원형탈모증을 완치할 수 있을 것으로 보고 원형탈모증을 가지고 있는 쥐에게 콩기름에서 추출된 화합물을 투여해 효과를 관찰하는 실험을 했다. 실험 결과 콩기름에서 추출된 화합물을 각각 0.1ml, 0.5ml, 2.0ml씩 투여한 쥐에서 원형탈모증 완치율은 각각 18%, 39%, 86%를 기록했다.

보기

ㄱ. A팀의 연구결과는 콩이 암의 발생을 억제하는 효과가 있다는 것을 뒷받침한다.
ㄴ. C팀의 연구결과는 콩기름 함유가 높은 음식을 섭취할수록 원형탈모증 발생률이 높게 나타난다는 것을 뒷받침한다.
ㄷ. 세 팀의 연구결과는 검은 콩이 성인병, 폐암의 예방과 원형탈모증 치료에 효과가 있다는 것을 뒷받침한다.

① ㄱ
② ㄴ
③ ㄱ, ㄷ
④ ㄴ, ㄷ
⑤ ㄱ, ㄴ, ㄷ

08 다음 글의 입장을 강화하는 내용으로 가장 적절한 것은?

> 고대사회를 정의하는 기준 중의 하나로 '생계경제'가 사용되곤 한다. 생계경제 사회란 구성원들이 겨우 먹고 살 수 있는 정도의 식량만을 확보하고 있어서 식량 자원이 줄어들게 되면 자동적으로 구성원 전부를 먹여 살릴 수 없게 되고, 심하지 않은 가뭄이나 홍수 등의 자연재해에 의해서도 유지가 어렵게 될 수 있는 사회를 의미한다. 그러므로 고대사회에서의 삶은 근근이 버텨가는 것이고, 그 생활은 기아와의 끊임없는 투쟁이다. 왜냐하면 그 사회에서는 기술적인 결함과 그 이상의 문화적인 결함으로 인해 잉여 식량을 생산할 수 없기 때문이다.
>
> 고대사회에 대한 이러한 견해보다 더 뿌리 깊은 오해도 없다. 소위 생계경제의 성격을 지닌 것으로 간주되는 많은 고대사회들, 예를 들어 남아메리카에서는 종종 공동체의 연간 필요 소비량에 맞먹는 잉여 식량을 생산했다는 점에 주의를 기울일 필요가 있다. 기아와의 끊임없는 투쟁을 의미하는 생계경제가 고대사회를 특징짓는 개념이라면 오히려 프롤레타리아가 기아에 허덕이던 19세기 유럽 사회야말로 고대사회라고 할 수 있을 것이다. 사실상 생계경제라는 개념은 서구의 근대적인 이데올로기의 영역에 속하는 것으로 결코 과학적 개념도구가 아니다. 민족학을 위시한 근대 과학이 이토록 터무니없는 기만에 희생되어 왔다는 것은 역설적이며, 더군다나 산업 국가들이 이른바 저발전 세계에 대한 전략의 방향을 잡는 데 기여했다는 사실은 두렵기까지하다.

① 고대사회가 경제적으로 풍요로웠던 것은 생계경제 체제 때문이었다.
② 산업사회로 이행하면서 경제적 잉여가 발생하였고 계급이 형성되었다.
③ 자연재해나 전쟁으로 인해 고대사회는 항상 불안정한 상황에 처해 있었다.
④ 고대사회에서 존재하였던 축제는 경제적인 잉여를 해소하는 기제로 작용했다.
⑤ 유럽의 산업 국가들에 의한 문명화 과정을 통해 저발전된 아프리카의 생활 여건이 개선되었다.

09 다음 글의 밑줄 친 주장을 강화하는 사례만을 〈보기〉에서 모두 고르면?

최근에 트랜스 지방은 그 건강상의 위해 효과 때문에 주목받고 있다. 우리가 즐겨 먹는 많은 식품에는 트랜스 지방이 숨어 있다. 그렇다면 트랜스 지방이란 무엇일까?

지방에는 불포화 지방과 포화 지방이 있다. 식물성 기름의 주성분인 불포화 지방은 포화 지방에 비하여 수소의 함유 비율이 낮고 녹는점도 낮아 상온에서 액체인 경우가 많다.

불포화 지방은 그 안에 존재하는 이중 결합에서 수소 원자들의 결합 형태에 따라 시스(Cis)형과 트랜스(Trans)형으로 나뉘는데 자연계에 존재하는 대부분의 불포화 지방은 시스형이다. 그런데 조리와 보존의 편의를 위해 액체 상태인 식물성 기름에 수소를 첨가하여 고체 혹은 반고체 상태로 만드는 과정에서 트랜스 지방이 만들어진다. 그래서 대두, 땅콩, 면실유를 경화시켜 얻은 마가린이나 쇼트닝은 트랜스 지방의 함량이 높다. 또한, 트랜스 지방은 식물성 기름을 고온으로 가열하여 음식을 튀길 때도 발생한다. 따라서 튀긴 음식이나 패스트푸드에는 트랜스 지방이 많이 들어 있다.

트랜스 지방은 포화 지방인 동물성 지방처럼 심혈관계에 해롭다. 트랜스 지방은 혈관에 나쁜 저밀도지방단백질(LDL)의 혈중 농도를 증가시키는 한편 혈관에 좋은 고밀도지방단백질(HDL)의 혈중 농도는 감소시켜 혈관벽을 딱딱하게 만들어 심장병이나 동맥경화를 유발하고 악화시킨다.

보기

ㄱ. 쥐의 먹이에 함유된 트랜스 지방 함량을 2% 증가시키자 쥐의 심장병 발병률이 25% 증가하였다.

ㄴ. 사람들이 마가린을 많이 먹는 지역에서 마가린의 트랜스 지방 함량을 낮추자 동맥경화의 발병률이 1년 사이에 10% 감소하였다.

ㄷ. 성인 1,000명에게 패스트푸드를 일정 기간 지속적으로 섭취하게 한 후 검사해 보니, HDL의 혈중 농도가 섭취 전에 비해 20% 감소하였다.

---

① ㄱ

② ㄴ

③ ㄱ, ㄷ

④ ㄴ, ㄷ

⑤ ㄱ, ㄴ, ㄷ

10 다음 글의 밑줄 친 원리를 지지하는 진술을 〈보기〉에서 모두 고르면?

배리 반스와 데이빗 블로어 등이 주도한 <u>강한 프로그램의 원리</u>를 과학의 영역에 적용하면, 자연과학자들의 활동과 인문학자나 사회과학자들의 활동이 동일한 방식으로 설명되어야 한다. 그리고 자연과학과 인문・사회과학의 영역에서 동일한 설명방식을 사용하기 위해 수정해야 할 부분은 사회과학의 탐구에 대한 견해가 아니라 자연과학의 탐구에 대한 견해이다. 즉 강한 프로그램의 원리에 의하면, 우리는 자연과학이 제공하는 믿음이 특정 전문가 집단의 공동체적 활동에 의해 생산된다는 점에 유의해야 한다. 이런 공동체들은 저마다 특수한 역사와 사회적 특성을 갖고 있으며 또 그렇게 형성된 집단 내부의 의사결정 구조를 가지고 있다. 어떤 문제가 우선적으로 탐구되어야 할 중요한 문제인지, 그 문제를 어떤 방식으로 풀어야 옳은지 등에 대한 판단도 역시 이런 사회적 맥락 속에서 이루어진다. 그렇다면 주어진 문제에 대한 답으로 제안되는 이론들 가운데 어떤 것이 채택되고 당대의 정설로 자리 잡게 되는지도 마찬가지라는 것을 알 수 있다.

보기

ㄱ. 자연과학자들의 탐구조차도 과학자들의 공동체에서 이루어지는 활동의 산물이다.
ㄴ. 어떤 연구 주제가 중요한지, 어떤 이론을 선택할지 등은 사회적 맥락 속에서 결정된다.
ㄷ. 자연과학 이론은 사회과학 이론보다 더 객관적 사실에 근거하여 형성된다.
ㄹ. 전문 학술지에 발표되는 논문의 수로 분야별 생산성을 평가하자면 자연과학 분야의 연구들이 학문의 발전을 선도하고 있다.

① ㄱ, ㄴ
② ㄱ, ㄷ
③ ㄴ, ㄷ
④ ㄴ, ㄹ
⑤ ㄷ, ㄹ

11 다음 글에 대한 평가로 적절한 것은?

> 김 과장은 아들 철수가 최근 출시된 '디아별로' 게임에 몰두한 나머지 학업을 소홀히 하고 있다는 것을 알았다. 그러던 중 컴퓨터 게임과 학업 성적에 대한 다음과 같은 연구 결과를 접하게 되었다. 그 연구 결과에 의하면, 하루 1시간 이내로 게임을 하는 아이들은 1시간 이상 게임을 하는 아이들보다 성적이 높았고 상위권에 속했으나, 하루 1시간 이상 게임을 하는 아이들의 경우 게임을 더 오래 하는 아이들이 성적이 더 낮은 것으로 나타났다. 연구보고서는 아이들이 게임을 하는 시간을 부모가 1시간 이내로 통제한다면, 아이들의 학교 성적이 상위권에서 유지될 것이라고 결론을 내리고 있다.

① 게임을 하는 시간보다 책 읽는 시간이 더 많은 아이들이 그렇지 않은 아이들보다 성적이 더 높았다면, 이는 위 글의 결론을 강화한다.

② 하루 1시간 이상 3시간 이내 게임을 하던 아이들의 게임 시간을 줄였으나 성적이 오르지 않았다면, 이는 위 글의 결론을 강화한다.

③ 하루에 게임을 하는 시간을 1시간 이내로 줄인 아이들이 여분의 시간을 책 읽는 데 썼다면, 이는 위 글의 결론을 약화한다.

④ 평균 이하의 성적을 보이는 아이들이 대부분 하루에 3시간 이상씩 게임을 하였다면, 이는 위 글의 결론을 약화한다.

⑤ 아이들의 게임 시간을 하루 1시간 이상으로 늘려도 성적에 변화가 없었다면, 이는 위 글의 결론을 약화한다.

12 다음 글의 논지에 대한 평가로 가장 적절한 것은?

> 팝아트는 대중문화를 찬양한다. 팝아트는 모든 사람이 늘 알고 있는 것을 예술로 변용시킨다. 나아가 팝아트는 순수 미술의 종언을 선언한다. 이것은 전통적 철학의 종언을 선언하는 분석철학과 유사하다. 분석철학이 플라톤에서부터 시작해 하이데거에 이르는 철학 전체와 맞섰다면, 팝아트는 일상 생활의 편에서 지금까지의 미술 전체에 맞선다. 그런데 순수 미술의 종언 이후에 예술은 어떠한 양상으로 전개되는가? 더 이상 미술이나 예술은 없는 것인가? 아니다. 어떤 목표를 추구했던 순수 미술의 역사가 종언을 고한 이후에 더 이상 일상에서 분리된 순수함이 강요될 필요는 없다. 이제 모든 것이 가능하며, 그 어떠한 것이라도 예술이 될 수 있다. 따라서 이러한 종언 이후의 예술작품은 더 이상 어떤 예술적 본질을 구현하는 것이 아니다. 가령 무엇을 모방 혹은 표현하는 본질적 기능을 수행하거나 미적 형식을 구현하기 때문에 어떤 것이 예술작품이 되는 것은 아니다. 더 이상 모든 예술작품에 공통적인 단 하나의 순수한 본질, 즉 가시적(可視的)인 어떤 본질은 요구되지 않는다.
>
> 그렇다면 예술작품에 고유한 미적 가치가 사라진 오늘날 예술작품의 기준이 무엇인가? 평범한 소변기를 「샘」이라는 제목으로 전시한 뒤샹의 예술작품은 외관상 실재 소변기와 식별 불가능하다. 그럼에도 뒤샹의 소변기는 예술작품이 된다. 분명히 뒤샹의 작품은 소변기가 갖고 있는 성질과 다른 무엇을 갖고 있어야 한다. 그것은 순수 미술이 추구했던 미적인 본질이 아니다. 그것은 오히려 뒤샹이 소변기에 부여하는 어떤 의미이다. 뒤샹의 소변기는 더 이상 소변기가 아니라 대담함, 뻔뻔함, 불경스러움, 재치 등을 담고 있는 의미 대상이다. 뒤샹의 소변기는 비가시적(非可視的) 의미 대상이기 때문에 한갓 일상적 대상이 아니라 예술작품이 되는 것이다. 따라서 미적 본질이 없기 때문에 그 어떤 일상 사물도 예술작품이 될 수 있고, 그럼에도 예술작품과 일상 사물이 구분된다는 것은 부정되지 않는다.

① 예술작품에 고유한 미적 본질이 없다는 것은 이 글의 논지를 약화시킨다.
② 소변기가 고유한 미적 가치를 갖고 있다는 것은 이 글의 논지를 강화시킨다.
③ 분석철학과 팝아트가 서로 다른 영역이라는 것은 이 글의 논지를 약화시킨다.
④ 순수 미술 대상과 일상적 대상이 명백하게 다르다는 것은 이 글의 논지를 약화시킨다.
⑤ 가시적 본질이 예술과 비예술의 구분 기준이 된다는 것은 이 글의 논지를 강화시킨다.

13 다음 글의 규칙으로 적절하지 않은 것은?

후각은 진화의 측면에서 가장 원시적이지만 아주 중요한 감각이다. 후각은 다른 감각보다 뇌에 이르는 보다 더 직접적인 통로를 갖고 있어 미각에 비해 10,000배나 더 예민하다. 따라서 은폐된 지역에서 숨어 있거나, 보이지 않을 만큼 멀리 떨어져 있는 적, 또는 금방 사라져 버린 적을 추적하는 데 냄새만큼 좋은 정보를 제공해 주는 것은 없다. 동물의 경우는 생활 중 많은 부분을 후각기관에 의존하기 때문에 이 기관이 매우 발달되어 있고 눈이나 귀에 못지않게 중요한 역할을 한다. 그러나 특별한 경우를 제외하고 인간의 후각기관은 훈련되지 않아 발달하지 못했다. 현대전에 있어 각종 탐지 및 관측 장비의 발달로 인하여 인간 감각기관의 전투 활용은 제한되어 있지만, 적절한 훈련을 받게 되면 적을 식별할 수 있을 뿐만 아니라 유독가스를 조기에 식별, 경고할 수 있다. 일상적인 생활에서도 가정에서의 각종 가스 누출 사고, 불의의 유독가스 살포 대비 화생방 훈련 시에 후각 훈련을 해두는 것이 인명 피해를 줄이는 데 도움이 될 것이다.

후각 훈련에 어려운 점이 있다. 현대인들의 각종 화장품이나 향수, 방취제의 사용은 후각 기능을 둔화시킨다. 또 후각기관의 단점은 너무 쉽게 냄새에 순응한다는 것이다. 약한 냄새의 경우는 1 ~ 2분만 지나면 적응되어 그 냄새를 맡을 수 없게 된다. 그래서 후각기관을 충분히 활용하려면 신선한 공기를 마시고 난 후 냄새를 맡아야 하며, 새로운 장소에 도착하면 즉시 냄새를 평가하여야 한다. 냄새에 의한 정보 수집을 담당하려는 사람은 냄새에 대한 관심을 가지고 있어야 하며, 일상생활에서 후각 기능의 향상을 위해 항상 노력해야 한다. 전장에서는 적군과 직접 관계된 냄새뿐만 아니라 적이 사용하는 가스의 식별도 중요하다. 후각 식별 병사를 운용하는 데 있어서 적절한 '규칙'이 필요하다.

① 후각 식별을 담당한 병사에게는 화장품이나 향수 제품의 사용을 금한다.
② 냄새에 대한 후각의 순응이 매우 빠르기 때문에 후각 식별 담당 병사는 수시로 맑은 공기를 흡입해야 한다.
③ 후각 기능을 떨어뜨리는 비염이나 감기 증세를 가진 병사는 가스 경보를 위한 보초 근무에서 제외시키는 것이 바람직하다.
④ 후각의 민감성을 기르기 위해서는 다른 기관의 기능이 상대적으로 떨어지는 것이 유리하므로 시각이나 청각이 떨어지는 병사를 후각 식별 상황에 배치한다.
⑤ 적의 위치를 식별하고 추적하는 상황에서 담당 병사는 인분과 같이 사람과 관계된 강력한 냄새에 특별히 주의를 기울일 필요가 있다.

14 다음 글에서 설명하는 소프트웨어 개발 방식이 적용된 사례를 〈보기〉에서 모두 고르면?

> 자동차를 설계하거나 수리할 때 최하부 단위(예 나사, 도선, 코일 등)의 수준에서 할 수도 있지만 그렇게 하면 일이 매우 복잡해지고 제작이나 수리도 어려워진다. 차 내부를 열어 보아도 어디서부터 어디까지가 시동장치인지 변속장치인지 알 수가 없게 온통 나사, 도선, 코일 등으로 가득 찬 경우를 상상해 보라.
>
> 실제로 차 내부를 열어 보면 변속기, 시동장치, 냉각기 등으로 확실하게 구분되어 있는 것을 볼 수 있다. 이렇게 구분해 주면 시동장치나 냉각기만을 전문으로 제작하는 회사가 생길 수 있고 차의 고장 진단이나 유지보수도 훨씬 쉬워질 것이다. 이처럼 시동장치, 변속기 등과 같은 것들은 나사, 도선, 코일 등과 같은 최하부에 일반적으로 사용되는 부품들과 달리 특정 목적을 수행할 수 있는 의미 있는 구성 단위가 된다. 또한 이들 구성 단위는 다시 모여서 엔진, 제동시스템과 같은 상위 구성 단위의 일부가 될 수도 있다.
>
> 이러한 개념을 소프트웨어에서도 도입하였다. 즉, 전체 소프트웨어를 최하부 단위(AND, OR, Loop 등)로 표현하기 보다 상위의 단위로 구성하고 표현하면 설계, 제작, 유지보수 등이 훨씬 효과적으로 이루어질 수 있다. 멀티미디어의 사용이 증가하고 좀 더 직관이고 편리한 사용자 인터페이스가 요구됨에 따라 소프트웨어가 갈수록 복잡하고 거대해지고 있다. 따라서 소프트웨어의 제작과 유지보수 등이 얼마나 효율적인가가 소프트웨어 발전의 중요한 관건이 되고 있다.

> **보기**
>
> ㄱ. 로봇 소프트웨어를 개발할 때 로봇 모델을 구분하지 않고 사용할 수 있는 프로그래밍 언어를 이용하면, 하부 센서와 모터를 제어하는 명령들을 일일이 나열하게 되므로 프로그램이 길어지고 어려워진다. 차라리 특정 로봇 모델이 주어졌을 때, 그 모델의 특정 동작에 대응하는 상위 명령어들을 사용하면 복잡한 소프트웨어도 비교적 간단하게 개발할 수 있다.
>
> ㄴ. 컴퓨터 프로그램의 동작은 어차피 컴퓨터 내의 전기 신호로 바뀌기 때문에 이 전기 신호들을 직접 제어하는 언어를 사용하여 소프트웨어를 개발하는 것이 일상 언어에 가까운 고급 프로그래밍 언어를 사용하는 것보다 유용하다.
>
> ㄷ. 복잡한 소프트웨어를 개발하려면 상위 구성요소들에 대한 설계를 먼저 하고, 상위의 구조를 하위 구성요소들로 표현하는 방식으로 몇 단계를 거치는 과정이 필수적이다. 그렇지 않으면 작은 소프트웨어는 문제가 없지만 기업용 소프트웨어와 같이 규모가 큰 소프트웨어의 경우에는 공동 작업이 불가능해진다.
>
> ㄹ. 멀티미디어 소프트웨어 개발에서는 워낙 그 정보량이 많기 때문에 정보의 압축이 중요하다. 멀티미디어 정보를 인터넷으로 주고받거나 컴퓨터에 저장할 때 압축하지 않으면 너무 많은 자원이 소모될 것이다. 급속도로 증가하는 멀티미디어 정보의 크기를 감안하면 압축 기술은 결코 부수적인 것이 아니다.

① ㄱ, ㄴ   ② ㄱ, ㄷ
③ ㄴ, ㄷ   ④ ㄴ, ㄹ
⑤ ㄷ, ㄹ

15 다음에 설명된 사전조치의 개념에 해당하지 않는 것은?

> 개인이나 사회는 장기적으로 최선인 일을 의지박약, 감정, 충동, 고질적 습관, 중독 그리고 단기적 이익추구 등의 이유로 인해 수행하지 못하는 경우가 많다. 예컨대 많은 사람들이 지금 담배를 끊는 것이 자신의 건강을 위해서 장기적으로 최선이라고 판단함에도 불구하고 막상 담배를 피울 수 있는 기회에 접하게 되면 의지박약으로 인해 담배를 피우는 경우가 많다. 이런 경우 개인이나 사회는 더 합리적으로 행동하기 위해서 행위자가 가질 수 있는 객관적인 기회를 제한하거나 선택지를 줄임으로써 의지박약이나 충동 또는 단기적 이익 등에 따라 행동하는 것을 방지할 수 있다. 이런 조치를 '사전조치'라고 명명한다.

① 알콜 중독자가 금주를 목적으로 인근 수십 킬로미터 안에 술을 파는 곳이 없는 깊은 산속으로 이사를 하였다.

② 술에 취할 때마다 헤어진 애인에게 전화를 하는 남학생이 더 이상 그녀에게 전화를 하지 않기 위해 자신의 핸드폰 번호를 변경하였다.

③ 가정 내에서 TV를 통한 미성년자의 등급 외 상영물 시청을 제한하기 위해 TV에 성인물 시청 시 비밀번호를 입력하도록 하는 장치를 설치하였다.

④ 군것질 버릇이 있는 영화배우가 최근 캐스팅된 영화 촬영을 앞두고 몸 관리를 하기 위해 매니저에게 자신의 숙소에 있는 모든 군것질 거리를 치우도록 하였다.

⑤ 국회는 향후 집권당과 정부가 선거에서 유권자의 표를 구할 목적으로 단기적으로만 효과를 발휘하는 통화금융정책을 시행할 위험을 막기 위해서 이자율과 통화량에 대한 결정권을 독립된 중앙은행에 이양하는 법률을 제정하였다.

16 다음 글의 ㉠의 의미로 가장 적절한 것은?

이스라엘 공군 소속 장교들은 훈련생들이 유난히 비행을 잘했을 때에는 칭찬을 해봤자 비행 능력 향상에 도움이 안 된다고 믿는다. 실제로 훈련생들은 칭찬을 받고 나면 다음 번 비행이 이전 비행보다 못했다. 그렇지만 장교들은 비행을 아주 못한 훈련생을 꾸짖으면 비판에 자극 받은 훈련생이 거의 항상 다음 비행에서 향상된 모습을 보여준다고 생각한다. 그래서 장교들은 상급 장교에게 저조한 비행 성과는 비판하되 뛰어난 성과에 대해서는 칭찬하지 않는 게 바람직하다고 건의했다. 하지만 이런 추론의 이면에는 ㉠ 오류가 있다.

유난히 비행을 잘하거나 유난히 비행을 못하는 경우는 둘 다 흔치 않다. 따라서 칭찬과 비판 여부에 상관없이 어느 조종사가 유난히 비행을 잘하거나 못했다면 그 다음 번 비행에서는 평균적인 수준으로 돌아갈 확률이 높다. 평균적인 수준의 비행은 극도로 뛰어나거나 떨어지는 비행보다는 훨씬 빈번하게 나타난다. 그러므로 어쩌다 뛰어난 비행을 한 조종사는 아마 다음 번 비행에서는 그보다 못할 것이다. 어쩌다 실력을 발휘하지 못한 조종사는 아마 다음 번 비행에서 훨씬 나은 모습을 보여줄 것이다.

어떤 사건이 극단적일 때에 같은 종류의 다음 번 사건은 그만큼 극단적이지 않기 마련이다. 예를 들어, 지능 지수가 아주 높은 부모가 있다고 하자. 그 부모는 예외적으로 유전자들이 잘 조합되어 그렇게 태어났을 수도 있고 특별히 지능을 계발하기에 유리한 환경에서 자랐을 수도 있다. 이 부모는 극단적인 사례이기 때문에 이들은 자기보다 지능이 낮은 자녀를 둘 확률이 높다.

① 비행 이후보다는 비행 이전에 칭찬을 해야 한다는 점을 깨닫지 못하는 오류

② 비행을 잘한 훈련생에게는 칭찬보다는 비판이 유효하다는 점을 깨닫지 못하는 오류

③ 훈련에 충분한 시간을 투입하면 훈련생의 비행 실력은 향상된다는 점을 깨닫지 못하는 오류

④ 훈련생의 비행에 대한 과도한 칭찬과 비판이 역효과를 낼 수 있다는 점을 깨닫지 못하는 오류

⑤ 뛰어난 비행은 평균에서 크게 벗어난 사례라서 연속해서 발생하기 어렵다는 점을 깨닫지 못하는 오류

17 다음 글의 ㉠의 사례로 보기 어려운 것은?

디지털 이미지는 사용자가 가장 손쉽게 정보를 전달할 수 있는 멀티미디어 객체이다. 일반적으로 디지털 이미지는 화소에 의해 정보가 표현되는데, M×N개의 화소로 이루어져 있다. 여기서 M과 N은 가로와 세로의 화소 수를 의미하며, M 곱하기 N을 한 값을 해상도라 한다.

무선 네트워크와 모바일 기기의 사용이 보편화되면서 다양한 스마트 기기의 보급이 진행되고 있다. 스마트 기기는 그 사용 목적이나 제조 방식, 가격 등의 요인에 의해 각각의 화면 표시 장치들이 서로 다른 해상도와 화면 비율을 가진다. 이에 대응하여 동일한 이미지를 다양한 화면 표시 장치 환경에 맞출 필요성이 발생했다. 하나의 멀티미디어의 객체를 텔레비전용, 영화용, 모바일 기기용 등 표준적인 화면 표시 장치에 맞추어 각기 독립적인 이미지 소스로 따로 제공하는 것이 아니라, 하나의 이미지 소스를 다양한 화면 표시 장치에 맞도록 적절히 변환하는 기술을 요구하고 있다.

이러한 변환 기술을 '이미지 리타겟팅'이라고 한다. 이는 A×B의 이미지를 C×D 화면에 맞추기 위해 해상도와 화면 비율을 조절하거나 이미지의 일부를 잘라 내는 방법 등으로 이미지를 수정하는 것이다. 이러한 수정에서 입력 이미지에 있는 콘텐츠 중 주요 콘텐츠는 그대로 유지되어야 한다. 즉 리타겟팅 처리 후에도 원래 이미지의 중요한 부분을 그대로 유지하면서 동시에 왜곡을 최소화하는 형태로 주어진 화면에 맞게 이미지를 변형하여야 한다. 이러한 조건을 만족하기 위해 ㉠ 다양한 접근이 일어나고 있는데, 이미지의 주요한 콘텐츠 및 구조를 분석하는 방법과 분석된 주요 사항을 바탕으로 어떤 식으로 이미지 해상도를 조절하느냐가 주요 연구 방향이다.

---

① 광고 사진에서 화면 전반에 걸쳐 흩어져 있는 콘텐츠를 무작위로 추출하여 화면을 재구성하는 방법
② 풍경 사진에서 전체 풍경에 대한 구도를 추출하고 구도가 그대로 유지될 수 있도록 해상도를 조절하는 방법
③ 인물 사진에서 얼굴 추출 기법을 사용하여 인물의 주요 부분을 왜곡하지 않고 필요 없는 부분을 잘라 내는 방법
④ 정물 사진에서 대상물의 영역은 그대로 두고 배경 영역에 대해서는 왜곡을 최소로 하며 이미지를 축소하는 방법
⑤ 상품 사진에서 상품을 충분히 인지할 수 있을 정도의 범위 내에서 가로와 세로의 비율을 화면에 맞게 조절하는 방법

☑ 확인 Check! ○△✕

01 다음 글의 논지를 강화하는 것만을 〈보기〉에서 모두 고르면?

> 인간이 발전시켜온 생각이나 행동의 역사를 놓고 볼 때, 인간이 지금과 같이 놀라울 정도로 이성적인 방향으로 발전해올 수 있었던 것은 이성적이고 도덕적 존재로서 자신의 잘못을 스스로 시정할 수 있는 능력 덕분이다. 인간은 토론과 경험에 힘입을 때에만 자신의 과오를 고칠 수 있다. 단지 경험만으로는 부족하다. 경험을 해석하기 위해서는 토론이 반드시 있어야 한다. 인간이 토론을 통해 내리는 판단의 힘과 가치는, 판단이 잘못되었을 때 그것을 고칠 수 있다는 사실로부터 비롯되며, 잘못된 생각과 관행은 사실과 논쟁 앞에서 점차 그 힘을 잃게 된다. 따라서 민주주의 국가에서는 자유로운 토론이 보장되어야 한다. 자유로운 토론이 없다면 잘못된 생각의 근거뿐 아니라 그러한 생각 자체의 의미에 대해서도 모르게 되기 때문이다.
>
> 어느 누구에게도 다른 사람들의 의사 표현을 통제할 권리는 없다. 다른 사람의 생각을 표현하지 못하게 억누르려는 권력은 정당성을 갖지 못한다. 가장 좋다고 여겨지는 정부일지라도 그럴 자격을 갖고 있지 않다. 흔히 민주주의 국가에서는 여론을 중시한다고 한다. 하지만 그 어떤 정부라 하더라도 여론의 힘을 빌려 특정 사안에 대한 토론의 자유를 제한하려 하는 행위를 해서는 안 된다. 그런 행위는 여론에 반(反)해 사회 구성원 대다수가 원하는 토론의 자유를 제한하려는 것만큼이나 나쁘다. 인류 전체를 통틀어 단 한 사람만이 다른 생각을 가지고 있다고 해도, 그 사람에게 침묵을 강요하는 것은 옳지 못하다. 이는 어떤 한 사람이 자신과 의견이 다른 나머지 사람 모두에게 침묵을 강요하는 것만큼이나 용납될 수 없는 일이다. 권력을 동원해서 억누르려는 의견은 옳은 것일 수도, 옳지 않은 것일 수도 있다. 그런데 정부가 자신이 옳다고 가정함으로써 다른 사람들이 그 의견을 들어볼 기회까지 봉쇄한다면 그것은 사람들이 토론을 통해 잘못을 드러내고 진리를 찾을 기회를 박탈하는 것이다. 설령 그 의견이 잘못된 것이라 하더라도 그 의견을 억압하는 것은 토론을 통해 틀린 의견과 옳은 의견을 대비시킴으로써 진리를 생생하고 명확하게 드러낼 수 있는 대단히 소중한 기회를 놓치는 결과를 낳게 된다.

보기

ㄱ. 축적된 화재 사고 기록들에 대해 어떠한 토론도 이루어지지 않았음에도 불구하고 화재 사고를 잘 예방하였다.

ㄴ. 정부가 사람들의 의견 표출을 억누르지 않는 사회에서 오히려 사람들이 가짜 뉴스를 더 많이 믿었다.

ㄷ. 갈릴레오의 저서가 금서가 되어 천문학의 과오를 드러내고 진리를 찾을 기회가 한동안 박탈되었다.

① ㄱ
② ㄷ
③ ㄱ, ㄴ
④ ㄴ, ㄷ
⑤ ㄱ, ㄴ, ㄷ

02 다음 글의 ㉠을 약화하지 않는 것은?

> 쾌락주의자들은 우리가 쾌락을 욕구하고, 이것이 우리 행동의 원인이 된다고 주장한다. 하지만 반쾌락주의자들은 쾌락을 느끼기 위한 우리 행동의 원인은 음식과 같은 외적 대상에 대한 욕구이지 다른 것이 아니라고 말한다. 이에, 외적 대상에 대한 욕구 이외의 것, 가령, 쾌락에 대한 욕구는 우리 행동의 원인이 될 수 없다. 그럼 반쾌락주의자들이 말하는 욕구에서 행동, 그리고 쾌락으로 이어지는 인과적 연쇄는 다음과 같을 것이다.
>
> 음식에 대한 욕구 → 먹는 행동 → 쾌락
>
> 이런 인과적 연쇄를 보았을 때 쾌락이 우리 행동의 원인이 아니라는 것은 분명하다. 왜냐하면 쾌락은 행동 이후 생겨났고, 나중에 일어난 것이 이전에 일어난 것의 원인일 수 없기 때문이다.
> 그러나 이런 반쾌락주의자들의 주장은 두 개의 욕구, 즉 음식에 대한 욕구와 쾌락에 대한 욕구 사이의 관계를 고려하지 않고 있다. 즉 무엇이 음식에 대한 욕구의 원인인지를 고려하지 않은 것이다. 하지만 ㉠ 쾌락주의자들의 주장에 따르면 위의 인과적 연쇄에 음식에 대한 욕구의 원인인 쾌락에 대한 욕구를 추가해야 한다.
> 사람들이 음식을 원하는 이유는 그들이 쾌락을 욕구하기 때문이다. 반쾌락주의자들의 주장이 범하고 있는 실수는 두 개의 사뭇 다른 사항들, 즉 욕구가 만족되어 경험하는 쾌락과 쾌락에 대한 욕구를 혼동하는 데에서 기인한다. 쾌락의 발생이 행위자가 쾌락 이외의 어떤 것을 원했기 때문이더라도, 쾌락에 대한 욕구는 다른 어떤 것에 대한 욕구를 발생시키는 원인이다.

① 어떤 욕구도 또 다른 욕구의 원인일 수 없다.

② 사람들은 쾌락에 대한 욕구가 없더라도 음식을 먹는 행동을 하기도 한다.

③ 음식에 대한 욕구로 인해 쾌락에 대한 욕구가 생겨야만 행동으로 이어진다.

④ 외적 대상에 대한 욕구는 다른 것에 의해서 야기되지 않고 그저 주어진 것일 뿐이다.

⑤ 맛없는 음식보다 맛있는 음식을 욕구하는 것은 맛있는 음식을 먹어 얻게 될 쾌락에 대한 욕구가 맛없는 음식을 먹어 얻게 될 쾌락에 대한 욕구보다 강하기 때문이다.

03 다음 글의 내용을 평가한 것으로 가장 적절한 것은?

> 갑국에서는 소셜미디어 상에서 진보 성향의 견해들이 두드러지게 나타난다. 이러한 현상은 다음 두 가설에 의해서 설명될 수 있다.
>
> A가설은 이러한 현상이 일어나는 이유가 진보 이념에서 전통적으로 중시되는 참여 민주주의의 가치가 쌍방향 의사소통을 주요 특징으로 하는 소셜미디어와 잘 부합하기 때문이라고 본다. 진보 성향을 가진 사람들은 일반적으로 엘리트에 의한 통제보다는 시민들이 가지는 영향력과 정치 활동에 지지를 표하고, 참여를 통해 자신들의 입장이 정당함을 보여주려는 경향이 강하다. 갑국의 소셜미디어 사용자들의 다수가 진보적인 젊은 유권자들이라는 사실은 이러한 A가설을 뒷받침한다. 최근 갑국의 트위터 사용자에 대한 연구에서도 진보적인 유권자들이 트위터와 같은 소셜미디어를 더 자주 이용하는 것으로 나타났다.
>
> 한편 소셜미디어가 가지는 대안 매체로서의 가능성에 관련한 B가설에 따르면, 소셜미디어는 기존의 주류 언론에서 상대적으로 소외된 집단에 의해 주도적으로 활용될 가능성이 높다. 가령 트위터는 140자의 트윗이라는 형식을 통해 누구든지 팔로워들에게 원하는 메시지를 전파할 수 있고, 이 메시지는 리트윗을 통해 더 많은 사람들에게 전달될 수 있다. 이러한 트위터의 작동방식은 사용자들로 하여금 더 이상 주류 언론에 의한 매개 과정을 거치지 않고 독자적인 언론인으로 활동하며 다수에게 자신들의 견해를 전달할 수 있게 해준다. B가설은 주류 언론이 가지는 이념적 성향이 소셜미디어의 이념적 편향성의 방향을 결정하는 주요 요인이 되리라는 예측을 가능케 한다. 즉 어떤 이념적 성향을 가진 집단이 주류 언론에 대해 상대적 소외감을 더 크게 느끼느냐에 따라 누가 이 대안 매체의 활용가치를 더 크게 느끼는지 결정되리라는 것이다.

① 갑국에 적용한 것과 동일한 방식으로 분석했을 때, 을국의 경우 트위터 사용자들은 진보 성향보다 보수 성향이 많았다는 사실은 A가설을 약화하지 않는다.

② 갑국의 주류 언론은 보수적 이념 성향이 강하다는 사실은 B가설을 강화한다.

③ 갑국의 젊은 사람들 중에 진보 성향의 비율이 높다는 사실은 A가설을 강화하고 B가설은 약화한다.

④ 갑국에서 주류 언론보다 소셜미디어의 영향력이 강하다는 사실은 A가설과 B가설을 모두 강화한다.

⑤ 갑국에서는 정치 활동을 많이 하는 사람들이 소셜미디어를 더 많이 사용한다는 사실은 A가설과 B가설을 모두 약화한다.

04 다음 글에 비추어 볼 때, 구들에 의한 영향으로 볼 수 있는 사례만을 〈보기〉에서 모두 고르면?

우리 민족은 고유한 주거문화로 바닥 난방 기술인 구들을 발전시켜 왔는데, 구들은 우리 민족에 다양한 영향을 주었다. 우선 오랜 구들 생활은 우리 민족의 인체에 적지 않은 변화를 초래하였다. 태어나면서부터 따뜻한 구들에서 누워 자는 것이 습관이 된 우리 아이들은 사지의 활동량이 적고 발육이 늦어졌다. 구들에서 자란 우리 아이들은 다른 어떤 민족의 아이들보다 따뜻한 곳에서 안정감을 느꼈으며, 우리 민족은 아이들에게 따뜻함을 느낄 수 있는 환경을 만들어주기 위해 여러 가지를 고안하여 발전시켰다.

구들은 농경을 주업으로 하는 우리 민족의 생산도구의 제작과 사용에 많은 영향을 주었다. 구들에 앉아 오랫동안 활동하는 습관은 하반신보다 상반신의 작업량을 증가시켰고 상반신의 움직임이 상대적으로 정교하게 되었다. 구들 생활에 익숙해진 우리 민족은 방 안에서의 작업뿐만 아니라 농사를 비롯한 야외의 많은 작업에서도 앉아서 하는 습관을 갖게 되었는데 이는 큰 농기구를 이용하여 서서 작업을 하는 서양과는 완전히 다른 방식이었다.

구들에서의 생활은 우리의 음식문화에도 많은 영향을 미쳤다. 구들에 앉거나 누우면 엉덩이나 등은 따뜻하게 되지만 상대적으로 소화계통이 있는 배는 고루 덥혀지지 않게 된다. 이 때문에 소화과정에 불균형이 발생하는데 우리 민족은 자극적인 음식을 발전시켜 이를 해결하였다. 구들 생활에 맞추어 식생활에 쓰이는 도구들의 크기도 앉아서 팔을 들어 사용하기 편리하게끔 만들어졌다. 밥솥의 크기는 아낙네들이 팔을 휙 두르면 어디나 닿을 수 있게 만들어졌으며 맷돌도 구들에 앉아 혼자서 돌리기에 맞게 만들어졌다.

보기

ㄱ. 우리 민족은 아주 다양한 찌개 음식을 발전시켰는데, 찌개 음식은 맵거나 짠 경우가 대부분이다.

ㄴ. 호미, 낫 등 우리 민족의 농경도구들은 대부분 팔의 길이보다 짧아 앉아서 사용하기에 편리하다.

ㄷ. 우리 민족의 남자아이들은 연날리기나 팽이치기 등의 놀이를 즐겨했고, 여자아이들은 공기놀이나 널뛰기 등의 놀이를 즐겨했다.

① ㄱ
② ㄴ
③ ㄱ, ㄴ
④ ㄱ, ㄷ
⑤ ㄱ, ㄴ, ㄷ

05 다음 글의 내용에 대한 평가로 가장 적절한 것은?

> (가) 우울증을 잘 초래하는 성향은 창조성과 결부되어 있기 때문에 생존에 유리한 측면이 있었다. 따라서 우울증과 관련이 있는 유전자는 오랜 역사를 거쳐 오면서도 사멸하지 않고 살아남아 오늘날 현대인에게도 그 유전자가 상당수 존재할 가능성이 있다. 베토벤, 뉴턴, 헤밍웨이 등 위대한 음악가, 과학자, 작가들의 상당수가 우울한 성향을 갖고 있었다. 천재와 우울증은 어찌 보면 동전의 양면으로, 인류 문명의 진보를 이끈 하나의 동력이자 그 부산물이라 할 수 있을지도 모른다.
>
> (나) 우울증은 일반적으로 자기 파괴적인 질환으로 인식되어 왔지만 실은 자신을 보호하고 미래를 준비하기 위한 보호 기제일 수도 있다. 달성할 수 없거나 달성하기 매우 어려운 목표에 도달하기 위해 엄청난 에너지를 소모하는 것은 에너지와 자원을 낭비할 뿐만 아니라, 정신과 신체를 소진시킴으로써 사회적 기능을 수행할 수 없게 하고 주위의 도움이 없으면 생명을 유지하기 어려운 상태에 이르게도 할 수 있다. 이를 막기 위한 기제가 스스로의 자존감을 낮추고 그 목표를 포기하게 만드는 것이다. 이를 통해 고갈된 에너지를 보충하고 다시 도전할 수 있는 기회를 모색할 수 있다.
>
> (다) 오늘날 우울증은 왜 이렇게 급격하게 늘어나는 것일까? 창조성이란 그 사회에 존재하고 있는 기술이나 생각에 대한 도전이자 대안 제시이며, 기존의 기술이나 생각을 엮어서 새로운 조합을 만들어 내는 것이다. 과거에 비해 현대 사회는 경쟁이 심화되고 혁신들이 더 가치를 인정받기 때문에 창조성이 있는 사람은 상당히 큰 선택적 이익을 갖게 된다. 그렇지만 현대 사회처럼 기존에 존재하는 기술이나 생각이 엄청나게 많아 우리의 뇌가 그것을 담기에도 벅찬 경우에는 새로운 조합을 만들어 내는 일은 무척이나 많은 에너지를 요한다. 또한 지금과 같은 경쟁 사회는 새로운 기술이나 생각에 대한 사회적 요구가 커지기 때문에 정신적 소진 상태를 초래하기 쉬운 환경이 되고 있다. 결국 경쟁은 창조성을 발휘하게 하지만 지나친 경쟁은 정신적 소진을 초래하기 때문에 우울증이 많이 발생할 수 있다.

① 창조적인 사람들은 정서적으로 불안정하고 우울증에 걸릴 수 있는 유전자를 가질 확률이 높다는 사실은 (가)를 강화한다.

② 우울증에 걸린 사람 중에 어려운 목표를 포기하지 못하는 사람들이 많다는 사실은 (나)를 강화한다.

③ 정신적 소진은 우울증을 초래할 가능성이 높다는 사실은 (다)를 약화한다.

④ 유전적 요인이 환경에 적응하는 과정에서 정신질환이 생겨난다는 사실은 (가)와 (나) 모두를 약화한다.

⑤ 과거에 비해 현대 사회에서 창조적인 아이디어를 만들어내기 어렵다는 사실은 (가)를 강화하고 (다)를 약화한다.

06 다음 글의 내용에 대한 평가로 가장 적절한 것은?

우리나라는 눈부신 경제 성장을 이룩하였고 일인당 국민소득도 빠른 속도로 증가해왔다. 소득이 증가하면 더 행복해질 것이라는 믿음과는 달리, 한국사회 구성원들의 전반적인 행복감은 높지 않은 실정이다. 전반적인 물질적 풍요에도 불구하고 왜 한국 사람들의 행복감은 그만큼 높아지지 않았을까? 이 물음에 대한 다음과 같은 두 가지 답변이 있다.

(가) 일반적으로 소득이 일정한 수준에 도달한 이후에는 소득의 증가가 반드시 행복의 증가로 이어지지는 않는다. 인간이 살아가기 위해서는 물질재와 지위재가 필요하다. 물질재는 기본적인 의식주의 욕구를 충족시키는 데 필요한 재화이며, 경제 성장에 따라 공급이 늘어난다. 지위재는 대체재의 존재 여부나 다른 사람들의 요구에 따라 가치가 결정되는 비교적 희소한 재화나 서비스이며, 그 효용은 상대적이다. 경제 성장의 초기 단계에서는 물질재의 공급을 늘리면 사람들의 만족감이 커지지만, 경제가 일정 수준 이상으로 성장하면 점차 지위재가 중요해지고 물질재의 공급을 늘려서는 해소되지 않는 불만이 쌓이게 되는 이른바 '풍요의 역설'이 발생한다. 따라서 한국 사람들이 경제 수준이 높아진 만큼 행복하지 않은 이유는 소득 증가에 따른 자연스러운 현상이다.

(나) 한국 사회의 행복 수준은 단순히 풍요의 역설로 설명할 수 없다. 행복에 대한 심리학적 연구에 따르면 타인과 비교하는 성향이 강한 사람일수록 행복감이 낮아지게 된다. 비교 성향이 강한 사람은 사회적 관계에서 자신보다 우월한 사람들을 준거집단으로 삼아 비교하기 쉽고 이로 인해 상대적 박탈감이 커질 수 있기 때문이다. 한국과 같은 경쟁 사회에서는 진학이나 구직 등에서 과열 경쟁이 벌어지고 등수에 의해 승자와 패자가 구분된다. 이 과정에서 비교 우위를 차지하지 못한 사람들은 좌절을 경험하기 쉬운데, 비교 성향이 강할수록 좌절감은 더 크다. 따라서 한국 사회의 행복감이 낮은 이유는 한국 사람들이 다른 사람들과 비교하는 성향이 매우 높은 데에서 찾을 수 있다.

① 지위재에 대한 경쟁이 치열한 국가일수록 전반적인 행복감이 높다는 사실은 (가)를 강화한다.

② 경제적 수준이 비슷한 나라들과 비교하여 한국의 지위재가 상대적으로 풍부하다는 사실은 (가)를 강화한다.

③ 한국 사회는 일인당 소득 수준이 비슷한 다른 나라들과 비교하더라도 행복감의 수준이 상당히 낮다는 조사 결과는 (가)를 강화한다.

④ 한국보다 소득 수준이 높고 대학 입학을 위한 입시 경쟁이 매우 치열한 나라가 있다는 사실은 (나)를 약화한다.

⑤ 자신보다 우월한 사람들을 준거집단으로 삼는 경향이 한국보다 강함에도 불구하고 행복감이 더 높은 나라가 있다는 사실은 (나)를 약화한다.

07 다음 글의 논지를 약화하는 것만을 〈보기〉에서 모두 고르면?

> M이 내린 인가처분은 학교법인 B가 법학전문대학원 설치 인가를 받기 위해 제출한 입학전형 계획을 그대로 인정함으로써 청구인 A의 헌법상의 기본권인 직업선택의 자유를 제한하는 것처럼 보인다. 그러나 학교법인 B는 헌법 제31조 제4항에 서술된 헌법상의 기본권인 '대학의 자율성'의 주체이다. 이 사건처럼 두 기본권이 충돌하는 경우, 헌법의 통일성을 유지한다는 취지에서, 상충하는 기본권이 모두 최대한 그 기능과 효력을 발휘할 수 있도록 하는 조화로운 방법이 모색되어야 한다. 따라서 해당 인가처분이 청구인 A의 직업선택의 자유를 제한하는 정도와 대학의 자율성을 보호하는 정도 사이에 적정한 비례를 유지하고 있는지를 살펴본다.
>
> 청구인 A는 해당 인가처분으로 인하여 청구인이 전체 법학전문대학원 중 B대학교 법학전문대학원 정원인 100명만큼 지원할 수 없게 되어 법학전문대학원에 진학할 기회가 줄어든다고 주장하고 있다. 그러나 여자대학이 아닌 법학전문대학원의 경우에도 여학생의 비율이 평균 40%에 달하고 있는 점으로 미루어, B대학교 법학전문대학원이 여성과 남성을 차별 없이 모집하였을 경우를 상정하더라도 청구인 A가 이 인가처분으로 인해 받는 직업선택의 자유의 제한 정도가 어느 정도인지 산술적으로 명확하게 계산하기는 어렵지만 청구인이 주장하는 2,000분의 100에는 미치지 못할 것으로 보인다. 반면 청구인 A는 B대학교 이외에 입학정원 총 1,900명의 전국 24개 여타 법학전문대학원에 지원할 수 있고 입학하여 소정의 교육을 마친 후 변호사시험을 통해 법조인이 될 수 있는 충분한 가능성이 있으므로, 이 인가처분으로 청구인이 받는 불이익이 과도하게 크다고 보기 어렵다. 따라서 이 인가처분은 청구인 A의 직업선택의 자유와 B대학교의 대학의 자율성 사이에서 적정한 비례관계를 유지하고 있다 할 것이다.
>
> 학생의 선발, 입학의 전형도 사립대학의 자율성의 범위에 속한다는 점, 여성 고등교육 기관이라는 B대학교의 정체성에 비추어 여자대학교라는 정책의 유지 여부는 대학 자율성의 본질적인 부분에 속한다는 점, 이 사건 인가처분으로 인하여 청구인 A가 받는 불이익이 크지 않다는 점 등을 고려하면, 이 사건 인가처분은 청구인의 직업선택의 자유와 대학의 자율성이라는 두 기본권을 합리적으로 조화시킨 것이며 양 기본권의 제한에 있어 적정한 비례를 유지한 것이라고 할 것이다. 따라서 이 사건 인가처분은 청구인 A의 직업선택의 자유를 침해하지 않고, 그러므로 헌법에 위반된다고 할 수 없다.

보기

ㄱ. 청구인의 불이익은 사실상의 불이익에 불과하고 기본권의 침해에 해당하지 않는다.
ㄴ. 권리를 향유할 주체가 구체적 자연인인 경우의 기본권은 그 주체가 무형의 법인인 경우보다 우선하여 고려되어야 한다.
ㄷ. 상이한 기본권의 제한 간에 적정한 비례관계가 성립하는지를 평가하기 위해서는 비교되는 두 항을 계량할 공통의 기준이 먼저 제시되어야 한다.

① ㄱ
② ㄷ
③ ㄱ, ㄴ
④ ㄴ, ㄷ
⑤ ㄱ, ㄴ, ㄷ

08 다음 글의 논증에 대한 비판으로 적절하지 않은 것은?

> 진화론자들은 지구상에서 생명의 탄생이 30억 년 전에 시작됐다고 추정한다. 5억 년 전 캄브리아기 생명폭발 이후 다양한 생물종이 출현했다. 인간 종이 지구상에 출현한 것은 길게는 100만 년 전이고 짧게는 10만 년 전이다. 현재 약 180만 종의 생물종이 보고되어 있다. 멸종된 것을 포함해서 5억 년 전 이후 지구상에 출현한 생물종은 1억 종에 이른다. 5억 년을 100년 단위로 자르면 500만 개의 단위로 나눌 수 있다. 이것은 새로운 생물종이 평균적으로 100년 단위마다 약 20종이 출현한다는 것을 의미한다. 하지만 지난 100년 간 생물학자들은 지구상에서 새롭게 출현한 종을 찾아내지 못했다. 이는 한 종에서 분화를 통해 다른 종이 발생한다는 진화론이 거짓이라는 것을 함축한다.

① 100년마다 20종이 출현한다는 것은 다만 평균일 뿐이다. 현재의 신생 종 출현 빈도는 그보다 훨씬 적을 수 있지만 언젠가 신생 종이 훨씬 많이 발생하는 시기가 올 수 있다.

② 5억 년 전 이후부터 지구상에 출현한 생물종이 1,000만 종 이하일 수 있다. 그러면 100년 내에 새로 출현하는 종의 수는 2종 정도이므로 신생 종을 발견하기 어려울 수 있다.

③ 생물학자는 새로 발견한 종이 신생 종인지 아니면 오래 전부터 존재했던 종인지 판단하기 어렵다. 따라서 신생 종의 출현이나 부재로 진화론을 검증하려는 시도는 성공할 수 없다.

④ 30억 년 전에 생물이 출현한 이후 5차례의 대멸종이 일어났으나 대멸종은 매번 규모가 달랐다. 21세기 현재, 알려진 종 중 사라지는 수가 크게 늘고 있어 우리는 인간에 의해 유발된 대멸종의 시대를 맞이하는 것으로 볼 수 있다.

⑤ 생물학자들이 발견한 몇몇 종은 지난 100년 내에 출현한 종이라고 판단할 이유가 있다. DNA의 구성에 따라 계통수를 그렸을 때 본줄기보다는 곁가지 쪽에 배치될수록 늦게 출현한 종임을 알 수 있기 때문이다.

PART 1

09 다음 글의 논지를 약화하는 것으로 적절하지 않은 것은?

> 지구 곳곳에서 심각한 기후 변화가 나타나고 있고 그 원인이 인간의 활동에 있다는 주장은 일견 과학적인 것처럼 들리지만 따지고 보면 진실과는 거리가 먼, 다분히 정치적인 프로파간다에 불과하다. "자동차는 세워 두고, 지하철과 천연가스 버스 같은 대중교통을 이용합시다."와 같은, 기후 변화와 사실상 무관한 슬로건에 상당수의 시민이 귀를 기울이도록 만든 것은 환경주의자들의 성과였지만, 그 성과는 사회 전체의 차원에서 볼 때 가슴 아파해야 할 낭비의 이면에 불과하다.
>
> 희망컨대 이제는 진실을 직시하고, 현명해져야 한다. 기후 변화가 일어나는 이유는 인간이 발생시키는 온실가스 때문이 아니라 태양의 활동 때문이라고 보는 것이 합리적이다. 태양 표면의 폭발이나 흑점의 변화는 지구의 기후 변화에 막대한 영향을 미친다. 결과적으로 태양의 활동이 활발해지면 지구의 기온이 올라가고, 태양의 활동이 상대적으로 약해지면 기온이 내려간다. 환경주의자들이 말하는 온난화의 주범은 사실 자동차가 배출하는 가스를 비롯한 온실가스가 아니라 태양이다. 태양 활동의 거시적 주기에 따라 지구 대기의 온도는 올라가다가 다시 낮아지게 될 것이다. 대기화학자 브림블컴은 런던의 대기오염 상황을 16세기 말까지 추적해 올라가서 20세기까지 그 거시적 변화의 추이를 연구했는데, 그 결과 매연의 양과 아황산가스 농도가 모두 19세기 말까지 빠르게 증가했다가 그 이후 아주 빠르게 감소하여 1990년대에는 16세기 말보다도 낮은 수준에 도달했음이 밝혀졌다. 반면에 브림블컴이 연구 대상으로 삼은 수백 년의 기간 동안 지구의 평균 기온은 지속적으로 상승해 왔다. 두 변수의 이런 독립적인 행태는 인간이 기후에 미치는 영향이 거의 없다는 것을 보여준다.

① 인간이 출현하기 이전인 고생대 석탄기에 북유럽의 빙하지대에 고사리와 같은 난대성 식물이 폭넓게 서식하였다.

② 태양 활동의 변화와 기후 변화의 양상 간의 상관관계를 조사해 보니 양자의 주기가 일치하지 않았다.

③ 태양 표면의 폭발이 많아지는 시기에 지구의 평균 기온은 오히려 내려간 사례가 많았다.

④ 최근 20년 간 세계 여러 나라가 연대하여 대기오염을 줄이는 적극적인 노력을 기울인 결과 지구의 평균 기온 상승률이 완화되었다.

⑤ 최근 300년 간 태양의 활동에 따른 기후 변화의 몫보다는 인간의 활동에 의해 좌우되는 기후 변화의 몫이 더 크다는 증거가 있다.

10 다음 A ~ C의 견해와 진술과의 관계에 대한 설명으로 가장 적절한 것은?

> A : 고대의 인간은 강건하고 거의 불변하는 기질로 구성되어 있으며, 인간 종족으로서 가능한 모든 활력을 발휘했다. 동물과 마찬가지로 인간은 자연스럽게 생을 마감할 때까지 살았다. 질병은 거의 존재하지 않았다. 질병은 고대 이후 과다한 노동, 나태, 행복 또는 궁핍을 낳는 문명의 부산물이었다. 고대인에게 질병이라고 할 만한 것이라고는 사고로 인한 손상뿐이었다. 그렇기에 고대인들은 후대인들에 비해 장수하는 것이 가능했다.
>
> B : 인간의 황금시대는 18세기 후반에 본격적으로 열렸다. 문명의 진보는 세상의 원기를 회복시켰으며 미래를 향한 커다란 도약의 가능성을 열었다. 이제 인간은 새로운 인간 존재의 창조를 통해 새롭게 탈바꿈해야 했다. 인간 수명의 영역에서 혁명이 일어났다. 사회적 평등이 빈부의 극단적 차이를 종식시키며 빈자들의 환경을 개선함으로써 수명의 연장을 가능케 했다. 의학의 발달로 질병 치료의 가능성이 더 높아지고 그 결과 수명이 늘어났다. 이처럼 전반적인 진보의 속도와 보조를 맞추며 인간 수명은 꾸준히 증가한다.
>
> C : 스트룰드부르그로 알려진 불사의 종족 이야기는 인간 수명의 증가에 대한 새로운 시각을 보여주고 있다. 이 종족의 갓 태어난 아기들은 이마에 동그라미가 찍혀 있는데 그것은 영생의 표시였다. 그런데 이 이야기에서 영생의 행운을 거머쥔 듯 보이는 섬 주민들은 오히려 고통스러운 운명에 대해 하소연한다. 이처럼 영생이 곧 행복한 삶을 의미하지는 않는다. 한순간의 젊음이 지나고 나면 그들에게 남는 것은 온갖 질병과 알 수 없는 절망에 시달려야 하는 노년의 삶뿐이었다. 그들이 갈망하는 것은 자신들이 결코 소유할 수 없는 죽음뿐이다.

〈진술〉

(가) 얼마나 오래 사는가보다 얼마나 잘 사는가가 더 중요한 문제이다.
(나) 복지와 환경에 대한 적극적 투자는 수명의 연장을 가능케 한다.
(다) 문명의 진보에 따라 인간의 수명은 과거보다 길어졌다.
(라) 수명의 연장은 인간에게 행복한 삶을 가져다준다.
(마) 문명의 발달로 인간의 질병과 빈곤이 늘어났다.

① (가)는 B와 C의 견해 모두를 강화한다.
② (나)는 B와 C의 견해 모두를 강화한다.
③ (다)는 A와 B의 견해 모두를 강화한다.
④ (라)는 B의 견해를 약화하지만, C의 견해를 강화한다.
⑤ (마)는 A의 견해를 강화하지만, B의 견해를 약화한다.

11 다음 ⓐ ~ ⓔ에 해당하는 것을 사례에서 골라 알맞게 짝지은 것은?

선호 공리주의는 사람들 각자가 지닌 선호의 만족을 모두 고려하는데, 고려되는 선호들은 여러 가지이다. ⓐ 개인적 선호는 내가 나 자신의 소유인 재화, 자원, 기회 등에 대해 갖는 선호이다. ⓑ 외재적 선호는 타인이 그의 소유인 재화, 자원 그리고 기회 등을 그를 위해 사용하는 것에 대해 내가 갖는 선호이다. ⓒ 이기적 선호는 다른 사람이 어떤 자원에 대한 정당한 권리가 있다는 사실을 무시하고 그 자원이 나를 위해 쓰이기를 원하는 것이다. ⓓ 적응적 선호는 사람들이 환경에 이미 적응하여 형성된 선호이다. 이것은 자신의 소유인 재화, 자원, 기회 등에 대해 갖는 선호라는 점에서 개인적 선호의 특징을 가질 수 있다. 그럼에도 선호의 결정에 있어서 적응된 환경이 중요하게 작용한다는 점이 특징적이다. 환경의 작용이 반대의 영향을 미치는 선호도 있다. ⓔ 반적응적 선호가 그것이다. 이것은 자신의 욕구를 금지하는 환경에서 오히려 그 욕구를 실현하기를 더 원하는 것이다.

〈사례〉

ㄱ. 회사 건물 전체가 금연 구역으로 지정되었고 정부에서 금연 정책의 일환으로 담뱃값을 올리자, 갑순이는 불편함과 비용 때문에 흡연보다는 금연을 선호하게 되었다.

ㄴ. 을순이네 마을에는 공동 우물이 없다. 그런데 가장 수량이 풍부한 을순이네 우물은 공동 우물로 적합하기 때문에 이웃 사람들은 을순이네 우물을 공동 우물로 사용하기를 원한다.

ㄷ. 농촌에서 태어나 자란 병순이는 시골의 삶이 더 좋고 도시 생활이 낯설고 어렵다고 생각해서 농촌에 머무르는 것을 선호한다. 도시에 살아보면 오히려 도시에 남는 것을 선호할 수도 있었을 텐데도 말이다.

ㄹ. 정순이는 친구가 월급 중 많은 비중을 곤란한 처지의 가족과 지인들에게 지출하는 것보다는 친구 자신의 미래를 위해 더 많이 투자하기를 원한다.

① ⓐ - ㄴ
② ⓑ - ㄱ
③ ⓒ - ㄹ
④ ⓓ - ㄷ
⑤ ⓔ - ㄱ

12 다음 ㉠에 따를 때 도덕적으로 허용될 수 없는 것만을 〈보기〉에서 모두 고르면?

우리는 어떤 행위를 그것이 가져올 결과가 좋다는 근거만으로 허용할 수는 없다. 예컨대 그 행위 덕분에 더 많은 수의 생명을 구할 수 있다는 사실만으로 그 행위를 허용할 수는 없다는 것이다. ㉠ A원리에 따르면 어떤 행위든 무고한 사람의 죽음 자체를 의도하는 것은 언제나 그른 행위이고 따라서 도덕적으로 허용될 수 없다. 여기서 의도란 단순히 자기 행위의 결과가 어떨지 예상하고 그 내용을 이해한다는 것을 넘어서, 그 행위의 결과 자체가 자신이 그 행위를 선택하게 된 이유임을 의미한다.

예를 들어 우리가 제한된 의료 자원으로 한 명의 환자를 살리는 것과 다수의 환자를 살리는 것 사이에서 선택을 해야만 할 경우, 비록 한 명의 환자가 죽게 되더라도 다수의 환자를 살리는 것이 도덕적으로 허용될 수도 있다. 이때 그의 죽음은 피치 못할 부수적인 결과였기 때문이다. 하지만 만일 그 한 명의 환자를 치료하지 않은 이유가 그가 죽은 후 그의 장기를 장기이식을 기다리는 다른 여러 사람에게 이식하기 위한 것이었다면 그 행위는 허용될 수 없다.

보기

ㄱ. 적국의 산업시설을 폭격하면 그 근처에 거주하는 다수의 민간인이 처참하게 죽게 되고 적국 시민이 그 참상에 공포심을 갖게 되어, 전쟁이 빨리 끝날 것이라는 기대감에 폭격하는 행위
ㄴ. 뛰어난 심장 전문의가 어머니의 임종을 지키기 위해 급하게 길을 가던 중 길거리에서 심장마비를 일으킨 사람을 발견했으나 그 사람을 치료하지 않고 어머니에게 가는 행위
ㄷ. 브레이크가 고장 난 채 달리고 있는 기관차의 선로 앞에 묶여 있는 다섯 명의 어린이를 구하기 위해 다른 선로에 홀로 일하고 있는 인부를 보고도 그 선로로 기관차의 진로를 변경하는 행위

① ㄱ
② ㄴ
③ ㄱ, ㄴ
④ ㄱ, ㄷ
⑤ ㄴ, ㄷ

13 다음 글의 ㉠에 해당하지 않는 것은?

키르케의 섬에 표류한 오디세우스의 부하들은 키르케의 마법에 걸려 변신의 형벌을 받았다. 변신의 형벌이란 몸은 돼지로 바뀌었지만 정신은 인간의 것으로 남아 자신이 돼지가 아니라 인간이라는 기억을 유지해야 하는 형벌이다. 그 기억은, 돼지의 몸과 인간의 정신이라는 기묘한 결합의 내부에 견딜 수 없는 비동일성과 분열이 담겨 있기 때문에 고통스럽다. "나는 돼지이지만 돼지가 아니다, 나는 인간이지만 인간이 아니다."라고 말해야만 하는 것이 비동일성의 고통이다.

바로 이 대목이 현대 사회의 인간을 '물화(物化)'라는 개념으로 파악하고자 했던 루카치를 전율케 했다. 물화된 현대 사회에서 인간 존재의 모습은 두 가지로 갈린다. 먼저 인간은 상품이 되었으면서도 인간이라는 것을 기억하는, 따라서 현실에서 소외당한 자신을 회복하려는 가혹한 노력을 경주해야 하는 존재이다. 자신이 인간이라는 점을 기억하고 있지 않다면 그에게 구원은 구원이 아닐 것이므로, 인간이라는 본질을 계속 기억하는 일은 그에게 구원의 첫째 조건이 된다. 키르케의 마법으로 변신의 계절을 살고 있지만, 자신이 기억을 계속 유지하면 그 계절은 영원하지 않을 것이라는 희망을 가질 수 있다. 그는 소외 없는 저편의 세계, 구원과 해방의 순간을 기다린다.

반면 ㉠ 망각의 전략을 선택하는 자는 자신이 인간이었다는 기억 자체를 포기하는 인간이다. 그는 구원을 위해 기억에 매달리지 않는다. 그는 그에게 발생한 변화를 받아들이고 그것을 새로운 현실로 인정하며 그 현실에 맞는 새로운 언어를 얻기 위해 망각의 정치학을 개발한다. 망각의 정치학에서는 인간이 고유의 본질을 갖고 있다고 믿는 것 자체가 현실적인 변화를 포기하는 것이 된다. 일단 키르케의 돼지가 된 자는 인간 본질을 붙들고 있는 한 새로운 변화를 꾀할 수 없다.

키르케의 돼지는 자신이 인간이었다는 기억을 망각하고 포기할 때 새로운 존재로 탄생할 수 있겠지만, 바로 그 때문에 그는 소외된 현실이 가져다주는 비참함으로부터 눈을 돌리게 된다. 대중소비를 신성화하는 대신 왜곡된 현실에는 관심을 두지 않는다고 비판받았던 1960년대 팝아트 예술은 망각의 전략을 구사하는 키르케의 돼지들이다.

① 물화된 세계를 비판 없이 받아들인다.
② 고유의 본질을 버리고 변화를 선택한다.
③ 왜곡된 현실을 자기합리화하여 수용한다.
④ 자신의 정체성이 분열되었음을 직시한다.
⑤ 소외된 상황에 적응할 수 있는 언어를 찾는다.

14 다음 글에 대한 비판으로 가장 적절한 것은?

> 철학이 현실 정치에서 꼭 필요한 것이라고 생각하는 사람은 드물 것이다. 인간 사회는 다양한 개인들이 모여 구성한 것이며 현실의 다양한 이해와 가치가 충돌하는 장이다. 이 현실의 장에서 철학은 비현실적이고 공허한 것으로 보이기 쉽다. 그렇다면 올바른 정치를 하기 위해 통치자가 해야 할 책무는 무엇일까? 통치자는 대립과 갈등의 인간 사회를 조화롭고 평화롭게 만들기 위해서 선과 악, 옳고 그름을 명확히 판단할 수 있는 기준을 제시해야 할 것이다. 개인들은 자신의 입장에서 자신의 이해관계를 관철시키기 위해 의견을 개진한다. 의견들을 제시하여 소통함으로써 사람들은 합의를 도출하기도 하고 상대방을 설득하기도 한다. 이렇게 보면 의견의 교환과 소통은 선과 악, 옳고 그름을 판단하는 기준을 마련해 줄 수 있을 것처럼 보인다. 하지만 의견을 통한 합의나 설득은 사람들로 하여금 일시적으로 옳은 것을 옳다고 믿게 할 수는 있지만, 절대적이고 영원한 기준을 찾을 수는 없다.
>
> 절대적이고 영원한 기준은 현실의 가변적 상황과는 무관한, 진리 그 자체여야 한다. 따라서 인간 사회의 판단 기준을 제시할 수 있는 사람은 바로 철학자이다. 철학자야말로 진리와 의견의 차이점을 분명히 파악할 수 있으며 절대적 진리를 궁구할 수 있기 때문이다. 따라서 철학자가 통치해야 인간 사회의 갈등을 완전히 해소하고 사람들의 삶을 올바르게 이끌 수 있다.

① 인간 사회의 판단기준이 가변적이라 해도 개별 상황에 적합한 합의 도출을 통해 사회 갈등을 완전히 해소할 수 있다.

② 다양한 의견들의 합의를 이루기 위해서는 개별 상황 판단보다 높은 차원의 판단 능력과 기준이 필요하다.

③ 인간 사회의 판단 기준이 현실의 가변적 상황과 무관하다고 해서 비현실적인 것은 아니다.

④ 정치적 의견은 이익을 위해 왜곡될 수 있지만 철학적 의견은 진리에 순종한다.

⑤ 철학적 진리는 일상 언어로 표현된 의견과 뚜렷이 구분된다.

2

PART

실전모의고사

제1회 NCS in PSAT 실전모의고사

제2회 NCS in PSAT 실전모의고사

🕐 시험시간 : (   ) / 20분 🖊 맞힌 개수 : (   ) / 20문항

☑ 확인 Check! ○△✕

01 다음 글에서 알 수 있는 것은?

> 내가 어렸을 때만 하더라도 원래 북아메리카에는 100만 명가량의 원주민밖에 없었다고 배웠다. 이렇게 적은 수라면 거의 빈 대륙이라고 할 수 있으므로 백인들의 아메리카 침략은 정당해 보였다. 그러나 고고학 발굴과 미국의 해안 지방을 처음 밟은 유럽 탐험가들의 기록을 자세히 검토한 결과 원주민들이 처음에는 수천 만 명에 달했다는 것을 알게 되었다. 아메리카 전체를 놓고 보았을 때 콜럼버스가 도착한 이후 한두 세기에 걸쳐 원주민 인구는 최대 95% 가 감소한 것으로 추정된다.
>
> 그런데 유럽의 총칼에 의해 전쟁터에서 목숨을 잃은 아메리카 원주민보다 유럽에서 온 전염병에 의해 목숨을 잃은 원주민 수가 훨씬 많았다. 이 전염병은 대부분의 원주민들과 그 지도자들을 죽이고 생존자들의 사기를 떨어뜨림으로써 그들의 저항을 약화시켰다. 예를 들자면 1519년에 코르테스는 인구 수천만의 아스텍 제국을 침탈하기 위해 멕시코 해안에 상륙했다. 코르테스는 단 600명의 스페인 병사를 이끌고 아스텍의 수도인 테노치티틀란을 무모하게 공격했지만 병력의 3분의 2만 잃고 무사히 퇴각할 수 있었다. 여기에는 스페인의 군사적 강점과 아스텍족의 어리숙함이 함께 작용했다. 코르테스가 다시 쳐들어왔을 때 아스텍인들은 더이상 그렇게 어리숙하지 않았고 몹시 격렬한 싸움을 벌였다. 그런데도 스페인이 우위를 점할 수 있었던 것은 바로 천연두 때문이었다. 이 병은 1520년에 스페인 령 쿠바에서 감염된 한 노예와 더불어 멕시코에 도착했다. 그때부터 시작된 유행병은 거의 절반에 가까운 아스텍족을 몰살시켰으며 거기에는 쿠이틀라우악 아스텍 황제도 포함되어 있었다. 이 수수께끼의 질병은 마치 스페인들이 무적임을 알리려는 듯 스페인인은 내버려두고 원주민만 골라 죽였다. 그리하여 처음에는 약 2,000만에 달했던 멕시코 원주민 인구가 1618년에는 약 160만으로 곤두박질치고 말았다.

① 전염병에 대한 유럽인의 면역력은 그들의 호전성을 높여주었다.
② 스페인의 군사력이 아스텍 제국의 저항을 무력화하는 원동력이 되었다.
③ 아메리카 원주민의 수가 급격히 감소한 주된 원인은 전염병 감염이다.
④ 유럽인과 아메리카 원주민의 면역력 차이가 스페인과 아스텍 제국의 1519년 전투 양상을 변화시켰다.
⑤ 코르테스가 다시 침입했을 때 아스텍인들이 격렬히 저항한 것은 아스텍 황제의 죽음에 분노했기 때문이다.

02 다음 글에서 알 수 있는 것은?

> 소설과 영화는 둘 다 '이야기'를 '전달'해 주는 예술 양식이다. 그래서 역사적으로 소설과 영화는 매우 가까운 관계였다. 초기 영화들은 소설에서 이야기의 소재를 많이 차용했으며, 원작 소설을 각색하여 영화의 시나리오로 만들었다. 하지만 소설과 영화는 인물, 배경, 사건과 같은 이야기 구성 요소들을 공유하고 있다 하더라도 이야기를 전달하는 방법에 뚜렷한 차이를 보인다. 예컨대 어떤 인물의 내면 의식을 드러낼 때 소설은 문자 언어를 통해 표현하지만, 영화는 인물의 대사나 화면 밖의 목소리를 통해 전달하거나 혹은 연기자의 표정이나 행위를 통해 암시적으로 표현한다. 또한 소설과 영화의 중개자는 각각 서술자와 카메라이기에 그로 인한 서술 방식의 차이도 크다. 가령 1인칭 시점의 원작 소설과 이를 각색한 영화를 비교해 보면, 소설의 서술자 '나'의 경우 영화에서는 화면에 인물로 등장해야 하므로 이들의 서술 방식은 달라진다.
>
> 이처럼 원작 소설과 각색 영화 사이에는 이야기가 전달되는 방식에서 큰 차이가 발생한다. 소설은 시공간의 얽매임을 받지 않고 풍부한 재현이나 표현의 수단을 가지고 있지만, 영화는 모든 것을 직접적인 감각성에 의존한 영상과 음향으로 표현해야 하기 때문에 재현이 어려운 심리적 갈등이나 내면 묘사, 내적 독백 등을 소설과 다른 방식으로 나타내야 하는 것이다. 요컨대 소설과 영화는 상호 유사한 성격을 지니고 있으면서도 각자 독자적인 예술 양식으로서의 특징을 지니고 있다.

① 영화는 소설과 달리 인물의 내면 의식을 직접적으로 표현하지 못한다.
② 소설과 영화는 매체가 다르므로 두 양식의 이야기 전달 방식도 다르다.
③ 매체의 표현 방식에도 진보가 있는데 영화가 소설보다 발달된 매체이다.
④ 소설과 달리 영화는 카메라의 촬영 기술과 효과에 따라 주제가 달라진다.
⑤ 문자가 영상의 기초가 되므로 영화도 소설처럼 문자 언어적 표현 방식에 따라 화면이 구성된다.

03 다음 글에 서술된 연구결과에 대한 판단으로 가장 적절한 것은?

320여 년 전 아일랜드의 윌리엄 몰리눅스가 제기했던 이른바 '몰리눅스의 물음'에 답하기 위한 실험이 최근 이루어졌다. 몰리눅스는 철학자 로크에게 보낸 편지에서 다음과 같이 물었다. "태어날 때부터 시각장애인인 사람이 둥근 공 모양과 정육면체의 형태 등을 단지 손으로 만져서 알게 된 후 어느 날 갑자기 눈으로 사물을 볼 수 있게 된다면, 그 사람은 손으로 만져보지 않고도 눈앞에 놓인 물체가 공 모양인지 주사위 모양인지 알아낼 수 있을까요?"

경험론자들은 인간이 아무것도 적혀 있지 않은 '빈 서판' 같은 마음을 가지고 태어나며 모든 관념과 지식은 경험에 의해 형성된다고 주장한 반면, 생득론자들은 인간이 태어날 때 이미 외부의 정보를 처리하는 데 필요한 관념들을 가지고 있다고 주장했다. 만일 인간의 정신 속에 그런 관념들이 존재한다면, 눈으로 보든 손으로 만지든 상관없이 사람들은 해당되는 관념을 찾아낼 것이다. 따라서 몰리눅스의 물음이 명확히 답변될 수 있다면 이런 양 편의 주장에 대한 적절한 판정이 내려질 것이다.

2003년에 인도의 한 연구팀이 뉴델리의 슈로프 자선안과병원과 협력하여 문제의 실험을 수행하였다. 실험은 태어날 때부터 시각장애인이었다가 수술을 통해 상당한 시력을 얻게 된 8세부터 17세 사이의 남녀 환자 6명을 대상으로 진행되었다. 연구자들은 수술 후 환자의 눈에서 붕대를 제거한 후 주변이 환히 보이는지 먼저 확인하고, 레고 블록 같은 물건을 이용해서 그들이 세밀한 시각 능력을 충분히 회복했음을 확인했다. 또 그들이 여전히 수술 이전 수준의 촉각 능력을 갖고 있음도 확인했다. 이제 연구자들은 일단 환자의 눈을 가리고 특정한 형태의 물체를 손으로 만지게 한 뒤, 서로 비슷하지만 뚜렷이 구별될 만한 두 물체를 눈앞에 내놓고 조금 전 만졌던 것이 어느 쪽인지 말하도록 했다. 환자가 촉각을 통해 인지한 형태와 시각만으로 인지한 형태를 성공적으로 연결할 수 있는지를 시험한 것이다. 그런데 이 실험에서 각 환자들이 답을 맞힌 비율은 50%, 즉 둘 중 아무 것이나 마구 고른 경우와 거의 차이가 없었다. 한편 환자들은 눈으로 사물을 읽는 법을 빠르게 배우는 것으로 나타났다. 연구팀은 그들이 대략 한 주 안에 정상인과 똑같이 시각만으로 사물의 형태를 정확히 읽을 수 있게 되었다고 보고하였다. 이로 인해 경험론자들과 생득론자들의 견해 중 한 입장이 강화되었다.

① 몰리눅스의 물음에 부정적인 답변이 나와 경험론자들의 견해가 강화되었다.
② 몰리눅스의 물음에 부정적인 답변이 나와 생득론자들의 견해가 강화되었다.
③ 몰리눅스의 물음에 긍정적인 답변이 나와 경험론자들의 견해가 강화되었다.
④ 몰리눅스의 물음에 긍정적인 답변이 나와 생득론자들의 견해가 강화되었다.
⑤ 몰리눅스의 물음에 긍정적인 답변이 나왔지만, 어느 견해를 강화할 수 있는지는 판명되지 않았다.

04 다음 글의 내용과 일치하지 않는 것은?

고대에는 별이 뜨고 지는 것을 통해 방위를 파악했다. 최근까지 서태평양 캐롤라인 제도의 주민은 현대식 항해 장치 없이도 방위를 파악하여 카누 하나만으로 드넓은 열대 바다를 항해하였다. 인류학자들에 따르면, 그들은 별을 나침반처럼 이용하여 여러 섬을 찾아다녔고 이때의 방위는 북쪽의 북극성, 남쪽의 남십자성, 그 밖에 특별히 선정한 별이 뜨고 지는 것에 따라 정해졌다.

캐롤라인 제도는 적도의 북쪽에 있어서 그 주민들은 북쪽 수평선의 바로 위쪽에서 북극성을 볼 수 있다. 북극성은 천구의 북극점으로부터 매우 가까운 거리에서 작은 원을 그리며 공전한다. 천구의 북극점은 지구 자전축의 북쪽 연장선상에 있기 때문에 천구의 북극점에 있는 별은 공전을 하지 않고 정지된 것처럼 보인다. 이처럼 천구의 북극점에 있는 별을 제외하고 북극성을 포함한 별이 천구의 북극점을 중심으로 공전하는 것처럼 보이는 것은 지구가 자전하기 때문이다.

캐롤라인 제도의 주민이 북쪽을 찾기 위해 이용했던 북극성은 자기(磁氣) 나침반보다 더 정확하게 천구의 북극점을 가리킨다. 이는 나침반의 바늘이 지구의 자전축으로부터 거리가 멀리 떨어져 있는 지구자기의 북극점을 향하기 때문이다. 또한, 천구의 남극점 근처에서 쉽게 관측할 수 있는 고정된 별은 없으므로 캐롤라인 제도의 주민은 남극점 자체를 볼 수 없다. 그러나 남십자성이 천구의 남극점 주위를 돌고 있으므로 남쪽을 파악하는 데는 큰 어려움이 없다.

① 고대에 사용되었던 방위 파악 방법 중에는 최근까지 이용된 것도 있다.
② 캐롤라인 제도의 주민은 밤하늘에 있는 남십자성을 이용하여 남쪽을 알아낼 수 있었다.
③ 지구 자전축의 연장선상에 별이 있다면, 밤하늘을 보았을 때 그 별은 정지된 것처럼 보인다.
④ 자기 나침반을 이용하면 북극성을 이용할 때보다 더 정확히 천구의 북극점을 찾을 수 있다.
⑤ 캐롤라인 제도의 주민이 관찰한 별이 천구의 북극점을 중심으로 공전하는 것처럼 보이는 이유는 지구가 자전하기 때문이다.

PART 2

05 다음 글의 내용과 부합하는 것은?

감염에 대한 일반적인 반응은 열(熱)을 내는 것이다. 우리는 발열을 흔한 '질병의 증상'이라고만 생각한다. 아무런 기능도 없이 불가피하게 일어나는 수동적인 현상처럼 여긴다. 그러나 우리의 체온은 유전적으로 조절되는 것이며 아무렇게나 변하지 않는다. 병원체 중에는 우리의 몸보다 열에 더 예민한 것들도 있다. 체온을 높이면 그런 병원체들은 우리보다 먼저 죽게 되므로 발열 증상은 우리 몸이 병원체를 죽이기 위한 능동적인 행위가 되는 것이다.

또 다른 반응은 면역 체계를 가동시키는 것이다. 백혈구를 비롯한 우리의 세포들은 외부에서 침입한 병원체를 능동적으로 찾아내어 죽인다. 우리 몸은 침입한 병원체에 대항하는 항체를 형성하여 일단 치유된 뒤에는 다시 감염될 위험이 적어진다. 인플루엔자나 보통 감기 따위의 질병에 대한 우리의 저항력은 완전한 것이 아니어서 결국 다시 그 병에 걸릴 수도 있다. 어떤 질병에 대해서는 한 번의 감염으로 자극을 받아 생긴 항체가 평생 동안 그 질병에 대한 면역성을 준다. 바로 이것이 예방접종의 원리이다. 죽은 병원체를 접종함으로써 질병을 실제로 경험하지 않고 항체 생성을 자극하는 것이다.

일부 영리한 병원체들은 인간의 면역성에 굴복하지 않는다. 어떤 병원체는 우리의 항체가 인식하는 병원체의 분자 구조, 즉 항원을 바꾸어 우리가 그 병원체를 알아보지 못하게 한다. 가령 인플루엔자는 항원을 변화시키기 때문에 이전에 인플루엔자에 걸렸던 사람이라도 새로이 나타난 다른 균종으로부터 안전할 수 없는 것이다.

인간의 가장 느린 방어 반응은 자연선택에 의한 반응이다. 어떤 질병이든지 남들보다 유전적으로 저항력이 더 많은 사람들이 있기 마련이다. 어떤 전염병이 한 집단에서 유행할 때 그 특정 병원체에 저항하는 유전자를 가진 사람들은 그렇지 못한 사람들에 비해 생존 가능성이 높다. 따라서 역사적으로 특정 병원체에 자주 노출되었던 인구 집단에는 그 병에 저항하는 유전자를 가진 개체의 비율이 높아질 수밖에 없다. 이 같은 자연선택의 예로 아프리카 흑인에게서 자주 발견되는 겸상(鎌狀) 적혈구 유전자를 들 수 있다. 겸상 적혈구 유전자는 적혈구의 모양을 정상적인 도넛 모양에서 낫 모양으로 바꾸어서 빈혈을 일으키므로 생존에 불리함을 주지만, 말라리아에 대해서는 저항력을 가지게 한다.

① 발열 증상은 수동적인 현상이지만 감염병의 회복에 도움을 준다.

② 예방접종은 질병을 실제로 경험하게 하여 항체 생성을 자극한다.

③ 겸상 적혈구 유전자는 적혈구 모양을 도넛 모양으로 변화시켜 말라리아로부터 저항성을 가지게 한다.

④ 병원체의 항원이 바뀌면 이전에 형성된 항체가 존재하는 사람도 그 병원체가 일으키는 병에 걸릴 수 있다.

⑤ 어떤 질병이 유행한 적이 없는 집단에서는 그 질병에 저항력을 주는 유전자가 보존되는 방향으로 자연선택이 이루어졌다.

06 다음 글을 근거로 추론할 때, 〈보기〉에서 옳은 것만을 모두 고르면?

스위스에는 독일어, 프랑스어, 이탈리아어, 레토로만어 등 4개 언어가 공식어로 지정되어 있다. 스위스는 '칸톤'이라 불리는 20개의 주(州)와 6개의 '할프칸톤(半州)'으로 구성되어 있으며, 이들 지방자치단체들 간의 사회적·경제적 격차는 그다지 심하지 않고 완벽에 가까운 사회보장제도가 시행되고 있다.

연방국가인 스위스의 정치제도적 특징은 직접민주주의(국민발의와 국민투표)에 있다. 직접민주주의 제도를 통해 헌법이나 법률의 개정을 제안하거나 연방정부 또는 연방의회가 이미 인준한 헌법이나 법률조항을 거부하기도 한다. 안건도 매우 다양하여 출산보험 도입, 신예전투기 도입, 외국인의 귀화절차와 난민권, 알프스 산맥의 철도터널 신설, 쥐라 주의 독립문제 등을 대상으로 삼았다. 더 나아가 외교정책도 다루어졌는데 1986년에는 유엔가입 여부를 국민투표에 부쳤고, 그 결과 의회가 가결한 유엔가입안을 부결시킨 적이 있다.

연방정부는 7인의 연방장관(4대 정당 대표와 3대 언어권 대표)으로 구성되며 모든 안건은 이들이 만장일치 혹은 압도적 다수로 결정한다. 따라서 국가수반이나 행정부의 수반은 없는 것과 다름없다. 이러한 제도는 타협이 이루어질 때까지 많은 시간이 소요되므로 시급한 문제의 처리나 위급상황 발생시에는 문제점이 나타날 수 있다.

보기

ㄱ. 스위스 국민은 어느 주에 살더라도 사회보장을 잘 받을 수 있을 것이다.
ㄴ. 스위스에서는 연방정부에서 결정된 사항을 국민투표에 부칠 수 없을 것이다.
ㄷ. 스위스는 독일, 프랑스, 이탈리아 등 강대국 사이에 위치하고 있기 때문에 국가수반은 강력한 리더십을 발휘할 것이다.
ㄹ. 스위스에서는 연방정부의 의사결정 방식으로 인해 국가의 중요 안건을 신속하게 결정하기 어려울 수 있다.

① ㄱ
② ㄴ
③ ㄱ, ㄷ
④ ㄱ, ㄹ
⑤ ㄷ, ㄹ

07 다음 글을 근거로 판단할 때, 〈보기〉에서 옳은 것만을 모두 고르면?

목련은 연꽃처럼 생긴 꽃이 나무에 달린다고 하여 목련(木蓮)이라 한다. 우리나라 원산(原産)의 목련을 포함한 대부분의 목련은 찬바람이 채 가시지도 않은 이른 봄에 잎이 돋아나는 것을 기다릴 새도 없이 어른 주먹만한 흰 꽃을 먼저 피우는데, 성급하게 핀 꽃 치고는 그 자태가 우아하고 향기 또한 그윽하다.

주위에 흔히 보이는 목련은 대개가 중국에서 들여온 백목련이다. 우리나라 원산의 목련은 꽃잎이 좁고 얇으며 꽃잎이 뒤로 젖혀질 만큼 활짝 핀다. 또 꽃잎 안쪽에 붉은 선이 있고 꽃받침이 뚜렷하게 구분된다. 반면 백목련은 꽃받침이 꽃잎처럼 변해 버려 구분하기 어려우며 꽃이 다 피어도 절반 정도밖에 벌어지지 않는다는 점에서 우리나라 원산의 목련과 다르다.

이외에도 일본에서 들여온 일본목련이 있다. 우리나라 원산의 목련과는 달리 잎이 핀 다음에 꽃이 피고, 잎과 꽃의 크기가 훨씬 크기 때문에 이 둘을 구별하는 데 어려움은 없다. 하지만 엉뚱하게도 일본목련을 우리나라에서 자라는 늘푸른나무인 후박나무로 잘못 알고 있는 경우가 많다. 일본인들은 일본목련을 그들 말로 '호오노끼'라 부르면서 한자로는 '후박(厚朴)'이라고 표기한다. 그런데 일본목련을 수입해 올 때 일본어의 한자이름만 보고 그대로 '후박나무'로 번역해 버린 탓에 이 같은 혼란이 생긴 것이다.

보기

ㄱ. 백목련은 중국에서, 일본목련은 일본에서 들여왔다.
ㄴ. 백목련과 우리나라 원산의 목련은 꽃이 벌어지는 정도로 구별 가능하다.
ㄷ. 우리나라 원산의 목련은 꽃이 핀 다음에 잎이 핀다.
ㄹ. 우리나라의 늘푸른나무인 후박나무와 일본의 호오노끼는 같은 나무이다.

① ㄱ, ㄹ
② ㄴ, ㄷ
③ ㄴ, ㄹ
④ ㄱ, ㄴ, ㄷ
⑤ ㄱ, ㄷ, ㄹ

08 다음 글의 가설을 강화하는 사례가 아닌 것만을 〈보기〉에서 모두 고르면?

성염색체만이 개체의 성(性)을 결정하는 요소는 아니다. 일부 파충류의 경우에는 알이 부화되는 동안의 주변 온도에 의해 개체의 성이 결정된다. 예를 들어, 낮은 온도에서는 일부 종은 수컷으로만 발달하고, 일부 종은 암컷으로만 발달한다. 또 어떤 종에서는 낮은 온도와 높은 온도에서 모든 개체가 암컷으로만 발달하는 경우도 있다. 그 사이의 온도에서는 특정 온도에 가까워질수록 수컷으로 발달하는 개체의 비율이 증가하다가 결국 그 특정 온도에 이르러서는 모든 개체가 수컷으로 발달하기도 한다.

다음은 온도와 성 결정 간의 상관관계를 설명하기 위해 제시된 가설이다.

〈가설〉

파충류의 성 결정은 B물질을 필요로 한다. B물질은 단백질 '가'에 의해 A물질로, 단백질 '나'에 의해 C물질로 바뀐다. 이때 A물질과 C물질의 비율은 단백질 '가'와 단백질 '나'의 비율과 동일하다. 파충류의 알은 단백질 '가'와 '나' 모두를 가지고 있지만 온도에 따라 각각의 양이 달라진다. 암컷을 생산하는 온도에서 배양된 알에서는 A물질의 농도가 더 높고, 수컷을 생산하는 온도에서 배양된 알에서는 C물질의 농도가 더 높다. 온도의 차에 의해 알의 내부에 A물질과 C물질의 상대적 농도 차이가 발생하고, 이것이 파충류의 성을 결정하는 것이다.

보기

ㄱ. 수컷만 생산하는 온도에서 부화되고 있는 알은 단백질 '가'보다 훨씬 많은 양의 단백질 '나'를 가지고 있다.

ㄴ. B물질의 농도는 수컷만 생산하는 온도에서 부화되고 있는 알보다 암컷만 생산하는 온도에서 부화되고 있는 알에서 더 높다.

ㄷ. 수컷만 생산하는 온도에서 부화되고 있는 알에 고농도의 A물질을 투여하여 C물질보다 그 농도를 높였더니 암컷이 생산되었다.

① ㄱ
② ㄴ
③ ㄷ
④ ㄱ, ㄷ
⑤ ㄴ, ㄷ

09 다음 글을 근거로 판단할 때 옳은 것은?

파스타(Pasta)는 밀가루와 물을 주재료로 하여 만든 반죽을 소금물에 넣고 삶아 만드는 이탈리아 요리를 총칭하는데, 파스타 요리의 가장 중요한 재료인 면을 의미하기도 한다.

파스타는 350여 가지가 넘는 다양한 종류가 있는데, 형태에 따라 크게 롱(Long) 파스타와 쇼트(Short) 파스타로 나눌 수 있다. 롱 파스타의 예로는 가늘고 기다란 원통형인 스파게티, 넓적하고 얇은 면 형태인 라자냐를 들 수 있고, 쇼트 파스타로는 속이 빈 원통형인 마카로니, 나선 모양인 푸실리를 예로 들 수 있다.

역사를 살펴보면, 기원전 1세기경에 고대 로마시대의 이탈리아 지역에서 라자냐를 먹었다는 기록이 전해진다. 이후 9 ~ 11세기에는 이탈리아 남부의 시칠리아에서 아랍인들로부터 제조 방법을 전수받아 건파스타(Dried Pasta)의 생산이 처음으로 이루어졌다고 한다. 건파스타는 밀가루에 물만 섞은 반죽으로 만든 면을 말린 것인데, 이는 시칠리아에서 재배된 듀럼(Durum) 밀이 곰팡이나 해충에 취약해 장기 보관이 어려웠기 때문에 저장기간을 늘리고 수송을 쉽게 하기 위함이었다.

듀럼 밀은 주로 파스타를 만들 때 사용하는 특수한 품종으로 일반 밀과 여러 가지 측면에서 차이가 난다. 일반 밀이 강수량이 많고 온화한 기후에서 잘 자라는 반면, 듀럼 밀은 주로 지중해 지역과 같이 건조하고 더운 기후에서 잘 자란다. 또한 일반 밀로 만든 하얀 분말 형태의 고운 밀가루는 이스트를 넣어 발효시킨 빵과 같은 제품들에 주로 사용되고, 듀럼 밀을 거칠게 갈아 만든 황색의 세몰라 가루는 파스타를 만드는 데 적합하다.

① 속이 빈 원통형인 마카로니는 롱 파스타의 한 종류이다.

② 건파스타 제조 방법은 시칠리아인들로부터 아랍인들에게 최초로 전수되었다.

③ 이탈리아 지역에서는 기원전부터 롱 파스타를 먹은 것으로 보인다.

④ 파스타를 만드는 데 사용하는 세몰라 가루는 곱게 갈아 만든 흰색의 가루이다.

⑤ 듀럼 밀은 곰팡이나 해충에 강해 건파스타의 주재료로 적합하다.

10 다음 글을 근거로 판단할 때 옳은 것은?

제1조(성년후견)
① 가정법원은 질병, 장애, 노령, 그 밖의 사유로 인한 정신적 제약으로 사무를 처리할 능력이 지속적으로 결여된 사람에 대하여 본인, 배우자, 4촌 이내의 친족, 검사 또는 지방자치단체의 장의 청구에 의하여 성년후견개시의 심판을 한다.
② 성년후견인은 피성년후견인의 법률행위를 취소할 수 있다.
③ 제2항에도 불구하고 일용품의 구입 등 일상생활에 필요하고 그 대가가 과도하지 아니한 법률행위는 성년후견인이 취소할 수 없다.

제2조(피성년후견인의 신상결정)
① 피성년후견인은 자신의 신상에 관하여 그의 상태가 허락하는 범위에서 단독으로 결정한다.
② 성년후견인이 피성년후견인을 치료 등의 목적으로 정신병원이나 그 밖의 다른 장소에 격리하려는 경우에는 가정법원의 허가를 받아야 한다.

제3조(성년후견인의 선임)
① 성년후견인은 가정법원이 직권으로 선임한다.
② 가정법원은 성년후견인이 선임된 경우에도 필요하다고 인정하면 직권으로 또는 청구권자의 청구에 의하여 추가로 성년후견인을 선임할 수 있다.

---

① 성년후견인의 수는 1인으로 제한된다.
② 지방자치단체의 장은 가정법원에 성년후견개시의 심판을 청구할 수 있다.
③ 성년후견인은 피성년후견인이 행한 일용품 구입행위를 그 대가의 정도와 관계없이 취소할 수 없다.
④ 가정법원은 성년후견개시의 심판절차에서 직권으로 성년후견인을 선임할 수 없다.
⑤ 성년후견인은 가정법원의 허가 없이 단독으로 결정하여 피성년후견인을 치료하기 위해 정신병원에 격리할 수 있다.

11 다음 글에서 추론할 수 있는 것은?

EU는 1995년부터 철제 다리 덫으로 잡은 동물 모피의 수입을 금지하기로 했다. 모피가 이런 덫으로 잡은 동물의 것인지, 아니면 상대적으로 덜 잔혹한 방법으로 잡은 동물의 것인지 구별하는 것은 불가능하다. 그렇기 때문에 EU는 철제 다리 덫 사용을 금지하는 나라의 모피만 수입하기로 결정했다. 이런 수입 금지 조치에 대해 미국, 캐나다, 러시아는 WTO에 제소하겠다고 위협했다. 결국 EU는 WTO가 내릴 결정을 예상하여, 철제 다리 덫으로 잡은 동물의 모피를 계속 수입하도록 허용했다.

또한, 1998년부터 EU는 화장품 실험에 동물을 이용하는 것을 금지했을 뿐만 아니라, 동물실험을 거친 화장품의 판매조차 금지하는 법령을 채택했다. 그러나 동물실험을 거친 화장품의 판매 금지는 WTO 규정 위반이 될 것이라는 유엔의 권고를 받았다. 결국 EU의 판매 금지는 실행되지 못했다.

한편 그 외에도 EU는 성장 촉진 호르몬이 투여된 쇠고기의 판매 금지 조치를 시행하기도 했다. 동물복지를 옹호하는 단체들이 소의 건강에 미치는 영향을 우려해 호르몬 투여 금지를 요구했지만, EU가 쇠고기 판매를 금지한 것은 주로 사람의 건강에 대한 염려 때문이었다. 미국은 이러한 판매 금지 조치에 반대하며 EU를 WTO에 제소했고, 결국 WTO 분쟁패널로부터 호르몬 사용이 사람의 건강을 위협한다고 믿을 만한 충분한 과학적 근거가 없다는 판정을 이끌어내는 데 성공했다. EU는 항소했다. 그러나 WTO의 상소기구는 미국의 손을 들어주었다. 그럼에도 불구하고 EU는 금지 조치를 철회하지 않았다. 이에 미국은 1억 1,600만 달러에 해당하는 EU의 농업 생산물에 100% 관세를 물리는 보복 조치를 발동했고 WTO는 이를 승인했다.

① EU는 환경의 문제를 통상 조건에서 최우선적으로 고려한다.
② WTO는 WTO 상소기구의 결정에 불복하는 경우 적극적인 제재조치를 취한다.
③ WTO는 사람의 건강에 대한 위험을 방지하는 것보다 국가 간 통상의 자유를 더 존중한다.
④ WTO는 제품의 생산과정에서 동물의 권리를 침해한다는 이유로 해당 제품 수입을 금지하는 것을 허용하지 않는다.
⑤ WTO 규정에 의하면 각 국가는 타국의 환경, 보건, 사회 정책 등이 자국과 다르다는 이유로 타국의 특정 제품의 수입을 금지할 수 있다.

12 다음 글을 읽고 추론할 수 없는 내용은?

갑 : 개인이 소유할 수 있는 노비의 수를 제한해야 합니다. 종친과 부마로서 1품인 사람은 150명, 2품 이하는 130명, 문무관으로 1품 이하 2품 이상인 사람은 130명, 3품 이하 6품 이상은 100명, 7품 이하 9품 이상은 80명으로 하며, 양반(兩班) 자손도 이와 같이 하십시오. 아내는 남편의 관직에 따라 노비를 소유하고, 양인(良人)인 첩은 남편의 관직에 따르되 5분의 2를 삭감하며, 천인(賤人)인 첩은 남편의 관직에 따르되 5분의 4를 삭감하십시오. 백성은 노비를 10명으로 제한하고, 공·사 천인(賤人)은 5명, 승려의 경우 판사 이하 선사 이상의 승려는 15명, 중덕 이하 대선 이상의 승려는 10명, 직책이 없는 승려는 5명으로 제한하십시오.

을 : 하늘이 백성을 낳을 때에는 양인과 천인의 구분이 없었지만, 윗사람이 아랫사람을 부리는 데에는 반드시 높고 낮은 차등이 있습니다. 『주례』에 무릇 죄가 있는 자는 노비로 삼아 천한 일을 시킨다고 하였으니, 노비 제도는 오랜 역사를 가진 제도입니다. 주인과 노비의 제도가 한번 정해진 이래로 주인이 노비 보기를 임금이 신하 보듯이 하고, 노비가 주인 섬기기를 신하가 임금 섬기듯 하였습니다. 그러므로 노비도 비록 하늘이 내린 백성이기는 하지만 진실로 천한 것을 바꾸어 양인으로 삼아 주인과 대등하게 하여서는 안될 것입니다. 다만 다같은 양반의 가문인데 노비가 많고 적은 것이 같지 못한 것은 진실로 개탄스런 일입니다. 마땅히 한계를 정해 고르게 하여 현격한 차이가 없도록 해야 합니다. 그러나 귀한 것과 천한 것이 때가 있고 자손의 번성과 적음이 같지 않으며 노비가 태어나서 자라나는 것과 번성하거나 쇠퇴하는 것이 또한 다르니, 그 수를 제한하려고 해도 결국에는 제한하지 못하게 되는 상황을 피할 수 없습니다. 중국 한나라나 전조(前朝)인 고려 때에도 제한하는 법이 있었으나, 도리어 분란을 불러와 후세에 전할 수 없었으니 그 제도를 좋은 것이라고 볼 수 없습니다. 하물며 여러 대에 걸쳐 전해 내려온 노비를 하루아침에 빼앗는다면 어찌 보통 사람의 상식에 맞겠습니까.

---

① 갑의 주장대로 시행된다면, 노비 신분에서 해방되는 노비가 늘어나 신분질서가 무너질 수 있다.

② 갑의 주장대로 시행된다면, 1인당 노비 소유에 있어 백성과 천인의 격차보다는 양반과 백성 사이의 격차가 훨씬 클 것이다.

③ 을의 견해가 수용된다면, 갑의 주장대로 시행되기 어려울 것이다.

④ 을의 견해가 수용된다면, 양반 내 노비 소유의 불균등성은 해결될 수 없을 것이다.

⑤ 갑과 을은 기본적으로 노비제도의 존속을 지지한다는 점에서 그 입장이 같다.

13 다음 글의 내용과 상충하는 것을 〈보기〉에서 모두 고르면?

17 ~ 18세기에 걸쳐 각 지역 양반들에 의해 서원이나 사당 건립이 활발하게 진행되었다. 서원이나 사당 대부분은 일정 지역의 유력 가문이 주도하여 자신들의 지위를 유지하고 지역 사회에서 영향력을 행사하는 구심점으로 건립·운영되었다.

이러한 경향은 향리층에게도 파급되어 18세기 후반에 들어서면 안동, 충주, 원주 등에서 향리들이 사당을 신설하거나 중창 또는 확장하였다. 향리들이 건립한 사당은 양반들이 건립한 것에 비하면 얼마 되지 않는다. 하지만 향리들에 의한 사당 건립은 향촌사회에서 향리들의 위세를 짐작할 수 있는 좋은 지표이다.

향리들이 건립한 사당은 그 지역 향리 집단의 공동노력으로 건립한 경우도 있지만, 대부분은 향리 일족 내의 특정한 가계(家系)가 중심이 되어 독자적으로 건립한 것이었다. 이러한 사당은 건립과 운영에 있어서 향리 일족 내의 특정 가계의 이해를 반영하고 있는데, 대표적인 것으로 경상도 거창에 건립된 창충사(彰忠祠)를 들 수 있다.

창충사는 거창의 여러 향리 가운데 신씨가 중심이 되어 세운 사당이다. 영조 4년(1728) 무신란(戊申亂)을 진압하다가 신씨 가문의 다섯 향리가 죽는데, 이들을 추모하기 위해 무신란이 일어난 지 50년이 되는 정조 2년(1778)에 건립되었다. 처음에는 죽은 향리의 자손들이 힘을 모아 사적으로 세웠으나, 10년 후인 정조 12년에 국가에서 제수(祭需)를 지급하는 사당으로 승격하였다.

원래 무신란에서 죽은 향리 중 신씨는 일곱 명이며, 이들의 공로는 모두 비슷하였다. 하지만 두 명의 신씨는 사당에 모셔지지 않았고, 관직이 추증되지도 않았다. 창충사에 모셔진 다섯 명의 향리는 모두 그 직계 자손의 노력에 의한 것이었고, 국가로부터의 포상도 이들의 노력에 의한 것이었다. 반면 두 명의 자손들은 같은 신씨임에도 불구하고 가세가 빈약하여 향촌사회에서 조상을 모실 만큼 힘을 쓸 수 없었다. 향리사회를 주도해 가는 가계는 독점적인 위치를 확고하게 구축하려고 노력하였으며, 사당의 건립은 그러한 노력의 산물이었다.

보기

ㄱ. 창충사는 양반 가문이 세운 사당이다.
ㄴ. 양반보다 향리가 세운 사당이 더 많다.
ㄷ. 양반뿐 아니라 향리가 세운 서원도 존재하였다.
ㄹ. 창충사에 모셔진 신씨 가문의 향리는 다섯 명이다.

① ㄱ, ㄴ
② ㄱ, ㄹ
③ ㄷ, ㄹ
④ ㄱ, ㄴ, ㄷ
⑤ ㄴ, ㄷ, ㄹ

14 다음 글의 논지로 가장 적절한 것은?

> 최근에 사이버공동체를 중심으로 한 시민의 자발적 정치 참여 현상이 많은 관심을 끌고 있다. 이러한 현상과 관련하여 A의 연구가 새삼 주목 받고 있다. A의 연구에 따르면 공동체의 구성원이 됨으로써 얻게 되는 '사회적 자본'이 시민사회의 성숙과 민주주의 발전을 가져오는 원동력이다. A의 이론에서는 공동체에 대한 자발적 참여를 통해 사회 구성원 간의 상호 의무감과 신뢰, 구성원들이 공유하는 규칙과 관행, 사회적 유대 관계와 같은 사회적 자본이 늘어나면, 사회 구성원 간의 협조적인 행위가 가능하게 된다고 보았다. 더 나아가 A는 자원봉사자와 같이 공동체 참여도가 높은 사람이 투표할 가능성이 높고 정부 정책에 대한 의견 개진도 활발해지는 등 정치 참여도가 높아진다고 주장하였다.
>
> 몇몇 학자들은 A의 이론을 적용하여 면대면 접촉에 따른 인간관계의 산물인 사회적 자본이 사이버공동체에서도 충분히 형성될 수 있다고 보았다. 그리고 사이버공동체에서 사회적 자본의 증가는 곧 정치 참여도 활성화시킬 것으로 기대했다. 하지만 이러한 기대와는 달리 정치 참여가 활성화되지 않았다. 요즘 젊은이들을 보면 각종 사이버공동체에 자발적으로 참여하는 수준은 높지만 투표나 다른 정치 활동에는 무관심하거나 심지어 정치를 혐오하기도 한다. 이런 측면에서 A의 주장은 사이버공동체가 활성화된 오늘날에는 잘 맞지 않는다.
>
> 이러한 이유 때문에 오늘날 사이버공동체를 중심으로 한 정치 참여를 더 잘 이해하기 위해서 '정치적 자본' 개념의 도입이 필요하다. 정치적 자본은 사회적 자본의 구성 요소와는 달리 정치 정보의 습득과 이용, 정치적 토론과 대화, 정치적 효능감 등으로 구성된다. 정치적 자본은 사회적 자본과 마찬가지로 공동체 참여를 통해서 획득되지만, 정치 과정에의 관여를 촉진한다는 점에서 사회적 자본과는 구분될 필요가 있다. 사회적 자본만으로 정치 참여를 기대하기 어렵고, 사회적 자본과 정치 참여 사이를 정치적 자본이 매개할 때 비로소 정치 참여가 활성화된다.

① 사이버공동체를 통해 축적된 사회적 자본에 정치적 자본이 더해질 때 정치 참여가 활성화된다.
② 사회적 자본은 정치적 자본을 포함하기 때문에 그 자체로 정치 참여의 활성화를 가져온다.
③ 사회적 자본이 많은 사회는 정치 참여가 활발하기 때문에 민주주의가 실현된다.
④ 사이버공동체의 특수성으로 인해 시민들의 정치 참여가 어렵게 되었다.
⑤ 사이버공동체에의 자발적 참여 증가는 정치 참여를 활성화시킨다.

15 다음 글의 ⓐ와 ⓑ에 들어가기에 적절한 것을 〈보기〉에서 골라 알맞게 짝지은 것은?

귀납주의란 과학적 탐구 방법의 핵심이 귀납이라는 입장이다. 즉, 과학적 이론은 귀납을 통해 만들어지고, 그 정당화 역시 귀납을 통해 이루어진다는 것이다. 그러나 실제 과학의 역사를 고려하면 귀납주의는 문제에 처하게 된다. 이러한 문제 상황은 다음과 같은 타당한 논증을 통해 제시될 수 있다.

만약 귀납이 과학의 역사에서 사용된 경우가 드물다면, 과학의 역사는 바람직한 방향으로 발전하지 않았거나 또는 귀납주의는 실제로 행해진 과학적 탐구 방법의 특징을 드러내는 데 실패했다고 보아야 한다. 과학의 역사가 바람직한 방향으로 발전하지 않았다면, 귀납주의에서는 수많은 과학적 지식을 정당화되지 않은 것으로 간주해야 한다. 그리고 귀납주의가 실제로 행해진 과학적 탐구 방법의 특징을 드러내는 데 실패했다면, 귀납주의는 과학적 탐구 방법에 대한 잘못된 이론이다. 그런데 우리는 과학의 역사가 바람직한 방향으로 발전하지 않았거나, 귀납주의가 실제로 행해진 과학적 탐구 방법의 특징을 드러내는 데 실패했다고 보아야 한다. 그 이유는 _____ⓐ_____는 것이다. 그리고 이로부터 우리는 다음 결론을 도출하게 된다. _____ⓑ_____

> **보기**
>
> ㄱ. 과학의 역사에서 귀납이 사용된 경우는 드물다.
> ㄴ. 과학의 역사에서 귀납 외에도 다양한 방법들이 사용되었다.
> ㄷ. 귀납주의는 과학적 탐구 방법에 대한 잘못된 이론이고, 귀납주의에서는 수많은 과학적 지식을 정당화되지 않은 것으로 간주해야 한다.
> ㄹ. 귀납주의가 과학적 탐구 방법에 대한 잘못된 이론이라면, 귀납주의에서는 수많은 과학적 지식을 정당화되지 않은 것으로 간주해야 한다.
> ㅁ. 귀납주의가 과학적 탐구 방법에 대한 잘못된 이론이 아니라면, 귀납주의에서는 수많은 과학적 지식을 정당화되지 않은 것으로 간주해야 한다.

	ⓐ	ⓑ
①	ㄱ	ㄷ
②	ㄱ	ㄹ
③	ㄱ	ㅁ
④	ㄴ	ㄹ
⑤	ㄴ	ㅁ

16 다음 중 (가), (나)에 들어갈 말을 올바르게 짝지은 것은?

> 갑 : 예술가의 작업이란, 자신이 경험한 감정을 타인도 경험할 수 있도록 색이나 소리와 같이 감각될 수 있는 여러 형태로 표현하는 것이지.
>
> 을 : 그렇다면 훌륭한 예술과 그렇지 못한 예술을 구별하는 기준은 무엇이지?
>
> 갑 : 그것이야 예술가 해야 할 작업을 성공적으로 수행하면 훌륭한 예술이고, 그런 작업에 실패한다면 훌륭하지 못한 예술이지. 즉 예술가 경험한 감정이 잘 전달되어 감상자도 그런 감정을 느끼게 되는 예술을 훌륭한 예술이라고 할 수 있어.
>
> 을 : 예술가 느낀 감정 중에서 천박한 감정이 있을까? 아니면 예술가 느낀 감정은 모두 고상하다고 할 수 있을까?
>
> 갑 : 물론 여느 사람과 마찬가지로 예술가 역시 천박한 감정을 가질 수 있지. 만약 어떤 예술가 남의 고통을 보고 고소함을 느꼈다면 이는 천박한 감정이라고 해야 할 텐데, 예술가라고 해서 모두 천박한 감정을 갖지 않는다고 할 수는 없어.
>
> 을 : 그렇다면 천박한 감정을 느낀 예술가 그 감정을 표현하여 감상자 역시 그런 감정을 느낀다면, 그런 예술이 훌륭한 예술인가?
>
> 갑 : _____(가)_____
>
> 을 : 너의 대답은 모순이야. 왜냐하면 네 대답은 _____(나)_____ 때문이야.

① (가) : 그렇다.
   (나) : 훌륭한 예술에 대한 너의 정의와 앞뒤가 맞지 않기
② (가) : 그렇다.
   (나) : 예술가의 작업에 대한 너의 정의와 앞뒤가 맞지 않기
③ (가) : 그렇다.
   (나) : 예술가 느낀 감정이 모두 고상하지는 않다는 너의 주장과 앞뒤가 맞지 않기
④ (가) : 아니다.
   (나) : 훌륭한 예술에 대한 너의 정의와 앞뒤가 맞지 않기
⑤ (가) : 아니다.
   (나) : 예술가 느낀 감정이 모두 고상하지는 않다는 너의 주장과 앞뒤가 맞지 않기

17 다음 글과 상황을 근거로 판단할 때, 甲국 A정당 회계책임자가 2018년 1월 1일부터 2019년 12월 31일까지 중앙선거관리위원회에 회계보고를 한 총 횟수는?

제1조 정당 회계책임자는 중앙선거관리위원회에 다음 각 호에 정한 대로 회계보고를 하여야 한다.
1. 공직선거에 참여하지 아니한 연도
   매년 1월 1일부터 12월 31일까지의 정치자금 수입과 지출에 관한 회계보고는 다음 연도 2월 15일에 한다.
2. 공직선거에 참여한 연도
   가. 매년 1월 1일부터 선거일 후 20일까지의 정치자금 수입과 지출에 관한 회계보고는 당해 선거일 후 30일(대통령선거는 40일)에 한다.
   나. 당해 선거일 후 21일부터 당해 연도 12월 31일까지의 정치자금 수입과 지출에 관한 회계보고는 다음 연도 2월 15일에 한다.

〈상황〉

- 甲국의 A정당은 위 법에 따라 정치자금 수입과 지출에 관한 회계보고를 했다.
- 甲국에서는 2017년에 공직선거가 없었고, 따라서 A정당은 공직선거에 참여하지 않았다.
- 甲국에서는 2018년 12월 5일에 대통령선거를, 2019년 3월 15일에 국회의원 총선거를 실시하였고, 그 밖의 공직선거는 없었다.
- 甲국의 A정당은 2018년 대통령선거에 후보를 공천해 참여하였고, 2019년 국회의원 총선거에도 후보를 공천해 참여하였다.

① 3회
② 4회
③ 5회
④ 6회
⑤ 7회

18 다음 법 조항에 근거할 때 허용될 수 있는 행위는?

제8조(소유제한 등)

① 방송사업자가 주식을 발행하는 경우에는 기명식으로 하여야 한다.

② 누구든지 대통령령이 정하는 특수한 관계에 있는 자(이하 "특수관계자"라 한다)가 소유하는 주식 또는 지분을 포함하여 지상파방송사업자 및 종합편성 또는 보도에 관한 전문편성을 행하는 방송채널사용사업자의 주식 또는 지분 총수의 100분의 30을 초과하여 소유할 수 없다. 다만, 다음 각 호의 1에 해당하는 경우에는 그러하지 아니하다.

　1. 국가 또는 지방자치단체가 방송사업자의 주식 또는 지분을 소유하는 경우

　2. 특별법에 의하여 설립된 법인이 방송사업자의 주식 또는 지분을 소유하는 경우

　3. 종교의 선교를 목적으로 하는 방송사업자에 출자하는 경우

③ 제2항의 규정에도 불구하고 '독점규제 및 공정거래에 관한 법률' 제2조 제2호의 규정에 의한 기업집단 중 자산총액 등 대통령령이 정하는 기준에 해당하는 기업집단에 속하는 회사(이하 "대기업"이라 한다)와 그 계열회사(특수관계자를 포함한다) 또는 '정기간행물의 등록에 관한 법률'에 의한 일간신문이나 '뉴스통신진흥에 관한 법률'의 규정에 의한 뉴스통신(이하 "뉴스통신"이라 한다)을 경영하는 법인(특수관계자를 포함한다)은 지상파방송사업 및 종합편성 또는 보도에 관한 전문편성을 행하는 방송채널사용사업을 겸영하거나 그 주식 또는 지분을 소유할 수 없다.

④ '정기간행물의 등록에 관한 법률'에 의한 일간신문이나 뉴스통신을 경영하는 법인은 종합유선방송사업자 및 위성방송사업자에 대하여, 대기업과 그 계열회사를 경영하는 법인은 위성방송사업자에 대하여 각각 그와 특수관계자가 소유하는 주식 또는 지분을 포함하여 당해 방송사업자의 주식 또는 지분 총수의 100분의 33을 초과하여 소유할 수 없다.

---

① 대기업의 지상파방송사업 주식 15% 취득

② 일간신문 경영 법인의 종합편성 방송채널사용사업 겸영

③ 뉴스통신 경영 법인의 지상파방송사업 겸영

④ 일간신문 경영 법인의 위성방송사업 주식 35% 취득

⑤ 대기업의 종합유선방송사업자 주식 35% 취득

19 다음 글의 ㉠에 해당하는 것은?

시각도란 대상물의 크기가 관찰자의 눈에 파악되는 상대적인 각도이다. 대상의 윤곽선으로부터 관찰자 눈의 수정체로 선을 확장시킴으로써 시각도를 측정할 수 있는데, 대상의 위아래 또는 좌우의 최외각 윤곽선과 수정체가 이루는 두 선 사이의 예각이 시각도가 된다. 시각도는 대상의 크기와 대상에서 관찰자까지의 거리 두 가지 모두에 의존하며, 대상이 가까울수록 그 시각도가 커진다. 따라서 ㉠ <u>다른 크기의 대상들이 동일한 시각도를 만들어 내는 사례들</u>이 생길 수 있다.

작은 원이 관찰자에게 가까이 위치하도록 하고, 큰 원이 멀리 위치하도록 해서 두 원이 1도의 시각도를 유지하도록 하는 실험을 한다고 가정해보자. 이 실험에서 눈과 원의 거리를 가늠할 수 있게 하는 모든 정보를 제거하면 두 원의 크기가 같다고 판단된다. 즉 두 원은 관찰자의 망막에 동일한 크기의 영상을 낳기 때문에 다른 정보가 없는 한 동일한 크기의 원으로 인식된다. 왜냐하면 관찰자의 크기 지각이 대상의 실제 크기에 의해 결정되지 않고 관찰자의 망막에 맺힌 영상의 크기에 의해 결정되기 때문이다.

① 어떤 물체의 크기가 옆에 같이 놓인 연필의 크기를 통해 지각된다.

② 고공을 날고 있는 비행기에서 지상에 있는 사물은 매우 작게 보인다.

③ 가까운 화분의 크기가 멀리 떨어진 고층 빌딩과 같은 크기로 지각된다.

④ 차창 밖으로 보이는 집의 크기를 이용해 차와 집과의 거리를 지각한다.

⑤ 빠르게 달리는 차 안에서 보면 가까이 있는 물체는 멀리 있는 물체에 비해 빠르게 지나간다.

20 다음 글의 (가)와 (나)에 들어갈 말을 〈보기〉에서 골라 가장 적절하게 짝지은 것은?

가설과 보조가설로부터 시험 명제 I를 연역적으로 이끌어냈지만, I가 거짓임이 실험 결과로 밝혀졌다고 해보자. 이 실험 결과를 수용하려면 어느 쪽인가는 수정하여야 한다. 가설을 수정하거나 완전히 폐기할 수도 있고, 아니면 가설은 그대로 유지하면서 보조가설만을 적절히 변경할 수도 있다. 결국 가설이 심각하게 불리한 실험 결과에 직면했을 때조차도 원리상으로는 가설을 유지시킬 수 있는 가능성이 언제나 남아 있는 것이다.

과학사의 예를 하나 생각해 보자. 토리첼리가 대기층의 압력이라는 착상을 도입하기 전에는 단순 펌프의 기능이 자연은 진공을 싫어한다는 가설에 입각하여 설명되었다. 다시 말해 피스톤이 끌려 올라감으로써 펌프통 속에 진공이 생기는데, 자연은 진공을 싫어하기 때문에 그 진공을 채우려고 물이 올라온다는 것이다. 하지만 페리에는 산꼭대기에서 기압계의 수은주가 산기슭에서보다 3인치 이상 짧아진다는 실험 결과를 제시하였다. 파스칼은 이 실험 결과가 자연은 진공을 싫어한다는 가설을 반박한다고 주장하며 다음처럼 말한다. "만일 수은주의 높이가 산기슭에서의 높이보다 산꼭대기에서 짧아지는 현상이 일어난다면, 그것은 공기의 무게와 압력 때문이지 자연이 진공을 싫어하기 때문이 아니라는 결론이 따라 나오네. 왜냐하면 산꼭대기에 압력을 가하는 공기량보다 산기슭에 압력을 가하는 공기량이 훨씬 많으며, 누구도 자연이 산꼭대기에서보다 산기슭에서 진공을 더 싫어한다고 주장할 수는 없기 때문일세."

파스칼의 이런 언급은 진공에 대한 자연의 혐오라는 가설이 구제될 수 있는 실마리를 제공한다. 페리에의 실험 결과는, 자연이 진공을 싫어한다는 가설이 함께 전제하고 있는 보조가설들 가운데 _____(가)_____ 를 반박하는 증거였다. 진공에 대한 자연의 혐오라는 가설과 페리에가 발견한 명백하게 불리한 증거를 수용하기 위해서는 앞의 보조가설 대신 _____(나)_____ 를 보조가설로 끌어들이는 것으로 충분하다.

보기

ㄱ. 진공에 대한 자연의 혐오 강도는 고도에 구애받지 않는다.
ㄴ. 진공에 대한 자연의 혐오가 고도의 증가에 따라 증가한다.
ㄷ. 진공에 대한 자연의 혐오가 고도의 증가에 따라 감소한다.

	(가)	(나)
①	ㄱ	ㄴ
②	ㄱ	ㄷ
③	ㄴ	ㄱ
④	ㄴ	ㄷ
⑤	ㄴ	ㄱ

시험시간 : (   ) / 20분   맞힌 개수 : (   ) / 20문항

☑ 확인 Check! ○△X

01 다음 글을 근거로 판단할 때, 〈보기〉에서 옳은 것만을 모두 고르면?

조선시대 복식은 신분과 직업에 따라 다르게 규정되었다. 상민들은 흰색 두루마기만 입을 수 있었던 데 비해 중인들은 청색 도포를 입고 다녔다. 조선시대 백관들의 공복(公服) 규정에 따르면, 중인의 경우 정3품은 홍포(紅袍)에 복두(幞頭)를 쓰고, 협지금(茘枝金)띠를 두르고 흑피화(黑皮靴)를 신었다. 4품 이하는 청포(靑袍)에 흑각(黑角)띠를 둘렀고, 7품 이하는 녹포(綠袍)에 흑의화(黑衣靴)를 신었다.

여자들의 복장은 남편의 벼슬이나 본가의 신분에 따라 달랐다. 조선 후기로 오면서 서울의 높은 양반집 여자들은 외출할 때 남자들과 내외하기 위해 장옷을 썼는데 중인 이하의 여자들은 장옷 대신 치마를 썼다. 또 양반집 여자들은 치마를 왼쪽으로 여며 입었는데 상민이 그렇게 입으면 망신을 당하고 쫓겨났다고 한다.

조선시대 공복에는 아청(鴉靑), 초록, 목홍(木紅) 등의 색을 사용했다. 『경국대전』에 따르면 1470년대에는 경공장에서 청색 물을 들이는 장인이 30여 명에 달할 만큼 청색 염색이 활발했다. 남색 역시 많이 사용되었다. 『임원십육지』에 따르면 6~7월에 쪽잎을 따서 만든 즙으로 남색 물을 들였다. 쪽잎으로 만든 남색 염료는 햇빛에 강해 색이 잘 변하지 않는 성질이 있어서 세계적으로 많이 사용되었다. 이 염료는 조선 초기까지는 사용이 드물었으나 조선 중기에 염료의 으뜸으로 등장했다가 합성염료의 출현으로 다시 왕좌에서 물러나게 되었다.

보기

ㄱ. 조선 후기에 중인 여자들은 외출할 때 장옷을 썼다.

ㄴ. 1470년대에 청색 염색이 활발했음을 보여주는 기록이 『경국대전』에 남아 있다.

ㄷ. 조선시대 정3품에 해당하는 중인들은 규정에 따라 청포에 흑각띠를 두르고 흑피화를 신었다.

ㄹ. 조선에서는 합성염료의 출현 이후에도 초봄에 쪽잎을 따서 만든 남색 염료가 합성염료보다 더 많이 사용되었다.

---

① ㄱ

② ㄴ

③ ㄱ, ㄷ

④ ㄴ, ㄹ

⑤ ㄷ, ㄹ

02 다음 글의 ㉠～㉢에 대하여 잘못 이해한 것은?

모든 역사는 '현대의 역사'라고 크로체는 언명했다. 역사란 본질적으로 현재의 관점에서 과거를 본다는 데에서 성립되며, 역사가의 주임무는 기록에 있는 것이 아니라 가치의 재평가에 있다는 것이다. 역사가가 가치의 재평가를 하지 않는다면 기록될 만한 가치 있는 것이 무엇인지를 알 수 없기 때문이다. 1916년 미국의 역사가 칼 벡커도 "㉠ <u>역사적 사실</u>이란 역사가가 이를 창조하기까지는 존재하지 않는다."라고 주장하면서 "모든 역사적 판단의 기초를 이루는 것은 ㉡ <u>실천적 요구</u>이기 때문에 모든 역사에는 현대의 역사라는 성격이 부여된다. 서술되는 사건이 아무리 먼 시대의 것이라고 할지라도 역사가 실제로 반영하는 것은 현재의 요구 및 현재의 상황이며 사건은 다만 그 속에서 메아리칠 따름이다."라고 하였다.

크로체의 이런 생각은 옥스포드의 철학자이며 역사가인 콜링우드에게 큰 영향을 끼쳤다. 콜링우드는 역사 철학이 취급하는 것은 ㉢ '<u>사실 그 자체</u>'나 '사실 그 자체에 대한 역사가의 이상' 중 어느 하나가 아니고 '상호관계 하에 있는 양자(兩者)'라고 하였다. 역사가가 연구하는 과거는 죽어 버린 과거가 아니라 어떤 의미에서는 아직도 ㉣ <u>현재 속에 살아 있는</u> 과거이다. 현재의 상황 속에서 역사가의 이상에 따라 해석된 과거이기 때문이다. 따라서 과거는 그 배후에 놓인 사상을 역사가가 이해할 수 없는 한 그에게 있어서는 죽은 것, 즉 무의미한 것이다. 이와 같은 의미에서 '모든 역사는 사상의 역사'라는 것이며 또한 '역사는 역사가가 자신이 연구하고 있는 사람들의 이상을 자신의 마음속에 재현한 것'이라는 것이다. 역사가의 마음속에서 이루어지는 과거의 재구성은 경험적인 증거에 의거하여 행해지지만, 재구성 그 자체는 경험적 과정이 아니며 또한 사실의 단순한 암송만으로 될 수 있는 것도 아니다. 오히려 이와는 반대로 ㉤ <u>재구성의 과정</u>은 사실의 선택 및 해석을 지배하는 것이며 바로 이것이야말로 사실을 역사적 사실로 만들어 놓는 과정이다.

① ㉠ – 역사가에 의해 재평가됨으로써 의미가 부여된 것
② ㉡ – 객관적 사실(事實)을 밝히려는 역사가의 적극적인 욕구
③ ㉢ – 역사가에 의해 해석되기 전의 객관적 사실(事實)
④ ㉣ – 역사가가 자신의 이상에 따라 해석한 과거
⑤ ㉤ – 역사가에 의해 사실(事實)이 사실(史實)로 되는 과정

PART 2

03 다음 글에서 알 수 있는 것을 〈보기〉에서 모두 고르면?

> 1964년 1월에 열린 아랍 정상회담의 결정에 따라 같은 해 5월 팔레스타인 사람들은 팔레스타인 해방기구(PLO)를 조직했다. 아랍연맹은 팔레스타인 해방기구를 팔레스타인의 유엔 대표로 인정하였으며, 팔레스타인 해방기구는 아랍 전역에 흩어진 난민들을 무장시켜 해방군을 조직했다. 바야흐로 주변 아랍국가들의 지원에 의지하던 팔레스타인 사람들이 자기 힘으로 영토를 되찾기 위해 총을 든 것이다. 그러나 팔레스타인 해방기구의 앞길이 순탄한 것은 결코 아니었다. 아랍국가 중 군주제 국가들은 이스라엘과 정면충돌할까 두려워 팔레스타인 해방기구를 자기 영토 안에 받아들이지 않으려 했고, 소련과 같은 사회주의 국가들과 이집트, 시리아만이 팔레스타인 해방기구를 지원했다. 1967년 6월 5일에 이스라엘의 기습공격으로 제 3차 중동전쟁이 시작되었다. 이 '6일 전쟁'에서 아랍연합군은 참패했고, 이집트는 시나이반도를 빼앗겼다. 참패 이후 팔레스타인 해방기구의 온건한 노선을 비판하며 여러 게릴라 조직들이 탄생하였다. 팔레스타인 해방인민전선(PFLP)을 비롯한 수많은 게릴라 조직들은 이스라엘은 물론이고 제국주의에 봉사하는 아랍국가들의 집권층, 그리고 미국을 공격 목표로 삼았다. 1970년 9월에 아랍민족주의와 비동맹운동의 기수였던 이집트 대통령 나세르가 사망함으로써 팔레스타인 해방운동은 더욱 불리해졌다. 왜냐하면 사회주의로 기울었던 나세르와 달리 후임 대통령 사다트는 국영기업을 민영화하고 친미 정책을 시행했기 때문이다.

보기

ㄱ. 팔레스타인 해방기구는 자신들의 힘으로 잃어버린 영토를 회복하려 하였다.
ㄴ. 중동전쟁으로 인해 이집트에는 팔레스타인 해방운동을 지지했던 정권이 무너지고 반 아랍민족주의 정권이 들어섰다.
ㄷ. 팔레스타인 해방기구와 달리 강경 노선을 취하는 게릴라 조직들은 아랍권 내 세력들도 공격 대상으로 삼았다.
ㄹ. 사회주의에 경도된 아랍민족주의는 군주제를 부정했기 때문에 아랍의 군주제 국가들이 팔레스타인 해방기구를 꺼려했다.

① ㄱ, ㄴ
② ㄱ, ㄷ
③ ㄱ, ㄴ, ㄷ
④ ㄴ, ㄷ, ㄹ
⑤ ㄱ, ㄴ, ㄷ, ㄹ

04 다음 글에서 추론할 수 있는 것은?

> 두뇌 연구는 지금까지 뉴런을 중심으로 진행되어 왔다. 뉴런 연구로 노벨상을 받은 카할은 뉴런이 '생각의 전화선'이라는 이론을 확립하여 사고와 기억 등 두뇌에서 일어나는 모든 현상을 뉴런의 연결망과 뉴런 간의 전기 신호로 설명했다. 그러나 두뇌에는 뉴런 외에도 신경교 세포가 존재한다. 신경교 세포는 뉴런처럼 그 수가 많지만 전기 신호를 전달하지 못한다. 이 때문에 과학자들은 신경교 세포가 단지 두뇌 유지에 필요한 영양 공급과 두뇌 보호를 위한 전기 절연의 역할만을 가진다고 여겼다.
>
> 최근 과학자들은 신경교 세포에서 그 이상의 기능을 발견했다. 신경교 세포 중에도 '성상세포'라 불리는 별 모양의 세포는 자신만의 화학적 신호를 가진다는 것이 밝혀졌다. 성상세포는 뉴런처럼 전기를 이용하지는 않지만, '뉴런송신기'라고 불리는 화학물질을 방출하고 감지한다. 과학자들은 이러한 화학적 신호의 연쇄반응을 통해 신경교 세포가 전체 뉴런을 조정한다고 추론했다.
>
> A연구팀은 신경교 세포가 전체 뉴런을 조정하면서 기억력과 사고력을 향상시킨다고 예상하고서, 이를 확인하기 위해 인간의 신경교 세포를 갓 태어난 생쥐의 두뇌에 주입했다. 쥐가 자라면서 주입된 인간의 신경교 세포도 성장했다. 이 세포들은 쥐의 뉴런들과 완벽하게 결합되어 쥐의 두뇌 전체에 걸쳐 퍼지게 되었다. 심지어 어느 두뇌 영역에서는 쥐의 뉴런의 숫자를 능가하기도 했다. 뉴런과 달리 쥐와 인간의 신경교 세포는 비교적 쉽게 구별된다. 인간의 신경교 세포는 매우 길고 무성한 섬유질을 가지기 때문이다. 쥐에 주입된 인간의 신경교 세포는 그 기능을 그대로 간직한다. 그렇게 성장한 쥐들은 다른 쥐들과 잘 어울렸고, 다른 쥐들의 관심을 끄는 것에 흥미를 보였다. 이 쥐들은 미로를 통과해 치즈를 찾는 테스트에서 더 뛰어났다. 보통의 쥐들은 네다섯 번의 시도 끝에 올바른 길을 배웠지만, 인간의 신경교 세포를 주입받은 쥐들은 두 번 만에 학습했다.

① 인간의 신경교 세포를 쥐에게 주입하면, 쥐의 뉴런은 전기 신호를 전달하지 못할 것이다.
② 인간의 뉴런 세포를 쥐에게 주입하면, 쥐의 두뇌에는 화학적 신호의 연쇄 반응이 더 활발해질 것이다.
③ 인간의 뉴런 세포를 쥐에게 주입하면, 그 뉴런 세포는 쥐의 두뇌 유지에 필요한 영양을 공급할 것이다.
④ 인간의 신경교 세포를 쥐에게 주입하면, 그 신경교 세포는 쥐의 뉴런을 보다 효과적으로 조정할 것이다.
⑤ 인간의 신경교 세포를 쥐에게 주입하면, 그 신경교 세포는 쥐의 신경교 세포의 기능을 갖도록 변화할 것이다.

PART 2

05 다음 글의 빈칸에 들어갈 내용으로 가장 적절한 것은?

다른 사람의 증언은 얼마나 신뢰할 만할까? 증언의 신뢰성은 두 가지 요인에 의해서 결정된다. 첫 번째 요인은 증언하는 사람이다. 만약 증언하는 사람이 거짓말을 자주 해서 신뢰하기 어려운 사람이라면 그의 말의 신뢰성은 떨어질 수밖에 없다. 두 번째 요인은 증언 내용이다. 만약 증언 내용이 우리의 상식과 상당히 동떨어져 있어 보인다면 증언의 신뢰성은 떨어질 수밖에 없다. 그렇다면 이 두 요인이 서로 대립하는 경우는 어떨까? 가령 매우 신뢰할 만한 사람이 기적이 일어났다고 증언하는 경우에 우리는 그 증언을 얼마나 신뢰해야 하는가?

이 질문에는 _____는 원칙을 적용해서 답할 수 있다. 이 원칙을 기적에 대한 증언에 적용시키기 위해서는 먼저 기적에 대해서 생각해 볼 필요가 있다. 기적이란 자연법칙을 위반한 사건이다. 여기서 자연법칙이란 지금까지 우주의 전체 역사에서 일어났던 모든 사건들이 따랐던 규칙이다. 그렇다면 자연법칙을 위반하는 사건 즉 기적은 아직까지 한 번도 일어나지 않은 사건이다. 한편 우리는 충분히 신뢰할 만한 사람이 자신의 의지와 무관하게 거짓을 말하는 경우를 이따금 관찰할 수 있다. 따라서 그런 사건이 일어날 확률은 매우 신뢰할 만한 사람이 거짓 증언을 할 확률보다 작을 수밖에 없다. 결국 우리는 기적이 일어났다는 증언을 신뢰해서는 안 된다.

① 어떤 사람이 참인 증언을 할 확률이 그 증언 내용이 실제로 일어날 확률보다 작은 경우에만 증언을 신뢰해야 한다.

② 어떤 사람이 거짓 증언을 할 확률이 그 증언 내용이 실제로 일어날 확률보다 작은 경우에만 증언을 신뢰해야 한다.

③ 어떤 사람이 거짓 증언을 할 확률이 그 증언 내용이 실제로 일어나지 않을 확률보다 작은 경우에만 증언을 신뢰해야 한다.

④ 어떤 사람이 제시한 증언 내용이 일어날 확률이 그것이 일어나지 않을 확률보다 더 큰 경우에만 그 증언을 신뢰해야 한다.

⑤ 어떤 사람이 제시한 증언 내용이 일어날 확률이 그것이 일어나지 않을 확률보다 더 작은 경우에만 그 증언을 신뢰해야 한다.

06 다음 글의 내용과 부합하는 것은?

> '청렴(淸廉)'은 현대 사회에서 좁게는 반부패와 동의어로 사용되며 넓게는 투명성과 책임성 등을 포괄하는 통합적 개념으로 사용되고 있다. 유학자들은 청렴을 효제와 같은 인륜의 덕목보다는 하위에 두었지만 군자라면 마땅히 지켜야 할 일상의 덕목으로 중시하였다. 조선의 대표적 유학자였던 이황과 이이는 청렴을 사회 규율이자 개인 처세의 지침으로 강조하였다. 특히 공적 업무에 종사하는 사람이라면 사회 규율로서의 청렴이 개인의 처세와 직결된다는 점에 유념해야 한다고 보았다.
>
> 청렴에 대한 논의는 정약용의 『목민심서』에서 본격적으로 나타난다. 정약용은 청렴이야말로 목민관이 지켜야 할 근본적인 덕목이며 목민관의 직무는 청렴이 없이는 불가능하다고 강조하였다. 정약용은 청렴을 당위의 차원에서 주장하는 기존의 학자들과 달리 행위자 자신에게 실질적 이익이 된다는 점을 들어 설득하고자 한다. 그는 청렴은 큰 이득이 남는 장사라고 말하면서, 지혜롭고 욕심이 큰 사람은 청렴을 택하지만 지혜가 짧고 욕심이 작은 사람은 탐욕을 택한다고 설명한다. 정약용은 "지자(知者)는 인(仁)을 이롭게 여긴다."라는 공자의 말을 빌려 "지혜로운 자는 청렴함을 이롭게 여긴다."라고 하였다. 비록 재물을 얻는 데 뜻이 있더라도 청렴함을 택하는 것이 결과적으로는 지혜로운 선택이라고 정약용은 말한다. 목민관의 작은 탐욕은 단기적으로 보면 눈 앞의 재물을 취하여 이익을 얻을 수 있겠지만 궁극에는 개인의 몰락과 가문의 불명예를 가져올 수 있기 때문이다.
>
> 정약용은 청렴을 지키는 것은 두 가지 효과가 있다고 보았다. 첫째, 청렴은 다른 사람에게 긍정적 효과를 미친다. 목민관이 청렴할 경우 백성을 비롯한 공동체 구성원에게 좋은 혜택이 돌아갈 것이다. 둘째, 청렴한 행위를 하는 것은 목민관 자신에게도 좋은 결과를 가져다준다. 청렴은 그 자신의 덕을 높이는 것일 뿐 아니라 자신의 가문에 빛나는 명성과 영광을 가져다줄 것이다.

① 정약용은 청렴이 목민관이 반드시 지켜야 할 덕목임을 당위론 차원에서 정당화하였다.

② 정약용은 탐욕을 택하는 것보다 청렴을 택하는 것이 이롭다는 공자의 뜻을 계승하였다.

③ 정약용은 청렴한 사람은 욕심이 작기 때문에 재물에 대한 탐욕에 빠지지 않는다고 보았다.

④ 정약용은 청렴이 백성에게 이로움을 줄 뿐 아니라 목민관 자신에게도 이로운 행위라고 보았다.

⑤ 이황과 이이는 청렴을 개인의 처세에 있어 주요 지침으로 여겼으나 사회 규율로는 보지 않았다.

07 다음 글의 빈칸에 들어갈 문장으로 가장 적절한 것은?

> 1979년 경찰관 출신이자 샌프란시스코 시의원이었던 화이트 씨는 시장과 시의원을 살해했다는 이유로 1급 살인죄로 기소되었다. 화이트의 변호인은 피고인이 스낵과자를 비롯해, 컵케이크, 캔디 등을 과다 섭취했는데 당분 과다로 뇌의 화학적 균형이 무너져 정신에 장애가 왔다고 주장하면서 책임 경감을 요구했다. 재판부는 변호인의 주장을 인정하여 계획 살인죄보다 약한 일반 살인죄를 적용하여 7년 8개월의 금고형을 선고했다. 이 항변은 당시 미국에서 인기 있던 스낵과자의 이름을 따 '트윙키 항변'이라 불렸고 사건의 사회성이나 의외의 소송 전개 때문에 큰 화제가 되었다.
>
> 1982년 슈엔달러는 교정시설에 수용된 소년범 276명을 대상으로 섭식과 반사회 행동의 상관관계에 대해 실험하였다. 기존 식단에서 각설탕을 배식하다가 꿀로 바꾸어 보고, 설탕이 많이 들어간 음료수를 주다가 설탕이 가미되지 않은 천연 과일 주스를 주는 식으로 변화를 주었다. 설탕처럼 정제한 당의 섭취를 원천적으로 차단했더니 그 결과 시설 내 폭행, 절도, 규율 위반, 패싸움 등이 실험 전에 비해 무려 45%나 감소하였다. 이 실험이 직접적으로 보여주는 것은 _____ 는 것이다.

① 과도한 영양섭취가 범죄 발생에 영향을 미친다.
② 과다한 정제당 섭취가 반사회적 행동을 유발할 수 있다.
③ 가공 식품의 섭취가 일반적으로 폭력 행위를 증가시킨다.
④ 정제당 첨가물로 인한 모든 범죄 행위는 그 책임이 경감되어야 한다.
⑤ 범죄 예방을 위해 교정시설 내 소년범들에게 천연 과일을 제공해야 한다.

08 다음 글에서 추론할 수 없는 것은?

> 언뜻 보아서는 살쾡이와 고양이를 구별하기 힘들다. 살쾡이가 고양잇과의 포유동물이어서 고양이와 흡사하기 때문이다. 그래서인지 '살쾡이'란 단어는 '고양이'와 연관이 있다. '살쾡이'의 '쾡이'가 '괭이'와 연관이 있는데, '괭이'는 '고양이'의 준말이기 때문이다.
>
> '살쾡이'는 원래 '삵'에 '괭이'가 붙어서 만들어진 단어이다. '삵'은 그 자체로 살쾡이를 뜻하는 단어였다. 살쾡이의 모습이 고양이와 비슷해도 단어 '삵'은 '고양이'와는 아무런 연관이 없다. 그런데도 '삵'에 고양이를 뜻하는 '괭이'가 덧붙게 되었다. 그렇다고 '살쾡이'가 '삵과 고양이', 즉 '살쾡이와 고양이'란 의미를 가지는 것은 아니다. 단지 '삵'에 비해 '살쾡이'가 후대에 생겨난 단어일 뿐이다. '호랑이'란 단어도 이런 식으로 생겨났다. '호랑이'는 '호(虎, 범)'와 '랑(狼, 이리)'으로 구성되어 있으면서도 '호랑이와 이리'란 뜻을 가진 것이 아니라 그 뜻은 역시 '범'인 것이다.
>
> '살쾡이'는 '삵'과 '괭이'가 합쳐져 만들어진 단어이기 때문에 '삵괭이' 또는 '삭괭이'로도 말하는 지역이 있으며, '삵'의 'ㄱ' 때문에 뒤의 '괭이'가 된소리인 '꽹이'가 되어 '삭꽹이' 또는 '살꽹이'로 말하는 지역도 있다. 그리고 '삵'에 거센소리가 발생하여 '살쾡이'로 발음하는 지역도 있다. 주로 서울 지역에서 '살쾡이'로 발음하기 때문에 '살쾡이'를 표준어로 삼았다. 반면에 북한의 사전에서는 '살쾡이'를 찾을 수 없고 '살괭이'만 찾을 수 있다. 남한에서 '살괭이'를 '살쾡이'의 방언으로 처리한 것과는 다르다.

① '호랑이'는 '호(虎, 범)'보다 나중에 형성되었다.
② 두 단어가 합쳐져 하나의 대상을 지시할 수 있다.
③ '살쾡이'가 남·북한 사전 모두에 실려 있는 것은 아니다.
④ '살쾡이'는 가장 광범위하게 사용되기 때문에 표준어로 정해졌다.
⑤ '살쾡이'의 방언이 다양하게 나타나는 것은 지역의 발음 차이 때문이다.

PART 2

09 다음 글에서 추론할 수 있는 것은?

조선 후기 숙종 때 서울 시내의 무뢰배가 검계를 결성하여 무술훈련을 하였다. 좌의정 민정중이 '검계의 군사훈련 때문에 한양의 백성들이 공포에 떨고 있으니 이들을 처벌해야 한다.'고 상소하자 임금이 포도청에 명하여 검계 일당을 잡아들이게 하였다. 포도대장 장봉익은 몸에 칼자국이 있는 자들을 잡아들였는데, 이는 검계 일당이 모두 몸에 칼자국을 내어 자신들과 남을 구별하는 징표로 삼았기 때문이다.

검계는 원래 향도계에서 비롯하였다. 향도계는 장례를 치르기 위해 결성된 계였다. 비용이 많이 소요되는 장례에 대비하기 위해 계를 구성하여 평소 얼마간 금전을 갹출하고, 구성원 중에 상을 당한 자가 있으면 갹출한 금전에 얼마를 더하여 비용을 마련해주는 방식이었다. 향도계는 서울 시내 백성들에게 널리 퍼져 있었으며, 양반들 중에도 가입하는 이들이 있었다. 향도계를 관리하는 조직을 도가라 하였는데, 도가는 점차 죄를 지어 법망을 피하려는 자들을 숨겨주는 소굴이 되었다. 이 도가 내부의 비밀조직이 검계였다.

검계의 구성원들은 스스로를 왈짜라 부르고 있었다. 왈짜는 도박장이나 기생집, 술집 등 도시의 유흥공간을 세력권으로 삼아 활동하는 이들이었다. 하지만 모든 왈짜가 검계의 구성원이었던 것은 아니다. 왈짜와 검계는 모두 폭력성을 지녔고 활동하는 주 무대도 같았지만 왈짜는 검계와 달리 조직화된 집단은 아니었다. 부유한 집안의 아들이었던 김홍연은 대과를 준비하다가 너무 답답하다는 이유로 중도에 그만두고 무과 공부를 하였다. 그는 무예에 탁월했지만 지방 출신이라는 점이 출세하는 데 장애가 될 것을 염려하여 무과 역시 포기하고 왈짜가 되었다. 김홍연은 왈짜였지만 검계의 일원은 아니었다.

① 도가의 장은 향도계의 장을 겸임하였다.
② 향도계의 구성원 중에는 검계 출신이 많았다.
③ 향도계는 공공연한 조직이었지만 검계는 비밀조직이었다.
④ 몸에 칼자국이 없으면서 검계의 구성원인 왈짜도 있었다.
⑤ 김홍연이 검계의 일원이 되지 못하고 왈짜에 머물렀던 것은 지방 출신이었기 때문이다.

10 다음 글의 내용과 부합하는 것을 〈보기〉에서 모두 고르면?

이슬람 금융 방식은 돈만 빌려 주고 금전적인 이자만을 받는 행위를 금지하는 이슬람 율법에 따라 실물자산을 동반하는 거래의 대가로서 수익을 분배하는 방식을 말한다. 이슬람 금융 방식에는 '무라바하', '이자라', '무다라바', '무샤라카', '이스티스나' 등이 있다.

무라바하와 이자라는 은행이 채무자가 원하는 실물자산을 매입할 경우 그것의 소유권이 누구에게 있느냐에 따라 구별된다. 실물자산의 소유권이 은행에서 채무자로 이전되면 무라바하이고, 은행이 소유권을 그대로 보유하면 이자라이다. 무다라바와 무샤라카는 주로 투자 펀드나 신탁 금융에서 활용되는 방식으로서 투자자와 사업자의 책임 여부에 따라 구별된다. 사업 시 발생하는 손실에 대한 책임이 투자자에게만 있으면 무다라바이다. 양자의 협상에 따라 사업에 대한 이익을 배분하긴 하지만, 손실이 발생할 경우 사업자는 그 손실에 대한 책임을 가지지 않는다. 반면에 투자자와 사업자가 공동으로 사업에 대한 책임과 이익을 나누어 가지면 무샤라카이다. 이스티스나는 장기 대규모 건설 프로젝트에 활용되는 금융 지원 방식으로서 투자자인 은행은 건설 자금을 투자하고 사업자는 건설을 담당한다. 완공 시 소유권은 투자자에게 귀속되고, 사업자는 그 자산을 사용해서 얻은 수입으로 투자자에게 임차료를 지불한다.

보기

ㄱ. 사업에 대한 책임이 투자자가 아니라 사업자에게만 있으면 무다라바가 아니라 무샤라카이다.
ㄴ. 은행과 사업자가 공동으로 투자하여 사업을 수행하고 이익을 배분하면 무샤라카가 아니라 이스티스나이다.
ㄷ. 은행이 채무자가 원하는 부동산을 직접 매입 후 소유권 이전 없이 채무자에게 임대하면 무라바하가 아니라 이자라이다.

① ㄱ
② ㄷ
③ ㄱ, ㄴ
④ ㄴ, ㄷ
⑤ ㄱ, ㄴ, ㄷ

11 다음 글을 근거로 판단할 때, 〈보기〉에서 옳은 것만을 모두 고르면?

조선시대 지방행정제도는 기본적으로 8도(道) 아래 부(府), 대도호부(大都護府), 목(牧), 도호부(都護府), 군(郡), 현(縣)을 두는 체제였다. 이들 지방행정기관은 6조(六曹)를 중심으로 한 중앙행정기관의 지시를 받았으나 중앙행정기관의 완전한 하부 기관은 아니었다. 지방행정기관도 중앙행정기관과 같이 왕에 직속되어 있었기 때문에 중앙행정기관과 의견이 다르거나 쟁의가 있을 때는 왕의 재결을 바로 품의(稟議)할 수 있었다.

지방행정기관의 장으로는 도에 관찰사(觀察使), 부에 부윤(府尹), 대도호부에 대도호부사(大都護府使), 목에 목사(牧使), 도호부에 도호부사(都護府使), 군에 군수(郡守), 그리고 현에 현감(縣監)을 두었다. 관찰사는 도의 행정·군사·사법에 관한 전반적인 사항을 다스리고, 관내의 지방행정기관장을 지휘·감독하는 일을 하였다. 제도 시행 초기에 관찰사는 순력(巡歷)이라 하여 일정한 사무소를 두지 않고 각 군·현을 순례하면서 지방행정을 감시하였으나, 나중에는 고정된 근무처를 가지게 되었다. 관찰사를 제외한 지방행정기관장은 수령(首領)으로 통칭되었는데, 이들 역시 행정업무와 함께 일정한 수준의 군사·사법업무를 같이 담당하였다.

중앙에서는 파견한 지방행정기관장에 대한 관리와 감독을 철저히 했다. 권력남용 등의 부조리나 지방세력과 연합하여 독자세력으로 발전하는 것을 막기 위한 조치였다. 일례로 관찰사의 임기를 360일로 제한하여 지방토호나 지방영주로 변질되는 것을 막고자 하였다.

> **보기**
>
> ㄱ. 조선시대 지방행정기관은 왕의 직속기관이었을 것이다.
> ㄴ. 지방행정기관의 우두머리라는 의미에서 관찰사를 수령이라고 불렀을 것이다.
> ㄷ. 군수와 현감은 행정업무뿐만 아니라 군사업무와 사법업무도 담당했을 것이다.
> ㄹ. 관찰사의 임기를 제한한 이유 중 하나는 지방세력과 연합하여 독자세력으로 발전하는 것을 막으려는 것이었다.

① ㄱ, ㄴ
② ㄱ, ㄹ
③ ㄴ, ㄷ
④ ㄱ, ㄷ, ㄹ
⑤ ㄴ, ㄷ, ㄹ

12 다음 글과 상황을 근거로 판단할 때 옳은 것은?

제1조 이 법에서 사용하는 용어의 뜻은 다음과 같다.
1. '자연장(自然葬)'이란 화장한 유골의 골분(骨粉)을 수목·화초·잔디 등의 밑이나 주변에 묻어 장사하는 것을 말한다.
2. '개장(改葬)'이란 매장한 시신이나 유골을 다른 분묘에 옮기거나 화장 또는 자연장하는 것을 말한다.
제2조
① 사망한 때부터 24시간이 지난 후가 아니면 매장 또는 화장을 하지 못한다.
② 누구든지 허가를 받은 공설묘지, 공설자연장지, 사설묘지 및 사설자연장지 외의 구역에 매장하여서는 안 된다.
제3조
① 매장(단, 자연장 제외)을 한 자는 매장 후 30일 이내에 매장지를 관할하는 시장·군수·구청장(이하 '시장 등'이라 한다)에게 신고하여야 한다.
② 화장을 하려는 자는 화장시설을 관할하는 시장 등에게 신고하여야 한다.
③ 개장을 하려는 자는 다음 각 호의 구분에 따라 시신 또는 유골의 현존지(現存地) 또는 개장지(改葬地)를 관할하는 시장 등에게 각각 신고하여야 한다.
  1. 매장한 시신 또는 유골을 다른 분묘로 옮기거나 화장하는 경우 : 시신 또는 유골의 현존지와 개장지
  2. 매장한 시신 또는 유골을 자연장하는 경우 : 시신 또는 유골의 현존지
제4조
① 국가, 시·도지사 또는 시장 등이 아닌 자는 가족묘지, 종중·문중묘지 등을 설치·관리할 수 있다.
② 제1항의 묘지를 설치·관리하려는 자는 해당 묘지 소재지를 관할하는 시장 등의 허가를 받아야 한다.

〈상황〉

甲은 90세의 나이로 2019년 7월 10일 아침 7시 A시에서 사망하였다. 이에 甲의 자녀는 이미 사망한 甲의 배우자 乙의 묘지(B시 소재 공설묘지)에서 유골을 옮겨 가족묘지를 만드는 것을 포함하여 장례에 대하여 논의하였다.

① 甲을 2019년 7월 10일 매장할 수 있다.
② 甲을 C시 소재 화장시설에서 화장하려는 경우, 그 시설을 관할하는 C시의 장에게 신고하여야 한다.
③ 甲의 자녀가 가족묘지를 설치·관리하려는 경우, 그 소재지의 관할 시장 등에게 신고하여야 한다.
④ 甲의 유골의 골분을 자연장한 경우, 자연장지 소재지의 관할 시장에게 2019년 8월 10일까지는 허가를 받아야 한다.
⑤ 乙의 유골을 甲과 함께 D시 소재 공설묘지에 합장하려는 경우, B시의 장과 D시의 장의 허가를 각각 받아야 한다.

13 다음 글에서 알 수 있는 것은?

> 1937년 영국에서 거행된 조지 6세의 대관식에 귀족들은 대부분 자동차를 타고 왔다. 대관식에 동원된 마차는 단 세 대밖에 없었을 정도로 의례에서 마차가 차지하는 비중이 작아졌다. 당시 마차에 관련된 서적에서 나타나듯이, 대귀족 가문들조차 더 이상 호화로운 마차를 사용하지 않았다. 당시 마차들은 조각이 새겨진 황금빛 왕실 마차와 같이 순전히 의례용으로 이용되는 경우를 제외하고는 거의 사용되지 않은 채 방치되었다.
>
> 제2차 세계대전 이후 전투기와 탱크와 핵폭탄이 세계를 지배하면서, 대중은 급격한 과학 기술의 발전에 두려움과 어지러움을 느끼게 되었다. 이런 배경에서 영국 왕실의 의례에서는 말과 마차와 검과 깃털 장식 모자의 장엄한 전통이 정치적으로 부활했다. 1953년 엘리자베스 2세의 대관식은 전통적인 방식으로 성대하게 치러졌다. 대관식에 참여한 모든 외국 왕족과 국가 원수를 마차에 태웠고, 이 때 부족한 일곱 대의 마차를 한 영화사에서 추가로 임대할 정도였다.
>
> 왕실의 고풍스러운 의례가 전파로 송출되기 시작하면서, 급변하는 사회를 혼란스러워 하던 대중은 전통적 왕실 의례에서 위안을 찾았다. 국민의 환호와 열광 속에 화려한 마차를 타고 개선로를 통과하는 군주에게는 어수선한 시대의 안정적 구심점이라는 이미지가 부여되었다. 군주는 전후 경제적 피폐와 정치적 혼란의 양상을 수습하고 국가의 질서를 재건하는 상징적 존재로 부상하였다.

① 1953년 영국 왕실의 의전 행사 방식은 1937년의 그것과 같았다.
② 영국 왕실 의례는 영국의 지역 간 통합에 순기능으로 작동했다.
③ 영화는 영국 왕실 의례가 대중에 미치는 영향력을 잘 보여주었다.
④ 시대의 변화에 따라 영국 왕실 의례의 장엄함과 섬세함은 왕실 외부로 알려지지 않게 되었다.
⑤ 제2차 세계대전 이후 전통적 영국 왕실 의례의 부활은 대중들에게 위안과 안정을 주는 역할을 하였다.

14 다음 글과 상황을 근거로 판단할 때 옳은 것은?

제1조(국회의 정기회) 정기회는 매년 9월 1일에 집회한다. 그러나 그 날이 공휴일인 때에는 그 다음날에 집회한다.

제2조(국회의 임시회)

① 임시회의 집회요구가 있을 때에는 의장은 집회기일 3일 전에 공고한다. 이 경우 둘 이상의 집회요구가 있을 때에는 집회일이 빠른 것을 공고하되, 집회일이 같은 때에는 그 요구서가 먼저 제출된 것을 공고한다.

② 국회의원 총선거 후 최초의 임시회는 의원의 임기개시 후 7일째에 집회한다.

제3조(연간 국회운영기본일정 등)

① 의장은 국회의 연중 상시운영을 위하여 각 교섭단체대표의원과의 협의를 거쳐 매년 12월 31일까지 다음 연도의 국회운영기본일정을 정하여야 한다. 다만, 국회의원 총선거 후 처음 구성되는 국회의 당해 연도의 국회운영기본일정은 6월 30일까지 정하여야 한다.

② 제1항의 연간 국회운영기본일정은 다음 각 호의 기준에 따른다.

　1. 매 짝수월(8·10월 및 12월을 제외한다) 1일(그 날이 공휴일인 때에는 그 다음날)에 임시회를 집회한다. 다만, 국회의원 총선거가 있는 월의 경우에는 그러하지 아니하다.

　2. 정기회의 회기는 100일, 제1호의 규정에 의한 임시회의 회기는 매 회 30일을 초과할 수 없다.

〈상황〉

○ 국회의원 총선거는 4년마다 실시하며, 그 임기는 4년이다.

○ 제△△대 국회의원 총선거는 금년 4월 20일(수)에 실시되며 5월 30일부터 국회의원의 임기가 시작된다.

---

① 제△△대 국회의 첫 번째 임시회는 4월 27일에 집회한다.

② 올해 국회의 정기회는 9월 1일에 집회하여 12월 31일에 폐회한다.

③ 내년도 국회의 회기는 정기회와 임시회의 회기를 합하여 연간 130일을 초과할 수 없다.

④ 내년 4월 30일에 임시회의 집회요구가 있을 때에는 국회의장의 임시회 집회공고 없이 5월 1일에 임시회가 집회된다.

⑤ 제△△대 국회의 의장은 각 교섭단체대표의원과의 협의를 거쳐 내년도 국회운영기본일정을 올해 12월 31일까지 정해야 한다.

PART 2

15 다음 글의 빈칸에 들어갈 진술로 가장 적절한 것은?

모두가 서로를 알고 지내는 작은 규모의 사회에서는 거짓이나 사기가 번성할 수 없다. 반면 그렇지 않은 사회에서는 누군가를 기만하여 이득을 보는 경우가 많이 발생한다. 이런 현상이 발생하는 이유를 확인하는 연구가 이루어졌다. A교수는 그가 마키아벨리아니즘이라고 칭한 성격 특성을 지닌 사람을 판별하는 검사를 고안해냈다. 이 성격 특성은 다른 사람을 교묘하게 이용하고 기만하는 능력을 포함한다. 그의 연구는 사람들 중 일부는 다른 사람들을 교묘하게 이용하거나 기만하여 자기 이익을 챙긴다는 사실을 보여준다. 수백 명의 학생을 대상으로 한 조사에서, 마키아벨리아니즘을 갖는 것으로 분류된 학생들은 대체로 대도시 출신임이 밝혀졌다.

위 연구들이 보여주는 바를 대도시 사람들의 상호작용을 이해하기 위해 확장시켜 보자. 일반적으로 낯선 사람들이 모여 사는 대도시에서는 자기 이익을 위해 다른 사람을 이용하는 성향을 지닌 사람이 많다고 생각하기 쉽다. 대도시 사람들은 모두가 사기꾼처럼 보인다는 주장이 일리 있게 들리기도 한다. 그러나 다른 사람들의 협조 성향을 이용하여 도움을 받으면서도 다른 사람에게 도움을 주지 않는 사람이 존재하기 위해서는 일정한 틈새가 만들어져 있어야 한다. _____ 때문에 이 틈새가 존재할 수 있는 것이다. 이는 기생 식물이 양분을 빨아먹기 위해서는 건강한 나무가 있어야 하는 것과 같다. 나무가 건강을 잃게 되면 기생 식물 또한 기생할 터전을 잃게 된다. 그렇다면 어떤 의미에서는 모든 사람들이 사기꾼이라는 냉소적인 견해는 낯선 사람과의 상호작용을 잘못 이해한 것이다. 모든 사람들이 사기꾼이라면 사기를 칠 가능성도 사라지게 된다고 이해하는 것이 맞다.

① 대도시라는 환경적 특성

② 인간은 사회를 필요로 하기

③ 많은 사람들이 진정으로 협조하기

④ 많은 사람들이 이기적 동기에 따라 행동하기

⑤ 누가 마키아벨리아니즘을 갖고 있는지 판별하기 어렵기

16 다음 글에 나오는 답변에 대한 반박으로 적절한 것을 〈보기〉에서 모두 고르면?

> Q : 신이 어떤 행위를 하라고 명령했기 때문에 그 행위가 착한 것인가, 아니면 오히려 그런 행위가 착한 행위이기 때문에 신이 그 행위를 하라고 명령한 것인가?
>
> A : 여러 경전에서 신은 우리에게 정직할 것을 명령한다. 우리가 정직해야 하는 이유는 단지 신이 정직하라고 명령했기 때문이다. 따라서 한 행위가 착한 행위가 되기 위해서는 신이 그 행위를 하라고 명령해야 한다. 다시 말해 만일 신이 어떤 행위를 하라고 명령하지 않는다면, 그 행위는 착한 것이 아니다.

보기

ㄱ. 만일 신이 우리에게 정직하라고 명령하지 않았다면, 정직한 것은 착한 행위도 못된 행위도 아니다. 정직함을 착한 행위로 만드는 것은 바로 신의 명령이다.

ㄴ. 만일 신이 이산화탄소 배출량을 줄이기 위해 재생에너지를 쓰라고 명령하지 않았다면 그 행위는 착한 행위가 될 수 없을 것이다. 하지만 신이 그렇게 명령한 적이 없더라도 그 행위는 착한 행위이다.

ㄷ. 장기 기증은 착한 행위이다. 하지만 신이 장기 기증을 하라고 명령했다는 그 어떤 증거나 문서도 존재하지 않으며 신이 그것을 명령했다고 주장하는 사람도 없다.

ㄹ. 어떤 사람은 원수를 죽이는 것이 신의 명령이라고 말하고 다른 사람은 원수를 죽이는 것이 신의 명령이 아니라고 말한다. 사람들이 신의 명령이라고 말한다고 해서 그것이 정말로 신의 명령인 것은 아니다.

---

① ㄷ

② ㄹ

③ ㄴ, ㄷ

④ ㄱ, ㄴ, ㄹ

⑤ ㄱ, ㄴ, ㄷ, ㄹ

17 다음 글의 ㉠을 약화하는 증거로 가장 적절한 것은?

> 1966년 석가탑 해체 보수 작업은 뜻밖에도 엄청난 보물을 발견하는 계기가 되었다. 이때 발견된 다라니경은 한국뿐만 아니라 전세계의 이목을 끌었다. 이 놀라운 발견 이전에는 770년에 목판 인쇄된 일본의 불경이 세계사에서 최고(最古)의 현존 인쇄본으로 여겨졌다. 그러나 이 한국의 경전을 조사한 결과, 일본의 것보다 앞서 만들어진 것으로 밝혀졌다.
>
> 불국사가 751년에 완공된 것이 알려져 있으므로 석가탑의 축조는 같은 시기이거나 그 이전일 것임에 틀림없다. 이 경전의 연대 확정에 도움을 준 것은 그 문서가 측천무후가 최초로 사용한 12개의 특이한 한자를 포함하고 있다는 사실이었다. 측천무후는 690년에 제위에 올랐고 705년 11월에 죽었다. 측천무후가 만든 한자들이 그녀의 사후에 중국에서 사용된 사례는 발견되지 않았다. 그러므로 신라에서도 그녀가 죽은 뒤에는 이 한자들을 사용하지 않았을 것이라는 추정이 가능하다. 이러한 증거로 다라니경이 늦어도 705년경에 인쇄되었다고 판단할 수 있다.
>
> 그러나 이 특이한 한자들 때문에 몇몇 중국의 학자들은 ㉠ '다라니경이 신라에서 인쇄된 것이 아니라 중국 인쇄물이다.'라고 주장하였다. 그들은 신라가 그 당시 중국과 독립적이었기 때문에 신라인들이 측천무후 치세 동안 사용된 특이한 한자들을 사용하지는 않았을 것이라고 주장한다. 그러나 중국인들의 이 견해는 『삼국사기』에서 얻을 수 있는 명확한 반대 증거로 인해 반박된다. 『삼국사기』는 신라가 695년에 측천무후의 역법을 도입하는 등 당나라의 새로운 정책을 자발적으로 수용하고 있었음을 보여준다. 그러므로 신라인들이 당시에 중국의 역법 개정을 채택했다면 마찬가지로 측천무후에 의해 도입된 특이한 한자들도 채용했을 것이라고 추정하는 것이 합리적이다.

① 서역에서 온 다라니경 원전을 처음으로 한역(漢譯)한 사람은 측천무후 시대의 중국의 국사(國師)였던 법장임이 밝혀졌다.

② 측천무후 사후에 나온 신라의 문서들에 측천무후가 발명한 한자가 쓰이지 않았음이 밝혀졌다.

③ 측천무후 즉위 이후 중국의 문서에 쓸 수 없었던 글자가 다라니경에서 쓰인 것이 발견되었다.

④ 705년경에 중국에서 제작된 문서들이 다라니경과 같은 종이를 사용한 것이 발견되었다.

⑤ 다라니경의 서체는 705년경부터 751년까지 중국에서 유행하였던 것으로 밝혀졌다.

18 다음 글에 나타난 논증에 대한 반박으로 적절하지 않은 것은?

> 쾌락과 관련된 사실에 대해서 충분한 정보를 갖고, 오랜 시간 숙고하여 자신의 선호를 합리적으로 판별할 수 있는 사람을 높은 수준의 합리적 사람이라고 한다. 이런 사람은 가치 수준이 다른 두 종류의 쾌락에 대해서 충분히 판단할 만한 위치에 있다. 그리하여 높은 수준의 합리적 사람이 선호하는 쾌락은 실제로 더 가치 있는 쾌락이다. 예컨대 그가 호떡 한 개를 먹고 느끼는 쾌락보다 수준 높은 시 한 편이 주는 쾌락을 선호한다면 시 한 편이 주는 쾌락이 더 가치 있다. 그것이 더 가치가 있는 것은 높은 수준의 합리적 사람이 더 선호하기 때문이다. 이런 방법으로 우리는 높은 수준의 합리적 사람이 선호하는 것을 통해서 쾌락의 가치 서열을 정할 수 있다. 나아가 우리는 최고 가치에 도달할 수 있다. 가령 높은 수준의 합리적 사람이 그 어떤 쾌락보다도 행복을 선호한다면, 이는 행복이 최고 가치라는 것을 뜻한다. 따라서 우리는 최고 가치가 무엇인지 알 수 있다.

① 대부분의 사람은 시 한 편과 호떡 한 개 중에서 호떡을 선택한다.
② 높은 수준의 합리적 개인들 사이에서도 쾌락의 선호가 다를 수 있다.
③ 높은 수준의 합리적 사람이 행복을 최고 가치로 여긴다고 해서 행복이 최고 가치인 것은 아니다.
④ 자신의 선호를 판별할 수 있는 높은 수준의 합리적 능력을 지닌 사람들은 실제로 존재하지 않는다.
⑤ 충분한 정보를 갖고 있고 오랜 시간 숙고한다 하더라도 질적 가치의 위계를 정할 수 있는 사람은 없다.

19 (가)와 (나)에 대한 평가로 적절한 것만을 〈보기〉에서 모두 고르면?

(가) 어린 시절 과학 선생님에게 가을에 단풍이 드는 까닭을 물어본 적이 있다면, 단풍은 "나무가 겨울을 나려고 잎을 떨어뜨리다 보니 생기는 부수적인 현상"이라는 답을 들었을 것이다. 보통 때는 초록빛을 내는 색소인 엽록소가 카로틴, 크산토필 같은 색소를 가리므로 우리는 잎에서 다른 빛깔을 보지 못한다. 가을이 오면, 잎을 떨어뜨리고자 잎자루 끝에 떨켜가 생기면서 가지와 잎 사이의 물질 이동이 중단된다. 이에 따라 엽록소가 파괴되면서 감춰졌던 다른 색소들이 자연스럽게 드러나서 잎이 노랗거나 주홍빛을 띠게 된다. 요컨대 단풍은 나무가 월동 준비 과정에서 우연히 생기는 부산물이다.

(나) 생물의 내부를 들여다보면 화려한 색은 거의 눈에 띄지 않는다. 물론 척추동물의 몸 속에 흐르는 피는 예외이다. 상처가 난 당사자에게 피의 강렬한 색이 사태의 시급성을 알려 준다면, 피의 붉은 색깔은 특정한 목적을 가지고 진화적으로 출현했다고 볼 수 있다. 마찬가지로 타는 듯한 가을 단풍은 나무가 해충에 보내는 경계 신호라고 볼 수 있다. 진딧물처럼 겨울을 나기 위해 가을에 적당한 나무를 골라서 알을 낳는 곤충들을 향해 나무가 자신의 경계 태세가 얼마나 철저한지 알려 주는 신호가 가을 단풍이라는 것이다. 단풍의 색소를 만드는 데는 적지 않은 비용이 따르므로, 오직 건강한 나무만이 진하고 뚜렷한 가을 빛깔을 낼 수 있다. 진딧물은 이러한 신호들에 반응해서 가장 형편없이 단풍이 든 나무에 내려앉는다. 휘황찬란한 단풍은 나무와 곤충이 진화하면서 만들어 낸 적응의 결과물이다.

보기

ㄱ. 단풍이 드는 나무 중에서 떨켜를 만들지 않는 종이 있다는 연구 결과는 (가)의 주장을 강화한다.
ㄴ. 식물의 잎에서 주홍빛을 내는 색소가 가을에 새롭게 만들어진다는 연구 결과는 (가)의 주장을 강화한다.
ㄷ. 가을에 인위적으로 어떤 나무의 단풍색을 더 진하게 만들었더니 그 나무에 알을 낳는 진딧물의 수가 줄었다는 연구 결과는 (나)의 주장을 강화한다.

① ㄱ
② ㄷ
③ ㄱ, ㄴ
④ ㄴ, ㄷ
⑤ ㄱ, ㄴ, ㄷ

20 다음 글의 내용과 부합하지 않는 것은?

동남아시아 고전 시대의 통치 체제를 설명할 때 통상 사용되는 용어는 만다라이다. 만다라는 본래 동심원을 뜻하는 불교 용어인데 동남아의 통치 체제를 설명하기 위해 차용되었다. 통치 체제로서의 만다라는 내부로부터 외부로 점차 나아갈수록 왕의 세력이 약화되는 모습을 형상화한 여러 개의 동심원들이 배열되어 있는 형태를 뜻한다. 간단하게 말해서 만다라는 왕의 힘이 유동적으로 움직이는 공간을 뜻하기 때문에 만다라적 통치 체제에서는 국경 개념이 희미해진다.

한 왕의 세력 범주 내에 있는 백성들은 왕에게 충성을 바치고 부역과 조세의 의무를 지지만, 만일 왕이 하늘로부터 위임 받은 카리스마를 상실했다고 판단되면 외곽의 동심원에 있는 백성들부터 느슨한 경계를 넘어 다른 만다라로의 이주가 자유롭게 일어났다. 만다라적 통치 체제에서의 왕은 백성들에게 카리스마를 유지하기 위해 자신이 하늘로부터 계시를 받은 자, 즉 신과 인간의 중간자임을 보여 주는 화려한 제왕의 의식, 군무행진 등을 정기적으로 시행했다. 또한 각종 보석과 마법이 담겨 있다고 여겨지는 무기들을 보유하여 권위를 과시했다.

이러한 만다라적 통치 체제로 미루어 볼 때, 캄보디아의 앙코르와트 사원을 통해 유추해 볼 수 있는 앙코르 왕국의 왕권은 예외적이라고 평가되었다. 유명한 역사학자 토인비는 거대한 앙코르와트 사원 근처에 놓인 바레이라 불리는 저수지를 농업을 위한 관개시설이라 보고 앙코르와트를 이집트의 피라미드 건설과 같은 맥락으로 이해했다. 그는 농업을 위한 관개의 필요라는 도전을 받아 앙코르인이 저수지 건설이라는 응전을 한 것으로 보았다. 그 결과로 앙코르의 왕은 중앙 집중화된 왕권의 기초를 다졌고, 왕국의 막강한 정치력을 앙코르와트 사원을 통해 드러내고 있다고 분석했다.

그런데 몇 년 전 토인비의 의견을 뒤집는 학설이 제기되었다. 액커라는 지리학자는 바레이의 용량을 재어 보고는 그것이 관개시설로 사용될 만큼의 규모가 아니며, 바레이가 사원을 정 4방으로 둘러싼 위치를 보건대 앙코르와트 사원은 종교적인 목적과 관련이 있다는 소견을 내었다. 그의 의견에 따르면 앙코르와트 사원 부근의 바레이는 힌두교의 신들이 산다는 인도의 메루산(히말라야산) 주변에 있는 네 개의 호수를 상징화한 것이다. 앙코르의 왕은 사원 건립을 통해서 신과 인간의 중개자 역할을 자처하였다고 본 것이다.

① 만다라적 통치 체제에서는 정치적 영향력의 경계가 고정되어 있지 않다.
② 토인비는 앙코르 왕국이 강력한 중앙 집중화를 이룬 왕국이었다고 보았다.
③ 액커는 바레이의 규모를 근거로 그 용도에 대해 토인비와는 다른 해석을 하였다.
④ 만다라적 통치 체제에서의 왕은 백성들에게 신과 동일한 존재로 인식되기를 원했다.
⑤ 앙코르와트 사원은 정치적 상징물로 파악되기도 하고, 종교적 상징물로 파악되기도 한다.

정답 및 해설

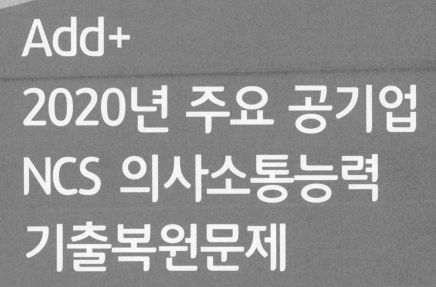

Add+

2020년 주요 공기업
NCS 의사소통능력
기출복원문제

정답 및 해설

01	02	03	04	05	06	07	08	09	10
⑤	⑤	③	③	④	③	④	⑤	④	③
11	12	13	14	15	16	17	18	19	20
②	⑤	③	①	②	④	⑤	②	①	④
21	22	23	24	25					
③	④	④	②	③					

01 정답 ⑤

이곡의 차마설은 말을 빌려 탄 개인적인 경험을 통해 소유에 대한 보편적인 깨달음을 제시하고 올바른 삶의 태도를 촉구하는 교훈적 수필로, 개인적 일상의 경험을 먼저 제시하고 이에 대한 자신의 의견을 제시하고 있다.

오답분석
① 말을 빌려 탄 개인의 경험을 소유에 대한 욕망이라는 추상적 대상으로 확장하는 유추의 방법을 사용하고 있다.
② 말을 빌려 탄 개인적 경험의 예화를 통해 소유에 대한 반성의 교훈을 제시하는 2단 구성 방식을 취하고 있다.
③ 주관적인 개인적 경험을 통해 소유에 대한 보편적인 의견을 제시하고 있다.
④ 맹자의 말을 인용하여 사람들의 그릇된 소유 관념을 비판하고 있다.

02 정답 ⑤

제시문에 따르면 작업으로서의 일과 고역으로서의 일의 구별은 단순히 지적 노고와 육체적 노고의 차이에 의해 결정되지 않는다. 구별의 근본적 기준은 인간의 존엄성과 관련되므로 작업으로서의 일은 자의적·창조적 활동이 되며, 고역으로서의 일은 타의적·기계적 활동이 된다. 따라서 작업과 고역을 지적 노동과 육체적 노동으로 각각 구분한 ⑤는 옳지 않다.

오답분석
① 고역은 상품 생산만을 목적으로 하며, 작업은 상품 생산을 통한 작품 창작을 목적으로 한다. 즉, 작업과 고역 모두 생산 활동이라는 목적을 지닌다.
② 작업은 자의적인 활동이며, 고역은 타의에 의해 강요된 활동이다.
③ 작업은 창조적인 활동이며, 고역은 기계적인 활동이다.
④ 작업과 고역을 구별하는 근본적 기준은 그것이 인간의 존엄성을 높이는 것이냐, 아니면 타락시키는 것이냐에 있다.

03 정답 ③

제시문에 따르면 철도는 여러 가지 측면에서 사회·경제적으로 많은 영향을 미쳤다. 그러나 해외 수출의 증가와 관련된 내용은 제시문에 나타나 있지 않다. 따라서 철도의 발전이 우리나라에 미친 영향으로 적절하지 않은 것은 ③이다.

오답분석
① 지역 간 이동 속도, 국토 공간 구조의 변화 등 사회·경제적으로 많은 영향을 미쳤다.
② 철도망을 통한 도시 발전에 따라 상주와 김천 등의 도시 인구 수 변화에 많은 영향을 미쳤다.
④·⑤ 철도에 대한 다양한 학문적 연구가 진행됨에 따라 교통학, 역사학 등에 많은 영향을 미치고 있으며, 이와 관련한 도서가 출판되고 있다.

04 정답 ③

한글 맞춤법에 따르면 단어 첫머리의 '량'은 두음 법칙에 따라 '양'으로 표기하지만, 단어 첫머리 이외의 '량'은 '량'으로 표기한다. 그러나 고유어나 외래어 뒤에 결합한 한자어는 독립적인 한 단어로 인식되기 때문에 두음 법칙이 적용되어 '양'으로 표기해야 한다. 즉, '량'이 한자와 결합하면 '량'으로 표기하고, 고유어와 결합하면 '양'으로 표기한다. 따라서 '수송량'의 '수송(輸送)'은 한자어이므로 '수송량'이 옳은 표기이며, 이와 동일한 규칙이 적용된 단어는 '독서(讀書)–량'과 '강수(降水)–량'이다.

오답분석
'구름'은 고유어이므로 '구름양'이 옳은 표기이다.

05 정답 ④

각국의 철도박물관에 관한 내용은 제시문에 나타나 있지 않다.

오답분석
① 사회에 미친 로마 시대 도로의 영향과 고속철도의 영향을 비교하는 내용의 다섯 번째 문단을 뒷받침하는 자료로 적절하다.
② 서울 ~ 부산 간의 이동 시간과 노선을 철도 개통 이전과 개통 이후로 비교하는 내용의 여섯 ~ 일곱 번째 문단을 뒷받침하는 자료로 적절하다.
③ 경부선의 개통 전후 상주와 김천의 인구수를 비교하는 내용의 여덟 번째 문단을 뒷받침하는 자료로 적절하다.
⑤ 철도(고속철도) 개통을 통해 철도와 관련된 다양한 책들이 출판되고 있다는 내용의 마지막 문단을 뒷받침하는 자료로 적절하다.

06 정답 ③

순환성의 원리에 따르면 화자와 청자의 역할은 원활하게 교대되어 정보가 순환될 수 있어야 한다. 그러나 대화의 상황에 맞게 원활한 교대가 이루어져야 하므로 대화의 흐름을 살펴 순서에 유의하여 말하는 것이 좋으며, 상대방의 말을 가로채는 것은 바람직하지 않다.

오답분석
① 공손성의 원리
② 적절성의 원리
④ 순환성의 원리
⑤ 관련성의 원리

07 정답 ④

④는 지구력이 일등히 높은 1반 학생들과 그렇지 않은 2반 학생들을 비교하여 그들의 차이점인 달리기의 여부를 지구력 향상의 원인으로 추론하였으므로 차이법이 적용된 사례로 볼 수 있다.

오답분석
①·②·③·⑤ 어떤 결과가 발생한 여러 경우들에 공통적으로 선행하는 요소를 찾아 그것을 원인으로 간주하는 방법인 일치법이 적용되었다.
① 시력이 1.5 이상인 사람들의 공통점인 토마토의 잦은 섭취를 시력 증진의 원인으로 간주한다.
② 전염병에 감염된 사람들은 모두 돼지 농장에서 근무했었다는 점을 통해 돼지를 전염병의 원인으로 간주한다.
③ 사고 다발 구간에서 시속 40km/h 이하로 지나간 차량은 사고가 발생하지 않았다는 점을 통해 시속 40km/h 이하의 운행 속도를 교통사고 발생률 0의 원인으로 간주한다.
⑤ 손 씻기를 생활화한 아이들은 감기에 걸리지 않았다는 내용을 통해 손 씻기를 감기 예방의 원인으로 간주한다.

08 정답 ⑤

제시문에서는 다양한 비유적 표현을 통해 퇴고의 중요성과 그 방법에 대하여 이야기하고 있다. ⑩에서는 퇴고를 옷감에 바느질하는 일로 비유하였는데, 바느질 자국이 도드라지지 않게 하라는 것은 고쳐 썼다는 것이 드러나지 않을 정도로 자연스럽게 퇴고해야 한다는 것을 의미한다. 따라서 새로운 단어나 문장을 추가하지 않는다는 ⑤의 설명은 옳지 않다.

09 정답 ④

제시문에 따르면 노엄 촘스키는 선험적인 지식의 역할을 강조하는 선험론자에 해당한다. 선험론자들은 아이들이 언어 구조적 지식을 선험적으로 가지고 태어나며, 이러한 선험적 지식을 통해 언어를 습득한다고 보았다.

오답분석
①·② 경험론자인 레너드 블룸필드에 따르면 인간의 지식은 거의 모두 경험 자료에서 비롯되며, 아동은 언어를 습득하는 과정에서 어른의 말을 모방하거나 반복한다.
③ 선험론자인 노엄 촘스키에 따르면 인간은 체계적인 가르침을 받지 않고도 언어 규칙을 무의식적으로 내면화할 수 있는 능력을 갖고 있으므로 아이는 문법을 학습하지 않아도 자연스럽게 언어를 습득할 수 있다.
⑤ 빌헬름 폰 훔볼트에 따르면 개인의 사고방식이나 세계관은 언어 구조에 의해 결정되므로 아이가 언어를 습득하는 과정에서 언어를 통해 중재된 세계관을 함께 습득할 수 있다.

10 정답 ③

'주차 공간에 차가 있는지 여부를 감지하는 센서를 설치한 스마트 주차'라고 했으므로 주차를 해주는 것이 아니라 주차공간이 있는지의 여부를 확인해 주는 것이다.

오답분석
① '각국 경제 및 발전 수준, 도시 상황과 여건에 따라 매우 다양하게 정의 및 활용되고, 접근 전략에도 차이가 있다.'라고 하였으므로 적절하다.
② 두 번째 문단에서 '이 스마트 가로등은 … 인구 밀집도까지 파악할 수 있다.'라고 하였으므로 적절하다.
④ 세 번째 문단에서 항저우를 비롯한 중국의 여러 도시들은 알리바바의 알리페이를 통해 항저우 택시의 98%, 편의점의 95% 정도에서 모바일 결제가 가능하고, 정부 업무, 차량, 의료 등 60여 종에 달하는 서비스 이용이 가능하다고 하였으므로 지갑을 가지고 다니지 않아도 일부 서비스를 이용할 수 있다.
⑤ 마지막 문단에서 '세종에서는 … 개인 맞춤형 의료 서비스 등을 받을 수 있다.'라고 하였으므로 적절하다.

11 정답 ②

'전기사고를 방지하기 위한 안전장치가 필요한데 그중에 하나가 접지이다.'라는 내용에서 접지 이외에도 다른 방법이 있음을 알 수 있다.

오답분석
① '위험성이 높을수록 이러한 안전장치의 필요성 높아진다.'라고 하였으므로 위험성이 낮다고 안전장치가 필요치 않다는 설명은 적절하지 않다.
③ '전류는 전위차가 있을 때에만 흐르므로'라고 하였으므로 전위차가 없으면 전류가 흐르지 않는다.
④ '정전기 발생을 사전에 예방하기 위해 접지를 해둬야 한다.'에서 알 수 있듯이 접지를 하게 되면 정전기 발생을 막을 순 있지만, 접지를 하지 않는다고 정전기가 무조건 발생하는 것은 아니다.
⑤ 저항 또는 임피던스의 크기가 작으면 통신선에 유도장애가 커지고, 크면 평상시 대지 전압이 높아지는 등의 결과가 나타나지만, 저항 크기와 임피던스의 크기에 대한 상관관계는 글에서 확인할 수 없다.

12 정답 ⑤

먼저 하나의 사례를 제시하면서 글의 서두가 전개되고 있으므로 이와 비슷한 사례를 제시하고 있는 (다)가 이어지는 것이 적절하다. 이어서 (다) 사례의 내용이 비현실적이라고 언급하고 있는 (나)가 오는 것이 적절하며, 다음으로 (나)에서 언급한 사물인터넷과 관련된 설명의 (라)가 이어지는 것이 적절하다. 마지막으로 (가)는 (라)에서 언급한 지능형 전력망을 활용함으로써 얻게 되는 효과를 설명하는 내용이므로 문단의 순서는 (다) – (나) – (라) – (가)가 적절하다.

13 정답 ③

스마트 스테이션에서는 분산되어 있는 분야별 역사 관리 정보를 정보 통신기술을 기반으로 통합 관리한다. 따라서 현재 스마트 스테이션을 시범 운영하고 있는 5호선 군자역에서는 역사 관리 정보가 통합되어 관리되고 있음을 알 수 있다.

오답분석

① 서울교통공사는 스마트 스테이션을 2021년 3월까지 2호선 50개 전 역사에 구축할 예정이다.
② 스마트 스테이션은 올해 2020년 4월 지하철 5호선 군자역에서 시범 운영되었다.
④ 모바일 버전의 구축은 이번에 체결한 계약의 주요 개선사항 중 하나이므로 현재는 모바일을 통해 역사를 모니터링할 수 없다.
⑤ 스마트 스테이션은 기존 통합 모니터링 시스템을 개량하는 방식으로 도입될 예정이므로 앞으로 도입될 스마트 스테이션에는 새롭게 개발된 모니터링 시스템이 아닌 보완·개선된 기존의 모니터링 시스템이 적용될 것이다.

14 정답 ①

스마트 스테이션이 군자역에서 시범 운영된 결과, 순회 시간이 평균 28분에서 10분으로 줄었다. 따라서 일반 역의 순찰 시간은 스마트 스테이션의 순찰 시간보다 더 긴 것을 알 수 있다.

오답분석

② 스마트 스테이션이 시범 운영된 결과, 운영 효율이 향상된 것으로 나타났으므로 일반 역은 스마트 스테이션에 비해 운영비용이 많이 드는 것을 알 수 있다.
③ 스마트 스테이션이 시범 운영된 결과, 돌발 상황에 대한 대응 시간이 평균 11분에서 3분으로 단축되었으므로 일반 역의 대응 시간은 스마트 스테이션보다 더 긴 것을 알 수 있다.
④ 스마트 스테이션이 도입되면 3D맵과 지능형 CCTV를 통해 가상순찰이 가능해지므로 스마트 스테이션에서는 일반 역보다 적은 인력이 필요할 것이다.
⑤ 스마트 스테이션의 경우 지능형 CCTV를 통해 무단침입이나 역사 화재 등을 실시간으로 인지할 수 있지만, 일반 역에서는 이를 실시간으로 인지하기 어렵다.

15 정답 ②

지능형 CCTV(Ⅲ)의 경우 높은 화소와 객체 인식 기능을 통해 사물이나 사람의 정확한 식별이 가능하다. 따라서 ATM기 맞은편에 설치된 일반 CCTV(○)보다 ATM기 오른쪽에 설치된 지능형 CCTV(Ⅲ)를 통해 범죄자 얼굴을 쉽게 파악할 수 있다.

오답분석

① 일반 CCTV(○)는 유지보수가 용이하다는 장점이 있다.
③ 제시된 3D맵을 보면 모든 지능형 CCTV(Ⅲ)는 IoT센서(●)와 함께 설치되어 있음을 알 수 있다.
④ 지능형 CCTV(Ⅲ)는 객체 인식 기능을 통해 제한구역의 무단침입 등이 발생할 경우 이를 실시간으로 알려 준다.
⑤ 지하철 역사 내부를 3차원으로 표현한 3D맵에서는 지능형 CCTV(Ⅲ)와 IoT 센서(●) 등을 통해 가상순찰이 가능하다.

16 정답 ④

시설 노후화로 각종 안전사고가 빈발하는 도시철도(서울·부산)의 노후 시설물 개량 지원을 414억 원에서 566억 원으로 확대한다고 하였으므로 예산을 새로 편성한 것이 아니라 기존의 예산에서 확대 편성하였음을 알 수 있다.

오답분석

① 철도국 예산안을 5.3조 원이었던 지난해 대비 19.3% 증가한 6.3조 원으로 편성하였으므로 철도국의 2020년 예산은 지난해보다 1조 원이 증가하였다.
② 철도안전 분야 예산을 10,360억 원에서 15,501억 원으로 증액하였으므로 철도안전 분야 예산은 약 $\frac{15,501-10,360}{10,360}\times100 = 49.6\%$ 증가하였다.
③ 수도권 동북부와 남부지역을 잇는 GTX-C노선의 민간투자시설사업기본계획(RFP) 수립 등을 위해 10억 원을 신규 반영하였다.
⑤ 철도차량 및 철도시설 이력 관리 정보시스템 구축에 대한 지원을 41억 원에서 94억 원으로 확대 편성하였다.

17 정답 ⑤

철도국 2020년 예산안에 따르면 각종 안전사고가 빈발하는 노후 시설물 개량과 철도 이용객 안전을 위한 안전시설의 확충 등을 위해 철도안전 투자가 강화되었다. 따라서 철도안전 사고 등을 선제적으로 예방하기 위해 철도안전에 예산을 집중·확대 투자하였음을 추론할 수 있다.

18 정답 ②

오답분석

ㄴ. 순직군경에 해당되는 내용이다.
ㄹ. 전상군경에 해당되는 내용이다.

19 정답 ①

등록대상 유가족 및 가족요건의 배우자를 보면 배우자 및 사실상의 배우자가 독립유공자와 혼인 또는 사실혼 후 당해 독립유공자 외의 자와 사실혼 중에 있거나 있었던 경우는 제외되므로, 이혼한 경우는 유족으로서 인정받을 수 없다.

② 등록대상 유가족 및 가족요건의 자녀를 보면 직계비속이 없어 입양한 자 1인에 한하여 자녀로 본다고 되어 있다.
③ 등록대상 유가족 및 가족요건의 배우자를 보면 사실상의 배우자를 포함한다고 되어 있다.
④ 친자녀는 특별한 조건이 없이 2순위로 해당된다.

20 정답 ④

국가유공자 유족의 선순위자로서 배우자인 어머니가 사망하였으므로, A가 최선순위자로서 국가유공자 유족 등록 신청을 할 수 있다. 또한 A의 아버지는 전몰군경에 해당되므로 제출해야 하는 서류는 다음과 같다.
 – 등록신청서 1부
 – 병적증명서나 전역증(군인이 아닌 경우 경력증명서) 1부
 – 고인의 제적등본(사망일자 확인) 1통
 – 신청인의 가족관계 기록사항에 관한 증명서 1통
 – 신청인의 반명함판 사진 1매
 – 요건관련확인서 발급신청서 1부
 – 사망입증서류 각 1부
혼인관계증명서는 배우자인 경우에만 제출하면 되므로, A가 제출할 필요가 없는 서류이다.

21 정답 ③

사회적 약자에 대한 채용혜택을 살펴 보면, 먼저 채용인원 수 측면에서는 상반기 65명, 하반기가 120명이므로 하반기에 더 중점을 두었음을 알 수 있다. 또한 사회적 약자에 대한 범위 역시 상반기에는 장애인과 국가유공자에 대해서만 혜택을 부여했지만, 하반기에서는 이에 더 나아가 고졸 및 국가유공자, 한부모가정, 북한이탈주민까지 범위를 더 넓혔다. 따라서 하반기가 상반기에 비해 사회적 가치실현에 더 중점을 두었음을 알 수 있다.

① 전체 채용 인원은 상반기가 458명, 하반기가 465명이고, 일반채용 인원은 상반기가 393명, 하반기가 345명이다.
② 국가유공자 채용인원은 상반기와 하반기 모두 동일하게 50명이다.
④ 상반기 보도자료에서 '근무조건을 모집지역 5년 이상 근무하는 것으로 하여 지원자 본인은 생활권을 고려하여 지원해야 할 것으로 보인다.'라고 했으며, 하반기 보도자료에서도 '근무조건 또한 모집지역 내에서 5년 이상 근무하는 것으로 이 역시 상반기와 동일하다.'라고 했으므로 하반기 지원 역시 상반기처럼 본인의 생활권을 고려하여 지원해야 할 것이라고 볼 수 있다.

22 정답 ④

리튬이온전지가 아닌 4개의 기술기준을 세계 최초로 개발하였다.

① '리튬이온전지 사용을 위한 기술기준 승인을 받았다.'라고 한 내용에서 승인이 필요함을 알 수 있다.
② '전원 차단으로 발생한 후쿠시마 원전 사고'라고 언급되어 있으므로 전원 차단이 되지 않았다면, 후쿠시마 원전 사고는 일어나지 않았을 수도 있을 것이라 추측할 수 있다.
③ '용량은 납축전지의 2 ~ 3배에 달해 원전 안전성에 크게 기여할 것으로 평가받고 있다.'에서 용량이 커져 안정성에 크게 기여한다고 했으므로 맞는 설명이다.
⑤ '국제 전기표준에 맞춰 1995년 제정한 국내기술기준으로'라는 내용에서 해외의 영향을 받았음을 알 수 있다.

23 정답 ④

이청득심(以聽得心)이란 귀를 기울이면 상대방의 마음을 얻을 수 있다는 뜻으로, 장자는 중국 노나라 왕의 일화를 통해 경청의 중요성을 이야기하였다.

① 노심초사(勞心焦思) : 마음속으로 애를 쓰고 생각이 많아 속이 탄다는 뜻으로, 어떤 일에 대한 걱정과 우려로 몹시 불안한 상태를 의미
② 견강부회(牽强附會) : 이치에 맞지 않는 말을 억지로 끌어다 붙여 자기주장의 조건에 맞도록 함을 비유하는 말
③ 설참신도(舌斬身刀) : 혀는 몸을 베는 칼이라는 뜻으로, 항상 말조심해야 한다는 것을 의미
⑤ 경전하사(鯨戰蝦死) : 고래 싸움에 새우가 죽는다는 뜻으로, 강자들의 권력 다툼 사이에서 약자가 해를 입는 것을 의미하는 말

24 정답 ②

'피터팬증후군이라는 말로 표현되기도 하였으나, 이와 달리 키덜트는 … 긍정적인 이미지를 가지고 있다.'라는 내용을 통해 두 단어를 혼용해 사용한다는 내용은 적절하지 않다.

① '20 ~ 40대의 어른이 되었음에도 불구하고'라는 구절에서 나이의 범위를 알 수 있다.
③ '키덜트는 각박한 현대인의 생활 속에서 마음 한구석에 어린이의 심상을 유지하는 사람들로 긍정적인 이미지를 가지고 있다.'라는 문장을 통해 키덜트와 현대사회가 밀접한 관련이 있음을 짐작할 수 있다.
④ '기업들은 키덜트족을 타깃으로 하는 상품과 서비스를 만들어내고 있으며'라는 문장을 통해 시장의 수요자임을 알 수 있다.
⑤ '키덜트들은 이를 통해 얻은 영감이나 에너지가 일에 도움이 된다고 한다.'의 내용에서 찾을 수 있다.

25 정답 ③

'밖에'는 '그것 말고는', '그것 이외에는', '기꺼이 받아들이는', '피할 수 없는'의 뜻을 나타내는 보조사이므로 앞말과 붙여 쓴다.

오답분석

① '만'은 '앞말이 가리키는 횟수를 끝으로'의 뜻을 나타내는 의존 명사로 사용되었으므로 '열 번 만에'와 같이 앞말과 띄어 써야 한다.
② '만큼'은 앞말과 비슷한 정도나 한도임을 나타내는 격조사로 사용되었으므로 '아빠만큼'과 같이 앞말에 붙여 써야 한다.
④ '뿐'은 '그것만이고 더는 없음'을 의미하는 보조사로 사용되었으므로 '너뿐만'과 같이 앞말에 붙여 써야 한다.

의사소통능력 in PSAT

정답 및 해설

01	02	03	04	05															
④	③	⑤	①	④															

01 정답 ④

테아플라빈(Theaflavins)은 녹차가 아닌 홍차의 발효과정에서 생성된 것으로, 혈관기능을 개선하며 혈당 수치를 감소시키는 역할을 한다. 녹차의 경우 카테킨에 함유된 EGCG(Epigallocatechin-3-gallate)가 혈중 콜레스테롤 수치를 낮추는 역할을 한다.

02 정답 ③

빈칸의 뒷부분은 최근 선진국에서 스마트팩토리로 인해 해외로 나간 자국 기업들이 다시 본국으로 돌아오는 현상인 리쇼어링이 가속화되고 있다는 내용이다. 즉, 스마트팩토리의 발전이 공장의 위치를 해외에서 본국으로 변화시키고 있으므로 ③이 적절하다.

03 정답 ⑤

문서작성 원칙의 제7항 제1호에 따르면 본문에 붙임이 있는 경우에는 붙임의 마지막 글자에서 한 글자 띄우고 "끝" 표시를 한다. 따라서 ⑩은 문서작성 원칙에 따라 적절하게 사용되었으므로 수정이 필요하지 않다.

오답분석

① 제5항에 따르면 문서에 쓰는 날짜는 숫자로 표기하되, 연·월·일의 글자는 생략하고 그 자리에 온섬을 찍어 표시해야 한다. 따라시 ㉠은 '2019. 08. 29.'로 수정해야 한다.

② 제5항에 따르면 시·분은 24시각제에 따라 숫자로 표기하되, 시·분의 글자는 생략하고 그 사이에 쌍점(:)을 찍어 구분해야 한다. 따라서 ㉡은 '09:30부터 18:30까지'로 수정해야 한다.

③ 제2항에 따르면 문서의 내용은 일반화되지 않은 약어와 전문용어 등의 사용을 피하여 이해하기 쉽게 작성하여야 한다. 따라서 공적인 문서에서 ㉢과 같은 줄임말의 사용은 부적절하다.

④ 제7항 제1호에 따르면 본문의 내용의 마지막 글자에서 한 글자 띄우고 "끝" 표시를 해야 하지만 본문에 붙임이 있는 경우에는 붙임 다음에 한 글자 띄우고 끝 표시를 한다.

04 정답 ①

문맥의 흐름상 '겉에 나타나 있거나 눈에 띄다.'의 의미를 지닌 '드러나다'의 쓰임은 적절하다. 한편, '들어나다'는 사전에 등록되어 있지 않은 단어로 '드러나다'의 잘못된 표현이다.

05 정답 ④

최근 대두되고 있는 '초연결사회'에 대해 언급하는 (나) 문단이 가장 먼저 오는 것이 적절하며, 그다음으로는 초연결사회에 대해 설명하는 (가) 문단이 적절하다. 그 뒤를 이어 초연결 네트워크를 통해 긴밀히 연결되는 초연결사회의 (라) 문단이, 마지막으로는 이러한 초연결사회가 가져올 변화에 대한 전망의 (다) 문단이 적절하다.

STEP **1** 기본문제

01	02	03	04	05	06	07	08	09	10	11	12	13	14	15	16	17	18	19	20
②	⑤	②	⑤	③	①	②	④	①	⑤	③	⑤	②	①	③	③	②	⑤	②	③

21	22	23	24	25	26	27	28												
④	①	③	④	⑤	④	①	③												

01 정답 ②

ㄱ. 구분 가능한 최소 각도가 1′일 때의 시력이 1.0이고 2′일 때의 시력이 $\frac{1}{2}(=0.5)$이므로 구분 가능한 최소 각도가 10′이라면 시력은 $\frac{1}{10}(=0.1)$이다.

ㄴ. 구분 가능한 최소 각도가 $\frac{1}{2}$일 때의 시력이 2.0이고 5″는 $\frac{5}{60}=\frac{1}{12}$이므로 천문학자 A의 시력은 12로 추정할 수 있다.

오답분석

ㄷ. 구분할 수 있는 최소 각도가 작을수록 시력이 더 좋은 사람이다. 따라서 乙의 시력이 甲보다 더 좋다.

02 정답 ⑤

다산은 무관의 반열에 서는 자는 도덕성을 첫째의 자질로 삼고 재주와 슬기를 다음으로 해야 한다고 하였으므로 옳은 내용이다.

오답분석

① 좌우별감은 좌수의 아랫자리라고 하였으므로 옳지 않은 내용이다.
② 감사나 어사로 하여금 식년에 각각 9명의 좌수후보자를 추천한다고 하였으므로 옳지 않은 내용이다.
③ 다산은 아전을 임명할 때, 진실로 쓸 만한 사람을 얻지 못하면 그저 자리를 채우기는 하되 정사는 맡기지 말라고 하였으므로 옳지 않은 내용이다.
④ 좌수후보자들에게 모두 종사랑의 품계를 주고 감사나 어사로 하여금 이들 중 9명씩을 추천하게 한 후에 그중 3명을 뽑아 경관에 임명한다고 하였으므로 옳지 않은 내용이다.

03 정답 ②

ㄷ. 영국에서도 로마의 공정거래 관련법의 영향을 받아 1353년에 에드워드 3세의 공정거래 관련법이 만들어졌다고 하였으므로 옳은 내용이다.

오답분석

ㄱ. 인류 역사상 불공정거래 문제가 나타난 것은 자급자족경제에서 벗어나 물물교환이 이루어지고 상업이 시작된 시점부터라고 하였으므로 옳지 않은 내용이다.
ㄴ. 아테네는 곡물 중간상들이 담합하여 일정 비율 이상의 이윤을 붙일 수 없도록 성문법으로 규정하고 있었으며, 해당 규정 위반 시 사형에 처해졌다고 하였으므로 사형도 규정되어 있었음을 알 수 있다.
ㄹ. 곡물 중간상 사건은 모든 곡물 중간상들이 담합하여 동일한 가격으로 응찰함으로써 곡물 매입가격을 크게 하락시킨 후에, 이를 다시 높은 가격에 판매한 것을 말한다. 중간상들이 곡물을 1년 이상 유통하지 않은 것은 아니다.

04 정답 ⑤

ㄱ. 아기가 태어난 지 약 20일이 지나면 배냇저고리를 벗기고 돌띠저고리를 입혔다는 부분을 통해 알 수 있는 내용이다.

ㄷ. 돌띠저고리와 백줄을 누빈 저고리는 모두 장수하기를 바라는 의미를 지니고 있으므로 옳은 내용이다.

ㄹ. 첫 생일인 돌에 남자아기에게는 색동저고리를 입히고 복건이나 호건을 씌우며, 여자아기에게는 색동저고리를 입히고 굴레를 씌웠다고 하였다.
   따라서 남자아기와 여자아기 모두 첫 생일에 색동저고리를 입혔다는 것을 알 수 있다.

오답분석

ㄴ. 남자아기의 배냇저고리는 재수가 좋다고 하여 시험을 치르는 사람이 부적같이 몸에 지니는 풍습이 있었다고 하였으므로 옳지 않은 내용이다.

05 정답 ③

주어진 내용을 표로 정리하면 다음과 같다.

계약면적		
공급면적		기타공용면적
전용면적	공용면적	
전용면적	주거공용면적	기타공용면적

※ 서비스면적은 전용면적과 공용면적에 포함되지 않으므로 결과적으로 계약면적에 포함되지 않는다.

따라서 계약면적은 공급면적과 기타공용면적을 더한 것이고 공급면적은 전용면적과 주거공용면적의 합이므로 올바른 판단이다.

오답분석

① 발코니면적은 서비스면적에 해당하는데 위 표에 의하면 서비스면적은 계약면적에 포함되지 않는다고 하였으므로 옳지 않은 내용이다.

② 관리사무소면적은 기타공용면적에 해당하는데 위 표에 의하면 이는 공급면적에 포함되지 않으므로 옳지 않은 내용이다.

④ 공용계단과 공용복도의 면적은 주거공용면적에 해당하는데 위 표에 의하면 공급면적에 해당하므로 옳지 않은 내용이다.

⑤ 개별 세대 내 거실과 주방의 면적은 전용면적에 해당하므로 주거공용면적에는 포함되지 않는다. 따라서 옳지 않은 내용이다.

06 정답 ①

사카린은 당도가 설탕보다 약 500배 정도 높다고 하였고, 아스파탐은 당도가 설탕보다 약 200배 높다고 하였다. 따라서 사카린과 아스파탐 모두
설탕보다 당도가 높고 그중에서도 사카린의 당도가 더 높으므로 옳은 내용이다.

오답분석

② 사카린은 미국 존스 홉킨스 대학에서 화학물질의 산화반응을 연구하다가 우연히 발견되었으며, 아스파탐 역시 위궤양 치료제를 개발하던 중 우연히
   발견되었으므로 옳지 않은 내용이다.

③ 미국 FDA는 사카린을 다시 안전한 식품첨가물로 공식 인정하였고, 현재도 설탕의 대체재로 사용되고 있으므로 옳지 않은 내용이다.

④ 중국의 연평균 소비량이 20파운드라고 하더라도 그 9배는 180파운드로 미국의 소비량인 140파운드보다 훨씬 크다. 따라서 중국의 소비량은
   20파운드에 미치지 못한다.

⑤ 2001년 미국 FDA로부터 안전한 식품첨가물로 인정받은 것은 사카린이며, 아스파탐은 미국 암협회가 안전하다고 발표했을 뿐 여전히 발암성
   논란이 끊이지 않고 있으므로 옳지 않은 내용이다.

07 정답 ②

ㄴ. 살아있을 때 염근리 또는 염리로 불렸던 사람이 사망하면 이들을 청백리라고 불렀다고 하였으므로 옳은 내용이다.

ㄷ. 탐관오리로 지목돼 탄핵되었거나 처벌받은 관리는 장리 대장에 수록되어 본인의 관직생활에 불이익을 받는 것은 물론이고, 그 자손들이 과거를
   보는 것도 허용되지 않았다고 하였으므로 옳은 내용이다.

오답분석

ㄱ. 청백리를 선발하고 표창하는 제도는 중국에서 처음 시작되었다고 하였으므로 옳지 않은 내용이다.

ㄹ. 의정부에 올라가는 청백리 후보자 명단은 예조에서 올리는 것과 사헌부, 사간원 등에서 올리는 것으로 나누어볼 수 있다. 따라서 예조의 추천을
   받지 못했더라도 사헌부 등에서 추천을 받을 수 있으므로 옳지 않은 내용이다.

08   정답 ④

1678년에 발행된 초주단자전의 가치는 은 1냥을 기준으로 400문이었다. 그런데 각주에서 1냥은 $\frac{1}{16}$ 근이라고 하였으므로 1근은 16냥으로 변환할 수 있다. 따라서 1678년을 기준으로 은 1근은 6,400문의 가치를 가지는 것으로 계산된다.

오답분석
① 초주단자전의 중량은 1전 2푼, 당이전의 중량은 2전 5푼, 중형상평통보의 중량은 약 1전 7푼이므로 가장 무거운 것은 당이전이다.
② 1679년 당이전 발행 당시 은 1냥에 대한 공인 교환율이 100문이었고, 이후 이 가치는 제대로 유지되었다. 하지만 1689년에 이르러서는 은 1냥이 당이전 400~800문이 될 정도로 그 가치가 폭락하였다고 하였으므로 상평통보의 가치는 경우에 따라 $\frac{1}{4} \sim \frac{1}{8}$ 까지 떨어지기도 하였음을 알 수 있다.
③ 1678년부터 1680년까지 주조·발행된 상평통보는 약 6만 관이고, 1681년부터 1689년까지는 17만 관이므로 이 기간 전체의 기간 동안 주조·발행된 상평통보는 23만 관이다. 그런데 각주에서 1관은 1,000문이라고 하였으므로 23만 관을 문으로 변환하면 약 2억 3천만 문으로 계산할 수 있다.
⑤ 제시문에서 상평통보가 널리 유통된 이유를 국내 시장의 상품교류 확대, 국경무역외 활성화, 국기 재원 미련 등으로 인급하고 있다.

09   정답 ①

ㄴ. 해는 오른편에 위치한 두 작은 봉우리 사이의 하늘에, 달은 왼편의 두 작은 봉우리 사이의 하늘에 떠 있다고 하였다. 따라서 해가 달보다 오른쪽에 그려져 있음을 알 수 있다.

오답분석
ㄱ. 왕이 죽고 나면 그 시신을 모시던 빈전과 혼전에도 사용되었고 제사에 배향된 영정 초상 뒤에도 놓았다고 하였으므로 옳지 않은 내용이다.
ㄷ. 「일월오봉도」는 그 자체로 왕의 존재를 지시하는 동시에 왕만이 전유할 수 있는 것이라고 하였으므로 옳지 않은 내용이다.
ㄹ. 다섯개의 산봉우리는 '삼라만상'을 시각화한 것이며, 이는 왕이 '통치하는 대상'을 의미한다.

10   정답 ⑤

ㄴ. 몸무게 80kg인 사람에게 4조 개의 감마선 입자가 흡수된 것이 1rem이므로, 몸무게 50kg인 사람에게 1rem은 2.5조 개의 감마선 입자가 흡수된 것이라는 것을 알 수 있다. ㄴ에서는 500조 개의 감마선 입자가 흡수되었다고 하였으므로 결국 이 사람은 200rem의 피해를 입었다. 따라서 머리카락이 빠지기 시작하고 구역질을 할 것이다.
ㄷ. 가벼운 손상은 몸이 스스로 짧은 시간에 회복할 뿐만 아니라, 정상적인 신체 기능에 영향을 미치지 않으며 이를 '문턱효과'가 있다고 하였으므로 옳은 내용이다.
ㄹ. 몸무게 80kg인 사람이 4조 개의 감마선 입자를 흡수한 것이 1rem이므로 400조 개 이상의 감마선을 흡수한 체르노빌 사고 현장의 소방대원은 100rem 이상의 피해를 입었다고 할 수 있다.

오답분석
ㄱ. 방사선에 300rem 정도의 피해를 입었다면 수혈이나 집중적인 치료를 받지 않는 한 방사선 피폭에 의한 사망 확률이 50%에 달한다고 하였으므로 옳지 않은 내용이다. 1rem은 몸무게 1g당 감마선 입자 5천만 개가 흡수된 것을 의미하므로 몸무게에 따라 1rem에서 흡수된 감마선 입자의 양은 다르기 마련이다.

11   정답 ③

오늘날 우리가 부르는 애국가의 노랫말은 외세의 침략으로 나라가 위기에 처해 있던 1907년을 전후하여 조국애와 충성심을 북돋우기 위하여 만들어졌다고 하였다. 따라서 1896년 『독립신문』에서는 게재될 수 없었다.

오답분석
① 1935년 안익태가 작곡한 애국가는 대한민국 임시정부가 애국가로 채택해 사용했으나 이는 해외에서만 퍼져나가 있었다. 따라서 옳지 않은 내용이다.
② 주요 방송국의 국기강하식 방송, 극장에서의 애국가 상영 등은 1980년대 후반 중지되었으므로 옳지 않은 내용이다.
④ 약식절차로 국민의례를 행할 때 애국가를 부르지 않고 연주만 하는 의전행사나 시상식·공연 등에서는 전주곡을 연주해서는 안 된다고 하였으므로 옳지 않은 내용이다.

⑤ 안익태가 애국가 곡조를 작곡한 해는 1935년인데 이것이 현재의 노랫말과 함께 정부의 공식 행사에 사용된 것은 1948년이므로 10년 이상의 간격이 존재한다. 따라서 옳지 않은 내용이다.

12 정답 ⑤

ㄱ·ㄷ. 후추의 매운맛은 피페린이라는 성분에 영향을 받는다. 따라서 피페린이 더 많이 함유되어 있을수록 더 맵다. 또한, 검은 후추보다 흰 후추가 피페린의 함유량이 더 적으므로, 매운 후추 맛을 원하는 사람은 검은 후추를 선택할 것이다.

ㄹ. 통후추 상태로는 향미가 오랫동안 보존되지만 갈아놓으면 향미를 빨리 잃게 된다.

오답분석

ㄴ. 흰 후추는 열매가 완전히 익은 후에 따서 따뜻한 물에 담가 과피와 과육을 제거한 것이다.

13 정답 ②

ㄱ. 옥수수가 유럽에 소개된 것은 1493년이고, 감자가 소개된 것은 1539년 무렵이므로 감자보다 옥수수가 먼저 유럽에 들어왔다. 따라서 옳은 내용이다.

ㄷ. 18세기 기록에서 호밀의 파종량 대 수확량의 비율이 1대 6이라고 한데에 반해, 옥수수는 1대 80이라고 하였으므로 옥수수의 비율이 10배 이상 높다는 것을 알 수 있다.

오답분석

ㄴ. 옥수수는 콜럼버스에 의해 에스파냐에 소개되었다고 하였고, 감자도 에스파냐를 통해 이탈리아에 전해졌다고 하였으므로 두 작물 모두 에스파냐에서 처음 재배한 것으로 판단할 수 있다. 따라서 옳지 않은 내용이다.

ㄹ. 인구의 증가와 기근이 발생한 것은 18세기 이후의 사실이다. 따라서 두 작물이 주곡의 자리를 차지한 것은 16세기가 아니라 18세기라고 볼 수 있다.

14 정답 ①

ㄱ. 진경산수화가 본격적으로 발전한 것이 중국의 남종화 양식에 바탕을 두고 우리나라에 실재하는 경관을 그린 정선부터라고 하였으므로 옳은 내용이다.

오답분석

ㄴ. 이익은 진경에 새로운 의미를 부여했을 뿐이며 진경산수화를 본격적으로 발전시킨 것은 정선이라고 볼 수 있으므로 옳지 않은 내용이다.

ㄷ. 진경산수화는 실경을 바탕으로 작가가 경치를 보고 느낀 것까지 포함한 넓은 개념이라고 하였으므로 현실세계와 무관하다고 한 것은 옳지 않은 내용이다.

ㄹ. 선경의 탈속성을 제거한 의미인 진경이라는 단어는 18세기 후반 강세황에 의해 적극 수용되었다고 하였으므로 옳지 않은 내용이다.

15 정답 ③

ㄴ. 1개의 적혈구는 3억 개의 헤모글로빈을 가지고 있으며 1개의 헤모글로빈에는 4개의 헴이 있다. 그리고 헴 1개가 산소 분자 1개를 운반한다고 하였다. 따라서 1개의 적혈구에는 12억 개의 헴이 있으며 이 12억 개의 헴은 산소 분자 12억 개를 운반하므로 옳은 내용이다.

ㄹ. SPF 40은 자외선 차단 시간이 15×40=600분=10시간이므로 옳은 내용이다.

오답분석

ㄱ. 피부색은 멜라닌, 카로틴 및 헤모글로빈이라는 세 가지 색소에 의해 나타나는 것이지 멜라닌의 종류에 의해 결정되는 것이 아니다. 또한, 제시문에서는 멜라닌의 종류에 대한 내용은 언급되고 있지도 않으므로, 옳지 않은 내용이다.

ㄷ. SPF는 자외선 B를 차단해주는 시간을 나타낼 뿐 차단 정도(양)와는 관계가 없다고 하였으므로 옳지 않은 내용이다.

16 정답 ③

ㄱ. 조하는 달의 변화에 따라 시행되기도 하였는데, 달의 변화를 기준으로 작성된 달력에 따라 매월 1일에 해당되는 삭일과 보름달이 뜨는 망일에 시행되는 삭망조하가 그것이라고 하였으므로 옳은 내용이다.

ㄴ. 정실조하의 참여대상은 왕세자, 모든 관원, 제방객사인데 반해, 상참의 참여대상은 상참관이므로 옳은 내용이다.

ㄷ. 사정전에서 열리는 조회는 상참인데, 상참은 매일 열린다고 하였으므로 옳은 내용이다.

오답분석

ㄹ. 조회에 대한 사항은 '예전'의 '조의조항'에 집약되어 있다고 하였으므로 옳지 않은 내용이다.

17 정답 ②

ㄴ. 비타민 A성분이 포함된 제품은 오래된 각질을 제거하는 기능이 있으며, 비타민 B성분 역시 묵은 각질을 제거하는 기능이 있다. 따라서 이 둘을 같이 사용할 경우 과도하게 각질이 제거되어 피부에 자극을 주고 염증을 일으키게 된다.

오답분석

ㄱ. AHA 성분은 피부의 수분을 빼앗고 자외선에 약한 특성을 지니고 있기 때문에 이를 보완하기 위해 보습기능이 있는 자외선 차단제를 사용하는 것이 도움이 된다. 따라서 부작용을 일으키는 것과는 거리가 멀다.

ㄷ. 첫 번째 예시에서 비타민 B성분이 포함된 제품을 비타민 K성분이 포함된 제품과 함께 사용하면 양 성분의 효과가 극대화된다고 하였으므로 부작용을 일으키는 것과는 거리가 멀다.

18 정답 ⑤

여권 또는 개인정보가 변경된 경우에는 등록센터를 방문하여 변경사항을 수정하여야 한다고 하였으므로 옳은 내용이다.

오답분석

① 복수국적자인 대한민국 국민은 외국여권으로는 스마트 엔트리 서비스에 가입할 수 없다고 하였으나, 가입자체가 안되는 것인지는 알 수 없다.

② 미국인의 경우 한·미 자동출입국심사서비스 상호이용 프로그램에 따라 국내체류 중인 등록외국인이 아니더라도 가입이 가능하다.

③ 스마트 엔트리 서비스에 가입한 사람은 스마트 엔트리 서비스 게이트 또는 일반심사대에서 심사를 받을 수 있다고 하였으므로 옳지 않은 내용이다.

④ 미국인은 100달러를 지불해야 하며, 한국인의 경우 수수료가 면제된다.

19 정답 ②

ㄱ. 지붕만 있는 건축으로는 넓은 공간을 만들 수 없었는데, 공간에 대한 욕구가 커지고 건축술이 발달하면서 수직 벽체가 발전하였다고 하였다. 즉 수직 벽체는 기존의 지붕만 있는 건축이 가지고 있던 단점인 좁은 공간의 문제를 해결하기 위한 것이었으므로 옳은 내용이라고 볼 수 있다.

ㄹ. 전축은 흙벽돌을 고온의 불에 구워 만든 전돌을 이용해 벽을 만든 것이며, 화성의 건설에 이용되었다고 하였으므로 옳은 내용이다.

오답분석

ㄴ. 항토건축은 대형 건축물의 구조방식으로 사용되지 않았으나, 기단이나 담장, 혹은 성벽을 만드는 구조로는 사용되었다고 하였으므로 옳지 않은 내용이다.

ㄷ. 흙을 다져 벽을 만드는 것은 항토건축이며, 토담 방식으로 건물을 지은 예는 많지 않았다고 하였으므로 옳지 않은 내용이다.

20 정답 ③

주서의 자격 요건은 엄격하였는데 그중 하나가 반드시 문과 출신자여야 한다는 것이었으므로 옳은 내용이다.

오답분석

① 승지 아래에는 정7품 주서 2인이 있었고 승지는 총 6명(6승지)이므로 승정원 내에는 총 12명의 주서가 있었다.

② 승정원에는 도승지를 필두로 좌승지, 우승지, 좌부승지, 우부승지, 동부승지 이렇게 6승지가 있었는데 이들은 모두 같은 품계인 정3품 당상관이었으므로 옳지 않다.

④ 좌부승지가 병방의 업무를 담당했다는 것이지 소속이 병조라는 것이 아니다. 좌부승지를 포함한 6승지는 모두 승정원에 속해 있는 관리들이다.

⑤ 주서를 역임한 직후에는 성균관 전적이나 예문관 한림 등을 거쳐, 뒤에는 홍문관·사간원·사헌부 등의 언관으로 진출하였다고 하였다.

21 정답 ④

비공개로 진행되는 60일간의 협의를 통해 분쟁이 해결되지 않은 경우 WTO에 제소한 국가가 패널설치를 요구하면 분쟁해결기구가 이를 설치한다고 하였으므로 옳은 내용이다.

오답분석

① WTO에 제소한 이후에도 양국은 우호적인 해결을 위하여 비공개로 60일간의 협의를 가진다고 하였으므로 옳지 않은 내용이다.
② 패널은 별도의 합의가 없으면 3인으로 구성되며 분쟁당사국 국민은 분쟁당사국 사이에 별도의 합의가 없는 한 패널위원이 될 수 없다고 하였으므로 옳지 않은 내용이다.
③ 패널보고서 작성에 분쟁당사국과의 합의가 필요하다는 내용은 언급되어 있지 않으며, 상소기구보고서는 분쟁당사국의 참여 없이 작성된다고 명시되어 있으므로 옳지 않은 내용이다.
⑤ 패널보고서는 분쟁당사국이 분쟁해결기구에 상소의사를 통보하지 않는 한 분쟁해결기구에서 채택된다고 하였으므로 옳지 않은 내용이다.

22 정답 ①

귀족은 직령포를 평상복으로만 입었고, 서민과 달리 의례와 같은 공식적인 행사에는 입지 않았다고 하였다. 따라서 서민들은 공식적인 행사에서도 직령포를 입었음을 추론할 수 있다.

오답분석

② 고려시대에는 복식 구조가 크게 변했는데 특히 귀족층은 중국옷을 그대로 받아들여 입었지만, 서민층은 우리 고유의 복식을 유지하여, 복식의 이중 구조가 나타났다고 하였다. 따라서 모든 계층에서 중국옷을 그대로 받아들여 입었던 것은 아니다.
③ 중기나 후기에 들어서면서 띠 대신 고름을 매기 시작했으며, 후기에는 마고자와 조끼를 입기 시작했는데 조끼는 서양 문물의 영향을 받은 것이라고 하였다. 하지만 마고자에 대해서는 그러한 언급이 없으므로 옳지 않은 내용이다.
④ 임금이 입었던 구군복에만 흉배를 붙였다고 하였으므로 다른 무관들이 입던 구군복에는 흉배가 붙여져 있지 않았을 것이다.
⑤ 문무백관의 상복도 곤룡포와 모양은 비슷했으나 무관 상복의 흉배에는 호랑이를, 문관 상복의 흉배에는 학을 수놓았다고 하였으므로 옳지 않은 내용이다.

23 정답 ③

가장 최근에 실시된 문과는 1562년이었으므로 1559년에도 문과 정기시험이 있었을 것이며, 2차 시험인 복시에서는 33명을 뽑았다고 하였으므로 옳은 내용이다.

오답분석

① 생원과 진사 중에서 성균관에 진학하는 경우가 더 많았다는 것 이외에는 성균관의 입학에 대한 언급을 찾을 수 없으므로 옳지 않은 내용이다.
② 사마시 초시에서 7배수인 700명을 뽑았으며 복시에서는 성적순으로 100명을 뽑았으므로 옳지 않은 내용이다.
④ 가장 최근에 실시된 소과는 1563년이었는데, 소과는 3년마다 열리므로 16년 전인 1547년에는 소과가 열리지 않았다. 따라서 옳지 않은 내용이다.
⑤ 33명을 뽑는 것은 정기시험인 식년시에 해당하는 것이며, 경과에 대해서는 언급되지 않았으므로 옳지 않은 내용이다.

24 정답 ④

ㄱ. A는 상수사용량에 관계없이 일정한 금액을 요금으로 부과하는 것이므로 물 절약을 유도하기 위해서는 A를 채택하지 않는 것이 바람직하다.
ㄴ. B는 일정 사용수준(생활필수적인 기본수량)까지만 정액요금을 부과하고 그 이상을 사용하는 경우 사용량에 비례하여 일정 요율을 적용하는 것이므로 옳은 내용이다.
ㄷ. C는 소득이 많은 사용자들이 상수를 더 많이 소비할 것이라는 가정에 근거를 두고 상수 소비를 많이 할수록 보다 높은 단위당 요율이 적용된다고 하였으므로 옳은 내용이다.

ㄹ. ㄷ에서 언급한 것처럼 소득에 따른 차등을 두는 효과를 가져올 수 있는 요금제도는 C이므로 옳지 않은 내용이다.

25 정답 ⑤

커피숍 운영의 손실이 공인중개사 업무 수익의 증가본을 넘어선다면 올해의 소득이 작년보다 감소할 것으로 예상되므로 옳은 내용이다.

① 커피숍의 임대료가 10% 인하되었다면 올해의 소득이 작년보다는 늘어야 하므로 옳지 않은 내용이다.
② 부동산 중개 건수가 작년보다 2배 증가되었다면 소득이 작년보다는 늘어야 하므로 옳지 않은 내용이다.
③ 도로공사가 끝이 난다면 커피숍을 찾는 손님이 늘 것임을 예상할 수 있어 소득이 작년보다는 늘 것으로 예상되므로 옳지 않은 내용이다.
④ 직원을 해고하였다면 그에 따른 인건비 절감효과로 인해 소득이 작년보다는 늘어야 하므로 옳지 않은 내용이다.

26 정답 ④

ㄴ. 고령인력은 창의적이지 못하다는 선입견을 반박하고 있으므로 옳은 내용이다.
ㄹ. 고령인력은 체력 저하로 인하여 사고발생 확률이 높다는 선입견을 반박하고 있으므로 옳은 내용이다.

ㄱ. 고령인력에 대한 선입견은 성과가 낮다는 것인데, 선택지의 내용은 이같은 내용을 지지하고 있으므로 옳지 않은 내용이다.
ㄷ. 고령인력은 배우는 것을 싫어하고 열정이 적다는 선입견을 지지하고 있으므로 옳지 않은 내용이다.

27 정답 ①

ㄱ. 농작물의 재배에 이익을 가져다주기 위해 사용한 농약이 이를 섭취한 사람에게 해로운 영향을 끼치게 되는 것은 부정적 외부효과에 해당하며, 이를 시정하기 위한 과세는 (A)이다.
ㄷ. 쓰레기 배출로 인해 제3자에게 의도하지 않은 손해를 발생시키는 것을 방지하기 위한 것이므로 (A)에 해당한다.

ㄴ. (A)를 부과하는 이유는 수요에 변화를 가져 부정적 외부효과를 시정하기 위함인데 수요에 변화가 없는 경우에 (A)를 부과하는 것은 목표한 효과를 거두지 못하므로 (A)에 해당하지 않는다.
ㄹ. (A)는 부정적 외부효과를 시정하기 위함인데 ㄹ은 긍정적 외부효과를 촉진시키기 위한 보조금을 부과하는 것이므로 (A)에 해당하지 않는다.

28 정답 ③

난류 채식주의자는 식물로부터 나온 것들과 계란만 먹는데, 치즈는 유제품에 해당하여 난류 채식주의자가 먹지 않는 음식이다. 따라서 옳지 않다.

① 과식주의자는 견과류나 과일 등 열매 부분만 먹는데, 호두와 과일 모두 여기에 해당하므로 올바르게 연결된 것이다.
② 우유 채식주의자는 식물로부터 나온 것들과 유제품만 먹는데, 호박과 치즈 모두 여기에 해당하므로 올바르게 연결된 것이다.
④ 유란 채식주의자는 식물로부터 나온 것들과 계란, 유제품, 우유를 먹는데, 생크림과 계란은 모두 여기에 해당하므로 올바르게 연결된 것이다.
⑤ 생선 채식주의자 및 준 채식주의자는 모두 생선을 먹는데, 연어는 이에 해당하므로 올바르게 연결된 것이다.

STEP ❷ 심화문제

01	02	03	04	05	06	07	08	09	10	11	12	13	14	15					
④	①	③	①	③	②	③	①	②	②	⑤	③	⑤	①	①					

01 정답 ④

1998년 개발도상국에 대한 은행 융자 총액은 500억 달러였는데, 2005년에는 이것이 670억 달러가 되어 1998년의 수준을 회복하였다.

오답분석

① 경제적 수익을 추구하기 위한 것으로 포트폴리오 투자를 들 수 있으며, 회사 경영에 영향력을 행사하기 위한 것으로 직접투자를 들 수 있다.
② 지금까지 해외 원조는 개발도상국에 대한 경제적 효과가 있다고 여겨져 왔으나 최근 경제학자들 사이에서는 그러한 경제적 효과가 없다는 주장이 힘을 얻고 있다고 하였다.
③ 개발도상국으로 흘러드는 외국자본은 크게 원조, 부채, 투자가 있는데, 그중 부채는 은행 융자와 채권으로, 투자는 포트폴리오 투자와 외국인 직접투자로 나눌 수 있다.
⑤ 개발도상국에 대한 포트폴리오 투자액은 90억 달러에서 410억 달러로 320억 달러 증가하였고, 채권은 230억 달러에서 440억 달러로 210억 달러 증가하였다. 따라서 전자의 증감액이 더 크다.

02 정답 ①

ㄱ. 에스페란토의 문자는 영어 알파벳 26개 문자에서 4개의 문자를 빼고 6개를 추가하여 만들어졌다고 하였으므로 28개임을 알 수 있다. 따라서 옳은 내용이다.
ㄷ. 단어의 강세는 항상 뒤에서 두 번째 모음에 있다고 하였으므로 '어머니'를 나타내는 patrino는 'i'에, 장모를 나타내는 bopatrino 역시 'i'에 강세가 있음을 알 수 있다. 따라서 옳은 내용이다.

오답분석

ㄴ. 제시된 사례에서 '사랑'의 어간은 am임을 알 수 있으며, 미래 시제의 경우는 어간에 −os를 붙인다고 하였으므로 '사랑할 것이다.'는 amos로 표현한다는 것을 알 수 있다. 따라서 옳지 않은 내용이다.
ㄹ. 자멘호프는 1민족 2언어주의에 입각하여 같은 민족끼리는 모국어를, 다른 민족과는 에스페란토를 사용하자고 하였으므로 옳지 않은 내용이다.

03 정답 ③

'바퀴의 성능은 전쟁용 수레인 전차가 발달하면서 크게 개선되었고, 산업혁명기에 발명된 고무타이어가 바퀴에 사용되면서 바퀴의 성능은 한층 개선되었다.'고 하였으므로 옳은 내용이다.

오답분석

① 통나무를 잘라 만든 원판 모양의 나무바퀴는 기원적 5000년경부터 사용된 것으로 추정된다고 하였고, 메소포타미아의 전차용 나무바퀴는 기원전 3500년경에 제작된 것으로 추정되는 현존하는 가장 오래된 유물일 뿐이다. 따라서 옳지 않은 내용이다.
② '1885년 다임러와 벤츠가 최초로 가솔린 자동차를 발명했고 자동차용 공기압 타이어는 그로부터 10년 후 프랑스의 미쉘린 형제에 의해 처음으로 개발되었다.'고 하였으므로 자동차용 공기압 타이어가 사용된 것은 19세기 후반이다. 따라서 옳지 않은 내용이다.
④ '유럽인이 바퀴를 전해준 다음에도 아메리카 원주민들은 썰매를 많이 이용했다. 에스키모는 지금도 개가 끄는 썰매를 이용하고 있다.'고 하였으므로 옳지 않은 내용이다.
⑤ '바퀴가 수레에만 이용된 것은 아니다. 도자기를 만드는 데 사용하는 돌림판은 물레는 바퀴의 일종으로 우리나라에서는 4,000년 전부터 사용했다.'고 하였으므로 옳지 않은 내용이다.

04 정답 ①

1971년 미국의 프로그래머가 잊혀지다시피 하였던 @ 키를 살려내기 전까지 @ 키는 자리를 지키고 있었다. 단지 사용 빈도가 점차 줄어들었을 뿐이다.

오답분석

② 제시문에서 6세기에 @이 라틴어 전치사인 'ad'를 한 획에 쓰기 위한 합자로 사용되었음을 알 수 있으므로 @이 사용되기 시작한 것은 1,000년은 넘었다는 것을 알 수 있다.

③ '토마토 15개@3달러'라는 의미는 개당 달러인 토마토가 15개라는 의미이므로 전체 가격은 45달러였을 것이다.

④ 제시문을 통해 ad는 현대 영어의 'at' 또는 'to'에 해당하는 전치사, 부피, 질량의 단위, 이메일 기호로 사용되었음을 알 수 있다.

⑤ 스페인과 포르투갈의 상인들은 @를 질량의 단위인 아로바를 나타내는 기호로 사용하였는데, 스페인에서의 1아로바는 현재의 9.5kg에 해당하며, 포르투갈에서의 1아로바는 현재의 12kg에 해당한다고 하였다. 따라서 두 나라의 상인이 측정단위로 사용했던 1@는 질량이 동일하지 않을 것이다.

05 정답 ③

꿀벌이 약 15초 안에 열 번 돌면 벌집에서 꿀이 발견된 장소까지의 거리가 100m 가량이고, 여섯 번 돌면 500m 가량, 네 번 돌면 1.5km 정도를 나타낸다고 하였으므로 옳은 내용이다.

오답분석

① 꿀의 품질이 더 좋다면 춤을 더 활기차게 춘다고 하였지 다른 모양의 춤을 춘다고 하지는 않았다.

② ○○자형 모양의 가운데 교차점에서의 꿀벌의 움직임에 따라 꿀의 있는 곳의 방향을 알 수 있으며, 단위 시간당 춤의 횟수로 거리를 알 수 있지만 꿀의 양을 어떻게 표현하는지에 대해서는 제시문에서 언급하고 있지 않다.

④ 꿀의 방향이 태양과 반대 방향이면 교차점을 위에서 아래로 통과한다고 하였다.

⑤ 제시문의 마지막 부분에서 실제 꿀의 위치가 달라진 경우에도 원래 설탕물이 있던 지점에서 설탕물을 찾으려 했다고 하였으므로, 옳지 않은 내용이다.

06 정답 ②

조선 수군은 칼과 창 같은 단병무기를 운용하는 데는 상대적으로 서툴렀는데, 판옥선의 선체가 높은 것은 일본군의 장기인 승선전투전술을 활용하기 어렵게 하였다. 이는 상대적으로 조선 수군이 전투를 수행하는 데 유리하게 작용하였을 것이다.

오답분석

① 판옥선은 '선체의 상부에 상장을 가설하여 2층 구조로 만든 배'라고 하였고, 선체의 길이가 20 ~ 30m 정도라고 하였다. 선체의 높이는 제시문을 통해서는 알 수 없다.

③ 『선조실록』에서 거북선 운용에 필요한 사수와 격군을 합친 숫자가 판옥선의 125명보다 많다고 하였지만 그중 격군의 숫자는 알 수 없다.

④ 판옥선은 왜구를 제압하기 위해 1555년(명종 10년) 새로 개발된 것이다. 임진왜란은 1592년에 발발하였으므로 옳지 않은 내용이다.

⑤ '옥포해전·당포해전·한산해전 등 주요 해전에 동원된 군선 중에서 3척의 거북선을 제외하고는 모두가 판옥선이었다.'고 하였으므로 여전히 주력 군선은 판옥선이었음을 알 수 있다.

07 정답 ③

ㄹ. '상중에 공무를 보러 나온 자는 검은 갓과 검은 띠를 착용함을 허락하되 관아에서 참알하는 것은 허락하지 말 것이며, 관아를 드나들면서 일을 품의하도록 한다.'라고 하였으므로 허용될 수 있는 행동이다.

오답분석

ㄱ. '아전이 어찌 흰 옷과 베띠를 착용하고 관정에 들어올 수 있겠는가. 경사에서 참알하는 서리들은 모두 홍단령을 착용하는 것이 본연의 법도인 것이다.'라고 하였으므로 허용되지 않는 행동이다.

ㄴ. '시절이 좋고 풍년이 든 때를 가려서 관아에 일도 적은 날, 흰 밥과 나물반찬을 준비해 가지고 산에 오르거나 물가에 가서 소박한 모임을 갖도록 해야 할 것이다.'라고 하였으므로 허용되지 않는 행동이다.

ㄷ. '곤장 10대 이상을 벌주는 일은 마땅히 품의한 다음에 시행하도록 해야 한다.'고 하였으므로 허용되지 않는 행동이다.

08 정답 ①

ㄱ. 근이 든 해에는 대부 이하 벼슬하는 사람들은 모두 봉록의 5분의 1을 감봉한다고 하였고, 궤가 든 해에는 5분의 4를 감봉한다고 하였다. 따라서 근이 든 해에는 5분의 4만큼의 봉록을, 궤가 든 해에는 5분의 1만큼의 봉록을 받게 되므로 근이 들었을 때 받을 수 있는 봉록은 궤가 들었을 때 받을 수 있는 봉록의 4배일 것이다.

오답분석

ㄴ. 다섯 가지 곡식 모두 제대로 수확되지 않은 것을 기라고 하였는데 '기가 든 해에는 아예 봉록을 주지 않고 약간의 식량만을 지급할 뿐이다.'라고 하였다. 따라서 식량까지 전혀 지급받지 못한 것은 아니다.
ㄷ. 군주가 행차할 때 수레를 끄는 말의 수를 반으로 줄여 두 마리만으로 수레를 끌게 한다.'고 하였고, 말에게 곡식을 먹이지 않는다고 하였다.
ㄹ. '곡식이 제대로 수확되지 않으면 군주는 먹던 요리의 5분의 3을 줄였다.'고 하였으므로 평상시의 5분의 2를 먹었을 것이다.

09 정답 ②

국고보조금이 투입되는 사업에 대해서는 '상급기관의 행정적·재정적 감독을 받게 되어 예산운용의 측면에서 지방자치단체의 자율성이 약화될 수 있다.'고 하였다.

오답분석

① 지방자치단체가 필요로 하는 사업에 용도를 지정하여 국가가 지급하는 것은 지방교부세가 아니라 국고보조금이다.
③ 국고보조금은 특정용도 외의 사용이 금지되어 있다고 하였다.
④ 재정력이 취약한 지방자치단체는 지방비 부담으로 인해 상대적으로 국고보조사업 신청에 소극적이라고 하였다.
⑤ 국가는 지방자치단체의 재정활동을 지원하고 지역 간 재정불균형을 해소하기 위해, 지방교부세와 국고보조금을 교부하고 있다고 하였다. 따라서 국고보조금에도 재정불균형을 해소하는 기능은 존재한다.

10 정답 ②

乙. 베네치아인들은 집안에 카펫을 깔거나 창문에 드리웠으며, 유람선을 카펫으로 치장했었다고 하는 등 여러 용도로 카펫을 사용하였다.
丁. 중국에서 용은 황제를 상징하지만, 인도에서는 죽음을 의미한다고 하였으므로 이를 받은 인도의 왕은 본래 의도를 오해할 수 있었을 것이다.

오답분석

甲. 이슬람교에서는 우상숭배를 금지하면서 사람이나 동물을 형상화할 수 없게 하였으므로 카펫의 문양에 동물을 이용할 수는 없었을 것이다.
丙. '페르시아와 인도에서는 꽃무늬 양식의 카펫이, 카프카스 및 중앙아시아의 투르크만 지역에서는 기하학적 무늬의 카펫이 주로 생산되었다.'고 하였다.

11 정답 ⑤

ㄱ. 영어의 Tally(계산)라는 단어는 라틴어에서 작은 나뭇가지를 뜻하는 Talea에서 생겼으며, Calculate(계산하다)라는 단어는 조약돌을 뜻하는 Calculus에서 생겼다.
ㄴ. 원시시대에는 몸의 일부분, 특히 손가락이나 손을 사용하여 계산하였다고 하였고, 나뭇가지나 작은 돌멩이와 같은 도구를 늘어놓고 계산하는 방법도 사용하였다고 하였다.
ㄷ. 시리아, 프랑스의 일부 지방에서는 5보다 큰 한자리 자연수 2개를 곱할 때 손가락을 사용한다. 제시문의 예를 응용하여 6×6을 구해보면, 왼손 손가락 한 개($6-5$)를 굽히고, 오른손 손가락 한 개($6-5$)를 굽혀 2를 구한 다음, 굽히지 않은 손가락을 곱해 16을 구한 후 십의 자리에 2를 더해 36을 구한다.

12 정답 ③

헌법학에서 헌법이라는 용어는 문맥에 따라 일정한 구성체(공동체)를 의미하거나 그 구성체를 규율하는 최고의 법규범이라는 의미로 사용되기도 한다고 하였다.

오답분석

① 근대 입헌주의 헌법이란 개인의 자유와 권리를 보장하고, 권력분립에 의하여 국가권력의 남용을 억제하는 것을 내용으로 하는 헌법을 말한다고 하였다. 따라서 개인의 자유를 보장하지 않은 헌법은 근대 입헌주의 헌법이라 할 수 없다.

② 고려사에 기록된 '국제'라는 용어는 법령을 통칭하는 것이고, 오늘날 통용되는 헌법의 의미로 처음 사용된 것은 1884년 1월 30일 한성순보에 실린 '구미입헌정체'에서 사용된 것이다.

④ 고유한 의미의 헌법은 국가의 최고기관을 조직·구성하고, 이들 기관의 권한행사 방법, 국가기관의 상호관계 및 활동범위를 정한 기본법이고, 국가권력의 제한에 초점을 두는 것은 근대 입헌주의 헌법이다.

⑤ 중국의 옛 문헌에서 사용되는 헌법이라는 단어는 모든 종류의 법을 통틀어 지칭하는 것이었지만, 오늘날에는 공동체의 최고법규범을 지칭하는 용어로 사용하고 있다.

13 정답 ⑤

ㄱ. 봉수의 근무자로는 봉군과 오장이 있었는데, 『경국대전』에 따르면 연변봉수의 봉군 정원은 매소 6인이고, 오장의 정원은 매소 2인이라고 하였다. 따라서 연변봉수의 근무자 정원은 8명이다.

ㄴ. 봉군은 신량역천, 즉 신분상으로는 양인이나 국역담당에 있어서는 천인이었다고 하였고, 발군은 양인인 기보병으로만 편성되었다고 하였다. 즉, 신분상으로는 봉군과 발군 모두 양인이었으므로 발군의 신분이 봉군의 신분보다 낮았다고 보기 어렵다.

ㄷ. 제시문을 통해서는 북발은 2,300리의 직로에 보발로 64참을 설치하였고, 남발은 920리의 직로에 보발로 31참을 설치하였다고 하였을 뿐, 이것만으로는 참과 참 사이의 거리를 판단할 수 없다.

ㄹ. 의주에서 한성까지가 1,050리이고 기발은 1주야에 약 300리 정도로 달렸다고 하였으므로 약 3.5주야가 소요되었을 것이다.

14 정답 ①

ㄱ. 제시문에서 유방암의 조기진단에 따른 경제적 효과를 예로 들고 있으며, 생존율 역시 말기진단의 경우에 비해 4배 이상 증가하였다고 하였다.

ㄷ. 현재 한국에는 약 800대의 MRI기기가 도입돼 있는데 이는 인구 백만 명 당 16대꼴로 유럽이나 기타 OECD 국가들에 뒤지지 않는 보급률이라고 하였다.

오답분석

ㄴ. CT가 조기진단을 가능케 하는 진단영상기기 중 하나로 제시되고 있으나, 다른 기기에 비해 부드러운 조직의 미세한 차이를 구분하고 신체의 이상 유무를 밝히는 데 탁월한 것은 MRI라고 하였다.

ㄹ. 제시문을 통해서는 전 세계와 한국의 MRI 산업 시장규모가 매년 얼마나 늘어나고 있는지만 알 수 있을 뿐, 현재의 시장규모가 어느 정도인지는 알 수 없다.

15 정답 ①

'신분에 관계없이 유교식 제사가 집집마다 퍼졌기 때문에 생선을 찌는 조리법이 널리 받아들여졌다.'고 하였다. 따라서 조선의 생선 조리법과 유교식 제사는 밀접한 관련이 있다고 볼 수 있다.

오답분석

② 생선을 생으로 먹는 풍습은 1830년대 중반 이후 밀입국한 신부 샤를 달레가 집필한 책에 생선을 생으로 먹는 조선시대의 풍습이 소개되어 있다고 한 것에서 알 수 있듯이 일제시대 이전에도 존재하였다.

③ 규합총서는 1809년에 쓰여진 책이고, 샤를 달레가 입국한 것은 1830년대 중반 이후이므로 샤를 달레가 규합총서를 집필했을 가능성은 없다고 보는 것이 타당하다.

④ 통째로 모양을 유지시키면서 접시에 올리려면 굽거나 찌는 방법 밖에 없다고 하였으므로 두 방법 모두 생선을 통째로 올릴 수 있다.

⑤ 간디스토마라는 질병의 실체를 알게 된 것은 일제시대 이후이므로 1800년대 조선인은 간디스토마의 위험을 알지 못했다.

STEP **1** 기본문제

01	02	03	04	05	06	07	08	09	10	11	12	13	14	15	16	17	18	19	20
②	⑤	④	①	⑤	⑤	①	③	⑤	①	③	④	④	②	④	⑤	③	①	③	⑤

21	22	23	24	25	26	27	28	29											
①	③	③	④	①	⑤	④	③	⑤											

01 정답 ②

지에밥의 녹말이 누룩곰팡이를 통해 엿당이나 포도당으로 분해되는 것이 당화과정이고, 이 엿당이나 포도당이 효모를 통해 알코올로 분해되는 과정을 발효과정이라 한다. 그리고 이 당화과정과 발효과정 중에 나오는 에너지로 인하여 열이 발생하게 되는데, 이 열로 술독 내부의 온도인 품온이 높아진다고 하였으므로 옳은 내용이다.

오답분석
① 청주는 탁주에 비해 알코올 농도가 높다고 하였으므로 옳지 않은 내용이다.
③ 아밀라제는 녹말을 엿당이나 포도당으로 분해한다. 엿당이나 포도당을 알코올로 분해하는 것은 효모의 역할이다.
④ 청주와 막걸리가 구분되는 과정에서 효모의 양이 어떻게 작용하는지는 제시문을 통해 알 수 없다.
⑤ 술독에서 미생물에 의한 당화과정과 발효과정이 거의 동시에 일어나며, 당화과정에서 만들어진 엿당이나 포도당을 효모가 알코올로 분해하는 과정이 발효과정이다.

02 정답 ⑤

세종 때 도첩 신청자가 내도록 규정된 면포 수량은 150필인 반면, 예종 때는 50필이었으므로 옳은 내용이다.

오답분석
① 태종이 도첩을 위조해 승려가 된 자를 색출하게 한 것은 사실이지만 이들에게 면포 30필을 내게 하지는 않았다.
② 태조가 면포 150필을 내게 한 대상은 새로 승려가 되려는 자들이지 이전에 승려였던 자들이 아니므로 옳지 않은 내용이다.
③ 세조는 명부에 이름만 올려놓고 승려생활을 하지 않는 부자들이 많은 문제를 해결하기 위해 즉위하자마자 대책을 세울 것을 명했다. 그리고 수년 후 내야 할 면포 규정을 30필로 낮추되 심경, 금강경, 살달타를 암송해야 도첩을 준다는 규정을 시행하였으므로 옳지 않은 내용이다.
④ 성종은 납부해야 할 면포 수량을 50필로 하고 심경, 금강경, 살달타, 법화경을 암송해야 도첩을 준다는 예종 때의 규정을 그대로 유지하였으므로 옳지 않은 내용이다.

03 정답 ④

슈퍼잡초를 제거하기 위해서 제초제를 더 자주 사용하는 등의 부작용으로 인해 농부들이 더 많은 비용을 지불할 수밖에 없었다고 하였으므로 옳은 내용이다.

오답분석

① 유전자 변형 작물을 재배하는 지역에서는 일반 작물 재배와 비교하여 살충제 소비가 줄어들었다고 하였다. 따라서 최소한 살충제는 증가하지 않은 것을 확인할 수 있으므로 모든 종류의 농약 사용이 증가하였다고 볼 수는 없다.

② 유전자 변형 작물을 재배하던 농부들이 제초제를 매년 반복해서 사용하자 글리포세이트에 내성을 가진 잡초가 생겨났다고 하였다. 따라서 최소 몇 년 후부터 슈퍼잡초가 나타났다고 추론할 수 있다.

③ 유전자 변형 작물을 재배한 이후 16년간 일반 작물 재배와 비교하여 살충제 소비가 약 56,000톤 줄었다고 하였으나, 일반 작물 재배의 경우는 어떠하였는지에 대해서는 언급하고 있지 않다.

⑤ 제시문을 통해서 유전자 변형 작물을 재배하는 지역에서 슈퍼잡초가 발생했다는 사실은 알 수 있으나 일반 작물을 재배하는 지역에서도 그러한지는 알 수 없다.

04 정답 ①

제시문의 내용을 그림으로 정리하면 다음과 같다.

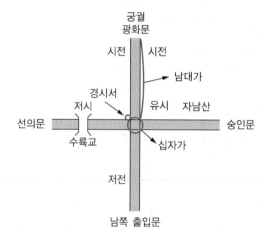

그림에 따르면 남대가의 북쪽 끝에 궁궐의 출입문인 광화문이 위치하고 있으므로 옳은 내용이다.

05 정답 ⑤

일본의 정책들은 함경도를 만주와 같은 경제권으로 묶음으로써 조선의 다른 지역과 경제적으로 분리시켰다고 하였으므로 옳지 않은 내용이다.

오답분석

① 1935년 회령의 유선탄광에서 폭약이 터져 800여 명의 광부가 매몰돼 사망했던 사건이 있었다는 부분과 나운규의 고향이 회령이라고 언급된 부분을 통해 알 수 있는 내용이다.

② 조선의 최북단 지역인 오지의 작은 읍이었던 무산·회령·종성·온성의 개발이 촉진되어 근대적 도시로 발전하였다는 부분을 통해 알 수 있는 내용이다.

③ 청진·나진·웅기 등이 대륙 종단의 시발점이 되는 항구라고 하였고, 회령·종성·온성이 양을 목축하는 축산 거점으로 부상하였다고 언급되어 있다. 그리고 「아리랑」의 기본 줄거리가 착상된 배경이 나운규의 고향인 회령에서 청진까지 부설되었던 철도 공사라고 하였으므로 이를 통해 추론할 수 있는 내용이다.

④ 일본이 식민지 조선의 북부 지역에서 광물과 목재 등 군수산업 원료를 약탈하는 데 주력하게 되었고, 이를 위해 함경도에서 생산된 광물자원과 콩, 두만강변 원시림의 목재를 일본으로 수송하기 위해 함경선, 백무선 등의 철도를 부설하였다고 하였으므로 옳은 내용이다.

06 정답 ⑤

사회적 동조가 있는 상태에서는 개인의 성향과 상관없이, 즉 충동적인 것과는 무관하게 루머를 사실이라고 믿는 경우가 많았다고 하였으므로 옳지 않다.

오답분석

① 사람들이 사회적·개인적 불안감을 해소하기 위한 수단으로 루머에 의지한다고 하였으므로 옳은 내용이다.
② 사회적 동조는 개인이 어떤 정보에 대해 판단하거나 그에 대한 태도를 결정하는 데 정당성을 제공한다고 하였으므로 옳은 내용이다.
③ 집단주의 문화권 사람들은 루머를 믿는 사람들로부터 루머에 대한 정보를 얻고 그것을 근거로 하여 판단하며, 다른 사람들의 의견에 개인의 생각을 일치시키는 경향이 두드러진다고 하였으므로 옳은 내용이다.
④ 루머에 대한 지지 댓글을 많이 본 사람들은 루머에 대한 반박 댓글을 많이 본 사람들에 비해 루머를 사실로 믿는 경향이 더욱 강한 것으로 나타났다고 하였다. 따라서 이를 역으로 생각하면 반박 댓글을 많이 본 사람들이 루머를 사실로 믿는 경향이 더 약함을 알 수 있다.

07 정답 ①

사찰에서는 기본적으로 남문 – 중문 – 탑 – 금당 – 강당 – 승방 등이 남북으로 일직선상에 놓였다고 하였다. 즉, 탑은 중문과 강당 사이의 직선상에 위치하고 있으므로 옳은 내용임을 알 수 있다.

오답분석

②·③ 진신사리는 그 수가 한정되어 있으므로 삼국시대 말기에 이르러서는 탑 안에 사리를 대신하여 작은 불상이나 불경을 모셨다고 하였다. 즉, 탑 안을 비워둔 것은 아니었으며 사리를 모시는 곳이 금당의 불상으로 바뀐 것은 더더욱 아니다.
④ 삼국시대의 사찰에 회랑이 필수적이었다는 것만 언급되어 있을 뿐 삼국시대 이후에 대해서는 언급되어 있지 않다.
⑤ 신전이 성역임을 나타내기 위한 건축적 장치는 회랑이라고 하였으므로 옳지 않은 내용이다.

08 정답 ③

자유개념에 기초하고 있는 자유민주주의에서는 개인의 자유를 강조할수록 사회적 공공성이 약화될 수밖에 없다고 하였으므로 옳은 내용이다.

오답분석

① 공화국이라는 용어는 사회적 공공성 개념과 연결되는데 반해, 한국 사회에 널리 유포된 자유민주주의의 개념은 자유 개념이 강조된 서구의 고전적 자유주의 전통에서 비롯되었다고 하였으므로 옳지 않은 내용이다.
② 임시정부가 출범하면서 '민주공화국'이라는 표현을 사용한 이유나 논거에 대해서 명확하게 언급하고 있지는 않다. 다만, 임시정부와 헌법의 '민주공화국'이라는 개념이 사회적 공공성 개념을 언급할 때 그 일례로 제시되었다는 점과 사회적 공공성과 자유주의는 대립되는 구조를 가진다는 점을 통해 올바르지 않은 진술임을 알 수 있다.
④ 반공이 국시가 되면서 공공성을 강조하는 '공화국'이라는 용어보다 자유가 강조된 '자유민주주의'가 훨씬 더 널리 사용되었다고 하였으므로 옳지 않은 내용이다.
⑤ 자유민주주의가 1960년대 이후 급속히 팽배하기 시작한 개인주의와 결합하면서 사회적 공공성이 더욱 후퇴하였다고 하였으므로 옳지 않은 내용이다.

09 정답 ⑤

진나라는 아무렇게나 불리던 사람들의 이름에 성을 붙여 분류한 다음, 아버지의 성을 후손에게 영구히 물려주도록 하였는데, 성의 세습이 국민을 효율적으로 통치하기 위함이었으므로 옳은 내용이다.

오답분석

① 국민을 효율적으로 통치하기 위한 성의 세습은 시기적으로 일찍 발전한 국가에서 나타났고, 예로부터 중국에 부계전통이 있었다고 하였다. 그러나 이것만으로 부계전통의 확립이 중국에서 처음 이루어졌는지는 알 수 없다.
② 중국에서 '라오바이싱'이라는 의미가 '오래된 100개의 성'이라는 뜻이라는 것과 이것이 중국에서 '백성'을 의미하게 된 것은 알 수 있지만, 이것이 진나라가 모든 백성에게 새로운 100개의 성을 부여해서 그렇게 된 것인지는 알 수 없다.
③ 예로부터 중국에 부계전통이 있었지만 진나라 이전에는 몇몇 지배 계층의 가문 및 그 일족을 제외한 백성은 성이 없었다고 하였으므로 옳지 않은 내용이다.

④ 진나라가 부계 성 정책을 시행한 이유는 가족 내에서 남편에게 우월한 지위를 부여하여 부인, 자식, 손아랫사람에 대한 법적인 지배권을 주면서 가족 전체에 대한 재정적 의무를 지도록 하기 위함이었다. 그러나 부계 성 정책을 통해 몇몇 지배 계층의 기존 성을 확산하려고 했다는 것은 제시문을 통해서는 알 수 없는 내용이다.

10 정답 ①

전설이 되기 위해서는 역사성과 현장성이 있어야 한다. 그런데 공갈못설화는 지금의 공갈못에 관한 이야기도 공갈못 생성의 증거가 될 수 있는 역사성을 가진 자료라고 하였고, 상주지방에 전하고 있는 공갈못에 관한 이야기라고 하여 현장성도 갖추고 있으므로 전설이라고 할 수 있다.

오답분석

② 설화 속에는 원도 있고 한도 있다고 하였으므로 옳지 않은 내용이다.
③ 공갈못 생성에 관한 기록이 없다고만 언급하고 있을 뿐, 다른 농경생활과 관련한 다른 사건들에 대한 것은 알 수 없다.
④ 우리나라 3대 저수지가 삼국시대에 형성되었으며 그중 공갈못에 관련된 기록이 조선시대에 와서야 발견된다는 것이다. 나머지 2개의 저수지에 대한 내용은 언급이 없으므로 알 수 없다.
⑤ 제시문을 통해서는 공갈못설화가 지배층이 입장에서는 중요하게 받아들여지지 않았다는 것만을 알 수 있다. 이것을 조선과 일본이 역사기술 방식의 차이로 보는 것은 지나친 비약이다.

11 정답 ③

왕비의 아버지를 부르는 호칭인 '부원군'은 경우에 따라 책봉된 공신에게도 붙여졌다고 하였으므로 옳은 내용이다.

오답분석

① 세자의 딸 중 적실 소생은 '군주'라고 칭했으며, '옹주'는 후궁의 딸을 의미한다.
② 왕의 사후에 생전의 업적을 평가하여 붙이는 것을 '시호'라 하는데 이 '시호'에는 중국 천자가 내린 시호와 조선의 신하들이 올리는 시호 두 가지가 있었다고 하였다. 묘호는 왕이 사망하여 삼년상을 마친 뒤 그 신주를 종묘에 모실 때 사용하는 칭호인데 이를 중국의 천자가 내린 것인지는 알 수 없다.
④ 우리가 조선의 왕을 부를 때 흔히 이야기하는 태종, 세조 등의 호칭은 묘호라고 하며, 존호는 왕의 공덕을 찬양하기 위해 올리는 칭호이다.
⑤ 대원군이라는 칭호는 생존 여부와는 무관하게 왕을 낳아준 아버지를 모두 지칭하는 말이므로 옳지 않은 내용이다.

12 정답 ④

지폐 거래를 위해서는 신뢰가 필수적인데 중국을 포함한 아시아의 국가들은 처음부터 국가가 발행권을 갖고 있어서 화폐로 받아들여지고 사용되기 위해 필요한 신뢰를 확보하고 있었다고 할 수 있다.

오답분석

① 제시문에 따르면 유럽의 지폐는 동업자들끼리 만든 지폐로 시작하였으나 쉽게 자리잡지 못했고 중앙은행이 금 태환을 보장하면서부터 화폐로 사용되기 시작하였다. 그러나 이것으로 지폐가 널리 통용되었다고 판단하기에는 무리가 있으며 더구나 금화의 대중적인 확산이 그 원인이 되었다는 것은 근거를 찾을 수 없다.
② 내재적 가치가 없는 지폐가 화폐로 받아들여지고 사용되기 위해서는 신뢰가 필수적인데 중국은 강력한 왕권이 이 신뢰를 담보할 수 있었지만, 유럽에서는 그보다 오랜 시간과 성숙된 환경이 필요했다고 하고 있다. 결국 유럽에서 지폐의 법정화와 중앙은행의 설립이 이루어진 것은 17 ~ 18세기에 이르러서야 가능했다.
③ 중국에서는 기원전 8 ~ 7세기 이후 주나라에서부터 청동전이 유통되었는데 이후 진시황이 중국을 통일하면서 화폐를 통일해 가운데 네모난 구멍이 뚫린 원형 청동 엽전이 등장하였다고 하였다. 따라서 네모난 구멍이 뚫린 원형 엽전 이전에 청동전이 있었다는 사실을 알 수 있다.
⑤ 유럽에서는 금화가 비교적 자유롭게 사용되어 대중들 사이에서 널리 유통되었다고 하였으나, 아시아에서는 금이 대중들 사이에서 유통되기 시작하면 권력이 약화된다고 보았다. 따라서 ⑤는 아시아에만 해당하는 내용이다.

13 정답 ④

피타고라스주의자들이 수를 실재라고 여겼고 여기서 수는 실재와 무관한 수가 아니라 실재를 구성하는 수를 가리켰다는 점에서 부합하지 않는 내용이다.

오답분석

① 제시문에서 피타고라스가 음정 간격과 수치 비율이 대응하는 원리를 발견하였다는 부분을 통해 알 수 있는 내용이다.
② 제시문의 말미에 피타고라스주의자들이 자연을 이해하는 데 수학이 중요하다는 점을 알아차린 최초의 사상가들이라고 한 부분을 통해 알 수 있는 내용이다.
③ 피타고라스주의자들은 '기회', '정의', '결혼'과 같은 추상적인 개념을 특정한 수와 연결시켰다는 점에서 옳은 내용이다.
⑤ 피타고라스주의자들은 수와 기하학의 규칙이 자연에 질서를 부여하고 변화를 조화로운 규칙으로 환원할 수 있다고 생각하였으므로 옳은 내용이다.

14 정답 ②

ㄷ. 만약 명령이 법 바깥의 사적인 것인데 그것을 수행한다면 이는 상령하행의 원칙을 잘못 이해한 것이라고 하여 상급자의 명령을 언제나 수행해야 하는 것은 아니라고 하였다.

오답분석

ㄱ. 오직 명령이 국가의 법제를 따랐을 때만 권위가 갖춰지는 것이라고 언급하였으므로, 그 이외의 요소는 고려대상이 아님을 알 수 있다. 굳이 둘을 구분한다면 상급자의 직위가 높아야 한다는 것은 상령하행의 요소이다.
ㄴ. 조선시대에는 공적인 명령에 대해 아랫사람이 시행하지 않으면 아랫사람을 파직하였다고 하였으므로 상령하행이 잘 지켜지고 있었다는 것을 추론해볼 수 있다.

15 정답 ④

한국에서 서구의 개인주의 문화가 정착하지 못한 것은 근대화가 급속하게 압축적으로 진행되었기 때문이지 가족주의 문화 때문이 아니다. 가족주의는 근대화 과정에서 파생된 산물이라고 볼 수 있다.

오답분석

① 근대화 과정을 거치면서 직계가족이 가치판단의 중심이 되는 가족주의가 강조되었다고 하였으므로 옳은 내용이다.
② 전통적 공동체 문화가 학연과 지연을 매개로 하여 유사가족주의 형태로 나타났다고 하였으므로 옳은 내용이다.
③·⑤ 근대화 과정에서 한국의 가족주의 문화와 서구의 개인주의 문화는 전통적 사회구조가 약화되면서 나타나는 사회적 긴장과 불안을 해소하는 역할을 해왔다.

16 정답 ⑤

겸사복은 시립과 배종을 주로 담당하였다고 하였는데, 배종은 어가가 움직일 때 호위하는 것이라고 하였으므로 옳은 내용이다.

오답분석

① 겸사복은 서얼과 양민으로 구성되었다고 명시적으로 언급하고 있다. 따라서 다른 두 개의 부대에서 양민을 선발하지 않더라도 최소한 겸사복에는 선발될 수 있으므로 옳지 않은 내용이다.
② 우림위가 세 개의 부대 중 가장 낮은 대우를 받고 있으나 그렇다고 하더라도 중앙군 소속의 갑사보다는 높은 대우를 받고 있다고 하였다. 따라서 갑사는 금군보다 낮은 대우를 받았다고 판단할 수 있다.
③ 겸사복은 1409년에 만들어졌고, 우림위는 1492년에 편성되었다고 하였으므로 겸사복이 우림위보다 먼저 만들어졌다.
④ 금군은 내금위, 겸사복, 우림위의 세 부대로 구성되었는데, 이 중 겸사복이 금군 중 최고 정예부대라고 하였으므로 옳지 않은 내용이다.

17 정답 ③

ㄱ. 북부 이주민들은 스스로를 순례자로 칭할 만큼 엄격한 종교적 규율을 지켰으며 아메리카 대륙에 상륙하자마자 가장 먼저 한 일이 새로운 사회의 건설을 위한 사회 규약을 만든 것인 만큼 새로운 사회에 대한 열망이 컸다는 점에서 알 수 있는 내용이다.

ㄴ. 남부로 이주한 영국 이주민들은 가난한 형편을 면하기 위한 것이 그 목적이었던 반면, 북부 이주민들은 순수한 종교적 신념과 새로운 사회에 대한 열망을 실현하기 위해 이주해왔다는 점에서 옳은 내용이라고 할 수 있다.

오답분석

ㄷ. 제시문에 따르면 북부 이주민들은 유럽의 전제적인 신분질서에서 벗어난 평등한 공동사회를 추구한 반면, 남부 이주민들은 기존의 사회 체계를 기반으로 자신들의 사회를 건설하였다고 하였다.

18 정답 ①

개항 이후 제당업이 성장하게 된 것은 해방 이전에는 일본정부와 조선총독부의 정책적 지원, 해방 이후에는 정부로부터의 지원과 각종 특혜들이 있었기에 가능했었다는 것이 제시문의 전체적인 논지이다.

오답분석

② 제1차 세계대전 발발 후에도 세계적으로 설탕 시세가 고가를 유지했다고 언급한 부분에서 옳지 않은 내용임을 알 수 있다.

③ 대일본제당이 1922년부터 정제당업으로 전환한 것은 1920년부터 원료비 절감을 위해 평안남도 등에 사탕무를 재배하였으나 이것의 생산성이 매우 낮았기 때문이다. 운송비 절감은 이로 인한 파생적인 결과일 뿐 이것이 주된 원인이라고 할 수는 없다.

④ 조선이 대일본제당의 상품 시장이라는 것은 제시문에서 찾을 수 없는 내용이다. 또한, 조선을 원료 공급지로 개발하려고 했던 것은 사실이지만 생산성이 매우 낮았다고 언급하고 있으므로 큰 이득을 얻었다는 부분은 사실이 아니다.

⑤ 설탕은 가격 통제 대상이 아니었기 때문에 제당회사들이 설탕 가격을 담합하여 높은 가격을 유지할 수 있었다. 따라서 정부가 이들의 담합을 단속하였다는 것은 옳지 않은 내용이다.

19 정답 ③

남형, 혹형, 남살을 행사하는 수령들이 오히려 해이해진 기강을 단속하여 백성을 잘 다스린다는 평가를 받았으며 어떠한 문책도 당하지 않았다.

오답분석

① 포교, 포졸, 관교 등의 하급 관속들의 비리나 폭력이 심각하였다고는 하였으나 이들 각각의 비리가 어떻게 차이가 나는지에 대해서는 언급하고 있지 않다.

② 수령은 범죄의 유형이나 정도에 상관없이 태형 50대 이하의 처벌은 언제나 실행할 수 있고 사형도 내릴 수 있다고 하였으므로 옳지 않은 내용이다.

④ 수령이 사법권을 행사할 때에는 법전의 규정에 따라 신중하게 실행할 것이 요구되었으나 실제는 그렇지 않았다. 즉, 법전의 규정대로만 실행되었다면 문제가 없었을 것이나 그렇지 않았기 때문에 수령의 과도한 사법권 행사가 사회 불안을 조장하는 요소였던 것이다.

⑤ 하급 관속들의 비리나 폭력이 심각하였다고 하였으나 이로 인해 어떠한 처벌을 받았는지는 언급되어 있지 않다. 수령의 경우에는 남형 등의 문제가 있었지만 어떠한 문책도 없었다고 언급되어 있다.

20 정답 ⑤

당시의 권력자들이 최상의 의료 인력과 물자를 독점적으로 소유함으로써 의료를 충성에 대한 반대급부로 삼았다고 한 부분에서 알 수 있는 내용이다.

오답분석

① 혜민국은 전염병이 발생한 이후 유행을 막기 위해 설치된 임시 기관이므로 사전 예방과는 거리가 멀다.

② 고려국왕은 일년 중 정해진 날에 종4품 이상의 신료에게 납약을 내렸으며 이는 약재가 일종의 위세품으로 작용한 근거라고 하였다. 따라서 치료와는 거리가 멀다.

③ 고려의 국왕이 가부장적 이데올로기에 입각하여 의료를 신민 지배의 한 수단으로 삼았다는 내용은 언급되어 있으나, 이것이 전염병의 발병률과 어떠한 관계가 있는지에 대해서는 언급되어 있지 않다. 또한, 고려시대 전염병의 발병률이 감소했는지도 알 수 없는 내용이다.

④ 중세 동아시아 의학은 통치수단의 방편으로 활용되었을 뿐 실질적인 질병의 치료를 목적으로 한 것이 아니었다. 혜민국과 같은 기관들이 치료보다는 통치를 위한 격리를 목적으로 하였다는 것에서도 확인할 수 있는 내용이다.

21 정답 ①

체증이 심한 유료 도로 이용은 다른 사람의 소비를 제한(타인의 원활한 도로 이용 방해)하는 특성을 가지는 것이므로 '경합적'이며, 요금을 지불하지 않고서는 도로 이용을 하지 못하므로 '배제적'이다. 이는 a에 해당한다.

오답분석

② 케이블 TV 시청은 다른 사람의 소비를 제한하지 않으므로(자신이 케이블 TV를 시청한다고 해서 다른 시청자의 방송 시청에 어떠한 영향을 주는 것이 아니다) '비경합적'이며, 시청료를 지불하지 않고서는 TV 시청을 하지 못하므로 '배제적'이다. 이는 c에 해당한다.

③ 사먹는 아이스크림과 같은 사유재는 다른 사람의 소비를 제한하므로(자신이 아이스크림을 먹을 경우 타인이 먹을 수 있는 아이스크림의 개수가 감소한다) '경합적'이며, 대가를 지불하지 않고서는 아이스크림을 사먹을 수 없으므로 '배제적'이다. 이는 a에 해당한다.

④ 국방 서비스는 다른 사람의 소비를 제한하지 않으므로(자신이 국방 서비스의 혜택을 누린다고 하여 다른 사람이 받는 국방 서비스가 줄어드는 것이 아니다) '비경합적'이며, 요금을 지불하지 않더라도 국방서비스는 받을 수 있으므로 '비배제적'이다. 이는 d에 해당한다.

⑤ 제시문에서 영화 관람이라는 소비 행위는 비경합적이지만 배제가 가능하다고 하였으므로 c에 해당한다.

22 정답 ③

중궁전은 궁궐 남쪽이 아닌 궁궐 중앙부의 가장 깊숙한 곳에 위치한다. 궁궐은 남쪽에서 북쪽에 걸쳐 외전, 내전(궁궐 중앙부), 후원의 순서로 구성되므로, 궁궐 남쪽에서 공간적으로 가장 멀리 위치한 곳은 후원에 속한 어느 공간일 것이다.

오답분석

① 내농포는 왕이 직접 농사를 체험하는 소규모 논으로서 후원에 위치한다. 후원은 금원이라고도 불렸으므로 옳은 내용이다.

② 내전은 왕과 왕비의 공식 활동과 일상적인 생활이 이루어지는 곳이라고 하였으므로 옳은 내용이다.

④ 외전은 왕이 의례, 외교, 연회 등의 정치 행사를 공식적으로 치르는 공간이므로 외국 사신 응대 의식도 외전에서 거행되었을 것이다.

⑤ 동궁은 차기 왕위 계승자인 세자의 활동 공간이며 세자를 '떠오르는 해'라는 의미로 '동궁'이라고 부르기도 했다는 점에서 옳은 내용이다.

23 정답 ③

의사가 없는 지방에서는 의사의 업무 모두를 약점사가 담당했다고 하였는데, 의사는 의학박사만큼은 아니더라도 의학교육도 일부 담당했다. 따라서 약점사가 의학교육의 일부를 담당했을 것이라고 추론할 수 있다.

오답분석

① 의학박사가 의사에 비해 실력이 뛰어나고 경력이 풍부했다는 것은 알 수 있으나, 이들이 의사 중에서 선발된 것인지는 알 수 없다.

② 의학박사와 의사 간의 실력 차이에 대해서는 언급하고 있으나 의사와 약점사의 실력 차이에 대해서는 언급되어 있지 않다.

④ 향리들 중에서 임명한 사람은 의사가 아니라 약점사이다.

⑤ 지방관청에 설치된 약점에 배치된 사람은 의사가 아니라 약점사이다.

24 정답 ④

노동조합이 전반적으로 몰락한 주요 원인을 제조업 분야의 쇠퇴, 즉 서비스업 중심의 경제구조로의 변화에서 찾는 견해가 틀렸다고 하였으므로 옳지 않은 내용이다.

오답분석

① 1973년 전체 제조업 종사자 중 39%였던 노동조합원의 비율이 2005년에는 13%로 줄어들었다는 부분에서 알 수 있는 내용이다.

② 1970년대 중반 이후 기업들이 보수적 성향의 정치적 영향력에 힘입어서 노동조합을 압도할 수 있게 되었으며 결국 노동조합의 몰락은 정치와 기업이 결속한 결과라는 부분을 통해서 알 수 있는 내용이다.

③ 많은 제조업 제품을 주로 수입에 의존하게 되면서 서비스업 중심의 산업구조로 미국경제가 변화하였다고 하였으므로 옳은 내용이다.

⑤ 1980년대 초에 노동조합을 지지하는 노동자 20명 중 적어도 한 명이 불법적으로 해고되었다는 점에서 옳은 내용이다.

25 　정답 ①

음원의 위치를 판단하는 방식은 크게 세 가지로 나눌 수 있는데, 두 귀에 도달하는 데 걸리는 시간차를 이용하는 방식과 음색의 차이를 이용하는 방식은 고주파와 저주파 사이에 차이가 없다. 그러나 두 귀에 도달하는 소리의 크기 차이를 이용하는 방법은 저주파에서는 효과적이지 않다고 하였으므로 저주파로만 구성된 소리는 이 방식이 제대로 작동하지 않을 것임을 알 수 있다. 따라서 고주파로만 구성된 소리가 저주파로만 구성된 소리보다 음원의 위치를 파악하기 쉽다.

오답분석

② 소리가 두 귀에 도달하는 데 걸리는 시간차를 이용하면 소리가 오는 '방향'을 알 수 있는 것이지 청자와 음원의 '거리'를 알 수 있는 것이 아니다.
③ 저주파로만 구성된 소리는 소리의 크기 차이를 이용한 위치추적이 어려울 뿐이지 나머지 두 가지의 방법으로는 얼마든지 추적이 가능하다.
④ 머리가 소리 전달을 막는 장애물로 작용하여 음원의 위치를 찾는 것은 두 귀에 도달하는 소리의 크기 차이를 이용하는 방식이다. 나머지 두 가지의 방법은 이와는 큰 연관성이 없으므로 머리가 소리를 막지 않더라도 음원의 위치를 찾는 데 큰 어려움이 없을 것이다.
⑤ 두 귀에 도달하는 소리의 음색 차이가 생기는 이유는 머리와 귓바퀴의 굴곡 때문이므로 옳지 않은 내용이다.

26 　정답 ⑤

사회가 생겨난 근원은 신체상의 고통이고 자신의 신체를 방어하기 위해 다양한 사회 형태를 고안했다고 하였으므로 옳은 내용이다.

오답분석

① 인간이 협력하고 단합하여 다양한 사회 형태를 고안한 이유는 인간이 서로에 대해 느끼는 공포와 불안이라고 하였으므로 사회로 인해 이 같은 불안을 완화시킬 수 있을 것이라는 것을 추론해낼 수 있다. 따라서 옳지 않은 내용이다.
② 타인에 대한 간섭과 침해를 막기 위해 행동을 제한하는 규약이 만들어 지는 것이다. 하지만 그 제약이 지나칠 경우에 투쟁이 불가피하게 되는 지에 대해서는 제시문에서 언급하고 있지 않다.
③ 사회는 타인과 어울리고 싶어 하는 끊임없는 충동이나 노동의 필요 때문에 생겨나지 않았다고 하였으므로 옳지 않은 내용이다.
④ 사회가 구성되면 모든 것이 허용되는 시절이 끝나게 되며 무제약적으로 자유를 추구하던 시절이 끝난다고 하였으므로 옳지 않은 내용이다.

27 　정답 ④

공여국은 실제 도움이 절실한 개인들에게, 수혜국은 자국의 경제 개발에 필요한 부분에 우선 지원하려고 하므로 옳은 내용이다.

오답분석

① 공여국은 실제 도움이 절실한 개인들에게 우선적으로 혜택이 가기를 원한다고 언급하고 있으므로 옳지 않은 내용이다.
② 수혜국은 자국의 경제 개발에 필요한 부문에 개발원조를 우선 지원하려고 한다고 하였으므로 옳지 않은 내용이다. 자국의 빈민에게 혜택을 우선적으로 주려고 하는 것은 수혜국이 아니라 공여국이다.
③ 제시문에서는 수혜국이 집단주의적 경향이 강하다고 언급하고 있으나 그로 인해 공여국의 개발원조계획 참여가 저조한지의 여부는 알 수 없다. 공여국의 참여가 실제 저조했는지의 여부도 알 수 없는 내용이다.
⑤ 라틴아메리카와 아프리카의 나라들이 부채에 시달리고 있는 것은 사실이나 이것이 원조정책에 기인한 것인지의 여부는 제시문을 통해서는 알 수 없는 내용이다.

28 　정답　③

혁신적 기술 등에 의한 성장이 아닌 외형성장에 주력해온 국내 경제의 체질을 변화시키기 위해 벤처기업 육성에 관한 특별조치법이 제정되었다고 하는 부분을 통해 알 수 있는 내용이다.

오답분석

① 해외 주식시장의 주가 상승과 국내 벤처버블 발생이 비슷한 시기에 일어난 것은 알 수 있으나 전자가 후자의 원인이라는 것은 제시문을 통해서는 알 수 없는 내용이다.
② 벤처버블이 1999 ~ 2000년 동안의 기간 동안 국내 뿐 아니라 미국, 유럽 등 전세계 주요 국가에서 나타난 것은 알 수 있으나 전세계 모든 국가에서 일어났는지는 알 수 없다.
④ 뚜렷한 수익모델이 없다고 하더라도 인터넷을 활용한 비즈니스를 내세우면 높은 잠재력을 가진 기업으로 인식되었다는 부분을 통해 벤처기업이 활성화되었으리라는 것을 유추할 수는 있다. 하지만 그것이 대기업과 어떠한 연관을 가지는지는 제시문을 통해서는 알 수 없는 내용이다.
⑤ 외환위기로 인해 우리 경제에 고용창출과 경제성장을 주도할 새로운 기업군이 필요해졌다는 부분은 알 수 있으나, 외환위기가 해외 주식을 대규모로 매입하는 계기가 되었는지는 알 수 없다. 오히려 반대로 1998년 5월부터 외국인의 종목별 투자한도를 완전 자유화하여 외국인 투자자들의 국내 투자를 유인하였다는 부분이 언급되어 있다.

29 　정답　⑤

명학소에 위치한 갑천의 풍부한 수량은 철제품을 운송하는 수로로 적합했을 뿐 아니라, 제련에 필요한 물을 공급하는 데에도 유용하였다는 부분을 통해 알 수 있는 내용이다.

오답분석

① 제시문에서 언급된 명학소의 경우는 철이 생산된 곳이 아니었다는 점에서 옳지 않은 내용이다.
② 명학소는 제련에 필요한 숯을 생산하였다고 하였으므로 옳지 않은 내용이다.
③ 제시문을 통해서는 망이 망소이의 반란이 명학소에서 일어났다는 것만 알 수 있을 뿐 그들에 대한 다른 정보는 알 수 없다.
④ 일반 군현민의 부담뿐만 아니라 다른 철소민의 부담과 비교해 보아도 훨씬 무거운 것이었다고 하였으므로 옳지 않은 내용이다.

STEP ❷ 심화문제

01	02	03	04	05	06	07	08	09	10	11	12	13	14	15	16	17	18	19	20
⑤	③	⑤	③	①	⑤	②	⑤	③	④	③	②	②	③	⑤	①	①	④	①	②
21																			
④																			

01 정답 ⑤

뉴욕주 소방청의 화재위험도평가제는 공공데이터 공유플랫폼을 이용하여 수집된 주 내의 모든 정부 기관의 정보를 평가자료로 활용한다고 하였다.

오답분석

① 공공안선성이 강조되는 의료, 교정, 숙박, 요양 및 교육시설 등 5개 용도시설에 내해서는 화재안전평가제를 적용하며, 그 외의 건축물의 경우는 특정 주요 기준을 포함한 건축모범규준을 적용할 것을 권고받는다.
② 건축모범규준과 화재안전평가제는 건축물의 계획 및 시공단계에서 적용되는 것이지만 화재위험도평가제는 기존 건축물의 유지 및 관리단계에서 활용된다.
③ 건축모범규준 중 특정 주요 기준은 대부분의 주가 최근 개정안을 적용하지만, 그 외의 기준은 개정되기 전 규준의 기준을 적용하는 경우도 있다고 하여 개정된 기준의 적용이 의무화된 것은 아니다.
④ 민간기관인 미국화재예방협회가 건축모범규준과 화재안전평가제를 개발한다는 것은 옳지만 운용은 주 정부가 주 상황에 따라 특정 제도를 선택하여 운영하고 있다고 하였다.

02 정답 ③

신탁 원리하에서 수익자는 재산에 대한 운용 권리를 모두 수탁자인 제3자에게 맡기도록 되어 있어 연기금 재산에 대한 적극적인 권리 행사가 제한되었으며, 이 때문에 연금 수익자의 지위가 불안정하게 되었다.

오답분석

① 신탁 원리의 영향으로 인해 연금 가입자의 자율적이고 적극적인 권리 행사가 철저하게 제한되어 왔으며, 그 결과 연금 가입자는 자본 시장의 최고 원리인 유동성을 마음껏 누릴 수 없었다고 하였다.
② 귀족들이 자신의 재산을 미성년 유족이 아닌, 친구나 지인 등 제3자에게 맡기기 시작하면서 신탁 제도가 형성되기 시작했다고 하였다. 따라서 직접적인 혈연 관계가 필요한 것은 아니다.
④ 12세기 영국에서는 미성년 유족에게 토지에 대한 권리를 합법적으로 이전할 수 없었는데, 이런 상황에서 귀족들이 자신의 재산을 미성년 유족이 아닌 친구나 지인 등 제3자에게 맡기기 시작하면서 신탁 제도가 형성되기 시작하였다고 하였다.
⑤ 신탁 원리 하에서 수익자는 재산에 대한 운용 권리를 모두 수탁자인 제3자에게 맡기도록 되어 있었기 때문에 수탁자가 수익자보다 재산 운용에 대해 더 많은 재량권을 가지게 되었다.

03 정답 ⑤

공화당의 경우 코커스를 포함한 하위 전당대회에서 특정 대선후보를 지지하여 당선된 대의원이 상위 전당대회에서 반드시 같은 후보를 지지해야 하는 것은 아니었다.

오답분석

① 주에 따라 의회선거구 전당대회는 건너뛰기도 한다고 하였으므로 주 전당대회에 참석할 대의원이 모두 의회선거구 전당대회에서 선출된 것은 아니다.
② 아이오와 코커스가 1월로 옮겨지기 전까지는 단지 각 주별로 5월 둘째 월요일까지만 코커스를 개최하면 되었다. 따라서 아이오와주보다 이른 시기에 코커스를 실시한 주가 있었을 수도 있다.
③ 1972년 아이오와주 민주당의 코커스는 1월에 열렸는데, 각급 선거 간에 최소 30일의 시간적 간격을 두어야 한다는 규정으로 인해 주 전당대회는 코커스 이후 최소 90일이 지나야 가능했다.
④ 1972년 아이오와주 민주당 코커스는 1월에 열렸으나 공화당 코커스는 여전히 5월에 열렸으며 1월로 옮겨진 것은 1976년부터이다.

04 　정답 ③

『조선팔도지도』에는 오늘날과 동일하게 설악산의 범위가 표시되어 있고, 그 범위 안에 설악산이라는 명칭만 등장한다고 하였다. 따라서 한계령이 있는 봉우리도 설악산에 포함됨을 알 수 있다.

오답분석

① 『여지도』에는 오늘날 설악산으로 불리는 영역을 한계산과 설악산으로 구분했고, 『대동지지』에는 한계령을 설악산에 포함시키고 있다. 따라서 둘의 범위는 다르다.
② 『조선팔도지도』는 오늘날과 동일하게 설악산의 범위를 표시했으나 『동국여지』는 설악산 아래에 사는 사람들이 한계산이라고 부르는 봉우리를 설악산 안에 있는 봉우리라고 생각한다고만 언급하고 있을 뿐, 정작 『동국여지』 자체에서 이들을 어떻게 그리고 있는지는 제시문에서 알 수 없다.
④ 『비변사인 방안지도 양양부 도엽』에는 설악산, 천후산과 한계산이 서로 다른 산으로 구분되어 있지만, 『대동지지』에는 한계산을 설악산에 포함시킨다고 하였다.
⑤ 『비변사인 방안지도 양양부 도엽』에서는 오늘날의 설악산을 설악산, 천후산, 한계산으로 나누었지만 『여지도』는 이를 한계산과 설악산으로만 나누고 있을 뿐 천후산에 대해서는 언급이 없다.

05 　정답 ①

선왕의 뒤를 이어 즉위한 새 왕은 전왕의 실록을 만들기 위해 실록청을 세웠다고 하였고, 인조의 뒤를 이어 효종, 현종, 숙종이 연이어 왕위에 올랐다고 하였으므로 효종의 뒤를 이은 현종이 실록청을 세워 『효종실록』을 간행했을 것이라는 것을 알 수 있다.

오답분석

② 단종은 계유정난으로 왕위에서 쫓겨난 후에 노산군으로 불렸고, 그런 이유로 세조 때 노산군일기가 간행되었다고 하였다.
③ 효종 때부터는 집권 붕당이 다른 붕당을 폄훼하기 위해 이미 만들어져 있는 실록을 수정해 간행하는 일이 벌어졌다고 하였다. 따라서 효종 이전인 광해군 때에는 수정실록이 만들어지지 않았을 것이다.
④ 유네스코는 태조부터 철종까지의 시기에 있었던 사건들이 담긴 조선왕조실록을 세계 기록 유산으로 등재하였다고 한 부분과 철종실록이 고종 때에 간행되었다고 하여 고종이 철종의 다음 왕이라는 것을 통해 고종실록은 세계 기록 유산으로 등재되지 않았을 것임을 알 수 있다.
⑤ '일기'는 명칭만 '실록'이라고 부르지 않을 뿐 간행 과정은 그와 동일하여 '일기'도 세계기록 유산으로 등재된 조선왕조실록에 포함되었다고 하였다.

06 　정답 ⑤

사피엔스의 정복을 설명해 줄 수 있는 직접적 원인은 그들이 사용한 언어만이 존재하지도 않는 것 즉, 상상이나 신화와 같은 허구에 대한 정보를 공유할 수 있게끔 해주었다는 데 있다고 하였다.

오답분석

① 사피엔스의 뇌의 크기가 우리와 비슷한 수준이었다고 하였지만, 그 크기가 인지혁명 이후에야 현재 인류와 비슷해졌다는 것은 제시문을 통해서는 알 수 없다.
② 공유된 정보의 양이 성공의 직접적 원인이라는 것은 유연성 이론이고, 그들의 언어가 사회적 협력을 다른 언어보다 더 원활하게 해주었다는 것이 담화 이론이므로 옳지 않다.
③ 사피엔스는 7만 년 전 아라비아 반도로 퍼져나갔고, 이후 다른 지역으로 급속히 퍼져나가 번성했다고 하였지만 구체적으로 언제부터 다른 인간 종을 몰아내기 시작했는지는 제시문을 통해서는 알 수 없다.
④ 사피엔스는 주변 환경에 대한 정보와 다른 사회 구성원에 대한 정보에 대해 담화를 할 수 있었다는 것이 담화이론이지만, 이들 중 어느 것을 더 중요하게 생각했는지는 알 수 없다.

07 정답 ②

중국 범종은 종신의 중앙 부분에 비해 종구가 나팔처럼 벌어져 있는 반면, 한국 범종은 종구가 항아리처럼 오므라져 있다고 하였다. 즉 중국 범종은 종신 중앙 부분의 지름이 종구의 지름보다 작다.

오답분석

① 제시문에서 언급된 상원사 동종, 성덕대왕 신종, 용주사 범종이 모두 국보로 지정되어 있다고 하였다.
③ 땅속으로 음파를 밀어 넣어 주려면 뒤에서 받쳐주는 지지대가 있어야 하는데, 한국 범종에서는 거대한 종신이 이 역할을 하고 있으며, 이를 음향공학에서는 뒷판이라고 한다고 하였다.
④ 한국 범종은 종신과 대칭 형태로 바닥에 커다란 반구형의 구덩이를 파두는데, 바로 여기에 에밀레종이나 여타 한국 범종의 숨은 진가가 있다고 하였다.
⑤ 땅을 거쳐 나온 저주파 성분은 종신 꼭대기에 있는 음통관을 거쳐 나온 고주파 성분과 조화를 이루면서 장중하고 그윽하며 은은히 울려 퍼지는 여음이 발생한다고 하였다.

08 정답 ⑤

헌법재판은 의회로부터 어느 정도 독립되고, 전문성을 갖춘 재판관들이 담당해야 하며, 헌법재판은 사법적으로 이루어질 때 보다 공정하고 독립적으로 이루어질 수 있다고 하였다.

오답분석

① 그들의 임무는 현재 국민들이 헌법을 개정하지 않는 한 헌법에 선언된 과거 국민들의 미래에 대한 약정을 최대한 실현하는 것이라고 한 것에서 헌법재판관들은 현행 헌법 개정에 구속됨을 알 수 있다.
② 헌법재판소는 항구적인 인권 가치를 수호하기 위하여 의회입법이나 대통령의 행위를 위헌이라고 선언할 수 있으며, 이는 현재 세대의 의사와 배치될 수도 있는 작업이라고 하였다.
③ 헌법재판관 선출은 국민의 직접 위임에 의한 것이 이상적이지만 현실적으로 국민의 직접선거로 재판관을 선출하는 것은 용이하지 않다. 따라서 대의기관이 관여하여 헌법재판관을 임명함으로써 최소한의 민주적 정당성을 갖추어야 할 것이라고 하였으므로 현재의 선출방법은 이상적인 것은 아니라는 것을 알 수 있다.
④ 헌법재판관들은 현재 다수 국민들의 실제 의사를 반영하기 위하여 임명되는 것이 아니라고 하였으므로 현재 세대의 의사와 배치될 수 있다.

09 정답 ③

인을 해친 자를 적이라 하고, 의를 해친 자를 잔이라 하며, 잔적한 자를 일부라 하였는데, '걸'과 '주'를 죽인 것을 단지 일부를 죽인 것이지 자기 군주를 시해한 것으로 보지 않는다고 하였다.

오답분석

①・② 인의에 의한 정치를 펼쳤던 '탕'과 '무'는 왕이 되었을 때 비록 백성들을 수고롭게 했지만, 그 지위에 요구되는 역할을 온전히 다하는 정치를 행했기 때문에 오히려 최대의 이익을 누릴 수 있었다고 하였으므로 옳은 내용이다.
④ 군주란 이와 반대로 백성의 부모로서 그 도리와 역할을 다하는 인의의 정치를 해야 하는 공적 자리인데 '걸'과 '주'는 그렇지 않고 자신의 이익만을 추구했다고 하여 이를 비판했다.
⑤ '걸'과 '주'는 자신의 역할을 저버리고 사익만을 추구하였는데, 이러한 행위를 일삼던 '걸'과 '주'를 '탕'과 '무'가 죽인 것이 정당하다는 입장이다.

10 정답 ④

토크빌은 시민들의 정치적 결사가 소수자들이 다수의 횡포를 견제할 수 있는 수단으로 온전히 기능하기 위해서는 도덕의 권위에 도전하는 것이 아니라 호소해야 한다고 보았다.

오답분석

① 미국의 입법부는 미국 시민의 이익을 대표하며, 의회 다수당은 다수 여론의 지지를 받는다. 이를 고려하면 언제든 '다수의 이름으로' 소수를 배제한 입법권의 행사가 가능해진다고 하였다.

② 미국의 항구적인 지역 자치의 단위인 타운, 시티, 카운티조차도 주민들의 자발적인 결사로부터 형성된 단체라고 하였다.

③ 집회로부터 선출된 지도부는 도덕적인 힘을 가지고 자신들의 의견을 반영한 법안을 미리 기초하여 그것이 실제 법률로 제정되게끔 공개적으로 입법부에 압력을 가할 수 있다고 하였다.

⑤ 다수의 횡포를 제어할 수 있는 정치 제도가 없는 상황에서 소수 의견을 가진 시민들의 정치적 결사는 다수의 횡포에 맞설 수 있는 유일한 수단이라고 하였다.

11 정답 ③

18세기 말 정조 대에는 어떤 한 지역과 다른 지역 사이의 거리만을 중시하던 단계에서 벗어나 지도에 각 지역의 북극 고도를 고려함으로써 지도의 정확성이 높아졌다고 하였고, 김정호는 대동여지도 제작에 북극 고도 측정 방법 등을 반영하였다고 하였다.

오답분석

① 김정호에 대한 일화들이 최근 대동여지도의 목판이 발견되는 등으로 인해 허구임이 밝혀졌다.

② 김정호는 당시 국가가 소장하고 있던 각종 지도와 지도 제작 방법에 관한 자료를 모두 열람할 수 있도록 편의를 제공받았으며, 북극 고도 측정방법을 비롯하여 그때까지 조선에 축적된 지도 제작 기술과 정보를 배워 대동여지도 제작에 반영하였다고 하였다. 이를 통해 본다면 중국에서 전래된 방격법도 사용했었을 것임을 추론할 수 있다.

④ 정상기가 백리척을 이용한 축척법을 만들어 동국지도를 제작하였다는 것은 알 수 있지만 서울에서부터 지방까지의 거리를 실측해가면서 동국지도를 만들었는지는 알 수 없다.

⑤ 해당 일화는 1930년대 교과서에 소개된 것이므로 흥선대원군 때부터 민간에 퍼지기 시작한 것은 아니다.

12 정답 ②

굿을 해주고 받는 굿값의 분배도 여자 무당을 중심으로 이루어졌고, 힘든 잡일을 담당한 남자 무당들의 몫이 훨씬 적었다고 하였다.

오답분석

① 호남지역의 무속적 특징은 조선 후기 사회 변화와 관련을 맺으면서 판소리의 발생을 자극했다고 하였다. 하지만 판소리가 호남지역에 국한되었는지는 알 수 없다.

③ 세습 무당 집단에서 태어난 남자들은 노래를 잘하는 것이 잘 살 수 있는 길이었으므로 남자들은 노래공부를 열심히 하였다. 그리고 이 과정에서 세습 무당 집안에서 많은 명창이 배출되었다는 것은 알 수 있지만 마을굿의 형식을 표준화하는 과정에서 많은 명창이 배출된 것인지는 알 수 없다.

④ 조선 후기 상업의 발달로 인해 남자 무당들 중 전문 직업인으로서 명창이 등장하기는 했으나 이로 인해 여자 무당이 쇠퇴하고 남자 무당이 성장했는지의 여부는 알 수 없다.

⑤ 판소리의 시작이 한국의 서사무가의 서술원리와 구연방식을 빌려와 흥미 있는 설화 자료를 각색한 것에서 출발한 것이라고 하였다. 하지만, 이를 통해 서사무가의 다양화와 무속의 상업화가 이루어졌는지는 알 수 없다.

13 정답 ②

현종 1년 11월 16일 거란의 왕 성종은 직접 40만 대군을 이끌고 압록강을 건너 고려에 쳐들어왔다고 하였고 이듬해 정월에 개경이 함락되었다고 하였다. 따라서 고려를 침공한 지 석 달이 되지 않아 고려 수도를 함락시켰다.

오답분석

① 하공진은 고영기와 함께 거란군과 평화 협상을 하기 위한 사신으로 파견되었고, 거란군의 선봉이 창화현에 이르자 하공진은 거란군을 찾아가 철수를 요구하였다고 하였다. 하지만 이때 하공진이 거란왕을 만났는지는 알 수 없다.

③ 하공진이 거란으로 끌려갔다는 것은 제시문을 통해 알 수 있으나 고영기도 같이 끌려갔는지는 확실치 않다. 더구나 이들이 탈출하기 위해 서로 협력하였다는 것은 알 수 없는 내용이다.

④ 강조의 죽음으로 고려의 주력군이 패전하자 현종은 수도인 개경을 떠나 남쪽으로 피난길에 오를 수밖에 없었다고 하였다. 하지만 이 행렬에 고려의 주력군이 포함되어 있었는지는 알 수 없는 내용이다.

⑤ 하공진이 끝까지 회유에 넘어가지 않다가 결국에는 처형되었다는 내용은 알 수 있지만 가혹한 고문을 당했는지는 알 수 없다. 또한, 제시문 속에서 가혹한 고문을 당해 죽은 것은 강조이지 하공진이 아니다.

14 정답 ③

정도전은 수련을 통해 장생을 꾀하는 도교를 비판하면서 '죽어야 할 때 죽는 것은 의리가 신체보다 소중하기 때문이니, 군자는 자기 몸을 죽여서 인을 이룬다.'고 하여 살신성인을 가치 있는 일로 간주하였다.

오답분석

① 정도전은 불교가 정념이 일어나는 것을 두려워하여 적멸에로 돌아가려 한다고 하여 비판하였으나, 유교는 정념이 일어나는 것을 두려워하지 않는다고 하여 정념에 대한 유교의 긍정적 인식을 제기하였다.

② 정도전이 불교와 도교에 대해 비판적이었다는 것은 제시문을 통해 알 수 있으나 그중 어느 것을 더 비판하였는지는 알 수 없다.

④ 정도전은 불교와 도교의 가치의식과 수행방법 모두를 비판하고 있다. 하지만 가치의식이 잘못된 근본 이유를 수행방법에서 찾고 있지는 않다.

⑤ 정도전은 유교의 우월함을 강조했을 뿐이며, 도교와 불교가 서로의 장점을 흡수하여야 한다고는 하지 않았다.

15 정답 ⑤

당시 미국의 주들 가운데는 강제불임시술을 규정하고 있는 주들이 있었지만 그중 대부분의 주들이 이러한 강제불임시술을 실제로는 하고 있지 않았다.

오답분석

① 캐리 벅은 10대 후반의 정신박약인 백인 여성인데, 당시 우생학에서는 정신박약자를 유전적 결함을 가진 대상으로 보았다.

② 버지니아주에서는 정신적 결함을 가진 사람들의 불임시술을 강제하는 법을 1924년에 제정하여 시행하고 있었고, 이 법은 당시 과학계에서 받아들여지던 우생학의 연구결과들을 반영한 것이라고 하였다.

③ 버지니아주에서 시행하던 법은 유전에 의해 정신적으로 결함이 있는 자들에게 강제불임시술을 함으로써 당사자의 건강과 이익을 증진하는 것을 목적으로 하였다.

④ 홈즈 대법관은 '사회가 무능력자로 차고 넘치는 것을 막고자 이미 사회에 부담이 되는 사람들에게 그보다 작은 희생을 요구하는 것이 금지된다고 할 수는 없다.'고 하였다.

16 정답 ①

스파르타인들의 유일한 직업은 군인이었고, 페리오이코이라고 불리는 자유인들은 상공업에만 종사하도록 되어 있었으며, 헬로트라고 불리는 농노들은 스파르타인이 소유한 농장에서 일하는 것이 유일한 직업이었다.

오답분석

② 페리오이코이는 참정권과 선거권은 없었지만 병역 의무는 주어졌다고 하였다.

③ 스파르타 내부의 잠재적인 불만세력을 억압해야 할 필요성이 있었고, 이를 위해 군사력을 크게 강화시킨 것이지, 농업과 상공업을 발전시켰기 때문에 군사대국이 된 것은 아니다.

④ 스파르타에서 페리오이코이에게 병역 의무를 부여한 것은 맞지만 이를 통해 지배층을 늘리려고 했다는 내용은 제시문에서 찾을 수 없다.

⑤ 헬로트는 결혼권을 제외하고는 참정권, 사유재산권, 재판권 같은 시민의 권리를 전혀 가지지 못했다고 하였다. 따라서 권리를 전혀 가지지 못하고 의무만 있었던 것은 아니다.

17 정답 ①

ㄱ. 공동 식사를 통해 공동체에 소속되어 있다는 확신을 얻을 수 있었다고 하였고, 구체적으로 비엔나 공의회, 인도의 카스트의 사례를 통해서도 집단 간의 경계를 강화시켜 주는 역할을 한다고 할 수 있다.

오답분석

ㄴ. 기독교의 예를 통해서 신흥종교를 토대로 공동 식사의 의미가 형성되고 창출되었음을 알 수 있는 것이지 공동 식사가 새로운 종교를 만들어내는 계기로 작용한 것이 아니다.

ㄷ. 공동 식사를 통해 식사 자체의 이기주의적 배타성이 극복된다고 하여 식사는 본질적으로 이기적인 행위라는 것을 알 수 있다.

18 정답 ④

제국이 시장경제의 출현과 함께 생산자와 소비자 사이의 교환을 촉진했다고 하였으므로 경제의 독점과는 거리가 멀다.

오답분석

①·③ 제국이 발전함에 따라 낡은 자급자족 경제 대신 시장경제가 출현하여 독립된 생산자와 소비자 사이의 교환을 촉진했다고 하였다.

② 지배 엘리트가 사용하는 언어가 사회의 보편적인 언어가 되었으며, 각 지방의 토속신은 왕과 제국이 섬겨왔던 범접하기 어려운 강력한 신들, 즉 일종의 만신전에 모신 우주의 신들에게 자리를 양보했다고 하였다.

⑤ 제국은 개인이 씨족이나 종교 조직 또는 유력 집단에 흡수되는 것을 막는 언어적·종교적·법적 여건을 마련함으로써 개인이 좀 더 개방된 사회에서 활동할 수 있게 해주었다고 하였다.

19 정답 ①

연금술사들은 유럽에 창궐한 매독을 치료하기 위해 연금술에서 가장 강력한 금속으로 간주된 수은을 바탕으로 한 치료법을 개발했다. 하지만 모든 치료행위에 수은을 사용하였는지는 알 수 없다.

오답분석

② 연금술사들은 그때까지의 의약품이 대체로 약초에 의존한 것에서 벗어나 거리낌 없이 의학에 금속을 도입했다고 하였다.

③ 연금술사들은 모든 금속들은 수은과 황이 합성되어 자라난다고 하였다.

④ 연금술사들은 연금술을 의학에도 도입하여 자연만이 아니라 인간에게도 적용했다.

⑤ 연금술사들은 우주 안의 모든 물체들이 수은과 황으로 만들어졌다고 하였다.

20 정답 ②

오례의식에서 향악을 반드시 연주하게 되었다고는 하였지만 이것이 아악이 점차 오례의식에서 배제되는 것으로 연결되는 것은 아니다.

오답분석

① 향악에 대한 관심은 중국에서 유래된 아악과 우리 향악 사이에 음운 체계가 근본적으로 다르다는 것을 인식하게 하였다고 하였으므로 옳은 내용이다.

③ 조선시대 오례 의식에 사용되는 모든 음악이 양성음인 양률과 음성음인 음려의 화합으로 이루어졌다고 하였는데, 오례의식에서 향악을 반드시 연주하게 되었으므로 오례의식에서 연주된 향악은 양률과 음려가 화합을 이룬 음악이라는 점을 알 수 있다.

④ 세종대에 들어 더욱 완벽한 유교적 예악 이념에 접근하고자 노력하였고 이에 따라 음악에 대한 정리가 시도되었다고 하였다.

⑤ 세종대 음악에 대한 이해가 심화됨에 따라 자주적인 악기 제조가 가능하게 되었으며 악공의 연주 수준이 향상되었다고 하였다.

21 정답 ④

진경 화법은 경관을 모사하는 사경에 있는 것이 아니라고 하였다.

오답분석

① 원체란 당대의 정치적 쟁점이 되는 핵심 개념을 액자화하여 과학적 방식에 의거하여 설득하려는 정치, 과학적 글쓰기이다.

② 다산의 원체는 새로운 시각의 정식화라는 당대의 문화적 추세를 반영한 것이다.

③ 진경 화법은 회화적 재구성을 통하여 경관에서 받은 미적 감흥을 창조적으로 구형하는 데 있다고 하였다.

⑤ 다산이 쓴 『원정』은 기존 정치 개념의 답습 또는 모방이 아니라 정치의 정체성에 대한 질문을 통하여 그가 생각하는 정치에 관한 새로운 관점을 정식화하여 제시한 것이라고 하였다.

STEP **1** 기본문제

01	02	03	04	05	06	07	08	09	10	11	12	13	14						
①	⑤	②	④	⑤	②	⑤	②	①	⑤	③	⑤	④	⑤						

01 　정답 ①

S는 자신의 연구 결과를 토대로 가족 구성원이 많은 집에 사는 아이들은 가족 구성원들이 집안으로 끌고 들어오는 병균들에 의한 잦은 감염 덕분에 장기적으로 알레르기 예방에 유리하다고 주장하고 있다. 결국 이는 알레르기에 걸릴 확률은 병균들에 얼마나 많이 노출되었는지에 달려 있으므로 이와 의미가 가장 유사한 ①이 적절하다고 볼 수 있다.

02 　정답 ⑤

충청도 특유의 언어 요소만을 가리키는 것이 아니라 충청도 토박이들이 전래적으로 써온 한국어 전부를 뜻한다고 하였으므로 한국어란 표준어와 지역 방언이 모두 하나로 모여진 개념이라고 할 수 있다. 따라서 (마)에 들어갈 내용으로 ⑤는 적절하지 않다.

오답분석
① 방언을 비표준어로서 낮잡아 보는 인식이 담겨 있다고 하였으므로 선택지의 내용과 의미가 통한다.
② 방언이 표준어보다 열등하다는 오해와 편견이 포함되어 있다고 하였으므로 방언을 낮추어 부른다는 의미가 들어가는 것이 적절하다.
③ 그 지역의 말 가운데 표준어에는 없는, 그 지역 특유의 언어 요소만을 지칭한다고 하였으므로 다른 지역과의 이질성을 강조하는 내용이 들어가야 한다.
④ 한국어를 이루고 있는 각 지역의 말 하나하나 즉, 그 지역의 언어 체계를 방언이라 하였으므로 각 지역의 방언들은 한국어라는 언어의 하위 구성요소 라고 볼 수 있다.

03 　정답 ②

1) ㉠
제시된 논증을 구조화하면 다음과 같다.
ⅰ) (가)
ⅱ) B이다.
∴ 결론 : A이다.
따라서 가장 단순한 삼단논법의 구조를 이용한다면 (가)에는 'B이면 A이다.'가 들어가야 한다. 이를 제시문의 표현으로 바꾸면, '달은 지구를 항상 따라다닌다.'면 '지구는 공전하지 않는다.'로 나타낼 수 있는데 ㄱ은 이의 대우명제이므로 논리적으로 타당하다.

2) ㉡
'밤에 금성을 관찰할 때 망원경을 사용하면 빛 번짐 현상을 없앨 수 있다는 것'과 관련된 내용이 들어가야 한다. 이와 함께 당시 학자들은 육안을 통한 관찰을 신뢰하며, 밤보다 낮에 관찰한 것이 더 정확하다는 것을 결합한 ㅁ이 논리적으로 타당하다.

04 정답 ④

제시문은 첫 단락에서 이앙법의 확산이 양반과 농민들 중에서 다수의 부농이 나타나게 된 계기가 되었다는 역사학자들의 주장을 언급한 후 두 번째 단락에서 양반층에게 이 주장이 적용되기 어렵다고 하였고, 세 번째 단락에서 농민층이 부농으로 성장하기 어려웠던 이유를 들면서 첫 단락의 내용을 비판하는 내용으로 구성되어 있다. 따라서 마지막 문장의 빈칸에 들어가기에 가장 적절한 것은 이 둘을 모두 포괄하고 있는 ④이다.

05 정답 ⑤

(가)의 앞부분에 예술 제도로부터 단절될 수 없다고 언급한 점과 "즉 예술가는 특정 예술 제도 속에서 …"로 시작하는 바로 다음 문장을 통해 (가)에는 예술 제도에 대한 내용이 들어가야 함을 알 수 있다. (나)는 어린아이들의 그림이나 놀이에 대한 설명이 들어가야 하므로 ㄴ이 논리적이며, (다)는 예술 작품의 창조에 관한 내용이 들어가야 한다는 점에서 ㄱ이 들어가야 한다.

06 정답 ②

⊙ 제시문에 의하면 목초지의 수용 한계를 넘어 양을 키울 경우, 목초가 줄어들어 그 목초지에서 양을 키워 얻을 수 있는 전체 생산량이 줄어든다고 하였다. 따라서 손실을 만회하기 위해 다른 농부들도 모두 사육 두수를 늘리는 상황이 장기화될 경우 전체 생산량 혹은 농부들의 총이익은 기존보다 감소하게 될 것이다.
ⓒ 1문단에서는 아담 스미스의 '보이지 않는 손'의 가정을 통해 개인의 이익추구 활동을 제한하지 않은 것이 이윤 극대화에 도움이 된다고 하였고, 3문단에서는 이른바 '목초지의 비극' 사례를 통해 '보이지 않는 손'의 역효과를 지적하고 있다. 따라서 '보이지 않는 손'에 시장을 맡겨 둘 경우 농부를 넘어선 사회 전체적인 이윤은 감소하게 될 것이다.

07 정답 ⑤

제시문의 내용을 정리하면, 여러 가지 설명들을 견주어 나은 순으로 줄을 세워 가장 좋은 설명을 찾을 수 있다고 하였다. 그리고 지구의 조수 현상의 원인을 a) 지구의 물과 달 사이에 작용하는 인력 때문에 b) 지구와 달 사이의 물질이 지구를 누르기 때문에 c) 지구 전체의 흔들거림 때문이라는 3가지의 설명을 제시하고 있다. 그리고 다음의 과정을 거치고 있다.
ⅰ) c)보다는 b)의 설명이 더 낫다.
ⅱ) _____
ⅲ) a)가 최선의 설명이다.
a)가 세 가지의 설명 중 최선이어야 하므로 b)보다 a)의 설명이 더 낫다는 내용이 ⅱ)에 들어가야 올바르다. 따라서 이 같은 의미를 가지고 있는 ⑤가 가장 적절하다.

08 정답 ②

A기술은 '다중 경로'를 통해 수신된 '신호'들 중 '가장 큰 것'을 선택하여 안정적인 송수신을 이루고자 하는 것이다. 이를 제시문의 사례와 연결시키면 액체는 '신호'에 해당하고 배수관은 '경로'를 의미한다.

09 정답 ①

각 표창 후보자의 평가결과를 정리하면 다음과 같다.

구분	대민봉사	업무역량	성실성	청렴도	총점
갑돌	3	3	3	1	10
을순	2	3	1	3	9
병만	1	3	3	2	9
정애	2	2	2	3	9

갑돌은 총점에서 제일 앞서므로 반드시 선발되지만, 나머지 3명은 모두 9점으로 동일하므로 동점자 처리기준에 의해 선발여부가 결정된다. 최종적으로 3명이 선발되었다고 하였으므로 3명 중 2명이 선발될 수 있는 기준을 판단해야 한다.

ㄱ. 두 개 이상의 항목에서 상의 평가를 받은 후보자는 을순(2), 병만(2) 2명이므로 적절한 기준이다.

오답분석
ㄴ. 3명 중 청렴도에서 하의 평가를 받은 후보자가 한 명도 없으므로 적절하지 않은 기준이다.
ㄷ. 3명 중 하의 평가를 받은 항목이 있는 후보자를 제외하면 정애 한명만 남게 되므로 적절하지 않은 기준이다.

10 정답 ⑤

제시문의 논증을 기호화하면 다음과 같다.
㉠ 결정론이 참 → 실제와 다른 행동의 가능성×
㉡ 실제와 다른 행동의 가능성× → 행동의 자유×
㉢ 행동의 자유× → 도덕적 책임×
이 논증은 결국 ㉠ → ㉡ → ㉢의 연쇄적인 관계로 나타낼 수 있으며 이에 따라, 다음 결론을 얻을 수 있다.
㉣ 결정론이 참 → 행동의 자유×
㉤ 결정론이 참 → 도덕적 책임×
그런데 철학자 A가 들고 있는 사례는 핸들이 고장난 상황으로 실제와 다른 행동의 가능성이 없었으나 도덕적 책임은 지는 상황이다. 즉, 논증 ㉡과 ㉢의 관계를 비판하고 있는 것이다. 그런데 사례에서 '다른 행동의 가능성이 전혀 없었으며, 이에 나에겐 행동의 자유가 존재하지 않았다.'고 하였으므로 위의 ㉡ 논증은 받아들이고 있다는 점을 알 수 있고, 결국 이를 통해 사례는 ㉢ 논증을 반박하고 있음을 추론할 수 있다. 또한 철학자 A가 ㉡ 논증은 받아들이고 있으므로 이를 통해 ㉣ 결론까지는 이끌어낼 수 있다. 하지만 ㉢ 논증이 부인되는 상황이기에 ㉤ 결론이 부정된다는 점을 알 수 있다.

11 정답 ③

주어진 전제를 기호화하면 다음과 같다.
ⅰ) 갑○ ∨ 을○
ⅱ) 병○ → 을×
ⅲ) 을○ → 병×(병과 을은 동시에 임용될 수 없으므로)
∴ 병×
따라서, 병이 임용되지 못한다는 결론을 위해서는 선택지에서 을이 임용된다는 전제를 끌어낼 수 있으면 된다. 그런데 첫 번째 전제에서 갑과 을 둘 중 적어도 한 명은 임용되어야 함을 알 수 있으므로 선택지 ③이 추가적인 전제로 주어진다면 병이 임용되지 못한다는 결론을 얻을 수 있다.

12 정답 ⑤

• (가) : 궤변으로 떠들어대는 무능한 민주주의 정치 지도자들을 비판했다는 부분에 이어서 나와야 하므로 '엉터리 의사' 등이 언급된 ㄹ이 가장 적절하다.
• (나) : 두 번째 문단에서는 '대중들의 정치 참여'가 주된 내용이므로 이를 가장 잘 부연하는 것은 ㄴ이라고 볼 수 있다.
• (다) : '플라톤이 전적으로 민주주의에 투항한 것은 아니며, 대중이란 결코 지배자가 될 수는 없는 존재였다.'라는 내용과 가장 유사한 의미를 지닌 것은 ㄷ이라고 볼 수 있다.
• (라) : 결론적으로 마지막 문단에서는 플라톤의 태도가 겉으로 드러난 것과는 다르다는 점을 언급하고 있고 이를 '사이비' 민주주의라고 규정하였다. 이와 가장 근접한 의미를 지니는 것은 플라톤의 정치 체제를 기만적이라고 표현한 ㄱ이라고 볼 수 있다.

13 정답 ④

• (가) : '어떤 결과의 원인이 없었다면 그 결과도 없다.'는 필요조건으로서의 원인을 의미하며 원치 않는 결과를 제거하고자 할 때 적용된다. ㄴ의 경우 뇌염 발생이라는 원치 않는 결과를 제거하기 위해 필요조건으로서의 원인인 뇌염모기를 박멸하는 것이어서 필요조건으로서의 원인을 적용하기에 적절한 예라고 할 수 있다.
• (나) : '어떤 결과의 원인이 있었다면 그 결과도 있다.'는 충분조건으로서의 원인을 의미하는데, 특정한 결과를 원할 때 적용된다. ㄷ의 경우 콜라병을 깨뜨리는 결과를 위해 총알을 콜라병에 맞게 하는 것이어서 충분조건으로서의 원인을 적용하기에 적절한 예라고 할 수 있다.
• (다) : '어떤 결과의 원인이 없다면 그 결과는 없고, 동시에 그 원인이 있다면 그 결과도 있다.'는 필요충분조건으로서의 원인을 의미한다. 어떠한 원인의 유무에 따라 결과의 존부가 결정되는 경우에 적용된다. ㄱ의 경우 물체에 힘을 가한다는 원인에 의해 속도 변화의 존부가 결정되므로 필요충분조건으로서의 원인을 적용하기에 적절한 예라고 할 수 있다.

14   정답 ⑤

- (가) : '보호지역으로 지정되었음에도 실제로는 최소한의 것도 실시되지 않는 곳이 많다.'라는 부분을 통해 형식적인 보호지역 지정에 더해 실질적인 행동, 즉 보호조치가 필요하다는 내용이 들어가야 함을 알 수 있다.
- (나) : 생태계 훼손에 대한 비용 부담은 높이고 생물다양성의 보존 등에 대해서는 보상을 한다는 부분을 통해 경제적인 유인책에 대한 내용이 들어가야 함을 알 수 있다.
- (다) : 요금을 부과함으로써 생태계의 무분별한 이용을 억제한다는 부분을 통해 생태계 사용료에 대한 내용이 들어가야 함을 알 수 있다.
- (라) : 생물다양성 친화적 제품 시장이라는 표현을 통해 생물다양성 보호 제품에 대한 내용이 들어가야 함을 알 수 있다.

STEP ❷ 심화문제

01	02	03	04	05	06	07									
④	①	③	⑤	④	②	④									

01   정답 ④

㉠의 앞부분에서 전체 돼지 농장의 수는 줄어들었지만 전체 돼지 사육 두수는 크게 증가하였다고 언급하였고, 뒷부분에서 이러한 상황을 '가축 밀집 상태'라고 표현한 것을 통해 ㉠에는 '농장당 돼지 사육 두수는 늘고 사육 면적당 돼지의 수도 늘어난'이 들어가야 적절하다. 그리고 ㉡의 앞부분에서 오늘날의 개별 소비자들은 적은 양의 육류가공제품을 소비하더라도, 엄청나게 많은 수의 가축과 접촉한 결과를 낳는다고 하였으므로 ㉡에는 '가축 간 접촉이 늘고 소비자도 많은 수의 가축과 접촉한'이 들어가는 것이 적절하다.

02   정답 ①

- ㉠ : 제시문에서 ㉠과 같이 해석하면 'C시에 도시철도를 건설하지 않는 것은 거짓이 된다.'고 하였는데, 이를 만족하는 것은 도시철도가 건설되는 것과 무인 운전방식으로 운행되는 것을 동시에 만족해야만 참이 되는 (가)뿐이다.
- ㉡ : 도시철도를 건설하지만 않으면 운전방식이 무엇이든 상관없이 참이 되어야 하는데 이를 만족하는 것은 (다)뿐이다. (라)는 건설하지 않으면 유인운전방식을 선택해야 한다는 의미이다.

03   정답 ③

기분관리 이론이 현재 시점에만 초점을 맞추고 있다는 점을 지적하고 이를 보완하려고 하는 것이 기분조정 이론이므로 적절한 내용이다.

오답분석

① 집단 2의 경우 처음에 흥겨운 음악을 선택하여 감상하였지만 이후에는 기분을 가라앉히는 음악을 선택하였으므로 적절하지 않은 내용이다.
② 집단 2의 경우 다음에 올 상황을 고려하기는 하였지만 그들이 선택한 것은 기분을 가라앉히는 음악이므로 적절하지 않은 내용이다.
④ 집단 2의 경우 현재의 기분이 흥겨운 상태라는 점을 감안하여 음악을 선택하였으므로 적절하지 않은 내용이다.
⑤ 현재의 기분에 따라 음악을 선택하는 것은 기분관리 이론에 대한 내용이므로 적절하지 않은 내용이다.

04   정답 ⑤

집약적인 토지 이용이라는 전통은 정원에서 시작되었다고 하였고, 경작용 식물들 역시 모두 대량 생산에 들어가기 전에 정원에서 자라는 단계를 거쳐왔다고 하였다. 그리고 정원을 이용함에 따른 식물에 대한 지식을 얻는 것과 각종 실험들이 여성의 주도로 이루어졌다는 것을 알 수 있다. 따라서 제시문의 결론으로는 ⑤가 가장 적절하다.

05　정답　④

유교가 지향하는 성인으로서의 올바른 자세를 '하늘이 내린 생물을 해치고 없애는 것은 성인이 하지 않는 바이다.'라고 표현하였으나, 두 번째 단락에서는 『논어』와 『맹자』를 인용하면서 천지만물을 자기와 하나로 여겨야 한다는 것의 실천이 부족하다고 하였다. 따라서 빈칸에는 유교가 지향하는 올바른 성인의 모습과 반대되는 ④가 가장 적합하다.

06　정답　②

빈칸의 뒷문장이 '루이와 샤를 중 적어도 한 명은 서약 문서를 자신의 모어로 작성한 것이 아니다.'로 되어 있으므로 빈칸에는 루이와 샤를의 모어가 어떤 것인지에 대한 정보가 들어가야 한다. 그런데 ②와 같이 루이와 샤를 모두 게르만어를 모어로 사용하였고 서로 상대측 영토의 세속어로 서약하였다는 점을 같이 고려한다면 두 사람 중 적어도 한 사람은 자신의 모어가 아닌 언어로 서약 문서를 작성했다는 결론을 도출할 수 있다.

07　정답　④

로켓을 가속하는 경우 폭탄의 무게는 증가하지만, 반대로 중력이 감소하게 될 경우 폭탄의 무게는 감소하게 된다. 그런데 이 경우 중력이 감소하는 만큼 로켓을 가속하게 된다면 중력 감소로 인해 감소하는 폭탄의 무게만큼 가속으로 인해 폭탄의 무게가 증가하므로 결과적으로 폭탄의 무게는 안정적으로 유지되게 된다. 따라서 빈칸에 들어갈 말로 ④가 적절하다.

오답분석

① 지구의 중력이 0이 되는 높이까지 올라간다면 폭탄의 무게는 감소하게 되지만, 반대로 그를 위해 로켓을 가속할 경우 폭탄의 무게는 증가하게 된다. 만약 둘의 증감폭이 동일하여 상쇄된다면 무게의 변화가 없겠지만, 제시문을 통해서는 증감폭이 어떠한지를 알 수 없어 무게가 30% 이상 변화하는지의 여부도 알 수 없다.

② · ③ · ⑤ 빈칸의 앞 문장에서는 로켓의 속도를 조절한다는 내용이 나오므로, 로켓에 미치는 중력을 변화시키는 것은 적절하지 않다.

STEP ① 기본문제

01	02	03	04																
④	⑤	③	③																

01 정답 ④

메흐메드 2세는 성당을 파괴하지 않고 이슬람 사원으로 개조하였고, 학식이 풍부한 그리스 정교회 수사에게 총대주교직을 수여하고자 하였다. 또한 역대 비잔틴 황제들이 제정한 법을 그가 주도하고 있던 법제화의 모델로 이용하였다고 하였다. 이는 메흐메드 2세가 '단절'이 아닌 '연속성'을 추구하는 것으로 보는 것이 타당하다.

오답분석

① '비잔틴 제국의 수도 콘스탄티노플이 이슬람교를 신봉하는 오스만인들에 의해 함락되었다.'는 소식에 대해 유럽 교회의 수도원 서기가 '영광스러운 사건'으로 기록하는 것은 적절하지 않다.
② 이슬람교를 신봉하는 오스만인들이 기독교 제국인 비잔틴의 수도 콘스탄티노플을 함락하여 콘스탄티노스 11세를 제거한 것이므로 이를 '이슬람 황제'로 수정하는 것은 적절하지 않다.
③ 바로 뒷문장에 '역대 비잔틴 황제들이 제정한 법'을 모델로 삼았다는 내용을 통해 제단 이상의 것들도 활용했다는 점을 알 수 있다.
⑤ 메흐메드 2세는 자신이야말로 로마 제국의 진정한 계승자임을 선언하고 싶었다고 하였으므로 오스만 제국이 '아시아'로 확대될 것이라는 확신을 보여주었다는 내용으로 수정하는 것은 적절하지 않다.

02 정답 ⑤

독재자가 국가의 발전에 기여했다는 것은 어디까지나 자신들이 주장일 뿐 제시문에서는 독재에 대해 비판적인 입장이다. 따라서 독재가 긍정적 영향을 미쳤음을 보여준다는 것은 부적절하다.

오답분석

① 지지기반을 잃었던 사례를 제시하고 그 과정을 기술하면 글의 논지가 훨씬 정확해지므로 옳은 내용이다.
② 직면했던 국내 문제가 무엇인지를 구체적으로 언급하는 것이므로 옳은 내용이다.
③ 구체적인 사례를 들어 뒷받침하는 경우 이 글의 논지를 보다 뚜렷하게 할 수 있으므로 옳은 내용이다.
④ 구체적인 사실 논거를 들면 논지의 신뢰도와 정확도에 보탬이 될 수 있으므로 옳은 내용이다.

03 정답 ③

제시문의 소재는 '회전문'이며 (나)에서는 그보다 더 포괄적인 개념인 '문'에 대한 일반적인 내용을 서술하고 있으므로 가장 앞에 위치해야 함을 알 수 있다. '그 대표적인 예가 회전문이다.'라고 언급하고 있는 부분을 통해서도 이를 유추해볼 수 있다. 또한 (나)의 후반부에는 '회전문의 구조와 기능'이라는 부분이 언급되어 있다. 따라서 이 문구를 통해 (나) 다음에 위치할 문단은 '구조와 기능'을 구체화시킨 (가)가 됨을 알 수 있으며, 그 뒤에는 이를 구체적인 사례를 들며 비판한 (라)가 위치하는 것이 가장 적절하다. 마지막으로는 이를 종합하여 회전문을 가장 미개한 형태의 문으로 규정한 (다)가 들어가야 자연스럽다.

04 정답 ③

제시문에서는 테레민이라는 악기의 작동 원리를 두 가지로 나누어 소개하였다. 첫 번째는 오른손을 이용해 수직 안테나와의 거리에 따라 음고를 조절하는 것이며, 두 번째는 왼손을 이용해 수평 안테나와의 거리에 따라 음량을 조절하는 것이다. 그런데 마지막 문단에서는 첫 번째 원리에 해당하는 내용이 언급되어 있을 뿐이어서 주어진 제시문만으로는 두 번째 원리에 대한 내용을 알 수 없는 상태이다. 따라서 추가로 '수평 안테나와 왼손 사이의 거리에 따라 음량이 조절되는 원리'가 이어지는 것이 적절하다.

STEP ❷ 심화문제

01	02																			
④	④																			

01 정답 ④

바로 다음 문장의 저임금 구조의 고착화로 농장주와 농장 노동자 간의 소득 격차가 갈수록 벌어졌다는 내용을 통해 '중간 계급으로의 수렴'이 아닌 '계급의 양극화'가 들어가야 함을 알 수 있다. 따라서 ④와 같이 수정하는 것이 적절하다.

오답분석

① 전통적인 자급자족 형태의 농업과 대비되는 상업적 농업의 특징을 설명하고 있으므로 수정할 필요가 없다.
② 앞의 문장에서 언급한 지주와 소작인 간의 인간적이었던 관계와 의미상 통하는 내용이 들어와야 하므로 수정할 필요가 없다.
③ 대량 판매 시장을 위해 변화되는 양상을 설명하고 있으므로 수정할 필요가 없다.
⑤ 수익을 얻기 위해 토지 매매가 본격화되었다는 것을 통해 재산이 공유화되지 않고 개별화되었다는 의미의 문장이 필요하다는 것을 알 수 있으므로 수정할 필요가 없다.

02 정답 ④

통계자료에서 가장 많이 사용된 알파벳이 E이므로, 철수가 사용한 규칙 α에서는 E를 A로 변경하게 된다. 따라서 암호문에 가장 많이 사용된 알파벳은 A일 가능성이 높으므로 옳게 수정된 것이다.

오답분석

①・②・③・⑤ 제시문에서 사용된 기존의 문장이 적절한 것들이므로 수정이 필요 없다.

01	02	03	04	05											
①	②	④	①	③											

01 정답 ①

㉠·㉡ 각각 두 번째 문단과 마지막 문단에서 확인할 수 있다.

오답분석

㉢·㉣ 네 번째 문단에서 악보로 정리된 시나위를 연주하는 것은 시나위 본래 취지에 어긋난다는 내용과, 두 번째 문단에서 곡의 일정한 틀은 유지한다는 내용을 보면 즉흥성을 잘못 이해한 것을 알 수 있다.

02 정답 ②

자신의 식사비를 각자 낸다면 3만 원이 넘는 식사도 가능하다.

오답분석

① 심사대상자로부터 법정 심사료가 아닌 식사 등을 받는 것은 원활한 직무수행이나 사교·의례로 볼 수 없다.
③ 상급자에게 사교·의례의 목적으로 건네는 선물은 5만 원까지이므로 50만 원 상당의 선물은 허용되지 않는다.
④ 졸업한 학생선수 및 그 학부모와 학교운동부지도자 간에 특별한 사정이 없는 한 직무관련성이 인정되지 않으므로, 1회 100만 원 이하의 금품 등을 수수하는 것은 허용될 수 있다.
⑤ 언론사 임직원이 외부강의 후 사례금으로 90만 원을 받은 것은 외부강의 사례금 상한액 100만 원을 넘지 않았으므로 허용된다.

03 정답 ④

제시문에서는 산업 혁명을 거치면서 일자리가 오히려 증가했으므로 로봇 사용으로 일자리가 줄어들 가능성은 낮다고 말한다. 그러나 〈보기〉에서는 로봇 사용으로 인한 일자리 대체 규모가 기하급수적으로 커져 인간의 일자리는 줄어들 것이라고 말한다. 로봇 사용으로 인한 일자리의 증감에 대해 정반대로 예측하는 것이다. 따라서 〈보기〉의 내용을 근거로 제시문을 반박하려면 제시문의 예측에 문제가 있음을 지적해야 하므로 ④가 적절하다.

04 정답 ①

甲은 국가의 개인의 사적 영역에 대한 관여는 최소 수준으로 제한해야 하므로 사회 복지의 대상도 일부 사람으로 국한하고 민간 부문이 개인 복지의 중요한 역할을 담당해야 한다는 입장이며, 乙은 국가가 사회 제도를 통해 모든 국민에게 보편적 복지 서비스를 제공해야 한다는 입장이다. 따라서 甲과 乙의 주장을 도출할 수 있는 질문으로 ①이 가장 적절하다.

05 정답 ③

甲은 유물이 가지고 있는 본질적인 형태적 특징인 '형식'을 토대로 '유형'을 설정할 수 있다는 입장이며, 乙은 그러한 유물의 본질적 특징은 경험적 관찰의 결과일 뿐 유물 자체에 존재하지 않는다는 입장이다. 따라서 甲과 乙의 주장을 도출할 수 있는 질문으로 ③이 가장 적절하다.

STEP **1** 기본문제

01	02	03	04	05	06	07	08	09	10	11	12	13	14	15	16	17	18	19	20
①	⑤	①	⑤	②	⑤	④	④	④	③	②	⑤	①	①	①	⑤	⑤	②	③	④
21																			
①																			

PART 1

01 정답 ①

ㄱ. 지방자치단체의 장은 사용·수익을 허가한 행정재산을 국가나 지방자치단체가 직접 공용 또는 공공용으로 사용하기 위하여 필요로 하게 된 경우에는 그 허가를 취소할 수 있다고 하였으므로 옳은 내용이다.

ㄴ. 지방자치단체의 장은 행정재산의 사용·수익을 허가하였을 때에는 매년 사용료를 징수하여야 하나 천재지변이나 재난을 입은 지역주민에게 일정기간 사용·수익을 허가하는 경우에는 사용료를 면제할 수 있으므로 옳은 내용이다.

오답분석

ㄷ. 지방자치단체의 장이 허가를 취소할 경우 손실이 발생한 자에게 보상해야 하는 경우는 국가나 지방자치단체가 직접 공용 또는 공공용으로 사용하기 위하여 필요로 하게 된 경우이다. 행정재산을 그 사용 목적에 위배되게 사용한 경우는 취소대상에만 해당될 뿐 손실을 보상해야 하는 경우에 해당하지 않는다.

ㄹ. 수익허가를 갱신 받으려는 자는 수익허가기간이 끝나기 1개월 전에 지방자치단체의 장에게 갱신을 신청하여야 한다. 따라서 허가 종료일인 2019년 2월 28일의 1개월 전인 1월 31일까지 신청하여야 한다.

02 정답 ⑤

제2조 제2항 제2호에 의하면 무죄재판서의 공개로 인하여 사건 관계인의 명예나 사생활의 비밀 또는 생명·신체의 안전이나 생활의 평온을 현저히 해칠 우려가 있는 경우라면 무죄재판서의 일부를 삭제하여 게재할 수 있다고 하였으므로 옳은 내용이다.

오답분석

① 제1조 제1항에 의하면 무죄재판을 받아 확정된 사건의 피고인은 무죄재판이 확정된 때부터 3년 이내에 무죄재판서를 게재하도록 해당 사건을 기소한 검사의 소속 지방검찰청에 청구할 수 있으므로 옳지 않은 내용이다.

② 제1조 제3항에 의하면 무죄재판서 게재 청구가 취소된 경우에는 다시 그 청구를 할 수 없다고 하였으므로 옳지 않은 내용이다.

③ 제1조 제2항에 의하면 무죄재판서 게재 청구를 하지 아니하고 사망한 때에는 그 상속인이 이를 청구할 수 있는데, 같은 순위의 상속인이 여러 명일 때에는 상속인 모두가 그 청구에 동의하였음을 소명하는 자료도 함께 제출하여야 하므로 옳지 않은 내용이다.

④ 제2조 제4항에 의하면 무죄재판서의 게재기간은 1년으로 한다고 하였으므로 옳지 않은 내용이다.

03　정답 ①

ㄱ. 거주지 제한이 있는 것은 제3조의 임대료 감액에 대한 사항이다. 임대료의 감액이 아닌 임대의 가능 여부를 묻고 있으므로 제3조가 아닌 제2조가 적용되는데 이때, 제2조는 거주지 제한 조건이 없으므로 옳은 내용이다.

ㄴ. 연간 임대료는 해당 폐교재산평정가격의 1천분의 10이 하한이므로 평정가격이 5억 원일 때 500만 원이 된다. 다만, 지방자치단체가 폐교재산을 문화시설로 사용하려는 경우에는 이 임대료의 1천분의 500까지 감액할 수 있으므로 연간 임대료의 최저액은 250만 원이다.

오답분석

ㄷ. 연간 임대료로 지불해야 할 최저액이 폐교재산평정가액의 0.7%이 되기 위해서는 해당 시설이 제3조 제2항 제2호에 해당해야 한다. 그런데 선택지의 사례는 지역주민이 단독으로 폐교재산을 소득증대시설로 사용하려고 하는 상황이기에 이에 해당하지 않는다.

ㄹ. 제3조 제1항 제2호에 의하면 단체 또는 사인이 폐교재산을 공공체육시설로 사용하려는 경우에는 연간 임대료를 감액하여 임대할 수 있다고 하였으므로 옳지 않은 내용이다.

04　정답 ⑤

제1조 제3항에 의하면 시장·군수·구청장이 공공하수도를 설치하려면 시·도지사의 인가를 받아야 한다고 하였으므로 옳은 내용이다.

오답분석

① 제2조 제2항에 의하면 공공하수도가 둘 이상의 지방자치단체의 장의 관할구역에 걸치는 경우, 관리청이 되는 자는 공공하수도 설치의 고시를 한 시·도지사 또는 인가를 받은 시장·군수·구청장으로 한다고 하였다. 따라서 해당 공공하수도의 관리청은 B자치구의 구청장이 아닌 A자치구의 구청장이다.

② 제1조 제5항에 의하면 시·도지사가 국가의 보조를 받아 설치하고자 하는 공공하수도에 대하여 고시 또는 인가를 하고자 할 때에는 환경부 장관의 승인이 아닌 협의가 필요하다고 하였다. 따라서 옳지 않은 내용이다.

③ 제1조 제4항에 의하면 시장·군수·구청장이 인가받은 사항을 폐지하려면 시·도지사의 인가를 받아야 한다고 하였으므로 옳지 않은 내용이다.

④ 제1조 제2항에 의하면 고시한 사항을 변경하고자 하는 때에도 해당 내용을 고시하여야 한다고 하였으므로 변경이 가능함을 전제하고 있다. 따라서 옳지 않은 내용이다.

05　정답 ②

ㄴ. 제3항에서 혈중알코올농도에 따라 처벌의 정도가 다르게 규정되어 있으며, 제4항 제1호에서는 음주운전금지를 2회 이상 위반한 사람이 다시 음주운전을 할 경우에는 처벌이 가중된다고 하고 있으므로 옳은 내용이다.

오답분석

ㄱ. 혈중알코올농도 0.05퍼센트의 상태에서 운전하여 1회 적발되었을 때는 6개월 이하의 징역이나 300만 원 이하의 벌금이 부과되며, 술에 취한 상태에 있다고 인정할 만한 상당한 이유가 있는 사람으로서 경찰공무원의 음주측정에 응하지 아니한 사람에게는 1년 이상 3년 이하의 징역이나 500만 원 이상 1천만 원 이하의 벌금에 처한다고 하였으므로 후자의 불법의 정도가 크다고 볼 수 있다.

ㄷ. 제4항 제1호에 해당하여 1년 이상 3년 이하의 징역이나 500만 원 이상 1천만 원 이하의 벌금에 처해지므로 옳지 않은 내용이다.

06　정답 ⑤

ㄱ. 공무원은 직무상의 관계가 있든 없든 그 소속 상관에게 증여하거나 소속 공무원으로부터 증여를 받아서는 아니 된다고 하였으므로 규정을 위반한 행위이다.

ㄷ. 공무원은 선거에서 특정 정당을 지지하기 위해 기부금을 모집 또는 모집하게 하는 행위를 하여서는 아니 된다고 하였으므로 규정을 위반한 행위이다.

ㄹ. 공무원은 선거에서 특정인을 반대하기 위해 투표를 하거나 하지 아니하도록 권유 운동을 하여서는 아니 된다고 하였으므로 규정을 위반한 행위이다.

오답분석

ㄴ. 사실상 노무에 종사하는 공무원은 노동운동이나 그 밖에 공무 외의 일을 위한 집단행위를 할 수 있다. 또한, 이들 중 노동조합에 가입된 자가 소속 장관의 허가를 받았다면 조합 업무에 전임할 수 있다고 하였으므로 규정을 위반하지 않은 행위이다.

07 정답 ④

ㄱ. 공유자의 지분은 균등한 것으로 추정한다고 하였으므로 옳은 내용이다.
ㄴ. 공유물의 보존행위는 각자가 할 수 있다고 하였으므로 옳은 내용이다.
ㄹ. 공유자가 상속인 없이 사망한 때에는 그 지분은 다른 공유자에게 각 지분의 비율로 귀속한다고 하였으므로 옳은 내용이다.

오답분석

ㄷ. 조문에서 자신의 지분을 다른 공유자의 동의 없이 처분할 수 있다고 하였으므로 옳지 않은 내용이다. 여기서 주의할 것은, 공유물 자체를 처분하는
    것은 다른 공유자의 동의가 있어야 한다는 것이다.

08 정답 ④

직계비속(혼인한 직계비속인 여성은 제외)이 보유한 자동차는 재산등록 대상에 해당한다.

오답분석

① 동생은 등록대상 친족에 포함되지 않으므로 재산등록 대상이 아니다.
② 혼인한 직계비속인 여성은 등록대상 친족에 포함되지 않으므로 재산등록 대상이 아니다.
③ 소유자별 연간 1천만 원 이상의 소득이 있는 지식재산권이 등록대상 재산이므로 해당하지 않는다.
⑤ 이혼한 전처는 배우자에 해당하지 않으므로 재산등록 대상에 해당하지 않는다.

09 정답 ④

해당지역이 전략지역, 비전략지역인지를 구분하지 않고 지역구 국회의원 후보자는 공천위원회의 추천을 받아 최고위원회의 의결로 확정된다.

오답분석

① 비례대표 국회의원 후보자를 최종적으로 확정하는 것은 최고위원회이며, 국민공천배심원단은 심사를 할 뿐이다.
② 국민공천배심원단은 공천위원회에서 추천한 전략지역 후보자에 대해 심사한다. 즉 추천은 공천위원회가, 심사는 국민공천배심원단이 하는 것이다.
③ 국민공천배심원단이 재의를 요구할 수 있는 것은 전략지역 후보자이며 비전략지역후보자에 대한 권한은 없다.
⑤ 국민공천배심원단이 재의요구를 권고할 수 있는 정족수는 재적 3분의 2이므로 옳지 않다.

10 정답 ③

복합건축물로서 연면적 $5,000\text{m}^2$ 이상인 경우는 모든 층에 스프링클러설비를 설치해야 한다. 따라서 해당 건축물은 설치대상에 해당한다.

오답분석

① 경찰서 유치장은 설치대상이지만 경찰서 민원실은 설치대상이 아니다.
② 수용인원이 100명 이상인 종교시설은 원칙적으로 설치대상이지만 사찰은 제외이므로 설치대상이 아니다.
④ 물류터미널로서 3층 이하인 경우에는 바닥면적 합계가 $6,000\text{m}^2$ 이상인 경우에 설치를 해야 하지만 해당 건축물의 바닥면적은 이에 미치지 못하므
    로 설치대상이 아니다.
⑤ 정신의료기관의 경우 해당 용도로 사용되는 바닥면적의 합계가 600m^2 이상인 경우에 설치대상이다. 그러나 해당 시설은 바닥면적의 합계가
    이에 미치지 못할 뿐만 아니라 편의점이 해당 용도로 사용되는 시설에 포함된다고 볼 수도 없으므로 설치대상이 아니다.

11 정답 ②

ㄱ. 태아에 미치는 위험성이 높은 연골무형성증은 시행령 제1조 제2항에 따라 인공임신중절수술이 가능한 질환이며, 임산부 본인과 배우자가 모두
    동의하였으므로 허용된다.
ㄷ. 임신중독증으로 인해 임신의 지속이 임산부의 건강을 심각하게 해치고 있는 상황은 법 제1조 제1항 제5호에 해당한다. 또한, 남편이 실종된
    경우에는 법 제1조 제2항에 의하여 임산부 본인의 동의만으로 중절수술이 가능하므로 수술이 허용된다.

ㄴ. 시행령 제1조 제1항에 따라 임신기간이 24주를 넘어 허용되지 않는다.
ㄹ. 경제적인 사유는 중절수술이 가능한 경우에 해당하지 않으므로 남편의 동의 여부와 무관하게 허용되지 않는다.

12 정답 ⑤

5천만 원 이상의 지방세를 정당한 사유 없이 그 납부기한까지 내지 아니한 사람에게는 6개월 이내의 기간을 정하여 출국을 금지할 수 있다고 하였으나 ⑤는 2천만 원의 지방세를 납부기한까지 내지 아니한 경우이므로 옳지 않은 내용이다.

① 형사재판에 계류 중인 사람에 대해서는 6개월 이내의 기간을 정하여 출국을 금지할 수 있다고 하였으므로 옳은 내용이다.
② 2천만 원 이상의 추징금을 내지 아니한 사람에 대해서는 6개월 이내의 기간을 정하여 출국을 금지할 수 있다고 하였으므로 옳은 내용이다.
③ 소재를 알 수 없어 기소중지결정이 된 사람에게는 3개월 이내의 기간을 정하여 출국을 금지할 수 있다고 하였으므로 옳은 내용이다.
④ 징역형의 집행이 끝나지 아니한 사람에게는 6개월 이내의 기간을 정하여 출국을 금지할 수 있다고 하였으므로 옳은 내용이다.

13 정답 ①

ㄱ. 甲의 부양가족
 - 배우자
 - 75세 아버지(본인의 60세 이상인 직계존속)
 - 15세 자녀(본인의 20세 미만인 직계비속)
 - 장애 6급을 가진 39세 처제(배우자의 형제자매 중 장애의 정도가 심한 사람)
ㄴ. 乙의 부양가족
 - 배우자
 - 56세 장모(배우자의 55세 이상의 직계존속)
따라서 甲의 부양가족은 4명이고, 乙의 부양가족은 2명이다.

14 정답 ①

ㄱ. 제2항에 따르면 국무총리·국무위원·행정각부의 장·헌법재판소재판관·법관에 대한 탄핵소추에는 재적의원 과반수의 찬성으로 의결한다. 하지만 대통령에 대한 탄핵소추는 재적의원 3분의 2 이상의 찬성으로 의결하므로 탄핵소추의 대상에 따라 의결정족수는 다르다.
ㄴ. 제1항 제1호에 의하면 의회는 국무위원의 해임을 건의할 수 있을 뿐 직접 해임시킬 수는 없으므로 옳은 내용이다.

ㄷ. 대통령이 재의를 요구한 법률안을 의회가 재의결하는 데 필요한 의결정족수는 재적의원 과반수의 출석과 출석의원 3분의 2 이상의 찬성이다. 반면, 대통령에 대한 탄핵소추, 헌법개정안, 의회의원 제명에 대해서는 재적의원 3분의 2 이상이 필요하므로 재의요구 법률안의 재의결에 필요한 의결정족수보다 더 크다.
ㄹ. 제3항에 의하면 헌법개정안을 의결하기 위해서는 재적의원 3분의 2 이상의 찬성이 필요하다.

15 정답 ①

ㄹ. 의회의원 총선거에 참여하여 의석을 얻지 못하고 유효투표총수의 100분의 2 이상을 득표하지 못한 때 등록이 취소된다. 따라서 유효투표총수 기준은 충족하였으므로 등록이 유지된다.

ㄱ. 시·도당은 각 1,000명 이상의 당원을 가져야 하므로 총 5,000명 이상의 당원을 가져야 정당으로 성립될 수 있다. 그러나 4,000명의 당원을 모집하여 이에 미달하므로 정당으로 성립되지 못한다.
ㄴ. 창당준비위원회의 결성신고일부터 6개월 이내에 창당등록신청을 하여야 하나 6개월을 초과한 상태이므로 정당으로 성립되지 못한다.
ㄷ. 정당성립에 필요한 요건의 흠결이 공직선거의 선거일 전 3월 이내에 생긴 때에는 선거일 후 3월까지 그 취소를 유예하므로 선거 1개월 후에는 등록이 취소되지 않는다.

16 정답 ⑤

ㄴ. 정기회의 회기는 100일을, 임시회의 회기는 30일을 초과할 수 없으나 의결 정족수는 특별한 규정이 없는 한 재적의원 과반수의 출석과 출석의원 과반수의 찬성이므로 옳은 내용이다.

ㄷ. 의회의원의 임기가 만료된 때에는 제출된 의안은 폐기된다고 하였으므로 옳은 내용이다.

ㄹ. 표결에서 가부동수가 된 경우에는 부결된 것으로 보며, 부결된 안건은 같은 회기 중에 다시 발의할 수 없다고 하였으므로 옳은 내용이다.

오답분석

ㄱ. 임시회는 대통령 또는 의회재적의원 4분의 1 이상의 요구에 의해 집회된다고 하였으므로 옳지 않은 내용이다.

17 정답 ⑤

ㄷ. 원화 2천만 원을 넘는 거래라고 하더라도 금융자산이 불법재산이거나 금융거래 상대방이 자금세탁행위를 하고 있다고 의심할 만한 합당한 근거가 없다면 의무적으로 혐의거래보고를 할 의무는 없다.

ㄹ. 혐의거래보고는 금융정보분석원에 하는 것이므로 검찰청에 제출하는 것은 의무사항이 아니다.

ㅁ. 혐의거래 중 거래액이 보고대상 기준금액(원화 2천만 원 또는 외화 1만 달러) 미만인 경우에 금융기관은 이를 자율적으로 보고할 수 있다고 하였으므로 의무사항이 아니다.

오답분석

ㄱ. 원화 2천만 원 이상의 거래로서 금융재산이 불법재산이라고 의심할 만한 합당한 근거가 있는 경우에는 의무적으로 혐의거래보고를 해야 한다.

ㄴ. 범죄수익 또는 자금세탁행위를 알게 되어 수사기관에 신고한 경우에는 의무적으로 금융정보분석원에 혐의거래보고를 하여야 한다.

18 정답 ②

갑의 개선급 유형은 A급이고 초범이므로 범수별 점수는 2점이다. 따라서 처음 제4급에 편입되었을 때의 책임점수는 $60 \times 2 = 120$점이므로 제4급에서 제3급으로 진급하기 위해 120점을 얻어야 한다는 것을 알 수 있다. 그리고 제3급에서 제2급으로 진급하기 위해서 필요한 책임점수는 $48 \times 2 = 96$점인데 현재 $129 - 120 = 9$점이 남아있는 상태이므로 앞으로 최소한 87점을 얻어야 한다.

19 정답 ③

제4조에서 '비례대표 국회의원이 소속 정당의 합당·해산 또는 제명 외의 사유로 당적을 이탈한 때에는 퇴직된다.'고 하였으므로 제명된 때에는 의원직을 유지하게 됨을 알 수 있다. 따라서 옳은 내용이다.

오답분석

① 제4조에서 '비례대표 국회의원이 소속 정당의 합당·해산 또는 제명 외의 사유로 당적을 이탈한 때에는 퇴직된다.'고 하였으므로 스스로 탈당한 경우에는 의원직을 유지할 수 없음을 알 수 있다. 따라서 옳지 않은 내용이다.

② 제2조 제2항의 '임기만료에 의한 국회의원 선거에 참여하여 의석을 얻지 못하고 유효투표 총수의 100분의 2 이상을 득표하지 못한 때'에 해당하지 않으므로 옳지 않은 내용이다.

④ 제4조에서 '비례대표 국회의원이 국회의장으로 당선되어 당적을 이탈한 경우에는 퇴직되지 않는다.'고 하였으므로 옳지 않은 내용이다.

⑤ 제1조에서 열거한 '유효투표 총수의 100분의 3 이상 득표'와 '5석 이상의 의석'이라는 조건은 둘 중 하나만 충족시키면 된다. 따라서 옳지 않은 내용이다.

20 정답 ④

B회사가 C회사 주식의 8%를 가지고 있는 것 이외에 C회사와 B회사 간의 관계에 영향을 주는 요소는 없으므로 C회사가 소유하는 B회사 주식은 의결권이 있다. 다만, 이 문제와는 달리 A와 C의 관계를 따지는 경우라면 의결권에 제한이 있게 된다. 따라서 옳은 내용이다.

오답분석

① 제2조에서 자회사(B)가 다른 회사(C) 발행주식 총수의 100분의 50을 초과하여 가지고 있다면 그 다른 회사(C)는 그 모회사(A)의 자회사(C)로 본다고 하였다. 따라서 제1조에서 자회사(C)는 모회사(A)의 주식을 취득할 수 없다고 하였으므로 옳은 내용이다.

② 모회사(A)와 자회사(B)가 다른 회사(C)의 발행주식 총수의 100분의 50을 초과하여 가지고 있는 경우 그 다른 회사(C)는 모회사(A)의 자회사(C)로 본다고 하였다. 그리고 제1조에서 자회사(C)는 모회사(A)의 주식을 취득할 수 없다고 하였으므로 옳은 내용이다.

③ 회사(A · C)가 다른 회사(C · A) 발행주식총수의 10분의 1을 초과하는 주식을 가지고 있는 경우 그 다른 회사가 가지고 있는 회사의 주식은 의결권이 없다고 하였으므로 옳은 내용이다.

⑤ 자회사(B)가 다른 회사(C) 발행주식 총수의 10분의 1을 초과하는 주식을 가지고 있는 경우, 그 다른 회사(C)가 가지고 있는 모회사(A)의 주식은 의결권이 없으므로 옳은 내용이다.

21 정답 ①

혼인을 한 경우와 하지 않은 경우를 비교하면 다음과 같다.

• 혼인을 한 경우 : $(25억+30억-10억)\times\dfrac{20}{1,000}\times\dfrac{70}{100}=6,300만 원$

• 혼인을 하지 않은 경우 : $[(25억-10억)+(30억-10억)]\times\dfrac{20}{1,000}\times\dfrac{70}{100}=4,900만 원$

따라서 두 경우에 납부하는 세액이 다르므로 옳지 않은 내용이다.

오답분석

② $(15억-10억)\times\dfrac{10}{1,000}\times\dfrac{80}{100}=400만 원$이므로 옳은 내용이다.

③ 종합부동산세의 과세기준일이 6월 1일이므로 그 이전에 주택을 처분하였다면 해당 주택에 대한 종합부동산세가 부과되지 않는다. 따라서 옳은 내용이다.

④ 2017년 70%, 2018년 80%, 2019년 90%로 적용비율을 점진적으로 상향시켜 시행 초기의 조세저항을 줄이고자 하였으므로 옳은 내용이다.

⑤ 종합부동산세의 세율이 누진세 구조이므로 재산을 분할할 경우 과세표준이 낮아지는 효과가 있다. 따라서 옳은 내용이다.

01	02	03	04	05	06	07	08	09	10	11	12	13	14	15					
②	①	③	①	④	①	①	⑤	④	①	①	②	②	④	①					

01 정답 ②

제1조 제2항에서는 기관의 장 등의 신청에 의한 배치를, 4항에서는 관할 지방경찰청장의 요청에 의한 배치를 규정하고 있다.

오답분석

① 제3조 제1항에서 청원경찰의 임용승인권자는 관할 지방경찰청장으로, 제2조 제1항에서 청원경찰의 직무감독권자는 관할 경찰서장으로 규정하고 있다.

③ 제3조 제2항에서 청원경찰의 결격사유는 국가공무원법에 따른다고 하였으며, 제3항에서 청원경찰의 임용자격 및 임용방법은 대통령령으로 정한다고 규정하고 있다.

④ 제2조 제2항에서 청원경찰은 수사활동 등 사법경찰관리의 직무를 수행할 수 없다고 규정하고 있다.

⑤ 제4조에서 청원경찰이 휴대할 무기는 청원주가 관할 경찰서장을 거쳐 지방경찰청장에게 신청하여야 한다고 규정하고 있다.

02 정답 ①

甲이 취득한 학점을 정리하면 다음과 같다.

- B전문대학에서 취득한 학점 : 63학점
- 편입 후 군복무로 인한 휴학 기간 중 원격수업 수강으로 취득한 학점 : 6학점
- A대학 복학 후 취득한 학점 : 30학점
- C대학에 교환학생으로 파견되어 취득한 학점 : 12학점

따라서 甲이 취득한 학점은 총 111학점이며 A대학 졸업에 필요한 최소 취득학점이 120학점이므로 총 9학점이 추가로 필요하다.

03 정답 ③

제5항에서 '연구실적평가위원회의 표결은 무기명 투표로 하며, 재적위원 과반수의 찬성으로 의결한다.'고 하였으므로 출석자 수의 변화는 의결정족수에 영향을 주지 않는다. 따라서 옳은 내용이다.

오답분석

① 제3항에서 '위원 2명은 대학교수나 외부 연구기관·단체의 연구관 중에서 임명하거나 위촉하며 위원 중에는 대학교수인 위원이 1명 이상 포함되어야 한다.'고 하였으므로 옳지 않은 내용이다.

② 제3항에서 '위원장과 2명의 위원은 소속기관 내부 연구관 중에서 임명한다.'고 하였으므로 옳지 않은 내용이다.

④ 제3항에서 '연구실적평가위원회를 구성할 때마다 위원을 위촉한다.'고 하였을 뿐 별도의 예외규정은 없으므로 옳지 않은 내용이다.

⑤ 제1항에 따르면 석사학위가 없는 근무 경력 2년 이상인 연구사는 연구실적의 결과를 논문으로 제출하여야 하나 연구실적 심사평가를 3번 이상 통과한 연구사는 그러하지 아니하다고 하였다. 따라서 임용된 이후 5년의 경력만으로는 연구실적 결과물 제출을 면제받지 못하므로 옳지 않은 내용이다.

04 정답 ①

제2조 제5항에서 '문서에 쓰는 날짜는 숫자로 표기하되, 연·월·일의 글자는 생략하고 그 자리에 온점(.)을 찍어 표시하며, 시·분은 24시각제에 따라 숫자로 표기하되, 시·분의 글자는 생략하고 그 사이에 쌍점(:)을 찍어 구분한다.'고 하였다. 따라서 2018년 7월 18일 오후 11시 30분을 '2018. 7. 18. 23:30'으로 표기하는 것은 옳은 내용이다.

오답분석

② 제1조 제3항에서 '공고문서는 그 문서에서 효력발생시기를 구체적으로 밝히고 있지 않으면 그 고시 또는 공고가 있은 날부터 5일이 경과한 때에 효력이 발생한다.'고 하였다. 따라서 옳지 않은 내용이다.
③ 제1조 제2항에서 '전자문서의 경우는 수신자가 전자적 시스템에 입력됨으로써 효력이 발생한다.'고 하였다. 따라서 옳지 않은 내용이다.
④ 제2조 제2항에서 '문서의 내용은 간결하고 명확하게 표현하고 일반화되지 않은 약어와 전문용어 등의 사용을 피하여 이해하기 쉽게 작성하여야 한다.'고 하였다. 따라서 옳지 않은 내용이다.
⑤ 제2조 제3항에서 '문서에는 음성정보나 영상정보 등을 수록할 수 있고 연계된 바코드 등을 표기할 수 있다.'고 하였다. 따라서 옳지 않은 내용이다.

05 정답 ④

제4조에서 '대통령령 공포문의 전문에는 대통령이 서명한 후 대통령인을 찍고 그 공포일을 명기하여 국무총리와 관계 국무위원이 서명한다.'고 하였으므로 대통령인이 찍힌 법령에는 국무총리의 서명이 들어간다. 그리고 제2조 제1항 역시 같으므로 옳은 내용이다.

오답분석

① 제2조에서 '일반적인 법률 공포문의 전문에는 대통령인을 찍지만 국회의장이 공포하는 법률의 공포문 전문에는 국회의장이 서명한 후 국회의장인을 찍는다.'고 하였으므로 옳지 않은 내용이다.
② 제3조에서 '조약 공포문의 전문에는 대통령인을 찍는다.'고 하였으므로 옳지 않은 내용이다.
③ 제2조에서 법률 공포문의 전문에는 대통령인 혹은 국회의장인을 찍는다고 하였으므로 옳지 않은 내용이다.
⑤ 제6조 제2항에서 '관보의 내용은 종이관보를 우선으로 하며, 전자관보는 부차적인 효력을 가진다.'고 하였으므로 옳지 않은 내용이다.

06 정답 ①

제1조에서 '다음 각 호의 어느 하나에 해당하는 자는 감사원에 감사를 청구할 수 있다.'고 하였고 그중 하나로 '지방의회. 다만 해당 지방자치단체의 사무처리에 한한다.'고 하고 있다. 또한, 제2조 제1항에서 '감사청구의 대상은 공공기관에서 처리한 사무처리가 다음 각 호의 어느 하나에 해당하는 사항으로 한다.'고 하였고 그중 하나로 '주요 정책·사업의 추진과정에서의 예산낭비에 관한 사항'을 들고 있으므로 옳은 내용이다.

오답분석

② 제1조 제2항에서 감사원에 감사를 청구할 수 있는 자를 들면서 '다만, 정치적 성향을 띄거나 특정 계층 또는 집단의 이익을 추구하는 단체는 제외한다.'고 하였으므로 옳지 않은 내용이다.
③ 제1조 제3항에서 감사원에 감사를 청구할 수 있는 자를 들면서 '감사대상기관의 장. 다만 해당 감사대상기관의 사무처리에 관한 사항 중 자체감사기구에서 직접 처리하기 어려운 부득이한 사유가 있거나 자체감사기구가 없는 경우에 한한다.'고 하였으므로 옳지 않은 내용이다.
④ 제2조 제2항에서 '판결 등에 의하여 확정된 사항'은 감사청구의 대상에서 제외된다고 하였으므로 옳지 않은 내용이다.
⑤ 제1조에서 감사원에 감사를 청구할 수 있는 자를 들고 있으나 여기에 민간 유통업체 F마트의 사장은 포함되지 않으므로 옳지 않은 내용이다.

07 정답 ①

• A : 제2항 제1호의 군훈련장의 최외곽경계선으로부터 1킬로미터 이내의 지역에 해당하므로 제한보호구역으로 지정한다.

오답분석

• B·C : 제1항 제1호의 민간인통제선 이북지역에 해당하므로 통제보호구역으로 지정한다.
• D : 제1항 제2호의 특별군사시설의 최외곽경계선으로부터 500미터 이내의 지역에 해당하므로 통제보호구역으로 지정한다.
• E : 제1항과 제2항 모두에 해당하지 않으므로 통제보호구역 또는 제한보호구역으로 지정하지 않는다.

08 정답 ⑤

- 경상보조금 : 3,000만×1,030
- 선거보조금 : 3,000만×1,030×2

따라서 2019년 정당에 지급할 국고보조금의 총액은 3,000만×1,030×3=927억 원이다.

09 정답 ④

제시된 법에서 언급하고 있지 않으므로 허용되지 않는 행위이다.

오답분석

① 제5호에서 '외국인의 귀화·국적회복·체류 허가에 필요한 경우'를 명시하고 있으므로 허용되는 행위이다.
② 제2호에서 '형의 집행 또는 사회봉사명령, 수강명령의 집행을 위하여 필요한 경우'를 명시하고 있으므로 허용되는 행위이다.
③ 제8호에서 '공무원연금 지급 제한 사유 등을 확인하기 위하여 필요한 경우'를 명시하고 있으므로 허용되는 행위이다.
⑤ 제8호에서 '징계절차가 개시된 공무원의 구체적인 징계 사유(범죄경력조회와 그에 대한 회보에 한정한다)'를 명시하고 있으므로 허용되는 행위이다.

10 정답 ①

최초 재적의원이 111명이지만 사망한 사람(2명)과 제명된 사람(2명)을 제외한 107명이 현재의 재적의원이며, 의장을 포함한 53명이 출석한 상태이다. 먼저, 제1조 제1항에서 '지방의회는 재적의원 3분의 1 이상의 출석으로 개의한다.'고 하였으므로 36명 이상이 출석하면 개의할 수 있다. 따라서 의사정족수는 충족하였다. 다음으로, 제2조 제1항에서 '의결사항은 재적의원 과반수의 출석과 출석의원 과반수의 찬성으로 의결한다.'고 하였으므로 54명의 출석이 필요하다. 그런데 현재 출석한 의원은 의장을 포함한 53명이므로 의결정족수를 충족하지 못한다. 따라서 의결할 수 없다.

11 정답 ①

제1조 제1항에서 '군위탁생은 각군에서 시행하는 전형과 해당 교육기관에서 시행하는 소정의 시험에 합격한 자 중에서 각군 참모총장의 추천에 의하여 국방부장관이 임명한다.'고 하였으므로 옳은 내용이다.

오답분석

② 제1조에서 '부사관인 군위탁생은 각군 참모총장이 임명하고, 군위탁생은 임명권자의 허가 없이 교육기관을 옮길 수 없다.'고 하였으므로 육군 부사관인 군위탁생이 전학을 하기 위해서는 육군 참모총장의 허가가 필요함을 알 수 있다. 따라서 옳지 않은 내용이다.
③ 제3조 제1항에서 '군위탁생으로서 소정의 과정을 우수한 성적으로 마친 자 중 지원자에 대하여는 소속군 참모총장의 추천에 의하여 관련 학문분야의 상급과정에 진학하여 계속 수학하게 할 수 있다.'고 하였으므로 소속군 참모총장의 추천이 필요하다.
④ 제2조 제1항에서 '군위탁생에 대하여는 수학기간 중 입학금·등록금 기타 필요한 경비를 지급한다.'고 하였고 제2항에서는 국외위탁생에게 추가로 지급하는 경비들을 나열하고 있다. 따라서 국내위탁생과 국외위탁생에게 지급되는 경비가 다르므로 옳지 않은 내용이다.
⑤ 제2조 제2항에서 국외위탁생에게 지급되는 왕복항공료와 체재비는 수학하는 기간에 관계없이 지급하는 것임을 알 수 있으므로 옳지 않은 내용이다.

12 정답 ②

ㄱ. 기관 A는 직원 정원이 50인 이상이므로 공기업 또는 준정부기관이며, 자체수입액이 총수입액의 2분의 1 이상이므로 공기업으로 분류한다. 그리고 자산규모가 2조 원 이상이고, 총 수입액 중 자체수입액이 100분의 85 이상이므로 시장형 공기업으로 분류한다. 따라서 옳은 내용이다.
ㄹ. 기관 D는 직원 정원이 50인 이상이므로 공기업 또는 준정부기관이며, 자체 수입액이 총수입액의 2분의 1에 미달하므로 준정부기관이다. 따라서 옳은 내용이다.

오답분석

ㄴ. 기관 B는 직원 정원이 50인에 미달하므로 기타공공기관이다. 따라서 옳지 않은 내용이다.
ㄷ. 기관 C는 직원 정원이 50인 이상이므로 공기업 또는 준정부기관으로 분류한다. 따라서 옳지 않은 내용이다.

13 정답 ②

1단계 조사는 조사 실시일 기준으로 매 3년마다 실시한다고 하였으므로 2020. 3. 1.에 실시해야 하므로 옳은 내용이다.

오답분석

① 2단계 조사는 1단계 조사 판정일 이후 1월 내에 실시하여야 한다고 하였으므로 2019. 12. 31. 전에 실시하여야 하므로 옳지 않은 내용이다.

③ 2단계 조사는 환경부장관이 실시하는 것이므로 옳지 않은 내용이다.

④ 1단계 조사결과에 의하여 정상지역으로 판정된 때는 2단계 조사를 실시하지 아니한다고 하였으므로 옳지 않은 내용이다.

⑤ 1단계 조사는 조사 실시일 기준으로 매 3년마다 실시한다고 하였으므로 2021. 10. 1.에 실시해야 한다. 따라서 옳지 않은 내용이다.

14 정답 ④

ㄱ·ㄷ. 제2항 제2호의 '신체조직과 기능의 일반적인 증진, 인체의 건전한 성장 및 발달과 건강한 활동을 유지하는 데 도움을 준다는 표시·광고'와 제2항 제3호의 '제품에 함유된 영양성분의 기능 및 작용에 관하여 식품 영양학적으로 공인된 사실'은 허위표시나 과대광고로 보지 않는다고 하였다.

ㅁ. 제1항 제2호에서 중앙행정기관 등에서 '인증'·'보증'을 받았다는 내용의 광고는 허위표시 및 과대광고에 해당하지 않는다고 하였다.

오답분석

ㄴ. 제1항 제3호에서 '사용하지 않은 성분을 강조함으로써 다른 업소의 제품을 간접적으로 다르게 인식하게 하는 광고'는 허위표시 및 과대광고에 해당된다고 하였다.

ㄹ. 제1항 제1호에서 '질병의 치료와 예방에 효능이 있다는 내용의 표시·광고'는 허위표시나 과대광고에 해당한다고 하였다.

15 정답 ①

ㄷ. '상속 농지 중에서 총 10,000m² 까지는 자기의 농업경영에 이용하지 않더라도 제3자에게 임대할 수 있다.'고 하였으므로 옳지 않은 내용이다.

오답분석

ㄱ. '농업인이란 1,000m² 이상의 농지에서 농작물을 경작하는 자 또는 1년 중 90일 이상 농업에 종사하는 자를 말한다.'고 하였는데, A농지의 면적은 2,000m²고 甲이 농작물을 직접 경작한다고 하였으므로 甲은 농업인에 해당한다. 따라서 옳은 내용이다.

ㄴ. '농지소유자가 정당한 사유 없이 그 농지를 주말·체험 영농에 이용하지 않는 경우, 그때부터 1년 이내에 그 농지를 처분하여야 한다.'고 하였으므로 옳은 내용이다.

ㄹ. A농지는 甲의 농업경영에 직접 이용되므로 소유가능하며, B농지도 한국농촌공사에 임대하여 20,000m² 까지 소유가능하므로, 옳은 내용이다.

STEP 1 기본문제

01	02	03	04	05	06	07	08	09	10	11	12								
②	③	⑤	③	⑤	①	③	②	③	①	①	④								

01 　정답　②

사그레도와 살비아티 모두 지동설을 인정하는 것은 동일하지만 항성의 시차에 대한 관점은 다르다고 볼 수 있다. 살비아티는 이를 기하학적으로 예측하여 받아들이지만, 사그레도는 실제로 그것이 관측된 바 없다는 심플리치오의 반박으로 인해 이를 지동설의 근거로 명시적으로는 받아들이고 있지 않기 때문이다.

　오답분석
① 심플리치오는 아리스토텔레스의 자연철학을 대변하는 인물이며, 세 번째 날의 대화에서 아리스토텔레스의 이론을 옹호하면서 지동설에 대해 반박했다고 하였으므로 옳은 내용이다.
③ 사그레도가 지동설을 지지하는 세 가지 근거 중 행성의 겉보기 운동이 포함되어 있으며, 살비아티 역시 지동설을 입증하기 위한 첫 번째 단계로 행성의 겉보기 운동을 언급하고 있으므로 옳은 내용이다.
④ 세 번째 날의 대화에서 심플리치오가 아리스토텔레스의 이론을 옹호하면서 지동설에 대한 반박 근거로 공전에 의한 항성의 시차가 관측되지 않음을 지적하였다고 하였으므로 옳은 내용이다.
⑤ 살비아티의 입장에서는 지구의 공전을 전제로 해야만 공전 궤도의 두 맞은편 지점에서 관측자에게 보이는 항성의 위치가 달라지는 현상, 곧 항성의 시차를 기하학적으로 설명할 수 있다고 하였으므로 옳은 내용이다.

02 　정답　③

ㄱ. 갑은 자살은 공동체에 피해를 주는 것이기에 죄악이라고 하였으나, 을은 자살은 사회 즉, 공동체에 해악을 끼치는 것이 아니라고 하였다. 따라서 둘은 서로 상반된 주장을 하고 있으므로 서로 양립할 수 없다.
ㄴ. 을에게 있어 자살은 사회에 해악을 끼치지 않는 것이라고 하였으므로 결국은 자신에게만 관련된 것이라고 볼 수 있다. 그리고 병은 타인에게 해가 되지 않는 한 원하는 것은 무엇이든지 행할 수 있다고 하였다. 그렇다면 자살이 자신에게만 관련된 것이라는 것을 받아들일 경우 을과 병은 모두 자살이 비판의 대상이 아니라는 결론에 도달할 수 있다. 따라서 을과 병의 주장은 서로 양립할 수 있다.

　오답분석
ㄷ. 〈보기〉의 내용과 병의 주장을 결합하면, 병에게 있어 자살이란 자신에게만 관련된 것이기에 도덕적 비판의 대상이 되지 않는다는 결론을 얻게 된다. 하지만 갑은 '어떠한 경우에도' 자살은 옳지 않다고 하였으므로 이 둘은 서로 상충된다. 따라서 옳지 않다.

PART 1

03 정답 ⑤

ㄴ. B의 주장은 개인의 능력 등을 기준으로 한 공개경쟁 시험을 통해 공직자를 임용해야 한다는 것으로, 정실 개입의 여지를 줄여 공정성을 높이자는 데에 있다. 따라서 옳은 내용이다.

ㄷ. C의 주장은 한 사회의 인구 비례에 따라 공직자를 선발해야 한다는 것이므로, 지역 편향성을 완화하기 위한 대책이 될 수 있다. 따라서 옳은 내용이다.

오답분석

ㄱ. A의 주장은 정당에 대한 충성도와 공헌도를 기준으로 삼아 공직자를 임용해야 한다는 것이므로 정치적 중립성과는 거리가 멀다.

04 정답 ③

제시문의 가설 A와 B를 정리하면, 가설 A는 인간이 털이 없어진 원인이 수상생활이라는 것이며, 가설 B는 의복 등으로 보호가 가능하다면 굳이 기생충과 같은 문제를 야기하는 털이 없어도 되기 때문이라는 것이다. 인간의 피부에 수인성 바이러스에 대한 면역력이 없다면 인류가 수상생활을 했다고 할지라도 털이 사라지지 않았을 것이다. 진화는 환경과 인간과의 관계에서 인간에 이로운 방향으로 진행되기에, 털이 사라짐으로 인해 인간에 질병이 야기된다면 그와 같은 방향으로 진행되지는 않을 것이기 때문이다. 따라서 가설 A를 약화한다고 볼 수 있다.

오답분석

① 고대 인류가 호수 근처에 주로 살았다는 것은 수상생활을 했다는 것과 밀접한 관련이 있으므로 가설 A를 강화한다고 볼 수 있다.

② 수생 포유류 등의 해부학적 특징이 진화가 진행된 현대 인류와 유사하다는 것은 결국 인류가 수상생활을 했다는 것과 연결되는 내용이다. 따라서 가설 A를 강화한다고 볼 수 있다.

④ 가설 B에 의한다면 인류는 옷 등으로 자신을 보호하게 되면서 털이 사라지게 되었다. 하지만 옷을 입지 않았음에도 털이 사라졌다는 것은 가설 B와 배치되는 것이므로 이를 약화한다고 볼 수 있다.

⑤ 가설 B가 옳다면 인류가 옷 등을 사용하게 된 것과 털이 사라지는 진화의 과정이 같이 진행되어야 한다. 하지만 진화의 마지막 과정에서 옷 등을 사용했다면 옷의 착용과 털이 사라지는 것과는 직접적인 관련이 없는 것이 된다. 따라서 가설 B를 약화한다고 볼 수 있다.

05 정답 ⑤

ㄱ. 갑은 절대적으로 확실한 지식이 존재하지 않는다고 주장하는 반면 을은 감각 경험을 통해서 절대적으로 확실한 지식을 얻을 수 있다고 하였으므로 양립 불가능하다.

ㄴ. 갑은 절대적으로 확실한 지식이 존재하지 않는다고 주장하는 반면 병은 의심하는 내가 있다는 것을 통해 절대적으로 확실한 지식을 발견하였다고 하였으므로 양립 불가능하다.

ㄷ. 을은 감각 경험을 통해 절대적으로 확실한 지식을 얻게 된다고 하였고, 병은 의심하는 내가 있다는 것에 근거하여 거듭 의심하는 방법을 사용하여 절대적으로 확실한 지식을 발견하였다고 하였다. 따라서 을과 병은 모두 절대적으로 확실한 지식이 있다고 주장하고 있다.

06 정답 ①

• 갑 : (가)는 도덕성의 기초는 이성이지 동정심이 아니라고 한 반면, (다)는 이성이 아니라 동정심이라고 하여 서로 반대되는 주장을 하고 있으므로 양립할 수 없다.

• 을 : (가)는 동정심이 일관적이지 않으며 변덕스럽고 편협하다고 하였는데 (나)는 가족과 모르는 사람의 사례를 들면서 동정심이 신뢰할 만하지 않다고 하여 (가)의 주장을 지지하고 있다.

오답분석

• 병 : (가)는 도덕성의 기초는 이성이지 동정심이 아니라고 하였으나 (라)는 동정심이 전적으로 신뢰할 만한 것은 아니지만 그렇다고 해서 도덕성의 기반에서 완전히 제거하는 것은 옳지 않다고 하였다. 즉, (라)의 경우는 동정심의 도덕적 역할을 전적으로 부정하지는 않았다.

• 정 : (나)는 동정심이 신뢰할 만하지 않다고 하였으며 (라) 역시 같은 입장이다. 다만 (라)는 그렇다고 해서 동정심의 역할을 완전히 부정하는 것은 아니라는 점에서 차이가 있을 뿐이다.

07 정답 ③

군사적 긴장 완화에 대한 내용은 남북 양측의 성명서에서는 언급되지 않았으므로 옳지 않은 내용이다.

오답분석

① 북측은 남측이 제안한 가족찾기 운동만으로는 부족하다고 하였으므로 옳은 내용이다.
② 남측은 10월 안으로 제네바에서 본 회담의 절차상의 문제를 협의하기 위한 예비회담을 제의하였고, 북측은 9월 말까지 쌍방 대표가 예비회담을 열 것을 제의하였으므로 옳은 내용이다.
④·⑤ 데탕트라 불리는 국제 정세의 변동은 한반도에도 영향을 미쳐 미국과 중국이 남·북한에 긴장 완화를 위한 조치들을 취하도록 촉구하였으며, 이에 여러 차례의 예비 회담이 열린 끝에 분단 이후 최초의 남북회담이 개최되었다고 하였다. 따라서 옳은 내용이다.

08 정답 ②

(나)는 어린이가 광고 정보를 비판적으로 수용할 수 있는지가 쟁점이지 어린이가 광고를 수용할 수 있는 권리가 있는지는 핵심 쟁점이 아니므로 옳지 않은 내용이다.

오답분석

① (가)는 특정 회사의 일선 학교의 교육 프로그램 지원과 그 광고가 '편견의 조성'인지 아니면 '교육의 질적 향상'인지'에 대한 논쟁이므로 옳은 내용이다.
③ (다)는 해당 광고가 '구매의 강요인가 아니면 자발적 구매인가.'가 쟁점이므로 옳은 내용이다.
④ (라)는 해당 광고가 '부모와 자식 사이의 관계를 악화시키는가.', '긍정적으로 변화시키는가.'에 대한 것이므로 옳은 내용이다.
⑤ (마)는 광고가 '어린이의 의사결정능력과 사회적 행동 개선'에 영향을 주는지의 여부가 주요 쟁점이므로 옳은 내용이다.

09 정답 ③

B는 서양 문화 전반에 대한 적극적인 수용을 주창하였지만 C는 서양 문화를 비롯한 외세의 침략에 저항하였다고 하였으므로 서로 반대되는 입장임을 알 수 있다. 따라서 옳지 않은 내용이다.

오답분석

① A는 전통 유가 이데올로기와 조선의 주체성을 중시하였으나 C는 만민 평등권을 쟁취하기 위해 전통사상과 제도를 타파하고자 했으므로 옳은 내용이다.
② A는 서양 문화 전반을 배척하는 관점을 보였지만 D는 서양의 과학기술뿐 아니라, 근대 민주주의, 시장경제 등 사회 분야에서도 서양 제도의 수용이 필요하다고 하였으므로 옳은 내용이다.
④ B는 전통 문화를 비판하고 서양 문화 전반에 대한 적극적인 수용을 주창했는데 D는 유교적 가치를 바탕으로 근대 민주주의 등의 서양 제도의 수용이 필요하다고 하였다. 따라서 옳은 내용이다.
⑤ C는 만민평등권을 쟁취하기 위해 전통사상과 제도를 타파하고자 했으며 D는 근대 민주주의와 같은 사회분야에서도 서양 제도의 수용이 필요하다고 주장했으므로 옳은 내용이다.

10 정답 ①

A가 산업 민주주의를 옹호한 이유는 노동자들의 소득을 증진시키기 때문이 아니라 자치에 적합한 시민역량을 증진시키기 때문이라고 하였으므로 부합하지 않는 내용이다.

오답분석

② B는 민주주의가 성공하기 위해서는 거대 기업에 대응할 만한 전국 단위의 정치권력과 시민 정신이 필요하다고 하였고 이를 위해 연방 정부의 역량을 증가시켜 독점자본을 통제하는 노선을 택했으므로 옳은 내용이다.
③ A와 B의 정책에는 차이가 있지만 자치에 적합한 시민 도덕을 장려하는 것을 중시했다고 하였으므로 옳은 내용이다.
④ 1930년대 대공황 이후 미국의 경제 회복은 A나 B가 주장한 것과 같은 시민의 자치 역량과 시민 도덕을 육성하는 경제 구조 개혁보다는 케인즈 경제학에 입각한 중앙정부의 지출 증가에서 시작되었고, 이에 따라 미국은 자치에 적합한 시민 도덕을 강조할 필요가 없는 경제 정책을 펼쳐나갔다고 하였으므로 옳은 내용이다.
⑤ 케인즈 경제학에 기초한 정책은 시민들을 자치하는 자, 즉 스스로 통치하는 자가 되기보다 공정한 분배를 받는 수혜자로 전락시켰다고 하였으므로 옳은 내용이다.

11 정답 ①

최초진입기업이 후발진입기업이 진입하는 것을 어렵게 하기 위해 마케팅 활동을 한다고는 하였지만 이를 위한 마케팅 비용이 후발진입기업보다 많아야 하는지는 언급되어 있지 않다.

오답분석

② 후발진입기업의 모방 비용은 최초진입기업이 신제품 개발에 투자한 비용 대비 65% 수준이라고 하였으므로 옳은 내용이다.

③ 기업이 시장에 최초로 진입하여 무형 및 유형의 이익을 얻는 것을 A효과라 하는데 시장에 최초로 진입하여 후발기업에 비해 소비자에게 우선적으로 인지되는 것은 무형의 이익 중 하나라고 볼 수 있으므로 옳은 내용이다.

④ 후발진입기업의 경우, 절감된 비용을 마케팅 등에 효과적으로 투자하여 최초진입기업의 시장 점유율을 단기간에 빼앗아 와야 한다고 하였으므로 옳은 내용이다.

⑤ B효과는 후발진입기업이 최초진입기업과 동등한 수준의 기술 및 제품을 보다 낮은 비용으로 개발할 수 있을 때만 가능하다고 하였으므로 옳은 내용이다.

12 정답 ④

ㄱ. 甲은 어떤 특정 사회의 규칙이 다른 사회의 규칙보다 더 좋다고 판단할 수 있는 객관적인 기준이 없다고 하면서 다른 사회의 행위를 우리의 잣대로 판단해서는 안 된다고 하였으므로 옳은 내용이다.

ㄴ. 乙은 무조건적인 관용은 결코 바람직하지 않으며 보편적인 도덕 내지는 도덕적 진보에 근거하여 다른 사회의 규칙을 비판하는 것은 허용되어야 한다는 의미로 甲의 입장을 비판하고 있으므로 옳은 내용이다.

ㄹ. 乙은 甲의 입장을 받아들일 경우 더 이상 다른 사회의 관습이 우리 사회의 관습보다 도덕적으로 열등하다고 말할 수 없을 것이라고 하였다. 이는 뒤집어 말하면 우리 사회의 관습보다 열등한 다른 사회의 관습이 있다는 것을 전제하므로 옳은 내용이다.

오답분석

ㄷ. 甲은 우리 사회의 도덕률이라고 해서 특별한 지위를 갖고 있는 것이 아니라고 하였으므로 옳지 않은 내용이다.

01	02	03	04	05	06	07	08	09	10	11	12							
②	①	③	⑤	②	①	③	②	④	②	③	①							

01 　정답 ②

ㄴ. '을'은 '기술'이라는 용어를 근대 과학혁명 이후에 등장한 과학이 개입한 것들로 한정한다고 하였으므로 '모든 기술에는 과학이 개입해 있다.'는 주장에 동의하지만, '병'은 기술을 만들어내기 위해 과학의 개입이 꼭 필요한 것은 아니라고 하였으므로 동의하지 않는다.

오답분석

ㄱ. '갑'은 물질을 소재 삼아 무언가 물질적인 결과물을 산출하기만 하면 모두 기술로 인정하지만 '을'은 '갑'의 기준을 강화해 물질로 구현되는 것 중 과학이 개입한 것들로 합정한다고 하였으므로 기술을 적용하는 범위는 '갑'이 '을'보다 넓다. 하지만 '병'은 '을'의 기준이 너무 협소하나고 하면서 과학이 개입되지 않은, 이를테면 시행착오를 통한 것도 기술로 인정해야 한다고 하였다. 따라서 '병'과 '을'의 관계에서는 '병'이 '을'보다 기술을 적용하는 범위가 넓다. 다만, '갑'과 '병'의 관계는 제시문을 통해서는 확정지을 수 없다. '병'은 '기술'을 적용하는데 있어서 그 범위를 넓게 보려고 하고 있으며 '물질적인 것'을 포함하지 않는 것도 기술로 인정할 경우 '갑'보다 범위가 더 넓을 수도 있기 때문이다.

ㄷ. '병'은 시행착오를 통해 발전한 방법들도 기술로 인정한다고 하였으므로 '시행착오를 거쳐 발전해온 옷감 제작법' 역시 기술로 인정할 것이다. 그리고 '갑' 역시 물질을 소재 삼아 물질적인 결과물을 산출하면 기술로 부를 수 있다고 하였으므로 역시 옷감 제작법을 기술로 인정할 것이다.

02 　정답 ①

먼저 각각의 내용을 정리하면 다음과 같다.
• A : 연주의 재연을 통해 정격연주가 가능하다.
• B : 현재의 연주관습과 당시의 연주관습의 차이로 인해 재연은 불가능하므로, 정격연주 또한 불가능하다.
• C : 재연은 불가능하지만 작곡자의 의도를 파악하면 정격연주는 가능하다.
• D : 작곡자의 의도를 파악해서 연주하더라도 그것이 반드시 정격연주라고는 할 수 없다. 작곡자의 의도와 연주관습을 모두 고려하지 않으면 정격연주는 불가능하다.
ㄱ. A는 옛 음악을 재연하면 정격연주가 가능하다고 하였고, C도 작곡자의 의도를 반영했다는 전제가 충족되면 정격연주가 가능하다고 하였으므로 옳은 내용이다.

오답분석

ㄴ. D는 연주관습을 고려하는 것이 중요하다고 하였고, B와 같이 연주관습을 정확하게 고려하지 못하면 정격연주가 실현되지 않을 수 있다고 하였으므로 옳지 않은 내용이다.

ㄷ. D는 정격연주를 위한 조건으로 작곡자의 의도를 파악하는 것과 연주관습을 고려하는 것을 들고 있으므로 둘 다 충족되어야 정격연주가 가능하다. 따라서 옳지 않은 내용이다.

03 　정답 ③

'갑'의 논리를 정리하면 '자극' → (특정한 심리상태) → '특정한 행동'의 과정을 통해 '특정한 행동'을 하는 것이 관찰되면 '특정한 심리상태'에 있는 것을 추론할 수 있다는 것이다. 그런데 '을'은 '특정한 심리상태'가 없더라도 '자극' → '특정한 행동'이 가능한 경우를 로봇의 예를 들어 설명하고 있다. 따라서, 이와 같은 문제를 해결하기 위해서는 '자극' → '특정한 행동' → '특정한 심리상태'의 관계가 성립해야 하므로 ③이 가장 적절하다.

04   정답   ⑤

먼저 (가)와 (나)의 내용을 정리하면, (가)는 기존의 생각인 '철도 건설이 경제 성장에 필수불가결한 것'을 비판하기 위해 철도 건설이 운송비 변화에 초래하는 효과를 평가할 때 두 개의 인과 경로에 따른 효과들을 모두 고려해야 한다고 주장했다. 그 하나는 철도를 이용하여 물류를 운송하게 됨에 따라 운송비가 감소한 효과이며, 다른 하나는 대안적인 운송체계의 발전에 따라 가능했을 운송비 감소가 철도 건설로 인해 실현되지 못한 효과이다. 따라서 (가)는 두 번째 효과를 간과한 것을 비판하고 있는 것으로 이해할 수 있다. (나) 역시 (가)와 같은 구조인데, 갑이 말하는 신약 A의 필수불가결성은 (가)에서의 첫 번째 효과를 강조한 것이고, 을의 주장은 (가)에서의 두 번째 효과를 간과해서는 안 된다는 것이다.

ㄱ. (가)의 두 번째 효과와 (나)에서의 을의 주장을 연결한 것이므로 옳은 내용이다.

ㄴ. (가)의 첫 번째 효과와 (나)에서의 갑의 주장을 연결한 것이므로 옳은 내용이다.

ㄷ. (가)에서 언급한 기존에 퍼져있는 생각과 (나)에서의 갑의 주장을 연결한 것이므로 옳은 내용이다.

05   정답   ②

㉠은 동물이 인간과 달리 영혼이 없어 쾌락이나 고통을 경험할 수 없다고 하였지만, ㉢은 동물도 고통을 겪는다는 입장이므로 옳은 내용이다.

오답분석

① ㉡은 인간이 이성능력과 도덕적 실천 능력을 가졌다고 하였으나 이것으로 인해 그가 인간의 이익을 우선시하여 동물실험에 찬성했는지는 알 수 없다. 반대로 ㉠은 동물은 인간과 달리 영혼이 없어 쾌락이나 고통을 경험할 수 없기 때문에 동물실험에 찬성하는 입장이다.

③ ㉡은 인간이 이성 능력과 도덕적 실천 능력을 가지고 있다는 점이 동물과 다르기에 인간과 동물을 다르게 대우해야 한다고 보았다. 하지만 ㉣은 포유류의 예를 들면서 각 동물 개체가 삶의 주체로서 갖는 가치가 있다고 주장하여 인간과 동물을 다르게 대우하는 것이 반대하고 있다.

④ ㉢은 이성이나 언어 능력에서 인간과 동물이 차이가 있다고 하였으므로 옳지 않은 내용이다.

⑤ ㉣은 각 동물 개체가 삶의 주체로서 갖는 가치가 있다고는 하였지만 그것이 동물이 고통을 느끼기 때문인지는 제시문을 통해서는 알 수 없다.

06   정답   ①

ㄱ. 지지도 방식에서는 적극적 지지자만 지지자로 분류하고 나머지는 기타로 분류하므로 적극적 지지자의 수가 많은 A후보가 더 많은 지지를 받을 것이다. 따라서 옳은 내용이다.

오답분석

ㄴ. 선호도 방식에서는 적극적 지지자와 소극적 지지자를 모두 지지자로 분류하므로 둘의 합계가 많은 후보가 더 많은 지지를 받을 것이다. 그런네 ㄴ의 경우에는 각 후보의 지지자 수의 대소관계를 알 수 없으므로 판단이 불가능하다. 따라서 옳지 않은 내용이다.

ㄷ. 지지도 방식에서는 적극적 지지자의 대소로 판단하지만 선호도 방식에서는 적극적, 소극적 지지자의 합의 대소로 판단하게 된다. 예를 들어 A후보가 B후보보다 적극적 지지자가 10이 많고 소극적 지지자가 20이 많다면, 지지도 방식에서의 차이는 10이지만 선호도 방식에서의 차이는 30이 된다. 따라서 옳지 않은 내용이다.

07   정답   ③

마음의 본래 모습을 회복하여 악을 제거하려는 것은 A학파이며, B학파는 이러한 해석이 논어가 만들어졌을 당시의 유가 사상과 거리가 있다고 보고 있으므로 옳지 않은 내용이다.

오답분석

① A학파는 '극기'의 의미를 '몸으로 인한 개인적 욕망'인 '기'를 극복하는 것으로 해석하며, '복례'의 의미를 '천리에 따라 행위하는' 본래 모습으로의 회복으로 보고 있어 천리를 행위의 기준으로 삼고 있다. 따라서 옳은 내용이다.

② A학파는 '예'를 '천리에 따라 행위하는 것'으로 규정하고 있으며 이 '천리'는 태어날 때부터 마음에 내재해 있는 것으로 보고 있다. 따라서 옳은 내용이다.

④ B학파는 '기'를 몸으로 보아 숙련 행위의 주체로 이해하였고, '예'를 본받아야 할 행위로 이해하며, 제사에 참여하여 어른들의 행위를 모방하듯이 '선인의 행위'를 모범으로 삼는 것을 추론할 수 있으므로 옳은 내용이다.

⑤ B학파는 '기복례'를 '몸이 본받아야 할 행위를 모방하면서 거듭 실행함'으로 해석하고 제사에 참여하여 어른들의 행위를 모방하면서 자신의 역할을 수행하는 것을 이에 대한 예로 들고 있으므로 옳은 내용이다.

08 정답 ②

내정불간섭 원칙이 엄격하게 준수될 경우 자국정부에 의한 자국민 학살, 탄압, 인권유린 등 인권을 해하는 행위들에 적절히 대응하기 어려우므로 옳지 않은 내용이다.

오답분석

① 경제질서는 교역 당사국 모두에 직접적인 이익을 가져다주기 때문에 비교적 잘 지켜지고 있다고 하였으므로 옳은 내용이다.
③ 자원보호질서는 유한한 자원을 모두 소비하면 후세 사람들이 살아갈 수 없으므로 재생 가능한 자원을 많이 사용하고 가능한 한 자원을 재활용하자는 생각이므로 옳은 내용이다.
④ 공공질서는 일부가 아닌 모든 구성국들에 이익을 가져다주는 국제질서라고 하였으므로 옳은 내용이다.
⑤ 환경보호질서는 하나밖에 없는 지구의 원 모습을 지켜 후손에게 물려주어야 한다는 생각이므로 옳은 내용이다.

09 정답 ④

해전은 근접전이 불리한데 일본은 해전에서도 조총을 사용한 단병 전술을 사용하였다. 반면 조선은 해전에 유리한 대형 화포를 이용한 장병전술을 이용하였고 화기 사용의 선통 또한 오래되어 일본에 전략상 우위를 점할 수 있었디.

오답분석

① 조총은 단병 무기로 볼 수 있으며 조총의 도입으로 일본의 근접 전투기술은 보다 발달하였으므로 옳지 않은 내용이다.
② 조선의 화기기술이 고려 말 왜구를 효과적으로 격퇴하는 방도로 수용된 것은 맞지만 장병 전술도 그 시기에 도입되었는지는 알 수 없다. 오히려 '전통적인 전술'이라는 표현을 통해 그 이전부터 장병전술이 사용되었음을 유추할 수도 있으므로 옳지 않은 내용이다.
③ 조선은 임진왜란 때 육전에서 참패를 거듭하였다고 하였으므로 옳지 않은 내용이다.
⑤ 조선이 임진왜란 때 육전에서 참패를 거듭한 것은 정치·사회 전반의 문제가 일차적 원인이라고 하였으므로 옳지 않은 내용이다.

10 정답 ②

①·② 보호관리주의는 자연이 도구적 가치만 지닌다고 하였지만 보존주의는 자연이 도구적 가치를 지님과 동시에 그 자체로 목적으로서의 가치도 있다고 보았다.

오답분석

③ 보호관리론자인 핀쇼는 국유지는 대중의 필요와 사용을 위해 존재한다고 하여 인간이 자연에 비해 우위에 있다는 입장을 보이고 있으므로 옳지 않은 내용이다.
④ 뮤어는 자연보존론자로, 자연이 인간에게 주는 수단적 가치와 경제적 이익을 강조하는 것은 보호관리주의의 입장이다.
⑤ 핀쇼는 자연개발을 찬성하는 입장이고 뮤어는 자연개발에 반대하는 입장이다. 따라서 자연개발을 통한 이익이 어디에 귀속되어야 하는지에 대한 것은 논쟁의 대상이 아니므로 옳지 않은 내용이다.

11 정답 ③

금운이 『비사맥전』의 예를 든 것은 내 나라의 역사와 지리를 모르고서 읽는 것이 무의미하다는 것이지 『비사맥전』 자체를 읽지 말자는 것이 아니므로 옳지 않은 내용이다.

오답분석

① 여러 문명국 사람들은 남자와 여자가 학문과 차등이 없는데 우리 일천 만 여자들은 학문이 무엇인지 도무지 모른다고 하였으므로 옳은 내용이다.
② '소위 한문이란 것은 지나의 소요, 지나의 정신만 실었으니, 우리나라 사람이야 평생을 끌고 당긴들 무슨 이익이 있겠소?'라고 하였으므로 옳은 내용이다.
④ 국란은 천사만사가 모두 한문에 있는데 한문을 없애고 국문만 쓰는 것은 유리창을 떼어 버리고 흙벽을 치는 셈이라고 하여 한자 사용 금지에 반대하고 있다. 따라서 옳은 내용이다.
⑤ 국란은 우리나라가 수모 세계인데 새우 노릇은 누가 하냐고 반문하면서 한문을 없애고 국문만 힘쓰면 지식이 나오지 않는다고 하였다. 따라서 옳은 내용이다.

12 정답 ①

가난한 문필가의 가문들에서는 과거의 홍패를 안고서 관직을 얻지 못해 탄식하는 자가 셀 수조차 없이 많게 된다고 하였으므로 옳은 내용이다.

오답분석

② 당론이 극렬할수록 제각기 나는 옳고 저는 그르다는 것을 퍼뜨리기 위하여 개인적인 역사 기술이 성행했다고 하였는데 이는 공론의 과정이라기보다는 자신들의 일방적인 의견개진이라고 보는 것이 타당하므로 옳지 않은 내용이다.

③ 과거제가 활성화되어 중소 지주들의 정치 참여 욕구가 높아진 것이 아니라, 그들의 정치 참여 욕구를 수렴하기 위해 과거제도가 활성화된 것이므로 옳지 않은 내용이다.

④ (가)는 붕당의 폐해가 극심하다고 하였지만 (다)에서는 당파 간 대립에 관한 내용은 언급하고 있지 않으므로 옳지 않은 내용이다.

⑤ 과거제도에 대한 언급은 (다)에서만 다루고 있으며 그것도 과거제도의 역할에 대한 것에 국한될 뿐 문제점에 대해서는 언급하고 있지 않으므로 옳지 않은 내용이다.

STEP 1 기본문제

01	02	03	04	05	06	07	08	09	10										
①	③	④	③	③	③	①	③	⑤	①										

01　정답 ①

제시문의 내용을 조건식으로 정리하면 다음과 같다.
ⅰ) (젊다 ∧ 섬세하다 ∧ 유연하다) → 아름답다
ⅱ) 덕을 가졌다 → 훌륭하다
ⅲ) (아름답다 ∧ 훌륭하다) → 행복하다
이때, '아름다운 자가 모두 훌륭한 것은 아니다.'라는 조건은 기호화하기가 복잡하므로 일단 체크만 해두고 넘어 간다. 이 조건식에서 '행복하다.'가 결론으로 주어지는 ⅲ)을 바탕으로 아테나가 행복하다는 결론을 도출하기 위해서는 아테나가 아름답고 훌륭해야 한다는 조건을 끌어내면 된다. 일단 제시문에서 아테나는 덕을 가졌다고 했으므로 ⅱ)를 통해 아테나는 훌륭하다는 것을 알 수 있다. 다음으로, 아테나가 아름답다는 조건을 끌어내기 위해서는 ⅰ)을 살펴보아야 한다. ⅰ)에서는 젊고 섬세하고 유연하면 아름답다고 하였는데, 제시문에서 아테나는 섬세하고 유연하다고 하였으므로 '아테나가 젊다.'는 조건만 추가되면 아테나가 아름답다는 결론을 이끌어낼 수 있다.

02　정답 ③

ㄷ. 제시문의 내용은 어떠한 사고과정을 가지느냐가 사회적 권력에 영향을 준다는 것으로 정리할 수 있다. 그런데 이 사고과정이라는 것이 결국은 문자체계의 이해방식과 연결되는 만큼 글을 읽고 이해하는 능력이 사회적 권력에 영향을 미친다는 전제가 추가되어야 매끄러운 논리전개가 될 것이다.

오답분석

ㄱ. 제시문에서는 그림문자와 표음문자가 서로 상반된 특성을 가지고 있다고 볼 수 있으므로, 그림문자를 쓰는 사회에서 남성의 사회적 권력이 여성보다 우월하였다면 반대로 표음문자 체계가 보편화될 경우에는 여성의 사회적 권력이 남성보다 우월하다는 결론을 추론할 수 있다. 그런데 제시문의 결론은 이와 반대로 여성의 권력이 약화되는 결과를 초래한다고 하였으므로 추가될 전제로 적절하지 않다.
ㄴ. 제시문의 내용은 그림문자와 표음문자를 해석하는 방식의 차이가 성별에 따른 사고과정의 차이를 가져오고 그것이 사회적 권력에까지 영향을 준다는 것이다. 하지만 사고과정의 차이가 있다고 해서 그것이 의사소통의 난이도에 영향을 준다고 판단하는 것은 지나친 비약이다.

03　정답 ④

제시문의 문장들을 조건식으로 정리하면 다음과 같다.
㉠ 윤리적 → 보편적
㉡ 이성적 → 보편적
㉢ 합리적 → 보편적
㉣ 합리적 → 이성적
㉤ 합리적 → 윤리적

PART 1

위 조건식에 따라 판단하면 다음과 같다.

ㄴ. 위 조건식에서 ⓛ과 ⓔ을 결합하면 '합리적 → 보편적', 즉 선택지 ⓒ을 이끌어 낼 수 있다. 따라서 옳은 진술이다.

ㄷ. 조건식 ㄱ과 ⓔ이 둘 다 참이라고 하더라도 윤리적인 것과 합리적인 것 사이에는 어떠한 관계도 성립하지 않는다. 따라서 참 거짓을 판단할 수 없다.

오답분석

ㄱ. ㄱ을 반박하기 위해서는 논리식의 구조에 따라 윤리적이면서 보편적이지 않은 사례를 들어야 한다. 하지만 ㄱ에서는 윤리적이지 않으면서 보편적인 사례를 들었으므로 옳지 않다.

04 　정답 ③

C팀의 전산 시스템에 오류가 발생하기 위해서는 다음의 두 가지 중 최소한 한 가지가 충족되어야 한다.
ⅰ) C팀의 보안 시스템에 오류가 있는 경우
ⅱ) B팀의 전원 공급 장치에 결함이 있는 경우
먼저 첫 번째 조건이 충족되기 위해서는 A팀이 제작하는 운영체제를 C팀의 전산 시스템에 설치하여야 하며, 두 번째 조건이 충족되기 위해서는 5%의 결함률을 가지는 B팀의 전원 공급 장치가 C팀에 제공되어야 한다.

05 　정답 ③

제시된 논증을 정리하면 다음과 같다.
ⅰ) 갑순○ ∨ 정순○
ⅱ) 갑순× → 병순○
∴ 병순○
'병순'이 급식 지원을 받게 된다는 결론이 도출되기 위해서는 ⅱ)에 따라 '갑순'이 지원을 받지 못한다는 중간 결론이 필요하며, 이것이 성립한다면 결과적으로 ⅰ)에 의해 '정순'도 급식 지원을 받게 된다는 것을 알 수 있다. 이 같은 내용을 바탕으로 '갑순'이 지원을 받지 못한다는 중간 결론을 도출하기 위해서 〈보기〉를 살펴보면 다음과 같다.

ㄴ·ㄷ. 두 전제가 결합될 경우 '갑순'이 급식 지원을 받지 못한다는 중간결론이 도출되므로 옳다.

오답분석

ㄱ. '갑순'이 급식 지원을 받지 못한다는 내용이 필요하므로 옳지 않다.

ㄹ. 이미 위에서 '갑순'이 지원을 받지 못할 경우 '병순'은 지원을 받게 된다고 하였으므로 이에 모순되는 전제이다.

06 　정답 ③

선택지의 논증을 정리하면 다음과 같다.
ⅰ) ⓗ '행동주의가 옳다.' → '인간은 철학적 좀비와 동일한 존재'
ⅱ) ⓛ '철학적 좀비는 인간과 동일한 행동 성향을 보인다.' : '행동 성향으로는 인간과 철학적 좀비는 동일한 존재이다.'
ⅲ) ⓜ '마음은 자극에 따라 행동하려는 성향이다.' : 행동주의에 대한 부연설명이므로 '행동주의가 옳다.'는 의미로 대체할 수 있다.
즉, 선택지의 논증은 'A이면 B이다. B이다. 따라서 A이다.'로 단순화시킬 수 있으며 이는 후건긍정의 오류로서 논리적으로 반드시 참이 되지 않는다.

오답분석

① ㄱ은 고통을 인식하는지에 대한 논의인 반면 ⓛ은 외부로 드러나는 행동에 대한 논의이다. 제시문에서는 의식과 행동을 별개의 개념으로 보고 있으므로 ㄱ과 ⓛ은 동시에 참이 될 수 있다.

② 선택지의 논증을 정리하면 다음과 같다.
　　ⅰ) ⓔ '인간은 철학적 좀비와 동일한 존재' → '인간은 고통을 느끼지 못하는 존재'
　　ⅱ) ⓔ의 대우 '인간은 고통을 느끼는 존재' → '인간은 철학적 좀비와 동일한 존재가 아님'
　　ⅲ) ㄱ '인간은 고통을 느끼는 존재'
　　ⅳ) ⓒ '인간은 철학적 좀비는 동일한 존재가 아님'
　　ⓔ과 ⓔ의 대우는 논리적으로 동치이므로 ⓔ과 ㄱ이 참이라면 삼단논법에 의해 ⓒ은 반드시 참이 된다.

④ 선택지의 논증을 정리하면 다음과 같다.
ⅰ) ⓑ '행동주의가 옳다.' → '인간은 철학적 좀비와 동일한 존재'
ⅱ) ⓑ의 대우 '인간은 철학적 좀비와 동일한 존재가 아님' → '행동주의는 옳지 않다.'
ⅲ) ⓒ '인간은 철학적 좀비와 동일한 존재가 아님'
ⅳ) ⓐ '행동주의는 옳지 않다.'
ⓑ과 ⓑ의 대우는 논리적으로 동치이므로 ⓑ과 ⓒ이 참이라면 삼단논법에 의해 ⓐ은 반드시 참이 된다.

⑤ ⓓ은 행동주의에 대한 부연설명인데 ⓓ이 거짓이라는 것은 행동주의가 거짓이라는 것과 같은 의미가 된다. 그런데 동시에 ⓐ이 거짓이라면 행동주의가 참이라는 의미가 되어 ⓓ과 ⓐ이 서로 모순되는 결과가 발생한다. 따라서 둘은 동시에 거짓일 수 없다.

07 　정답　①

주어진 논증을 정리하면 다음과 같다.
ⅰ) 테러 증가 → 국방비 증가○
ⅱ) 국방비 증가× ∨ 증세
ⅲ) 증세 → 침체
∴ 침체
이와 같은 결론을 얻기 위해서 논증을 역으로 분석해보면, 세계 경제가 침체한다는 결론이 나오기 위해서는 A국이 증세 정책을 실행한다는 조건이 필요하다. 그런데 두 번째 조건에서 증세 정책의 실행을 필연적으로 이끌어 내기 위해서는 국방비 지출이 늘어나야 함을 알 수 있다. 그리고 첫 번째 조건에서 국방비 지출 증가가 있기 위해서는 국제적으로 테러가 증가한다는 전제가 주어져야 함을 확인할 수 있다.

08 　정답　③

제시문의 논증이 매우 복잡하게 보이지만 이를 간단히 기호화하면 다음과 같이 정리할 수 있다.
ⅰ) C×
ⅱ) (E○ ∧ D○) → B○
ⅲ) E○
∴ D○
이와 같은 논증이 성립하기 위해서는 반드시 D가 성립할 수밖에 없는 추가적인 조건이 있어야 하는데 이를 만족하는 조건은 ③뿐이다. C전략과 D전략밖에 방법이 없는 상황에서 이미 C전략이 실행 불가능하다고 하였기 때문이다.

09 　정답　⑤

제시문의 논증을 기호화하면 다음과 같다.
ⅰ) 지혜○ → 덕○
ⅱ) 두 번째 문장은 기호화가 어렵다. 이 문장은 단순히 어느 하나가 다른 하나를 포함하는 관계가 아닐 뿐, 서로를 배제하는 관계라는 의미가 아니기 때문이다. 따라서 이러한 경우는 의미만 파악하고 넘어가는 것이 좋다.
ⅲ) 지혜○ ↔ (덕○ ∧ 실행○)
∴ 지혜○ → 자제력○
결론이 '자제력이 있다.'이므로 명제 혹은 그 대우명제의 결론이 '자제력이 있다.'로 되어 있는 것을 찾으면 ①, ④, ⑤가 해당한다. 그중 ①과 ④는 각각 '나약함', '올바른 선택'이라는 기존의 논증에 포함되어 있지 않은 것들이 포함되어 있으므로 '지혜○ → 자제력○'라는 결론을 끌어낼 수 없다. 따라서 ⑤가 답이 된다. ⑤를 기호화하면 '자제력× → ~(덕○ ∧ 실행○)'이며 이의 대우명제는 '(덕○ ∧ 실행○) → 자제력○'이므로 이와 ⅲ)을 결합하면 '지혜○ → 자제력○'의 결론이 도출됨을 알 수 있다.

10 정답 ①

ㄱ. 어떤 수학적 체계가 모든 사람에게 동일한 것이기 위해서 제시된 두 가지 조건이 모두 만족되어야 한다는 것이 분명하다고 하였으므로 필요조건을 제시했다고 볼 수 있다. 따라서 옳은 내용이다.

ㄴ. 두 물체의 크기를 비교할 때 어떤 사람은 두 물체를 각각 특정한 자연수에 대응시키는 방식을 취하지만, 어떤 사람은 한 물체의 크기를 100에 대응시킨 후 나머지 물체의 크기에 대응하는 자연수를 찾기 때문이라고 하였다. 따라서 자연수 체계는 모든 사람들에게 동일한 체계라고 볼 수 없으므로 옳은 내용이다.

오답분석

ㄷ. 제시된 예는 어떤 수학적 체계가 모든 사람에게 동일하지 않다는 것을 나타내기 위한 것이지 동일성 조건의 부적절성을 보이려 한 것이 아니므로 옳지 않은 내용이다.

ㄹ. 제시된 조건에 모두 부합하지 않는 사례를 나타냈을 뿐 부합하는 사례와 대비한 것은 아니므로 옳지 않은 내용이다.

STEP ❷ 심화문제

01	02																		
④	④																		

01 정답 ④

ㄴ. 암석에서 발견된 산소가 지구의 암석에 있는 것과 동위원소 조성이 다르다는 것을 통해 이 암석이 다른 행성에서 유래한 것이라는 것을 추론해내기 위해서는 산소의 동위원소 조성이 행성마다 모두 다르게 나타난다는 것이 전제되어야 하므로 옳은 내용이다.

ㄷ. A종류의 박테리아가 생성하는 자철석의 결정형과 수도가 유지되는 것을 통해 이 암석이 있었던 화성에도 생명체가 있었음을 추론하고 있으므로, A종류의 박테리아가 아니면 해당 자철석이 나타나지 않음이 전제되어야 다른 원인이 아닌 A종류의 박테리아의 영향임을 알 수 있다.

오답분석

ㄱ. 크기가 100나노미터 이하의 구조는 생명체로 볼 수 없다는 것이 전제가 되면, 암석에서 발견된 구조를 가지고 생명체의 존재 여부를 논할 수 없다. 따라서 전제로 볼 수 없다.

02 정답 ④

ⓜ이 참인 것은 언어가 구조를 가지고 있음이 참임을 알려주지만 사고에도 구조가 있음을 알려주지는 않는다. 또 ⓗ이 참인 것은 사고가 체계성과 생산성을 가지고 있음을 알려주기는 하지만 구조와는 무관한 내용이다. 따라서 ㊈은 거짓일 수 있다.

오답분석

① ㉠은 ㉡의 전제로 사용되었을 뿐 ㉠이 ㉡의 근거가 되는 등의 지지관계가 있다고 보기는 어려우므로 옳지 않은 내용이다.

② ⓗ은 ⓜ과 논의하는 대상이 다르므로 지지관계가 있다고 보기는 어려우므로 옳지 않은 내용이다.

③ ⓜ은 ㉢과 ㉣을 종합하여 요약한 것이므로 ㉢과 ㉣이 참일 때 ⓜ이 거짓인 경우는 존재하지 않으므로 옳지 않은 내용이다.

⑤ ⓗ이 참이라면 체계성과 생산성의 의미에 따라 설명한 ⓐ과 ⓞ 역시 참이어야 하므로 옳지 않은 내용이다.

01	02	03	04	05										
③	③	③	②	③										

01 정답 ③

오프라 윈프리는 상대방의 설득을 얻어 내기 위해서는 진솔한 자세로 상대방의 마음을 열고, 아픔을 함께 하는 자세로 상대방의 공감을 얻어야 한다고 하였으므로, 그녀의 설득 비결로 ③이 적절하다.

02 정답 ③

(C) 문단에서 보건복지부와 국립암센터에서 국민 암 예방 수칙의 하나를 '하루 한두 잔의 소량 음주도 피하기'로 개정하였으며, 뉴질랜드 연구진의 연구에 따르면 '소량에서 적당량의 알코올 섭취도 몸에 상당한 부담으로 작용한다.'고 하였으므로 '가벼운 음주라도 몸에 위험하다.'는 결과를 끌어낼 수 있다. 따라서 가벼운 음주, 대사 촉진에 도움이 된다는 말은 적절하지 않다.

03 정답 ③

편지 아래 적힌 연도와 편지 내용을 근거로 작품을 나열하면, 「감자 먹는 사람들」(1885) → 「장미와 해바라기가 있는 정물」(1886) → 「아시니에르의 음식점」(1887) → 「씨 뿌리는 사람」(1888) → 「별이 빛나는 밤」(1888. 6 ∼ 1889년 초) → 「수확하는 사람」(1889) 순서이다. 따라서 가장 마지막에 완성된 작품은 「수확하는 사람」이다.

04 정답 ②

마지막 문단에서 기존 라이프로그 관리 시스템들은 총체적인 라이프 이벤트 관리와 관계 데이터 모델 기반의 라이프로그 관리 시스템과 그 응용 기능은 제공하지 않지만, 라이프로그 그룹을 생성하고 브라우징하기 위한 간단한 기능은 제공한다고 이야기하고 있다. 따라서 기존의 라이프로그 관리 시스템이 라이프로그 그룹 생성 기능을 이미 갖추고 있는 것으로 추론할 수 있으므로 ②는 적절하지 않다.

오답분석

① 첫 번째 문단에서 보면 센서 기술의 발달로 건강상태를 기록한 라이프로그가 생겨나고 있다. 이러한 라이프로그는 헬스케어 분야에서 활용될 수 있을 것으로 추론할 수 있다.

③ 첫 번째 문단의 라이프로그 관리의 중요성에 대한 인식이 확산됨에 따라 효과적인 라이프로그 관리 시스템들이 제안되었다는 것을 보면 많은 사람들이 라이프로그 관리의 중요성을 인식하고 있음을 추론할 수 있다.

④ 마지막 문단에서 보면 기존 라이프로그 관리시스템에서는 추가 정보를 간단히 태깅하는 기능만을 제공할 뿐 기존 태그 정보를 수정하는 방법을 제공하지 않는다. 따라서 기존 라이프로그 관리 시스템은 태깅된 정보 수정에 한계가 있음을 추론할 수 있다.

⑤ 마지막 문단의 사람들이 더욱 관심을 가지는 것은 기억에 남는 다양한 사건들로 이러한 사람들의 요구사항을 충족시키기 위해 개별 라이프로그 관리에서 한발 더 나아가야 한다는 내용을 통해 점차 라이프로그 간의 관계에 대한 관리가 중요해지고 있음을 추론할 수 있다.

05 정답 ③

네 번째 문단에 따르면 남성들의 폭력은 근대적 남성성의 붕괴 현상과 관련이 있으며, 다섯 번째 문단에서는 정복과 경쟁의 표상으로서의 남성성이 해체되어야 할 지점에 왔다고 지적한다. 따라서 폭력적인 남성조차 포용해야 한다고 주장하는 것은 아니다.

PART 1

STEP **1** 기본문제

01	02	03	04	05	06	07	08	09	10	11	12	13	14				
①	⑤	③	②	②	②	②	②	②	④	④	①	②	①				

01 정답 ①

제시문에서 언급한 주파수 재사용률을 높이기 위해서 사용하는 방법은 일정 거리 이상 떨어진 기지국에서 동일한 주파수 대역을 다시 사용하는 것이다. 기지국의 전파 강도를 높이는 경우에 대한 내용은 제시문에서 찾을 수 없다.

오답분석

② 인접한 셀들은 서로 다른 주파수 대역을 사용하고, 인접하지 않은 셀에는 이미 사용하고 있는 주파수 대역을 다시 사용하게끔 셀을 구성하여 방대한 지역을 제한된 몇 개의 주파수 대역으로 서비스할 수 있다고 하였으므로 옳은 내용이다.

③ 주파수 간섭 문제를 피하기 위해 인접한 셀들은 서로 다른 주파수 대역을 사용한다고 하였으므로 이를 역으로 생각하면 인접 셀에서 같은 주파수 대역을 사용하면 주파수 간섭 문제가 발생할 수 있다.

④ 시스템 설계자는 통화량이 많은 곳은 셀의 반지름을 줄이고 통화량이 적은 곳은 셀의 반지름을 늘려 서비스 효율성을 높인다고 하였으므로 옳은 내용이다.

⑤ 하나의 기지국이 감당할 수 있는 최대 통화량은 일정하다고 하였으므로 기지국의 수를 늘리면 수용 가능한 통화량이 증가하는 것은 당연하다.

02 정답 ⑤

제시문에서 언급한 '진리성 논제'란 어떠한 자료가 단지 올바른 문법 형식을 갖추고 있다는 것에 그치지 않고 그 내용 또한 참이어야 한다는 것이다. 이에 대해 '진리 중립성'을 주장하는 사람들은 그 '정보'가 틀린 내용을 담고 있더라도 이해하는 주체의 인지 행위에서 분명한 역할을 할 수 있으므로 꼭 '참'이어야 하는 것은 아니라고 하였다. 따라서 ㉠에 대한 비판으로 ⑤가 가장 적절하다.

03 정답 ③

ㄱ. '사적 한계순생산가치'란 한 기업이 생산과정에서 투입물 1단위를 추가할 때 그 기업에 의해 직접 발생하는 순생산가치의 증가분이며 여기에 부가적으로 발생하는 사회적 비용과 편익을 고려한 것이 '사회적 한계순생산가치'이다. 따라서 '사적 한계순생산가치'에는 사회적 편익이 고려되지 않으므로 옳은 내용이다.

ㄴ. '사회적 한계순생산가치'는 '사적 한계순생산가치'에 부가적으로 발생하는 사회적 비용과 편익을 고려한 것이다. 그런데 이것이 존재하지 않는다면 '사적 한계순생산가치'와 '사회적 한계순생산가치'가 동일하게 되므로 옳은 내용이라고 볼 수 있다.

오답분석

ㄷ. 사회에 부가적으로 발생하는 비용이 동일하다고 하더라도 각 기업의 '사적 한계순생산가치'와 부가적으로 발생하는 사회적 편익이 다르다면 기업 A와 B의 '사회적 한계순생산가치'는 다르게 되므로 옳지 않은 내용이다.

04 정답 ②

타자들로 가득한 현실을 경험함으로써 인간은 스스로 변화하는 동시에 현실을 변화시킬 동력을 얻는다고 하였으므로 옳은 내용이다.

오답분석

① 체험사업에서는 눈에 보이지 않는 구조, 장기간 반복되는 일상 등은 제공할 수 없다고 하였으므로 옳지 않은 내용이다.
③ 가상현실은 실제와 가상의 경계를 모호하게 한다고 하였으므로 옳지 않은 내용이다.
④ 경험이 타자와의 만남인 반면 체험 속에서 인간은 언제나 자기 자신만을 볼 뿐이라고 하였으므로 옳지 않은 내용이다.
⑤ 체험사업을 운영하는 이들은 직접 겪지 못하는 현실을 잠시나마 체험함으로써 미래에 더 좋은 선택을 할 수 있게 한다고 하나, 이것은 그들의 홍보문구일 뿐 이때의 현실은 체험하는 사람의 필요와 여건에 맞추어 미리 짜놓은 현실, 치밀하게 계산된 현실이라고 하였으므로 실제로는 선택에 큰 도움은 주지 못한다.

05 정답 ②

환경세 세수만큼 근로소득세를 경감하게 되면 근로자의 실질소득이 증대되고, 그 증대효과는 환경세 부과로 인한 상품가격 상승효과를 넘어설 정도로 크다고 하였으므로 옳은 내용이다.

오답분석

① 환경세 세수만큼 근로소득세를 경감하는 경우 환경보존과 경제성장이 조화를 이룰 수 있다고 하였으므로 옳지 않은 내용이다.
③ 환경세를 부과하면서 그 세수만큼 근로소득세를 경감하게 되면 결국 기업의 고용을 늘리게 된다는 것이 제시문의 요지이므로 옳지 않은 진술이다.
④ 환경세를 부과하더라도 노동집약적 상품의 상대가격이 낮아진다면 결국 그 상품의 수요가 늘게 될 것이다. 따라서 기업 입장에서는 고용을 늘리게 마련이므로 옳지 않은 진술이다.
⑤ 근로소득세 경감으로 인한 근로자의 실질소득 상승효과가 더 크다고 하였으므로 옳지 않은 내용이다.

06 정답 ②

ㄷ. 의리의 문제는 사람과 때에 따라 같지 않다고 하였으므로 군신관계에서 역시 신하들이 임금에 대해 의리를 실천하는 방식은 누구에게나 동일하다고 볼 수는 없다.

오답분석

ㄱ. 부자관계는 천륜이어서 한계가 없으며, 한계가 없는 경우에는 은혜가 항상 의리에 우선한다고 하였으므로 상충하지 않는 내용이다.
ㄴ. 군신관계에서는 신하가 임금을 받드는 데 한계가 있으며, 한계가 있는 경우에는 때때로 의리가 은혜보다 앞서기도 한다고 하였으므로 상충하지 않는 내용이다.

07 정답 ②

ㄴ. 제시문의 논리는 어떠한 공리들이 의심할 수 없는 참이라고 한다면 필연적으로 그 공리에서 연역적으로 증명되는 수학적 정리가 참이 된다고 하였다. 따라서 이를 거부하기 위해서는 전제가 되는 공리들을 거부해야만 한다.

오답분석

ㄱ. 어떠한 명제가 수학적 정리라면 그 명제는 연역적으로 증명된 것이지만 그 역은 성립하지 않는다. 직관적으로 판단하더라도 이 세상에 연역으로 증명된 것들 중에는 수학 이외의 것들도 많기 때문이다.
ㄷ. 제시문에서 언급한 1,000개의 삼각형의 예에서 보듯 측정되지 않은 삼각형에서는 다른 결과가 나타날 수도 있다. 따라서 수학적 정리로 받아들일 수는 없다.

08 　정답 ②

ㄴ. 18세기 이후 영국에서 타르를 함유한 그을음 속에서 일하는 굴뚝 청소부들이 피부암에 더 잘 걸린다는 것이 정설이라고 하였으므로 19세기에는 이와 같은 내용이 이미 보고된 상태였다고 할 수 있다.

오답분석

ㄱ. 담배 두 갑에 들어 있는 니코틴을 화학적으로 정제하여 혈류 속으로 주입한다면 치사량이 된다고는 하였지만 그것과 폐암과의 관계에 대해서는 언급하고 있지 않다.

ㄷ. 제시문을 통해 니코틴과 타르가 암을 유발한다는 것까지는 알 수 있으나 이 둘이 동시에 작용할 경우 폐암의 발생률이 높아지는지에 대해서는 알 수 없다.

09 　정답 ②

제시문의 내용은 유전자 A, B, C가 단독 혹은 다른 유전자와 결합하여 애기장대의 특정 부분의 발현에 어떻게 영향을 주는가를 설명한 것이다. 특히 유전자 A와 C는 어느 하나의 유전자가 결여되었을 때 상대방 유전자가 대신 발현한다는 점을 고려해야 한다.

ㄱ. 유전자 A가 결여되었다면 유전자 A가 정상적으로 발현하게 될 꽃의 위치에 유전자 C가 발현하므로 그림에서 유전자 A를 유전자 C로 대체하여 판단하면 된다. 먼저 가장 바깥쪽 부분은 유전자 C가 단독으로 작용하는 부분이므로 암술이 발생하게 되며, 두 번째 부분은 유전자 C와 B가 함께 작용하므로 수술이, 세 번째 부분은 유전자 B와 C가 함께 작용하므로 역시 수술이, 마지막으로 네 번째 부분은 유전자 C가 단독으로 작용하므로 암술이 발생하게 된다.

ㄷ. 위와 같은 논리로 가장 바깥쪽 부분은 꽃받침이, 두 번째 부분은 꽃잎이 발생하게 되며, 세 번째 부분 역시 유전자 B와 A가 함께 작용하여 꽃잎이, 마지막 부분은 유전자 A가 단독으로 작용하여 꽃받침이 발생하게 된다.

오답분석

ㄴ. 제시문에서 유전자 B가 결여되었다고 해서 다른 유전자가 발현하지는 않는다고 하였으므로 그림에서 유전자 B를 제거한 후 판단하면 된다. 먼저, 가장 바깥쪽 부분은 유전자 A가 단독으로 작용하는 부분이므로 꽃받침이 발생하게 되며, 두 번째 부분 역시 유전자 A가 단독으로 작용하므로 꽃받침이, 세 번째 부분은 유전자 C가 단독으로 작용하므로 암술이, 마지막 부분 역시 유전자 C가 단독으로 작용하므로 암술이 발생하게 된다.

ㄹ. 유전자 A와 B가 모두 결여되어 유전자 C만 존재하는 상황이므로 구체적인 순서를 따질 필요 없이 암술로만 존재하는 구조가 될 것이라고 추론할 수 있다.

10 　정답 ④

대학에 대한 차별적인 지원을 언급하면서 합당한 차이가 있다면 집단 간에 차별 대우가 정당화된다고 하였으므로 옳은 내용이다.

오답분석

① 대학에 대한 차별적인 지원을 언급하면서 차별 대우가 정당화되는 경우가 있다고 하였으므로 옳지 않은 내용이다.

②·⑤ 제시문은 집단 간의 차별대우에 대한 내용이지만 구성원 간에도 합당한 차이를 찾을 수 있다면 차별대우가 정당화될 수 있을 것이라는 것을 추론해낼 수 있을 것이다.

③ 다른 구성원들의 이익을 배려해야 한다는 것은 제시문과는 무관한 내용이므로 옳지 않은 내용이다.

11 정답 ④

수리물리학, 광학, 천문학 등은 불연속성의 정도가 상대적으로 컸지만 유전학이나 지질학 등은 20세기 중반 전까지 대중과 일정 정도의 연속성을 가지고 있었다고 하였으므로 옳은 내용이다.

오답분석

① 과학과 비과학의 경계가 처음부터 고정된 것이 아니라 오랜 시간에 걸쳐 만들어진 경계라는 것이 제시문의 내용이다. 따라서 과학과 비과학의 경계는 존재한다고 보고 있다.

② 과학혁명 당시에 이미 전문성, 즉 문화자본을 공유하고 있던 사람들을 대상으로 한 연구가 이루어진 것이지 과학혁명 시기에 처음 문화자본을 획득한 것이 아니다.

③ 갈릴레오에 의하면 자연은 수학의 언어로 쓰여 있기 때문에 수학을 익힌 사람만이 자연의 책을 읽어낼 수 있다고 하였다. 하지만 이는 갈릴레오 내지는 수리물리학자들의 견해일 뿐이어서 보편적 기준이라고 보기 어렵다.

⑤ 수리물리학, 광학, 천문학 등의 분야에서 자연과 비과학의 경계가 비교적 뚜렷했다는 것은 알 수 있지만 이 중 어느 특정 학문에서 그 경계가 생겼는지는 알 수 없는 내용이다.

12 정답 ①

제시문은 새로운 정보를 접할 때는 약한 사회적 연결이 더 중요한 역할을 하는데, 그 이유는 잘 알고 지내는 사람들보다 그렇지 않은 사람들이 더 많기 때문이며, 새로운 정보를 얻거나 외부 세계와 의사소통을 하려고 할 때에는 약한 연결을 통해 획득된 것일 가능성이 높다고 하였다. 따라서 이를 통해 이끌어낼 수 있는 것은 정보의 출처가 그저 알고 지내던 사람인 경우가 더 많을 것이라는 ①을 이끌어낼 수 있다.

13 정답 ②

감정폭발에 대한 자기 통제력을 약화시켜 감정 폭발을 더욱 강화한다고 하였으므로 옳은 내용이다.

오답분석

① 폭력성은 당연하다는 생각이 감정 폭발에 대한 자기 통제력을 약화시켜 발생하는 것이지 우발적으로 발생하는 것이 아니므로 옳지 않은 내용이다.

③ 자기와 밀접한 관계에 있는 사람이 그를 버리면 한순간에 심리적 공황상태에 빠져버리는 경향이 있으므로 옳지 않은 내용이다.

④ 폭력적 성향은 심리적인 요인에 의해 생성되는 것이므로 생물학적 본능에 기초한다는 것은 옳지 않은 내용이다.

⑤ 확신인간은 아내와 같이 자신과 밀접한 관계에 있는 사람이 그를 버리는 경우 자신의 행실을 고치겠다고 약속하지만, 그런 변화에도 불구하고 상황이 좋아지지 않으면 알코올 중독에 빠지거나 자살에 이르기도 한다고 하였다. 하지만 그런 변화로 인해 상황이 좋아지는 경우는 제시문을 통해 알 수 없으므로 옳지 않은 내용이다.

14 정답 ①

한 개인의 특수한 감각을 지시하는 용어는 올바른 사용 여부를 판단할 수 없기 때문에 아무런 의미를 갖지 않는다고 하였다. 따라서 본인만이 느끼는 감각을 지시하는 용어는 아무 의미도 없을 것이므로 옳은 내용이다.

오답분석

② 구체적 사례 자체가 이미 객관화될 수 있는 감각이기 때문에 구체적 사례를 통해서 어떤 의미도 얻게 될 수 없다는 것은 옳지 않은 내용이다.

③ 감각을 지시하는 용어 모두가 개인만의 특수한 것이 아니므로 사용하는 사람에 따라 상대적인 의미를 갖는다는 것은 옳지 않은 내용이다.

④ 감각을 지시하는 용어의 의미는 존재하고 있으므로 그것이 무엇을 지시하는가와 아무 상관이 없다는 것은 옳지 않은 내용이다.

⑤ 감각을 지시하는 용어의 올바른 사용 여부를 판단하지 못한다면 다른 사람들과 공유하는 의미로 확장될 수 없으므로 옳지 않은 내용이다.

STEP ② 심화문제

01	02	03	04	05	06	07	08	09											
③	②	③	③	②	④	④	④	①											

01 　정답　③

ㄱ. 인간의 성품을 고양하는 법은 정의롭다고 하였고, 정의로운 법률은 신의 법, 곧 도덕법에 해당한다고 하였다.

ㄴ. 아퀴나스에 의하면 불의한 법률은 결국 사람끼리의 규약에 불과한데, 사람끼리의 규약이 불의한 이유는 그것이 자연법에 기원한 것이 아니라고 하였다.

오답분석

ㄷ. 제시문에서 언급한 인종차별을 허용하는 법률은 불의한 법률의 하나의 예에 불과하다. 따라서 도덕법에 배치되는 다른 불의한 법률 역시 신의 법에 해당하지 않을 것이다.

02 　정답　②

ㄴ. 민감성 반응에 의한다면 사람들은 자산이 많을수록 동일한 수익에 대해 둔감하게 반응하므로 동일한 수익을 얻은 경우 자산이 작을 때 더 큰 만족감을 주게 된다.

오답분석

ㄱ. 준거점 의존성에 의한다면 사람들은 기대손익을 준거점으로 삼으므로 기대손익이 손실감보다 크다면 상실감을 느끼지 않고 만족감을 느낄 것이다.

ㄷ. 손실 회피성 개념을 적용하기 위해서는 동일한 사람이 기준이 되어야 한다.

03 　정답　③

임금이 늘어나면 다른 활동에 들어가는 시간에 대한 비용이 늘어난다고 하였다. 따라서 임금이 줄어들면 다른 활동에 늘어가는 시간에 대힌 비용이 줄어들게 되므로 옳은 내용이다.

오답분석

①·② 베커는 영화 관람과 수면의 비용이 어느 정도의 차이가 있는지에 대해서는 비교하지 않았으므로 옳지 않은 내용이다.

④ 베커는 활용할 수 있는 시간의 길이가 길어지면 시간에 대한 비용이 줄어든다고 하였으므로 옳지 않은 내용이다.

⑤ 기대수명의 변화가 시간에 대한 비용에 영향을 미치는 것에 대해 베커와 린더 모두 같은 입장을 보이고 있으므로 옳지 않은 내용이다.

04 　정답　③

인터넷상의 명예훼손행위는 그 특성상 해당 악플의 내용이 인터넷 곳곳에 퍼져 있을 수 있어 명예감정의 훼손 정도가 피해자의 정보수집량에 좌우될 수 있다고 하였으므로 옳은 내용이다.

오답분석

① 악플 대상자의 외적 명예가 침해되었다고 하더라도 이는 악플에 의한 것이 아니라 악플을 유발한 기사에 의한 것으로 보아야 한다고 하였으므로 옳지 않은 내용이다.

② 인터넷 기사 등에 악플이 달린다고 해서 즉시 악플 대상자의 인격적 가치에 대한 평가가 하락하는 것은 아니므로 내적 명예가 그만큼 더 많이 침해되는 것으로 보기 어렵다고 하였으므로 옳지 않은 내용이다.

④ 인터넷상의 명예훼손이 통상적 명예훼손보다 더 심하다고 보기 어렵다고 하였으므로 인터넷상의 명예훼손행위에 대한 가중처벌에는 반대할 것이므로 옳지 않은 내용이다.

⑤ 세 종류의 명예 중 명예감정에 대해서는 구태여 자신에 대한 부정적 평가를 모을 필요가 없음에도 부지런히 수집·확인하여 명예감정의 훼손을 자초한 피해자에 대해서 국가가 보호해줄 필요성이 없다고 하여 보호해야 할 법익으로 삼기 어렵다고 하였으므로 옳지 않은 내용이다.

05 정답 ②

ㄴ. 사실 여부를 따져 보지도 않고 중국의 책들을 그대로 끌어다 인용하였다고 하였고, 이의 사례로 각 종족들의 명칭과 지명의 예를 들고 있다. 따라서 역사서를 저술할 때에는 지역의 위치, 종족과 지명의 변천 등의 사실을 확인해야 한다고 주장하고 있으므로 옳은 내용이다.

오답분석

ㄱ. 우리나라 고대사의 기록은 근거를 댈 수 없는 경우가 많은데도 A는 그 기록을 자료로 역사서를 저술하였다고 하면서 이것에 대해 비판하고 있다. 따라서 제시문은 우리 역사서를 기준으로 역사서를 저술해야 한다는 것을 주장하는 것이 아니라 정확한 사실을 기반으로 해야 한다고 주장하고 있으므로 옳지 않은 내용이다.

ㄷ. 제시문에서는 중국의 역사서를 인용하여 역사서를 저술했다는 내용은 언급하고 있지만 이러한 내용만으로 역사서를 저술할 때 중국의 역사서에서 우리나라와 관계된 것들을 찾아내어 반영해야 한다는 것을 추론할 수는 없으므로 옳지 않은 내용이다.

06 정답 ④

태학의 명륜당은 종학으로 만들어 국자 즉, 종실의 자제 및 공경의 적자가 다니게 하고, 비천당은 백성들이 다니는 학교로 만들어 별도로 운영해야 한다고 하였다. 즉, 국자와 서민들을 나누어 가르치던 주례의 전통을 따르는 것이 바람직하다고 보았다.

오답분석

① 태학의 명륜당은 종학으로 만들어 종실의 자제 및 공경의 적자가 다니게 하고, 비천당은 백성들이 다니는 학교로 만들어 별도로 운영하는 것이 합당할 것이라고 하였으므로 옳지 않은 내용이다.

② 옛날 태학에서 사람들에게 풍악을 가르쳤기 때문에 명칭을 성균관이라 하였다는 것은 언급되어 있지만, 이러한 전통을 회복해야 한다는 내용은 언급되어 있지 않으므로 옳지 않은 내용이다.

③ 옛날에 사람을 가르치는 법들 중 하나인 향학이 서민들을 교육하기 위한 기관이라는 것은 언급되어 있지만 이 내용만으로 향학의 설립을 통해 백성에 대한 교육을 강화해야 한다는 내용을 추론하기는 어려우므로 옳지 않은 내용이다.

⑤ 제시문에서는 종실의 자제 및 공경의 적자와 백성들을 별도로 교육해야 한다고 주장하고 있으므로 이들을 통합하는 교육 과정이 필요하다는 것은 옳지 않은 내용이다.

07 정답 ④

조선 전기에는 처거제(여자에게 유리) – 부계제(남자에게 유리)가 유지되었다고 하였으므로 남녀 간 힘의 균형이 무너졌다고 보기는 어렵다.

오답분석

① 처거제에서 부거제로 전환된 시점을 정확하게 지목하기는 힘들지만 조선 후기에 부거제가 시행되었다고 하였고, 거주율이 바뀌었다는 것은 대단한 사회변동이라고 하였으므로 옳은 내용이다.

② 조선시대 들어 유교적 혈통률의 영향을 받아 부계제로 변화하였으며, 부거제는 조선 후기에 시행되었다고 하였으므로 옳은 내용이다.

③ 우리나라는 역사적으로 거주율에 있어서 처거제를 오랫동안 유지하였고, 조선 전기에도 이러한 체제가 유지되었다고 하였으므로 옳은 내용이다.

⑤ 고려시대까지는 처거제 – 모계제를 유지하였으나 조선 시대에 들어와 처거제 – 부계제로 변화하였으며 조선 후기에는 부거제 – 부계제로 변화하였으므로 옳은 내용이다.

08 정답 ④

제시문의 생명체의 분자 구조에 대한 내용은 학습 시스템의 사례로 제시한 것일 뿐 강화 학습 시스템이 생명체의 분자 구조에 관한 정보를 가질 때 빠르게 문제를 생성할 수 있는 것은 아니므로 옳지 않은 내용이다.

오답분석

① 정형화된 규칙에 한정되지 않는 방식으로 대처하는 매우 큰 유연성을 필요로 한다고 하였으므로 옳은 내용이다.

② 강화 학습 시스템의 목적은 궁극적으로 자신의 목표를 유연하고도 창의적으로 성취할 수 있는, 다시 말해 자가 프로그래밍적인 시스템에 도달하는 것이라고 하였으므로 옳은 내용이다.

③ 자신이 어떤 문제에 부딪히게 될지, 그 문제로부터 어떻게 학습할 수 있을지 등의 가정도 없는 시스템이라면 그 시스템은 결국 아무것도 배울 수 없으므로 옳은 내용이다.

⑤ 제시문의 쥐의 사례를 통해 강화 학습 시스템이 배경 정보가 있을 때 보다 효율적으로 문제를 해결할 수 있을 것이라는 것을 알 수 있으므로 옳은 내용이다.

09 정답 ①

라투르가 제시한 '새로운 행위자'라는 개념은 기술결정론과 사회결정론 모두를 비판하기 위해 등장한 것으로 잡종 행위자를 막기 위해 총기 사용을 규제해야 한다고 하는 것은 그의 주장과는 거리가 멀다. 따라서 옳지 않은 내용이다.

오답분석

② 라투르는 서양의 학문이 자연, 사회, 인간만을 다루었고 기술과 같은 '비인간'을 학문의 대상에서 제외했다고 하였으므로 옳은 내용이다.

③ 라투르는 행위자로서 기술의 능동적 역할에 주목하면서 서구의 근대적 과학과 철학이 범했던 자연 / 사회, 주체 / 객체의 이분법을 극복하고자 하였으므로 옳은 내용이다.

④・⑤ 라투르는 과속방지용 둔덕을 '잠자는 경찰'이라고 부르면서 인간이 했던 역할을 기술이 대신 수행함으로써 우리 사회의 훌륭한 행위자가 된다고 하였으므로 옳은 내용이다.

STEP **1** 기본문제

01	02	03	04	05	06	07	08	09	10	11	12						
①	⑤	①	④	③	②	⑤	⑤	①	①	④	②						

01 　정답　①

ㄱ. 동물실험을 옹호하는 사람들은 ⅰ) 동물이 자극에 대해 반응하고 행동하는 양상이 인간과 유사하다고 하면서 ⅱ) 인간과 동물이 다르기 때문에 실험에서 동물을 이용해도 된다고 하는 모순적인 근거를 제시하고 있으므로 옳은 내용이다.

오답분석

ㄴ·ㄷ. 영장류를 대상으로 한 실험은 인간과 동물이 심리적으로도 유사하다는 것이 기본 전제로 깔려있기 때문에 심리적 유사성이 불확실하다는 표현은 옳지 않으며, 그럼에도 '사람에게는 차마 하지 못할 잔인한 행동을 동물에게 하고 있다.'고 하여 윤리적으로 비판적인 입장을 취하고 있다.

02 　정답　⑤

제시문 후반부의 '기다리지 못함도 삼가고 아무것도 안함도 삼가야 한다.'라는 문장이 이 글의 주제라고 할 수 있다. 여기서 기다리지 못한다는 것은 의도적인 개입을 의미하며, 아무것도 안한다는 것은 방관적인 태도를 뜻하므로 제시문의 주제로 ⑤가 가장 적절하다.

오답분석

① 제시문에서는 개입하고 힘을 쏟고자 하는 대신에 이 잠재력을 발휘할 수 있도록 하는 것이 중요하다고 하였으므로 '인위적 노력'과는 거리가 멀다.
② 싹을 잡아당겨서도 안 되지만 그렇다고 단지 싹이 자라는 것을 지켜만 봐서도 안 된다고 하였으므로 옳지 않은 내용이다.
③ 명확한 목적성을 설정하는 것과 제시문의 내용과는 크게 관계가 없다.
④ 기다리지 못함도 삼가고 아무것도 안 함도 삼가야 한다고 하면서 작동 중에 있는 자연스런 성향이 발휘되도록 기다리면서도 전력을 다할 수 있도록 돕는 노력, 즉 어느 정도의 개입도 해야 한다고 하였으므로 옳지 않은 내용이다.

03 　정답　①

제시문의 논지는 자신의 인지 능력이 다른 도구로 인해 보완되는 경우, 그 보강된 인지 능력도 자신의 것이라는 입장이다. 그런데 ①은 메모라는 다른 도구로 기억력을 보완했다고 하더라도 그것이 자신의 인지 능력이 향상된 것으로 볼 수 없다는 의미이므로, 제시문의 논지를 반박한다고 볼 수 있다.

오답분석

② 종이와 연필은 인지 능력을 보완하는 것이 아니라 두뇌에서 일어나는 판단을 시각적으로 드러내 보이는 것에 불과하여 인지 능력 자체에 어떤 영향을 미친다고 보기 어렵다. 따라서 제시문의 논지와는 무관하다.
③ 원격으로 접속하여 스마트폰의 정보를 알아낼 수 있다는 것은 단순히 원격 접속의 도움을 받았다는 것일 뿐 이것과 인지 능력의 변화 여부는 무관하다.
④ 제시문의 내용은 스마트폰의 기능으로 인한 인지 능력의 향상을 사용자의 능력향상으로 볼 수 있느냐에 대한 것이다. 따라서 스마트폰의 기능이 두뇌의 밖에 있는지 안에 있는지의 여부와는 무관하다.
⑤ 스마트폰이라는 도구의 사용이 인지 능력을 향상시킨다고 보는 견해로서 이는 제시문의 논지를 지지하는 것이다.

PART 1

04 정답 ④

도덕적 딜레마 논증은 1) 어린이를 대상으로 한 임상실험이 없게 된다는 점, 2) 제한된 동의능력만을 가진 경우 실험 대상에 포함시키는 것은 도덕적으로 올바르지 않다는 것을 근거로 하고 있다. 따라서 이를 비판하기 위해서는 ⅰ) 어린이를 대상에서 배제시키는 것이 어린이를 꼭 위험에 몰아넣는 것은 아니라는 점을 보이거나, ⅱ) 제한된 동의능력만을 가졌다고 하여도 반드시 도덕적으로 실험 대상에 포함시키는 것이 잘못된 것은 아니라는 점을 들면 된다. 그런 의미에서 ㄴ은 ⅰ)에 해당하며 ㄷ은 ⅱ)에 해당하므로 적절한 비판이라고 할 수 있다. 그러나 ㄱ은 제시문의 두 번째 논증과 같은 의미이기 때문에 논증을 비판하는 것이 아니라 오히려 강화하는 것이라고 할 수 있다.

05 정답 ③

제시문의 첫 번째 문단에서는 다도해 지역이 개방성의 측면과 고립성의 측면에서 모두 조명될 수 있다는 점을 언급하였고, 두 번째 문단에서는 그중 고립성의 측면이 강조되는 사례들을 서술하였다. 그러나 마지막 문단에서는 고립성을 나타내는 것으로 여겨지는 사례들도 육지와의 연결 속에서 발전한 것이라는 주장을 하면서 다도해의 문화적 특징을 일방적인 관점에서 접근해서는 안 된다고 하였다. 따라서 제시문의 논지는 개방성의 측면을 간과해서는 안 된다는 내용을 담은 ③이 가장 적절하다.

06 정답 ②

제시문은 복지란 각 시민이 갖고 있는 현재의 선호들만 만족시키는 것이라는 이론 P를 제시하고, 그 이론 P가 기초하고 있는 두 개의 근거를 서술하고 있다. 그리고 그 근거들을 반박하면서 이론 P에 허점이 많음을 보이고 있으므로 이와 내용적으로 가장 유사한 ②가 적절하다.

07 정답 ⑤

흄이 가장 중요하게 생각하는 것은 '당사자 간의 합의 여부'이다. 즉, 아무리 그러한 작업이 필요했더라도 합의가 있지 않았다면 그에 대한 대가를 지불할 필요가 없다는 것이다. ⑤는 제시문에 등장하는 수리업자의 논리이며 흄은 그의 논리를 반대하고 있다.

08 정답 ⑤

제시문에서는 역사적 사건의 경과 과정이 의미를 지닐 수 있도록 서술하는 양식을 이야기식 서술이라 하는데, 이에 따르면 역사적 서술이 타당성은 결코 논증에 의해 결정되지 않으며 사건은 원래 가지고 있지 않던 발단 – 중간 – 결말이라는 성격을 부여받는다고 하였다. 이를 통해 역사적 사건의 경과 과정에 특정한 문학적 형식을 부여할 뿐만 아니라 의미도 함께 부여한다는 것을 알 수 있다. 따라서 이 내용과 가장 부합하는 것은 ⑤임을 알 수 있다.

09 정답 ①

제시문의 내용은 죽은 뒤에도 지각이 있을 경우에만 윤회설이 맞고, 지각이 없다고 한다면 제사를 드리는 것에 실질적 근거가 없다고 하였다. 정기가 흩어지고 나면 지각이 있을 수 없으므로 결국 불가의 윤회설은 저절로 무너지게 된다고 한다. 하지만, 죽은 뒤에는 지각이 없다고 할지라도 이치를 통해 제사를 지낼 수 있다고 하였다. 따라서 이를 포괄하는 것으로 ①이 가장 적절하다.

10 정답 ①

제시문의 내용을 단락별로 정리하면 다음과 같다.
ⅰ) 남성 사회의 관객들은 여성들의 단결을 좋아하지 않는다.
ⅱ) 현실세계에서 인간성을 박탈당하고 열등한 자로 낙인찍힌 사람이 고문당하는 경우 쾌락을 느낀다면, 권력 있고 존경받는 사람이 고문당할 때 심한 불쾌감으로 다가온다.
ⅲ) 남성은 일본, 제국주의, 군인, 성폭력 가해자이고 여성은 한국인, 순진하고 겁먹은 처녀, 피해자라는 코드가 더해져 남성 권력을 극대화했다.
ⅳ) 이러한 포르노의 쾌락은 여성이 벗었기 때문이 아니라 여성이 응시의 대상, 폭력의 대상으로 재현되어 남성 소비자가 자신에게 권력이 있다는 느낌과 의식이 충족될 때 발생한다.

ⅴ) 이 사건에 대한 가장 중요한 질문은 왜 인간의 감성이 평등이나 정의보다 지배와 폭력을 에로틱하게 느끼는지를 묻는 것이다. 따라서 이 내용을 종합하면 필자가 말하고자 하는 것은 '남성적인 입장에서의 권력과 폭력성'이므로 이와 의미가 상통하는 것은 ①이다.

11 정답 ④

제시문은 풀맨 마을의 예에서 볼 수 있듯 정치적 문제에 민주주의 원리가 적용되는 것처럼 공장에서 발생하는 정치적 문제에도 민주주의 원리를 적용해야 한다고 하였다. 따라서 이를 반박하기 위해서는 마을 운영이 정치적인 문제에 속하는 것과 달리 공장 운영은 경제적 문제에 속하여 서로 그 성질을 달리한다는 언급이 있어야 하므로 타당한 반박이라고 볼 수 있다.

오답분석

① 일리노이 최고법원이 풀맨에 대한 판결을 내렸다는 언급이 있으나 이는 배경을 설명하기 위해서일뿐 이에 근거한 논증이 진행된 것이 아니다. 따라서 반박으로 적절하지 않다.
② 제시문의 논증은 풀맨 마을과 같은 마을을 경영하는 것에 대해 주안점을 둔 것이 아니라 그러한 사례를 통해 소유권과 정치적 권력이 분리되어야 한다는 점을 강조하고 있다. 따라서 반박으로 적절하지 않다.
③ 자신의 거주지 안에서 자유롭게 살 수 있는 권리와 제시문의 내용은 연관성이 없는 것이므로 반박으로 적절하지 않다.
⑤ 제시문을 통해 공장에서는 소유와 경영이 제대로 분리되고 있지 않다고 볼 수 있으나 풀맨 마을과 같은 공동체에서는 분리가 되고 있음을 추론할 수 있다. 따라서 반박으로서도 적절하지 않다.

12 정답 ②

조약은 당사국에게만 효력이 있을 뿐, 제3국에게는 아무런 영향을 미치지 않는다는 국제법의 일반 원칙에 의해서도 간도협약에 의한 간도 영유권의 변경은 있을 수 없다고 하였는데, 이는 ②와 반대되는 내용이므로 이 글이 의존하는 원칙이 아니다.

오답분석

① '조약 체결의 당사자는 어디까지나 한국이어야 하며, 그렇기 때문에 조약 체결의 당사자가 될 수 없는 일본이 체결한 간도협약은 무효이다.'라는 주장을 뒷받침하기 위한 원칙이다.
③ '을사늑약은 강압에 의해 체결된 조약이므로 조약으로서 효력이 없다.'라는 주장을 뒷받침하기 위한 원칙이다.
④ '간도협약은 피보호국(한국)을 희생시키고 보호국(일본)의 이익을 확보한 것이기 때문에 보호국의 권한 범위를 벗어나는 것이다.'라는 주장을 뒷받침하기 위한 원칙이다.
⑤ '일본이 보호국으로서 외교 대리권이 있다 하더라도 그것은 대리에 한정되는 것이지, 한국의 주권을 본질적으로 침해하는 영토의 처분권까지 보함하는 것은 아니다.'라는 주장을 뒷받침하기 위한 원칙이다.

STEP ② 심화문제

01	02	03	04	05	06											
⑤	⑤	⑤	②	①	②											

01 　정답　⑤

글의 구조를 살펴보면, 먼저 양측이 서로 불일치하는 지점을 찾아 이를 올바르고 정확하게 분석해야 한다고 하였고, 불일치하는 지점이 불평등 해소에 대한 사회경제 이론의 차이이므로, 결론적으로 두 진영이 협력하는 첫걸음은 불평등이 어떻게 해서 일어나고 이를 어떻게 해소해야 하는지를 정확하게 분석하는 것임을 알 수 있다.

02 　정답　⑤

글의 구조를 살펴보면, 과거의 상류층의 과시소비 행태를 설명한 후, 현대 대중사회에서는 더 이상 명품 소비가 아닌 소박한 소비, 소비하지 않기를 통해 과시한다고 하였다. 하지만 사치품은 처한 상황에 따라 소비의 여부가 달라진다고 하였다. 따라서 ⑤가 제시문의 논지로 가장 적절하다.

03 　정답　⑤

제시문은 물리학의 근본 법칙들이 사실을 정확하게 기술하기 위해 조건을 추가할 경우 오히려 일반적인 상황이 아닌 특수한 상황만을 설명하게 되는 문제점을 서술하고 있으므로 논지로 적합하다.

04 　정답　②

제시문은 현재의 정치, 경제적 구조로는 제로섬적인 요소를 지니는 경제 문제에 전혀 대처할 수 없다고 하였다. 그리고 이러한 특성 때문에 평균적으로는 사회를 더 잘살게 해주는 해결책이라고 할지라도 사람들은 자신이 패자가 될 경우에 줄어들 수입을 보호하기 위해 경제적 변화가 일어나는 것을 막거나 이러한 정책이 시행되는 것을 막기 위해 싸울 것이라는 내용을 담고 있다. 따라서 이 글이 비판의 대상으로 삼는 것은 앞서 언급한 '평균적으로 사회를 더 잘살게 해주는 해결책'을 지지하는 것이 되어야 하므로 ②가 가장 적절하다.

05 　정답　①

제시문에서는 '서울에 거주하는 초등학생' 등 준거집합을 변화시킬 때 철수의 휴대전화 보유확률이 달라짐을 알 수 있다. 이는 준거집합을 규정하는 방식이 달라질 경우, 이전 준거집합을 대상으로 한 표본조사 결과만으로는 현재의 결과를 예측할 수 없다는 것을 의미한다. 이같은 상황이 발생하는 이유는 동일인이 다양한 준거집합에 속해있기 때문이므로 옳은 내용이다.

오답분석

②·③ 표본조사의 신뢰도에 대한 내용은 제시문의 내용과 연관성이 없으므로 옳지 않은 내용이다.

④ 제시문의 사례에서는 '앞서의 표본 조사'와 같은 표현을 통해 표본의 크기가 변하지 않는다는 것을 알려주고 있으므로 옳지 않은 내용이다.

⑤ 표본의 추출 방법이 얼마나 무작위적이었는지의 여부는 제시문을 통해서는 알 수 없는 내용이므로 옳지 않은 내용이다.

06 정답 ②

농민운동을 근대 이행을 방해하는 역사의 반역으로 왜곡할 소지가 있다고 하였으므로 옳은 내용이다.

오답분석

① 제시문은 근대 이행의 절대적 특징으로 공론장의 형성을 드는 것이 옳지 않다는 것일 뿐, 『독립신문』이 근대적 공론장의 역할을 하지 못하였음을 말하고자 하는 것은 아니다. 따라서 옳지 않은 내용이다.

③ 근대적 공론장에 기반한 근대국가가 수립되었을지라도 제국주의 열강들의 위협을 극복할 수 있었겠는지 의문이라고는 하였지만, 제국주의 열강의 위협이 한국의 근대 공론장 형성을 가속화하였다고는 하지 않았으므로 옳지 않은 내용이다.

④ 고종이 만민공동회의 주장을 수용하여 입헌군주제나 공화제를 채택했더라면 국권박탈이라는 비극은 면할 수 있었으리라는 것을 비약이라고 하였으므로 옳지 않은 내용이다.

⑤ 제시문에서는 근대적 공론장 이론의 한국적 적용이 한계들로 인해 근대 이행의 문제를 설득력 있게 답하지 못하고 있다고 하였으므로 옳지 않은 내용이다.

STEP **1** 기본문제

01	02	03	04	05	06	07	08	09	10	11	12	13	14	15	16	17			
②	①	①	④	①	⑤	①	④	⑤	①	⑤	④	④	②	②	⑤	①			

01 정답 ②

㉠에 의하면 음란한 표현은 수정헌법 제1조의 보호 대상이 아니다. 따라서 음란물 유포를 금하는 법령은 ㉠의 입장과 상충되지 않는다.

오답분석

① ㉠에서는 추잡하고 음란한 말 등은 수정헌법 제1조의 보호 대상이 아니라고 하였는데 이를 위해서는 추잡하고 음란한 말 등에 대한 기준이 정해져야 할 것이다. 따라서 시민을 보호하기 위해 제한해야 할만큼 저속한 표현의 기준을 정부가 정하는 것은 ㉠의 입장과 상충되지 않는다.

③·④ ㉡에 의하면 정부가 어떤 경우에도 표현되는 내용에 대한 평가에 근거하여 표현을 제한해서는 안 된다. 따라서 어떤 영화의 주제가 나치즘을 찬미한다는 이유, 경쟁 기업을 비방하는 내용의 광고라는 이유로 상영 내지는 방영을 금하게 하는 법령이 존재한다면 이는 ㉡의 입장과 상충된다.

⑤ TV방송의 내용이 특정 정치인을 인신공격하는 내용인 경우 ㉠의 입장에서는 그것이 수정헌법이 보호하지 않는 표현이라는 이유로 해당 방송을 제재할 것을 주장할 것이고, ㉡의 입장에서는 어떤 경우에도 표현되는 내용에 대한 평가에 근거하여 표현을 제한해서는 안 된다는 이유로 해당 방송을 제재하는 것은 잘못이라고 주장할 것이다.

02 정답 ①

ㄱ. 제시문에 따르면 물체까지의 거리가 먼 경우에는 주변의 물체들에 대한 과거의 경험에 기초하여 거리를 추론한다고 하였다. 그런데 해당 물체에 대한 경험도 없고 다른 사물들을 보이지 않도록 한 상태라면 이 추론과정이 작동하지 않아 거리를 판단할 수 없다. 따라서 ㄱ은 이 같은 입장을 반영하고 있으므로 제시문의 주장을 강화한다.

오답분석

ㄴ. 제시문의 주장에 의한다면 경험적 판단기준이 없는 상황에서는 거리를 짐작할 수 없어야 한다. 그러나 ㄴ은 이와 상반된 내용을 담고 있으므로 제시문의 주장을 약화한다고 볼 수 있다.

ㄷ. 한쪽 눈이 실명이라면 두 직선이 이루는 각의 크기를 감지할 수 없으므로 거리를 파악할 수 없어야 한다. 그러나 ㄷ은 그 반대로 나타나고 있다. 따라서 제시문의 주장을 약화시킨다.

03   정답   ①

ㄱ. A의 가설은 말 모형에 대한 실험결과를 토대로 얼룩말의 얼룩무늬가 말의 피를 빠는 말파리를 피하는 방향으로 진행된 진화의 결과라는 가설을 제시했다. 따라서 전제가 되는 말 모형에 대한 실험결과가 실제 말에 대한 반응과 다르다면 이 가설은 약화될 수밖에 없다.

오답분석

ㄴ. A의 가설을 도출하기 위해 시행된 실험에서 대부분의 말파리가 검은색 또는 갈색 모형에 붙어있었는데, 실제 흡혈한 피의 결과도 이와 유사한 결과를 보였다면 이러한 연구결과는 A의 가설을 강화한다고 볼 수 있다.

ㄷ. A의 가설은 말파리와의 관계를 통해 얼룩무늬의 생성원인을 밝히려고 하는 것인데, 이는 사자와 같은 포식자와의 관계와는 무관하므로 ㄷ과 같은 연구결과는 A의 가설을 강화하지도 약화하지도 않는다.

04   정답   ④

ㄴ. 과학에서 이론을 정립하는 과정은 예술가의 창작 작업과 흡사하다고 하였으므로 과학과 예술이 서로 연관된 것이라는 제시문의 내용을 지지한다.

ㄷ. 입체파 화가들이 기하학 연구를 자신들의 그림에 적용하고, 피카소 역시 자신의 그림이 모두 연구와 실험의 산물이라고 하였으므로 과학과 예술이 서로 연관된 것이라는 제시문의 내용을 지지한다.

오답분석

ㄱ. 제시문의 내용은 과학과 예술이 전혀 동떨어진 분야가 아닌 서로 연관된 것이라는 것이다. 하지만 ㄷ에서는 예술은 특정인만의 독특한 속성에 의해서 창조되는 것이지만, 과학은 그렇지 않다고 하여 서로 연관성이 없는 분야라고 서술하고 있다. 따라서 ㄷ은 논지를 지지하지 않거나 아니면 논지와는 전혀 무관한 진술이라고 할 수 있다.

05   정답   ①

ⓒ에 의한다면 뉴욕시의 인구가 900만 명이므로 뉴욕시의 쥐가 900만 마리이어야 한다. 그런데 실제 조사 결과 30만 마리의 쥐가 있는 것으로 추정되었다면 ⓒ을 약화시키는 것이 된다.

오답분석

② ㉠은 약 4천 제곱미터에 쥐가 한 마리 정도 있어야 한다는 것인데 (나)에 언급된 가구당 평균 세 마리라는 것은 그 가구의 면적이 어느 정도인지에 대한 자료가 없는 상황이기에 논증에 영향을 주지 못한다고 볼 수 있다. 물론 주거 밀집 지역이라는 것이 이에 대한 단서를 제공한다고도 할 수 있으나 그러한 추론은 논리적으로 엄밀하지 못하다.

③ ⓒ의 최종 결론은 어떤 실험 내지는 조사 결과를 토대로 도출된 것이 아니라 단지 뷀터의 추측에서 나온 것일 뿐이다. 따라서 (다)와 같이 자기 집에 있다고 생각하는 쥐의 수가 실제 조사를 통한 쥐의 수보다 20% 정도 많다는 것이 제시된 논증에 어떤 영향을 미치는 것은 아니다.

④ ⓛ의 중간 결론은 쥐의 개체수를 어떻게 조사하였는지와 무관하게 단지 뷀터가 자신의 추측에 영국의 국토면적을 고려하여 도출된 것이다. 따라서 다른 방법으로 조사한 결과가 높은 수준의 일치를 보인다고 하여 제시된 논증에 어떤 영향을 미치는 것이 아니다.

⑤ (나)와 (다)의 내용이 참이라고 할 지라도 그것은 런던에 대한 것일 뿐 영국 전체의 쥐가 4천만 마리인 것과 직접적인 논리관계는 없으므로 참거짓을 확정지을 수 없다.

06   정답   ⑤

ㄱ. A회사의 직원들의 설문조사 결과가 실제보다 축소된 것이라면 실제는 A회사의 청렴도가 더 낮다는 것을 의미한다. 또한, A회사는 M시의 대표적인 기업이므로 이와 같은 사실은 M시의 청렴도가 낮다는 결론을 강화한다.

ㄴ. A회사뿐만 아니라 회사 B에서도 동일한 설문 결과가 나왔다면 주어진 결론을 보다 더 일반화할 수 있으므로 결론을 강화한다.

ㄷ. 〈보기〉의 내용은 결국 A회사의 결과가 예외적인 현상이라는 것을 의미하며, 이것은 결국 이에 근거하여 결론처럼 일반화하는 것은 무리가 있다는 것을 의미한다. 따라서 논증의 결론을 약화한다.

07 정답 ①

ㄱ. 암이 발생하는 과정은 개시 단계와 촉진 단계로 나누어지는데, A팀의 연구결과는 콩 속에 들어 있는 제니스틴이 촉진 단계에서 억제 효과가 있는 것을 보여주고 있으므로 옳은 내용이다.

오답분석

ㄴ. C팀의 실험은 콩기름에서 추출된 화합물이 원형탈모증을 완치하는 데에 도움을 준다는 것을 뒷받침하고 있는 것이지 원형탈모증이 발생하는 데 영향을 준다는 것을 보여주는 것이 아니다.

ㄷ. B팀의 실험은 흰 콩의 효과를 다룬 것이고 A와 C는 검은 콩에 특정된 것이 아닌 콩의 효능을 다룬 것이다.

08 정답 ④

제시문의 입장을 강화하기 위해서는 고대사회도 경제적 잉여가 존재하는, 즉 생계경제 상태가 아니었다는 내용이 필요하다. ④는 이와 연결되는 내용이므로 논지를 강화한다고 볼 수 있다.

오답분석

① 제시문의 논지는 고대사회를 생계경제로 표현될 수 있는 빈곤한 상태로 보아서는 안 된다는 것이다. 따라서 이를 강화하기 위해서는 고대사회를 생계경제 체제로 규정하는 것이 맞지 않다는 명제가 필요한데 ①은 이와 반대되는 내용이다. 따라서 오히려 논지를 약화시킨다고 볼 수 있다.

② 제시문은 고대 남아메리카의 예를 들면서 고대에도 경제적 잉여가 발생했다는 입장인데, ②는 산업사회에 들어와서야 경제적 빈곤상태에서 벗어났다는 내용이다. 따라서 논지를 약화시킨다고 볼 수 있다.

③ 자연재해 등으로 인해 사회가 불안정한 상황에 놓이는 것은 생계경제의 한 측면이다. 제시문은 고대사회를 생계경제로 규정짓는 것에 반대하는 입장이므로 이와 같은 논리는 제시문의 입장을 약화시킨다고 볼 수 있다.

⑤ 제시문은 산업국가들이 저발전 세계에 대한 발전 전략을 잡는 데 생계경제의 개념이 기여했다고 하고 있으나 이를 '두렵기까지 하다.'고 하여 부정적으로 보고 있다. 따라서 논지를 강화하기 위해서는 산업국가 주도의 문명화 과정이 실패했거나 적어도 부정적인 영향을 끼쳤다는 명제가 필요하다. 그러나 선택지의 내용은 그와 반대되는 내용이므로 논지를 약화시키거나 최소한 영향을 미치지 않는다고 볼 수 있다.

09 정답 ⑤

ㄱ. 트랜스 지방이 심혈관계에 해롭다는 것이 밑줄 친 부분의 주장이다. 따라서 쥐의 먹이에 함유된 트랜스 지방 함량이 증가함에 따라 심장병 발병률이 높아졌다는 실험결과는 이 주장을 강화하는 것이라고 볼 수 있다.

ㄴ. 마가린이나 쇼트닝은 트랜스 지방의 함량이 높은 식품이다. 그런데, 마가린의 트랜스 지방 함량을 낮추자 심혈관계질환인 동맥경화의 발병률이 감소했다는 실험결과가 있었다면 이는 밑줄 친 주장을 강화하는 것이라고 볼 수 있다.

ㄷ. 패스트푸드나 튀긴 음식에 많은 트랜스 지방은 혈관에 좋은 고밀도지방 단백질(HDL)의 혈중 농도를 감소시켜 심장병이나 동맥경화를 유발한다고 하였다. 따라서 ㄷ의 실험결과가 있었다면 이는 밑줄 친 주장을 강화하는 것이라고 볼 수 있다.

10 정답 ①

ㄱ. 강한 프로그램의 원리에 의하면 자연과학이 제공하는 믿음이 특정 전문가 집단의 공동체적 활동에 의해 생산된다고 하였으므로 옳은 내용이다.

ㄴ. 어떤 문제가 우선적으로 탐구되어야 할 중요한 문제인지, 그 문제를 어떤 방식으로 풀어야 옳은지 등에 대한 판단도 사회적 맥락 속에서 이루어진다고 하였으므로 옳은 내용이다.

오답분석

ㄷ. 강한 프로그램의 원리에 의하면 자연과학의 원리들이 공동체 간의 특수성, 의사결정 구조, 사회적 맥락 등에 의해 형성된다고 하였으므로 객관적인 것과는 다소 거리가 멀다고 판단할 수 있다.

ㄹ. 강한 프로그램의 원리에 의하면 자연과학의 탐구에 대한 견해가 객관성과는 거리가 멀기 때문에 수정이 필요하다고 본다. 하지만 논문의 수를 통한 생산성은 객관성과는 연관성이 없는 별도의 내용이므로 원리를 지지하지도 약화시키지도 않는다.

11 정답 ⑤

1시간 이상 게임을 하는 경우 게임을 더 오래 하는 아이들의 성적이 더 낮아야 한다. 하지만 ⑤는 이에 위배되는 것으로서 결론을 약화하게 된다.

오답분석

① 책 읽는 시간은 제시된 논증과 무관하므로 ①이 추가된다고 해서 결론이 강화되거나 약화되지 않는다.

② 제시문은 게임을 하는 시간을 1시간 이내로 통제할 경우 성적이 상위권에서 유지될 것이라고 결론지었다. 그런데 ②의 논증만으로는 게임시간이 1시간 이내로 줄어들었는지의 여부가 불확실하다. 따라서 최소한 결론이 강화된다고는 볼 수 없다.

③ 게임을 하는 시간이 1시간 이내로 줄어들었다는 것까지는 좋으나 그 줄어든 시간에 독서를 한 것이 성적이 상승하는 것과 어떻게 연결되는지는 알 수 없다.

④ 하루에 1시간 이상 게임을 하는 경우 게임을 더 오래 하는 아이들의 성적이 더 낮다고 하였다. 그런데 평균 이하의 성적을 보이는 아이들이 대부분 하루에 3시간 이상씩 게임을 하였다면 이 결론을 논리적으로 지지하는 것이 되므로 결론을 강화하게 된다.

12 정답 ④

제시문에서는 어떤 일상사물도 예술작품이 될 수 있다고 하였지만 ④에서는 예술작품과 일상 사물이 구분된다고 하였으므로 이는 글의 논지를 약화시킨다고 볼 수 있다.

오답분석

① 뒤샹의 소변기의 예를 들면서 이에는 미적 본질이 없음에도 예술작품이 된다고 하였으므로 ①은 논증을 강화한다.

② 소변기에는 미적 본질이 없다고 하였으나, 실제로는 소변기가 고유한 미적 가치를 가지고 있다고 주장한다면 이는 주어진 논증을 약화시키는 것이다.

③ 분석철학과 팝아트는 예시로 든 것뿐이며 이것이 전체 논증에 어떠한 영향을 미치는 것은 아니므로 논지를 강화시키지도 약화시키지도 않는다.

⑤ 더 이상 모든 예술작품에 공통적인 단 하나의 순수한 본질, 즉 가시적인 어떤 본질은 요구되지 않는다고 하였다. 그런데 ⑤와 같이 이를 반박하기 위해 가시적 본질이 예술작품에 필요한 것이라고 주장한다면 주어진 논증은 약화될 수밖에 없다.

13 정답 ④

다른 기관의 기능이 상대적으로 떨어지는 것과 후각의 민감성과의 상관성을 추론하기 어려우므로 옳지 않은 내용이다.

오답분석

① 화장품이나 향수, 방취제의 사용은 후각 기능을 둔화시키므로 옳은 내용이다.

② 후각기관을 충분히 활용하려면 신선한 공기를 마시고 난 후 냄새를 맡아야 하므로 옳은 내용이다.

③ 비염이나 감기 증세를 가진 병사는 후각 기능이 현저히 저하되어 있는 상태이므로 옳은 내용이다.

⑤ 적절한 훈련을 받게 되면 적을 식별할 수 있으므로 옳은 내용이다.

14 정답 ②

ㄱ. 로봇 소프트웨어를 개발할 때 로봇 모델을 상부 단위로 인식해 프로그래밍 언어보다 효율의 기준으로 삼고 있으므로 적절하게 적용된 사례로 볼 수 있다.

ㄷ. 복잡한 소프트웨어의 개발을 위한 상위 구성요소의 우선 설계와 하위 구성요소들의 단계적 표현 방식 역시 효율을 중시하는 것이므로 적절하게 적용된 사례로 볼 수 있다.

오답분석

ㄴ. 컴퓨터 프로그램의 동작에 있어 전기 신호들을 직접 제어하는 언어는 일상 언어에 가까운 고급 프로그래밍 언어보다 하부 단위에 속하므로 부적절하게 적용된 사례로 볼 수 있다.

ㄹ. 멀티미디어 소프트웨어 개발의 압축 기술만을 언급하고 있으므로 부적절하게 적용된 사례로 볼 수 있다.

15 정답 ②

자신의 휴대폰 번호를 바꿨다고 해서 헤어진 애인에게 전화를 하는 기회가 제한되거나 선택 가능성이 줄어드는 것이 아니므로 사전조치에 해당하지 않는다.

오답분석
① 음주의 기회를 제한하는 것이므로 사전조치에 해당한다.
③ 성인물을 시청할 기회를 제한하는 것이므로 사전조치에 해당한다.
④ 군것질할 기회를 제한하는 것이므로 사전조치에 해당한다.
⑤ 정부가 통화금융정책을 시행할 기회를 제한하는 것이므로 사전조치에 해당한다.

16 정답 ⑤

어떤 사건이 극단적일 때에 같은 종류의 다음 번 사건은 그만큼 극단적이지 않기 마련이라고 하였다. 즉, 별다른 조치를 취하지 않더라도 평균적인 수준으로 돌아가기 마련이므로, 유난히 뛰어난 비행에 대해 칭찬을 하거나 저조한 비행에 대해 비판하는 것이 다음 번의 비행에 영향을 준다는 것 자체가 오류라는 것이다. 따라서 이를 근거로 저조한 비행 성과는 비판하되, 뛰어난 성과에 대해서는 칭찬하지 않는 것이 바람직하다는 추론은 잘못된 것이며 이 같은 내용을 가장 잘 설명하는 것은 ⑤이다.

17 정답 ①

제시문에서 언급한 '다양한 접근'이란 표시되는 장치에 맞추어 해상도, 크기 등을 조절하거나 주요 콘텐츠를 제외한 나머지 소스를 잘라내는 방법 등을 의미한다. 하지만 ①은 이와 달리 기존의 콘텐츠를 재구성하는 것일 뿐이어서 표시되는 장치에 타겟을 맞춘 것이라고 보기는 어렵다.

STEP ❷ 심화문제

01	02	03	04	05	06	07	08	09	10	11	12	13	14						
②	⑤	②	③	①	⑤	④	④	①	⑤	④	①	④	①						

01 정답 ②

ㄷ. 제시문의 논지는 다른 사람의 생각을 표현하지 못하게 하여 토론의 기회가 박탈될 경우 틀린 의견과 옳은 의견의 대비를 통해 진리를 생생하고 명확하게 드러낼 수 없다는 것이다. 그런데 갈릴레오의 저서가 금서가 되어 이에 대한 토론의 기회가 박탈된 결과 진리를 찾을 기회를 놓치게 되었다면 이는 제시문의 논지를 강화하는 것이다.

오답분석
ㄱ. 제시문의 논지를 따를 때, 화재 사고 기록들에 대한 토론이 이루어지지 않았다면 이에 대한 진리를 찾지 못하게 되어 화재 사고를 예방하기 어렵다는 결론이 도출되어야 한다. 하지만 ㄱ은 이와 반대되므로 제시문의 논지를 약화하는 것이다.
ㄴ. 제시문의 논지를 따를 때, 정부가 사람들의 의견 표출을 억누르지 않고 자유롭게 의사를 표현할 수 있게 하였다면 사람들이 진실된 사실을 더 많이 믿어야 한다. 하지만 ㄴ은 이와 반대로 가짜 뉴스를 더 많이 믿는다고 하였으므로 제시문의 논지를 약화하는 것이다.

02 정답 ⑤

쾌락주의자에 따르면 쾌락에 대한 욕구로 인해 음식에 대한 욕구가 생긴다고 하였으므로 ⑤는 쾌락주의자의 논리를 강화하게 된다.

오답분석

① 쾌락주의자에 따르면 쾌락에 대한 욕구는 다른 어떤 것에 대한 욕구를 발생시키는 원인이라고 하였으므로 어떤 욕구도 또 다른 욕구의 원인일 수 없다면 쾌락주의자의 논리를 약화하게 된다.
② 쾌락주의자에 따르면 음식에 대한 욕구를 일으키는 것은 쾌락에 대한 욕구라고 하였으므로 쾌락에 대한 욕구 없이 음식을 먹는 행동을 하였다면 쾌락주의자의 논리를 약화하게 된다.
③ 쾌락주의자에 따르면 쾌락에 대한 욕구로 인해 음식에 대한 욕구가 생겨난다고 하였으므로 이와 반대로 음식에 대한 욕구로 인해 쾌락에 대한 욕구가 생긴다면 쾌락주의자의 논리를 약화하게 된다.
④ 쾌락주의자에 따르면 쾌락에 대한 욕구는 다른 어떤 것에 대한 욕구를 발생시키는 원인이라고 하였으므로 외적 대상에 대한 욕구가 다른 것에 의해서 야기되지 않는 것이라면 쾌락주의자의 논리를 약화하게 된다.

03 정답 ②

어떤 이념적 성향을 가진 집단이 주류 언론에 대해 상대적 소외감을 더 크게 느끼느냐에 따라 누가 이 대안 매체의 활용가치를 더 크게 느끼는지 결정되리라는 것이라고 하였다. 따라서 ②와 같이 갑국의 주류 언론이 보수적 이념 성향이 강하다는 사실은 B가설을 강화한다.

오답분석

① 갑국의 소셜미디어 사용자들의 다수가 진보적인 젊은 유권자들이라는 사실은 이러한 A가설을 뒷받침한다고 하였다. 따라서 트위터 사용자들의 경우 보수 성향이 많다는 사실은 A가설을 약화한다.
③ 갑국의 젊은 사람들 중에 진보 성향이 비율이 높다는 사실은 A가설을 강화하지만 B가설과는 무관하다.
④ 갑국에서 주류 언론보다 소셜미디어의 영향력이 강하다는 사실은 A가설과는 무관하지만 B가설을 약화한다.
⑤ 정치 활동을 많이 하는 사람들이라고 해서 그들이 진보적인 젊은 유권자라고 할 수는 없으므로 A가설을 약화시키지 않는다. 그리고 정치 활동을 많이 하는 사람들이 반드시 주류 언론에서 상대적으로 소외된 집단이라고 단정할 수는 없으므로 B가설을 약화시키지 않는다.

04 정답 ③

ㄱ. 자극적인 음식을 발전시켜 소화불균형을 해결하고자 하였으므로 구들의 영향으로 볼 수 있다.
ㄴ. 구들에서 자란 사람들은 앉아서 작업하는 습관을 갖게 되었으므로 구들의 영향으로 볼 수 있다.

오답분석

ㄷ. 성별에 따라 선호하는 놀이가 다르게 나타난 것은 구들의 영향으로 볼 수 없다.

05 정답 ①

(가)에서는 창조성과 우울증에 잘 걸리는 성향이 밀접하게 연관되어 있다고 주장하고 있다. 따라서 창조적인 사람들이 정서적으로 불안하고 우울증에 걸릴 수 있는 유전자를 가질 확률이 높다는 사실은 (가)를 강화한다.

오답분석

② (나)에서는 우울증은 어려운 목표를 포기하게 함으로써 고갈된 에너지를 보충하고 다시 도전할 수 있는 기회를 모색할 수 있게 한다고 하였다. 따라서 우울에 걸린 사람 중에 어려운 목표를 포기하지 못하는 사람들이 많다는 사실은 (나)를 약화한다.
③ (다)는 우울증의 원인 중 하나가 지나친 경쟁으로 인한 정신적 소진 상태라고 하고 있다. 따라서 정신적 소진이 우울증을 초래할 가능성이 높다는 것은 (다)를 강화한다.
④ (가)는 우울증으로 인해 생존에 유리한 측면이 있었다고 하였으므로 유전적 요인이 환경에 적응하는 과정에서 정신질환이 생겨난다는 것은 (가)를 강화한다. 그리고 (나)는 우울증은 자신을 보호하기 위한 기제로 발생한다고 하고 있으므로 ④는 (나)와는 무관하다.
⑤ 과거에 비해 현대 사회에서 창조적인 아이디어를 만들어 내기 어렵다는 것은 (가)와는 무관하다. 그리고 이는 과도한 경쟁을 통해 정신적 소진의 상태에 도달하게 할 수도 있으므로 (다)를 강화한다고 볼 수 있다.

06　정답 ⑤

(나)는 한국 사람들의 행복 수준이 낮은 이유가 다른 사람들과의 비교하려는 성향이 높다는 것이라고 하고 있다. 비교 성향이 강하다면 상대적 박탈감이 커질 수 있는데, 이 때문에 좌절을 경험하기 쉽다는 것이다. 그런데 한국보다 비교 성향이 강한 나라이면서 행복감도 더 높은 나라가 존재한다면 (나)를 약화하게 된다.

오답분석

① (가)는 경제 수준이 어느 수준 이상으로 성장하면 지위재가 중요해지고 물질재의 공급으로는 해소되지 않는다는 이른바 '풍요의 역설'을 언급하고 있는 것이지, 지위재간의 경쟁에 대해서는 언급되어 있지 않다. 따라서 (가)를 강화하지 않는다.

② (가)는 한국의 높은 경제 수준에도 불구하고 구성원들의 행복감이 높지 않은 이유는 지위재가 부족하기 때문이라고 보고 있다. 다시 말해, 물질재의 양이 풍부하더라도 지위재가 부족하다면 외적인 경제 수준이 높더라도 행복하지 않을 가능성이 있다는 것이다. 하지만, 오히려 한국이 보유한 지위재의 양이 경제적 수준이 비슷한 국가들보다 많다면 (가)는 약화된다고 볼 수 있다.

③ (가)는 물질재가 어느 정도 충족되었다면 행복감을 결정짓는 요소는 지위재라는 것을 강조한다. 따라서 한국과 소득수준이 비슷한 나라와 비교할 때 한국의 행복감이 낮다는 결과가 발표되었다는 것은 (가)를 강화하지 못한다.

④ (나)의 논증에 영향을 주기 위해서는 비교 대상이 되는 나라의 행복도가 한국보다 높거나 낮다는 사례가 제시되어야 한다. 하지만 단순히 한국보다 소득 수준이 높고 입시 경쟁이 치열한 나라가 존재한다는 사실만으로는 (나)를 약화시키지 못한다.

07　정답 ④

ㄴ. 권리를 향유할 주체가 구체적 자연인인 경우의 기본권은 그 주체가 무형의 법인인 경우보다 우선하여 고려되어야 한다면 A의 직업선택의 자유가 B의 자율성보다 우선적으로 고려되어야 하므로 해당 처분이 헌법에 위반된다는 결론에 이르게 된다. 따라서 논지를 약화하게 된다.

ㄷ. 상이한 기본권의 제한 간에 적정한 비례관계가 성립하는지를 평가하기 위해서 비교되는 두 항을 계량할 공통의 기준이 먼저 제시되어야 한다는 주장에 의한다면 이같은 기준이 제시되지 않은 논증은 적절한 평가를 한 것이 아닌 것이 되므로 논지를 약화하게 된다.

오답분석

ㄱ. 청구인의 불이익은 사실상의 불이익에 불과하고 기본권의 침해에 해당하지 않는다면, 헌법상의 기본권인 대학의 자율성이 우위를 가지는 것이 되므로 인가처분은 합헌이 된다. 따라서 논지를 강화하게 된다.

08　정답 ④

제시문의 논증은 진화론에 대한 비판인데 ④는 대멸종을 다루고 있어 이 둘은 서로 연관되지 않는다. 따라서 이것이 논증에 대한 비판이라고 보기는 어렵다.

오답분석

① 제시된 논증은 지난 100년 간 지구상에서 새롭게 출현한 종이 없기 때문에 진화론이 거짓이라는 것인데 언젠가 신생 종이 훨씬 많이 발생하는 시기가 온다는 것은 논증을 약화시키게 된다.

② 제시된 논증은 5억 년 전 캄브리아기 생명폭발 이후 지구상에 출현한 생물종이 1억 종에 이른다고 하였고, 이를 통해 100년 단위마다 약 20종이 새롭게 출현한다고 하였다. 그런데 5억 년 전 이후부터 지구상에 출현한 생물종이 1,000만 종 이하라면 100년 단위마다 새로 출현하는 종이 2종 정도에 불과하여 신생 종의 발견이 어려울 가능성이 있으므로 논증을 약화시키게 된다.

③ 제시된 논증은 지난 100년 간 새롭게 출현한 종을 찾아내지 못했기 때문에 진화론이 거짓이라고 하였는데, 만약 발견된 종이 신생 종인지 그렇지 않은지를 판단하기 어렵다면 논증 자체가 성립하지 않게 되므로 논증을 약화시키게 된다.

⑤ 생물학자들이 발견한 몇몇 종이 지난 100년 내에 출현한 것이라면 제시된 논증의 핵심 내용을 흔드는 것이므로 논증을 약화시키게 된다.

09 정답 ①

인간이 출현하기 이전인 고생대 석탄기에 빙하지대에 고사리와 같은 난대성 식물이 서식하였다는 사실이 밝혀진다면 이는 기후 변화가 인간의 활동 때문이 아니라 태양의 활동 때문이라는 것을 나타내주는 것이므로 논지를 약화하지 않는다.

오답분석

② · ③ 태양 활동 주기와 기후 변화의 패턴이 유사하다면 기후 변화의 원인이 태양의 활동에 의한 것이 된다. 그런데 이들의 주기가 일치하지 않는다거나 태양 표면의 폭발이 많아지는 시기에 지구의 평균 기온이 오히려 내려갔다면 태양의 활동으로 인해 기후 변화가 일어났다는 제시문의 논지를 약화시킨다.

④ 세계 여러 나라가 연대하여 대기오염을 줄이는 노력을 한 결과 지구의 평균 기온 상승률이 완화되었다면 이는 역으로 인간의 활동이 기후 변화의 원인이라는 것을 나타내주는 것이므로 제시문의 논지를 약화시킨다.

⑤ 인간의 활동이 태양의 활동보다 더 큰 영향을 미친다는 것이므로 제시문의 논지를 약화시킨다.

10 정답 ⑤

(마)는 인간의 질병과 빈곤이 늘어난 것은 문명의 발달로 인한 것이라고 하였는데 이는 질병이 고대 이후 문명의 부산물이라는 A의 견해를 강화하지만, 문명의 진보가 수명 연장을 가능하게 했다는 B의 견해를 약화하므로 옳은 내용이다.

오답분석

① (가)는 얼마나 오래사는가보다 얼마나 잘 사는가가 더 중요한 문제라고 하였는데, 이는 문명의 진보가 수명 연장을 가능하게 했다는 B의 견해와는 무관하지만, 영생이 곧 행복한 삶을 의미하지는 않는다는 C의 견해는 강화하므로 옳지 않은 내용이다.

② (나)는 수명의 연장은 복지와 환경에 대한 적극적 투자로 가능하다고 하였는데, 이는 문명의 진보가 수명 연장을 가능하게 했다는 B의 견해를 강화하지만, 영생이 곧 행복한 삶을 의미하지는 않는다는 C의 견해와는 무관하므로 옳지 않은 내용이다.

③ (다)는 문명의 진보에 따라 인간의 수명이 과거보다 길어졌다고 하였는데, 이는 질병이 고대 이후 문명의 부산물이라는 A의 견해를 약화시키지만, 문명의 진보가 수명 연장을 가능하게 했다는 B의 견해를 강화하므로 옳지 않은 내용이다.

④ (라)는 수명의 연장으로 인해 인간이 행복한 삶을 살게 되었다고 하였는데, 이는 문명의 진보가 수명 연장을 가능하게 했다는 B의 견해와는 무관하지만, 영생이 곧 행복한 삶을 의미하지는 않는다는 C의 견해를 약화시키므로 옳지 않은 내용이다.

11 정답 ④

ㄱ. 갑순이는 자기 자신이 흡연을 하는 것과 금연을 하는 것 중 금연을 하는 것을 선호하므로 개인적 선호(ⓐ)에 해당한다.

ㄴ. 을순이의 우물을 타인인 이웃 사람들이 공동 우물로 사용하는 것을 선호하므로 이기적 선호(ⓒ)에 해당한다.

ㄷ. 농촌에서 태어나 시골의 삶에 적응하여 도시생활보다 농촌의 삶을 선호하는 것이므로 적응적 선호(ⓓ)에 해당한다.

ㄹ. 친구가 그의 소유인 월급을 어떻게 사용하는지에 대한 정순이의 선호를 나타내는 것이므로 외재적 선호(ⓑ)에 해당한다.

따라서 이를 올바르게 연결한 것은 ④이다.

12 정답 ①

ㄱ. 적국의 산업시설 근처에 거주하는 다수의 민간인 즉, 무고한 사람의 죽음 자체를 의도하는 것이므로 도덕적으로 허용될 수 없는 행위이다.

오답분석

ㄴ. 어머니의 임종을 지키기 위해 심장마비를 일으킨 사람을 치료하지 않은 것은 무고한 사람의 죽음 자체를 의도하는 것이라고 볼 수 없으므로 도덕적으로 허용될 수 있는 행위이다.

ㄷ. 홀로 일하고 있는 인부를 죽음에 이르게 한 것은 피치 못할 부수적인 결과라고 볼 수 있으므로 도덕적으로 허용될 수 있는 행위이다.

13 　정답　④

망각의 전략을 선택하는 자는 자신이 인간이었다는 기억 자체를 포기하는 인간이라고 하였으므로, 자신의 정체성이 분열되었다는 것 자체를 인식하지 못할 것이다. 따라서 '망각의 전략'에 해당하지 않는다.

오답분석

①·②·③·⑤ '그는 그에게 발생한 변화를 받아들이고 그것을 새로운 현실로 인정하며 그 현실에 맞는 새로운 언어를 얻기 위해 망각의 정치학을 개발한다.'고 하였으므로 모두 '망각의 전략'에 해당한다.

14 　정답　①

의견을 통한 합의나 설득은 일시적으로 옳은 것을 옳다고 믿게 할 수는 있지만, 절대적이고 영원한 기준을 찾을 수는 없다고 하였으므로 절대적 진리를 궁구할 수 있는 철학자가 통치해야 한다고 하였다. 하지만 합의를 통해 사회 갈등이 완전히 해소될 수 있다면 꼭 절대적 진리가 필요한 것만은 아니라고 볼 수 있으므로 제시문에 대한 비판으로 ①이 적절하다.

오답분석

② 개별 상황 판단보다 높은 차원의 판단 능력과 기준은 철학자만이 제시할 수 있다고 하였으므로 ②는 제시문의 의견과 동일하다고 볼 수 있다.

③·⑤ 제시문의 내용과는 무관하다.

④ 철학자는 진리와 의견의 차이점을 분명히 파악할 수 있으며 절대적 진리를 궁구할 수 있다고 하였으므로, 제시문의 의견과 동일하다고 볼 수 있다.

2

PART

실전모의고사

정답 및 해설

01	02	03	04	05	06	07	08	09	10	11	12	13	14	15	16	17	18	19	20
③	②	①	④	④	④	④	②	③	②	④	①	①	①	③	④	②	⑤	③	②

01 정답 ③

유럽의 총칼에 의해 전쟁터에서 목숨을 잃은 아메리카 원주민보다 유럽에서 온 전염병에 의해 목숨을 잃은 원주민 수가 훨씬 많았다고 하였으므로 옳은 내용이다.

오답분석

① 전염병은 대부분의 원주민들과 그 지도자들을 죽이고 생존자들의 사기를 떨어뜨림으로써 그들의 저항을 약화시켰다고 하였다. 즉, 유럽인들의 호전성을 높여준 것이 아니라 그 상대방인 원주민들의 사기를 떨어뜨린 것이므로 옳지 않다.
② 스페인이 우위를 점할 수 있었던 것은 천연두 때문이지 군사력이 아니므로 옳지 않은 내용이다.
④ 천연두가 멕시코에 도착한 것은 1520년이다. 따라서 1519년 코르테스의 침략은 천연두와 무관하다.
⑤ 코르테스의 재침략이 천연두의 멕시코 도착시기인 1520년보다는 뒤인 것은 알 수 있으나, 아스텍의 황제가 병사한 것과 코르테스의 재침략의 선후관계는 제시문의 내용으로는 알 수 없다.

02 정답 ②

시공간의 제한을 거의 받지 않는 소설과 달리 영화는 재현이 어려운 심리적 갈등 등을 소설과 다른 방식으로 나타내야 한다고 하였으므로 옳은 내용이다.

오답분석

① 연기자의 표정이나 행위를 통해 암시적으로 표현할 수도 있지만 인물의 대사나 화면 밖의 목소리를 통해 직접적으로 전달할 수도 있다. 따라서 옳지 않은 내용이다.
③ 소설과 영화는 인물, 배경, 사건과 같은 이야기 구성 요소들을 공유하고 있지만 이야기를 전달하는 방법에 차이를 보이는 표현 방식이다. 즉, 이 둘은 서로 독자적인 특징을 지니고 있는 것이지 어느 하나가 다른 하나에서 발달된 관계가 아니다.
④ 카메라의 촬영 기술과 효과에 따라 영화의 주제가 달라진다는 것은 제시문에서 찾을 수 없는 내용이다.
⑤ 소설은 어떤 인물의 내면 의식을 드러낼 때 문자 언어를 통해 표현하지만, 영화는 인물의 대사나 화면 밖의 목소리를 통해 전달하거나 혹은 연기자의 표정이나 행위를 통해 암시적으로 표현한다. 즉, 영화는 소설과 같은 문자 언어적 표현 방식을 따르지 않는다.

03 정답 ①

실험에서 각 환자들이 답을 맞힌 비율이 50%에 불과하여 아무 것이나 마구 고른 경우와 거의 차이가 없었다는 결과는 몰리눅스의 물음에 대한 답변이 부정적이었다는 것을 의미한다. 즉, 아무리 촉각을 통해 형태를 인지할 수 있었더라도 시각에 의한 형태를 경험한 적이 없기 때문에 둘의 형태를 성공적으로 연결시킬 수 없었던 것이다. 이는 결국 경험론자들의 논리를 강화하게 된다. 만약 생득론자들의 논리가 타당했다면 아무리 시각에 의한 형태를 경험한 적이 없었더라도 태어날 때부터 가지고 있는 관념을 이용해 시각적인 형태도 인식할 수 있어야 하기 때문이다.

04 정답 ④

북극성은 자기 나침반보다 더 정확하게 천구의 북극점을 가리킨다고 하였으므로 옳지 않은 내용이다.

오답분석

① 고대에는 별이 뜨고 지는 것을 통해 방위를 파악하였는데, 최근까지 서태평양 캐롤라인 제도의 주민은 이 방법을 통해 현대식 항해 장치 없이도 방위를 파악하였다고 하였으므로 옳은 내용이다.

② 캐롤라인 제도의 주민은 남극점 자체를 볼 수 없으나 남십자성이 천구의 남극점 주위를 돌고 있으므로 남쪽을 파악하는 데 큰 어려움이 없다고 하였으므로 옳은 내용이다.

③ 천구의 북극점은 지구 자전축의 북쪽 연장선상에 있기 때문에 천구의 북극점에 있는 별은 공전을 하지 않고 정지된 것처럼 보인다고 하였으므로 옳은 내용이다.

⑤ 천구의 북극점에 있는 별을 제외하고 북극성을 포함한 별이 천구의 북극점을 중심으로 공전하는 것처럼 보이는 것은 지구가 자전하기 때문이라고 하였으므로 옳은 내용이다.

05 정답 ④

인플루엔자는 항원을 변화시키기 때문에 이전에 인플루엔자에 걸렸던 사람이라도 새로이 나타난 다른 균종으로부터 안전할 수 없다고 하였다. 따라서 옳은 내용이다.

오답분석

① 발열현상은 아무런 기능도 없이 불가피하게 일어나는 수동적인 현상이 아니라, 체온을 높여 우리의 몸보다 열에 더 예민한 병원체들을 죽게 하는 능동적인 행위라고 하였으므로 옳지 않은 내용이다.

② 예방접종은 죽은 병원체를 접종함으로써 질병을 실제로 경험하지 않고 항체 생성을 자극하는 것이므로 옳지 않은 내용이다.

③ 겸상 적혈구 유전자는 적혈구의 모양을 정상적인 도넛 모양에서 낫 모양으로 바꾸어서 빈혈을 일으키므로 생존에 불리함을 주지만, 말라리아에 대해서는 저항력을 가지게 한다고 하였으므로 옳지 않은 내용이다.

⑤ 역사적으로 특정 병원체에 자주 노출되었던 인구 집단에는 그 병에 저항하는 유전자를 가진 개체의 비율이 높아질 수밖에 없다고 하였다. 이는 반대로 생각하면 특정 병원체에 노출된 빈도가 낮은 집단에는 그 병에 저항하는 유전자를 가진 개체의 비율이 낮다는 의미이므로 옳지 않은 내용이다.

06 정답 ④

ㄱ. 스위스 지방자치단체들 간의 사회적·경제적 격차는 그다지 심하지 않고 완벽에 가까운 사회보장제도가 시행되고 있다고 하였으므로 추론 가능한 내용이다.

ㄹ. 스위스는 만장일치 혹은 압도적 다수를 의사결정방식으로 채택하고 있는데 이러한 제도는 타협이 이루어질 때까지 많은 시간이 소요되어 시급한 문제의 처리가 어렵다고 하였으므로 추론 가능한 내용이다.

오답분석

ㄴ. 직접민주주의 제도를 통해 연방정부 또는 연방의회가 이미 인준한 헌법이나 법률조항을 거부하기도 한다고 하였으므로 옳지 않은 내용이다.

ㄷ. 연방정부를 구성하는 7인의 연방장관이 모든 안건을 만장일치 혹은 압도적 다수로 결정하기 때문에 국가수반이나 행정부의 수반이 없는 것과 다름없다고 하였으므로 옳지 않은 내용이다.

07 정답 ④

ㄱ. 주위에 흔히 보이는 목련의 대부분이 중국에서 들여온 백목련이라고 한 부분, 백목련과 우리나라의 목련 이외에 일본에서 들여온 일본목련이 있다고 한 부분을 통해 알 수 있는 내용이다.

ㄴ. 우리나라 원산의 목련은 꽃잎이 뒤로 젖혀질 만큼 활짝 피는 데 반해, 백목련은 꽃이 다 피어도 절반 정도밖에 벌어지지 않는다고 하였으므로 옳은 내용이다.

ㄷ. 일본목련이 우리나라 원산의 목련과 달리 잎이 핀 다음에 꽃이 핀다고 하였다. 따라서 우리나라 원산의 목련은 꽃이 핀 다음에 잎이 핀다는 것은 옳은 내용이다.

오답분석

ㄹ. 일본의 호오노끼를 한자로 후박이라고 표현한 것일 뿐, 이것과 우리의 후박나무는 전혀 다르다.

08 정답 ②

ㄴ. 파충류의 성을 결정하는 데에 영향을 미치는 것은 B물질이 온도의 변화에 의해 A물질과 C물질로 분화되는 것이지 B물질 자체의 농도가 영향을 미치는 것은 아니다. 따라서 ㄴ은 주어진 가설을 강화하지도 약화하지도 않는다.

오답분석

ㄱ. 수컷을 생산하는 온도에서 배양된 알에서는 C물질의 농도가 더 높으며, A물질과 C물질의 비율은 단백질 '가'와 단백질 '나'의 비율과 동일하다고 하였다. 따라서 단백질 '가'보다 많은 양의 단백질 '나'를 가지고 있다는 사실은 주어진 가설을 강화한다.

ㄷ. 가설에서 온도의 영향이란 어디까지나 B물질을 A물질과 C물질로 바뀌게 하는 역할을 할 뿐이다. 즉, 중요한 것은 A물질과 C물질의 농도이므로 온도가 어떤 상태에 있든지 간에 A물질의 농도가 C물질보다 더 높아진다면 암컷이 생산될 것이므로 주어진 가설을 강화한다.

09 정답 ③

기원전 1세기경에 고대 로마시대의 이탈리아 지역에서 롱 파스타의 일종인 라자냐를 먹었다는 기록이 전해진다고 하였으므로 옳은 내용이다.

오답분석

① 쇼트 파스타의 예로 속이 빈 원통형인 마카로니를 들고 있으므로 옳지 않은 내용이다.

② 9 ~ 11세기에 이탈리아 남부의 시칠리아에서 아랍인들로부터 제조 방법을 전수받아 건파스타의 생산이 처음으로 이루어졌다고 하였으므로 옳지 않은 내용이다.

④ 파스타를 만드는 데 적합한 세몰라 가루는 듀럼 밀을 거칠게 갈아 만든 황색의 가루이므로 옳지 않은 내용이다.

⑤ 시칠리아에서 재배된 듀럼 밀이 곰팡이나 해충에 취약해 장기 보관이 어려웠기 때문에 저장기간을 늘리고 수송을 쉽게 하기 위해 건파스타를 만들었다고 하였으므로 옳지 않은 내용이다.

10 정답 ②

가정법원은 본인, 배우자, 4촌 이내의 친족, 검사 또는 지방자치단체의 장의 청구에 의하여 성년후견개시의 심판을 한다고 하였으므로 옳은 내용이다.

오답분석

① 가정법원은 성년후견인이 선임된 경우에도 필요하다고 인정하면 직권으로 또는 청구권자의 청구에 의하여 추가로 성년후견인을 선임할 수 있다고 하였으므로 그 수가 1인으로 제한되는 것은 아니다.

③ 일용품의 구입 등 일상생활에 필요하고 그 대가가 과도하지 아니한 법률행위는 성년후견인이 취소할 수 없다고 하였으므로 대가의 정도에 따라 취소할 수도 있다.

④ 성년후견인은 가정법원이 직권으로 선임한다고 하였으므로 옳지 않은 내용이다.

⑤ 성년후견인은 가정법원이 직권으로 선임하고, 성년후견인이 피성년후견인을 치료 등의 목적으로 정신병원이나 그 밖의 다른 장소에 격리하려는 경우에는 가정법원의 허가를 받아야 한다고 하였으므로 옳지 않은 내용이다.

11 정답 ④

철제 다리 덫으로 잡은 동물 모피의 수입 금지, 동물 실험을 거친 화장품의 판매 금지의 사례가 모두 WTO가 이를 허용하지 않을 것이라는 이유로 시행되지 못한 것에서 알 수 있는 내용이다.

오답분석

① EU가 우선적으로 고려하는 것은 동물의 권익과 사람의 건강이므로 옳지 않은 내용이다.

② 제시문을 통해서는 WTO에서 특정 조치가 규정에 위반되는지를 판단할 수 있다는 것만 알 수 있을 뿐 적극적인 제재조치를 취할 수 있는지는 알 수 없으므로 옳지 않은 내용이다.

③ WTO가 사람의 건강에 대한 위협보다 국가 간 통상의 자유를 우선시하는 것이 아니라 단지 호르몬 사용이 사람의 건강을 위협한다고 믿을 만한 충분한 과학적 근거가 없기 때문에 미국의 손을 들어준 것이다.

⑤ 만약 ⑤의 내용이 옳다면 성장 촉진 호르몬이 투여된 쇠고기의 판매 금지 조치를 허용해야 하지만 실제는 그렇지 않았다.

12 정답 ①

갑은 개인이 소유할 수 있는 노비의 수를 제한해야 한다고 하였고, 을은 양반 가문에서도 노비의 수가 같지 않으므로 노비의 수를 제한하는 것이나 이를 위해 초과하는 수의 노비를 빼앗는 것이 힘들다고 하였다. 즉, 갑과 을 모두 노비의 해방을 언급하고 있지 않다. 따라서 갑의 주장대로 노비의 수를 제한한다고 해도, 노비의 신분에서 해방되는 노비가 늘어난다고 할 수 없으므로 이는 옳지 않은 내용이다.

오답분석

② 갑의 계획에 따르면 백성과 천인의 차이는 5명이나, 양반과 백성의 차이는 최소 70명이므로 옳은 내용이다.
③ 을은 노비의 수를 제한하는 것이 현실적으로 불가함을 역사적인 사례를 통해서 그 근거를 밝히고 있으므로 옳은 내용이다.
④ 을은 양반들이 소유한 노비 수의 격차를 줄이기 위해 노비를 빼앗는 것이 불가능하다고 주장하고 있으므로 옳은 내용이다.
⑤ 갑의 노비 수 제한에 대한 주장이나 을의 노비 수 제한의 불가능에 대한 주장 모두 노비제도의 존속을 지지하고 있으므로 옳은 내용이다.

13 정답 ①

ㄱ. 창충사는 거창의 여러 향리 가운데 신씨가 중심이 되어 세운 사당으로서 향리 일족 내의 특정한 가계가 중심이 되어 독자적으로 건립한 사당 중 대표적인 것이다.
ㄴ. 향리들이 건립한 사당은 양반들이 건립한 것에 비하면 얼마 되지 않는다고 하였으므로 옳지 않은 내용이다.

오답분석

ㄷ. 창충사의 예를 포함하여 제시문에서 설명하고 있는 것이 바로 향리가 세운 서원에 대한 것이므로 옳은 내용이다.
ㄹ. 영조 4년 무신란을 진압하다가 신씨 가문의 다섯 향리가 죽는데, 이들을 추모하기 위해 죽은 향리의 자손들이 사적으로 세운 사당이 창충사이므로 옳은 내용이다.

14 정답 ①

제시문의 첫 번째 문단에서는 '사회적 자본'이 늘어나면 정치 참여도가 높아진다는 주장을 하였고, 두 번째 문단에서는 '사회적 자본'의 개념을 사이버공동체에 도입하였으나 현실과 잘 맞지 않는다고 하면서 '사회적 자본'의 한계를 서술했다. 그리고 마지막 문단에서는 이 같은 사회적 자본만으로는 정치 참여가 늘어나기 어렵고 이른바 '정치적 자본'의 매개를 통해서만이 가능하다는 주장을 하고 있다. 따라서 이 같은 내용을 잘 포괄하고 있는 ①이 제시문의 논지로 가장 적절하다.

15 정답 ③

제시문의 논증을 간략하게 도식화하면 다음과 같다.

먼저 제시문을 정리해보면 ⓐ를 근거로 '과학의 역사가 바람직한 방향으로 발전하지 않았거나(발전 ×, 도식에서의 표현 – 이하 동일)' 또는 '과학적 탐구 방법의 특징을 드러내는 데 실패했다(실패).'라는 소결론을 이끌어 냈다는 것을 알 수 있다. 이는 위의 도식에서 알 수 있듯이 '귀납이 과학의 역사에서 사용된 경우가 드물다(드물다).'를 근거로 할 때 도출될 수 있는 결론이므로 ⓐ에는 ㄱ이 들어가야 가장 적절하다는 것을 알 수 있다. 다음으로 이를 통한 최종결론은 위의 도식에서 알 수 있듯이 '귀납주의에서는 수많은 과학적 지식이 정당화되지 않은 것으로 간주해야 하거나' 또는 '귀납주의가 과학적 탐구 방법에 대한 잘못된 이론이다.'가 되어야 한다. 이 결론이 선언적 형식을 가져야 하는 이유는 앞에서 언급한 것처럼 '귀납이 과학의 역사에서 사용된 경우가 드물다.'를 근거로 한 소결론이 선언의 형태였기 때문이다. 따라서 (A ∨ B)＝(~A → B)에 따라 논리적으로 이와 동치인 ㅁ이 ⓑ에 들어가기에 가장 적절한 문장이 된다.

16 정답 ④

(가) 을의 "너의 대답은 모순이야."라는 대답이 결정적인 단서이다. 갑의 논리는 예술가가 경험한 감정이 감상자에게 잘 전달된다면 훌륭한 예술이라는 것이다. 따라서 을의 마지막 질문처럼 천박한 감정이 감상자에게 전달된 경우에도 그 예술은 훌륭한 예술이어야 한다. 하지만 을이 갑의 대답에 대해 모순이라고 하였으므로 갑은 (가)에서 '아니다.'라고 대답했음을 알 수 있다.

(나) 제시문에서는 언급되고 있지 않지만 갑이 (가)와 같이 대답한 것은 그 전달된 감정이 천박하기 때문일 것이다. 그렇다면 이는 훌륭한 예술의 판단기준이 '전달 여부'에서 '감정의 종류'로 바뀌어버린 셈이 되는데 이는 애초에 훌륭한 예술에 대한 정의를 뒤집는 것이 된다. 따라서 (나)에 들어갈 말은 훌륭한 예술에 대한 갑의 정의에 모순이 있다는 점을 언급해 주어야 한다.

17 정답 ②

ⅰ) 2017년분 : 선거에 참여하지 않았으므로 다음 해인 2018. 2. 15.에 보고한다.

ⅱ) 2018년분 : 대통령선거에 참여하였으므로 두 기간으로 나누어 보고한다.
 - 2018. 1. 1. ~ 12. 25. : 2019. 1. 14.에 보고
 - 2018. 12. 26. ~ 12. 31. : 2019. 2. 15.에 보고

ⅲ) 2019년분 : 국회의원 총선거에 참여하였으므로 두 기간으로 나누어 보고한다.
 - 2019. 1. 1. ~ 4. 4. : 2019. 4. 14.에 보고
 - 2019. 4. 5. ~ 12. 31. : 2020. 2. 15.에 보고

따라서 A정당은 2018년 1월 1일부터 2019년 12월 31일까지의 기간 동안 총 4번의 회계보고를 하였다.

18 정답 ⑤

제3항에서 대기업은 지상파방송사업 및 종합편성 또는 전문편성을 행하는 방송채널사용사업을 겸영하는 사업자의 지분을 소유할 수 없다고 하였으나 종합유선방송사업자의 지분을 소유할 수 없는 것은 아니므로 허용되는 행위이다.

오답분석

① 제3항에서 대기업은 지상파방송사업자의 주식 또는 지분을 소유할 수 없다고 하였으므로 허용되지 않는다.
② 제3항에서 일간신문을 경영하는 법인은 종합편성 방송채널사용사업을 경영할 수 없다고 하였으므로 허용되지 않는다.
③ 제3항에서 뉴스통신을 경영하는 법인은 지상파방송사업을 겸영할 수 없다고 하였으므로 허용되지 않는다.
④ 제4항에서 일간신문을 경영하는 법인은 위성방송사업자에 대하여 100분의 33을 초과하여 소유할 수 없다고 하였으므로 허용되지 않는다.

19 정답 ③

실제 크기는 다르지만 거리가 다른 이유로 인해 동일한 시각도로 인식되는 사례를 찾으면 되는데, 이에 해당하는 것은 ③뿐이다. 나머지는 이와는 직접적인 관련이 없는 사례들이다.

20 정답 ②

(가), (나) 페리에의 실험이 나타내는 것은 고도에 따라 수은주의 높이가 달라진다는 것으로서 이는 기존의 '자연은 진공을 싫어한다.'는 가설하에서는 설명될 수 없는 것이었다. 여기서 둘의 차이점은 '고도에 따른' 차이 여부였다. 따라서 기존의 가설하에서는 진공에 대한 자연의 혐오 강도가 고도에 따라 차이가 없어야 했지만 실험 결과는 이를 뒤집는 것이었으므로 페리에가 반박한 기존의 보조가설로는 ㄱ이 적절하다. 그리고 만약 여기서 기존의 가설을 유지시키고자 한다면 위의 실험 결과를 '진공에 대한 자연의 혐오'에 포섭하면 된다. 즉, ㄷ을 추가한다면 여전히 '진공에 대한 자연의 혐오'는 살아남게 된다.

01	02	03	04	05	06	07	08	09	10	11	12	13	14	15	16	17	18	19	20
②	②	②	④	②	④	②	④	③	②	④	②	⑤	⑤	③	③	③	①	②	④

01 정답 ②

ㄴ. 경국대전에 따르면 1470년대에는 경공장에서 청색 물을 들이는 장인이 30여 명에 달할 만큼 청색 염색이 활발했다고 하였으므로 옳은 내용이다.

오답분석

ㄱ. 중인 이하의 여자들은 장옷 대신 치마를 썼다고 하였으므로 옳지 않은 내용이다.

ㄷ. 중인의 경우 정3품은 홍포에 복두를 쓰고, 협지금띠를 두르고 흑피화를 신었다고 하였으므로 옳지 않은 내용이다. 청포에 흑각띠를 두른 것은 4품 이하에 해당한다.

ㄹ. 쪽잎으로 만든 남색 염료는 조선 중기에 염료의 으뜸으로 등장했다가 합성염료의 출현으로 다시 왕좌에서 물러나게 되었다고 하였으므로 옳지 않은 내용이다.

02 정답 ②

ⓒ의 실천적인 요구는 객관적 사실을 밝히려는 욕구가 아니라, 현재의 입장에서 객관적 사실의 가치를 밝히려는 역사가의 이상을 의미하므로 옳지 않은 내용이다.

오답분석

① ⑦은 역사가의 창조, 즉 재평가된 사실을 의미하므로 옳은 내용이다.

③ ⓒ은 역사가의 이상과 대비되는, 단순한 과거의 객관적 사실이므로 옳은 내용이다.

④ ⓔ은 역사가에 의해 이미 가치를 부여받은 것이므로 옳은 내용이다.

⑤ ⓜ은 사실(事實)은 과거의 객관적 사실이고, 사실(史實)은 역사가에 의해 창조된 가치이며, 역사가에 의해 전자가 후자로 되어가는 과정을 의미하므로 옳은 내용이다.

03 정답 ②

ㄱ. 주변 아랍국가들의 지원에 의지하던 팔레스타인 사람들이 자기 힘으로 영토를 되찾기 위해 총을 들었다는 부분을 통해 알 수 있는 내용이다.

ㄷ. 게릴라 조직들은 이스라엘은 물론이고 제국주의에 봉사하는 아랍국가들의 집권층까지 공격 목표로 삼았다는 부분을 통해 알 수 있는 내용이다.

오답분석

ㄴ. 제3차 중동전쟁으로 인해 이집트는 시나이반도를 빼앗겼고 몇 년 뒤 대통령 나세르가 사망한 이후 친미 사다트 대통령이 취임했다는 내용을 알 수 있다. 즉 나세르 정권이 전쟁으로 인해 무너진 것은 아니었다.

ㄹ. 아랍국가 중 군주제 국가들은 이스라엘과 정면충돌할까 두려워 팔레스타인 해방기구를 자기 영토 안에 받아들이지 않으려 했다고 하였으므로 옳지 않은 내용이다.

04 정답 ④

신경교 세포가 전체 뉴런을 조정하면서 기억력과 사고력을 향상시킨다는 가설하에, 인간의 신경교 세포를 갓 태어난 생쥐의 두뇌에 주입하는 실험을 하였다. 그리고 그 실험결과는 이 같은 가설을 뒷받침해주는 결과를 가져왔으므로 옳은 내용이라고 할 수 있다.

오답분석
① 인간의 신경교 세포를 생쥐의 두뇌에 주입하였더니 쥐가 자라면서 주입된 인간의 신경교 세포도 성장했고, 이 세포들이 주위의 뉴런들과 완벽하게 결합되어 쥐의 두뇌 전체에 걸쳐 퍼지게 되었다고 하였다. 그러나 이 과정에서 쥐의 뉴런에 어떠한 영향을 주는지에 대해서는 언급하고 있지 않다.
②·③ 제시문의 실험은 인간의 신경교 세포를 쥐의 두뇌에 주입했을 때의 변화를 살펴본 것이지 인간의 뉴런 세포를 주입한 것이 아니므로 추론할 수 없는 내용이다.
⑤ 쥐에 주입된 인간의 신경교 세포는 그 기능을 그대로 간직한다고 하였으므로 옳지 않은 내용이다.

05 정답 ②

제시문 마지막 부분에서 '그런 사건이 일어날 확률'은 '매우 신뢰할 만한 사람이 거짓 증언을 할 확률'보다 작으므로 신뢰할 수 없다고 언급하고 있다. 즉, 이를 뒤집어서 생각하면 사건이 일어날 확률이 거짓 증언을 할 확률보다 크다면 신뢰해야 한다는 것이므로 빈칸에 들어갈 원칙은 ②가 가장 적절하다.

06 정답 ④

정약용은 청렴을 지키는 것은 두 가지 효과가 있다고 보았는데, 그중 첫 번째는 목민관이 청렴할 경우 백성을 비롯한 공동체 구성원에게 좋은 혜택이 돌아가는 것이고, 두 번째는 청렴한 행위를 하는 것은 목민관 자신에게도 좋은 결과를 가져다주는 것이라고 하였다.

오답분석
① 정약용은 청렴을 당위의 차원에서 주장하는 기존의 학자들과 달리 행위자 자신에게 실질적 이익이 된다는 점을 들어 설득하고자 했다고 하였으므로 옳지 않은 내용이다.
② 정약용은 '지자(知者)는 인(仁)을 이롭게 여긴다.'라는 공자의 말을 빌려 '지혜로운 자는 청렴함을 이롭게 여긴다.'라고 하였다. 따라서 탐욕보다 청렴을 택하는 것이 더 이롭다는 것은 공자의 뜻이 아니라 정약용의 재해석이다.
③ 지혜롭고 욕심이 큰 사람은 청렴을 택하지만 지혜가 짧고 욕심이 작은 사람은 탐욕을 택한다고 하였으므로 옳지 않은 내용이다.
⑤ 조선의 대표적 유학자였던 이황과 이이는 청렴을 사회 규율이자 개인 처세의 지침으로 강조하였다고 하였으므로 옳지 않은 내용이다.

07 정답 ②

제시문은 당분 과다로 뇌의 화학적 균형이 무너져 정신에 장애가 왔다고 주장하는 것과 설탕처럼 정제한 당의 섭취를 원천적으로 차단한 사례를 뒷받침하는 것이므로 ②와 같이 과다한 정제당 섭취가 반사회적 행동을 유발할 수 있다는 내용이 빈칸에 들어가는 것이 적절하다.

08 정답 ④

'살쾡이'가 표준어가 된 것은 주로 서울 지역에서 그렇게 발음하기 때문으로, 가장 광범위하게 사용되기 때문은 아니다.

오답분석
① 제시문에서는 '삵'이라는 단어에 비해 '살쾡이'가 후대에 생겨난 단어라고 하였다. 이때, '호랑이'라는 단어도 이와 같은 식으로 생겨났다고 하였으므로 '호'라는 단어가 먼저 생겨나고 '호랑이'가 후대에 생겨난 단어였음을 알 수 있다.
② '삵'과 '괭이'라는 두 개의 단어가 합쳐서 '살쾡이'를 지시하고 있으며 '호'와 '랑'이 합쳐져 '호랑이'라는 하나의 대상을 지시하고 있다는 점에서 알 수 있는 내용이다.
③ 남한에서는 '살쾡이'를 표준어로 삼고 '살괭이'를 방언으로 처리한 반면, 북한에서는 '살괭이'만을 사전에 등재하고 '살쾡이'는 그렇지 않다는 점에서 알 수 있는 내용이다.
⑤ '살쾡이'는 지역에 따라 삵괭이, 삭괭이, 삭쾡이, 살쾡이 등의 방언으로 불리는데 이는 그 지역의 발음이 다르기 때문이다.

09 정답 ③

향도계는 서울 시내 백성들에게 널리 퍼져 있었다고 하였으나, 검계는 향도를 관리하는 도가 내부의 비밀조직이라고 하였으므로 옳은 내용이다.

오답분석

① 향도계를 관리하는 조직을 도가라 하였는데 이 도가의 장에 대한 언급은 없으므로 옳지 않다.
② 검계가 향도계에서 비롯한 것이라는 점, 향도계를 관리하는 조직을 도가라 하고 그 도가 내부의 비밀조직이 검계라는 점을 통해 향도의 구성원 중 검계 출신이 있을 것이라는 것은 추론할 수 있지만 그 수가 많다고는 단정지을 수 없다.
④ 검계 일당이 모두 몸에 칼자국을 내어 자신들과 남을 구별하는 징표로 삼았다고 하였으므로 몸에 칼자국이 없는 검계의 구성원은 없다는 것을 추론할 수 있다.
⑤ 김홍연은 지방 출신이라는 점이 출세하는 데 장애가 될 것을 염려하여 무과를 포기하고 왈짜가 되었다는 내용은 언급되어 있지만, 그로 인해 검계의 일원이 되지 못했다는 것은 언급되어 있지 않으므로 옳지 않다.

10 정답 ②

ㄴ. 은행이 재부자가 원하는 실물자산을 매입하였더라도 소유권이 이전되지 않고 여전히 은행에 있는 것은 이자라이다. 따라서 옳은 내용이다.

오답분석

ㄱ. 사업시 발생하는 손실에 대한 책임이 투자자에게만 있으면 무다라바이고, 투자자와 사업자가 공동으로 사업에 대한 책임과 이익을 나누어 가지면 무샤라카이므로 옳지 않은 내용이다.
ㄴ. 투자자와 사업자가 공동으로 사업에 대한 책임과 이익을 나누어 가지는 것은 무샤라카이다. 이스티스나는 투자는 투자자가 하고 건설은 사업자가 담당하는 구조를 가지는 방식이다.

11 정답 ④

ㄱ. 지방행정기관은 중앙행정기관의 완전한 하부 기관은 아니었으며, 중앙행정기관과 같이 왕에 직속되어 있었다고 하였으므로 옳은 내용이다.
ㄷ. 수령으로 통칭되던 군수와 현감은 행정업무와 함께 일정한 수준의 군사 · 사법업무를 같이 담당하였다고 하였으므로 옳은 내용이다.
ㄹ. 관찰사의 임기를 360일로 제한한 것은 지방세력과 연합하여 지방토호나 지방영주와 같은 독자세력으로 변질되는 것을 막고자 함이라고 하였으므로 옳은 내용이다.

오답분석

ㄴ. 관찰사를 제외한 지방행정기관장을 수령으로 통칭하였다고 하였으므로 옳지 않은 내용이다.

12 정답 ②

화장을 하려는 자는 화장시설을 관할하는 시장(C시의 장) 등에게 신고하여야 하므로 옳은 내용이다.

오답분석

① 사망한 때부터 24시간이 지난 후가 아니면 매장 또는 화장을 하지 못하므로 옳지 않은 내용이다.
③ 가족묘지를 설치 · 관리하려는 자는 해당 묘지 소재지를 관할하는 시장 등의 허가를 받아야지 신고를 해야 하는 것이 아니므로 옳지 않은 내용이다.
④ 매장을 한 자는 시장 등에게 신고하여야 하지만 자연장은 제외된다고 하였으므로 옳지 않은 내용이다.
⑤ 먼저 乙의 유골을 개장하여야 하므로 유골의 현존지 또는 개장지(B시)의 시장 등에게 신고하여야 하며, 다음으로 D시 소재 공설묘지에 합장하기 위해서는 매장지를 관할하는 시장 등(D시의 장)에게 신고하여야 한다. 즉 허가가 아니라 신고를 하여야 하므로 옳지 않은 내용이다.

13 정답 ⑤

급변하는 사회를 혼란스러워 하던 대중들이 전통적 왕실 의례에서 위안을 찾았다는 부분에서 알 수 있는 내용이다.

오답분석

① 1937년 조지 6세의 대관식에는 마차가 세 대만 동원되었고 귀족들은 대부분 자동차를 탔다고 하였으나, 1953년 엘리자베스 2세의 대관식에는 모든 외국 왕족과 국가 원수를 마차에 태우는 등 전통적인 방식으로 치러졌다고 하였으므로 두 행사의 방식은 달랐다.
② 영국의 지역 간 통합에 대한 내용은 제시문에서는 언급되어 있지 않다.
③ 제시문에서 엘리자베스 2세의 대관식에 필요한 마차를 영화사에서 추가로 임대하였다는 부분 이외에 영화에 대해서는 언급된 부분이 없다.
④ 왕실의 고풍스러운 의례가 전파로 송출되기 시작하였다는 부분을 통해 옳지 않은 내용임을 알 수 있다.

14 정답 ⑤

의장은 각 교섭단체대표의원과의 협의를 거쳐 매년 12월 31일까지 다음 연도의 국회운영기본일정을 정하여야 한다고 하였으므로 옳은 내용이다.

오답분석

① 제△△대 국회의 첫 번째 임시회는 의원의 임기개시 후 7일째에 집회한다고 하였다. 따라서 임기 시작일인 5월 30일로부터 7일째 되는 날인 6월 6일에 집회하여야 하나 6일은 현충일이어서 그 다음날인 7일에 집회하여야 한다.
② 정기회의 회기는 100일을 초과할 수 없다. 그런데 9월 1일부터 12월 31일까지의 기간은 100일을 초과하므로 옳지 않은 내용이다.
③ 정기회의 회기는 100일, 2·4·6월에 의무적으로 열리는 임시회의 회기는 30일을 초과할 수 없으므로 법규정에 의한 회기는 총 190일을 초과할 수 없다. 그러나 집회요구가 있을 경우 얼마든지 임시회의 개회가 가능하므로 실제 일수는 이를 초과할 수 있다.
④ 4월 30일에 임시회의 집회요구가 있을 때에는 3일 전인 27일에 의장이 공고한 후 30일에 개회된다. 따라서 옳지 않은 내용이다.

15 정답 ③

제시문의 내용을 토대로 빈칸을 추론해본다면, 남을 속이는 사기꾼과는 반대의 뉘앙스를 지닌 어구가 들어가야 함을 알 수 있다. 이는 빈칸의 뒤 문장에서 '기생 식물이 양분을 빨아먹기 위해서는 건강한 나무가 있어야 하는 것과 같다.'라는 비유로도 나타나고 있는데, 이를 종합하면 빈칸에는 '건강한 나무'의 이미지를 지니는 어구가 들어가야 한다. 따라서 이와 가장 유사한 의미를 지니는 것은 ③이다.

16 정답 ③

제시된 질문에 따르면 어떤 행위가 착한 행위인지를 판단하는 기준은 '신이 명령했기 때문에'와 '원래부터 착한 행위이므로'로 나누어 볼 수 있다. 그리고 답변은 전자를 지지하는 입장을 취하고 있다. 따라서 이를 반박한다면 후자인 '원래부터 착한 행위이므로'의 입장에서 진술하게 될 가능성이 매우 높을 것이다.

ㄴ. 신이 그렇게 명령한 적이 없더라도 그 행위는 착한 행위라고 하는 것은 결국 후자의 입장인 '원래부터 착한 행위이므로'를 지지하는 입장이라고 볼 수 있다. 따라서 제시된 답변을 반박하는 것으로 판단할 수 있다.
ㄷ. 장기 기증을 하라는 신의 명령이 없었음에도 그것이 착한 행위라는 것은 후자의 입장을 지지하는 것이라고 볼 수 있으므로 제시된 답변을 반박하는 것으로 판단할 수 있다.

오답분석

ㄱ. 정직함을 착한 행위로 만드는 것은 바로 신의 명령이라고 하였으므로 결국 이는 전자인 '신이 명령했기 때문에'의 연장선상에서 이루어졌다고 볼 수 있다. 따라서 반박이 아니라 지지하는 입장이다.
ㄹ. 제시된 물음과 답변에서 다루는 것은 착한 행위로 판단하기 위한 기준을 어떻게 볼 것이냐에 대한 것이지 신의 명령이 무엇이냐에 대한 것이 아니다. 따라서 전체 논지와는 무관한 진술이다.

17 정답 ③

측천무후 즉위 이후 중국의 문서에 쓸 수 없었던 글자가 다라니경에서 쓰인 것이 발견되었다면 이는 다라니경이 신라에서 인쇄된 것임을 나타내는 것이다. 따라서 ③의 논증을 약화한다.

오답분석

① 제시문의 논증은 석가탑에서 발견된 다라니경이 원전을 처음으로 한역한 것이라는 것과는 무관하다. 따라서 ③의 논증을 강화하지도 약화하지도 않는다.

② 측천무후 사후에 나온 신라의 문서들에 측천무후가 발명한 한자가 쓰이지 않았다면, 다라니경은 측천무후 재위시절에 만들어진 것임을 알 수 있다. 그러나 이것만으로는 다라니경이 어디에서 인쇄된 것인지를 알 수 없으므로 논증을 강화하지도 약화하지도 않는다.

④ 다라니경이 인쇄되었다고 추정되는 705년경에 중국에서 제작된 문서들이 다라니경과 같은 종이를 사용한 것이 발견되었다면 다라니경도 중국에서 인쇄된 것이라고 추정할 수 있으므로 ③의 논증을 강화한다.

⑤ 다라니경의 서체가 중국에서 유행하였던 것이라면 다라니경은 중국에서 인쇄된 것이라고 추정할 수 있으므로 ③의 논증을 강화한다.

18 정답 ①

제시된 논증은 '높은 수준의 합리적 사람'을 통해 쾌락의 서열을 정할 수 있으며 그를 통해 최고의 가치가 무엇인지도 알 수 있다는 것이다. 그런데 ①은 '높은 수준의 합리적 사람'이 아닌 일반적인 사람의 선호를 얘기하고 있어 제시된 논증과는 무관한 내용을 언급하고 있다. 따라서 반박으로 적절하지 않다.

오답분석

② '높은 수준의 합리적 사람'의 선호를 이용하여 쾌락의 선호를 정하기 위해서는 그들 사이의 선호가 동일해야 한다. 만약 그렇지 않다면 어떤 사람을 선택하느냐에 따라 선호의 순서가 달라지기 때문이다. 따라서 '높은 수준의 합리적 개인들'의 쾌락의 선호가 동일하지 않다면 제시된 논증을 반박할 수 있게 된다.

③ 제시된 논증은 '높은 수준의 합리적 사람'이 선호하는 것이 더 가치있는 것이라는 논리를 절대적으로 받아들이고 있지만 그것이 반드시 옳다는 근거는 어디에도 없다. 그가 행복을 가장 선호하고 있지만 실제로는 다른 것이 더 가치있는 것일 수도 있기 때문이다.

④ 제시된 논증은 '높은 수준의 합리적 사람'의 존재에서 시작해 최고의 가치를 찾는 과정까지로 전개되고 있다. 하지만 '높은 수준의 합리적 사람'이 아예 존재하지 않는다면 이 논증은 성립할 수 없으므로 올바른 반박이다.

⑤ 논증은 '충분한 정보를 갖고 오랜 시간 숙고하여 자신의 선호를 합리적으로 판별할 수 있는 사람은 서로 다른 두 종류의 쾌락에 대해 충분히 판단할 수 있다.'는 것을 중심으로 전개되고 있다. 따라서 이 전제를 부정하게 되면 전체 논증이 취약해지므로 적절한 반박이라고 할 수 있다.

19 정답 ②

ㄷ. (나)에 의하면 단풍색은 일종의 경계 신호로서 진하고 뚜렷한 색깔을 보일수록 경계가 철저한 것이고 그렇지 않은 것일수록 경계가 허술한 것이다. 따라서 진딧물은 가장 형편없이 단풍이 든 나무에 알을 낳게 된다. 그러므로 ㄷ과 같은 연구 결과가 나왔다면 이는 (나)의 주장을 강화하게 되므로 옳은 내용이라고 할 수 있다.

오답분석

ㄱ. (가)에 의하면 가을이 되었을 때 잎을 떨어뜨리기 위해 잎자루 끝에 떨켜가 생기면서 가지와 잎 사이의 물질 이동이 중단된다고 하였다. 즉, 떨켜의 발생으로 인해 단풍이 생기게 되는 것이라고 볼 수 있다. 하지만 떨켜를 만들지 않았음에도 단풍이 드는 나무가 있다면 이것은 (가)의 주장을 약화하게 되므로 옳지 않은 내용이다.

ㄴ. (가)에 의하면 주홍빛의 색소는 새롭게 생기는 것이 아니라 엽록소로 인해 감춰졌던 것이다. 그러나 ㄴ과 같이 주홍빛을 내는 색소가 새롭게 생긴다는 연구 결과가 나왔다면 이는 (가)의 주장을 약화하게 되므로 옳지 않은 내용이다.

20 정답 ④

만다라 체제에서 왕은 신과 인간의 중개자이므로 왕이 백성들에게 신과 동일한 존재로 인식되기를 원했다고 볼 수 없다. 따라서 옳지 않은 내용이다.

오답분석

① 만다라는 왕의 힘이 유동적으로 움직이는 공간을 뜻하기 때문에 만다라적 통치 체제에서는 국경 개념이 희미해진다고 하였으므로 옳은 내용이다.

② 앙코르의 왕은 중앙 집중화된 왕권의 기초를 다졌고, 왕국의 막강한 정치력을 앙코르와트 사원을 통해 드러내고 있다고 분석했으므로 옳은 내용이다.

③ 액커는 바레이의 용량이 관개시설로 사용될 만큼의 규모가 아니며, 바레이가 정 4방으로 둘러싼 위치를 보건대 앙코르와트 사원은 종교적인 목적과 관련이 있다는 소견을 내었다. 따라서 옳은 내용이다.

⑤ 토인비는 앙코르와트 사원은 왕국의 막강한 정치력을 드러내고 있는 것이라고 보았고, 액커는 종교적인 목적과 관련이 있다고 하였으므로 옳은 내용이다.

좋은 책을 만드는 길
독자님과 함께하겠습니다.

도서나 동영상에 궁금한 점, 아쉬운 점, 만족스러운 점이
있으시다면 어떤 의견이라도 말씀해 주세요.
시대고시기획은 독자님의 의견을 모아 더 좋은 책으로 보답하겠습니다.

www.sidaegosi.com

2021 최신판 NCS 의사소통능력 in PSAT

개정1판1쇄 발행	2021년 05월 10일 (인쇄 2021년 03월 05일)
초 판 발 행	2020년 07월 30일 (인쇄 2020년 06월 16일)
발 행 인	박영일
책 임 편 집	이해욱
편 저	김현철
편 집 진 행	이은빈
표지디자인	손가인
편집디자인	김지수 · 곽은슬
발 행 처	(주)시대고시기획
출 판 등 록	제10-1521호
주 소	서울시 마포구 큰우물로 75 [도화동 538 성지B/D] 9F
전 화	1600-3600
팩 스	02-701-8823
홈 페 이 지	www.sidaegosi.com
I S B N	979-11-254-9452-2 (13320)
정 가	22,000원

기업별 맞춤 학습 "기업별 NCS" 시리즈

공기업 취업의 기초부터 합격까지! 취업의 문을 여는 **Hidden Key!**

기업별 기출문제 "기출이 답이다" 시리즈

역대 기출문제와 주요 공기업 기출문제를 한 권에! 합격을 위한 **One Way!**

시험 직전 마무리 "봉투모의고사" 시리즈

실제 시험과 동일하게 마무리! 합격을 향한 **Last Spurt!**

※ **기업별 시리즈** : 부산교통공사/한국가스공사/LH 한국토지주택공사/한국공항공사/건강보험심사평가원/국민연금공단/인천국제공항공사/한국수력원자력/한국중부발전/한국환경공단/부산환경공단/한국국토정보공사/SR/신용보증기금&기술보증기금/도로교통공단/한국지역난방공사/한국마사회/한국도로공사/강원랜드/발전회사/항만공사 등

※도서의 이미지 및 구성은 변동될 수 있습니다.

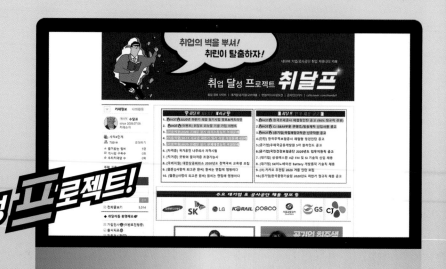